国家社科基金
GUOJIA SHEKE JIJIN HOUQI ZIZHU XIANGMU
后期资助项目

心学巨擘：王龙溪哲学思想研究

Master of the Mind Philosophy :
Studies on the Philosophical Ideas of Wang Longxi

李丕洋　著

中国社会科学出版社

图书在版编目（CIP）数据

心学巨擘：王龙溪哲学思想研究/李丕洋著.—北京：中国社会科学
出版社，2016.11
ISBN 978 - 7 - 5161 - 9353 - 2

Ⅰ.①心… Ⅱ.①李… Ⅲ.①王畿（1498—1583）—哲学思想—研究
Ⅳ.①B248.25

中国版本图书馆 CIP 数据核字（2016）第 280676 号

出 版 人 赵剑英
责任编辑 孙 萍
责任校对 石春梅
责任印制 李寡寡

出 版 中国社会科学出版社
社 址 北京鼓楼西大街甲 158 号
邮 编 100720
网 址 http://www.csspw.cn
发 行 部 010 - 84083685
门 市 部 010 - 84029450
经 销 新华书店及其他书店

印 刷 北京君升印刷有限公司
装 订 廊坊市广阳区广增装订厂
版 次 2016 年 11 月第 1 版
印 次 2016 年 11 月第 1 次印刷

开 本 710 × 1000 1/16
印 张 32.75
插 页 2
字 数 571 千字
定 价 118.00 元

国家社科基金后期资助项目

出 版 说 明

后期资助项目是国家社科基金设立的一类重要项目，旨在鼓励广大社科研究者潜心治学，支持基础研究多出优秀成果。它是经过严格评审，从接近完成的科研成果中遴选立项的。为扩大后期资助项目的影响，更好地推动学术发展，促进成果转化，全国哲学社会科学规划办公室按照"统一设计、统一标识、统一版式、形成系列"的总体要求，组织出版国家社科基金后期资助项目成果。

全国哲学社会科学规划办公室

目　　录

第一章　王龙溪的生平行迹与学术生涯

引　言

　　由王阳明开创的良知之学，在中晚明时期掀起了声势浩大的心学潮流，诚然，仅有王阳明一人，无法完成这一规模空前的思想解放运动，于是，在这一历史潮流中，许多璀璨夺目的名字跃入了我们的眼帘——王龙溪、王心斋、邹东廓，等等。然而，随着时间的流逝，很多事实的真相渐渐模糊起来，尤其是思想史上一些著名人物的思想理论及其性质归属，引起了后人的争议。仅以王龙溪为例，时人称其"英迈天启，颖悟绝伦"①，或视为"圣代儒宗，人天法眼"②，可是，在他离世后的半个世纪，大儒刘宗周在评价其思想性质时，说出了这样的话——"王门有心斋、龙溪，学皆尊悟，世称二王，……至龙溪，直把良知作佛性看，悬空期个悟，终成玩弄光景"③。黄宗羲本人也这样评价王龙溪："龙溪谈本体而讳言工夫"④，又说："泰州、龙溪时时不满其师说，益启瞿昙之秘而归之师，盖跻阳明而为禅矣"⑤。大约是受《明儒学案》的影响，现代哲学史家冯友兰在其《中国哲学史》中亦断言："在龙溪心目中，儒佛老之学，根本无异。"⑥ 几位学术名家言之凿凿，似乎给王龙溪的哲学思想定了性，此后，如果不是认真研读过《王龙溪全集》的学人，一般都会沿袭此说，不加

---

① （明）赵锦：《龙溪王先生墓志铭》，载《王畿集》，吴震编校，凤凰出版社2007年版，第828页。

② （明）李贽：《王龙溪先生告文》，载《李贽文集》第一册，《焚书》卷3，张建业主编，社会科学文献出版社2000年版，第112页。

③ （清）黄宗羲：《明儒学案·师说》，沈芝盈点校，中华书局1985年版，第9页。

④ 《明儒学案》卷15，《浙中王门学案五》，第324页。

⑤ 《明儒学案》卷32，《泰州学案一》，第703页。瞿昙，代指佛教思想。

⑥ 冯友兰：《中国哲学史》（下册），第14章，华东师范大学出版社2011年版，第231页。

深究矣。

由于机缘所致，笔者近年来在研究阳明心学的过程中，时常翻阅阳明门人王龙溪等人的著作，看得多了，感到历史的真相并非如此。本想有意参考一些当代学术名家或同行的论著，却发现或者所言不甚清晰畅达，或者连第一手材料都缺乏（恕不一一列举），无奈之下，乃决定认真研读《王龙溪全集》，从头至尾，反复揣摩，积累材料，相互参证，久而久之，竟然汇成体系，于是方敢动笔撰写《心学巨擘——王龙溪哲学思想研究》一书，这实在是一个自然而又必然的选择。乾隆时期的慈溪儒者郑性在给《明儒学案》作序时说：

> 后之观者，毋师己意，毋主先入，虚心体察，孰纯孰驳，孰浅孰深，自呈自露。惟以有裨于为己之学，……其于道也，斯得之矣。[①]

郑性的这段话，给笔者留下了很深的印象，"毋师己意，毋主先入，虚心体察"一句，若再加上"实事求是"四字，便是笔者研究和撰写《心学巨擘——王龙溪哲学思想研究》的指导思想。数年辛劳，书稿终成，至于此项研究成果能否得到学界同仁的认可以及本人学术功力之深浅，则不敢在此妄言矣。

第一节　王龙溪的生平行迹

王龙溪，本名王畿（1498—1583 年），字汝中，号龙溪，世人惯以其别号称之，就像对其师王阳明的称谓一般。关于王龙溪的生平行迹，主要有三篇传记性文字记载得最为准确翔实，一是时人徐阶在王龙溪暮年所作的《龙溪王先生传》，二是门人赵锦在其身后所作的《龙溪王先生墓志铭》，三是门人周汝登所著的《圣学宗传》一书中的《王畿传》（均收录于今本《王畿集》的《附录四》）。这三个人都是与王龙溪有过密切交往的学者、门人，所作传记比较可靠，其余如李贽等人亦写过相关传记，多是从他人的传记或传闻中转述而来，内容大同小异，多有重复，因此史料价值并不很高，又如像清廷所编《明史》中的相关传记之类，更是根据传闻而敷衍成篇，错讹处甚多，可信度更低一等。因此，当今学人在研究

---

① 《明儒学案》，《郑性序》，第 1 页。

王龙溪生平行迹时，对于包括《明儒学案》《明史》等著名史籍中的记载，应有足够的审慎态度，不可盲目信从。在上述三篇传记中，又以徐阶所作传记的历史价值最为突出，因为徐阶曾任内阁首辅，在当时士大夫中声望卓著，晚年一心向学，与龙溪成为莫逆之交，而且，他是在龙溪暮年，应其子王应吉恳求而作的《龙溪王先生传》，有为挚友详述平生、总结概括的意思。这不同于对已故之人所作的《行状》《墓志铭》之类的文字，可以妄加吹捧，在明代士林"清议"之风十分强盛的社会环境中，如果对一个活人做出蓄意过誉或阿谀奉承的传记性文字，是要遭到士大夫的强烈谴责的。徐阶敢于在龙溪生前就为他写下传记，是因为对老友相知甚深且十分崇拜其人其学的缘故。因此，要搞清王龙溪的生平行迹，徐阶的《龙溪王先生传》是不可不读的首选史料。在本书中，笔者主要根据这几篇传记的内容，来叙述王龙溪的生平行迹。

一　师从王阳明

王龙溪生于明弘治十一年戊午（1498 年）农历五月六日[1]，卒于万历十一年癸未（1583 年）六月初七日[2]。他是浙江山阴（即今绍兴市）人，出身于一个家境殷实的官僚地主阶级家庭。其祖父王理，曾任山东临城县令；其父王经，曾为御史，"有直声"[3]，后出任贵州按察副使（正四品），母陆氏。王经有两个儿子，长子名叫王邦，患心疾，早亡，但留下遗孤，后由王龙溪妥为教养，"抚其子若子"[4]。次子即是王畿，年少时同样体弱多病，但聪明颖悟，非常人可及，由一事可见，王畿二十岁即"领乡荐"（中举人），在家乡成为读书人的翘楚，"士望之为去就"[5]。按照当时读书人的一般道路，王畿此后很可能走上高中进士，然后仕宦而至台省乃至宰辅的生活之路，然而，就在此时，一位特殊人物的到来，改变了王畿此后的人生轨迹，这个人就是心学宗祖王阳明。公元 1521 年农历六月，因平定宁王（朱宸濠）之乱立下不世之功，王阳明接到刚刚即位的嘉靖皇帝的诏令，命其进京接受封赏。孰料刚刚走到杭州，由于内阁首辅杨廷和等人嫉妒王阳明的功劳，害怕他会被新君纳入内阁之中，竟然下令王阳明不得入觐。王阳明看透了朝廷内部的权力倾轧，便上疏乞求回乡

---

① （明）徐阶：《龙溪王先生传》，载《王畿集》之《附录四·传铭祭文》，第 827 页。

② （明）查铎：《纪龙溪先生终事》，载《王畿集》之《附录四·传铭祭文》，第 847 页。

③ （明）赵锦：《龙溪王先生墓志铭》，载《王畿集》之《附录四·传铭祭文》，第 831 页。

④ （明）徐阶：《龙溪王先生传》，载《王畿集》附录四，第 827 页。

⑤ 同上书，第 823 页。

省亲，朝廷最高决策层乐得其便，封了王阳明一个南京兵部尚书的空衔，后来又加了一个新建伯的空头爵位（按明制，公侯伯均爵同一品，但是此爵封后，却不授予王阳明铁券丹书和相关岁禄）。淡泊名利的王阳明对这一切不公正的待遇都无动于衷，他只以能够全身回乡、安居赋闲为乐，于是一住就是六年，这其实是他一生最悠闲快乐的时光。王阳明的原祖籍地是浙江山阴，但是他出生在浙江余姚，一直长至约二十二岁，后来，其父王华将家搬回了祖籍山阴（俗称越城），因此，王阳明这次回乡省亲，定居之地是山阴而非余姚，只是时常回余姚祭扫祖茔（两地相距不过百余里路程）、顺便看望其他的宗族亲友罢了。

王阳明自"龙场悟道"后，以讲学传道为己任，至此时已经拈出"致良知"的学术宗旨，但是，由于他的思想理念和居于官方哲学的朱子学之间有许多明显的分歧差异，因此，刚刚回到家乡，宁波、绍兴一带的读书人大多不敢接受王阳明的新思想。有些守旧士子在"骇而不信"之余，甚至"相与盟曰：'敢或党新说，共黜之。'"[1] 在余姚，有的"乡中故老"则以王阳明幼年顽皮淘气的往事为例证，告诫年轻士人不要轻信王阳明的思想学说。但是，年青一代更容易接受新鲜事物，这是自古以来的普遍现象，有的青年士子偏偏不听这个邪，非要到王阳明门下去探个究竟不可，余姚的钱德洪（1496—1574 年）和山阴的王龙溪就是其中最早的两位。据王龙溪自己回顾，当初他和钱德洪是顶着士人圈子的巨大舆论压力去向王阳明求教的，他说：

> 追惟（阳明）夫子还越，惟予与君（指钱德洪）二人最先及门。戴玉台巾，服小中衣，睢睢相依，咸指以为异言异服，共诽讪之，予二人毅然弗顾也。壬午、癸未以来，四方从学者始众。[2]

那么，为什么后来相信阳明心学的读书人越来越多了呢？除了王阳明本人悟境卓越、善启善教之外，与最先及门的两位弟子的代为宣传也密不可分。余姚的钱德洪，在"深信"阳明之后，力排众议，不仅自己纳贽拜师，而且随即引来了七十四名士子就学。[3] 身在山阴的王龙溪，则以其

---

① （明）徐阶：《龙溪王先生传》，载《王畿集》，第 823 页。
② 《王畿集》卷 20，《绪山钱君行状》，第 585 页。睢睢，仰视貌。
③ （明）王守仁：《王阳明全集》卷 34《年谱二》，吴光等编校，上海古籍出版社 1992 年版，第 1282 页。

在士子圈中的声望和出色口才，很快扭转了人们对于阳明学的看法，史载：

> 以所闻于文成，出为诸士言之，辨而核，约而尽，士始悟旧习之支离，转而从文成惟恐后。① （王阳明死后谥"文成"，以此代称）

黄宗羲在《明儒学案》中谈道："阳明而下，以辩才推龙溪。"② 不过，有时他又说："论者谓龙溪笔胜舌，近溪舌胜笔。"③ 对于这种看似不同的评价，后人不可只从形式逻辑上去生硬地分辨，事实上，王龙溪和罗汝芳（号近溪）一样，都是既善于写作，又善于言谈的儒者。如果不擅长写作，他们考不上一般读书人梦寐以求的进士，如果不擅长演讲，他们也不可能以讲学传道为终生事业，成为思想史上的一代大儒。因此，我们不必怀疑王龙溪的出色口才在传播阳明心学时所起的积极有效的工具性作用。

不过，王龙溪对于阳明心学的认知与体悟也有一个逐渐深化的过程。开始他只是对阳明心学感兴趣而已，其实内心的世俗功名之念并没有放下，因此，他仍以固有的心态和方法去对待科举考试，结果是"嘉靖二年癸未（1523 年），公试礼部，不第。"④ 对此，王龙溪做了真诚的反思，他叹道："学贵自得，吾向者犹种种生得失心，然则仅解悟尔。"⑤ 此时，王龙溪发现，号称心智颖悟的自己仅仅是对阳明心学达到"解悟"水平而已，他不过是从言辞文句上理解了阳明心学的思想，而内心中种种得失之念并没有消泯，导致考试时发挥不好，结果名落孙山。于是，王龙溪用果决的行动以示痛改前非，他"立取京兆所给路券焚之，而请终身受业于文成"⑥，对于这种真心向道又聪明颖悟的弟子，王阳明当然乐于教之，史载："文成为治静室，居之逾年，遂悟虚灵寂感通一无二之旨。"⑦ 对此，门人周汝登记作："师为治静室，居之逾年。大悟，尽契师旨。故其

---

① （明）徐阶：《龙溪王先生传》，载《王畿集》，第 823 页。

② 《明儒学案》卷 32，《泰州学案一》，第 710 页。

③ 《明儒学案》卷 34，《泰州学案三》，第 762 页。

④ （明）徐阶：《龙溪王先生传》，载《王畿集》，第 823 页。

⑤ 同上。

⑥ 同上。

⑦ 同上。

言曰：'我是师门一唯参。'"① 可见，王阳明对这样一位天资颖悟、真心求道的弟子，给予了相当程度的关爱，用同乡门人赵锦的话说："先生英迈天启，颖悟绝伦，阳明以为法器。故其欲得先生也，甚于先生之欲事阳明。"② 他对于王龙溪的指点和教化，有点类似于自己当初在家乡会稽山中结庐修炼以及后来在贵州龙场静坐悟道的模式。不管这种教学模式如何，反正王龙溪最终达到了"大悟，尽契师旨"的究竟之境。从此，他对于阳明心学完全契悟于心，如左右逢源，随处都可以根据自己先天良知的指点而行事。

当然，对于当时的读书人而言，科举得第仍是一件关乎个人前途和荣誉的大事情，不可马虎对待。然而，悟道后的王龙溪已经从心里面放下了这个念头（王阳明的弟子和后学中不只他一人如此③），反正家中经济条件不错，无须自己通过科举来改善家庭境况，因此，他不想再参加什么科举考试了。转眼三年过去，又一次大比之期即将来临（嘉靖五年，即1526年），王阳明发现王龙溪迟迟不肯动身，便嘱咐他准备进京参加会试，王龙溪不作回答，用沉默表示了自己的态度。睿智的王阳明洞彻了弟子的心思，说："吾非欲以一第荣子，顾吾之学，疑信者犹半，……（此番）觐试，仕士咸集（京师），（吾）念非子莫能阐明之，故以嘱子，非为一第也。"④ 经王阳明这么一说，王龙溪从这次考试中发现了更为重要的意义，于是，他对老师说："诺。此行仅了试事，纵得与选，当不廷试而归卒业焉。"⑤ 王阳明则说："是惟尔意（是从）。"⑥ 随后，王龙溪抱着一种别样的目的踏上了进京赶考的旅程。他租了一条大船，聚合了不少应试举子沿着京杭大运河一同北上（包括同门钱德洪在内）。在漫长的旅途中，他"自良知之外，口无别谈；自六经四书、《传习录》外，手无别检"。⑦ 需要注意的是，明代的科举制度是以八股文体取士，出题则以程朱理学的著作为依据，因此，一般读书人在考前温习的，都是程朱理学诠

① （明）周汝登：《圣学宗传》卷14，《王畿传》，载《王畿集》附录四，第833页。
② （明）赵锦：《龙溪王先生墓志铭》，载《王畿集》附录四，第828页。
③ 例如，欧阳德曾经两次放弃进京会试的机会，嘉靖二年（1523年）方中进士；王艮自己不问科举，也不允儿子王襞参加科举，王襞谨从；罗汝芳会试得第后，周流四方，修道问学，十年不赴廷试。
④ （明）徐阶：《龙溪王先生传》，载《王畿集》，第823页。为方便读者理解，此处对原文略作修饰和删节。
⑤ 同上。
⑥ 同上。
⑦ 同上。

释经典的著作和八股文章（又称"时艺文""制艺文"）的范文（这是更为重要的），基本不会再去翻阅早已背得滚瓜烂熟的四书之类的典籍，更不会去看王阳明的《传习录》（被处于官学地位的朱子学所排斥的著作）。因为钦佩龙溪的才华，有的士子问及时艺文章的写法，他说："业已忘之矣。"① 有的士子谈及考试中需要注意的各种事项，他说："业已任之矣。"② 可见，此时的王龙溪已全然不把科举的得失成败放在心上，完全是一种"求之有道，得之有命"的洒脱心态，在该年的考生之中，大概是绝无仅有的一人了。到了北京之后，前一科高中的三位同门欧阳德（号南野）、魏良弼（号水洲）、王臣（号瑶湖）此时已在北京任职，他们听说同门后进王龙溪来到京城，予以热情的接待。当然，他们招待王龙溪的主要目的还是为了和这位传说中"颖悟绝伦"的同门师弟一起论道谈学，以期偕修共进；同时，来自全国各地的举子们会集京师，出于各种动机，很多人都跑过来会一会这位王阳明的高足。王龙溪果然趁此机会，与同门及其他举子们演说阳明心学的真谛，"与相辨证"③，不厌其烦。凭借他对阳明心学的深刻体悟和出色的口才，一时间令京师的许多士子学人为之折服甚至倾倒，"由是，公名盛一时"④，从此，王龙溪的大名在海内各地的读书人中间渐渐广为传闻。

　　次年二月的会试开始了，王龙溪走进了考场，但是"在场屋所为文，直写己见，不数数顾程式。"⑤ 与三年前不同，他以一种毫无牵挂的心态来完成自己的试卷。虽然他的文章并不完全符合八股文体的要求，但是，每届考官中总会有一些有见地、善识贤才的人，王龙溪的文章被一位叫廖道南的考官看中，颇为赏识，对其他同考官说："此非可以文士伎俩较也。"⑥ 于是将王龙溪录取，而且置诸高等。就在这一次考试中，与王龙溪同来的钱德洪也金榜题名，两位高弟双双得中，更增强了人们对于阳明心学的崇拜感。可是，由于洞悉"枋国大吏多不喜学"的朝廷内幕，王龙溪对钱德洪说："此非吾与君仕时也，且始进而爽信于师，何以自

---

① （明）徐阶：《龙溪王先生传》，载《王畿集》，第 823 页。为方便读者理解，此处对原文略作了修饰和删节。

② 同上。

③ （明）徐阶：《龙溪王先生传》，载《王畿集》，第 824 页。

④ 同上。

⑤ 同上。

⑥ 同上。

立?"① 钱德洪也表示同意,于是,二人收拾行囊,在数以千计的应考举子瞠目结舌的注视之下,飘然离开京师。按照当时的考试制度,会试之后很快就进行殿试(又称"廷试"),这是一场由皇帝亲自监考的走过场的考试,并不设定淘汰比例,目的是让每个新科进士都成为天子门生。钱、王二人放弃殿试的举动,意味着他们放弃了唾手可得的步入仕途的机会。钱王二人的京师之行,至少向世人表明了两点:第一,不要以为王阳明的弟子只会空谈心性,论起考试的过硬功夫来,一点不比那些死啃程朱理学典籍的儒生们差;第二,王门弟子是视功名如浮云的真儒。会试考中者,马上就可以赢得进士的正式功名,从此步入仕途,前程似锦,敢于放弃殿试机会的人,要么是白痴,要么是视功名如浮云的真豪杰,显然,钱王二人的举动,被世人归入了后者。他们的举动,极大地提高了阳明心学在朝野士人中的声望。

回到家乡之后,王阳明对两位爱徒淡泊功名的行为十分欣慰。此时,"文成之门来学者日益众"②,最多的时候,连绍兴府城中的大小寺庙都挤满了各地的学者,"夜无卧处,更相就席"③,最后靠知府南大吉扩建学舍才得以解决。然而,住宿问题解决了,不等于王阳明就可以对来学之人"遍指授"④,况且,前来求学者根器不一,动机各异,王阳明"不欲骤与语"⑤,于是,他想了一个相当于划分初级班和提高班的折中办法。据王龙溪回忆:当时,薛侃(号中离)、邹守益(号东廓)、王艮(号心斋)、黄弘纲(号洛村)、何廷仁(号善山)等王门高足都先后来到绍兴进一步向王阳明求教深造,"凡有来学者,夫子各以资之所近,分送会下,涤其旧见,迎其新机,然后归之于师,以要其成,众中称为教授师"⑥。当然,王心斋、何善山等人都是外地人,不可能在绍兴城中长住,帮助王阳明指点各地学者入门最为得力的,当然是本地人王龙溪和钱德洪,因此,黄宗羲撰写《明儒学案》时,只把钱、王二人记为"教授师"。多年后王龙溪回忆:他俩和众多来学者一起,"或默究,或行歌,或群居诵读,或列坐讲解。予二人往来参究,提醒师门宗教,归之自得,翕然有风动之机"。⑦

① (明)徐阶:《龙溪王先生传》,载《王畿集》,第824页。
② 同上。
③ 《王阳明全集》卷3,第118页。这是钱德洪在编纂《传习录》时的追记。
④ (明)徐阶:《龙溪王先生传》,载《王畿集》,第824页。
⑤ (明)赵锦:《龙溪王先生墓志铭》,载《王畿集》附录四,第828页。
⑥ 《王畿集》卷20,《绪山钱君行状》,第585页。
⑦ 同上。

当然，王龙溪没有也不方便写出来的另一点事实是："公性坦夷宽厚，其与人言，或未深契，从容譬晓，不厌反复，士多乐从公，而其兴起者，亦视诸君子为倍。"① 由是可见，王龙溪不仅资性颖悟，而且继承了王阳明善启善教的特长，他"性格浑厚，随机启发，士多乐从"②，相比之下，王阳明评价钱德洪"资性沉毅"③，这种性格，从正面来讲是做事认真、一丝不苟，从负面来讲则是未免矜持、不善变通，因此，与王龙溪相比，钱德洪做"教授师"的水平自然要差了一大截。对于这种差异，钱德洪自己也有着清醒的认识，到了王阳明身后，阳明学风行天下之时，他毫不介意王龙溪居于"同志宗盟"④ 的讲席地位，而是把主要精神放在为王阳明整理遗稿，特别是编撰《年谱》《传习录》⑤ 等文字工作上。除了年长的钱德洪不争主讲席位的谦逊品德外，王龙溪的悟境、性格和口才方面的突出优势，也使得他当仁不让地成为王阳明之后的主要宣讲者。

在协助阳明讲学传道的过程中，钱德洪与王龙溪二人出现过一次思想上的分歧，那就是关于"四句教"的理解问题。王阳明时常对门人说："无善无恶心之体，有善有恶意之用，知善知恶是良知，为善去恶是格物"。对此，王龙溪认为，四句教是"权法"，因为"夫子立教随时，未可执定"，从本源上说起，"若悟得心体是无善无恶之心，意即是无善无恶之意，知即是无善无恶之知，物即是无善无恶之物"⑥。（亦称"四无说"）钱德洪则认为，"此是师门教人定本，一毫不可更易"⑦，二人决定向王阳明折中请正。此时，王阳明已经接受了朝廷任用他前往广西平定少数民族酋长叛乱的使命（官拜都察院左都御史，总督两广及湖广、江西四省军务），就在王阳明出发的前一天晚上，钱、王二人来到王阳明面前，说明了二人的思想分歧。王阳明在自家府第内坐落于碧霞池的天泉桥之上，为钱、王二人阐述了自己对此问题的看法（关于这一问题，笔者将在后文详述）。简而言之，王阳明指出："四无之说"乃是为上根人立

① （明）徐阶：《龙溪王先生传》，载《王畿集》附录四，第824页。
② （明）赵锦：《龙溪王先生墓志铭》，载《王畿集》附录四，第828页。
③ 《王畿集》卷1，《天泉证道》，第2页。
④ 《王畿集》卷15，《自讼问答》，第431页。类似的称谓在《王畿集》中时常出现，都是时人对他的评价。
⑤ 《传习录》在王阳明生前就已编成部分，即今《传习录》之上卷，后两卷是在王阳明身后编成的。
⑥ 《王畿集》卷1，《天泉证道》，第1页；又《王畿集》卷20，第586页。相关文字在《王畿集》中屡见。
⑦ 同上。

教的，而"四有之说"则是为中根以下之人立教的，钱、王二人"若能各舍所见，互相取益，使吾教法上下皆通，始为善学耳"①。同时，王阳明指出："汝中所见，我久欲发，恐人信不及，徒起躐等之病，故含蓄到今。今既已说破，岂容复秘?"② 肯定了王龙溪的见解不仅没有背离自己的思想宗旨，反而是把其中隐藏的"天机"发泄出来了，这便是宋明理学史上著名的公案——"天泉证道"。随后，王阳明在征途中经过南昌，在野的邹守益、魏良弼和欧阳德等江右弟子，"率同志百余人出谒"，希望有所请益，王阳明说："吾有向上一机，久未敢发，近被王汝中拈出，亦是天机该发泄时。吾方有兵事，无暇为诸君言，但质之汝中，当有证也。"③ 关于王阳明的这一段言语，徐阶、赵锦、周汝登和王龙溪本人的记载大同小异，但是都有"吾有向上一机，久未敢发，近被汝中拈出，亦是天机该发泄时"的话，可见，王阳明对于王龙溪已臻"四无"之究竟义的彻悟，是深表赞赏的。因此，徐阶等人在为龙溪作传时不得不感叹道："其为师门所重如此!④ 当然，王龙溪自己回忆这段往事时要谦逊得多，他这样表述王阳明的原话——"吾虽出山，德洪、汝中与四方同志相守洞中，究竟此件事。诸君只裹粮往浙，相与聚处，当自有得。"⑤ 稍有逻辑推理能力的人都不难发现，觉悟和发泄"天机"的是王龙溪，各地学者如果前往浙江探究心学的真谛，只能是和王龙溪相互探讨才能有所得，如果去和钱德洪探讨，那么，还是停留在原先的水平上。或许这是一种巧合，在王阳明离开家乡的最后时刻，他对于王龙溪的悟境给予了赞许，这样，也就充分肯定了王龙溪在王门阵营中的"超悟"地位。

二 捍卫师门

嘉靖七年戊子十一月二十九日（1529 年 1 月 9 日），一代大儒王阳明平息了广西事变之后，在返程途中不幸病逝于江西南安府青龙铺（今江西省大余县）。此时，又逢大比之年，王龙溪和钱德洪遵嘱前往北京参加殿试（按明制，以往会试入取者，保留资格，可以直接参加殿试），这又是一次进京宣讲阳明心学的好机会。因为没有考中考不中的担忧，二人走得非常轻松。才过钱塘江，他们听说了王阳明即将返回故里的消息（师

---

① 《王畿集》卷 20，《绪山钱君行状》，第 586 页。

② 同上。

③ （明）徐阶：《龙溪王先生传》，载《王畿集》附录四，第 825 页。

④ 同上。

⑤ 《王畿集》卷 20，《绪山钱君行状》，第 586—587 页。

徒之间时有书信往来），于是折途向西，准备迎接了老师之后再北上赴试。孰料，刚至严滩（今浙江桐庐县），便传来了王阳明病逝的噩耗。二人再也顾不得什么殿试之事，直接赶赴江西去料理后事，在江西东部的广信（今上饶）迎接到了王阳明的灵柩。钱、王二人悲痛过后，立即"讣告同门"①，准备操办老师的丧事。此时，意外地出现了一个关于礼仪的问题。论感情，钱、王二人对王阳明都视如慈父，王龙溪的父亲此时早已去世，因此，王龙溪愿为王阳明披麻戴孝，但钱德洪的父亲钱希明（号心渔翁）尚健在，钱德洪如果也"服斩衰以从"，那么，便是对于生父的大不敬。不久，钱父知道了此事，回信说："吾贫，冀禄养，然岂忍以贫故，俾儿薄其师耶?"② 于是，钱德洪也和王龙溪一样穿戴孝服，为王阳明守丧（只不过钱德洪在回到自己家门之前，便把孝服脱掉）。在钱、王二人讣告的通知下，各地的王门学者纷纷来到绍兴，为他们敬爱的老师送别、祭奠。

王阳明生前名满海内，可是死后却遭受到极不公正的待遇。这是由于：第一，王阳明在广西时得罪了一位当朝权臣桂萼（太子太保，礼部尚书），桂萼曾经密遣信使，要求王阳明派兵南攻交趾（今越南），知兵而不好战的王阳明婉言拒绝了这一要求。第二，在嘉靖初年，嘉靖帝在和首辅杨廷和集团为"大礼议"之事吵得不可开交时，曾希望有王阳明这样有声望的大臣成为奥援，事实上，王阳明的很多弟子在"大礼议"之初也确实站在嘉靖帝一边。孰料，王阳明认为所谓"大礼议"是一场礼文末节的无益之争，他不但没有向嘉靖帝表示出声援，反而在诗中写道："无端礼乐纷纷议，谁与青天扫宿尘?"③ 嘉靖即位之初，尚属弱势君主，暂时还不敢对王阳明这样一位功勋卓著的大臣发难，但心中的愤懑是可想而知的。在王阳明去世之后，经过桂萼的挑唆，嘉靖帝便决定拿已死的王阳明开刀，进一步整肃那些过去不顺从自己的大臣。于是，朝廷对于王阳明这样一位功勋卓著的大臣，身后"革锡典世爵"④，而且下诏"禁伪学"⑤，禁止阳明心学的传播。不仅如此，桂萼等当朝大臣还唆使地方官员采用卑鄙的手段，挑拨、扰乱王阳明的亲眷和家族，意在害死王阳明年仅三岁（虚岁）的遗孤王正亿。对于这种始料未及的危急情况，王龙溪

① 《王阳明全集》卷35，《年谱三》，第1325页。
② 《王畿集》卷20，《绪山钱君行状》，第587页。
③ 《王阳明全集》卷20，《碧霞池夜坐》，第786页。
④ 《王阳明全集》卷36，《年谱附录一》，第1328页。
⑤ 同上。

和其他同门一起，以无所畏惧、义无反顾的精神，进行了一场捍卫师门的斗争。史载：

> 阳明既没，嗣子未离母怀，内外诸衅并作，而一时谗构有力者，复风行颐指其间。先生为之履艰丛谤，卒植遗孤，无愧古婴、杵之义。①

周汝登在《圣学宗传》记曰：

> （龙溪）奔至广信成丧，扶榇归越，经纪丧事。筑场庐墓，心丧三年。时文成嗣子孤弱，且内外交忌，悍宗豪仆，窥视为奸，危疑万状。龙溪极力拥护，谋托孤于黄尚书绾，结婚定盟，久之乃定。人称龙溪怀婴杵之义，报父师之恩为不浅。②

对于这一段危疑万状的往事，王龙溪自然也不能忘却，他回忆自己当初和钱德洪同护师门的行动时写道：

> 及归越襄事，时权贵忌师德业之盛，尽革身后锡典，有司默承风旨，媒孽其家。乡之恶少，行将不利于胤子，内讧外侮并作。君与予意在保孤宁家为急，遂不忍离，相与筑室于场，妥绥灵爽，约同志数人轮守夫子庐室，以备不虞。暇则与四方同志往来聚会，以广师门教旨。③

概括起来，王龙溪和同门为捍卫王阳明的身后名节和家眷安危主要做了以下几件事：第一，守庐墓三年，实际上是为了防止家乡的恶人盗掘王阳明的墓穴。第二，全力保护王阳明的遗孤王正亿，最后，将王正亿辗转托付给王阳明的生前好友（晚年改称弟子）黄绾（时任南京礼部侍郎），成为黄绾的上门女婿。王龙溪一生，对于恩师的遗孤感情很深，且寄予厚望，从他在王阳明平反之后给王正亿写的序和诗中可以窥见一斑。④ 第

---

① （明）赵锦：《龙溪王先生墓志铭》，载《王畿集》附录四，第830页。
② （明）周汝登：《王畿传》，载《王畿集》，附录四，第835页。
③ 《王畿集》卷20，《绪山钱君行状》，第587页。
④ 《王畿集》卷14，《送王仲时北行序》、第384页；又见《王畿集》卷18，《袭封行》，第564页。

三，继续在小范围内讲学，把阳明心学的"一脉如线之传"延续下去。另一位阳明高足薛侃（时为行人司司正，掌礼仪典制），在参加完会葬之后，"恐同门离散，因夫子（指阳明）有天真卜筑之期，相与捐赀聚材，构天真精舍（在杭州城南十里），设夫子像于中堂，予二人（指王龙溪和钱德洪）迭为居守，四方同志士友之来浙者，得有所瞻礼"①。据钱德洪记述，嘉靖九年五月，天真精舍建成，"斋庑庖湢具备，可居诸生百余人。每年祭期，以春秋二仲月仲丁日，四方同志如期陈礼仪，悬钟磬，歌诗，侑食。祭毕，讲会终月"②。这样一来，王门后学有了一个聚会讲学的固定场所，为阳明心学的传衍提供了必要的物质基础。尽管在阳明初丧之际，朝廷"学禁方严"③，但是这种小规模的同门讲学聚会，地方官府也无意干涉。后来，随着嘉靖朝政局的演变，对阳明心学的禁令事实上日渐废弛，阳明弟子们的讲学活动规模越来越大，直至风靡大江南北。值得提及的一个现象是：在天真精舍的学术活动中，无论是及门弟子还是私淑学者，王门后学"祭毕，分席讲堂，呈所见于龙溪取正焉"④，王龙溪自然而然地成为王阳明之后浙中王门的代表人物。

三　仕宦生涯

嘉靖十一年（1532 年）春，王龙溪和钱德洪又一次来到北京参加殿试，毫无悬念地获得了早就该属于他们的进士资格，从此步入了仕途。然而，王龙溪超悟而洒脱的性格，注定了他与官场的各种公卿权贵的关系格格不入，因此不可能在仕途上飞黄腾达。史载：

> 相国张永嘉公孚敬闻龙溪名，欲引置一甲，不应；开吉士选，又欲引之，又不应；又开科道选，必欲引之，终不应。⑤

从这段记述可知，在当年的殿试中，首辅张孚敬（本名张璁，因避嘉靖帝名讳而改）很看重王龙溪的才华和名气，"欲引置一甲"，希望把他纳入到自己的人事圈子中来，张孚敬只是派人暗示王龙溪能够折腰去拜访一下自己（这也不算什么过分的要求），但是王龙溪置若罔闻。当准备

---

① 《王畿集》卷 20，《绪山钱君行状》，第 587 页。
② 《王阳明全集》卷 36，《年谱附录一》，第 1328 页。
③ 同上书，第 1329 页。
④ （明）周汝登：《王畿传》，载《王畿集》附录四，第 835 页。
⑤ 同上。

对新科进士授予官职时，张孚敬还想把王龙溪照顾进翰林院任庶吉士，这也是前途甚好的去处，再次派人暗示王龙溪，得到的仍然是冷淡的回应。当准备选拔一批新科进士担任六部科道官员时①，再次青睐于王龙溪，然而他仍是一副无所谓的态度。久处官场的张孚敬哪里知道，王龙溪虽然性格"坦夷宽厚"，从无傲气，却是傲骨铮铮，根本不是哪个利益集团可以收买得了的人物，否则，他也不会两次放弃殿试的机会，足足等了六年才来应考。好在张孚敬是一个心胸还算开阔的人物，知道强扭的瓜不甜，没怎么介意此事。不过，王龙溪也由此在北京候职很久，才分配到了一个南京兵部职方司主事的闲职。在听候分配期间，王龙溪绝不像一般的新科进士那样焦躁不安，而是与戚玄（嘉靖五年的同年进士）、林春（十一年的新科进士）等好友一起讲学聚会，自得其乐，"出则并马，燕则共席，寝则联床，日以聚友讲学为事"②。等到他被授予南职方主事之后，前往南京兵部衙门报了到，"寻以病乞归"③，也就是说，没过多久，就告病返乡了。

或许有人会问：王龙溪为什么不热衷于仕途？说起来，是因为他既对当时官场内幕看得很透彻，又对自己的性格特点了解得很清楚。他的老师王阳明，生前尽忠尽职，功高盖世，死后却遭到了权臣的陷害，得到的是嘉靖帝的极不公正的待遇。况且，王阳明生前虽然恪尽职守，但对于官场的黑暗和腐败一样有着清醒的认识，例如，他在给友人黄绾的信中曾说："仕途如烂泥坑，误入其中，鲜易复出。吾人便是失脚样子，不可不鉴也。"④ 王阳明本人之所以久处官场，其实是为了尽到一个臣子的本分，也是为了践履儒家先圣修齐治平的基本理念，就他本人的兴趣，无论官居几品，都是无所谓的。先师王阳明的遭遇和态度既然如此，那么，自己还有必要为这样一个朝廷去恪尽一份愚忠吗？如果真是那样，王龙溪就不配做王阳明的高徒，反而成为僵化的朱子哲学的信奉者了。其次，王龙溪很清楚自己无傲气而有傲骨的性格，这样的性格是不太适合在官场中厮混的，如果像唐朝李太白那样一味豪气冲天，却不清楚自己几斤几两，最终可能落得身陷囹圄、发配夜郎的结局。不过，王龙溪并不需要从此退隐江湖，古语说："大隐隐于朝，小隐隐于野"，能够利用官场的各种有用资

---

① 即都察院御史、六科给事中之类，品级虽然不高，但可以上书言事，直达最高层。
② 《王畿集》卷19，《祭戚南玄文》，第570页。
③ （明）徐阶：《龙溪王先生传》，载《王畿集》附录四，第825页。
④ 《王阳明全集》卷4，《与黄宗贤》（戊寅），第153页。黄绾（1477—1551年），字宗贤。

源，继续开展讲学传道的事业，这是一件明显的利大于弊的事情，因此，王龙溪对于做官的态度是：不求不拒，顺其自然，好一副超悟洒脱的心态！

在家乡待得再久，终有销假返任之时，王龙溪还是回到了南京，继续担任他的闲曹散吏。过了几年，凭着资历和声望，他竟然也升任至正五品的兵部武选清吏司郎中一职，这时，他已经年逾四十了。在此期间，又发生了一连串令他意想不到的事情。在他"病痊待补"期间，在朝中掌权的内阁首辅，已改换为江西贵溪人夏言。夏言也久闻王龙溪的名声，希望把这样的人才纳入彀中，成为自己的心腹干将。当时，朝廷"议选宫僚"，王龙溪过去的一个门生名叫吴春（字仪制）的，向夏言推荐了自己的老师。夏言说："吾亦闻之，但恐为文选所阻，一往投刺乃可。"① 细心之人不难发现，夏言的这番话中有着明显的暗示——他身为内阁首辅，六部都在他的管辖之下，他又何惧吏部文选清吏司的几位中层官员？实际上，他所说的"一往投刺乃可"，是在暗示龙溪前来拜访自己，愿意成为自己人事圈子中的一员。吴春将夏言的这番话转达给了王龙溪，王龙溪说："补宫僚而求之，非所愿也。"② 夏言其人，连张璁那样的雅量都没有，知晓了龙溪的态度之后，发怒说："人欲投怀，乃敢却耶？若负道学名，其视我为何如人？"③ 于是衔恨在心，伺机报复。

嘉靖二十年辛丑（1541 年）皇宫的太庙④发生了火灾，一场大火烧得迷信的嘉靖帝不得不"诏求直言"。这时，以龙溪的同年好友、刑科都给事中戚贤领衔，六科言官共上《进贤退不肖书》，大致内容是：弹劾了一批"据权宠有势力"⑤ 的柄国大臣，然后推荐了一批"被废与疏远之人"⑥，其中，特别提到"（王畿）学有渊源，宜列清班，备顾问，不宜散置郎署"⑦，言下之意，就是要求嘉靖帝把王龙溪等人提拔到朝廷核心圈子（内阁）中来，替换那些把持朝纲、欺上压下的奸佞小人。孰料，疏于朝政的嘉靖帝将这些奏章交给了夏言代为批阅，夏言读之当然怒不可

---

① （明）徐阶：《龙溪王先生传》，载《王畿集》附录四，第 825 页。
② 同上。
③ 同上。
④ 说法不尽同，龙溪记作"太庙灾"，徐阶等人均记作"三殿灾"。
⑤ 《王畿集》卷 20，《刑科都给事中南玄戚君墓志铭》，第 612 页。
⑥ 同上。
⑦ （明）徐阶：《龙溪王先生传》，载《王畿集》附录四，第 825 页。

遏，利用首辅代皇帝"票拟"①的合法权力，指斥王龙溪之学为"伪
学"，同时，罢免了领衔上书的戚贤的官职②。不仅如此，夏言对于王龙
溪本人，已经无法容忍他在朝为官，因为在"清议"之风强盛的明代中
叶，像王龙溪这样深孚众望的在朝名儒，说不定什么时候就会被君心叵测
的嘉靖帝看重，或者被众人哄抬到内阁大学士的位置上来，留着他，实在
是一种潜在的威胁。第二年（1542 年），正逢各级官吏的考察期，夏言私
下唆使南京吏部考功司郎中薛应旂，"王某伪学，有明旨，即黜一人，当
首及之"③。薛应旂"虽受嘱，犹畏公议，未敢决"，④ 但是，天下没有不
透风的墙，这件事在官场内外传得沸沸扬扬。薛应旂曾经受教于王门俊杰
欧阳德，思想兼杂程朱、陆王，也算是半个王门中人，因此，当时在朝为
官的王门学者，纷纷用书信方式质疑、责备薛应旂。其中言辞最为激烈
的，莫过于王龙溪的挚友唐顺之（号荆川），他在信中责备薛说：如此做
法，简直"不复知人间有羞耻事"。⑤ 这封信激怒了薛应旂，他索性凭借
手中的权力把王龙溪罢免了事。就这样，年仅四十五岁⑥的王龙溪便结束
了自己的仕宦生涯，当然，薛应旂也为自己逢迎夏言的举动付出了代价，
从此，"一时诸儒，不许其名王氏学者"⑦，他受到了被逐出师门的惩罚。
细算起来，王龙溪的为官时间不过十年，其中还包括告"病假"休养的
时期，实际上，他在封建官场中几乎没有作为，这里的确不是适合他久待
的地方。为此，时人感慨道："龙溪名虽高，仕乃竟不达。"⑧ 需要指出的
是，王龙溪对于官职被免根本无所谓，因为他的志向和兴趣也不在官场，
时人评价说："（龙溪）终不以是动其心，而益孳孳以讲学淑人为务。"⑨
这种"不动心"的状态不是做给别人看的，因为嘉靖朝长达四十五年，
其间政局变幻无常，一个声望很高的在野乡官，只要稍微乖巧一点，说不
定什么时候又被圣心简用，重新回到政坛，张璁、夏言、严嵩……这些显
赫的政治人物都曾经遭受过这样的命运。但是，王龙溪是个既看透官场又

---

① 阁臣草拟对大臣各种奏章的处理意见，称为"票拟"，又称"条旨"。非军国要务者，
有时直接按内阁的处理意见办，皇帝对此不予过问。
② 其过程可见于《刑科都给事中南玄戚君墓志铭》，载《王畿集》卷 20，第 612 页。
③ （明）徐阶：《龙溪王先生传》，载《王畿集》附录四，第 825 页。
④ 同上。
⑤ 同上。
⑥ 本书中的人物年龄，均按中国传统的虚岁方法计算。
⑦ 《明儒学案》卷 25，《南中王门学案一》，第 593 页。
⑧ （明）周汝登：《王畿传》，载《王畿集》附录四，第 836 页。
⑨ 同上。

了解自己的睿智之人，既然脱下官袍，没有了束缚，他就再也不想回到那个牢笼中去，因此，尽管后来许多居官显赫的王门学者纷纷向朝廷推荐他，"欧阳公德居礼部，唐公顺之抚淮扬时，俱欲装疏引用，龙溪闻而止之。"① 这表明，王龙溪彻底消除了为官从政、得君行道的政治幻想，一听说友人推荐他的消息，立即予以制止，不想等到朝廷的诏令到来之后再进退无状。他的后半生，将只奉献给他所看重的讲学传道的事业。

四　讲学终身

据《明儒学案》记载：从四十五岁起至八十六岁去世，"先生林下四十余年，无日不讲学，自两都及吴、楚、闽、粤、江、浙，皆有讲舍，莫不以先生为宗盟。年八十，犹周流不倦"②。这段文字，是套用与王龙溪同时的徐阶、赵锦和周汝登等人的记载而成的。其中有一误处，那就是"两都"当为南都（即南京），王龙溪去职之后，从来没有回过北京，因此，北京没有他的讲舍。"两都"之误在徐阶的《龙溪王先生传》中已经出现过③，当是古刻本之误。不管怎样，王龙溪的后半生周流天下，讲学不辍，加上是王阳明晚年最器重的入室弟子的缘故，在儒林中具有"同志宗盟"（即盟主）的地位。本来，王门中能与龙溪的讲学活动平分秋色抗礼的还有泰州学派的王艮（1483—1541 年），但是心斋享寿有限，在龙溪还未去官时就已去世，因此，王龙溪后半生讲学四十余年，没有任何人可以撼动他的地位，成为世人公认的心学巨擘。

王龙溪何以如此热衷于讲学传道，以至于"年八十，犹不废出游"④？其中原因，时人赵锦做了一段精僻的分析，他说：

> 先生于欣戚得丧、横逆之来，泰然不为少动，若无与于己然者。其平居未尝有疾言遽色，待人无众寡少长，咸有礼意。至其接引同志，启迪后学，娓娓款款，使人人各得其所愿而欲亲，日以为常而罔倦，则若出于其性，而非他人之所与能者。尝言："同于愚夫愚妇为同德，异于愚夫愚妇为异端。使自处太高，不谐于俗，只成自了汉，非一体之学。"车辙所至，会常数百人，讲舍遍于吴、楚、闽、越，

① （明）周汝登：《王畿传》，载《王畿集》附录四，第836页。
② 《明儒学案》卷20，《浙中王门学案二》，第238页。按：粤，原作"越"，有重复，据文义改。
③ （明）徐阶：《龙溪王先生传》，载《王畿集》附录四，第826页。
④ 同上。

而江、浙为尤盛。①

在历代醇儒的思想观念中，大凡圣贤，都怀有一种"天地万物一体之仁"②的根本理念，有着"明明德于天下"的真诚愿望，所讲的学问都是愚夫愚妇所能搞懂并自如践履的道理，因此，讲学活动正是启发世人觉悟良知、应用良知的必不可少的途径。如果像东晋的陶渊明那样，只甘心做一个"采菊东篱下，悠然见南山"的隐士，那么，便不符合圣人"一体之学"的根本要求，借用佛家的术语，那就是"自处太高，不谐于俗，只成自了汉"而已，非大乘菩萨之道也。有鉴于此，王龙溪退处林下后，没有只顾过好自家的小日子，而是周流讲学、觉民行道，他以孔子学不厌而教不倦的精神，"接引同志，启迪后学，娓娓款款"，把王阳明的"致良知"之学传遍天下，让尽可能多的人体悟、受用自己心中的先天本性（即良知），成为生命的觉者。当他年近八十之际，有门人规劝他："往来交际，未免陪费精神，非高年所宜，（不如）静养寡出，息缘省事，以待四方来学。"③他的回答是："子诚爱我，我亦非故好劳。但念久处安则志气日就怠荒，欲求与朋友相切磨，共了性命，非专以行教也。"④可见，他是抱着教学相长、共了性命的真诚目的去周流讲学的，所以他终身乐此不疲。

或许有人会产生疑问：王龙溪年过古稀仍然四处周流，讲学不辍，他的身体吃得消吗？这是一个非常有意思的问题。本来，王龙溪年轻时身体并不强壮，"少病羸，不任劳役"⑤，可是，接受了阳明心学之后，懂得了"性命合一"之旨，慎于一念之微，出处合乎自然，不事养生而养生之道自在其中，因此，身体越来越好，"五六十以来，亦觉不减强壮时"⑥，七十六岁时，门人说他"高年步履视瞻，少壮者所不能及"。⑦有了这样的身体素质，四处奔波讲学，自然就不在话下了。对此，时人徐阶十分佩服

---

① （明）赵锦：《龙溪王先生墓志铭》，载《王畿集》附录四，第830页。
② 王阳明语，载《王阳明全集》卷2，《答顾东桥》，第54页。从更早讲，这一思想源于北宋程颢的"仁者以天地万物为一体"的命题，载《二程集》，中华书局2004年版，第15页。
③ 《王畿集》卷5，《天柱山房会语》，第120页。
④ （明）徐阶：《龙溪王先生传》，载《王畿集》附录四，第826页。其所答详见卷5《天柱山房会语》。
⑤ 《王畿集》卷20，《亡室纯懿张氏安人哀辞》，第647页。
⑥ 《王畿集》卷5，《天柱山房会语》，第118页。
⑦ 同上。

地说："公少患羸，尝事于养生。惟理性情，究明未发之旨，以观化原，若有得于先天无为之用。视履明矫，洞微陟峻，至老不衰，可谓禀薄而养之厚矣。盖公闻于文成最上之机，与其所自得者如此。"① 关于王龙溪的养生思想，涵盖了儒家心性哲学的精华，与释道二教的养生思想则有微妙的差别，这一点，笔者将在后文专门予以揭示。

那么，王龙溪在多年的讲学活动中，主要宣讲的是什么内容呢？简而言之，就是阐发、弘扬由王阳明开创的"致良知"之学。略有不同的是，王阳明在讲学过程中，由于时代与社会环境的限制，加上对不同根器的学者的慎重态度，讲起"致良知"之学来，尽可能地运用儒家固有的话语模式（即便如此，仍因为突破了朱子学的理论框架而引起喧然大波，在知识界引来了无数的谤议）。王龙溪则继承了乃师敢做"狂者"的胸襟，突破了阳明的谨慎态度，以"范围三教"的视野，将良知之学进一步阐明深述，发扬光大。当然，龙溪的基本学术理念仍是儒家的圣人之学，他虽然有时也借用"曩厘之秘"，但是屡屡告诫门人注意圣学与释道的毫厘之别，此中的机窍，拘泥于言诠之见者往往不知底里，便将龙溪之学归之于禅，这当然是一种误解，关于龙溪所阐发的良知之学的内在奥妙，我们在后文中将予以详述。王龙溪之所以敢于讲出王阳明所未讲的一些内容，是因为他相信"学须自证自悟，不从人脚跟转"② 的道理，同时，也由于他在多年的修道过程中，悟出了很多有益于后世学者的切身体会，乐于毫无保留地传给后人。正因为如此，时人赵锦指出："先生之学，虽出自阳明，而自证自悟者多所自得。"③ 例如：王龙溪将人们笼统所说的"悟"字分为解悟、证悟和彻悟，并指出"学悟而忘，斯其至矣"④，破除了众多学者对"悟"的执着与好奇。同时，王龙溪对于王阳明始终怀着至诚的尊崇之心，因为他的种种自证自悟都是受阳明的启发而得的（王阳明只是没有明讲，实际上都蕴含其中了），因此，赵锦评价龙溪说："其他微言奥义，时与阳明相发，而先生未尝以自见，言必称先师。"⑤ 对此，黄宗羲也指出："象山之后不能无慈湖，文成之后不能无龙溪。……而先生疏河导源，于文成之学，固多所发明也。"⑥

----

① （明）徐阶：《龙溪王先生传》，载《王畿集》附录四，第826页。
② 《王畿集》卷1，《天泉证道》，第1页。
③ （明）赵锦：《龙溪王先生墓志铭》，载《王畿集》附录四，第829页。
④ 同上。
⑤ 同上书，第830页。
⑥ 《明儒学案》卷12，《浙中王门学案二》，第240页。

　　王龙溪在一生修道与讲学的过程中，一方面在儒林士人中间赢得了巨大的声望，同时，也结交了一批真诚追求圣人之道的挚友（有的身份上属于门人）。例如：早年他即与戚玄（嘉靖五年进士）、唐顺之（嘉靖八年进士）、林春（嘉靖十一年进士）、万鹿园（武进士）成为莫逆之交①；在王学同门中，他与欧阳德、邹守益、罗洪先、钱德洪、李材等名儒都保持着终生的友谊；至于门下弟子，则多得不可计数。不过，在已臻彻悟境界的王龙溪看来，真正"能以性命相许，相与证明领受"②良知之学的"法器"，却寥寥无几，因此，直至晚年，他仍以"思得二三法器，……衍此一脉如线之传"③为念。然而，因为他的境界太高了，一般人确实难以企及，从这个意义上讲，王龙溪的心灵世界又是有些许孤独的。当然，门人中的俊逸秀出之士还是不乏其人，例如：周继实（字梦秀，浙江嵊县人）、陆与中（字光宅，浙江平湖人）、丁宾（字礼原，浙江嘉善人），这三人是王龙溪晚年比较嘉许的弟子。除此之外，还有邓定宇（隆庆五年贡元）、张元忭（隆庆五年状元）、周汝登、周怡、张元益、查铎、沈宠、沈懋学（万历五年状元，沈宠之子）、万廷言等儒林中的名士，都曾经向他求教，有的终身以师礼事之。除了儒者圈子之外，王龙溪还和一些当时身份显赫的政治人物有过交往，如曾任首辅大学士的徐阶、仕至两广总督的刘尧诲（号凝斋）、仕至吏部尚书的陆光祖、仕至兵部尚书的赵锦、还有以剿平倭寇而闻名的浙直总督胡宗宪、名将谭纶、俞大猷、戚继光等。从现存的书信、会语等史料来看，在与这些政治人物的交往中，王龙溪基本上只和他们谈及性命之道，以一个道学前辈的身份向他们提供一点指教和建议，不得已谈到时事，一般都是祝贺前线作战胜利的话，从不言及个人出处与得失。因为归于林下的龙溪，完全消弥了再次入仕为官的想法，他只是应别人的虚心求教而做相应的对答而已。一个人的社会价值往往是从他人身上来映衬和体现的，因此，关于王龙溪的这些学侣、门人的情况及其与龙溪之间的关系，我们将在第二章中进一步详述。

　　任何人的生活都不可能处于真空之中，王龙溪也不例外。在研究王龙溪后半生讲学传道的行迹时，我们不应忘记一个重要的历史事件，那就是嘉靖后期的倭寇之乱。倭寇的骚乱从明初即有，只是由于明代前期武备的强大，没有造成多大的危害。然而，自从嘉靖中期之后，这些由流浪的日

---

① 《王畿集》卷20，《刑科都给事中南玄戚君墓志铭》，第616页。
② 《王畿集》卷15，《自讼长语示儿辈》，第427页。
③ 同上。

本武士和本土海盗组成的倭寇队伍，动辄数万，攻城掠地，侵扰沿海甚至内地城邑，已经到了威胁明帝国东南半壁江山安危的地步。因此，连昏庸的嘉靖帝和奸诈的首辅严嵩等最高统治者，都不敢再怠慢，他们挑选出明王朝的一批干练之才，纷纷奔赴东南，发动剿灭倭寇的战争。可巧的是，王龙溪的家乡绍兴府，就在浙江沿海，也是受到倭寇威胁的地区，因此，王龙溪虽然周游四方，讲学不辍，而一旦碰到倭寇袭扰，也不得不暂避一时。虽然今天的《王龙溪全集》并没有记述直接相关文字，我们仍然可以想见，每当倭寇来袭之际，王龙溪外出讲学的行程必然受到干扰，或许他还可能像颜钧、李贽等人一样，参与策划当地官府或民间的保乡靖土等工作。众所周知，在古代，这些重要地方事务往往离不开深孚众望的乡绅士大夫的支持和参与。王龙溪曾说："儒者之学，务为经世，学不足以经世，非儒也"①，虽然他已致仕回乡，奉守"君子思不出其位"的圣训，但是，对于时势政治予以足够的关心，这总是无可非议的。从他所交往的挚友和当世名宦来看，有相当一批是参与指挥平定倭寇之乱的名将，如唐荆川、万鹿园、胡宗宪、谭纶、俞大猷、戚继光等人，从王龙溪与他们的对谈和书信内容可见，不能不涉及对于平倭之役的关心和建议。例如，他在给戚继光的信中说：

> 春初，闻丈少挫，方以为虑。近接手报，复得大捷，余寇多驱入广，境内渐安。诚与才合，谋与勇济，以全生为主脑，以除残去暴为权法，持之久远，不要目前近利，古所谓儒将者，非耶？②

又如：他在给谭纶的信中说：

> 闽中成此大捷，人皆以为奇功，此特救急之事，治标之道。休养元和，镇定安辑，正须费九分精神，以图安全，此治本之道也。③

这两封信的具体时间不可考，结合史实来看，明代剿平倭寇的战略进程大致顺序是：先南直、次浙江，后福建，最后广东。平定福建倭寇的时

---

① 《王畿集》卷13，《王瑶湖文集序》，第350页。
② 《王畿集》卷11，《与戚南塘》，第303页。戚继光（1525—1588年），字元敬，号南塘，晚号孟诸。
③ 《王畿集》卷10，《与谭二华》，第268页。谭纶（1520—1577年），字子理，号二华。

间是在嘉靖四十一至四十二年（1562—1563 年），由此可以推断，王龙溪给戚继光和谭纶的信就写于这两年中。在信中，他以长者的身份告诉谭纶治标之道与治本之道的区别，言下之意是告诫谭纶不要满足于平倭作战的胜利，而应注意及时地恢复福建的民生，使之重新过上休养生息的安定生活。

　　诚然，倭寇之乱，对明王朝而言毕竟是癣疥之疾，明朝中后期政治的最大问题是即位的皇帝一个比一个昏庸，而且任用宦官，干预朝政，闹得朝廷内外时常乌烟瘴气。对此情况，睿智的王龙溪自然洞若观火，他当然也想为改善朝政尽一份心力，可是，既然已经身处林下，便没有资格对于朝政指手画脚。可巧，隆庆皇帝去世后，继位的是年方十岁的小皇帝万历（万历元年即 1573 年），于是，此后二三年间，他利用自己熟读史籍的长处，编纂了一部名为《中鉴录》的历史教材，共三册，以春秋之后历代宦官的德行善恶为史鉴，教诲当朝在幼帝身边的大小宦官，悉心照料和辅佐皇帝成为一代明君。

　　王龙溪编纂《中鉴录》的动机是十分务实的，他认识到，圣天子童蒙之吉，必须教养得法，而"外廷大公卿进见有时，日处深宫，食息起居，不复不与中官相比昵，势使然也"①，因此，要想教导好小皇帝，就必须先把他身边朝夕相处的太监们教育好。在明代政治生活中，朝廷的公卿大臣对内廷中官要么轻视如奴才，要么巴结如贵人，这都是造成内廷宦官集团与外廷公卿大臣形成对立之势的客观原因。王龙溪认为，"此辈并生天地之间，是非利害之心未尝不与人同，但溺于习染，久假不归。况吾辈不能视为一体，自生分别，有以激之也"②，因此，王龙溪设想在宫廷的内书堂中，要给接受教育的大小太监一本浅近可用的史籍教材。于是，他花了数年时间，"因纂辑春秋以下历代诸史宦官传，得其淑与慝者若干人，分为三册，其言过于文而晦者，恐其不解，易为浅近之辞；其机井过于深巧者，恐启其不肖之心，削去不录，我国朝善与恶者，亦分载若干人，首述太祖训谕教养之术、历代沿革之宜，又为或问以致其开谕之道，各人为小传以示劝阻之迹"③。书成之后，王龙溪请王阳明的嗣子王正亿④（此时承袭王阳明的伯爵封号，住在北京）和其他故友代为

①　《王畿集》卷 10，《与耿楚侗》，第 240 页。
②　《王畿集》卷 10，《与朱越峤》，第 257 页。
③　同上。
④　王正亿（1526—1577 年），字仲时，号龙阳。原名正聪（聪），避嘉靖帝之名讳（朱厚熜）而改名。

推广介绍，希望朝中大臣能够用这部《中鉴录》来教育内廷宦官，达到正本清源、改良朝政的目的。万历初年，张居正执政，独揽朝纲，比较注重对幼帝万历及其身边太监的教育，于是，在耿定向等大臣的推荐下，这部书受到了一定的重视。据《明儒学案》记载：万历七年，适逢已中状元的门人张元忭奉命教习内书堂，采用了王龙溪的《中鉴录》为课本，张元忭同样认为，"寺人在天子左右，其贤不肖，为国治乱所系"①。可惜的是，宦海沉浮，没过多久，张元忭调任他职，内书堂主教一职不再兼任，听到这个消息，王龙溪表示出内心的遗憾和隐忧，他在给张元忭的信中说：

> 　　既膺起居之命，内馆主教，势不得兼。所云《中鉴录》，未敢为不朽之传，区区两三年内纳约苦心，庶几自尽。内馆之设，事机若微，于圣躬得养与否，所系匪轻。不知相继主教者，能悉领此意，不作寻常套数挨过否？②

王龙溪的担忧不是没有道理的，张元忭是自己的门生，能够领会自己编纂《中鉴录》的良苦用心，而换了一位内书堂主教之后，这部《中鉴录》即使仍然沿用，却可能变成"寻常套数"、虚应故事的摆设了。其实，更为可悲的是，在人存政举、人亡政息的封建时代，没有了张居正这样的强势宰相的辅佐和夹持，万历皇帝很快就无法无天了。万历十年，张居正病逝，从此，明神宗变得越发刚愎自用，万历十四年之后，渐渐连朝廷日常政务也懒得料理，一味地贪财好货，挥霍无度。他身边的大小太监则恃宠而骄，横行霸道，遍布全国地矿监税使给民间造成了极大的危害。至于《中鉴录》这样一部为了教诲、引导宫廷内官而编纂的书籍，即使在内书堂上课时还用一用，而事实上，早就被遗忘在皇帝和太监的脑后，什么积极效果也产生不了。如果说王龙溪在民间推行致良知之教起到了传承民族精神的作用，那么，他所指望的靠《中鉴录》来教化内廷宦官的经世目的，则完全落了空，这在君主专制时代几乎是必然的结局。

王龙溪的后半生，以讲学传道为己任，"车辙所至，会常数百人"③，到处受到欢迎和尊崇，但是，这种盛况到了他生命的最后几年，却基本消

---

① 《明儒学案》卷15，《浙中王门学案五》，第324页。

② 《王畿集》卷11，《答张阳和》，第285页。

③ （明）赵锦：《龙溪王先生墓志铭》，载《王畿集》附录四，第830页。

散，这又是怎么回事呢？原因很简单，张居正执政后期，因为厌恶士大夫借讲会之际议论、指斥时政，万历七年（1579 年）正月，他下令民间毁书院、禁讲学。这条禁令被严格地贯彻执行，在全国范围内铺开，从此，直至张居正去世的万历十年，大规模的讲学活动戛然而止。个别士人如何心隐者，不满意张居正的这种文化专制政策，写下了《原学原讲》的万字长文，考证儒家讲学传道的思想传统，阐明"必学必讲"的理由，逆流而上，依然到处讲学，并指斥张居正的过失，结果，于万历七年被张居正的下属湖北巡抚王之垣逮捕并杖毙于公堂之上。何心隐之死，令热衷于讲学的士大夫们不得不有所顾忌，除了个别人如罗汝芳（1515—1588 年）外，很多人被迫停止了讲学活动，或者是极大地缩小了范围。罗汝芳之所以敢于继续讲学，除了以传道为己任的坚定信念之外，还有一点原因，那就是罗汝芳不崇尚批判性思维，他在讲学中只是阐发儒家孝、弟、慈的伦理道德，从不指斥时弊，因此，张居正的手下抓不到他什么把柄。对于王龙溪而言，他不会像何心隐那样去刻意指斥朝廷之弊，而且，他相信"学当以自然为宗"① 的道理，既然朝廷有此禁令，那么，就是应当暂停讲学或者缩小规模之时，如孔子所谓"道之将行也与，命也；道之将废也与，命也"（《论语·宪问》），这也是一种必然性。因此，在王龙溪生命的最后几年，他的讲学活动较之以往要少了许多，范围也大大缩小了。他的门人王宗沐后来评价说：

> 迨至江陵当国，惧天下之议己，毁书院，禁讲学，而先生之志始孤，拂郁不自得以没矣。②

当然，王宗沐的评价有一点不当之处，那就是：王龙溪并没有因为不能像从前一样大规模讲学而感到多么"拂郁不自得"，如果持有这样的消极心理，那就不配叫王龙溪了（这说明王宗沐对于龙溪之学的掌握不够深度）。事实上，王龙溪只是顺应时势，缩小了讲学范围而已（不至于招摇过市，引来不必要的麻烦），如前所述，直至八十岁时，他依然四处讲学，与朋友同修共进。例如，他在给友人万履庵的话别题词中表述了自己的心迹：

---

① 《王畿集》卷9，《答季彭山龙镜书》，第212页。
② （明）王宗沐：《龙溪王先生集序》，《王畿集》前序，第2页。王宗沐，字新甫，号敬所，生卒年不详，进士，仕至刑部侍郎，《明儒学案》卷15《浙中王门学案五》有传。

不肖冒暑出游，岂徒发兴，了当人事？亦颇见得一体痛养相关，欲人人共证此事。八十衰侬，前头光景已逼，于世间有何放不下？但爱人一念，根于所性，不容自已。予亦不知其何心也。①

又如，王龙溪在对门人沈启（号霓川）的留别题词中说："区区八十老翁，晨夕兢兢，亦不以耄而弃也。"②

这充分表明，王龙溪虽处"学禁方严"之际，从来没有消极悲观过，他仍然不顾年事已高，以力所能及的方式，去传播心学，鼓励后进，使此"师门一脉如线之传"不致中断。相近的话语，王龙溪还用来鼓励与自己年龄相仿的老友，徐阶晚年为王龙溪作序时亦说："公顷过松（江），举卫武事勖予，毋以老自息。"③类似的话还有很多，兹不赘述。仅从以上引述来看，王宗沐说龙溪有"拂郁不自得以终"的暮年心态，是明显不符合事实的。

五　临终表现

当然，随着进入耄耋之年，身体自然不比往昔，王龙溪也因此相对减少了一些出游讲学活动。他曾在给友人的信中如实地写道："不肖夏秋以来，卧病半载，耳加重听，一切交际亦省息。岂上天怜予揽听多言，以此示戒，不敢不深省。"④他是一个处事十分自然的人，能行则行，不能行则止，没有任何生硬与勉强的执念，但是，即便在此时，"恳恳同善之心，老而弥切"⑤，他所牵挂的唯有一件事，那就是不要让阳明心学的"一脉如线之传"断绝在自己手里。他在给门人的信中坦诚地表露了自己的心迹，如：

区区八十老翁，于世界便有恁放不下？惟师门一脉如线之传，未得一二法器出头担荷，未能忘情。切切求友于四方者，意实在此。⑥

① 《王畿集》卷16，《万履庵漫语》，第462页。
② 《王畿集》卷16，《留别霓川漫语》，第467页。
③ （明）徐阶：《龙溪王先生传》，载《王畿集》附录四，第826页。卫武事，指春秋时卫武公年九十五而不忘修德，语出《国语·楚语上第十七》，参见《国语集解》，王树民、沈长云点校，中华书局2002年版，第500页。
④ 《王畿集》卷11，《答刘抑亭》，第298页。
⑤ 《王畿集》卷11，《与张阳和》，第287页。
⑥ 《王畿集》卷12，《与沈宗颜》，第329页。

此时，王龙溪渐渐需要开始直面生死临歧的大事，这也是检验他一生道行与功夫的最后一场"考试"。不过，这对他而言，早已是成竹在胸、一目了然的事情，他在信中对友人说：

> 区区暮年来，勘得生死一关颇较明白。生死如昼夜，人所不免。四时之序，成功者退，人生天地间，此身同于太虚，一切身外功名得丧，何足以动吾一念？一日亦可，百年亦可，做个活泼无依闲道人，方不虚生浪死耳。①

王龙溪的这番言论不是率性而发的大话，在他多年的讲学传道中，生死智慧始终是一个核心而关键的问题，他早就讲过"任生死"与"超生死"②的奥妙，讲过"道无生死，闻（悟）道则能昼夜，一死生"③的道理，还讲过与之相关的可操作性的心性修养方法。这些生命哲学和生死智慧的内容，我们将在以后的章节中详述。需要注意的是，阳明心学历来强调"知行合一"的治学宗旨，王龙溪多年来敢于当众宣讲这些哲学思想，就是因为他的心灵已经升华到了觉悟生命、参透生死的究竟之地。当然，人的生死不是可以随便重复的，因此，最终的检验必须要到一个人的临终之时才可实现，年过八旬的王龙溪早已淡然地准备好了迎接这一天的到来。万历十一年（1583年）农历六月初七日未时，王龙溪的生命走到了终点，他的临终表现，门人查铎特意做了专门的记述，名为《纪龙溪先生终事》，择其要者引述于下——

> 先生革于万历十一年六月初七未时。先生无大痛疾，未尝一日不衣冠，不饮食，不游坐，但革前四五日，微疾，食粥不饵饭。至革之日，早晨盥栉，冠唐巾，食粥从容，出寝室，端坐于琴堂之卧榻而逝。④

王龙溪享年八十六岁，在那个时代绝对算是寿考之人了。但是，寿考亦有大限到来之时，对此，他能有预感，"至革之日，早晨盥栉，冠唐

---

① 《王畿集》卷12，《与吴宗淮》，第310页。
② 《王畿集》卷5，《天柱山房会语》，第119页。
③ 《王畿集》卷3，《书累语简端录》，第73页。
④ （明）查铎：《纪龙溪先生终事》，载《王畿集》附录四，第847—848页。

巾，食粥从容，出寝室，端坐于琴堂之卧榻而逝"，走得安详平和，一派从容，足以使人窥见其平日所讲心性修养之学，端非虚语。查铎又记曰：

> 麟阳公尚以能生语，慰之，先生叹曰："尔谓我畏死乎？我无畏也，但此回与尔永诀，不妨再留坐话耳。"前二三日，忽出家堂，与嗣子应吉曰："汝有事但说，毋谓我能食，望我久存。我心了了，已无挂碍，即今可去，我即去矣。"①

"我心了了，已无挂碍，即今可去，我即去矣"一语，可以说是王龙溪临终前心境的最好写照。他心体洞彻，生无所恋，死无所惧，完成了一生修道、弘道的事业之后，坦然自若地离开人世，堪称一个完美地践履了"穷理、尽性以至于命"②之古训的儒家圣者。故而查铎叹曰：

> 观临革之际，先生气息奄奄，心神了了如此，自非能超脱生死者，孰能与于斯？夫子谓"朝闻夕死，可。"惟先生云云。③

众所周知，在身体健康时，有的人可以根据人际交往的需要，修饰和整顿自己的言行外貌，让人无法窥见其心灵气质的真实面目，但是，这种刻意的修饰到了临终之时就一点也不起作用了。处在生命终点之际的人，只面临着一件大事的考验，用任何其他东西都不能取代或缓解，因此，这个时候人的精神状态，才是他的心灵气质和思想素养的最真实体现。如果说年轻时的王龙溪或许有几分"行不掩言"的狂者风范，那么，临终时的王龙溪则完全是一派淡泊宁静、从容中行，他以令人折服的临终表现证明了自己内在的道行境界，和王阳明一样，成为照耀在中华文明史上的灿烂"星空"中的圣者。

第二节　关于王龙溪生平与家世的几点考辨

王龙溪是继王阳明之后名震天下的大儒，有的学者直接将其视为圣

---

① （明）查铎：《纪龙溪先生终事》，载《王畿集》附录四，第847—848页；麟阳公，指赵锦，号麟阳。
② 黄寿祺、张善文：《周易译注》，《说卦传》，上海古籍出版社1989年版，第613页。
③ 同上。

人，如其门人贡安国曾说："先生之学，真入圣梯航也。"① 但是，如同王阳明生前的际遇一样，围绕在王龙溪身上的诽诋和谤议也不少，有些甚至以讹传讹，令后代学者信以为真。因此，我们有必要就王龙溪的某些生平行迹做一些考辨，以澄清事实，昭示出一代醇儒的本来面目。

一　龙溪如何进入阳明门下

因为提出"四无说"的缘故，多少年来，王龙溪留给世人的印象是超悟、洒脱，非礼法所能拘束，因此，有的学人便将他的人格气象与当时的唐伯虎之流相比拟，以为这样的人能够进入王阳明门下，很可能是某种特殊的因缘，或者是王阳明用了什么特殊的方法所致。过去，笔者也持这样一种印象，根据便是袁宗道、黄宗羲等人的近乎小说家般的叙述。

据明代公安派文学代表人物之一袁宗道（1560—1600 年）的记载：

> 前辈为余言：……于时王龙溪妙年任侠，日日在酒肆博场中。阳明亟欲一会，不来也。阳明却日令门弟子六博投壶，歌呼酒饮。久之，密遣一弟子瞰龙溪所至酒家，与共赌。龙溪笑曰："腐儒亦能博乎？"曰："吾师门下，日日如此。"龙溪乃惊，求见阳明，一睹眉宇，便称弟子矣。②

袁宗道的生活时代较王龙溪稍晚，算是两代人，因此，他对于王龙溪的所知，源自"前辈为余言"，而所谓前辈的话，实际上也是根据坊间的传说而编的，并非亲历亲证之事。无独有偶，除了袁宗道这样的名人，明清之际的黄宗羲在编撰《明儒学案》时，也采用了一些市井传闻，以增添人物生平的传奇性。不知底里者往往因此而一叶障目，信以为真。原文如下：

> （魏）良器，字师颜，号药湖。洪都从学之后，随阳明至越，时龙溪为诸生，落魄不羁，每见方巾中衣往来讲学者，窃骂之。居与阳明邻，不见也，先生多方诱之，一日先生与同门友投壶雅歌，龙溪过而见之，曰："腐儒亦为是耶？"先生答曰："吾等为学，未尝担板，

---

① （明）贡安国：《龙溪先生会语序》，载《王畿集》附录二，《龙溪会语》，第 676 页。
② （明）袁宗道：《白苏斋类集》，钱伯城标点，上海古籍出版社 1989 年版，第 308 页。

汝自不知耳。"龙溪于是稍相嬗就，已而有味乎其言，遂北面阳明。①

　　这段话，记于《明儒学案》卷十九《江右学案四》之中，是黄宗羲根据传闻记述的一段文字。结合袁、黄二人的两段文字来看，虽然说得有枝有叶，也很引人入胜，却经不住推敲。根据这样的叙述，王龙溪不是主动来向王阳明求教的，反倒是被其江右弟子魏良器设法诱入彀中，王龙溪本人不但没有求真向道的心愿，反倒颇有一点风流才子唐伯虎（1470—1523 年）放浪不羁的味道。如果真是这样，那么，王龙溪就属于浙中弟子的晚出者，不仅不曾和钱德洪一起"二人最先及门"②，而且，也不可能等着他去和浙江士人群体辨说阳明心学之精蕴，最终引得人们"转而从文成惟恐后"③ 了。笔者之所以对此问题做一辨析，是因为自己也曾误信过这类文人笔记中所述的坊间传说，究其实质，与夸大了的唐伯虎的风流韵事是一样的。由是可见，当今学人在研究古人生平及思想时，不可轻易相信坊间传说之言，即使古代著名学者（如黄宗羲）误用了此类史料，也不可盲目信从，一定要汇通诸家史籍，把一些似是而非的传闻式的材料剔除出去，这样才能准确地做出更加合乎史实的学术判断。

二　"在官干请"之辨

　　由于提出了"四无说"，后代学人以望文生义之习，便对王龙溪产生了这样的印象：不拘礼法、不分善恶。当然，这都是一种误解。然而，就是根据这些误解，以张廷玉为首的清廷学术集团，在编撰《明史》时，对王畿其人做了这样的评述："畿尝云：'学当致知见性而已，应事有小过，不足累。'故在官弗免干请，以不谨斥。"④ 所谓干请，也就是请托贿赂、走后门之类。问题是，王龙溪在不过十年的为官生涯中，真的是"弗免干请"吗？

　　如上节所述，王龙溪其人，从无傲气，却有傲骨，这是指一种挺立着独立人格，不肯趋炎附势的人生态度。因此，当他于嘉靖十一年前往北京参加殿试时，正适张璁在朝掌权，很想把他纳入自家彀中，屡次派人向他示好，可是，王龙溪置若罔闻，不肯投入权臣的怀抱中，史载：

① 《明儒学案》卷 19，第 465 页。
② 《王畿集》卷 20，《绪山钱君行状》，第 585 页。
③ （明）徐阶：《龙溪王先生传》，载《王畿集》附录四，第 823 页。
④ （清）张廷玉等：《明史》卷 283，《儒林二·王畿》，中华书局 1974 年版，第 7274 页。以下版本同。

相国张永嘉公孚敬闻龙溪名，欲引置一甲，不应；开吉士选，又欲引之，又不应；又开科道选，必欲引之，终不应。①

这是王龙溪第一次拒绝当朝权臣的主动拉拢，放弃了唾手可得的高官厚禄，最终被发往南京担任闲曹散吏。又过了几年，夏言担任内阁首辅，正逢朝廷"议选官僚"，夏言之婿吴春，向夏言推荐了自己的老师王龙溪，夏言说："吾亦闻之，但恐为文选所阻，一往投刺乃可。"② 如前所述，这是委婉地要求王龙溪前来拜访自己，成为麾下亲信，然后才可放心地将他提拔到清要之位上。可是，当吴春转述夏言的这番话时，王龙溪却婉拒说："补宫僚而求之，非所愿也。"③ 心胸狭隘的夏言，听说了王龙溪的态度之后，恼怒地说："人欲投怀，乃敢却耶？若负道学名，其视我为何如人？"④ 于是怀恨在心，寻机报复。以一个内阁首辅的权力，要整倒一个五品的南京兵部郎中，实在太容易了。1542 年，正逢例行考察各级官吏，夏言私下唆使南京吏部考功司郎中薛应旂："王某伪学，有明旨，即黜一人，当首及之。"⑤ 果然，薛应旂找了个罪名，把王龙溪开缺了事。可以想见，薛应旂将龙溪罢官，总要找个罪名，反正他身为考功司郎中，掌握了考察官吏的话语权，把南京各部官员之间的正常往来、言谈举止，说成是"为官干请"之类，就足以敷衍成文，达到罢黜龙溪的目的了。

从王龙溪的这种遭遇可以看出，在不长的仕宦生涯中，他有不止一次的机会去巴结最高层的当权者，而且，一些高层掌权者还很需要龙溪这样的名儒成为自己人事圈子中的亲信，可是，他都以淡泊而无所谓的态度拒绝了。如果相信"龙溪在官弗免干请"之类的传闻，那么，王龙溪放着两个当朝"宰相"的主动拉拢而不理睬，却跑到南京这种有职无权的候补衙门中间去请托贿赂，岂不是自相矛盾？难道一个想求取高官的人竟会如此弱智吗？可见，清廷所编的《明史》中说"（龙溪）在官弗免干请"的话，完全是粗率的学风所致，根本经不住推敲。其次，即使翻遍《王龙溪全集》，也找不到"学当致知见性而已，应事有小过，不足累"这样的话，甚至连意思接近的相关言语也没有。这句话的由来，也十分可疑，

---

① （明）周汝登：《王畿传》，载《王畿集》附录四，第835页。
② （明）徐阶：《龙溪王先生传》，载《王畿集》附录四，第825页。
③ 同上。
④ 同上。
⑤ 同上。

很可能又是嫉妒龙溪者断章取义的中伤之辞，加上市井坊间的多年讹传，最后令人误以为真了。可见，无论是官修的《明史》，还是私修的《明儒学案》，虽然学术价值很高，但是其中错讹之处，的确不少，当今学者在研究和引用这些史籍材料时，要有足够的慎思和明辨的能力，否则，便会陷入真假不分、自诳诳人的境地之中，沦为学术史上的反面教员。

三　王龙溪的妻室与儿孙

罢官之后，王龙溪多年讲学传道，周流四方，对此，有人必然产生疑问：罢官之后，王龙溪仅是一介平民，难道他就一点也不顾家吗？家中就没有什么事情需要他费心料理的吗？这样的疑问当然是合乎情理的。为此，我们不得不谈到另一个人物，那就是王龙溪的夫人张氏，正是这个贤淑的妇人成为王龙溪生活中的贤内助，使得王龙溪免去了后顾之忧，专心致志地从事讲学活动，把阳明心学的影响力扩展到大江南北。

虽然在封建社会中，妇女的作用往往被轻视甚至忽略不计，但现代社会所流行的那句格言："一个成功的男人背后总是有一个甘于奉献的女性"，仍然可以适用于古代的男权社会，这一点，毋庸讳言又是王龙溪的福分。他的妻子张氏，出生于书香门第，"自幼受《诗》、《易》，为之讲解，颇通大旨"①，张氏比王龙溪小三岁，二人成婚时，张氏年方十五。自成婚之后，张氏身上就体现出许多方面的中国妇女的传统美德，成为王龙溪一生的贤内助。概而言之，张氏的淑德和才干表现在以下几个方面：

（一）善于治生理家。王龙溪自述："予性疏慵，不善理家"②，而这恰是张氏的强项，她"纤于治生，拮据绸缪，终岁勤勤，料理盈缩，身任其劳，而贻予（指龙溪）以逸。节费佐急，丰约有等，家政渐裕，不致蛊败涣散，安人成之也"。（同上；安人，是王龙溪对张氏的敬称）用今天的话说，王家本是个乡绅地主阶级家庭，有一定规模的财产，倘若没有人经营打理，用不了几年就可能坐吃山空，多亏了张氏主持家中大计，因此，在王龙溪多年仕宦和游历在外的情况下，反而能够"家政渐裕"，足见张氏具有勤劳节俭的传统美德和善于经营的聪明头脑。她与龙溪做了五十多年的夫妻，"终岁勤勤，料理盈缩，身任其劳"，"节费佐急，丰约有等"，就是为了让丈夫不必为家务琐事操心，专心去讲学传道，实在是一位乐于奉献的贤淑妇人。

---

① 《王畿集》卷20，《亡室纯懿张氏安人哀辞》，第649页。
② 同上书，第647页。

　　当然，张氏的勤俭治家不像某些世俗地主，专以敛财发家为目的。凡是不义之财（甚至于一些可能招人口实的财货），她都劝丈夫一概摒弃。王龙溪回忆：当年告"病假"在家休养的时候，他的好友、同年进士陈让（字见吾）正好担任绍兴府司理一职。这一年，官府准备折价变卖一些没收来的民间私产，以增加府库收入。陈让正好主管这件事务，他告诉龙溪，有某处废弃寺庙所属的田产，共计一百多亩，均为上好田地，"价可数百金"①，可以优先转让给龙溪一家。众所周知，低价买入这些无主的田地，而且又可以长期耕种，这是一本万利的好事情，在别人还求之不得呢。可是，王龙溪收到此信后，觉得多少有一点利用上层关系谋取财富的嫌疑，于是，他先咨询自己的朋友们，朋友都说："不求而得，于义无害，可受之"。王龙溪又回家来问询妻子的意见，张氏听了，惊讶地说："君平生所讲何学？无故受人白业，将以遗子孙，虽不求而得，非惟心有所不安，恐亦非子孙之利也"。②听了妻子的话，王龙溪"悚然愧服，遂归帖谢绝之"③。平心而论，王龙溪以低价买下这些无主田产，本身并没有错，但是，如果没有陈让这样为官主事的好友，这种事情是无论如何不会优先照顾到他头上的，因此，接受这样一笔财产，实际上也是谋利之心在作祟，张氏清醒地看到了这一点，因此，力劝丈夫不要"无故受人白业"，而要做一个立身清白、言传身教的真道学。此后，"凡予（指龙溪）有猎心之萌，安人每委曲谏谕类如此"，④可见，类似的事情张氏做了不止一次。又如："绍兴守建三江闸成，谓石画出自公，即以新开沙田二顷致谢，安人以为非义，力赞勿受。"⑤作为地方上有名望的乡绅，王龙溪帮助官府筹建三江闸等水利工程也是很正常的事情，三江闸建成之后，一些原先被水淹没的地方重新露出了头，成为临江沙田，这本来也是无主的公产，官府用二顷新开沙田来酬谢为兴修水利而出力谋划的乡绅，这也是合乎情理的举措，而张氏却秉承了古训"正其义不谋其利"的精神，力劝丈夫不要接受这样的馈赠。对于贤妻的这种意见，王龙溪岂能不听？其实，从内心讲，他真正担忧的或许是怕妻子见财起意，让自己为难呢！

　　（二）张氏能识大体，主动为王龙溪纳妾，以延续王家的血脉。张氏与龙溪成婚十年，始终不育，这在"不孝有三，无后为大"的封建社会

---

① 《王畿集》卷20，《亡室纯懿张氏安人哀辞》，第648页。
② 同上。
③ 同上书，第649页。
④ 同上。
⑤ （明）徐阶：《龙溪王先生传》，载《王畿集》附录四，第827页。

里，可是一桩不小的罪过。张氏没有其他女人的妒性，"早年即为置妾"①，而且还是先后两个！她"理膏饰容，舍己均惠，密调隐摄，惟恐不当予（指龙溪）之心"②，目的就是满足龙溪"欲图得子，以副终身之望"③ 的一点想法。当然，张氏能够这么做，除了自己识大体之外，也是基于对龙溪的充分了解，她完全清楚丈夫绝不是喜新厌旧的好色之徒。据王龙溪自述："安人素知予淡于欲，故能割床第之爱，益相忘而无所忌。"④ 令人纳闷的是，置妾七八年之后，王龙溪仍然膝下无子，"安人忧苦，几成郁疾"⑤。好在龙溪游历四方，遇过不少民间异人，有一位异人传授给龙溪一些口诀，"得其姻缊生化之机"，⑥ 王龙溪回来后，先告诉张氏，然后如法练习，果然，"十余年间，连举八九子，或堕或伤，成而长者三人"⑦，分别是王应祯、王应斌、王应吉。其中，王应祯亡故较早，殁于龙溪之前，而王应斌、王应吉均斐然成才，终于使王家后继有人了。对于这三个孩子，张氏又"亲为鞠之，里妇有化而不妒者"⑧。当然，有的亲友以三子皆非张氏所出而感到遗憾，张氏笑着说："浅哉！……一体之爱，原未尝有彼此之间也。"⑨ 公允地讲，一个妇女能有如此宏阔的胸襟，世人对她实在是无可挑剔了。

（三）张氏心地聪慧，知理向学，在生活与王龙溪有着共同语言。像很多官宦人家的主妇一样，张氏中年之后开始信仰佛教，"虔事观音大士，扫静室，持普门品及金刚经，晨昏诵礼，出入必祷，寤寐精神，时相感通，若有得于圆通法者。"⑩ 由于本身有着较好的文化素养，她自然会对王龙溪所讲的阳明心学产生兴趣，并拿来和佛教思想做比较，有了疑问，就去问自己的丈夫。对此，龙溪记曰："（安人）尝问予'夫子良知之教与佛教同异，'予谓：'良知，性之灵，心之觉体。佛是觉义，即心为佛。致良知即是开佛知见。'……"⑪ 龙溪精僻的回答令张氏"俯而

---

① 《王畿集》卷20，《亡室纯懿张氏安人哀辞》，第648页。
② 同上。
③ 同上。
④ 同上书，第649页。
⑤ 同上书，第648页。
⑥ 同上。
⑦ 同上；三子皆为侧室钟氏所生。
⑧ （明）徐阶：《龙溪王先生传》，载《王畿集》附录四，第827页。
⑨ 《王畿集》卷20，《亡室纯懿张氏安人哀辞》，第648页。
⑩ 同上。
⑪ 同上书，第649—650页。

思，恍然若有所悟"。① 有如此慧根的妻子跟着悟境深邃的丈夫，自然
也会日征月迈，不断精进，至临终前已经能够将生死看淡放下，如龙溪
所述："安人临诀之言，已能不为生死所怖，予犹不免介然于怀者。"②
对于妻子的品性和资质，王龙溪有一个总括性的评价，他说："呜呼！
安人非直有近道之资，征诸日历幽室之行，可质神明，……使安人不为
女子，可以与于儒者心性之学，不然，亦为敦行君子无疑也。"③

（四）张氏虽然信佛，但是一切生活起居循礼而为，显示出一个儒者
家庭所培养的大家闺秀的庄重美德。王龙溪回忆："安人资禀凝重，寡言
笑，动止有恒，虽众务纠纷，随家静治，未尝见有匆遽之色、凌戾之容。
严于内外之辨，男仆成童者，非奉呼役，不许入内门。僻隐处，非女奴相
随，不由至，老以为常，尤不苟于诺。"④ 加上她勤俭持家、宽容大度的
种种美德，因此，"宗亲邻党，远近无不信之如女师"。⑤ 一个封建时代的
家庭主妇，能够得到宗族和乡党街坊这样的评价，几乎是最高的荣誉了。
当然，由于王龙溪四十五岁即罢官回家，因此，张氏没有像其她官宦之妻
一样得到来自朝廷的封号，这一点，王龙溪也觉得有些对不起妻子，"每
以安人未有封命为念，安人曰：'君不闻古孟光桓少君乎！布素，妾能自
安也。'"⑥ 由此可见，张氏真的是淡泊名利之人，她只要丈夫安好、家庭
和睦，别的什么都不稀罕。正因为如此，王龙溪才得以在家中做了个甩手
掌柜的，几乎什么事情都不用操心，他自己对此也有着十分清醒的认识，
他说："予性资夷旷，平居少忧滞，出则朋友乐聚，俯仰近合，有舞雩童
冠之兴；入则妻孥洽比，熙熙愉愉，有琴瑟静好之欢。一切外境忻戚，若
无足以当情者。然非安人为之周旋纵臾，其间或未免内顾之虑与水火暌革
之嫌，求其廓然坦荡，相忘相信，终始相成，其可得乎？"⑦

似乎是上天为了印证龙溪之语的正确性，在张氏去世后不久，就以一
场灾祸来表明这位贤妇人对于王家的重要性。张氏去世时不到七十岁，而
在其去世之后的不久，即 1570 年（隆庆四年庚午）农历腊月十二日的昏

---

① 《王畿集》卷20，《亡室纯懿张氏安人哀辞》，第649—650页。
② 同上。
③ 同上书，第649页。
④ 同上。
⑤ 同上。
⑥ （明）徐阶：《龙溪王先生传》，载《王畿集》附录四，第827页。
⑦ 《王畿集》卷20，《亡室纯懿张氏安人哀辞》，第649页。

候，王家突发了一场大火，起因是"长儿妇厅檐积薪起火"①，导致"前厅后楼尽毁，仅余庖湢数椽，沿毁祖居及仲儿侧厦，季儿厅事之半。赖有司救禳，风回焰息。幸存后楼房及旧居堂寝，所藏诰轴神厨、典籍图画及先师遗墨，多入煨烬中。所蓄衾具器物，服御储偫，或攘或毁，一望萧然"。② 这样一场火灾，即使是王家这样的名门望族也承受了无法弥补的惨重损失。事后，绍兴城中耆老们有人讥笑："王老师修行无力，被鬼神觑破，以至于此，更复何言？"③ 为回应这种嘲讽，王龙溪写下了《自讼长语示儿辈》一文，几天后，又写了《自讼问答》一文，在文中，他一方面坦诚地剖析了自己在道学修行中可能存在的某些不足，另一方面，又表达了自己不因火灾而动摇修道、传道之信念的思想。这场火灾，对晚年的龙溪而言无疑是一场大事，它发生在张氏亡故之后，家中失去了严谨持家的内掌柜，因此一切活动不免疏失，张氏持家五十余年，从来就没有发生过"水火暌革"之类的灾害，可见，一个贤淑能干的主妇在任何时候、对任何家庭都是极其重要的。

正是由于张氏兼具上述各种美德，王龙溪在追悼她的哀辞中给亡妻的定论是"纯懿"（完美的德行），这个评价恰如其分，表达了王龙溪对相濡以沫半个世纪的妻子的真挚感谢和深切怀念。在哀辞中，王龙溪这样写道："安人终身行实，仲弟叔学（指张元益，字叔学）已为叙次其概，得有所考镜。（然而）所逸潜德隐行，耻事表曝，非惟外人不及知，虽兄弟至亲亦有不得而尽知者。迄今不为一言以章纯懿，使之泯泯无闻于后，所不忍也！"④ 由此，后人可以窥见王龙溪为亡妻写下这样一篇文字的真实动机，因为在龙溪的一生中，张氏对于他的辅佐和照料，实在是太重要了。为此，笔者在叙述王龙溪生平时，也只有不惜笔墨，为张氏这位贤德的妇女书写必要的一页。

如前所述，虽然嫡妻张氏不育，但是侧室钟氏还是为王龙溪生下了三个儿子，使他完成了延续香火的宗法义务。这三个儿子分别叫：王应祯、王应斌和王应吉。不过，王应祯早亡，虽有妻室，却无后嗣（应祯育有一女而无子，王龙溪以三子应吉之子继晃为嗣⑤）。王应斌和王应吉均长大成人，并且在事业上有所建树。其中，王应斌"由武科官都司掌印、

① 《王畿集》卷15，《自讼长语示儿辈》，第424页。
② 同上。
③ 同上书，第425页。
④ 《王畿集》卷20，《亡室纯懿张氏安人哀辞》，第648页。
⑤ （明）赵锦：《龙溪王先生墓志铭》，载《王畿集》附录四，第831页。

都指挥佥事"①,而且,他是参加过实际战斗的职业军人,一步步地走上中级军官的岗位。例如:万历三年乙亥(1575年),江西参将郭某,平定了土匪叶楷的叛乱,当时,王应斌"承乏水营,属在幕下,驱驰行阵,与有微劳"②。王龙溪对次子的评价是:"性颇警直"③,但是"性情颇欠和平"④,如此个性,倒是比较符合一个职业军人的要求。这是一个耐人寻味的现象,按说,王家世代书香门第,其后人应该读书走科考之路,怎么王应斌却参加武举,成为职业军人了呢?这一点,除了王应斌个人的资禀之外,也反映出王龙溪在培养后人方面具有开明通达的头脑——孩子适合走什么样的路,就让他走那一条道路,他丝毫没有因为王应斌走上有异于自己的人生道路而横加干涉。这一点,在父权家长制的封建社会中很少有人做到,当然,真正的通儒是例外的,同时代的罗汝芳(1515—1588年),他的两个儿子罗轩和罗辂,年轻时放弃了科举考试,直接出家为道,罗汝芳对此一点也不以为怪,充分尊重二子的人生选择,以后照旧与他们谈学论道,持续终生。在尊重儿女自由选择人生道路的问题上,龙溪和近溪都堪称开明家长的典范。

当然,王龙溪还是希望有一个孩子能够像自己一样从事圣人之学,三子王应吉,基本上满足了他的这个愿望。王应吉"性颇和敏"⑤,是块读书的好材料,而且"从幼有远志"⑥,自小对于道学有一定的兴趣,对此,王龙溪当然很欣慰,因而对季子赋予了一定的期望。不过,王应吉虽然资质聪颖,但是"因举业相缠,尚不免有等待心"⑦,即像一般读书人那样,把科举考试看成了第一位的事情,对于作圣成贤的事业,想放在科考过关之后再说。不知何时,他认识到了自己的思想误差,因此,在龙溪门人陆光宅的影响下,和八位真心向学之儒生共结学社,"相与焚香对越,定为盟约"⑧,以其父王龙溪为盟主,从此以明道成圣为目标,专心修习,矢志不渝。这样一来,王应吉像其他龙溪弟子一样,把自己的父亲当成了老师,对此,王龙溪虽然高兴,又保持了足够

---

① (明)赵锦:《龙溪王先生墓志铭》,载《王畿集》附录四,第831页。
② 《王畿集》卷13,《贺郭将军平寇序》,第371页。
③ 《王畿集》卷15,《遗言付应斌应吉儿》,第442页。
④ 《王畿集》卷15,《册付应吉儿收受》,第436页。
⑤ 《王畿集》卷15,《遗言付应斌应吉儿》,第442页。
⑥ 《王畿集》卷15,《册付应吉儿收受》,第436页。
⑦ 同上。
⑧ 《王畿集》卷15,《天心授受册》,第434页。

了清醒态度，他看到了王应吉"凡心习气未易融化"① 的个性不足，知道季子未必能够达到自己在道学上的造诣，但是，他并未拔苗助长，而是顺其自然，显示出另一种通达无碍的睿智风范。果然，王应吉如其父所料，"未能脱功利窠臼"②，在求道之路上走得并不轻松，正因为求道之心不切，连带着科举之路也比较坎坷。他于1579年（万历七年乙卯）中举③，此后参加会试，多次下第，对此，王龙溪看得很开，他曾在信中对友人说："小儿失意南还，相爱者多辱慰谕，区区未尝以此动心。迟速利钝，自有缘数"④，即可为证。直至万历二十年壬辰（1602年）王应吉才考中进士⑤，算是圆了自己的科举之梦。由于史料不足，我们不能确切地知道王应吉的生卒年月，但是，即使他像其父一样二十岁即中举，等到他考中进士时，起码也有四十多岁了。此后，王应吉步入仕途，仕至吏部员外郎，不过是一个普通的中级官员而已，在道学修养上，后人也不曾听说过王应吉有何卓越的表现。由是可见，道者，天下之公器也，惟有心（缘）人可以得之，王阳明可以无私地传给王龙溪，王龙溪可以传给其他弟子，却不能传子传孙，因此，他直到八十岁，仍然有"惟师门一线之传，未得一二法器出头担荷，未能忘情"⑥的感叹。总之，以王应吉的学问功夫之造诣，不能算作承接龙溪之学的传人。

① 《王畿集》卷15，《天心授受册》，第434页。
② 《王畿集》卷15，《遗言付应斌应吉儿》，第442页。
③ （明）赵锦：《龙溪王先生墓志铭》，载《王畿集》附录四，第831页。
④ 《王畿集》卷10，《与朱越峤》，第257页。又见《王畿集》卷11，《与赵澂阳》，第289页。
⑤ 《浙江通志》卷133，《选举十一》，载（清）纪昀等编纂《四库全书》第522册，上海古籍出版社1989年版，史部·地理类，第478页。
⑥ 《王畿集》卷20，《与沈宗颜》，第329页。

第二章　王龙溪的学侣与门人之考辨

王龙溪讲学修道一生，结交学侣与门人无数。虽然王龙溪在当时的儒林中具有崇高的威望，士大夫几乎无不以结交龙溪为荣，但是，在王龙溪的心目中，真正称得上道友或挚友的，却并不很多。今简述其中一些主要人物的生平事迹及学行特色，有助于拓展我们对于龙溪其人其学的了解。

第一节　学侣之考辨

一　浙中同门钱德洪

钱德洪（1497—1574 年）①，字洪甫，曾读《易》于灵绪山中，故门人称为绪山先生，浙江余姚人。"自幼端严若成人"②，成年以后，性格沉毅不苟。正德十六年（1521 年），平定"宸濠之乱"的王阳明回到故乡越中，钱德洪偕同一群乡里后生拜其为师。和王龙溪一样，钱德洪是属于王阳明在越中"最先及门"③的弟子之一，因其诚恳好学之精神，很受王阳明赏识。随着各地前来求学的弟子越来越多，阳明不能一一遍授，便将初及门者分送钱德洪、王龙溪等高足门下，先代为讲授心学思想，待其志成有定，再面见阳明深造，"众中称为教授师"。④ 嘉靖六年丁亥（1527年）九月，在王阳明出征广西的前夕，钱、王二人将其发生分歧的"四句教"问题请教于王阳明，王阳明为其折中取正，告诉"二人若能各舍所见，互相取益，使吾教法上下皆通，始为善学耳"。⑤ 这便是理学史上

---

① 根据王龙溪所作《绪山钱君行状》所述：钱德洪生于弘治九年丙辰十二月二十二日，丙辰年的阳历是 1496 年，但其出生时间已是 1497 年。
② 《王畿集》卷 20，《绪山钱君行状》，第 584 页。
③ 同上书，第 585 页。
④ 同上。
⑤ 同上书，第 586 页。

著名的"天泉证道"。

　　由于同为越中王门之中坚人物，钱、王二人尽管有思想分歧，在很多大事上都是形影相随、共同进退的。他俩于嘉靖五年同时会试得第，但为了帮助王阳明传播心学，皆不赴廷试而归，造成士林一时的轰动。嘉靖八年（1529年），二人本已结伴前往北京参加殿试，中途闻讯王阳明病故的消息，一同赶回来，"麻衣布经"，为王阳明发丧。王阳明逝后，意外受到当朝奸臣之陷害，尽革身后锡典，并被禁为伪学。其家庭境况，则是"内讧外侮并作"①，在此情形下，钱德洪和王龙溪一起应对抗争，一方面"轮守夫子庐室，以备不虞"②，另一方面全力保护王阳明的幼子王正亿的人身安全。危机化解之后，二人还不忘"与四方同志往来聚会，以广师门教旨"③。嘉靖十一年（1532年），钱、王二人同赴北京参加殿试，获得了早该属于他们的进士资格，从此步入官场。与王龙溪一样，钱德洪心性淡泊，不热衷于仕途，"以亲老便养，乞苏学教授"④，成为一个只有八品衔的苏州府学教授。在此期间，他"日坐道山亭开讲，吴士翕然而兴，谓有东鲁沂水遗风"。⑤后来，虽然不曾干请，循官场惯例，但钱德洪仍逐渐升至刑部陕西司员外郎（从五品）。嘉靖二十二年癸卯（1543年），因审理武定侯郭勋一案，为人忠直的钱德洪触怒了嘉靖皇帝，被关入锦衣卫的监狱之中。这次牢狱之灾，对于钱德洪而言，既是一场磨难，又是一次洗礼。在狱中，钱德洪忽然发现自己原来"平时学问大未得力"⑥，是因为"减削未尽"之故，于是放下一切牵挂，心中"洒然一空，鼾声彻旦"⑦。醒来之后，他一无所惧，淡定从容，竟然给同牢的官员御史杨斛山和都督赵白楼讲起了《易经》，成为二人的老师。不久，他被罢官归农。对于钱德洪的这一场遭遇，王龙溪说："君之学得诸生死境中，益觉自信"。⑧无疑，这是一个十分中肯的评价。

　　回乡后的三十余年，钱德洪和王龙溪一样，以修道讲学为事，一直至

① 《王畿集》卷20，《绪山钱君行状》，第587页。
② 同上。
③ 同上。
④ 同上。
⑤ 同上。
⑥ 同上书，第589页。
⑦ 同上书，第588页。
⑧ 同上书，第589页。

七十岁才"不复远游"①。在此期间，朝廷先是对他"诏复冠带，闲住听用"，②隆庆年间，将他进阶为朝列大夫致仕，万历初年又升了一级，但是，钱德洪对于这些身外的待遇，早已无动于衷了。归隐之后的钱德洪，知道自己在悟境和辩才上比不了王龙溪，因此，他渐渐地把自己的工作重点，从讲学转向了对王阳明年谱和文集的整理。嘉靖三十五年丙辰（1556 年），扩编的三卷本《传习录》得以付梓；嘉靖四十二年癸亥（1563 年），《王阳明年谱》终于定稿；嘉靖四十五年丙寅（1566 年），又刻成王阳明的《文录续编》六卷。虽然这些工作不是钱德洪一个人完成的（如《年谱》的完成就有王龙溪、罗洪先等多位同门好友的积极参与），但是，他在其中担任统稿、定稿的工作，为此付出了最多的心血，这一点是毫无疑义的。

论及钱德洪和王龙溪二人的关系，有的学人因为"四句教"的争论，往往猜测钱、王二人意见不合，关系难免龃龉，更有甚者担心二人有"瑜亮情节"存在，实际上，这是低估了钱、王二人的德行和胸襟。一方面，钱德洪在给同门季本的信中说："龙溪之见，伶俐直截。泥功夫于生灭者，闻龙溪之言，自当省发，是龙溪于吾党学问头脑，大有功力也。"③又在给友人的信中说："归来屡经多故，不肖始能纯信本心，龙溪亦于事上肯自磨涤，自此正相当。"④另一方面，王龙溪也曾经说过："窃念吾人所志虽同，资性稍异，各有所得力处，亦各有受病处"⑤，可见，他对于二人年轻时的功夫长短有着清醒的认识。然而，这丝毫不影响二人之间的友谊，就像王阳明和湛甘泉生前也有争议，并不妨碍二人的深厚友情一样。因此，当万历二年（1574 年）十月二十七日钱德洪病逝之后，他的儿子钱应乐来请求王龙溪为其父写一篇行状时，王龙溪欣然答应，他说："念予与君数十年交与之情，异形同心，知君莫如予，义不容辞。"⑥他写就的《绪山钱君行状》，长达六千字左右，是生平所做文章中的第二长文⑦，如果和钱德洪之间没有足够分量的交谊，那么，王龙溪也大可不必

---

① 《王畿集》卷 20，《绪山钱君行状》，第 590 页。
② 同上书，第 589 页。
③ 同上书，第 590 页。
④ （明）钱德洪：《与张浮峰》，载《徐爱·钱德洪·董沄集》，钱明编校，凤凰出版社2007 年版，第 153 页。
⑤ 《王畿集》卷 20，《绪山钱君行状》，第 589 页。
⑥ 同上书，第 592 页。
⑦ 第一长文为《鹿园万公行状》，载《王畿集》卷 20，第 593—607 页，有八千字，为纪念其友人万鹿园而作。

为自己所不喜欢的人写如此长的一篇纪念性文字了。

二　江右同门邹守益

邹守益（1491—1562 年），字谦之，号东廓，江西安福人。心智颖慧，谦逊好学。正德六年（1511 年）会试第一、殿试第三，授翰林院编修。逾年丁父忧而告归。正德十四年（1519 年），前往赣州向担任巡抚的王阳明求取一篇祭父之文，意外地解决了多年困扰于心的《大学》、《中庸》宗旨不一的问题，于是，拜阳明为师。同年六月，宁王朱宸濠在南昌叛乱，邹守益发动宗族子弟参加王阳明的勤王之师，并入其幕府参赞军务。嘉靖三年，因"大礼议"一事上书，触怒嘉靖帝，下诏狱，被谪为广德州判官。此后，以其学行和政绩，又得以渐渐升迁，仕至南京国子监祭酒。嘉靖二十年（1541 年），再次以上书言事而得罪嘉靖帝，被下令落职闲住，"里居，日事讲学，四方从游者踵至，学者称东廓先生"①。嘉靖四十一年（1562 年）卒，享年七十二岁。

邹东廓是江右王门的代表人物。在阳明去世之后，他恪守师说，从不标新立异以眩视听。对于这位年长而且先入师门的同仁，王龙溪一直持有敬重之心。他说："粤自哲人既萎，仪形日疏，吾党诸友各以性之所近为学，虽于师门大旨不敢有违，未免倡为己见，以为发师门之所未发，听者眩然，未能会归于一，是则吾党之过也。惟丈终始笃于尊信，服膺良知之旨，如护命根，……不忍加一卮言以乱其宗。"② 又说："（先生）一惟师说之守，则先后反复，未尝少有所变也。"③ 当然，邹守益不是一个只会绍述阳明思想的人，他当然有自己真切的修道心得，概而言之，即如黄宗羲所说："先生之学，得力于敬。敬也者，良知之精明而不杂以尘俗者也。"④ 不过，他是以知行合一的精神在日用伦物中去"持敬"，与那些只会在纸面上诠释"敬"之内涵的俗儒有着本质的不同。正因为得力于敬，虽然在宦海屡遭打击，几经沉浮，邹东廓一直保持着良好的心理素质和健康的体魄。对此，王龙溪赞曰："予惟观先生之寿，当观先生之学，知先生之本，而先生之寿益有足征矣。先师尝曰：'戒慎不睹，恐惧不闻，则神住，神住则气住、精住，而仙家长生久视之说不外于是。'……先生独

---

① 《明史》卷283，《儒林二》，第7270页。
② 《王畿集》卷16，《书东廓达师门手书》，第470页。
③ 《王畿集》卷13，《邹东廓先生续摘稿序》，第349页。
④ 《明儒学案》卷16，《江右王门学案一》，第334页。

信之不疑，不淆于异术。故行年七十，视听不衰，而精气益强，非一于神守，能若是乎?"① 虽然邹东廓的寿数在今天看来算不了什么，但是，能够健康愉快地活上七十年，比起病病快快、痛苦熬艰地活上百岁，恐怕更有意义得多。在邹东廓与王龙溪长达四十年的交往中，最令人称奇的事情，莫过于在邹东廓病故的当天，王龙溪从浙江远道来访，不约而至，与这位同门好友拱手而别，见上了最后一面。对此，王龙溪曾与友人信中说："弟仲冬适至安成，三千里同心之交，得尽永诀，人皆以为奇事。"② 其事之详，可见今人耿加进所编之《邹东廓先生年谱》③。

三 南中挚友唐顺之

唐顺之（1507—1560 年），字应德，号荆川，南直隶武进（今江苏常州）人。自幼聪慧异常，嘉靖八年（1529 年），年仅 23 岁的他进京参加会试，获得第一名（俗称"会元"），官授翰林院庶吉士。因不肯依附权臣张璁，仕途蹇滞，嘉靖十二年，被罢官回籍。嘉靖十八年（1539 年），起故官，兼春坊右司谏，成为太子的属官。此时，由于嘉靖皇帝迷信道教，成天在后宫中烧汞炼丹，长年不理朝政，唐顺之和同僚罗洪先、赵时春等上书，请求来年元旦由皇太子出御文华殿，接受百官朝拜。这封奏疏引得嘉靖帝大怒，认为这是要逼自己退位，将三人皆罢黜为民，于是，唐荆川再次回到故里，在阳羡山中结庐读书，长达十余年。《明史》记载："顺之于学无所不窥。自天文、乐律、地理、兵法、弧矢……莫不究极原委。"④ 因为博学多才，当东南倭寇大作之际，许多朝中和地方的高官纷纷想到再次起用唐顺之。因此，唐顺之奉命回到北京，先任兵部职方司郎中等职，未几，升为右佥都御史，巡抚淮、扬一带。虽然这只是一个正四品级的官职，但是有权节制前线的总兵以下各级官员，因此，唐顺之获得了施展才能、报效国家的机会。果然，他在三沙（今崇明岛）、姚家荡、庙湾等地屡次击败倭寇，而且身先士卒，跃马阵前，有时，他"持刀直前，去贼营百余步"⑤，这对于一个文职官员来讲，是极为罕见的勇气，几乎可以和当年平寇的王阳明相比拟。此时，又逢淮、扬一带歉收，饥民遍野，唐顺之及时以巡抚之职权，赈济了淮、扬一带的数十万饥民，避免

---

① 《王畿集》卷 14，《寿邹东廓七帙序》，第 389 页。
② 《王畿集》卷 9，《与吕沃洲》，第 227 页。按：安成，乃江西省安福县之别称。
③ 耿加进：《邹东廓先生年谱》，载《阳明学刊》第五辑，巴蜀书社 2011 年版，第 220 页。
④ 《明史》卷 205，第 5424 页。
⑤ 同上。

了事态的进一步恶化。令人难料的是，在平定三沙倭寇之时，"时盛暑，居海舟两月，遂得疾"①，此后，唐顺之一直抱病坚持，运筹帷幄，身体渐渐不支。嘉靖三十九年庚申四月一日，当他和幕府乘船行至南通时，病逝于舟中，年仅五十四岁。这时，明帝国平定倭寇的战争开始进入高潮，戚继光、俞大猷等抗倭名将刚刚崭露头角，遗憾的是，这样一位有着非凡文才武略的大儒，却撒手人寰，无缘再进一步建树功业了。

唐顺之和王龙溪的交往，始于嘉靖十一年，即王龙溪前往北京参加殿试之际，不过，二人的深入过从，却是唐顺之罢官回至阳羡山中潜心读书之时。这是因为，二人虽然早已相识，但是宦海飘零，天各一方，交往毕竟有限。后来王龙溪前往南京兵部任职，1542 年之前一直身在南京，属闲曹散吏，南京与武进相距不过二百余里，来往方便。其后，龙溪罢官归里，以讲学为务，和唐顺之的往来就更频繁了。据黄宗羲记载："先生之学，得之龙溪者为多，故言于龙溪，只少一拜"②，这句话不是凭空乱讲的，王龙溪之于唐顺之，确实相当于亦师亦友的关系，交往几近三十年，称得上是"异形同心"的挚友。唐顺之的个性素来诚恳而率直，这一点在与龙溪的交往中表现得尤其明显。有时，王龙溪对他直言以教，他会"愤然不服"③，鲜明地表达自己的态度，而当龙溪将其所犯之过一一言中肯綮时，他又会"怃然"而曰："吾过矣"④，绝无半点掩饰回护之辞。有感于唐顺之这种闻过则喜的真性情，在他去世之后，王龙溪在祭文中写道："兄本多能，予分守拙，谓予论学颇有微长，得于宗教之传。每予启口，辄俯首而听，凝神而思，若超乎象帝之先。尝戏谓予'独少北面四拜之礼'，予何敢当？而兄之虚受，则横渠之勇，不得专美于前。"⑤

关于唐顺之的生平和学行，首先，《明史》卷 205 有传，把他和朱纨、胡宗宪、李遂等抗倭名臣编在了一起；其次，黄宗羲在撰写《明儒学案》时，把他放在了卷 26《南中王门学案二》中；再次，在今本《王畿集》中，卷一收录了他与唐荆川论学的《维扬晤语》，卷十收录了王龙溪给唐荆川的两封信，其文理义趣，颇可观焉。此外，就是卷十九的《祭唐荆川文》，龙溪追悼亡友，拳拳真情，溢于言表，足见二人相知之深，友谊之诚。

---

① 《明史》卷 205，第 5424 页。
② 《明儒学案》卷 26，《南中王门学案二》，第 599 页。横渠之勇，指北宋张载的事迹。
③ 《王畿集》卷 1，《维扬晤语》，第 7 页。
④ 同上。
⑤ 《王畿集》卷 19，《祭唐荆川文》，第 573 页。

四　同年挚友戚贤

戚贤（1492—1553 年），字秀夫，号南玄，南直隶全椒人（今属安徽，地近南京）。家素贫，发愤读书，嘉靖五年丙戌（1526 年）会试得第，中进士，与王龙溪成为同年好友。此后，曾两任知县，为官廉直，有政声，逐渐调至北京，任刑科都给事中，"遇事敢言，一时谏垣倚以为重"①。起初，戚贤为诸生时，王阳明曾在滁州任太仆寺少卿，戚贤以秀才的身份听过王阳明讲学，但此时尚"未信其学"②，后来看过一些王阳明论学的书籍，"读之有契于心"③，开始真心服膺阳明心学。在浙江归安任知县时，与在家赋闲的王阳明书信往来，探讨修道心得，从此执弟子礼，王阳明对他也很欣赏，有《与戚秀夫》一封短信存世④。受到阳明心学熏陶，戚贤从此"身任此学，一切感应是非，取裁于心，不复牵于称讥利害之迹"⑤，在言官任上敢于仗义执言，曾经将数位冢宰重臣弹劾下台。嘉靖二十年辛丑（1541 年），因太庙火灾，嘉靖帝下诏求谏，戚贤上书，弹劾郭勋、张瓒等当朝重臣，并推荐包括王龙溪在内的十几位知名儒者"备清班顾问"⑥，触怒了首辅夏言，"票旨揭为伪学同党"⑦，诸被荐之人皆被夺俸甚至免职，而戚贤本人，先被谪往山东布政司任都事，不久令其致仕回籍。戚贤回乡之后，以聚友讲学为事，令名闻于海内，"居乡十余年，同志士友过江上，莫不迂途就问，浃旬乃去"⑧，朋友之间"以考德问业为事"，⑨继续修习儒家的圣人之学。1552 年，因所钟爱的第三子病故，悲伤恸哭，至不能食，次年二月，疾重而逝。

戚贤与王龙溪本是同年好友，在京为官时，"出则并马，燕则共席，寝则联床，是以聚友讲学为事"⑩。因为王龙溪的"超悟"和在王门中的特殊地位，本来比王龙溪年长六岁的戚贤反而对龙溪特加敬重，"众有论

① 《王畿集》卷 20，《刑科都给事中南玄戚君墓志铭》，第 610 页。
② 同上书，第 612 页。
③ 同上。
④ 《王阳明全集》卷 6，第 221 页。
⑤ 同上书，第 613 页。
⑥ 同上书，第 612 页。
⑦ 《王畿集》卷 19，《祭戚南玄文》，第 570 页。
⑧ 《王畿集》卷 20，《刑科都给事中南玄戚君墓志铭》，第 615 页。
⑨ 《王畿集》卷 19，《祭戚南玄文》，第 571 页。
⑩ 同上书，第 570 页。

说不一者，时时谬以不肖之言为证，不明不已"①。同时，王龙溪偶然有误时，他也能直言相告，引得龙溪"竦然愧谢"②。可见，戚贤与王龙溪是志同道合的朋友，绝非那种势利之交或游戏红尘的"玩友"。因此，当王龙溪因戚贤之荐而落难时，戚贤给他写信说："以此相累，伪学之名虽非清朝所宜有，但观前朝，当此者何人？"③ 这里的"前朝"之事，指的是南宋朱熹曾被列入"伪学逆党籍"一案，戚贤把龙溪与朱熹相提并论，可见在他的心目中龙溪地位之高了。对于这样一位相知甚深的朋友，王龙溪当然也以至诚相待，因此，当他听说戚贤病重的消息时，竟然"与妻孥相对涕洟、徬徨"④，准备前往全椒探视。这种反常的情绪，对于一生处变不惊、达观通透的王龙溪来讲，是极为少见的，由此可见二人交谊之深，足以感动后人。

五　同年好友林春

林春（1498—1541年），字子仁，号东城，泰州人。出身贫寒，稍长，只能靠当佣工为生。他在一位姓王的千户家中做童子，"王氏见其慧，因使与（其）子共学"⑤，算是脱了盲。长大之后，因阳明门下的王艮（号心斋）在家开门讲学，他前往求教，成为王艮"及门最早"⑥ 的弟子之一。由于刻苦自厉，嘉靖十一年壬辰（1532年），林春进京参加会试，名列第一（俗称"会元"），登进士第，开始了仕宦生涯。他一直担任京官，累迁至吏部文选司郎中，这是一个品级不高但颇有实权的职位。然而，林春并不羡慕高官厚禄，更不喜欢在官场中左右逢源，他登进士第时，适逢王龙溪来参加殿试，所以二人成为同年好友。黄宗羲说："先生师心斋，而友龙溪，始闻致良知之说，遂欲以躬践之。"⑦ 当然，此言亦有不确处，林春不可能在结识龙溪之后才"始闻致良知之说"，因为王心斋也是阳明门下高徒，一生讲学亦以良知学为宗旨，只能说林春与龙溪纳交之后，深闻"致良知"之说而已。不管怎样，从此，林春经常和在京

① 《王畿集》卷20，《刑科都给事中南玄戚君墓志铭》，第614页。
② 同上书，第613页。
③ 《王畿集》卷19，《祭戚南玄文》，第571页。
④ 同上书，第570页。
⑤ 《明儒学案》卷32，《泰州学案一》，第744页。
⑥ ［日］冈田武彦、荒木见悟主编：《王心斋全集》（和刻近世汉籍本），卷之五，《弟子附录》，京都：中文出版社1972年版，第165页。
⑦ 《明儒学案》卷32，《泰州学案一》，第745页。

儒者讲学修道，"虽在吏部，不以官避嫌疑，与知学者挟衾被栉具，往宿寺观中，终夜刺刺不休。"① 林春的性格，敦厚朴实，注重躬行，即使对心学带有偏见的《明史》编者，也不得不承认："缙绅士讲学京师者数十人，聪明解悟善谈说者，推王畿，志行敦实推（林）春及罗洪先。"② 遗憾的是，林春短寿，嘉靖二十年辛丑（1541 年），他就病逝于职任之上，"遗橐金四两，其清介如此"③。

可惜的是，林春去世太早，因此，在现存的《王龙溪全集》中，并无较多的关于林春与王龙溪交往的记述。不过，有一篇《东城子文集序》，出自王龙溪本人之笔，其中讲道："予友东城子既没，其门人张淳与其子晓晦，手录其遗文。"④ 来到会稽山中，请王龙溪为此文集写序。为此，王龙溪感叹道："予与东城子交深且久，海内之知东城者莫如予。人之相知，以知心为难，知予者亦莫如东城子。东城子志端气和，貌温而言顺，文如其为人……贤不肖皆信东城子为完行，而在同志以为知学之君子也"⑤。其文虽短，却足以体现王龙溪对于林春真诚的钦佩和追思之情。此外，王龙溪有时也会回忆："予与荆川尝追忆东南同志之友，自君（指戚贤）之外，如林东城、万鹿园皆予所谓莫逆者也。"⑥ 不过，关于林春与王龙溪的交往，目前的文献资料仍十分缺乏，需要从其他阳明后学的文集中才可窥见一些端倪。

六 知己之交万鹿园

万表（1498—1556 年），字民望，号鹿园，又号九沙山人，浙江宁波人，出生在一个职业军人家庭，世袭宁波卫指挥佥事。万鹿园十七岁即承袭父职，出入军旅，但是，"居常读书学古，恂恂一儒生也"。⑦ 由于世袭军职之故，万鹿园考的是武科，正德十五年庚辰（1520 年），中会试第十八名。此后，万鹿园的职位渐渐升迁，仕至左军都督漕运总兵官，又被授予南京中军都督府佥事。他为将素有谋略，而且廉毅不阿，但是，由于身体患病，屡次告假养疾，因此，始终没有成为手握重兵、经略一方的干

---

① 《明儒学案》卷 32，《泰州学案一》，第 745 页。
② 《明史》卷 283，《儒林二》，第 7275 页。
③ 《王心斋全集》（和刻本），卷之五，《弟子附录》，第 165 页。
④ （明）王畿：《东城子文集序》，载《王畿集》附录三，《逸文辑佚》，第 813 页。
⑤ 同上书，第 814 页。
⑥ 《王畿集》卷 20，《刑科都给事中南玄戚君墓志铭》，第 616 页。
⑦ 《王畿集》卷 20，《万鹿园公行状》，第 594 页。

臣。嘉靖三十一年，倭寇之乱日渐嚣张，形势危急，在此情形下，武将出身的万鹿园当然渴望带兵剿寇、澄清海疆。遗憾的是，朝廷此时仍然没有授予他什么实职，他只能变产聚粮，招募乡勇及僧兵约八百人，协助当地官员抵抗倭寇。由于其他将领不配合，万鹿园曾经与倭寇主力孤军力战，自己肩中流矢，溺于河中险些丧命。忧愤之极，万鹿园旧病复发，于嘉靖三十五年（1556年）丙辰正月二十六日亡故。

万鹿园虽然身为武职，但是性情淡泊、慷慨乐施。他经常周济贫者，甚至在灾疫之年施米煮粥、开堂施药，救活了数以万计的灾民。为此，他变卖财产，甚至易衣、脱簪，人或以为痴，他说："财者，世间流通之物。譬如元气，周身才有壅滞，即能生疾。吾见世人之痴耳。"[1] 正是因为有着乐善好学的真性情，所以，万鹿园才成为王龙溪的莫逆之交。王龙溪曾回忆说："君交游半于省内，念庵、荆川、绪山及予三数人，犹为相知。……故予自谓平生交与知君为深，……君之隐志，固有家人不及知，而予独与闻者，所谓相视莫逆者，非邪？"[2] 王龙溪认为，"君之学虽混迹四方，而实欲以圣贤为宗"，[3] 正因为如此，王龙溪才将万鹿园视为同道挚友。万鹿园病故后，并无文字之嗜的王龙溪在感伤之余，写下了长达八千字的《万鹿园公行状》一文，内中详述了万鹿园的生平和学行，表达了对这位挚友的怀念之情，值得注意的是，这也是王龙溪生平所做文章中最长的一篇。

七　江右道友罗洪先

罗洪先（1504—1564年），字达夫，号念庵，江西吉水人。嘉靖八年（1529年）考中进士第一名（即状元），授翰林院修撰。不过，他实际上没做几天官，从嘉靖八年到嘉靖十九年，先是告假回乡二年，又连续丁父艰及母忧，嘉靖十八年拜为左春坊左赞善，是一个辅佐太子的清显之职。嘉靖十九年（1540年），因嘉靖皇帝"常不御朝"，与太子属官唐顺之、赵时春上奏，请求来年元旦令皇太子御文华殿，接受百官朝贺。此奏引得嘉靖帝大怒，将三人皆罢黜为民。从此，罗洪先结束了他短暂的仕宦生涯。返乡之后，罗洪先甘于清贫淡泊，唯一心向学修道，曾开辟旧时虎穴为石莲洞，静坐其中，足不出户者三年，事能前知。后来，他一边潜修，

---

① 《王畿集》卷20，《万鹿园公行状》，第601页。

② 同上书，第606页。

③ 同上。

一边周游海内，参学访道，终于自成一体，成为江右王门代表人物之一。据黄宗羲评述："先生之学，始致力于践履，中归摄于寂静，晚彻悟于仁体。"① 这一评价概括了罗洪先修道的进程和所达到的诣境。

在罗洪先的修道历程中，王龙溪对他的影响在诸友中堪称最大。罗洪先曾著《冬游记》（1539年）、《夏游记》（1548年）和《甲寅夏游记》（1554年）三篇游记，内中阐述了自己修道不断深入的过程，其中，最主要的对话者就是王龙溪。罗洪从虚心听取龙溪的指点，到自己能够独立明辨、自成一体，经历了相当长的时间，王龙溪则是他进道历程中十分重要的"砺石"和见证人。另一方面，王龙溪对于罗洪先的评价也非常高，他曾说："予不类，辱交于念庵子三十余年。兄于良知之教，所谓能自信而致之者，非邪？"② 在罗洪先去世之后，王龙溪在祭文中写道："惟兄精纯昭旷之学，坚凝果毅之志，宏博充裕之才，莹睿和平之气，……古之所谓完德君子，兄非其人邪？"③ 在王龙溪的众多朋友中，若说盖棺定论，恐怕给予罗洪先的这个评价是最高的。

当然，罗洪先和王龙溪也有思想见解的分歧。除了晚年在深邃、细腻的工夫论思想上有所差别外，主要表现在：罗洪先后来比较消极地对待讲会活动，因为他发现一些参加讲会的学者并无求道之真心，不过是借用讲会这种形式四处去结交应酬，还要烦劳当地官府和乡绅们花费很多钱财去招待。对于讲会中良莠不齐、鱼目混珠的现象，以龙溪之睿智，不可能没有察觉，但是，他更多地是看重讲会对于传播圣人之学的积极意义，因此始终不懈地推广、坚持，而且，他还劝勉罗洪先积极参加并指导当地的讲会活动。在邹东廓去世（1562年）之后，王龙溪曾给罗洪先写了一封信，信中说：

> 吾兄素行超卓，真纯粹白，同志素所信向，乃今闭关多年，高卧不出，于一己受用得矣，如世道何？兄见此辈发心不真，遂生厌离，不如自了性命，……大乘禅宗尚不肯作自了汉，况兄平生种下万物同体真种子，世间痛痒，素所关心，天机感触，随处生发，岂容自已？……春秋会时，还望为众出关，将身担当此事，以为之倡。……

---

① 《明儒学案》卷18，《江右王门学案三》，第388页。
② 《王畿集》卷14，《松原晤语寿念庵罗丈》，第392页。
③ 《王畿集》卷19，《祭罗念庵文》，第574页。

庶不枉大丈夫为此一大因缘出世一番耳。①

无论龙溪与念庵之间有着什么样的思想分歧，二人的友谊是真挚而持久的，以二人道行之深邃，一些修道体悟，世间可以相语者寥寥无几，因此，当罗洪先辞世之后，王龙溪感叹道："嗟！予去此，其复谁语？"② 对于长寿的龙溪而言，包括罗洪先在内的一个又一个道友先他而离世，他的孤独感可想而知，因此，这一声长叹，完全是发自内心的感慨。

八 晚年道友徐阶

徐阶（1503—1583 年），字子升，号存斋，松江府华亭县（今上海市）人。自幼天资聪颖，嘉靖二年（1523 年），年方廿一岁参加会试，即高中进士第三名，授翰林院编修一职。徐阶受儒家思想熏陶，原本忠直敢言，曾经据理与权臣张璁当面顶撞，被外贬为延平府推官。从此，他尝到了性格耿直的苦头，开始学会隐忍圆滑，"阴重不泄"③，保证了自己在险恶的官场环境中能够生存下去。后来，徐阶的仕途变得比较顺畅，步步升迁，最终回到朝中任职，先后担任过国子监祭酒、礼部侍郎等职。因为他文笔甚好，擅写青词，又懂得揣摩皇帝的心意，颇得喜好求仙问丹的嘉靖帝的赏识，不过数年便把他提拔进入内阁，授太子太傅、武英殿大学士，成为仅次于首辅严嵩的朝廷重臣。对于权倾朝野的奸臣严嵩，徐阶虚与委蛇，尽量不与其发生冲突，但是，当他确知嘉靖帝对严嵩圣眷已衰之时，便暗中支持御史邹应龙等上书弹劾，于嘉靖四十一年（1562 年）五月一举扳倒严嵩一党。此后，徐阶代严嵩为首辅，一方面小心翼翼地侍奉嘉靖皇帝，另一方面尽量运用手中的权力实施一些善政，对此，黄宗羲评论道："自分宜（指严嵩）败后，先生秉国成，内以揣摩人主之隐，外以收拾士大夫之心，益有所发舒，天下亦颇安之"④，当时喜欢清议的朝野士人，都比较赞赏徐阶的作为，"论者翕然推阶为名相"⑤ 不过，真正让徐阶赢得令名的，是在嘉靖四十五年，当明世宗病逝之后，徐阶立刻颁布所谓遗诏（实际上由他起草），"凡斋醮、土木、珠宝、织作悉罢，'大礼'

---

① 《王畿集》卷 10，《与罗念庵》，第 237 页。
② 《王畿集》卷 19，《祭罗念庵文》，第 575 页。
③ 《明史》卷 213，《徐阶传》，第 5631 页。
④ 《明儒学案》卷 27，《南中王门学案三》，第 617 页。
⑤ 《明史》卷 213，《徐阶传》，第 5636 页。

大狱、言事得罪诸臣悉牵复之。诏下，朝野号恸感激。"① 徐阶利用新君登临之初，凡事由首辅做主的机会，把嘉靖一朝的弊政统统革除，因此，在士大夫中间赢得了普遍的拥戴，"四方感动，为之泣下"②，其政治生涯于此时也达到巅峰。然而，新登基的明穆宗也是一个怠于政事、爱好游乐的平庸皇帝，身边的一大群宦官更是教唆他游玩挥霍的罪魁祸首。对于新君这种怠政务而好逸乐的行为，徐阶像古代的辅弼大臣一样经常苦口婆心地劝谏，孰料新君根本听不进去，而且，"阶所持诤，多宫禁事，行者十八九，中官多侧目"③，于是，一贯小心谨慎的徐阶，成为宦官集团的眼中钉，必欲去之而后快。失望之余，徐阶只好请求致仕，隆庆皇帝乐得其便，爽快地答应了他的请求，此时，仅仅是隆庆二年（1568 年）七月，徐阶已经 66 岁了。徐阶担任了两朝首辅，为时不过六年，在君主专制政体下，他的政治作为实际上是很有限的。不过，《明史》一书对徐阶的评价还比较中肯："阶立朝有相度，保全善类。嘉、隆之政，多所匡救。间有委蛇，亦不失大节。"④

在明代历史中，徐阶不仅是一个重要政治人物，同时也是一个非常重视学术和教育的官僚学者。徐阶年少为诸生时，适逢名儒聂双江（1487—1563 年）担任华亭知县，徐阶受业于其门下。众所周知，聂双江后来成为江右王门的代表之一，从这个意义上讲，徐阶算是王阳明的再传弟子，"故得名王氏学"⑤。他对于阳明心学确实有一种发自内心的喜爱，尽管他的实际道行未必能够达到心学前辈的要求。1539 年（嘉靖十八年），徐阶在江西担任提学副使，意外地在某一士人家中发现了王阳明的画像，共三幅，其中一幅水墨图轴，是王阳明闲居时的肖像。徐阶听人说："此像于先生极似"⑥，于是，他利用自己年少时所学的绘画特长，把这三幅肖像都临摹了下来。可以想见，如果没有对于王阳明及其心学思想的由衷热爱，身为督学之官的徐阶是没必要亲自去临摹王阳明的肖像的。第二年，徐阶将那幅闲居水墨肖像转赠给自己的门人吕舒，并撰写了《阳明先生画像记》一文。在文章的结尾，他写道："予尝见人言此像于

---

① 《明史》卷 213，《徐阶传》，第 5636 页。
② 《明儒学案》卷 27，《南中王门学案三》，第 618 页。
③ 《明史》卷 213，《徐阶传》，第 5637 页。
④ 同上。
⑤ 《明儒学案》卷 27，《南中王门学案三》，第 618 页。
⑥ （明）徐阶：《阳明先生画像记》，载《王阳明全集》卷 39，第 1483 页。

先生极似。以今观之，貌殊不武，然独以武功显于此，见儒者之作用矣。"① 他能从王阳明的像貌中看出"儒者之作用"，仰慕之情，尽显于斯。

在担任地方官时，徐阶一直担负"提督学政"的使命，对于教育事业很内行。进入朝廷任职后，他更以身居国子监祭酒、礼部尚书、翰林学士等职务之便，积极推动士大夫的讲会活动，体现出弘扬儒家思想的充分热情。特别值得一提的是 1553 年（嘉靖三十二年癸丑），"为讲会于灵济宫，使南野、双江、松溪程文德分主之，学徒云集，至千人。其时癸丑甲寅，为自来未有之盛"②。这次灵济宫讲会，可能是有明一代由中央支持的最大规模的学术盛会，包括新科进士罗汝芳在内的许多儒者，都兴致勃勃地参加了这次讲会，"联讲两月，人心翕然，称盛会也"③。后来，在灵济宫的讲会还举办过数次，如 1565 年（嘉靖四十四年），徐阶又下令各部寺台省及来京觐见的地方官员，大会灵济宫，并请罗汝芳讲解北宋程颢的"学者须先识仁"之说，引得"听者跃然"。④

或许有人怀疑：徐阶大办讲会，是否出于粉饰太平的政治目的？对于这种怀疑，笔者固然不敢轻易否定，可是，如果说掌权之时的徐阶倡导儒家思想还有做作的成分，那么在晚年致仕之后，他的家庭屡遭变故，几至湮灭，而他仍然苦心向学，此时的徐阶对于圣人之学的热衷，完全是出于至诚的心态，体现出一位老耄儒者的终极关怀和价值追求，就应该充分肯定了。

欲搞清此事，还得从头说起。徐阶任首辅时，曾推荐新郑人高拱入阁，但是高拱为人负才自恣，与徐阶"不相能"，在隆庆元年与徐阶的斗争中败北，引疾归里。不过，次年徐阶亦罢相，到了隆庆五年（1571 年）五月，高拱重获起用，成为内阁首辅。他对徐阶衔恨已久，此时"修报复，欲曲杀之"⑤，他暗中唆使松江的地方官员给退休在乡的徐阶一家找茬，"尽夺其田，成其二子"⑥，按《明儒学案》的说法，"三子皆在缧

① （明）徐阶：《阳明先生画像记》，载《王阳明全集》卷 39，第 1483 页。
② 《明儒学案》卷 27，《南中王门学案三》，第 618 页。
③ （明）曹胤儒：《罗近溪师行实》，载《罗汝芳集》，《附录·传记、年谱》，方祖猷等编校，凤凰出版社 2007 年版，第 836 页。
④ 同上。
⑤ 《明儒学案》卷 27，《南中王门学案三》，第 618 页。
⑥ 《明史》卷 213，《徐阶传》，第 5637 页。

绁"①。徐阶的家族,由于多年兼并和不曾分家之故,田土广布,传说有二十四万亩之多,因而给政敌抓住了把柄,一时间,徐氏家族被整得非常凄惨。在这种情况下,徐阶"乃上书新郑,辞甚苦,新郑亦心动"②,总算没有把年迈的徐阶往死里整。好在高拱担任首辅时间也不长,1572 年的下半年,他就被张居正和冯保联手扳倒,离开了政治舞台。张居正早年曾受到徐阶的器重,对他持有感恩之心,很快,"三子皆复官,天子使行人存问"③,这样一来,徐阶的晚境才重获安宁,得以善终。

在宦海沉浮了半个世纪的徐阶,人世间的千滋百味都已尝过,到了冷静地审视和反思自己的一生的时候了。因此,虽然年过古稀,他反而开始诚心向学,认真品味儒家先圣的性命之道,在这种情形下,德行高迈、名满海内的王龙溪自然成为他求教的对象。虽然二人相识甚早④,但是,徐阶真诚地向龙溪请教道学之精蕴,应当是在晚年归乡之后,特别是家庭遭到外来打击,已将人世间诸种境遇看透之际。在《王畿集》中,暮年的徐阶与王龙溪的交往屡有记载,如《与存斋徐子问答》(卷六)、《原寿篇赠存斋徐公》(卷十四)、《云间乐聚册后语》(卷十五),等等。从这些文字可见,在王龙溪面前,徐阶其实是以弟子自居的,丝毫不因为曾经位极人臣而有一点倨傲或勉强,有时,对于王龙溪的教诲,他直接答道:"此在阶辈自用力、自解悟而已"⑤,其言浑如门人,诚挚之情,跃然可见。对于徐阶的这种虚怀与真诚,王龙溪评价曰:"好学不倦,见处超然,诚圣睿之资。"⑥ 除了最后一句稍许夸张外,前面两句的评价是如实的,因为一个年过古稀的老人,能有这种"好学不倦"的精神,已经十分难得了。在徐阶七十五岁寿诞时,王龙溪在祝寿文中说:"公深信师门之学,力肩斯道,为善类所归,向非一日矣。"⑦ 这段话,基本可以视为徐阶一生的写照,对于弘扬儒家圣人之学,徐阶的确是做出了很大贡献。因此,黄宗羲等人说徐阶"纯以机巧用事""绝无儒者气象,陷于霸术而不自知者也"⑧ 的评价,实在是求全责备之论,如果徐阶早年丝毫不懂得

① 《明儒学案》卷 27,《南中王门学案三》,第 618 页。
② 同上。
③ 同上。
④ 嘉靖二年王龙溪也参加过会试,只是落第而归,同为江南举子,可能此时二人就已结识。
⑤ 《王畿集》卷 15,《云间乐聚册后语》,第 414 页。
⑥ 《王畿集》卷 9,《与陆平泉》,第 221 页。
⑦ 《王畿集》卷 14,《原寿篇赠存斋徐公》,第 387 页。
⑧ 《明儒学案》卷 27,《南中王门学案三》,第 618 页。

明哲保身、虚与委蛇之术，那么，他在朝廷的政治斗争中早已身首异处，此后的任何事功作为根本连想都不用想了。

九 其他学侣简述

除上述八人外，王龙溪以朋友相待的学侣还有很多，相比之下，他们与龙溪之间的关系较前八人而言要疏远一点，特别是龙溪对他们的影响不如前者更大。但是，这些人也都是一代俊杰，是当时著名的士大夫，因此，笔者在此仍然简述一下他们的生平及其与王龙溪的往来。

（一）欧阳德（1497—1554 年），字崇一，号南野，江西泰和人。二十岁即中举，此后前往赣州向王阳明执贽求教，两次放弃进京会试的机会。嘉靖二年（1523 年）进京赶考，碰到考官出题，以心学为问，意在批驳王阳明的思想。同门徐珊投笔罢试而出，欧阳德、魏良弼、王臣等阳明弟子则"直接发师旨不讳"①，竟然都金榜高中，"识者以为进退有命。"② 他从此步入仕途，累迁至礼部尚书兼翰林院学士，并值无逸殿。嘉靖三十三年（1554 年）卒于任上。欧阳德为人，立朝有大节，虽然受嘉靖帝器重，却敢于犯颜直谏。幸其早亡，不然，很可能被害于同朝为官的奸相严嵩之手。

欧阳德与王龙溪在越中时就已相识，在阳明门下都曾担任过"教授师"的角色③。不过他先于龙溪为官，因此，嘉靖五年（1526 年），王龙溪与钱德洪前往北京参加会试时，他与魏良弼、王臣等同门予以热忱的欢迎和接待。他们特地与王龙溪"相与辨证"心学思想，引得进京入觐的官员和参加科考的举子很多都来参与讨论，由此使得王龙溪"名盛一时"④。欧阳德的做法，相当于为王龙溪做了大幅广告，使王龙溪和阳明心学广为世人所知。此后，由于各自宦海飘零之故，欧阳德与王龙溪的相聚并不算多（在南京时共过职，引得宁国一带许多读书人前来求教，成为他们共同的门人），但是，两位同门好友之间的友谊始终长青不衰。欧阳德长期担任高级文职官员，"以讲学为事"，人称"南野门人者半天下"⑤，在王学的发展过程中扮演着重要的角色。

（二）魏良弼（1492—1575 年），字师说，号水洲，江西新建人。在

---

① 《王阳明全集》卷35，《年谱三》，第1287页。
② 同上。
③ 《王畿集》卷20，《绪山钱君行状》，第585页。
④ （明）徐阶：《龙溪王先生传》，载《王畿集》附录四，第824页。
⑤ 《明儒学案》卷17，《江右王门学案二》，第360页。

王阳明巡抚江西时，与其弟良臣、良器共同纳贽拜师，后来前往越中继续求教。嘉靖二年与欧阳德、王臣等同门一同登进士第。曾任礼科都给事中，忠直敢言，"累遭廷杖，肤尽而骨不续，言之愈激"①，引起嘉靖帝的惊讶，"收之则赦，或且迁官，不欲其去。"② 后终被罢归，乡居多年，德重有望。隆庆改元，晋以太常少卿致仕，万历三年（1575 年），享年八十四岁而卒。

魏良弼与王龙溪也是在越中求学时相识的。魏良弼归隐后好道术，希望能够通过修炼结胎神化，为此，王龙溪先后写了两封信给他，向他阐明致良知之学与长生久视之道的内在关联③，其文思想内涵相当深邃，乃是为深造有得之士而言，非初学入门者可知。此外，王龙溪在与其他同门的信中也会提及魏良弼的名字，两人交往虽不算密切，但是保持着终生的友谊。

（三）李遂，生卒年不详，字邦良，号克斋，江西丰城人。嘉靖五年登进士第，是王龙溪的同年好友，历官多任。嘉靖三十六年，东南倭寇之乱大作，李遂被任命为凤阳等四府的巡抚，有节制诸将的权力。李遂为人"博学多智，长于用兵"④，在他的精心调度下，屡败倭寇，最终使得"江北倭悉平"，⑤ 因功升至南京兵部尚书。其生平履历，《明史》卷 205有传。

李遂"少负奇气，英睿倜傥，不泥于习，及与闻良知之教，有志圣学"⑥。加上同年进士的关系，成为王龙溪的好友，龙溪尊称他为"司马克斋李公"。每逢王龙溪到南京讲学，李遂必"出邀于路"，盛情款待。不过，王龙溪对于这样一位声名显赫的朋友，照样直言坦诚以对，没有半点曲意逢迎之态。例如，他曾对李遂说："兄从来有担负世界之志，不肯做小家当……若谓学问之功，更有商量在。"⑦ 又针对李遂年迈之后有"就闲省事之心"，说："欲爱惜精神，莫如亲朋友，终日与朋友相对，宴安怠惰之气自无所容，……亦便是吾儒学养生正脉路。"⑧ 李遂虽然此时

---

① 《明儒学案》卷 17，《江右王门学案四》，第 464 页。
② 同上。
③ 《王畿集》卷 9，《与魏水洲》，第 202—203 页。
④ 《明史》卷 205，第 5422 页。
⑤ 同上。
⑥ 《王畿集》卷 13，《都抚经略序》，第 363 页。
⑦ 《王畿集》卷 4，《留都会纪》，第 90 页。
⑧ 同上。

已位高望重，但是，对于王龙溪这样一位老友的直言教诲，却从无忤逆不悦之色，两人的友谊持续了终生。

另外，《明史》说李遂"弱冠，从欧阳德学"[①]，此句当有误。论年纪，欧阳德当不得李遂的老师，况且，欧阳德嘉靖二年即中进士，开始入仕（知南直隶六安州），身在异地，游移不定，更无缘为其讲学了。李遂地居丰城，当时属于南昌府管辖，笔者以为，李遂应是在王阳明担任江西巡抚期间，前往南昌向阳明求教，从而"与闻良知之教"的，此说备考。

（四）李材（1519—1591年），字孟诚，号见罗，江西丰城人，李遂之子。嘉靖四十一年（1562年）进士，累迁至云南按察使，曾大破缅甸土酋。因功升至右佥都御史，巡抚郧阳。后以兵变被劾，又因云南破缅之役有"攘冒蛮功，首级多伪"[②]之罪，系狱及流戍福建多年。赦还后，隐于林下，聚徒讲学，卒时七十七岁，《明史》卷227有传。

李材年轻时，曾从邹守益求学。进士及第后，自以学未成，乞假而归。"访唐枢、王畿、钱德洪，与问难。"[③]对王龙溪而言，他是晚辈，龙溪有时称其为"世契"，对于李材，王龙溪看到他"气魄大，担负世界心切"[④]的个性特点，告诫他功夫要渐入细腻、沉寂方可，"略涉精采、气魄、知识、商量，便非无声无臭宗旨"[⑤]。不过，李材对于王龙溪的教诲并未完全契会，他经过多年的博学和思考，拈出"止、修"二字，以为得孔、曾之真传，终于自成一家。因为他的学术思想比较特殊，黄宗羲在撰写《明儒学案》时，把他单独列入卷31《止修学案》中，该卷所记述的明代儒者仅有他一人而已。

（五）耿定向（1524—1596年），字在伦，号楚侗，又号天台，湖广黄安人。嘉靖三十三年（1556年）进士。为官多任，仕至南京右都御史，并以户部尚书总督仓场事。耿定向原本只是崇奉朱子学、以科举为务的一个儒生，他对于阳明心学发生兴趣，是早年受他的弟弟耿定理影响所至（耿定理近乎神奇的生平，记在《明儒学案》卷35）。由于对阳明心学存有兴趣，耿定向凡居官之处，经常聘请王龙溪、罗近溪等大儒前来讲学聚会，对于传播与弘扬王学有着重要的推动之功。不过，按黄宗羲所述：

---

① 《明史》卷205，第5419页。
② 《明儒学案》卷31，《止修学案》，第667页。
③ 《明史》卷227，第5955页。
④ 《王畿集》卷4，《过丰城答问》，第79页。
⑤ 《王畿集》卷12，《与李见罗》，第306页。

"先生之认良知，尚未清楚"①，因此，耿定向有时难免有说一套、做一套的官僚习气，曾经忍见学者何心隐死于张居正之手而不救，其品行为时人李贽所不耻，当今学者亦有争议。

不过，在与王龙溪的交往过程中，耿定向还是十分真诚而谦逊的。例如：他在宜兴校阅文籍时，听说王龙溪路过此地，"亟出访，握手相视，欢若平生"②。与王龙溪的问答探讨，也都是言辞诚恳，而且具有相当的理论深度。对于这样一位以诚相待的朋友，王龙溪也十分看重，把一些自己认为比较重要的事情予以相托，例如，万历年间王阳明从祀孔庙一事，耿定向就曾经鼎力支持，最终在万历十二年得以实现，可惜，此时连王龙溪也已告别人世了。关于耿定向与王龙溪的思想互动，今本《王畿集》中录有《东游会语》《答楚侗耿子问》和《留都会纪》共三篇会语，对此有详细的记述，此外，王龙溪给耿楚侗的三封书信也收录于《王畿集》中，都是研究相关问题的文献资料。

（六）罗汝芳（1515—1588 年），字惟德，号近溪，江西南城人。嘉靖二十三年（1544 年）会试得第，但自以为"吾学未信，不可以仕"③，不就殿试而归。周流四方、求学问道近十年，于嘉靖三十二年（1553 年）方赴殿试，登进士第。为官多任，清廉正直，担任过太湖知县、宁国知府和云南参知政事等地方主官，具有丰富的执政经验，政绩卓著，百姓拥戴。万历五年（1577 年），因得罪权臣张居正，被勒令致仕。回乡后，不顾朝廷之学禁，继续讲学传道。万历十六年（1588 年），预知自己的寿终之期，命诸孙和门生"刻期观化"④，应门人苦留，延迟一天，九月初二日端坐而逝，时人传为奇闻美谈。

罗近溪和王龙溪一样，是一意办道、心无旁骛的醇儒。年轻时师从泰州学派的颜山农为师，因此也算是王门后学之一。嘉靖四十三年（1564年），时任宁国知府的罗汝芳邀请王龙溪至宁国讲学，治下六邑士子共千余人会集，成为一时之盛会，王龙溪所讲之内容，编为《宛陵会语》，见于《王畿集》卷二。对于真诚向道的罗近溪，王龙溪也一直十分敬重，本来，论在王门中的辈分，龙溪比近溪要高得多⑤，论年龄，龙溪也比近

---

① 《明儒学案》卷 35，《泰州学案四》，第 816 页。

② 《王畿集》卷 4，《东游会语》，第 83 页。

③ （明）罗怀智：《罗明德公本传》，载《罗汝芳集》附录，第 829 页。

④ 《明儒学案》卷 34，《泰州学案三》，第 760 页。

⑤ 王艮（号心斋）→徐樾→颜钧→罗汝芳，而王心斋和王龙溪是同门，因此，龙溪比近溪的辈分高很多。

溪大了十七岁，不过，在给罗近溪的信中，王龙溪却尊称他为"吾兄"①，在与别人提到近溪时，有时亦称"近溪兄"②。然而，王龙溪对于罗汝芳并非一味恭维，在涉及修道功夫等关键性问题上，他总是敢于直言近溪的若干不足，例如：他曾对耿楚侗说："近溪之学，已得其大，转机亦圆。……然尚未离见在"③，指出近溪有时会将个人之见当成先天性体。虽然龙溪和近溪在思想上有种种微妙差别，龙溪有时直言不讳近溪的某些瑕疵，但是，这不妨碍他们成为传播圣人之学的坚定同盟军，"二溪"④之学也因此成为明代心学史上继王阳明之后的两座巍然屹立的高峰。

（七）陆树声（1519—1605 年），字与吉，号平泉，松江华亭人。嘉靖二十年（1541 年），年方二十三岁，高中会试第一，授翰林院编修。为人端介，因不附权臣，屡告乞休，隐居在乡，专心圣学，"通籍六十余年，居官未及一纪"⑤。不过，由于声望卓著，"中外高其风节，遇要职，必首举树声"⑥，曾任南京国子监司业、祭酒等职，仕至礼部尚书。

陆树声天资颖慧，既笃信阳明心学，又有得于禅理，因此，与王龙溪的交往自在情理之中。龙溪在给他的信中曾说："每忆龙池燕坐，超然默对之乐，恒不忘梦寐间。予亦不知其何心也。"⑦ 不过，王龙溪对于陆平泉，有时会委婉指出其心性功夫上的一些不足，特别是其"庄严之过"⑧，是因为还有分别之意在作怪。不过，这些细微分歧丝毫不影响二人之间的友谊，除了一般的聚会讲学之外，陆树声又应王龙溪之请求，在朝堂之上提议将王阳明从祀孔庙（还有一些大臣也发起提议），这是关乎王学命运的大事，虽然在龙溪有生之年尚未完成，但是，能够这样去做，已经是对年迈的王龙溪莫大的安慰了。

（八）刘尧诲，字君讷，号凝斋，湖广临武人（今属湖南衡阳），生卒年不详。嘉靖三十二年癸丑（1553 年）进士，与罗汝芳是同年好友。刘尧诲为人，天性沉毅，忠直敢言，曾因剿倭之事上书，引得权相严嵩

---

① 《王畿集》卷11，《与罗近溪》，第295页。
② 《王畿集》卷12，《与贡玄略》，第317页。
③ 《王畿集》卷4，《留都会纪》，第90页。
④ "二溪"的说法明代已有，参见（明）陶望龄《近溪先生语要序》，载《罗汝芳集》附录，第959页。
⑤ 《明史》卷226。第5695页。
⑥ 同上。
⑦ 《王畿集》卷9，《与陆平泉》，第220页。
⑧ 《王畿集》卷14，《从心篇寿平泉陆公》，第395页。

"衔之"①。从知县任起，累迁至兵部侍郎，亦曾落职归隐多年。万历七年（1569年），以侍郎兼都御史衔外巡，总督两广军务，剿平土寇，因功升至南京兵部尚书，后告归。《明史》有其名而无其传，《湖广通志》等书中有其传略。

刘尧诲其人，虽然位居高官，却始终不脱儒生好学之本色。他和王龙溪常有书信往来，所谈内容，都是论道问学之事，王龙溪对他，既嘉许其"乐善虚怀之诚"②，又敢于直言其心性功夫之欠缺，如，"不肖与公，此生以性命相期，不欲谀言往复。公于此事，已信过八九分，但一念入微处，尚欠稳实……"③又如："公天性沉毅，不能以颜色徇人，一切酬酢，执心太过，不能以圆机应之。"④这些话语是相当直率的，如果刘尧诲没有虚心求道之诚意，那么，王龙溪无论如何也不会对着一位封疆大吏叨叨其言了。

（九）陆光祖（1521—1597年），字舆绳，号五台，浙江平湖人。嘉靖二十六年（1547年）登进士第，首任知县，后为京官，历任主事、郎中等职，仕至吏部尚书。《明史》记曰："光祖清强有识，练达朝章，每议大政，一言则定"⑤，是一位很有才干的政治家，万历皇帝曾经将其姓名书于御屏之上，以备选用。他与张居正是同年进士，两人关系很好，但是，陆光祖对张居正并不"诡随"，有不同意见敢于说出来。万历七年，张居正因父亡而谋"夺情"，朝野一片反对之声，张居正怒而杖击冒犯自己的言官，对此，陆光祖写信给张予以规劝，因此，张居正死后，没有人把他视作张居正一党。

陆光祖和王龙溪之间，本是通家之好。他对待王龙溪，既当作师长，又当作可以谈学论道的朋友。由于政局变动，陆光祖也有数次在南京任职和"落职闲住"的经历，因此，他得以经常和王龙溪探讨学问。从思想上讲，陆光祖比较偏好佛教禅理，经常向王龙溪提起这方面的问题，王龙溪有时直接说："子信得良知未深，不曾在一念入微（处）切己理会。"⑥不过，对于这样一位愿意诚心探讨学理的高层官僚，王龙溪还是诲之不

---

① 《湖广通志》卷50，载《四库全书》第533册，上海古籍出版社1989年版，史部·地理类，第101页。
② 《王畿集》卷11，《与刘凝斋》之一，第273页。
③ 《王畿集》卷11，《与刘凝斋》之二，第274页。
④ 《王畿集》卷11，《与刘凝斋》之四，第275页。
⑤ 《明史》卷224，第5893页。
⑥ 《王畿集》卷6，《答五台陆子问》，第148页。

倦，尽到了一个前辈师长的责任。值得一提的是，王龙溪在《陆五台赠言》中写道："正心，先天之学也；诚意，后天之学也"①，将先天与后天之学的功夫要领简要地概括出来，这是一篇很有思想内涵的短文。此外，陆光祖有个弟弟，名叫陆光宅（字与中），原先放浪不羁，后来被陆光祖"强行"送到王龙溪门下听讲，不久，"惕然若有所省"②，从此改弦更张，变成一个好学上进之人，而且深得心学三昧，为王龙溪所器许。陆氏兄弟与王龙溪的这种师徒关系，堪称理学史上的一段佳话。

通过上述对王龙溪的主要学侣与好友的介绍，我们看到，他们几乎都是当时具有较高社会地位的士大夫，其中不少人在政界和儒林中还有享有很高的声望。同时，我们也不难发现，这些士大夫大多具有一个共同的经历，那就是因直言犯上而被贬谪甚至罢官，在经历了宦海沉浮的沧桑事变之后，他们对于儒家先圣所传的君子之学有了更真切的理解。在官场中，或许有的人从此变得消沉或圆滑，但是，王龙溪的学侣和挚友们，大多数却是铮铮铁骨丝毫未改，对于圣人之学的信仰较过去更加坚定，正因为如此，王龙溪才会把他们视为异形同道的挚友。当然，这种不畏权贵、忠直敢言的作风，有时未必就是很明智的，一些冷眼旁观的智者，对此也发出了善意的劝告，例如：王龙溪的同窗王心斋，曾经写过一篇《明哲保身论》，当他写这篇文章时，"时同志在宦途，或以谏死，或遭逐远方，先生（指王心斋）以为身且不保，何能为天地万物主？因瑶湖北上，作此赠之"③。这里所说的瑶湖，是指王阳明的另一位江右弟子王臣（号瑶湖），从泰州知州任上进京觐见，后升任刑部员外郎。王心斋担心王瑶湖像别的王门学者那样，在朝堂上出言剀切，获罪于身，因此写下了这篇著名的文章。其实，此文的内涵非常丰富，并不是主张同门好友都变得胆小怕事、惟图自保而已。不过，从此后许多王门后学仍然因为嫉恶如仇、忠言直谏而遭到打击迫害就可以看出，这篇文章并没有得到太多王门同道的认同，他们相信的，还是"朝闻道，夕死可矣"的生命价值观，是"有杀生以求仁，无求生而以害仁"④的先圣古训，换句话说，也就是以"致良知"为根本原则，去指导自己在政界官场的言行举止，并在社会上形成了一股正直风气和强大的舆论力量。在君主专制时代，这种思想行为固

① 《王畿集》卷16，《陆五台赠言》，第445页。
② 《王畿集》卷20，《乡贡士陆君与中传略》，第642页。
③ （明）王艮原著：《王心斋全集》，卷3《年谱》，陈祝生主编，江苏教育出版社2001年版，第72页。
④ 以上两句名言分别出自《论语·里仁》和《论语·卫灵公》。

然不能改变一个王朝由盛而衰的基本趋势，但是，它仍然透露出一种民族
文化的正气之魂，正是这股正气之魂，才支撑着中华民族在各种苦难灾变
中始终坚挺而不倒。从这个意义上讲，由古代儒家所倡导的忠诚、正直等
思想，已经融入民族文化的集体潜意识，成为我们民族精神的重要内涵。

第二节　门人之考辨

王龙溪一生，以长寿之身讲学四方，故其门人无数。不过，王龙溪真
正属意而期许的，却为数不多。正是由这些学行出色的门人，在他身后担
任了《王龙溪全集》的编校工作，使得《王龙溪全集》内容翔实，颇有
条理，与屡增屡补而不得其全的《王阳明全集》截然不同。由于篇幅所
限，笔者在此择其门人之要者简述之，以体现龙溪教育生涯的成就与
风采。

一　周怡

周怡（1506—1569 年），字顺之，号君讷，宁国府太平县人。嘉靖十
七年（1538 年）进士，曾任吏科给事中，"立朝仅一岁，所摧击，率当事
有势力大臣。在廷多侧目，怡益奋不顾"[1]。不过，忠直敢言的周怡最后
还是遇到了厄运，嘉靖二十二年（1543 年），因朝政事上书，致使嘉靖帝
大怒，杖击之后两下诏狱。赦免后，家居十九年，潜心圣学。明穆宗时，
起复为南京国子监司业、太常少卿等职。周怡曾经师事邹东廓、王龙溪，
是一位不喜空言而崇尚力行的王门学者。《明史》卷 209 和《明儒学案》
卷 25 均有传。

在乡隐居和南京任职期间，周怡颇有时间继续向王龙溪求教、探讨学
问。如他在任南京国子监司业时，曾向龙溪请教："怡受吾师之教多年，
一切行持不敢自恕，但此心尚未得安顿处。"龙溪笑曰："吾子直声喧宇
宙，至诚格上下，些子处未得安顿，可谓切问。昔者温公大名播于夷狄，
独此些子未有归著，常念一'中'字，以为得术，乃复为'中'所系缚，
将奈何？"顺之恍然若有所悟，曰："若非吾师指破，几被虚名误了一生，
于自己性命有何关涉？"[2] 这段对话中，王龙溪委婉地告诫周怡不要被

---

① 《明史》卷 209，第 5529 页。
② 《王畿集》卷 3，《九龙纪晦》，第 57 页。

"忠直至诚"的美名所系缚，而应一切以自己的良知为指归，经过宦海沉浮的周怡恍然大悟，明白了"虚名"和"性命"根本是两码事，因而百尺竿头，更进一步。对此，王龙溪亦感慨地说："顺之可谓实修实证，不为世套浮嚣所笼罩者矣！"① 由是可见，周怡对于王龙溪，终生执弟子礼，其虚怀求教之心，从不因自己身份的改变而改变。因此，王龙溪在世之时，便把自己的《会语》的编纂工作首先托付给他。

二　张元忭

张元忭（1538—1588 年），字子荩，号阳和，浙江山阴人，与王龙溪是同乡。不仅如此，王龙溪的夫人姓张，其内弟名曰张元益，张元忭实际上与张元益是同一宗族的平辈兄弟，因此与王龙溪本身即有姻戚关系，有时，王龙溪也将其称为"舍亲"②。张元忭出身于一个官僚士大夫家庭，二十一岁举于乡，隆庆五年（1571 年）中进士第一名，即荣登状元之第。授翰林院修撰，丁外艰归，因此仍有时间向龙溪问学求教。万历七年（1579 年）曾主教内书堂，以龙溪所著之《中鉴录》为教材，谆谆教诲宫中太监。张元忭虽为权相张居正主考时所录之进士，却从不巴结逢迎。后升至右春坊左谕德，兼翰林侍读，成为太子属官。尚未建立显赫事功，年五十一岁而病卒。

张元忭在乡期间，与王龙溪过从甚密，且天资颖悟，深识龙溪之道行。他曾与同门评价龙溪说："先生见道透彻，善识人病，每闻指授，令人跃然。高年步履视瞻，少壮者所不能及。是岂可以强为？随时应用，见其随时收摄，造次忙冗中，愈见其镇定安和，喜怒未尝形于色。吾党且学他得力处。"③ 其自身修道亦甚为用功，曾经"扫景玉山房，以不二名其斋，时时习期其中，以求证悟"④，对此，王龙溪委婉地告诫说："所谓如龙养珠，非专在蒲团上讨活计，须从人情事迹上深磨极炼，收摄翕聚，以求超脱，确乎不为所动，是为潜龙之学。……吾儒与禅家毫厘不同，亦在于此。"⑤

张元忭受龙溪之教，其学确然有成，并有自己的独立见解。例如，他针对一些王门后学侈谈本体而讳言工夫的流弊，坦率地说："近世谈学

---

① 《王畿集》卷 3，《九龙纪晦》，第 57 页。
② 《王畿集》卷 12，《答沈宗文》，第 327 页。
③ 《王畿集》卷 5，《天柱山房会语》，第 118 页。
④ 《王畿集》卷 17，《不二斋说》，第 491 页。
⑤ 同上书，第 492 页。

者，但知良知本来具足，本来圆通，窥见影响，便以为把柄在手，而不复知有戒慎恐惧之功。以嗜欲为天机，以情识为智慧，自以为寂然不动，而妄动愈多；自以为廓然无我，而有我愈固，名检荡然，阳明之良知，果若是乎？"① 惜乎张元忭英年早逝，不然，对于阳明心学在中晚明的传播，可以起到更多的校正作用。

三　张元益

张元益，字叔学，生卒年不详，浙江山阴人，和王龙溪有颇近的姻亲关系，王龙溪是他的姐夫，他是龙溪的内弟。因为这层姻亲关系，过从甚密，渐渐对龙溪之学产生了兴趣，直至衷心服膺。由于相知甚深，在时人对王龙溪的各种评价中，张元益的评价可谓切中肯綮，他说：

> 余小子侍教龙溪先生三十余年矣。先生，小子女兄之所归也。闻先生之言甚熟，而察先生之行甚详。自其起居动息之小，以至于出处辞受之大，……凡夫顺逆常变，是非好丑与夫人情难易之迹，其所感无朕，而所应无穷。先生笃于自信，直心以动，自中天则，纷遝往来，处之若一，未尝见有履错之咎。……一洗世儒支离之习，不惟于千圣学脉有所证明，而二氏毫厘亦赖以折衷，海内同志翕然信而归之，推为三教宗盟。而先生孳孳不自满之心，惟以情为耻，以不知过为忧，自视歉如也。②

这段话，写于隆庆辛未年（1571 年）春正月，当时，王龙溪家中遭遇大火，损失惨重，龙溪写下了《自讼长语示儿辈》和《自讼问答》两篇长文，以训诫于家人。张元益为此写了一篇后序，被录于《龙溪会语》之中，并刊刻成书。在这段话中，张元益通过自己与王龙溪三十余年的密切交往，向世人证明了王龙溪的道行已达到"直心以动，自中天则"的境界，并许之为"三教宗盟"，充分肯定了王龙溪接续圣人学脉的历史地位。当然，任何人的为人处世之道都有不够完美之处，对此，张元益又说："其尚友千古，宁为阔略不掩之狂士，毋宁为完全无毁之好人；宁为一世之嚣嚣，毋宁为一时之翕翕。"③ 同为门人的赵锦评价说："（此言）

---

① 《明儒学案》卷15，《浙中王门学案五》，第327页。
② （明）张元益：《龙溪先生自讼贴后序》，载《王畿集》附录二，第742—743页。
③ （明）赵锦：《龙溪王先生墓志铭》，载《王畿集》附录四，第831页。

盖有得于先生之深者。"①

对于张元益这样一位特殊的弟子，王龙溪一直施以谆谆之教诲，今本《王畿集》收录的给张元益的书信就有四封。由于深信龙溪之故，直到年近六旬，张元益仍然虚心地向王龙溪学习《周易》，为此，王龙溪写下了《易测授张叔学》一文，简要阐述了《周易》中不为人注意的性命合一之道，揭示了"身心之外无学矣"②的道理，把致良知之学和阴阳大化之理从深层次上联系在了一起，是一篇研究《周易》时不可不读的重要参考文字。

四 丁宾

丁宾（1543—1633 年），字礼原，浙江嘉善人。隆庆五年（1571 年）进士，张居正为其座主。曾任知县、御史等职，因不肯屈从张居正，被迫辞官归隐。万历十九年之后重新起用，任南京各部院官职，仕至南京工部尚书，诏进太子太保（从一品）。丁宾为人，德能兼备，而且慷慨乐施，天启五年（1625 年），曾经捐粟三千石赈济贫民，又捐三千两白银代替贫困百姓交赋。惜乎长期处于南京这一储贤养望之地，没有大展鸿图抱负的机会。

丁宾很早就和仲兄丁寅一起，拜王龙溪为师，"得侍门墙，追随道履于吴山越水之间"③。约在 1567 年（隆庆元年），由同门陆光宅发起，在家乡之天心精舍，约同志八人结契为盟，共修圣道，并尊王龙溪为盟主，丁宾便是这八人之一。对于丁宾，王龙溪称赞其"有志于古道，不肯以俗套自埋没"④，乃"许之为勇"⑤。丁宾这一乐学向道的优良品质，即使为官之后也不曾改变。他在担任南直隶句容县令时，特意迎请王龙溪至该邑，"集诸生百数十人，大会于明伦堂"⑥，请王龙溪开讲。他本人依然以门人的身份向王龙溪提问，史籍载："丁子请示为学之要。先生曰：'孔门之学，惟务求仁。《论语》一书，开端便提出个"学"字，所谓"学"者，是明善而复其初，非徒效先觉之所为也。'"⑦ 在不可计数的门徒中，

---

① （明）赵锦：《龙溪王先生墓志铭》，载《王畿集》附录四，第 831 页。

② 《王畿集》卷 15，《易测授张叔学》，第 418 页。

③ （明）丁宾：《祭王龙溪先师》，载《王畿集》附录四，第 849 页。

④ 《王畿集》卷 15，《册付丁宾收受后语》，第 438 页。

⑤ （明）丁宾：《祭王龙溪先师》，载《王畿集》附录四，第 849 页。

⑥ 《王畿集》卷 7，《华阳明伦堂会语》，第 158 页。

⑦ 同上。

丁宾对于龙溪之学的领悟是很深的，例如，他在龙溪身后评述说："自文成公揭良知之教于习坎重蹇之中，绍承千圣真脉，以梯后进。唯我师证悟四无四有之秘旨于天泉，而致良知之学益以丕阐。"① 在一般人看来，王龙溪提倡的是"四无"之说，钱德洪提倡的是"四有"之说，唯独丁宾看到了王龙溪所提出的思想，实际上既包涵了有无二相在内，又超乎其上，故而他说龙溪证悟的是"四有四无之秘旨"，这种见解，可谓深得龙溪思想之三昧了。正因为丁宾这种好学不辍、悟境深邃的根性，他成为王龙溪"最后所器许"② 的为数寥寥的高足，在龙溪身后，他亦受托成为龙溪文集的主要编校者之一。

五　陆光宅

陆光宅（1535—1580 年），字与中，号觉庵，浙江平湖人，是龙溪好友陆光祖的亲弟弟。年轻时，"任侠不羁，性颇纵逸，不屑屑于检绳"③，陆光祖担心这个弟弟长大不成器，因此，强迫他到龙溪门下听讲，并对龙溪说："吾弟受业于先生之门，未敢言学。但得稍事修饬，不致伤生，为幸多矣！"④ 王龙溪笑曰："有是哉！"⑤ 欣然收下了这个另类"门生"。一旬之内，王龙溪没有给陆光宅讲什么深奥的道理，只是"谕以节情缮性、涤垢拔俗之意"⑥，孰料，陆光宅一听这些谆谆教诲，"惕然若有所省"。⑦ 不久，他告假回乡休整了一段时间，再次来到龙溪门下求教，"行李萧然，布衾弊服"⑧，与从前纨绔子弟的打扮完全不同了。他对王龙溪说："宅不肖，不闻先生之教，几于虚此生矣"，⑨ 从此，他成为龙溪门下最为诚笃的弟子之一。实际上，陆光宅是个悟性很高的人，经过王龙溪的指教，他"识足以祛众幻，见足以破群疑"，⑩ 渐渐地，他成长为王龙溪特别看重的弟子，王龙溪说："晚得友于与中，归依承籍，平生心事庶几得

---

① （明）丁宾：《祭王龙溪先师》，载《王畿集》附录四，第 848 页。
② （明）徐阶：《龙溪王先生传》，载《王畿集》附录四，第 826 页。
③ 《王畿集》卷 20，《乡贡士陆君与中传略》，第 642 页。
④ 同上。
⑤ 同上。
⑥ 同上。
⑦ 同上。
⑧ 同上。
⑨ 同上。
⑩ 《王畿集》卷 19，《祭陆与中》，第 581 页。

有所托。"①

虽然陆光宅也考中了举人，但是，他无意于仕进，而是以倡明圣学为己任。隆庆元年（1567 年）前后，他出资建起一座天心精舍，后改称尊师阁，可以容纳百十人饮食起居，陆光宅以此为基地，集东南名士，授餐讲学。开始时，只有八人参与，包括丁宾（字礼原）、周梦秀（字继实）等人，还有王龙溪的三子王应吉。他们八人请王龙溪为盟主，焚香对越，以共修圣学为宗旨，对此，王龙溪十分欣慰，给每一位入盟者都写下了一篇鼓励和教诲的文字。能够捐资兴建这样一所精舍，说明了陆光宅一方面家境富有，同时具有"好义乐施"的品德，然而，耐人寻味的是，他自从成为王龙溪的正式弟子之后，自己一直过着俭朴的生活，"肉不重味，布衣素，虽弊弗易也"，② 因此，王龙溪"深以晚年得友于与中为慰，相亲莫逆也"③。不过，作为老师，王龙溪对于陆光宅的不足之处，该针砭的还得针砭，例如，虽然陆光宅"于此学亦煞有见，但尚有欲速之心、顿悟之想"④，对此，王龙溪坦率地指出，"急于求悟则反成迷，此是有志者通病"，⑤ 正确的做法是："既立定千古之志，循序安分，绵绵密密，耐心做将去，譬如登高，大概望见些子，会须从卑处起脚，步步耐心行将去，绝不可作高山想，脚头到来，自有超然绝顶俯视之期。"⑥ 这番话，既表明了王龙溪对于陆光宅的性格之弊做出了准确的诊断，又足以澄清后人通常以为龙溪"谈本体而讳言工夫"⑦ 的长期误解。

遗憾的是，陆光宅年仅四十六而亡故，而且是因为遭受"室人所变，外侮内讧"⑧ 而产生的病症所致，此时的陆光宅，"气有所激，神亦受困，且误于庸医，呼吸之间，奄然长逝"。⑨ 不过，在生命的最后时刻，他的神志是完全清醒的，他拉着儿子陆基仁的手，说："生死事，吾了之"⑩，然后，手书"无极太极"四字而没。这种"至没不乱"⑪ 的功夫，表明

① 《王畿集》卷 19，《祭陆与中》，第 581 页。

② 《王畿集》卷 20，《乡贡士陆君与中传略》，第 643 页。

③ 同上书，第 642 页。

④ 《王畿集》卷 15，《册付光宅收受后语》，第 437 页。

⑤ 同上。

⑥ 同上。

⑦ 《明儒学案》卷 15，《浙中王门学案五》，第 324 页。

⑧ 《王畿集》卷 19，《祭陆与中》，第 581 页。

⑨ 同上。

⑩ 《王畿集》卷 20，《乡贡士陆君与中传略》，第 644 页。

⑪ 同上。

了陆光宅"以仁为本，悟彻性宗"① 的修道诣境，虽然他生前的心性功夫并不十分完美，但是，他仍然堪称一位志存先圣、真心求道的"狂者"，而且，在生命的最后一刻，他终于达到了超越生死、自在无碍的解脱境界。

六 贡安国

贡安国，字玄略，号受轩，生卒年不详，南直隶宣城人。原为诸生，好学上进。嘉靖丙申、丁酉之时（即 1536 年、1537 年，嘉靖十五年、十六年），王龙溪和欧阳德同在南京为官，近在宣城的贡安国闻其名，偕同乡里诸生周怡（字顺之）、梅守德（字纯甫）、沈宠（字思畏）等许多人，先后来到南京，向王龙溪和欧阳南野求教。很快，贡安国便确立了必为圣人之志，不仅自己笃实地修身明道，而且积极向社会大众进行传播。在家乡，他发起了水西之会，先后聚集数百人讲习圣学。王龙溪回忆说："水西之有会，玄略实开其基，宣、歙间，士类斌斌兴起者，无虑数百辈，多玄略有以启之，居然山中教授师也。"② 可见，贡安国是一位致力于将儒学民间化的教育家。此外，如果王龙溪前往东南各地讲学，贡安国往往以身相随，担当了助讲的角色，所到之处，对于诸生的疑问，他"务委曲开谕，以释其疑"③，王龙溪真切地感到，贡安国就像孔子身边的子路和颜回一样，对于自己的讲学传道有着太多的帮助。然而，贡安国科举不利，是以选贡生的身份步入仕途的，曾经担任过江西永丰和湖口二县的学训，晋补国子监学博，后来担任了山东东平（今聊城）知府。无论官职高低，他都能够以亲民之学实践于各地，教学相长，政教大行。晚年所履益深，所见益邃，对此，王龙溪说："予与玄略，此生以性命相期。"④ 遗憾的是，贡玄略的寿数比不了王龙溪，面对贡玄略之早逝，王龙溪"千里赴吊，有怀依依"，留下的只能是一腔"临风凄怆，自不能忘情于恸"⑤ 的慨叹。

七 沈宠

沈宠，字思畏，号古林，生卒年不详，南直隶宣城人。年轻时，沈宠

---

① 《王畿集》卷 20，《乡贡士陆君与中传略》，第 644 页。
② 《王畿集》卷 19，《祭贡玄略文》，第 579 页。
③ 同上。
④ 同上书，第 580 页。
⑤ 同上。

听同乡贡安国说："王门之学在南畿，盍往从之?"① 于是，前往南京向王龙溪和欧阳德求教，从此成为王门弟子。沈宠是嘉靖十六年（1537 年）的举人，被直接保荐为行唐知县（今属河北），当地人民"不谙织纴，置机杼，教之"②。后来逐渐获得升迁，擢御史，前往福建巡察，建养正书院；又迁湖广兵备，平九隆湾剧贼郑蓂等，在湖北蕲、黄一带又建崇正书院；仕至广西参议，而后归里。归乡后，依然潜心修道，并讲学不辍。晚年病重时，有人问他"胸次如何?"他答道："已无物矣。"③ 可见，沈宠也是一位品性笃厚、身体力行的王门学者。他对于王龙溪，终身以师礼事之，即使做了手握权柄的朝廷命官之后，仍然虚心求教。例如：他在前往湖广任职之前，与王龙溪聚处十余日，坦承自己"才遇感触，未免为气所动，往往过而后觉，虽觉亦未能即化"④，王龙溪告诉他："吾人感物，易于动气，只是机浅。……惟其机深故沉，而先物自不为其所动，而其要存乎一念独知之地"⑤，鼓励他"直下承当，不作知解抹过，从心悟入，从身发挥"。⑥ 可见，沈宠此时的心性修养，已经达到了较深的境地，其细腻的功夫进路，只有王龙溪这样的明师才能解答他的相关问题。

　　值得一提的是，沈宠因为崇敬王龙溪之故，将其二子亦时常相携就学于龙溪门下，二子分别名为沈懋敬和沈懋学。其中，沈懋学（1539—1592 年）字君典，号宗颜，万历五年（1577 年）荣登状元之榜，也是中晚明士林中的翘楚。他们父子对王龙溪都非常尊敬，如龙溪自己所说："不肖辱贤父子两世交承，相信相爱之情甚笃，于宗门宗说契悟亦深。"⑦ 沈宠去世较早，王龙溪对于沈懋学寄予了一定的期望，在他中状元之后，仍去信谆谆教诲，说："学之于朋友，如鱼之于水，不可一日离。"⑧ 又说："吾契已平时信得及，更望深信密体，不作知解言说抹过，使此学日光日显，日孚于众。"⑨ 后来，沈懋学虽然并未像龙溪那样彻悟大道，但能够保持一些士大夫的人格节操。在考中进士前，他曾受张居正一党看重，与张的儿子张嗣修结交共游，被人视为张居正一党。但在万历七年，

① 《明儒学案》卷25，《南中王门学案一》，第580 页。
② 《明史》卷216，第5698 页。
③ 《明儒学案》卷25，《南中王门学案一》，第580 页。
④ 《王畿集》卷16，《别言赠沈思畏》，第455 页。
⑤ 同上。
⑥ 同上。
⑦ 《王畿集》卷12，《与沈宗颜》（一），第328 页。
⑧ 同上。
⑨ 《王畿集》卷12，《与沈宗颜》（二），第330 页。

张居正遭父丧,本应回籍丁忧,一些亲信鼓吹夺情,而沈懋学不与焉,反而委婉劝阻。因不听所谏,沈懋学毅然引疾辞官,回乡隐居,从此不再出仕。从这一点来看,沈懋学不失儒者的人格节操,还是值得肯定的。

八　赵锦

赵锦(1516—1591 年),字元朴,号麟阳,浙江余姚人。嘉靖二十三年(1544 年)进士,任知县、御史等职。嘉靖三十二年,远在云南巡察的赵锦,上书严词弹劾奸相严嵩,引得嘉靖帝大怒,把他从几千里外的云南用囚车押解回京,廷杖之后投入大狱,然后削职为民,家居十五年之久。明穆宗即位后,重新起用赵锦,累迁至南京都御史、兼兵部尚书、刑部尚书等职,并加太子太保衔,成为位居清要的高官。万历年间,因与权相张居正不睦,曾乞休回乡,张居正去世后又获起用,一直是内外瞩目的元老之臣。

由于都是浙东人,赵锦和王龙溪相识甚早,赵锦自称为"先生通家子也"①,而且,"承事先生久"②,从王龙溪那里,赵锦学到了阳明心学的思想精蕴,并把他转化为自己为人处世的基本准则。《明史》记载:"锦始终历清操,笃信王守仁学,而教人则以躬行为本"。③ 值得一提的是,"守仁从祀孔庙,锦有力焉"。④ 当然,此事除了赵锦外,还有耿定向、陆光祖等许多朝廷重臣的积极推动,终于在明万历十二年十一月,朝廷下旨将王阳明等四位明代大儒从祀孔庙,等于官方承认了王阳明的圣人地位。

由于笃信良知学的缘故,赵锦在政坛上不仅敢于藐视权奸,忠言直谏,而且为人十分厚道。他曾经抵忤过严嵩和张居正,并因而受到迫害,但是,在二人去世之后,赵锦依然能够善待二人的身后之事,《明史》记载:"始忤严嵩,得重祸。及之官贵州,道嵩里,见嵩葬路旁,恻然悯之,嘱有司护视。后忤居正罢官,居正被籍,复为营救。人以是称锦长者。"⑤ 张居正死后,万历皇帝和众臣一意清算张居正家族的财产,赵锦上书说:"居正诚擅权,非有异志。其翊戴冲圣,夙夜勤劳,中外宁谧,功亦有不容泯者。今其官荫赠谥及诸子官职并从褫革,已足示惩,乞特哀

---

①　(明)赵锦:《龙溪王先生墓志铭》,载《王畿集》附录四,第 828 页。

②　同上。

③　《明史》卷 210,第 5563 页。

④　同上。

⑤　同上。

矜，稍宽其罚。"① 对待打击过自己的政敌，赵锦能够有这样客观的评价，充分显示出他真诚大度的仁者风范。

通过多年对赵锦的考察，王龙溪肯定地说："赵子于学，已得大意。"② 当然，作为老师，尽管赵锦已身居高官，王龙溪有时还是直言不讳地讲出他心性功夫上的不足，如"吾执事此生任道之志，已知不回，但为性命心还欠切，未免尚被闲忙二境所转，闲时未免悠悠，忙时未免扰扰……"③ 同时，王龙溪还指点给他一些相应的修养方法，意在勉之早日超凡入圣。总体而言，赵锦是龙溪门下一位德才兼备的高足，因此，王龙溪在年迈之后，便提前"以墓石属之锦"④，即把写墓志铭的任务交给了他。面对这样的信任与重托，赵锦岂能不从？于是，就有了今天的《龙溪王先生墓志铭》，如第一章所述，赵锦是王龙溪的及门弟子，长年追随，这样的人物传记具有较高的可信度。

九　周梦秀

周梦秀，字继实，生卒年不详，浙江嵊县人，是王龙溪晚年比较器重的弟子之一。自幼从其父就学于王龙溪，不过，后来"出入纷嚣，淳朴渐散，虽此志未变，堕于因循者若干年"⑤。直到隆庆元年（1567 年），他和陆光宅等八人在天心精舍立誓为盟，共修圣学，才正式拜王龙溪为老师。王龙溪深知周梦秀的个性特点——"天资沉泥，微少疏爽特达"⑥，因此告诫他："只得安分做，渐修渐证，勿求速悟，久久自有透脱时在。"⑦ 从此，周梦秀笃实践履儒家的心性之学，尽管科举之路并不畅达，却成为一个有德有识的君子。当他身为庠生之时，按惯例，每若干年要按诸生的学行等级推举一位岁贡生（可能破格进入仕途），某一年，周梦秀符合了推选条件，可是，诸生中有一位年过六十的老秀才，穷困潦倒，周梦秀对他说："我犹可待，若不贡，无后期。"⑧ 于是，把这一选贡的名额让给了这位老秀才。此外，周的父亲（官任别驾）曾经租借实性寺的废

---

① 《明史》卷 210，第 5562—5563 页。
② 《王畿集》卷 16，《赵麟阳赠言》，第 446 页。
③ 《王畿集》卷 11，《与赵麟阳》，第 270 页。
④ （明）赵锦：《龙溪王先生墓志铭》，《王畿集》附录四，第 828 页。
⑤ 《王畿集》卷 15，《册付梦秀收受后语》，第 439 页。
⑥ 同上。
⑦ 同上。
⑧ 《浙江通志》卷 188，载《四库全书》第 524 册，史部·地理类，第 205 页。

基为宅，三十年间，扩建修缮，花了数百两银子。周梦秀成年当家后，认为这样做不妥当，征得其父同意，将房屋归还原寺。另外草草建起数间房舍来供自己居住，风雨不蔽，而周梦秀毫无愠色。王龙溪评价说："虽若尚有所泥，然而异于世之逐逐贪求者，不啻倍蓰，可以为难矣。"① 由于生前只是布衣，不求闻达，关于周梦秀的文献资料存世者非常少，我们只知道"（梦秀）既卒，乡人祀之学宫"②。总之，他成为本乡百姓心中的道德楷模。

此外，周梦秀的堂弟周汝登（1547—1629 年），字继元，号海门，通过周梦秀，"遂知向学"③，二十四岁时，也纳贽拜王龙溪为师。后来，周汝登又从学于罗汝芳，成为其入室弟子，其人于万历五年（1577 年）中进士，仕至南京尚宝卿，成为晚明很有影响的大儒之一。不过，周汝登对于王龙溪始终是非常尊崇的，因此，他参与了《王龙溪先生全集》的编校工作，自己亦作《圣学宗传》一书，把王龙溪的生平事迹收录其中。

十　梅守德

梅守德，字纯甫，号宛溪，生卒年不详，南直隶宣城人。年轻时，听从同乡贡安国之告而前南京向王龙溪求教。嘉靖年间中进士，身为吏科给事中，屡次弹劾严嵩同党，严嵩深恨之。时逢东南一带倭寇乱起，故意将其派往绍兴担任知府。到任后，修茸城墙，整顿团练，均田核税，百姓们十分拥戴其施政措施，由是，严嵩一党对其也无可奈何。在绍兴任职期间，梅纯甫"重修阳明讲堂，延龙溪主之"④，三年任满后，升山东按察副使，再次弹劾嘉靖帝宠臣陶仲文。后迁云南参议，以母老不赴，归乡隐居，建书院，讲学以终，人称宛溪先生。

梅纯甫既是王龙溪的及门弟子，又担任过他家乡的父母官，因此二人关系十分密切。王龙溪充分肯定了梅纯甫"乡之白眉，同志素所归向"⑤的人品和作为，但是，梅纯甫始终以弟子之礼敬事龙溪，虚心求教。有见于此，王龙溪对他也并非客套相与，而是直言不讳地讲出其修行工夫上的某些不足，如"吾弟此生行持，知无别路可走，但向来尚从解悟而入，不离识神，虽时参校外典，尚在言诠上讨求，……若如此挨排过日，虽百

① （明）王畿：《王畿集》卷 5，《天柱山房会语》，第 117 页。
② 《浙江通志》卷 188，载《四库全书》第 524 册，史部·地理类，第 205 页。
③ 《明儒学案》卷 36，《泰州学案五》，第 854 页。
④ 《明儒学案》卷 25，《南中王门学案一》，第 580 页。
⑤ 《王畿集》卷 16，《别言赠梅纯甫》，第 452 页。

年，有何了期?"① 然后，教之以"只在一念入微取证"② 的修养方法。今本《王畿集》中存有给梅纯甫的书信三封，外加一篇《别言赠梅纯甫》，所谈论者皆是学问功夫，并无闲言俗语，足见二人之来往，完全是以性命相期的道义之交，而非世俗势利之过从。

十一　查铎

查铎，字子警，号毅斋，生卒年不详，南直隶泾县人。嘉靖四十四年（1565 年）进士，曾任刑科给事中，因不顺从内阁首辅高拱，被外放为山西参议。万历初年，又任广西按察副使。后告疾引退，修葺水西书院，讲学终老。查铎年轻时即拜王龙溪为师，起先尚有养生之好，对此，王龙溪告诫他说："致知之学，当下还虚，超过三炼，直造先天，不屑屑于养生，而养生在其中矣。"③ 又借用道家丹道术语说："身心两字，是火是药，……以火炼药而成丹，以神驭气而成道，非两事也。"④ 后来，查铎深信良知之学，曾说："良知简易直截，其他宗旨，无出于是。不执于见即曰虚；不染于欲即曰寂；不累于物即曰乐。无始终，无阶级，勉焉日有孳孳，终其身而已"⑤，可谓深得良知学之妙谛。

查铎有文献九卷传世，名曰《查毅斋先生阐道集》。不过，其中最有价值的，恐怕还是他根据王龙溪临终表现而写就的短文，即《纪龙溪先生终事》。在此文中，查铎记述了王龙溪临终之前泰然自若、从容坐化的圣者气象，表明"自非能超脱生死者，孰能与于斯？（孔）夫子谓'朝闻夕死，可'，惟先生云云"⑥。无疑，这是一篇极为珍贵的文献，表明了明代心学家对于生死问题的重视。王龙溪以实证方式证明了自己对生死的超越，而查铎能够将这一过程记录下来，功亦在焉。

十二　邓以讚

邓以讚，字汝德，号定宇，生卒年不详，江西新建人。生有异质，好读书，隆庆五年辛未（1571 年），考中会试第一名，廷试第三名，授翰林院编修，与张元忭是同年好友。邓以讚"登第二十余年，在官仅满一考

---

① 《王畿集》卷12，《与梅纯甫》，第318 页。
② 同上书，第319 页。
③ 《王畿集》卷16，《书查子警卷》，第478 页。
④ 同上。
⑤ 《明儒学案》卷25，《南中王门学案一》，第580 页。
⑥ （明）查铎:《纪龙溪先生终事》，载《王畿集》附录四，第848 页。

（六年）"①，原因在于不愿趋附当权者，经常引疾告退，不过，仍然担任过许多官职，如右中允、国子监司业、南京国子监祭酒、仕至吏部右侍郎。《明史》卷283、《明儒学案》卷21《江右王门学案六》均有其传。

邓定宇归隐期间，笃实修道，潜心学问，算是王龙溪的私淑门人。某一年，邓定宇北上入觐，经过杭州时，特意去拜访王龙溪。白天没有谈够，到了深夜，邓定宇坐在床上，仍然披着被子（"拥衾"）向王龙溪求教，又有一番深入交谈。邓定宇告别之后，王龙溪有感于其求道之诚，给他写信，说："知静中所得甚深，所见甚大，然未免尚从见上转换"②，又说："密窥吾兄感应行持，尚涉做作，有疏漏，若是见性之人，真性流行，随处平满，天机常活，无有剩欠……"③ 得到如此坦诚的指教，邓定宇在回信中，一方面表达了自己对于"轻于别去"的草率之举的遗憾，另一方面表明自己对于龙溪的指教完全接受。在信的末尾，他这样说："成我之恩与生我者等，敢不拜命！"④ 这样一种态度，可见邓定宇颇有江右王门学者的诚挚与虚怀。

王龙溪的知名弟子还有很多，如杜质（字惟德）、岑炯德（字华升）、王宗沐（字新甫）、萧良干（字以宁），等等，由于文献不足之故，笔者在此就不妄作分析了，其中如王宗沐、萧良干等，《明儒学案》中亦有简要的记载。王龙溪的众多弟子，除了学习和传播阳明心学之外，还在文献整理上为保存龙溪所阐述的心学思想做出了重要的贡献。王龙溪认为，"先天之学不容说"⑤，故平生无文字之好，但是，为了让世人大众能够进入心学的门径，他仍然是发挥自己出色的口才和灵妙的文笔，说了很多话语，写了不少文字，如其门人评说："宾客满座，应接不暇，据案操笔，忽成数十纸，各中情理，而不厌不倦，是可谓妙才矣。"⑥ 对于王龙溪信笔所写或随口所说的东西，一些有心的弟子把它记录整理后，便成为龙溪在各地讲学的会语。对于这些会语，王龙溪自己也是很看重的，他曾对门人王宗沐说："余生平不能为文，然一生心精，皆在会语。相从缙绅士大夫以及受业之英，相与往复问答者，而吾师之微旨在焉。我死，子其为我

---

① 《明史》卷283，《儒林二》，第7289页。
② 《王畿集》卷7，《龙南山居会语》，第168页。
③ 同上。
④ 同上。
⑤ 《王畿集》卷3，《水西经舍会语》，第62页。
⑥ （明）赵锦：《龙溪王先生墓志铭》，载《王畿集》附录四，第832页。

序而传之。"① 其实，不必等到龙溪去世之后，就在他晚年，一些弟子便将他的零零散散的会语整理汇编，形成了《龙溪会语》六卷，主要是由门人贡安国编辑、查铎校对而成编的，万历四年（1576 年），由尚在山西汾州任参议的查铎负责刻印成书。查铎很清楚，"先生之会语甚多，此其十之二三耳"②。因此，整理王龙溪生前所言、所写之文集的工作远远还没有结束。

实际上，在王龙溪生前，他的弟子们就已经分工协作，开始了整理、编校龙溪全集的工作，周怡、查铎、贡安国、丁宾、沈宠、陆光宅、周汝登等人都参与进来。其中，沈宠、陆光宅等人，在文集尚未完成之前就先于龙溪而辞世，但是又有别的弟子接替了他们未竟的工作。有这样一批出色弟子的参与，并且有着细致的分工协作（两人一组，一人负责编辑，另一人负责校阅，每组一共负责编撰两卷），因此，二十卷本的《龙溪先生全集》编纂得井然有序。在王龙溪去世之后的数年，即万历十六年（1588 年），其子王应吉就得以最后定稿，并委托当时的绍兴知府萧良干付梓成书。王龙溪生前叮嘱门人：不要收录那些涉及家务琐事、应酬往来的书信、文辞，因此，王龙溪的全集虽然只有二十卷，却错落有致、脉络清晰，内容集中于谈学论道之上，读者几乎可以从每篇文章中发现思想的闪光点，获得醍醐灌顶似的心灵启迪。晚明思想家李贽"读之忘倦"，竟然称"先生此书，前无往古，今无将来，后有学者可以无复著书矣。"③作为心学的传人，王龙溪的弟子都懂得"言不尽意"的道理，但是，他们仍然自觉自愿地为编纂《王龙溪全集》而付出辛勤的汗水，用门人查铎的话来讲，这么做的动机很明显——"夫先生之精神，非言语所能传也。然不得见先生（者），得见余言而有所兴起，则是录也未必非同志之一助也。"④ 由此可见，虽然王龙溪的门下弟子绝大多数达不到他所深造自得的心学诣境，但是，他们能够传递心学的"火炬"，用文集的形式保存了王龙溪的主要思想，从这个意义上讲，王龙溪这个传道之师的心血并没有白费，他一生倾力的教育事业还是颇为成功的。

---

① （明）王宗沐：《龙溪王先生集序》，载《王畿集》，《序》，第 1 页。
② （明）查铎：《龙溪先生会语后序》，载《王畿集》附录二，第 678 页。
③ （明）李贽：《龙溪先生文录抄序》，载《李贽文集》第一册，《焚书》卷 3，第 110 页。
④ （明）查铎：《龙溪先生会语后序》，载《王畿集》附录二，第 678 页。

第三章　王龙溪哲学的思想主旨

王龙溪讲学一生，思想内容堪称极为宏富，那么，在如此博大的理论体系中，是否有一个明确的思想主旨呢？当然有。虽然由于思维方式的原因，中国传统哲学没有形式上的逻辑系统，但是有着实质上的思想系统，因此，如果我们深入地阅读和领会《王龙溪全集》中的各种言论，就会发现其中清晰的思想脉络，同时也就明白了他所讲述的思想学问的根本宗旨。

第一节　为学的根本目的

一　学者，觉也

对于古代的读书人而言，读书破万卷，其根本目的究竟是为了什么？在一般人看来，古时候读书人熟读四书五经，其目的不过是为了通过科举考试，为自己获得进身扬名、光宗耀祖的机会。诚然，当时许多读书人所走的就是这样一条道路，但是，我们不禁要质疑：由孔孟先圣等人传下来的儒家经典中，所包含的思想仅仅是这种"学成文武艺，货卖帝王家"的利禄之学吗？这种认识显然是偏颇的。早在北宋时代，年轻的程颐在游太学之时，写下了《颜子所好何学论》一文，文中明确地提出："然则颜子所好者何学也？学以至圣人之道也。"[①] 在明代，王阳明年方十一岁，就与私塾先生讨论过对于读书人"何为第一等事"的话题，据钱德洪、王龙溪等共同编撰的《王阳明年谱》记载：

> 尝问塾师曰："何为第一等事？"塾师曰："惟读书登第耳。"

---

① （宋）程颢、程颐：《二程集》，王孝鱼点校，中华书局2004年版，第577页。

先生（指王阳明）疑曰：“登第恐未为第一等事，或读书学圣
贤耳。”①

在王阳明身后，当王龙溪开始面对大众宣讲阳明心学之时，他所面对
的第一点疑问恐怕就是读书人为学的根本目的是什么，这也是曾经困扰他
自己的问题。不过，当王龙溪开悟之后，解答这种疑问并非什么难事，对
此，他给出了简洁而明确的答案，一言以蔽之地说：“学者，觉也。”②

当然，要把“学者，觉也”的内在道理阐述清楚，不是一两句话能
够讲完的，为此，王龙溪以诲人不倦的精神，多次讲解其中的道理，
他说：

> 学也者，觉也。觉与梦正相反。灵根不昧之谓觉；昏气乘之，始
> 寐而为梦。故学也者，善返之功也。时习者，时时习之，乃常觉之
> 谓，非觉之外复有所谓习也。③

又说：

> 夫学，觉而已矣。使先知觉后知，使先觉觉后觉，一知一觉而圣
> 功生。④

这两段话，说明了儒者为学的根本目的就是求取人生的觉悟，这便是
圣人之学的宗旨所在。那么，人生何以要寻求这个觉悟，所觉悟的东西又
是什么呢？对此，王龙溪同样做出了解答，他说：

> 夫觉与梦对，世人溺于嗜欲，役役于纷华声利之场，行尽如驰，不
> 知止歇，何异梦昼？只今惟求一觉，才觉则我大而物小，物有尽而我无
> 尽，谓之常惺惺法，诸梦自除，天所以生我之元命，始为不辜负耳。⑤

---

① 《王阳明全集》卷33，《年谱一》，第1221页。
② 《王畿集》卷2，《九龙纪诲》，第56页。按：王龙溪说“学者，觉也”的地方很多，下
　　文亦只是择要而录。
③ 《王畿集》卷17，《时学元习说》，第507页。
④ 《王畿集》卷4，《答楚侗耿子问》，第102页。
⑤ 《王畿集》卷17，《思学说》，第499页。

又说：

> 觉与梦对，梦中颠倒呻吟，苦境万变；苦与悦对，学而常觉，则苦境自亡而悦，所谓礼义之悦我心也。①

通过这两段论述可见，王龙溪认为，"世人溺于嗜欲，役役于纷华声利之场，行尽如驰，不知止歇"，这样的生活方式如同"梦昼"一般，是昏寐而不自觉的，辜负了上天赋予自己生命的本来价值，而且，如果只是做梦也就罢了，在追名逐利、贪图享受等价值观念的支配下，世俗之人的做法为自己带来了许许多多的痛苦，"梦中颠倒呻吟，苦境万变"，由此，人们必然产生去苦求乐的真诚愿望。要想实现这种真诚的愿望，就必须追本溯源，找到造成痛苦的根源，那就是对于人生本质、实相的不觉悟，因此，只有求助于圣人之学，"学而常觉，则苦境自亡而悦"，而且，"天所以生我之元命，始为不辜负耳"。

既然为学的根本目的是求个觉悟，那么，生命觉悟的内涵究竟是指什么呢？王龙溪明确地指出：

> 学也者，觉也。人之觉性，所谓明德也。讲学者，非讲之以口耳，讲之以身心，完复此明德而已矣。②

又如：

> 良知，即所谓明德；致良知，昭德之学也。③

上述两句话，将觉性、明德和良知三个范畴联系在一起，使我们明白：所谓人的觉性，就是先圣所说的明德，而所谓明德的实质，也就是良知本体，因此，致良知便是昭明德性之学，换句话说，亦即使人生获得根本觉悟的学问功夫。④ 通过这样两句话，我们自然地发现，王龙溪之所以

---

① 《王畿集》卷2，《九龙纪诲》，第56页。
② 《王畿集》卷17，《思学说》，第498页。
③ 《王畿集》附录一，《大象义述》，第665页。
④ 在阳明心学的习惯用语中，"修道"有时亦称为"为道""为学""学问功夫"，或者直接称为"学问"。

被后人评价为"文成之后，不能无龙溪"①，的确是因为他继承了王阳明晚年提出的"致良知"之教，并且始终成为自己的思想学术的核心宗旨。

在阳明心学②看来，良知是人人先天而有的心之本体，亦即天理在人心上的体现，因此，良知即是所谓天命之性。王阳明曾说：

> 良知者，心之本体。③
> 良知是天理之昭明灵觉处。故良知即是天理，思是良知之发用。④
> 天命之性，粹然至善，其灵昭不昧者，此其至善之发现，是乃明德之本体，而即所谓良知也。⑤

根据以上阐述，我们可以推断出，所谓致良知，亦即恢复人人具有的天命之性。这样一来，阳明心学的"致良知说"其实就是儒家历来的"复性说"的翻版。对此，包容通达的王龙溪予以首肯，他说：

> 圣人之学，复性而已矣。人受天地之中以生，而万物备焉。性其生理，命其所秉之机也，故曰'天命之谓性'，此性命合一之原也。戒慎恐惧，其功也；不视不闻，其体也。良知者，性命之则，知是知非，而微而显，即所谓独也。戒慎恐惧，而谨其慎独，则可以复性矣。⑥

由是可见，致良知之功即是复性之学，亦即求取人生觉悟的根本学问。要想复性，先要见性，据此，王龙溪指出：

> 夫学莫要于见性，性者心之生理、万物之原。其同体于万物，乃生生不容已之机，不待学虑而能，所谓仁也。此千圣以来相传之学脉，先师揭以示人，可谓得其要矣。……良知者即此虚灵之发现，识

① 《明儒学案》卷12，《浙中王门学案二》，第240页。
② 本著所说的阳明心学是广义的，包括王阳明及其门徒王龙溪等人一脉相承的思想体系。
③ 《王阳明全集》卷2，《答陆原静》，第61页。
④ 《王阳明全集》卷2，《答欧阳崇一》，第72页。
⑤ 《王阳明全集》卷26，《大学问》，第969页。
⑥ 《王畿集》卷14，《寿邹东廓翁七袤序》，第388页。

仁原只是良知自识。若说识仁之要，在直信良知。①

在上述文字中，我们又发现，所谓天命之性，亦可称为仁（体），因此，识仁也就是见性，王龙溪认为，"良知者即此虚灵之发现，识仁原只是良知自识"，因此，致良知的工夫便是识仁的为学路径，"尽性体仁，以会归于一"。② 对于良知和仁体的关系，王龙溪也曾做过明确的阐述，他说：

> 良知者，仁体也，以其爱无不周，而恻然不容已也，而谓之仁；以其端有所发，而炯然不容昧也，而谓之知。天所以与我，[而] 与天地万物同具而无不足者也。③

可见，王龙溪用"良知者，仁体也"的直接判断，表明了良知和仁体其实是一码事，致良知也就是识仁，识仁的过程也就是致良知的工夫。在此，笔者认为有必要先说明研究中国传统哲学的一个重要的方法论——那就是不应过多地纠缠于中国古典哲学的诸多概念的表面差异，而要透过概念本身去领悟中国哲学的精神实质。在中国传统哲学中，有很多不同的范畴和命题，说来说去，指的都是同一个事物，只是随着岁月的流逝，不同的学派和大儒运用了不同的概念和命题，来表述自己的学术思想，实质上关注的仍然是先秦儒家圣贤所探讨过的问题，因此，我们需要跳出概念的表面形式，去探索名相之后的实质，这样才能把握先哲们的精神血脉，正如王阳明所说："会得时，横说竖说，工夫总是一般。若泥文逐句，不识本领，即支离决裂，工夫都无下落。"④ 根据这一方法论，我们不难发现，王龙溪对于儒家为学宗旨的阐述，虽然有着不同的表述形式，但是所指的实际上都是一码事，那就是求取人生的觉悟。所谓觉悟人生，也就是明白自己固有的天命之性，这是人人皆有的先天良知本体（或者说是仁体），因为觉悟了良知本体，人们也就明白了生命的本来面目和本然价值，从而自觉地顺"道"而行，实现自己的生命价值，并从中获得应有的快乐和满足感。借用心学宗祖王阳明的话来讲，便是"君子之酬酢万

---

① 《王畿集》卷15，《跋徐存斋师相教言》，第412页。
② 同上书，第413页。
③ 《王畿集》卷13，《贺中丞新源江公武功告成序》，第368页。按：[而]，疑是衍字。
④ 《王阳明全集》卷1，《语录一》，第33页。

变，当行则行，当止则止，当生则生，当死则死，斟酌谓停，无非是致其良知，以求自慊而已"①。

从阐述为学根本目标的方式来看，我们不难发现，王龙溪对于阳明心学的领悟达到了融会贯通的程度，因此，他才能以形式多样、灵活通达的方式去表述儒家为学的宗旨问题，使学者②从不同角度均能领会，各有收获。王阳明曾说："良知之外更无知，致知之外更无学"③，王龙溪所论，实质上未出王阳明之彀率，不过是在变换角度地表述致良知之学，但是讲解得更加清晰透彻，因此，对于阳明心学的发明扩充之功，实在是不容忽视的。

二　学者，学为圣人也

中国古代哲学有一种固有的思维方式，就是将修道或为学的目标加以人格化。按照心学的见解，凡是彻悟良知本体，从而达到心地通明状态的人，便可以称之为圣人，因此，从这种人格化的角度而言，我们又可以发现对于为学目标的另一种全新的表述方式，那就是"学者，学为圣人也"④。

王龙溪在讲学生涯中，多次向门人表明"学为圣人"这一学术宗旨，并鼓励学者树立必为圣人之志。不过，由于长期受到正统程朱理学的影响，人们习惯上把圣人神化，当成不可企及的至尊偶像加以膜拜，不相信自己也能够成就圣人一样的人格，因此，王龙溪首先必须按照阳明心学的理念，阐释清楚"圣人"范畴的内涵，使人们敢于树立必为圣人之志，他说：

> 心之通明谓之圣，圣人者，生而知之，学之的也。君子以修言，善人以质言，有恒以基言，皆学而知之者也。而惟有恒，则可以进于善人、君子而入于圣，小者大，偏者全。⑤

又如：

---

① 《王阳明全集》卷2，《答欧阳崇一》，第73页。
② 古今"学者"一词的含义不同，今天多指学有成就之人，古代指的是求学之人。在本书中，读者可根据具体语境而辨明其内涵所指。
③ 《王阳明全集》卷6，《与马子莘》，第218页。
④ 《王畿集》卷16，《书顾海阳卷》，第476页。
⑤ 《王畿集》卷13，《国琛集序》，第353页。

人人有个圣人，一念良知不容毁灭，便是圣人真面目。致此良知，洁洁净净，不为功利所滑扰，不为见解所凑泊，便是学圣人真工夫。①

由是可见，在王龙溪看来，所谓圣人，即是心地通明之人，这个心地通明的实体基础，便是人人先天皆有的良知本体。如果透彻地觉悟了这一良知本体，并运用它来指导自己的言谈举止和日用常行，那么，一生之中便能够"不为功利所滑扰，不为见解所凑泊"，活得明明白白、洁洁净净。而且，这种圣人人格既非神灵精怪、亦非造物之主，而是现实生活中可以炼就的真实人格，所以王龙溪明确肯定："人人有个圣人，一念良知不容毁灭，便是圣人真面目。"不过，要想实现这一理想人格，必须持之以恒，下学上达，通过一定时期"学而知之"的笃实修养，提升至"生而知之"的觉悟之境，这样，学者便跨越了所谓善人、君子的生命层次，达到觉行圆满的圣人境界。

王龙溪的圣人观，直接继承了王阳明圣人观的基本理念，而且和同时代的其他心学大儒的思想交相辉映。王阳明曾说：

心之良知是谓圣。圣人之学，惟是致此良知而已。②

通过这句话，我们发现，王龙溪所说"心之通明之谓圣"，与王阳明所说"心之良知是谓圣"，两句话的表述方式是十分相似的。不过，由于王阳明率先提倡致良知之教，习惯于讲"心之良知是谓圣"，这话当然正确无误，但是，对于尚未觉悟自身良知本体的学者而言，这句话不免显得有些抽象，因此，王龙溪将王阳明的思想进一步通俗化，表述为"心之通明之谓圣"。"通明"二字，其义浅近清晰，人人可懂，它使人当下即可领悟：所谓圣人，就是一个对生活和世界看得透彻明白之人，于是，这样的圣人才能落在人间，成为普通人能够向往和追求的理想人格。无独有偶，与王龙溪同时代的另一位心学大儒罗汝芳（号近溪）在讲学过程中，讲出了与王龙溪几乎一模一样的话，可见英雄所见略同，都能够对王阳明的思想做出进一步的通俗化阐发，他说：

---

① 《王畿集》卷16，《书顾海阳卷》，第476页。
② 《王阳明全集》卷8，《书魏师孟卷》，第280页。

> 吾辈为学，盖学圣也。圣者明之通，而知者，明之实也。①
>
> 盖圣之为圣，释作通明。②
>
> 吾人为学，云是学圣。圣者通明者也，通明者，神明不测者也。③

罗汝芳的这几句话，不仅通俗地解释了圣人之"圣"的内涵，而且指明常人容易忽视的一个问题，那就是：或许有人以为，看透世界和人生，达到心地通明的境界，这应该是一件挺容易的事情。其实，这种观点是"知而未行"的轻浮之论，因为要做到透彻地觉悟人生，达到心地通明的境界，绝不是一件轻而易举的事情，需要一个学者立定志向、笃实践履，经过一个不算短的时期，才能如愿以偿。如果学者真的达到了心地通明的状态（亦即先秦圣人所说的"诚明"境界），这就意味着他已臻"至诚如神"的化境，所以罗汝芳才说："通明者，神明不测者也"。因此，要想心地通明，必须觉悟自己的良知，应用自己的良知，在生活中去经受各种各样的磨炼，假以时日，方能有作圣成贤的正果。从王龙溪和罗近溪二人几乎完全相同的论述中，我们可以发现，王龙溪对于"学为圣人"的为学宗旨的阐述，继承并弘扬了阳明心学的根本理念，并且把王阳明没有讲清楚的道理阐释得更加通俗明白，因此，后儒才公允地评价说："先生（指龙溪）疏河导源，于文成（指阳明）之说，固多所发明也。"④

既然明白了"学者，学为圣人也"的根本宗旨，因此，王龙溪在讲学过程中，和王阳明、罗近溪一样，都十分强调学者树立必为圣人之志，看清为学的根本方向，这是修道治学必不可少的前提，他说：

> 有求为圣人之志，然后可与共学。学者，学为圣人也。束书不观，游谈而无主；独学无友，孤陋而寡闻。考诸古训，质诸先觉，乃学之不容已者。然苟无求为圣人之志，则所质者何物？所考者何事？终亦归之泛滥无成而已。譬之行路之人，有必至长安之志，举足便有三叉可疑之路，不得不审问过来之人，与查考路程本子。审问过来之

---

① 《罗汝芳集》，方祖猷等编校，凤凰出版社 2007 年版，第 17 页。按：此书由许多材料汇编而成，无统一卷数，因此，本著中无法注明确定的卷数，只注明准确页码。

② 《罗汝芳集》，第 110 页。

③ 同上书，第 203 页。

④ 《明儒学案》卷 12，《浙中王门学案二》，第 240 页。

人，即所谓质诸先觉；查考路程本子，即所谓考诸古训。无非成就此
必至长安之志而已，此古人为学之端绪也。①

在这段话中，王龙溪指出了泛观博览、纸上问学的弊端：虽然这种学
者也会"考诸古训，质诸先觉"，但是，"苟无求为圣人之志，则所质者
何物？所考者何事？终亦归之泛滥无成而已"。诚然，求学之人没有一个
明确目标，便没有实在的方向感，最终变成逐水漂流而不知归宿的轻薄
"桃花"。这样的学者，从外表看，虽然也博闻强记，才智过人，但是所
拥有的只是装点门面的闻见之知，对于解决生活方向与人生归宿的根本问
题，丝毫不起作用，因此，一个学者必须明白自己想获取什么东西，才能
根据这一立定的志向去前行和探索，才能解决安身立命的根本问题。对于
儒家学者而言，既然为学的根本目的是要学为圣人，那么，就应该先立定
必为圣人之志，然后沿着这一方向坚定不移地走下去，直至实现目标的那
一天。因此，王龙溪告诫门人说：

今日会中诸友，先须立有必为圣人之志，各安分限，从现在脚跟
下默默理会，循序而进，……实修实证，弗求速悟，水到渠成，自有
逢源时在。②

不仅如此，王龙溪还根据孔子一生为学的进步历程，指出了学在立
志，贯彻始终的道理。他和门人有过这样一段对话，史载：

请问："夫子由志学以至从心当不逾矩之时，还有愤否？"先生
曰："学在立志，行不越其所思，志定而后可以言学。夫子十五志于
学，至于三十而始立。立者，志立也。……四十而不惑者，志无所疑
也。……五十而知天命，志与天通也。……六十而耳顺，志忘顺逆
也。……虽至七十，而从心所欲不逾矩，亦只是志到熟处。……此志
朝乾夕惕，老而不倦。"③

王龙溪对于孔子"十五而有志于学"至"七十而从心所欲，不逾矩"

① 《王畿集》卷16，《书顾海阳卷》，第476页。
② 《王畿集》卷16，《水西别言》，第449页。
③ 《王畿集》卷8，《愤乐说》，第194页。

的诠释，可谓别具一格。他阐明了从少年到老年的漫长岁月中，立下学为圣人之志的作用，那就是"志定而后可以言学"的指向性，而且，"此志朝乾夕惕，老而不倦"，一生都起着无可替代的指引作用，因此，对于有心问津孔孟之道、探索性命之学的学者来讲，立志是一项不可或缺的前提性工作。

有的学人发现，在今本《王龙溪全集》中，关于鼓励学者立志的话，王龙溪讲得并不算多，这是为什么呢？原因很简单，由于心学宗祖王阳明生前高度重视立志问题，有过许多精辟的论述，因此，王龙溪的门人在为乃师编撰全集时，没有必要收录太多关于立志的语录，因为再怎么讲也高不过王阳明的水平去。兹引几段王阳明关于立志的话语如下，以为佐证：

> 人之学为圣人也，非有必为圣人之志，虽欲为学，谁为学？有其志矣，而不日用其力以为之，虽欲立志，亦乌在其为志乎！故立志者，为学之心也；为学者，立志之事也。①
> 志不立，天下无可成之事，虽百工技艺，未有不本于志者。……故立志而圣，则圣矣；立志而贤，则贤矣。志不立，如无舵之舟，无衔之马，漂荡奔逸，终亦何所底乎？②
> 学本于立志，志立而学问之功已过半矣。③

王阳明关于立志问题的言论还有很多，不必赘述。通过上述介绍，我们足以认定，"学为圣人"是心学根本宗旨的人格化表述，同时，"立定必为圣人之志"也是心学思想主旨的题中应有之义。作为王阳明的嫡传弟子，王龙溪（还有罗近溪等阳明后学）继承了这一思想，把它作为阳明心学的核心理念之一传递给后来的学者，以促进圣人之学的发扬光大。

三　人生一世，只有这件事

通过阐述"夫学，觉也"和"学者，学为圣人也"的道理，我们发现，王龙溪面向大众，揭示了追逐享乐、汲汲功名等世俗价值之外的另一种"活法"。不仅如此，他还从终极关怀的角度，论证了彻悟圣人所传的

---

① 《王阳明全集》卷8，《书朱守谐卷》（甲申），第276页。
② 《王阳明全集》卷26，《教条示龙场诸生·立志》，第974页。
③ 《王阳明全集》卷26，《与克彰太叔》，第983页。

天人性命之道的"究竟"意义，其结论是——"人生一世，只有这件事"①。

在王龙溪看来，追名逐利、贪恋富贵之类的世俗价值观与圣人之学相比，根本没有坚实、终极的意义可言。王龙溪一生，虽不像乃师王阳明那般坎坷，但是，宦海沉浮、妻离子散之类的人间悲欢离合也经历过许多，对此，他以冷静、睿智的眼光看待自己身边发生的一切，悟出了人间缘分的内在根因。例如：他的侍妾钟氏先后为他生了八九子，"或堕或伤，成而长者三人"②，即王应祯、王应斌、王应吉，可是，即使是已结婚成家的王应祯，仍不免年少早亡，对于王龙溪而言，不得不承受中年丧子的悲痛。在经历了短暂的哀苦伤悼之后，王龙溪很快便从"苦情郁郁"中解脱出来，他清醒地意识到：

> 自己只有一点灵光是从生带来的，虽男女至亲，一些子靠不著。况身外种种浮浪之物，尚可藉以长久耶？③

一旦看清了这些因缘和合的世间"假相"之后，他便反过来对劝慰自己的友人诚恳地讲述自己的真实感悟，他说：

> 因此勘破世间原无一物可当情，原无些子放不下。现在随缘，缘尽即空，原无留滞。虽儿女骨肉，亦无三四十年聚头，从未生已前观之，亦是假合相，况身外长物，可永保乎？④

经历了丧子之痛的王龙溪，看透了世间万物不过是如流水一般变动不居的"假合相"，因此，他深切地感到，没有必要对于世间功名富贵、得失成败之类的事情太过在意，相反，应该真正地为自己的性命之道考虑，学会利用好转瞬即逝的宝贵生命。由于得到心学宗祖王阳明的真传，王龙溪体悟到，只有圣人之学（包含与释道二教所悟的相同部分，但仍有毫厘的差别）"穷理尽性以至于命"⑤，彻悟了天人之际的奥秘，搞清了人类性命的内涵，揭示了正确的价值观念和生活方式，因此，学习并掌握圣人

---

① 《王畿集》卷7，《南游会纪》，第156页。
② 《王畿集》卷20，《亡室纯懿张氏安人哀辞》，第648页。
③ 《王畿集》卷9，《答李克斋》，第206页。
④ 《王畿集》卷9，《与李克斋》，第207页。
⑤ 《周易译注》，《说卦传》，第613页。

所传的性命之学，觉悟人生的实相，充分实现上天赋予人类生命的本然价值，这才是人生最重要的事业，舍此以外，任何英雄豪杰的功业都不过是过眼云烟，遑论庸庸碌碌、贪图富贵的世俗观念？由此，王龙溪自信而坚定地向世人公开宣称：

> 良知即天，良知即帝。顾天之命者，顾此也；顺帝之则者，顺此也。人生一世，只有这件事，得此把柄入手，方能独往独来，自做主宰，不随人悲笑，方是大豪杰作用也。①

在王龙溪看来，先圣所传的性命之学其实并不神秘，所谓天命之性、明德、仁体等种种范畴，其实都不过是良知的同义语，"良知即天，良知即帝"，致良知即是昭德之学，能够透彻地觉悟良知，并应用它来推广至社会生活的方方面面，便是践履先圣"穷理尽性以至于命"的成训。如果一定要细分，那么，自己觉悟良知便是"明体"；在力所能及的范围内推广、应用良知，并让尽可能多的人们觉悟良知，得其受用，这便是"达用"，合而言之，明体达用便是"致良知"工夫②的完整过程。由于中国古代哲学信奉"仁者以天地万物为一体"③的基本理念，因此，从自己觉悟良知，到推广良知之教于众人，便构成一项由本之末、体用一致的学问功夫。由于良知人人先天皆有，所以，任何人都可以从事这项学问，践履这项工夫，直至彻悟天人性命之道，达到无极的自由境界。与之相比，世间任何有形可见、有象可求的事业，都如同水上泡、草头露一般短暂易逝、倏忽无常，因此，要想真正地过好一生，使用好自己的有限生命，除了致良知之学外，别无他路可循，据此，王龙溪才敢说：

> 人生只有这件事，凡生时不曾带得来，死时不曾带得去的，皆不须一毫著念、认为己物，方是超物外大丈夫。④

从另一个角度看，"人生一世，只有这件事"的命题，也是王龙溪对

---

① 《王畿集》卷7，《南游会纪》，第156页。
② 在本书行文中，工夫是指加强修养、经受磨砺的过程；功夫是指心性修养已有的成就和境界。不过，凡引文一律遵循原著，不作此区分。
③ 程颢语，载《二程遗书》，第15页。
④ 《王畿集》卷9，《与李克斋》，第207页。

于孔子所说"不知命，无以为君子"① 思想的继承和弘扬。所谓命者，既包括人生境遇的必然性，也包括人生应尽的责任和使命，王龙溪清楚地看到，只有觉悟先天良知，应用先天良知，才能确保走好一生，完成自己的人生使命，并获得相应的精神受用。因此，王龙溪始终真诚规劝自己的门人和朋友，勉励他们抛开不必要的牵挂和负担，认准正确的前进方向。他说：

> 吾人此生，原只有这件事。但世人凡缘染重，外境累深，未免将自己精神向外驰求漏泄，反把这件事作第二义看。②

又如：

> 古人云："天下何事最苦？眼前不明大事最苦。"吾兄当此一番境界，若果能真证实悟，了得此一着大事，将无入而不自得矣！官之有无、名之得丧，何异风之过耳，尚足以动念哉？③

又如：

> 人生只有此一事。区区数年来看得性命心较切，只从一念入微理会。世途役役，尤须着紧，悠悠一时，即放过一时，行业何赖？④

就王龙溪自己而言，自从接过了阳明心学思想的"薪火"，他从此心无旁骛，一心要把先圣的思想精蕴传递给世人。这种志向终生不渝，老而弥坚，用他自己的话说，就是："区区身外百年都忘，全体精神只干办此一事。"⑤ 当然，作为心学宗盟，王龙溪面对一些志向不定的学者，不能只是振臂一呼而已，而是要循循善诱地阐释其中的道理，他说：

> 人生只有这些子，不论隐显、聚散、顺逆，随身干办，只有这件

---

① 语出《论语·尧曰》，按：这是《论语》一书的最后一段语录，是全书的三句结语之一。
② 《王畿集》卷9，《答赵向莘》，第228页。
③ 《王畿集》卷12，《与林介山》，第309—310页。
④ 《王畿集》卷12，《与徐成身》，第333页。
⑤ 同上书，第334页。

事。古云："蓬莱无多路，只在柱杖前，"非寓言也。凡世间功名富
贵，求之有道，得之有命，不可幸致。若为自己性命，我所固有，求
即得之，无待于外。世人于不可幸致者，念念不能忘，于所固有者，
顾舍之而不知求，亦见其惑也已。①

　　这段话表明，圣人的性命之学，乃"我所固有，求即得之，无待
（依赖）于外"，这是真正的为己之学；相比之下，世间功名富贵，"求之
有道，得之有命"，更不可以通过侥幸的手段去获取，那样付出的代价很
可能得不偿失。对此，一个理智之人应该知晓，"于所固有者，顾舍之而
不知求，亦见其惑也已"，既然如此，不如及时回头，去求取自己天性中
本来固有的良知灵体，获得自己本该得到的人生价值和相应受用，这才是
生命的正轨。

　　如前所述，致良知之学有一个"明体达用"的完整过程。像王龙溪、
罗近溪等天资颖悟的儒者，很早就觉悟了良知本体，达到超脱自由的精神
境界，但是，他们并不以此为满足。由于信奉"仁者以天地万物为一体"
之故，他们非常重视将"致良知"之教传遍天下，不因为出处而有间，
即使罢官还乡之后，仍然孜孜不倦地讲学传道，在他们看来，这也是
"人生惟有这件事"理念的展现。例如：王龙溪与罗洪先（号念庵）有着
很深厚的交谊，但是，罗念庵晚年对各地讲会中鱼龙混杂的情形不满，因
此闭关不出，清修度日。对此，王龙溪认为，罗念庵应该尽到讲学传道的
责任，他真诚地劝勉罗念庵说：

　　　　吾兄素行超卓，真纯粹白，同志素所信向，乃今闭关多年，高卧
　　不出，于一己受用得矣，如世道何？兄见此辈发心不真，遂生厌离，
　　不如自了性命，……大乘禅宗尚不肯作了自汉，况兄平生种下万物同
　　体真种子，世间痛痒，素所关心，天机感触，随处生发，岂容自
　　己？……春秋会时，还望为众出关，将身担当此事，以为之倡，务各
　　各以实行相观法，不徒知解辩说，滋长虚见，使诸会所烨然修明，有
　　光旧业，庶不枉大丈夫为此一大因缘出世一番耳。②

　　王龙溪的这番话中，"庶不枉大丈夫为此一大因缘出世一番"一语，

　　① 《王畿集》卷15，《云间乐聚册后语》，第414页。
　　② 《王畿集》卷10，《与罗念庵》，第237页。

形式上源自《法华经·方便品》，原作"诸佛世尊，唯以一大事因缘故出现于世"①，不过，他借用佛典，目的是对自己"人生只有这件事"的理念作一番延伸。因为"仁者以天地万物为一体"之故，仅仅自己觉悟了性命之道，只是做了一个"自了汉"，还必须将此性命之道传播于世间，使世间尽可能多的人们能够觉悟良知本体，并得其受用，这才是一个真儒的完整的人生使命，才是圣人之学明体达用、有本有末的全貌。类似的话，王龙溪不仅对罗念庵说过，凡是他认为能够担当传播良知之学使命的儒者，他都进行过劝勉，例如：

> 吾儒之学原与物同体，非止为自了汉。此念本天授，不以世界穷达有加损、人类同异有拣择，大丈夫为大事因缘出来救世一番，皆吾分内事也。②

又如：

> 既为此大事因缘出世一番，固将心存万古，了此大事，思以继圣修而开来学。此等苦心，岂士之谔谔者所能识？亦求自信而已。③

王龙溪对别人这样说，自己首先这样做到。他自罢官归乡之后，云游天下，讲学四十余年，"年八十，犹周流不倦"④，他不知疲倦地到处讲学，目的究竟是为了什么？用他自己的话说，动机十分明确——

> 区区身外百年都忘，全体精神只干办此一事。但念东廓、双江、念庵、荆川诸兄相继沦谢，同心益孤，会中得几个真为性命汉子，承接此件事，方放得心。不然，老师一脉，几于绝矣。⑤
>
> 区区八十老翁，于世界更有恁放不下？惟是师门一脉如线之传，未得一二法器出头担荷，未能忘情。切切求友于四方者，意实在此。⑥

---

① 《妙法莲花经·方便品第二》，王彬译注，中华书局 2010 年版，第 71 页。
② 《王畿集》卷 9，《与陶念斋》，第 224 页。
③ 《王畿集》卷 9，《与陆平泉》，第 221 页。
④ 《明儒学案》卷 12，《浙中王门学案二》，第 238 页。
⑤ 《王畿集》卷 12，《与徐成身》，第 334 页。
⑥ 《王畿集》卷 12，《与沈宗颜》，第 329 页。

王龙溪一生，完全以觉悟天人性命之道为事业，求学时重在体悟此良知本体，出山后重在宣讲、传播良知之学。他一生的轨迹十分清晰，那就是"人生一世，只有这件事"——以"明道"和"传道"为根本目标，自觉觉他，自度度他，明道淑人，教化众生，完成了一个心学大儒的人生使命。

值得注意的是，"人生只有这件事"的理念，并非王龙溪的一己之见，它其实是儒家一直内含的生命哲学的基本理念，只不过经由明代的心学思想家加以提炼，得以发扬光大而已。早在先秦时期，孔子就明确讲过："朝闻道，夕死可矣。"（《论语·里仁》）孔子把"闻道"视为生命中最重要的事情，这种理念对于后世儒者的求道精神无疑有着重要的激励作用。在明代整个阳明心学的阵营中，把"明道"视为生命中最重要事情的大儒，绝不止王龙溪一人。仅以泰州学派的两位巨匠——王襞（号东厓）和罗汝芳（号近溪）为例，他们都提出过相同的观点，所讲述的话语也极其相似，权引两段如下：

> 直信人生只有此一事，千古只有这一件，舍此一事皆闲勾当，离此一件总是糊涂。安忍将有限光阴，却付闲勾当，去无穷明妙，乃坐糊涂相也？（按：此为王东厓语）[1]
>
> 人生世间，惟有此一件事，最为紧要。然人于百年之中，未尝时刻休歇，看他何等勤惕，何等周详！独于此处，却宽怀放意，不来说着理着。……使当时若移其勤惕之心，以来勤惕志气；移其周详之见，以来周详学问，岂亦不得入于圣人宫墙，而万年如一日耶？（按：此为罗近溪语）[2]

由是可见，英雄（圣贤）所见略同。王龙溪、王东厓、罗近溪等人，虽然哲学思想亦有差别，在重视天人性命之道上，却能够达到高度的一致。这充分表明，关注人生的本原性意义，关注生命的"究竟"内涵和终极价值，这是整个明代心学的共同见解，也是他们深邃的生命智慧的体现。

---

[1] （明）王襞：《明儒王东厓先生遗集》，卷1《语录遗略》，第222页。按：此书附于陈祝生主编：《王心斋全集》之后，江苏教育出版社2001年版。

[2] 《罗汝芳集》，第172页。

第二节 王龙溪哲学思想主旨的心学特色

王龙溪是明代阳明学派的巨擘，他的哲学理论既然是以求取觉悟和学为圣人为思想主旨，那么，在阐述和弘扬这一思想主旨时，必然带有明显的心学特色。搞清了这些心学特色，有助于我们澄清诸多以往对于龙溪心学的误会，更加准确而深入地理解王龙溪哲学的思想精髓和本来面目。

一 夫学，心学也

自从王阳明公开传播自己的哲学思想，人们便有了程朱理学和陆王心学的对比，作为阳明心学的嫡传，王龙溪继承了阳明思想的心学宗旨，其哲学思想同样含有显著的心学特色，简而言之，王龙溪认为，无论圣人之学多么博大精深，它的本质可以用一句话来概括——"夫学，心学也"。

关于圣人之学本质上即是心学的思想，王龙溪进行过多角度的阐述，旨在使学者明白圣人之学的精神实质，他说：

> 夫学，心学也。人心之灵，变动周流，寂而能感，未尝不通也；虚而能照，未尝不明也。此千圣以来相传之宝藏，人人之所同有，惟蔽于私而始失之。学也者，学去其蔽而已矣，非有加也。何也？夫心之通明谓之圣，圣人者，生而知之，学之的也。①

根据这段话语，我们可以得知，人人心中有个先天的宝藏，那就是"寂而能感，未尝不通；虚而能照，未尝不明"的良知本体，但是，人们在后天生活中因为蔽于私欲、习气等因素，丧失了这一本然通明之心智，因此，学者的根本任务就是要从自己的内心找回这一先天通明之本能，这也就是圣人之"圣"的根本内涵。据此可知，所谓圣人之学，并不是后天外加给人们什么东西，而是发掘、恢复人心本有的先天功能，离开了"心"这一修道的枢纽，圣人之学也就无从谈起了，从这个意义上讲，"夫学，心学也"。

关于"夫学，心学也"的命题，王龙溪还做过许多相关阐述，例如：

---

① 《王畿集》卷13，《国琛集序》，第353页。

夫千古圣人之学，心学也；太极者，心之极也。有无相生，动静相承，自无极而太极，而阴阳五行，而万物，自无而向于有，所谓顺也；由万物而五行阴阳，而太极，而无极，自有而归于无，所谓逆也。①

又如：

《易》以道阴阳，仰观俯察，类万物之情，近取而得之，不越乎身心两字而已。心即乾之阳也，身即坤之阴也。……变动周流，不可以典要而执、思为而得，是故身心之外无学矣。②

这两段话所涉的内容颇为复杂，简而言之，王龙溪阐述了两个重要的问题，一是借用北宋道学家周敦颐《太极图说》中关于"无极→太极→阴阳→万物"的顺逆两端的运动规律，阐明"夫千古圣人之学，心学也；太极者，心之极也"的道理；另一方面则是借用儒家元典《周易》中的思想，说明了"心即乾之阳也，身即坤之阴也"的身心交融的生命结构，进而表达了"身心之外，无学矣"的根本理念，总之，都体现出鲜明的心学特色。

谈及"心学"二字，人们通常会有一种印象，以为信奉心学的学者往往都是不务实际，师心自用之辈。其实，这是一种误解。所谓心学，指的是要发掘、恢复人心先天本有的德性与智慧，绝不是指教人妄自尊大、脱离实际，否则就无法解释王阳明所建树的卓绝事功了。对此，王龙溪指出：

良知是性之灵窍，本虚本寂。虚以适变，寂以通感，一毫无所假于外。譬之规矩之出方圆，规矩在我则方圆不可胜用，泥方圆而求规矩，则规矩之用息矣！此学未尝废闻见，但属第二义。能致良知，则闻见莫非良知之用；若借闻见而觅良知，则去道远矣！颜子德性之知，子贡多学之识，毫厘之辨，在孔门已然，况后世乎？③

---

① 《王畿集》卷17，《太极亭记》，第481页。
② 《王畿集》卷15，《易测授张叔学》，第418页。
③ 《王畿集》卷11，《与莫中江》，第279页。

在这段话中，王龙溪指出了作为"性之灵窍"的良知本体的先天功能，那就是"虚以适变，寂以通感，一毫无所假于外"，就像心中天然的规矩一样，只要掌握了这一"规矩"，再去画圆画方，都会游刃有余，应付自如，这是一种先验的"德性之知"；反之，即使获取再多的后天闻见之识，所知所见始终有限，以此指导自己的人生历练，将会左支右绌，应接不暇，终有无法应付的情境。因此，圣人之学的关键是让人领悟这种根于人心的先天德性之知，而非教给人们繁多的后天闻见之识。这种学术路径的根本差别，早在孔子门下就已经体现出来，那就是"颜子德性之知"和"子贡多学之识"的分道扬镳，"颜子德性之知"便是心学所崇尚的根本学问，而"子贡多学之识"则是俗儒所追求的东西，因此，后代学者一定要明白学术宗旨的根本区别。

当然，领悟"先天德性之知"并不排斥后天闻见之识，王龙溪指出，"此学未尝废闻见，但属第二义"。人在后天生活中，需要掌握一定的知识技能，这都属于后天的闻见之知，不过，当人们面对复杂的、非技能性的问题时，真正起作用的还是先天德性之知，只有这种先天良知可以指导人们正确地应用后天所学的知识技能，理出头绪，抓住关键，帮助自己走出困境，因此，王龙溪才说"能致良知，则闻见莫非良知之用"。需要注意的是，德性之知根于先天心体，不需要外求便可领悟，如果以为通过扩大闻见知识才能获得德性之知，那便是搞错了根本的路向，因此，王龙溪又告诫学者，"若借闻见而觅良知，则去道远矣！"至此，我们才明白所谓心学的内涵究竟是指的什么。

正因为王龙溪抓住了"夫学，心学也"的关键问题，因此，他明白地指出了儒者学习圣人之学的正确用功方法，他说：

> 千古圣学，惟在理会心性。心性者，根于天，取诸固有而盎然出之，无所假于外。外此而学者，谓之异学。……夫心性者，所谓自立之根，而读书则取其发育长养之助而已。……不本于心性，而专务读书，虽日诵六经之文，亦不免于玩物丧志，明道所以规上蔡也。①

在这段话中，王龙溪不仅点明了"千古圣学，惟在理会心性"的工夫论思想，而且将"理会心性"和"专务读书"的为学模式做了一个对比。他告诫世人，"不本于心性，而专务读书，虽日诵六经之文，亦不免

---

① 《王畿集》卷14，《赠邑博诸元冈迁荆王府教授序》，第383页。

于玩物丧志"，脱离了心性修养而专务读书，只能求取知识的增长，与自家身心毫无交涉，因此，这种读书方式不过是"玩物丧志"的游戏之举，早在北宋时期，程颢（明道）已为此事规劝过门人谢良佐（上蔡）。可惜的是，后儒不以此为鉴，仍然一味热衷于扩充增长闻见之识，对此，王龙溪质问道："若只在知识寻求，于身心有何交涉？"① 他的用意很明显，要想达到人生的觉悟，成就圣人人格，就要迷途知返，放下对闻见之知的执着追求，重新回到"理会心性"的正途上来。

二　所谓问学，乃现在日履

由于时人历来对阳明心学存在误解，如果只说"夫学，心学也"，难免使人走上师心自用②、妄自尊大的歧途，因此，王龙溪在阐述心学宗旨时，有时会适当地变换角度进行表达，以帮助人们正确理解。他明确地指出：所谓问学，就是在日常生活的伦物实践中做工夫，通过伦物实践中的心性修养，便能够获得人生的觉悟，成就理想的人格。他曾经教诲门人说：

> 所谓问学，乃现在日履，不论闲忙，无非用力之地。若外现在别有问学，所问所学又何事耶？……若外此别有所学，忙时是着境，便生厌心；闲时是着空，便生怠心。又何得为同道耶？③

这段话表明，凡是日常生活中的"现在日履"，无论是闲暇还是忙碌，都应该认真应对、踏实为之，因为这些日常事务中普遍包含了"理会心性"的"用力之地"，都是锻炼、造就圣贤人格的绝好素材。如果以为离开了日常生活、人伦物理也能修道，那么，不是着境，便是着空，实际上都错过了心性修炼的最好时机，因此，所谓问学，就应落实在当下的实际生活中。

在宋明理学中，"格物"之争一直是个大问题。王龙溪继承了王阳明的格物思想，并把它融入讲学传道的内容中，彰显出"所谓问学，乃现在日履"的务实风格。王阳明曾说："物者，事也，凡意之所发必有其

---

① 《王畿集》卷7，《南游会纪》，第152页。
② "师心自用"一词本身也是南宋心学家陆九渊最先提出并加以批评的，他说："学者大病，在于师心自用。"载《陆九渊集》，卷3《与张辅之》，钟哲点校，中华书局1980年版，第36页。
③ 《王畿集》卷11，《答宗鲁侄》，第297页。

事，意所在之事谓之物。格者，正也，正其不正以归于正之谓也。"① 王
龙溪接续阳明的思想，告诫门人要从容、踏实地处理眼前的种种事务，
他说：

> 物是现在感应之实事。既有民社之职，种种簿书期会，便是感应
> 之物，于此磨得心平气和、不急不缓，以直而动，才过即觉，才觉即
> 化，便是格了簿书期会之物。一切酬酢、逆顺、好丑，莫不皆然，非
> 必习静与读书，然后为学也。②

在这段话中，王龙溪进一步将王阳明的"物者，事也"之见扩充诠
释为"物是现在感应之实事"，表明了心学工夫本不离当下的求实风格，
同时又阐明，心学所提倡的格物工夫，并不仅仅是处理好眼前的事情，而
且是要在处理事务的过程中将心性磨得"心平气和、不急不缓"。虽然
"过者，圣贤所不免"③，但是，修道者在实际生活中，对于难以避免的过
失，能够做到"才过即觉，才觉即化"，丝毫不成为心理负担，只有这
样，现实生活中的得失成败便不再成为修道者的障碍，相反，这些繁杂的
事务能够造就超凡入圣的心理素质，由是可见，日常生活中的任何事务，
都可以成为"理会性情"的作业题，"一切酬酢、逆顺、好丑，莫不皆
然，非必习静与读书，然后为学也"。

基于上述理念，王龙溪提出了一个"着衣吃饭，无非实学"的重要
命题，粉碎了当时人们对于心学不务实际的种种误解，他说：

> 若果彻底承当得来，着衣吃饭，无非实学，一念相应，便是入圣
> 根基，便不在题目上作好丑安排障。④

如果我们把视野再放宽一些，就会发现"着衣吃饭，无非实学"的
命题并非王龙溪一人的观点，其实，这乃是阳明心学正脉的共同见解。例
如，同为阳明门下高足的泰州学派创始人王艮曾说：

---

① 《王阳明全集》卷26，《大学问》，第972页。
② 《王畿集》卷12，《答徐龙寰》，第313页。
③ 同上。
④ 《王畿集》卷12，《与丁存吾》，第330页。

> 圣人之道，无异于百姓日用；凡有异者，皆谓之异端。①

又如：

> 百姓日用条理处，即是圣人之条理处。圣人知，便不失；百姓不知，便会失。②

这些话语，后来被黄宗羲概括为"百姓日用即道"，③它和王龙溪的"着衣吃饭，无非实学"的命题一样，都体现出阳明心学之正脉注重结合实际以涵养心性的学术宗风。不仅如此，越到晚年，悟性超旷的王龙溪对于学问工夫随时随地可以修证的特性越发重视，他曾对门人说：

> 区区年来亦见得此学不可一时不理会，小心翼翼，对越上帝，乃是吾人日履行径。④

由是可见，王龙溪所提倡的心学工夫，从来不是师心自用、妄自尊大的狂生之学，而是实实在在修养心性，以期超凡入圣的"正法眼藏"，继承并弘扬了阳明心学内在的基本理念。关于"所谓问学，乃现在日履"的命题，虽然王阳明本人未曾提出，但是，他在论述心物关系时，已经包含了相关的思想。在此我们不妨回顾一下王阳明在与老友顾东桥论学时，针对顾东桥怀疑心学思想可能存在"专求本心，遂遗物理"的弊端，指出：

> 专求本心，遂遗物理"，此盖失其本心者也。夫物理不外于吾心，外吾心而求物理，无物理矣；遗物理而求吾心，吾心又何物邪？⑤

又如：

---

① 《王心斋全集》卷1，《语录》，第10页。
② 同上。
③ 《明儒学案》卷32，《泰州学案一》，第710页。
④ 《王畿集》卷12，《与贡玄略》，第317页。
⑤ 《王阳明全集》卷2，《答顾东桥书》，第42页。

　　心虽主乎一身，而实管乎天下之理，理虽散在万事，而实不外乎一人之心。①

　　这两段话表明，"物理"和"吾心"是相互依存、密切联系的，如果以为离开物理就能求得吾心，那么，这是一厢情愿的空想；反之，如果以为脱离吾心能够求得物理，那么，所得不过是一些支离散乱的外在之理而已，与自家身心并无干涉，与作圣成贤更无关联，因此，外心而求理，实在是南辕北辙之举措。在此需要注意的是，宋明理学所讲的"物理"，一般指的是事理，与觉悟人生真谛、培养圣贤人格直接相关，和现代物理学研究的"物理"不是一码事。外心而求理，得到的只能是关于某一领域的事物本质和规律的认识，乃是"形而下"的真理，和穷尽天人性命的"形而上学"不能相提并论，因此，要想"穷理尽性以至于命"，必须将心与物结合起来，既要明白"道在心中"的真谛，又要懂得"着衣吃饭，无非实学"的工夫路径。有鉴于此，王龙溪在讲明了"千古圣学，惟在理会心性"的真谛之后，又同时指出了"所谓问学，乃现在日履"的用功方向，这样一来，方才构成对于心学宗旨的完整表述。

三　先天之学不容说

　　王龙溪哲学思想的根本宗旨，是使学者觉悟先天的良知本体（又称"仁体""明德""天命之性"等），然而，这一先天的良知本体具有超越常规经验和理性思维的特性，用王龙溪自己的话来讲，就是"先天之学不容说"②，但是，在后天生活中，人们又必须使用语言和文字相互交流，因此，如何向世人传递先天之学的相关信息，就成为王龙溪所面临的一大问题。

　　首先，先天良知本体超越常规经验和理性思维的特性，这是历代儒释道高人的共同发现，由此也衍生出中国古代哲学"言不尽意"的思想传统。先秦道家的老子在描述"道"的特性时曾说：

　　视之不见，名曰夷；听之不闻，名曰希；搏之不得，名曰微。此三者不可致诘，故混而为一。其上不皦，其下不昧。绳绳不可名，复归于无物。是谓无状之状，无物之象，是谓惚恍。（《老子》第十四章）

———————————

① 《王阳明全集》卷2，《答顾东桥书》，第42页。
② 《王畿集》卷3，《水西经舍会语》，第62页。

这段话表明，对于眼耳鼻舌身等五官而言，"道"是视之不见，听之不闻，抟之不得的，用任何语言都不可能描述清楚它的特性，故曰"不可致诘"，它是一种超越通常感官认识的"无状之状，无物之象"，勉强言之，只是一种"惚恍"境象而已，因此《老子》一书开篇即说："道可道，非常道；名可名，非常名"，一开始就告诉读者不要满足于仅从文句字面上去理解"道"。类似的发现在佛教哲学中也不鲜见。以《圆觉经》为例，其经文中指出，"真如"境界乃是一个"不思议事"①，妄想凭言诠和理性来充分理解它，只能是水底捞月。又以佛教禅宗为例，在这个完全中国化的佛教宗派中，许多高僧大德都曾向世人诉说"真如"本体超越言诠的特性。例如：唐代六祖慧能，樵夫出身，不识文字，旁听佛经，便能为人解说其义。当有人质疑他"字尚不识，曷能会义"时，他说："诸佛妙理，非关文字。"② 其后，法眼宗的创始人文益禅师，也和门人有过一段耐人寻味的对话：问："如何是第一义？"师云："我向你道，（已）是第二义。"③ 除了释、道二教之外，先秦儒家对于天人性命这种本体论问题也认同"言不尽意"的见解，最典型的莫过于《易传》的作者借孔子之口说："书不尽言，言不尽意。"（《周易·系辞上》）④ 魏晋时期，王弼更据此阐释道："故言者所以明象，得象而忘言；象者所以存意，得意而忘象。……是故存言者，非得象者也；存象者，非得意者也。……得意在忘象，得象在忘言。"（《周易略例·明象》）⑤ 从此，"言不尽意"成为中国古代哲学的一项重要思想传统。王龙溪自彻悟良知本体之后，也完全明白了良知本体超越言诠的特性，因此，他明确地指出："先天之学不容说。"他和门人关于这方面的对话有很多，例如：

（诸门人）叩首曰："某等深信阳明夫子良知之学，誓同此心，以此学为终始，惟先生独得晚年密传，窃愿有以请也。"先生叹曰：

---

① 《圆觉经》，李安纲、赵晓鹏注译，中国社会出版社1999年版，第6章，第117页；及第12章，第243页。

② （宋）释普济：《五灯会元》，卷1《六祖慧能大鉴禅师》，中华书局1984年版，第53页。

③ 《五灯会元》，卷10，《清凉文益禅师》，第563页。

④ 《周易译注》，第563页。

⑤ （魏）王弼：《周易略例·明象》，载《中国哲学史教学资料选辑》（上册），北京大学哲学系中国哲学教研室选注，中华书局1981年版，第382页。

"有是哉！苟能发心求悟，所谓密在汝边，凡有所说即非密也。"①

又如：

> 孔子每以回、赐举而进之，弗如与之"予欲无言"之诲，所以微之者屡矣，赐终疑而未知。使学可以言传而得，则凡及门之士皆可以为颜子；惟其不可以言传，故虽颖悟如子贡，亦不能使之悟也。②

通过上述对话，王龙溪表明了圣人之学的精蕴不可能通过"言传而得"的客观事实。他以孔子"予欲无言"之语为例，告诉门人，如果心学精蕴可以通过言传而得，那么孔子门下人人都可以通过言诠之教而达到颜子的水平，相反，正因为"（道）不可以言传"，所以像子贡那样聪明颖悟之人，也无法使之觉悟，这就是"七十二贤者"皆不及颜子的原因所在。由于"道"不可言传之故，要想真正领会它，就必须通过心悟，对此，王龙溪说：

> 得也者，非得之于言，得之于心也。契之于心，忘乎言者也，犹之烛之资乎明、杖之辅乎行，其机则存乎目与足，非外物所得而与也。若夫玩而忘之，从容默识，无所待而自中乎道，斯则无言之旨，上达之机。③

由是可见，王龙溪主张：必须透过言诠思辨，从内心去体悟先天良知本体，这样才算符合了孔子所传的"无言之旨，上达之机"。据此，王龙溪后来写过《悟说》一文，把学者的修行境界分为解悟、证悟和彻悟三种，其中，所谓解悟，乃是对"道"的理性认知，可以言说，"譬之门外之宝，非己家珍"④，是不能算数的，这样一来，无形中把包括朱熹在内的许多讲究著书立说的大儒排斥在了"明道"者的范畴之外。在"道"不可言说的问题上，王龙溪和乃师王阳明一样，没有丝毫的乡愿气，显示出一种实事求是的严肃态度。

---

① 《王畿集》卷5，《颖宾书院会纪》，第115页。
② 《王畿集》卷8，《艮止精一之旨》，第185页。
③ 《王畿集》卷13，《重刻阳明先生文录后序》，第341页。
④ 《王畿集》卷17，《悟说》，第494页。

　　虽然"先天之学"具有超越言诠的特性，但是，为了让后人明白先天之学的大致内蕴和用功方向，作为一种"第二义"的工具，后天的语言文字和理论阐释还是应当发挥其必要的作用，这就好比禅宗所说"凭指见月"一样，只要学者不把手指本身当成月亮，那么，这种以指示月的教法本身还是行之有效的。正因为如此，文笔和口才都相当出色的王龙溪，大半生都是在用言语阐说去教诲门人弟子，目的就是启发他们的觉悟。王龙溪指出：

　　　　古人之言，皆为未悟者设，悟则忘言矣。①
　　　　真得真忘，非言说意想之所能及也。②

　　对于这种以语言文字来传递"道"的信息的做法，王龙溪一直将其放在"第二义"的地位上，亦即这是一种因地（人）制宜的"权法"，不必执泥于此，要懂得因人设教，随说随扫，凭指见月，见月忘指，这样才能真正觉悟良知本体，并从中获得相应的受用。当然，用言语讲说来教诲弟子的前提是教师本身要先觉悟，否则，这种讲说就成为鹦鹉学舌般的游戏之举了，为此，王龙溪诚恳地对门人谈起自己的修道体悟和内心衷肠，他说：

　　　　不肖赖天之灵，偶然得个悟入，故深信不疑，以为千古绝学，庶几有在于此，不惜口业，每每与诸公一谈，以尽交修之怀，非不自量也。若不是自己真有个悟入处，虽尽将先师口吻言句一字不差、一一抄誊与人说，只成剩语，诳己诳人，罪过更大，以其无得于己也。③

　　通过这段话，我们发现，王龙溪颇像禅宗古德所说的"老婆心切"，有一种悟道之后急于想把真理（相）告诸世人的真诚情怀。同时，这段话也表明了王龙溪对于模仿先圣口吻言语、"一一抄誊与人说"的蹈故做法的否定，认为这是"诳己诳人，罪过更大"，说到底，还是由于施教者本身"无得于己"而导致的。对于以语言文字来表述修道体会的做法，王龙溪一向持有谨慎的态度，不仅对于门人，就是对于关系密切的朋友，

────────────

　　① 《王畿集》卷16，《胡栗里别言》，第457页。
　　② 《王畿集》卷16，《别言赠周顺之》，第454页。
　　③ 《王畿集》卷9，《答李克斋》，第207页。

也经常毫不留情地予以规劝，例如，他曾追忆与好友万表（鹿园）和唐顺之（荆川）的交往：

> 君（指万鹿园）久处善权，乘兴著《感遇》、《述怀》诸诗。时予与荆川过访，因出所作以示，荆川曰："诸作皆绝去言诠，坐证玄理，深得苏州三昧，亦岂有山灵之助乎？"予曰："以此游戏则可，若作印证，又落诗魔矣。"[1]

　　如前所述，万鹿园是王龙溪的莫逆之交，儒释道兼通，王龙溪为他写下了生平最长的一篇纪念性文章《鹿园万公行状》，但是，对于万鹿园以诗作来表达修行体悟的做法，他和唐顺之表示出明显不同的态度。唐顺之以为，万鹿园的诗作"深得苏州三昧，亦岂有山灵之助乎？"王龙溪则认为，"以此游戏则可，若作印证，又落诗魔矣"。挚友的一番话，着实给万鹿园泼了一瓢凉水，它表明了王龙溪对于"先天之学不容说"的明确态度，也启迪了两位好友学会透过言诠戏论而实修实证，真正去体悟先天大道。
　　王龙溪关于"先天之学不容说"的命题，并非个人一己之见，相反，他是继承了心学宗祖王阳明的有关理念。王阳明生前，清楚地表述过"道不可言"的心学思想。他在这方面的言论有很多，例如：

> 道不可言也，强为之言而益晦；道无可见也，妄为之见而益远。夫有而未尝有，是真有也；无而未尝无，是真无也；见而未尝见，是真见也。[2]
> 道之全体，圣人亦难以语人，须是学者自修自悟。[3]
> （门人）刘观时问："未发之中是如何"？先生曰："汝但戒慎不睹，恐惧不闻，养得此心纯是天理，便自然见。"观时请略示气象。先生曰："哑子吃苦瓜，与你说不得。你要知此苦，还须你自吃。"[4]

　　此类言语在《王阳明全集》中并不鲜见，兹不赘述，仅此足以使人

---

① 《王畿集》卷20，《鹿园万公行状》，第601页。
② 《王阳明全集》卷7，《见斋说》，第262页。
③ 《王阳明全集》卷1，《传习录上》，第24页。
④ 同上书，第37页。

明白，"道不可言"的思想乃是心学一脉的根本理念。虽然王阳明和王龙溪等人一生都以讲学传道为业，但其根本目的不是为了个人的著书立说，而是想把良知之学的精蕴传给世人，促使人们达到生命的觉悟；其讲学活动，则是促成这种生命觉解的相反相成的方便法门。总之，王龙溪关于"先天之学不容说"的态度是明白无疑的，在此不妨用他的一首诗来做最后的总结——

> 华岳枕边千古梦，濂溪亭畔一般青。
> 单传已较些儿子，看取先天无字经。①

---

① 《王畿集》卷18，《四祖祠同赵大洲宫谕夜坐，次吕巾石韵四首》（二），第552页。

第四章　王龙溪哲学的本体论

良知一词是阳明心学的核心范畴，王阳明自从发现良知本体之后，非常得意，称之为"圣门正法眼藏"①"千古圣学之秘"。② 在晚年，他曾说："吾平生讲学，只是致良知三字"。③ 作为王阳明的嫡传，王龙溪乃至整个阳明后学都服膺良知之学，并以此作为讲学传道的核心内容。由于生前所处的社会环境尚有种种束缚，王阳明对于良知本体的阐释显得比较谨慎，对于根器不足的许多门人，他只就致良知的一般意义作一些讲解，对于良知本体的深层内涵，很少对人谈起，直至晚年"天泉证道"时，他才解除顾虑，承认"是天机该发泄时，岂容复秘?"④ 从此，阳明学派对于良知学的讲授较以往更进了一层，王龙溪正是承担这一传道重任的历史人物。本章重点阐述王龙溪"接着"王阳明讲下来的良知本体论，旨在体现王龙溪对于阳明心学的继承和发展。

第一节　性命之奥——良知本体论

良知一词，今天仍然在中国人的日常生活中经常使用。人们讲起良知来，一般是指人心内在的道德意识。这种观念沿袭已久，以至于今天的学术界在研究阳明心学的"致良知"思想时，也只是把王阳明看成一个重视道德品质教育的思想家。这种看法，本身并不为错，只是把阳明心学的思想深度看得太浅了。因此，我们有必要重新深入地发掘阳明心学的良知本体论的思想内涵，特别是阐释通过王龙溪揭示出来的良知本体的深层内涵。

---

① 《王阳明全集》卷5，《与邹谦之》，第178页。
② 《王阳明全集》卷5，《与薛尚谦》，第199页。原文是："致知二字，是千古圣学之秘"，表述略有不同。
③ 《王阳明全集》卷26，《寄正宪男手墨二卷》，第990页。
④ 《王畿集》卷1，《天泉证道》，第2页。

一　良知范畴的道德内涵

"良知"这个概念，原本出自《孟子·尽心上》，原话是："人之所不学而能者，其良能也；所不虑而知者，其良知也。""致知"一词，出自《大学》开篇："欲诚其意者，先致其知，致知在格物。"① 从表面上看，"致良知"命题是这两段先圣言论的综合（"致知"是"致良知"的简语）。为了给阳明心学找到经典依据，其门徒黄绾曾言："'致良知'实本先圣之言，盖致知出于孔氏，而良知出于孟轲性善之论。"② 毋庸置疑，作为儒家思想的信徒，王阳明高度重视"致良知"的道德内涵，他在这方面的论述有很多，摘其数段如下：

> 良知者，孟子所谓"是非之心，人皆有之"者也。是非之心，不待虑而知，不待学而能，是故谓之良知。是乃天命之性，吾心之本体，自然灵昭明觉者也。③
>
> 夫良知者，即所谓"是非之心，人皆有之"，不待学而有，不待虑而得者也。人孰无是良知乎？独有不能致之耳。自圣人以至于愚人，自一人之心，以达于四海之远，自千古之前以至于万代之后，无有不同。④

王阳明的这些言论，旨在揭示人类心灵中有一种先天的道德意识和自觉性。在极"左"思潮占统治地位的时代，这种思想曾被批判为主观唯心主义，今天看来，结合现代生物学理论和历史唯物主义的观念，这些思想一定程度上都可以解释得通。在人类从原始动物至文明社会漫长的进化历程中，由于群体内部相互扶持、相互帮助的必要性，人们逐渐形成了一定的道德观念，这种道德观念经过代代遗传，积淀成为一种"集体无意识"，对于人类祖先而言，它可能来自社会实践，但对于后代个体而言，它确实是先天而生的，具有"不虑而知，不学而能"的特性，例如，人们对于有血缘关系的亲属天然的亲近感，对于某些是非善恶问题天然的辨别力，都是一种佐证。当然，这种"集体无意识"本身也会经历遗传与

---

① 按：由于"四书"等经典广为人知，本著引用此类经典名言时只注篇名，不再注明版本和页码。

② 《王阳明全集》卷35，《年谱三》，第1326页。

③ 《王阳明全集》卷26，《大学问》，第971页。

④ 《王阳明全集》卷8，《书朱守乾卷》，第279页。

变异交互作用的辩证发展过程，否则我们就无法解释人类社会道德观念在不同时代和不同地域的显著差别了。抛开道德观念的一些外在差别，我们不得不承认，人类心灵中确实有一些共同的先天道德意识和自觉性，如果能够将其充分发掘出来，或将成为现代社会的普世价值，对于促进人类文明的健康发展，将具有极其重要的思想指南作用，因此，被时人视为"孔门之正传"① 的王阳明，对于良知范畴道德内涵的发现和提炼，其历史功绩非常引人瞩目。他将孔孟博大而宏富的思想，概括为"致良知"三字，有助于启发人们的道德自觉，特别是在明代中叶，将官方的程朱理学所设定的一系列道德规范转化为人们内心自觉自愿的需要，使人们明白"天理"并不外在于人心，具有"震霆启寐，烈耀破迷"② 的作用。作为王学嫡传，王龙溪对于王阳明关于"致良知"宗旨的道德内涵的阐释，没有什么疑异，在四十余年的讲学生涯中，他一直绍述王阳明的思想，多方揭示良知范畴的道德内涵，例如，他说：

> 良知者，本心之明，是非之则也。……心之良知是谓圣，谨独所以致良知也。良知致，则能周乎（万）物而不过，好恶自无所作。譬诸鉴之空，而妍媸自辨；衡之平，而轻重自审。③

又说：

> 天之所以命我，德性而已。《中庸》尽性之书，循此谓之率性，体此谓之修道。不睹不闻者，德性之体，所谓良知也。④

又说：

> 知者，心之本体，孟子所谓"是非之心，人皆有之"者也。是非本明，不须假借，随感而应，莫非自然。⑤

这方面的言语还有很多，兹不赘述。概而言之，王龙溪完全认同乃师

---

① 黄绾语，语出《王阳明全集》卷35，《年谱三》，第1326页。
② 刘宗周语，载《明儒学案》，《师说》，第7页。
③ 《王畿集》卷14，《赠绍坪彭侯人觐序》，第376页。
④ 《王畿集》卷16，《漫语赠韩天叙分教安成》，第468页。
⑤ 《王畿集》卷4，《答退斋林子问》，第82页。

王阳明关于"致良知"宗旨道德内涵的阐述，他既以此教诲学生，也以此自律。例如，王龙溪的父亲去世得早，他从小与哥哥王邦相依为命，对于长兄十分恭敬，"每坐必侍，出必以从"①，王邦有心疾，早亡，留下了一个遗孤男孩，王龙溪"抚其子若子"②，充分体现了一个儒者在家庭伦理生活中的孝悌和慈爱心怀。又如，王龙溪的故乡绍兴府建三江闸成，由于龙溪曾经参与谋划，绍兴府官方拟将新开的沙田二顷赠之，以为谢礼。这种馈赠并非不义之财，但王龙溪与妻子张氏商量之后，婉言谢绝，他们的考虑是：君子为桑梓谋事，并不需要什么馈赠，如果接受了这种馈赠，反而给子孙留下了不劳而获的资本。这种见利思义的作风，无疑也为其众多的门人树立了榜样。

　　或许有人以为，所谓道德规范，都是后天社会人们在生活中不断磨合而制定出来的平衡利益机制的行为准则，哪里有什么先验的道德意识可言呢？这种观点，实际上是不善于深入考察人类内心世界而得出的粗率结论。即使某些社会道德规范是后天由人们所制定的，但是，如果脱离了人们内心对它真实的认同，那么，这种规范事实上不会有人去认真遵守，也不可能得到普遍的推广或长久的流传。这方面的例证有很多，例如，先秦孔子所说的"己所不欲，勿施于人"的理念，现在已被称之为人与人、乃至国与国之间交往的"金律"。这一"恕道"思想，实际上就是人类"本心之明，是非之则"的体现和概括。很显然，在人与人的交往过程中，如果自己不希望接受的东西（如侮辱人格式的谩骂），也不应强加给别人，否则，他人必然以其人之道，还治其人之身，因此，"己所不欲，勿施于人"理念的总结和推广，其实就是人类先天良知"知是知非，知善知恶"的道德智慧的表现。又如：设想有甲、乙两人来分一块蛋糕，可是手中只有一把小刀，没有其他精确的计量工具来保证这种分割达到绝对的公平，此时应该怎么办？有些聪明的人想到了一个简单的办法——让甲先来分，让乙先来选。听了这个办法，任何人（即使头脑迟钝一点）也马上会认可这是一个最简便易行的有效方法。虽然人的智力有高低不同，某些人不能一下子想出这个办法，但是，当别人讲起这个方法时，大家都会不约而同地认可，这就表明，人类心灵中的确存在着这样一种知是知非的良知，可以帮助人们解决各种条件下的复杂或简单的问题。再如：甲、乙两个人在独木桥上相遇，如果寻找现成的道德或法律规范，没有任

---

① （明）徐阶：《龙溪王先生传》，载《王畿集》附录四，第827页。
② 同上。

何充分的理由可以说服甲或乙先让一步。如果一味按照维护个人利益的原则去行事，那么，两个人都会长久地僵持在独木桥上，耽误了各自的时间，甚至可能因为意气之争而发生打斗，可是，稍微有点道德自觉性的人都会明白，退一步海阔天空，主动地先让一步，对方过了桥之后，自己就可以紧接着过桥，这种"与人方便，与己方便"的道德自觉性，实际上就是人类良知的体现。通过以上几个典型事例，我们可以明白：在处理人际交往的现实生活中，人们不需要经过苦思冥想，就能够找到解决很多问题的好办法，其原因在于：人人心中皆有一种先天的知是知非、知善知恶的辨别力，只要善于发掘和利用，这种先天良知就能够指导人们处理好生活中任何涉及价值判断的问题。正因为人类心灵具有这种明辨是非善恶的德性与智慧，所以王龙溪才说："良知者，气之灵，谓之乾知，亦谓之明德。"① 在这一判断语式中，良知即是明德，这样，就把阳明心学的"致良知"之说与先秦经典《大学》的"明明德"思想联系在了一起，使得良知学具有了与先圣理念名异而实同的地位。

　　或许有人会说：现实生活是复杂的，有些问题无法简单地用是非善恶来评判，甚至连利弊得失都无法一言而定。在这种情况下，良知又能够起到什么作用呢？对此，王龙溪同样做出了回答，说明了先天良知具有超越一般的是非利害的指导作用，是人们在现实生活中不可或缺的精神指针。为此，他曾和门人丁宾（号礼原）有过一段对话：

　　　　（礼原）求所以为学之方。予曰："致知之外，无学矣。良知者，是非之心，其机存乎一念。发一念而安，即是是；发一念而不安，即是非。安则必为之，举世非之而有所不顾；不安则必去之，得尽便宜有所不为。"②

　　这段话表明，在复杂的现实环境中，人们在决定自己的行为方向时，很大程度上就是看这一念之发能否令自己心安，"发一念而安，即是是；发一念而不安，即是非"，如果一念之发能够使自己心安，那么，"安则必为之，举世非之而有所不顾"，反之，"不安则必去之，得尽便宜有所不为"。有一个成语，叫作"心安理得"——当面对复杂的社会现实，没有绝对的、现成的道德规范可以衡量自己的行为是否有理时，那么，心安

---

① 《王畿集》附录一，《大象义述·乾卦》，第653页。
② 《王畿集》卷15，《册付丁宾收受后语》，第438页。

则为之，不安则不为，就是良知给予自己最好的指引。因为在阳明心学中，"良知是天理之昭明灵觉处"①，要想得到天理的启示，最好的方法莫过于事前问一问自己的良知。

这样一来，有人发现，阳明心学所讲的良知，已经超越了一般的是非善恶、利害得失的范畴。诚然，人类的先天良知既有知是知非的道德功能，更是一种超越是非利害的生命智慧，王龙溪明白地指出了这一点，他说：

> 良知无善无恶，谓之至善；良知知善知恶，谓之真知。无善无恶则无祸福，知善知恶则知祸福。无祸福是谓与天为徒，所以通神明之德也；知祸福是谓与人为徒，所以类万物之情也。天人之际，其机甚微，了此便是彻上彻下之道。②

在这段话中，王龙溪表明了良知既能知善知恶、本身又无善无恶的特性。内心无善无恶，即没有任何道德规范的束缚，实际是一种先天自由的境界，对此，王龙溪称之为"至善"；同时，知善知恶是对于现实生活的明白洞彻，这也是一种"真知"。这两种功能所指引的方向是截然不同的，"无善无恶则无祸福，知善知恶则知祸福"，前者是"与天为徒"的境界，后者是"与人为徒"的权衡。在日常生活中，人们需要懂得是非善恶，并遵循相应的道德规范，这是"所以类万物之情也"的现实要求；但是，同时还应该明白有一种超道德的生命智慧，心中并没有所谓是非善恶的负担，更没有利害得失的计较，凡是依本心而行，自在洒脱，这是一种"通神明之德"的先天自由境界。对于任何生命个体而言，"通神明之德"和"类万物之情"都是需要的，而人的良知本体恰恰具有这种协调先天精神和后天生活的灵活巧妙的功能，关键就看人们是否能够依照良知而行事，如果真的这么做了，那么，先天的自由不失，后天的生活不乱，"先天而天不违，后天而奉天时"③，真正达到了生活必然与个性自由的最佳结合，所以王龙溪才说："天人之际，其机甚微，了此便是彻上彻下之道。"

由上所述，我们发现，在阐述良知范畴的道德内涵的层面上，王龙溪

① 《王阳明全集》卷2，《答欧阳崇一》，第72页。
② 《王畿集》卷15，《自讼问答》，第433页。
③ 《周易译注》，《乾卦·文言》，第21页。

继承了王阳明的基本思想，既揭示了人类心灵中存在"良知"这样一种先天的道德智慧，又带有个人的独到发现，说明了良知本体"无善无恶"和"知善知恶"同时存在的基本特性。关于良知这种"无善无恶"与"知善知恶"并存的双重内涵，我们将在后文"四句教与四无说之辨"时再予以详述。

二　良知范畴的本体论内涵

如果仅仅根据上面的论述，我们就断定良知不过是一种先验的道德意识而已，这未免显得过于急躁。后人之所以称赞王龙溪"疏河导源，于文成之学，固多所发明"[①]，是有着坚实根据的，其中，对于良知本体的深层内涵的全方位揭示，正是王龙溪对于阳明心学发展的理论贡献之一。

王阳明生前，由于社会环境和大多数弟子的根器所限，对于良知范畴，一般只是讲一讲它的道德内涵。到了王龙溪"天泉证道"时，王阳明发现："此是传心秘藏，颜子、明道所不敢言者。今既已说破，亦是天机该发泄时，岂容复秘？"[②] 随后，王阳明在出征广西的途中，告诉众多江右弟子说："吾有向上一机，久未敢发，近被王汝中拈出，亦是天机该发泄时。吾方有兵事未暇，诸君质之汝中，当必有证也。"[③] 这番话，实际上是允许了高徒王龙溪以后可将良知学中的"向上一机"进行公开的宣讲，从此，王龙溪"接着"王阳明的思想往下讲，把良知本体的深层内涵全方位、多角度地揭示出来。

关于良知范畴的本体论内涵，我们不妨来看一下王龙溪的几句最有代表性的表述，无疑具有提纲携领的作用，他说：

> 阳明先师良知两字，乃是范围三教之宗，是即所谓历劫不坏先天之元神。养生家一切修命之术，只是随时收摄，保护此不坏之体，不令向情境漏泄消散，不令后天渣滓搀和混杂所谓神丹也。[④]
>
> 良知两字，范围三教之宗。良知之凝聚为精，流行为气，妙用为神，无三可住，良知即虚；无一可还，（良知即道）。此所以为圣人

---

① 《明儒学案》卷12，《浙中王门学案二》，第240页。

② （明）袁宗道：《白苏斋类集》，卷22《杂说类》，上海古籍出版社1989年版，第307页。按：此语本出自《王畿集》卷1，《天泉证道》，第2页，笔者之所以引袁宗道语，证明此说当时已广为人知。

③ （明）赵锦：《龙溪王先生墓志铭》，载《王畿集》附录四，第829页。

④ 《王畿集》卷9，《与潘笠江》，第215页。

之学。①

　　大抵我师良知两字，（乃）万劫不坏之元神，范围三教大总持。良知是性之灵体，一切命宗作用只是收摄此件，令其坚固，弗使漏泄消散了，便是长生久视之道。②

　　在上述三段话中，有一共同之处，那就是：良知两字，乃"范围三教之宗"。众所周知，中国古代哲学最主要的三大思想来源就是儒、释、道三教，儒、释、道三教虽然思想内容各有不同，但是在探索宇宙和生命本原的本体论问题上，却有着共同的志向，经过多年的探索，对于天人性命之学，实际上得出许多一致的发现，只是由于话语系统的差异，对于天人性命之奥有着各自不同的表述方式。早在南北朝时期，就有学者看出了这种内在的一致性，开始有了"三教合流"的主张，到了宋明时代，儒、释、道三教中都有人以各自的思想体系为本位，进行过"三教合一"的尝试，但是，由于三教思想博大宏富，要想用一种共同的理论加以整合，这不是一件容易的事情，因此，在阳明心学诞生之前，"三教合一"的尝试始终不够成功。王阳明问世之后，他首倡良知之学，已经具备了"范围三教"的理论素养，但是，由于王阳明英年早逝，最终完成这一理论工作的任务，便落到了王龙溪身上。王龙溪没有王阳明在世时的诸多内外顾忌，他直接地告诉世人——"阳明先师良知两字，乃是范围三教之宗"，明白了这个根本道理，三教内在的思想奥义便可一以贯之，触类旁通。

　　需要指出，在本体论问题上，儒、释、道三教都禀持着"天人合一"的根本理念，这是他们可以趋同的思想基础。在此基础之上，儒、释、道三教对于探索宇宙和生命的本原，都发现和提炼出一些具有终极意义的本体范畴，如天命之性、良知、道心、元神、本觉真心、真如佛性，等等。这些范畴的表述虽然各异，究其所论，实际指的都是同一样东西。因此，王龙溪在秉承王阳明的良知本体论的基础上，明确地指出："大抵我师良知两字，（乃）万劫不坏之元神，范围三教大总持。"至于如何将良知本体和释、道的有关本体范畴进行具体的沟通，王龙溪经常随缘应化地予以讲述，例如：他和笃信佛教的妻子张氏有过一番对话，张氏问："夫子良

---

① 《王畿集》卷7，《南游会纪》，第154页。"良知即道"一语，原著有缺失，据文义而补，王阳明曾经说过："道即是良知"，见《王阳明全集》卷3，《语录三》，第105页。
② 《王畿集》卷9，《与魏水洲》，第202页。

知之教与佛教同异？"王龙溪答曰：

> 良知，性之灵，心之觉体。佛是觉义，即心为佛。致良知即是开佛知见，同异未暇论也。[1]

在这段话中，王龙溪表明"良知，性之灵，心之觉体"，而佛教的核心范畴"佛"字，本身就是指觉悟了真理的人，《六祖坛经》中说："佛者，觉也；法者，正也；僧者，净也"[2]，即是旁证。可见，在求取人生的觉悟方面，儒、释二教在目标上是一致的，因此，王龙溪认为，"致良知即是开佛知见"，至于二教在具体修行方法上的异同，则"未暇论也"，因为对于真修行人而言，把握住儒、释二教共同的修行理念，实实在在地求取人生的觉悟和解脱，比起一味挑剔其不同之处的所谓纸上学问来，其实更加重要得多。

除了与佛教的本体论范畴进行沟通之外，王龙溪还将良知本体与道家的核心范畴进行沟通，这是因为，王阳明的一些高徒（如魏良弼）和某些养生家（如潘笠江），还喜欢从事道家内丹方面的修炼，王龙溪认为有必要向他们阐明良知之学与丹道修炼的内在相通之处。如前所述，他说：

> 阳明先师良知两字，乃是范围三教之宗，是即所谓历劫不坏先天之元神。

又说：

> 良知是性之灵体，一切命宗作用只是收摄此件，令其坚固，弗使漏泄消散了，便是长生久视之道。

又说：

> 老师良知宗旨，虚灵寂照，乃是万劫不坏真性。此性无体，易于缘物，一切命术是炼性之法，不过收摄坚固此件而已。[3]

---

① 《王畿集》卷20，《张氏安人哀辞》，第650页。

② （唐）慧能：《〈坛经〉校释》，第23节，郭朋校释，中华书局1983年版，第46页。

③ 《王畿集》卷9，《与吕沃洲》，第218页。

凡是具有道教基本理论素养的人都知道，道教思想中包含着中国古代生命科学探索的理论与技术结晶（当然也包含诸多的迷信思想），其中，元神与识神两个概念，是对于人类心灵先天与后天功能的不同表述。所谓元神，是指人脑中先天具有的直觉领悟功能，是一种"生而知之"的智慧；而识神，则是后天生活中通过学习和环境熏染而成的感性认识和理性思维功能，表现为"学而知之"的认知能力。对于一般人而言，识神是天天在用、显而易见的认识功能，至于元神，虽然也天天在用，但是隐微不显，所以先圣才称之为"百姓日用而不知"①。所谓丹道修炼，关键是要证悟元神，以此摆脱知识经验和理性思维的局限，以一种"不思而得，不勉而中"的直觉领悟去指导自己的生命走向，直至达到自由无碍、天人合一的境界，这就是道教修炼的"正果"。

关于"元神"的智慧功能，如上所述，先秦时期的儒家先圣也有所发现，例如：孔子曾说："生而知之者，上也；学而知之者，次也。"（《论语·季氏》）在《中庸》中，先圣亦言："诚者不勉而中，不思而得，从容中道，圣人也。"在《周易》中，有这样的语句："《易》无思也，无为也，寂然不动，感而遂通天下之故。非天下之至神，其孰能与于此？"② 但是，由于先秦以来儒、道二教的争执，特别是一些儒者自恃居于官方哲学的地位，忽视了先秦儒学中关于生命哲学的深刻内蕴，因此，旨在提升人类生命层级的修炼功夫仿佛为道家所独有（佛教传入之前）。到了明代中叶，兼通三教的王阳明，发现了先天的良知本体之后，高兴地称之为"灵丹一粒"③，实际上已具备和道教修炼家相当的智慧层次，只不过由于英年早逝，于是，将良知本体和丹道修炼相贯通的理论任务，落在了嫡传门徒王龙溪身上。王龙溪明言："良知是性之灵体"，又说："良知乃万劫不坏之元神"，这充分表明，王龙溪对于良知本体的认识，远远地超出了一般伦理道德的水平，达到了认识人类生命的本来面目的本体论高度。同时，他还以修道过来人的身份，告诫友人和弟子说：

　　养生家一切修命之术，只是随时收摄，保护此不坏之体，不令向情境漏泄耗散，不令后天渣滓搀和混杂所谓神丹也。④

---

① 《周易译注》，《系辞上》（五），第538页。
② 《周易译注》，《系辞上》（十），第553页。
③ 《王阳明全集》卷3，《传习录下》，第93页。
④ 《王畿集》卷9，《与潘笠江》，第215页。

或许有人以为，王龙溪关于良知即是元神的观点，乃其个人之见，未必是王阳明的见解。其实不然，王阳明在世时，由于受到社会环境和弟子根器所限，并不明言良知与元神的关系，但是，在与一些悟性较高的弟子的对话中，实际上已经包含了相关思想。例如：据《王阳明年谱》所载：

> 一日，先生（指阳明）喟然而叹。（陈）九川问曰："先生何叹也?"曰："此理简易明白若此，乃一经沉埋数百年"。九川曰："亦为宋儒从知解上入，认识神为性体，故闻见日彰，障道日深。"先生曰："然。……"①

《王阳明年谱》主要是由王阳明的另一位弟子钱德洪编撰而成的。在这段对话中，陈九川批评宋儒（主要是指朱熹）"从知解上入，认识神为性体"，从而产生种种的认识误区和学术弊端，对此，王阳明清楚地认可说"然"。"识神"是与"元神"相对的道教范畴，而"元神"即是"性体"，王阳明既然对这种说法表示赞同，足见其内心对良知即是元神的默认。如果再结合王阳明的"三间厅堂之喻"的说法，了解他心中"圣人尽性至命，何物不具"②和"二氏之用，皆我之用"③的观念，我们便可以得知，虽然王阳明本人没有"良知即是元神"的明确讲法，但是，王龙溪大胆宣称"良知即是元神"，在这方面贯通儒、道二教的根本理念，正是对于王阳明思想的继承和弘扬。

除了积极与释、道二教的有关范畴进行沟通外，王龙溪还把古代流传已久的元气论与阳明心学的良知学贯通起来。元气论是中国古代哲学的重要思想，儒、道二家对此都采取接纳的态度。所谓元气，是指构成宇宙万物（包括人体在内）的原初性精微物质。它呈现一种物理学上所讲的波状形态，和"口可以吸而入，手可以摇而得"的空气不是一码事，有些人以为元气即是空气，实在是对传统文化的误读。对于元气的发现，是中国古代先民以自己独特的实践方式得到的真知，如《老子》所说："致虚极，守静笃，万物并作，吾以观其复"（《老子》第十六章），在这种虚静的心灵状态下，修道者可以体悟到常规经验所无法认识的万物（粒子型物质）的原初状态，那就是："万物负阴而抱阳，冲气以为和"（《老子》

---

① 《王阳明全集》卷34，《年谱二》，第1279页。
② 《王阳明全集》卷35，《年谱三》，第1289页。
③ 同上。

第四十二章）的波状形态，这就是所谓元气的大致内涵。中国古代先圣对于元气的体悟程度很深，他们发现：关于元气的特性，需要从不同角度加以区别，从物质实体角度讲，可以称为"精"，从能量角度讲，可以称为"气"（道教写作"炁"），从信息和功能角度讲，可以称为"神"，这是一种三分法；如果再简化一些，从物质角度讲，称为"气"，从信息和功能角度讲，称为"神"，这也是一种使用很广的二分法。对于王阳明、王龙溪这些觉道者而言，他们早就深入地体悟到气中之神即是良知的真谛。因此，王龙溪经常宣讲：

> 通天地万物一气耳，良知，气之灵也。生天生地生万物，而灵气无乎不贯，是谓生生之易。此千圣之学脉也。①

又说：

> 良知两字，范围三教之宗。良知之凝聚为精，流行为气，妙用为神，无三可住，良知即虚；无一可还，（良知即道）。此所以为圣人之学。②

在这两段话中，王龙溪明确指出"良知，气之灵也"，说明良知是元气内在的主宰性功能，同时，他还从元气论角度对良知范畴进行了一定的区分，即"良知之凝聚为精，流行为气，妙用为神"。如果说这种三分法还稍显复杂的话，那么，王龙溪结合儒家《周易》哲理和道教丹道修炼功夫对良知进行的二分法，就更有思想启发意义了，他曾经教诲门人说：

> 良知之主宰，即所谓神；良知之流行，即所谓气。尽此谓之尽性，立此谓之立命。良知先天而不违，天即良知；良知后天而奉时，良知即天也。故曰："知之一字，众妙之门。"伏羲之画，象此者也；文王之辞，象此者也；周公之爻，效此者也；孔子之易，赞此者也。魏子谓之丹，邵子谓之丸。致良知，即所谓还丹，所谓弄丸。知此谓之知道，见此谓之见《易》，乃四圣之密藏，二子之神丹也。③

---

① 《王畿集》卷13，《欧阳南野文选序》，第348页。
② 《王畿集》卷7，《南游会纪》，第154页。
③ 《王畿集》卷15，《易测授张叔学》，第419页。

又说：

> 夫人之所以为人，神与气而已矣。神为气之主宰，气为神之流
> 行，一也。神为性，气为命，良知者，神气之奥，性命之枢也。良知
> 致，则神气交而性命全，其机不外乎一念之微。安此者谓之圣，修此
> 者谓之贤，悖此者谓之不肖，不可以不慎也。①

这两段话的要旨在于，"良知之主宰，即所谓神；良知之流行，即所
谓气"，而且，"神为性，气为命，良知者，神气之奥，性命之枢也"。所
谓道教的内丹修炼，无非是在神、气二字上用功夫，因此，"良知致，则
神气交而性命全"。虽然不同教派的表述方法有所不同，但是，所谓良知
本体，其实就是汉代魏伯阳所指的"金丹"和宋代邵康节所指的"神
丸"，懂得了致良知的功夫，就相当于掌握了魏伯阳所说的"还丹"和邵
康节所说的"弄丸"，两者名虽异而实则同。不仅如此，就是《周易》发
展史上的四圣（伏羲、文王、周公、孔子），多年推演易理所揭示的，也
就是这个良知本体，因此，领悟了良知本体的真实内涵，才算是知
"道"，才算是懂得了《易》学的思想精蕴。

除了与释道二教、元气论等思想进行深度沟通外，王龙溪还从人类心
灵本身的内蕴和功能的角度，来揭示良知本体的真实面目，例如：

> 人人有个圣人，一念良知不容毁灭，便是圣人真面目。致此良
> 知，洁洁净净，不为功利所滑扰，不为见解所凑泊，便是学圣人真
> 工夫。②

又如：

> 寂然不动者，良知之体；感而遂通者，良知之用。常寂常感，忘
> 寂忘感，良知之极则也。③

又如：

---

① 《王畿集》卷17，《同泰伯交说》，第508页。
② 《王畿集》卷16，《书顾海阳卷》，第476页。
③ 《王畿集》卷17，《太极亭记》，第482页。

　　良知即是未发之中，即是发而中节之和，此是千圣斩关第一义，所谓无前后内外、浑然一体者也。①

　　所谓"未发之中"和"发而中节之和"，指的是《中庸》开篇所说"喜怒哀乐未发之谓中，发而皆中节谓之和"，合而言之，指的是良知性体这一人类心灵的先天原本的面目，既有七情未发前的虚寂静定，又有七情已发后的和顺有节，"中和"二字，便是人类心灵的健康正常状态，也是人人皆有的先天原本的性情。可惜的是，人们在后天生活中逐渐背离了这一和谐有序的心灵"原貌"，产生出各种异化的情绪，因此，先圣所传的身心修养之学，就是要帮助人们找回这一先天原本的中和状态来，使人心在更高的层次上恢复"无前后内外，浑然一体者也"的状态，这便是"致良知"的学问功夫，据此，王龙溪才敢说："人人有个圣人，一念良知不容毁灭，便是圣人真面目"。

　　王龙溪不仅把良知视为人类心灵的先天本体，而且把它看成是宋明理学所倡导的"天理"的体现，认为"天理"昭显于人类心灵的良知，其他外在的伦理规范都不足以成为普适性的道德指南。他说：

　　　　良知即天，良知即帝。顾天之命者，顾此也；顺帝之则者，顺此也。人生一世，只有这件事，得此把柄入手，方能独往独来，自作主宰，不随人悲笑，方是大豪杰作用也。②

又说：

　　　　良知，即所谓明德；致良知，昭德之学也。③

　　由是可见，在王龙溪心目中，良知本体乃是古人崇尚的至上神——"天""帝"的体现，是"天（帝）"赋予在人心之上的先天原本的明德，因此，任何人在后天生活中，都应该依照良知的指引而行事，这样方能不负古人最敬畏的"皇天上帝"。但是，有人可能会质疑：良知本体隐微不显，如果人们在日常生活中按照自己的一己私欲或个人见解去行事，也可

---

① 《王畿集》卷6，《致知议略》，第130页。
② 《王畿集》卷7，《南游会纪》，第156页。
③ 《王畿集》附录一，《大象义述·晋卦》，第665页。

以声称这是"致良知"啊。对此，王龙溪指出，这恰恰是未能实致良知，以个人利欲和主观臆断来蒙混过关的行径，最终逃不过良知的觉照和检验，他说：

> 良知知是知非而善恶自辨，是谓本来面目，有何善恶可思得？非鹘突无可下手之谓也。妄念所发，认为良知，正是不曾致得良知。诚致良知，所谓太阳一出，魍魉自消，此端本澄源之学，孔门之精蕴也。①

又如：

> 子试验看，日逐应感，视听喜怒，哪些不是良知觉照所在？应感上致此良知，便是格物。一时不致良知，视便妄视、听便妄听，喜便妄喜、怒便妄怒，便不是格物之学。②

又如：

> 良知者，破除习气之利刀，纵有窃发，一照即破。③

如果单从逻辑上推论，以上这些话并不足以证明王龙溪所说的良知的妙用。但是，我们必须注意，良知的道德自觉性并不是一个言语辨诘的问题，而是一个来源于人们内心深处的自我反思的实践问题。无论一个人采取什么政治立场或价值观念，当夜深人静、心平气和之时，他内在的良知就像心中的"明月"一样，散射出皎洁的光芒，对于日常生活中的各种欲念、意见和作为都进行了一番照映，任何有悖于自我良知的意念或习气，即使再隐匿细微，都不能逃过良知本体的觉照，所以，洞察人情世故的王龙溪才敢说："子试验看，日逐应感，视听喜怒，哪些不是良知觉照所在？"反过来，有些人故意把一己之见或任性所为也当成了良知的应用，其实这是经不住自家良知深入拷问的，因此，王龙溪才明确地说："妄念所发，认为良知，正是不曾致得良知。诚致良知，所谓太阳一出，

---

① 《王畿集》卷5，《与阳和张子问答》，第124页。
② 《王畿集》卷7，《南游会纪》，第156页。
③ 《王畿集》卷17，《尚贤以德说》，第506页。

魑魅自消，此端本澄源之学，孔门之精蕴也"。

王龙溪关于良知本体的论述十分丰富，而且从多个角度展开，在此没有必要再引述过多的原话了。我们只须明白：良知本体既是人类心性的先天明觉之体，也是人类心灵的天赋神妙之用，只要积极、踏实地做好致良知的功夫，便可以妥善地应对生活中的各种问题，而且，通过这种心性的锻炼，能够使自己的性情不断优化，直至达到圣人的人格境界。或许有人又会质疑：王龙溪关于良知本体的阐述固然深刻，但是，这可能只是他的个人见解，未必就承袭了王阳明本人的思想？对此，我们不必替古人担忧，如果说王龙溪像张载一样，善于扩"前圣所未发"，① 这种看法并不为过，但是，王龙溪关于良知本体的阐释，的确是继承了王阳明原本的思想主旨，并在此基础上进行全方位、扩展性的阐发。这一点，可以从王阳明本人诸多的论述中看出二人思想的一致性。为此，笔者不避其烦，引述王阳明关于良知范畴的一些论述如下，以为参证：

> 道心者，良知之谓也。②
>
> 良知是天理之昭明灵觉处。故良知即是天理，思是良知之发用。③
>
> 良知者，心之本体，即前所谓恒照者也。④
>
> 良知即是未发之中，即是廓然大公，寂然不动之本体，人人之所同具者也；但不能不昏蔽于物欲，故须学以去其昏蔽。然于良知之本体，初不能有加损于毫末也。⑤
>
> "本来面目"即吾圣门所谓"良知"。今既认得良知明白，即已不消如此说矣。⑥
>
> 天命之性，粹然至善，其灵昭不昧者，此其至善之发现，是乃明德之本体，而即所谓良知也。⑦

---

① （宋）程颐：《河南程氏文集》卷9，《答杨时论〈西铭〉书》，载《二程集》，第609页。
② 《王阳明全集》卷2，《答顾东桥书》，第52页。
③ 《王阳明全集》卷2，《答欧阳崇一》，第72页。
④ 《王阳明全集》卷2，《答陆原静书》，第61页。
⑤ 同上书，第62—63页。
⑥ 同上书，第67页。
⑦ 《王阳明全集》卷26，《大学问》，第969页。

由上述言论，可以得出这样的逻辑联系：良知＝天理＝道心＝心之本体＝未发之中＝本来面目＝明德＝天命之性。不仅如此，王阳明还有其他一些关于良知本体的内涵与价值的论述，同样有说服力，他说：

> 道即是良知。良知原是完完全全，是的还他是，非的还他非，是非只依着他，更无有不是处，这良知还是你的明师。①
>
> 心之良知是谓圣。圣人之学，惟是致此良知而已。……此良知所以为圣愚之同具，而人皆可以为尧舜者，以此也。是故致良知之外无学矣。②

在此，我们又可以得出这样的逻辑结论：道＝良知＝"明师"＝圣学内核，换句话说，圣学的思想内核就是这个良知，而良知又在每个人心中。从上述引文可见，王阳明生前表述良知本体的言语虽然简洁，但是与后来王龙溪所说的内容如出一辙，并无什么实质性的差异，唯一不同的是，王龙溪敢于公开借用佛、道二教的思想，更加扩展地、多方位地诠释良知本体的内涵与妙用，这其实是明代中晚期社会思潮日益解放的体现。作为心学的首倡者，王阳明在世时，面对来自居于官方哲学地位的程朱理学维护者的多方攻击，他的言谈不得不谨慎一些；另外，他门下弟子虽然众多，但颖悟之资能够直透良知精蕴者，毕竟为数寥寥，因此，王阳明面对众弟子阐述"致良知"之教，仍然显得谨慎有加，即使对一些天赋较高的弟子（如陆原静、欧阳崇一等），也是点到为止（同时也是因为"道"不可言传，意在促其深省自觉）。即使对于王龙溪这样已被誉为"教授师"的高足，也一定要等到他自悟之后才予以首肯，因此，晚明袁宗道赞叹阳明道："嗟夫，先生殁藏最上一着，许多年不露一点端倪，若非龙溪自悟，当终身闭口矣。大宗匠作用何如哉！"③ 即使如此谨慎，王阳明本人由于其卓越的事功、深邃的学术均受人嫉妒，死后仍然遭到了褫夺封爵、禁为伪学的不公正待遇，直至嘉靖中叶，在王门诸多弟子的努力抗争下，伪学之禁才渐渐废弛，阳明心学又重新开始传播。嘉靖帝死后，王阳明被完全平反，此时的话语环境更加宽松，王龙溪等人宣讲阳明心学时，已无甚束缚，因此，他们敢于"扩前圣所未发"，将释、道及各家的

---

① 《王阳明全集》卷3，第105页。
② 《王阳明全集》卷8，《书魏师孟卷》，第280页。
③ （明）袁宗道：《白苏斋类集》卷22，《杂说类》，第307页。

思想精华和良知学联系在一起，揭示其异曲同工之妙，展示出天下学术殊途同归的根本趋势。诚如黄宗羲所说："象山门下不能无慈湖，文成门下不能无龙溪"，① 作为阳明心学的嫡传，王龙溪在拓展性地阐释和宣讲良知本体这一核心范畴方面的理论贡献，无论如何是不能低估的。

如前所述，"先天之学不容说"，虽然王龙溪对于良知本体讲过很多诠释性话语，但是，要想真正领悟先天良知的本来面目，还需要学者通过笃实修养方能证悟。如果只是拘泥于理性思辨和言语诠释，就会如同王阳明所批评的那样："道无方体，不可执着，却拘滞于文义上求道，远矣。"②

三　仁体与良知

在明白了良知乃心之本体的道理之后，某些熟悉儒学的读者可能又会产生疑问：儒家思想的核心范畴不是"仁"吗？如果把良知奉为心之本体，那么，是否有别立宗旨之嫌？良知与仁德的关系又是怎样的呢？

可以想见，这个问题关系重大，王龙溪在讲学过程中不止一次地碰到过。然而，对于阳明心学和儒家思想都已融会贯通的王龙溪，自然会有明确的解答。不过，我们还是先简要地回顾一下先圣孔子所提出的"仁"学思想的基本内涵，这样有助于加深理解良知与仁体的关系。

由于中国古人不习惯于形式逻辑化的表述方式，尽管在《论语》一书中谈到"仁"的地方有108处之多，但是，没有统一的概念界定。其实，这一方面是因为仁的含义深刻，言语难以表述，其次则是因为孔子惯于因材施教，所以不作统一的定义。不过，通观《论语》一书中所有关于"仁"的表述，我们仍然能够发现，宋代朱熹对于"仁"的定义是大致符合孔子原义的，他说："仁者，本心之全德。"③ 根据这一定义，我们才能正确区分"仁"的不同层次的内涵和相应的为仁之方，才能明白为什么孔子终生极少称许他人为仁者。根据这一定义，我们才能将"（仁者）爱人"和"克己复礼为仁"等内涵纳入相应的层次中去，因为这不是本著所要论述的重点，故此略。

在关于"仁者，本心之全德"的定义上，阳明心学和程朱理学的观

---

① 《明儒学案》卷12，《浙中王门学案二》，第240页。
② 《王阳明全集》卷1，《语录一》，第21页。
③ （宋）朱熹：《四书章句集注》（新编诸子集成本），《论语集注·颜渊》，中华书局2012年版，第133页。

念实际上是一致的，因此，王龙溪从来不否认"仁"是儒学千载相承的核心范畴，"求仁"是儒家先圣所传的思想宗旨。他说：

> 孔门之学，专务求仁。颜子四勿，是为仁实用力处。子贡博施济众，便不免虚见浮气承当，孔子告以欲立达之旨，正是不容已真根子，使之近以取譬，为仁之方也。①

又如：

> 孔门之学，专务求仁，仁者以天地万物为一体。主静之学，在识其体而存之，非主静之外别有求仁之功也。②

又如：

> 孔门之学，务于求仁；今日之学，务于致知，非有异也。③

这种思想明确的表述话语还有很多，兹不赘述，由此已足见王龙溪承认"孔门之学，专务求仁"的理念。那么，仁德与良知、求仁之学与致知之学之间，存在一种什么样的联系呢？在解决这个问题之前，我们首先需要明白，先圣孔子所谓"仁"，并不只是一种爱人、克己的后天观念而已，而是一种实实在在的先天原本的心灵本体，如果学者深入涵养，是可以觉悟其本然面目的。对此，王龙溪根据南宋心学思想家陆九渊与门人詹阜民之间的对话，有过一番讲解。他引述陆九渊与门人的对话如下：

> 一友侍坐，无所问。象山谓曰："学者能常闭目亦嘉"。因此无事则安坐瞑目，用力操存，夜以继日。如此者半月，忽觉此心已复，澄莹中立，窃异之。象山曰："此理已显。"友问："先生何以知之？"

---

① 《王畿集》卷5，《颖宾书院会纪》，第116页。
② 《王畿集》卷5，《书同心册卷》，第122页。
③ 《王畿集》卷5，《与阳和张子问答》，126页。

曰："占之眸子而已。"①

对于陆九渊门人这段静坐开悟的体验，外人感到有些神秘，而作为修道过来人的王龙溪却一点也不感到奇怪，他诠释说：

> 识此便是仁体，此是圣学之胚胎。存此不息便是圣功。白沙所谓"静中养出端倪，"亦此意。然此理不必专在瞑坐始显。日用应感，时时存得此体，便是此理显处，便是仁体充塞流行。象山因此友于瞑坐中有得，故指此以示之。在人善学而已。②

这段文字中出现了两处"仁体"的字样，这表明，儒家所谓"本心之全德"，并不是人们主观设想的应然的道德规范，而是一种通过修行可以证悟的人类心灵先天原本的状态。而且，静坐涵养不是唯一的修行方式，在日用应感中时时存养体察，一样可以透显此"理"（亦即仁体）。如果用阳明心学的范畴来表述，那么，这个"仁体"其实就是良知本体，王龙溪说：

> 良知者，仁体也，以其爱无不周，而恻然不容已也，而谓之仁；以其端有所发，而炯然不容昧也，而谓之知。天之所以与我，［而］与天地万物同具而无不足者也。③

"良知者，仁体也"这个命题，表明了阳明心学的"良知"范畴与儒家历来的"仁"范畴本质上是一致的，这样一来，求仁之学与致良知之学也就没有什么本质的差异了。不仅如此，王龙溪还承袭宋明理学"以生理释仁"的思想传统，深入地解释了仁德的深层内涵，他说：

> 夫学莫要于见性。性者心之生理、万物之原，其同体于万物，乃

---

① 《王畿集》卷1，《抚州拟岘台会语》，第25页。按：此段语录原出自：《陆九渊集》卷35，《语录下》，第471页，原文与此略有不同。"一友"即是指"詹阜民"。另：詹阜明，字子南，生卒年不详，官至徽州知州。其行实见于《宋元学案》卷77《槐堂诸儒学案》。
② 同上。
③ 《王畿集》卷13，《贺中丞新源江公武功告成序》，第368页。按："而"当为衍字，宜去之。

生生不容已之机，不待学虑而能，所谓仁也。此千圣以来相传之学脉，先师揭以示人，可谓得其要矣。……心最虚灵，虚谓大公，灵谓顺应。良知者即此虚灵之发现，识仁原只是良知自识。①

在上述语句中，王龙溪指出了"性者心之生理、万物之原，……不待学虑而能，所谓仁也"。这一判断，并不是王龙溪个人的见解，乃是自北宋周敦颐以来的宋明理学的共同见解。周敦颐曾说：

天以阳生万物，以阴成万物。生，仁也；成，义也。故圣人在上，以仁育万物，以义正万民。②

学术界一般认为，周敦颐是以"生理"释仁的第一人。他的这种诠释并非凭空杜撰，因为自古以来"仁"字就有一个实体性的含义，即果仁（果核）。果仁虽然很小，但是孕育了一棵植物（如参天大树）的全部基因，因此，果仁之中包含着无限生意，周敦颐最先以生理释仁，确实是一个独辟蹊径的发现。从此，宋明理学的各个派别都赞同以生理释仁的见解，例如，与王龙溪同时代的罗汝芳（号近溪），就表述过与龙溪十分相近的观点，他说：

夫仁，天地之生德也。天地之大德曰"生"，生生而无尽曰"仁"，而人则天地之心也。夫天地亦大矣，然天地之大，大于生；而大德之生，生于心；生生之心，心于人也。③

又如：

孔门宗旨，浑然只是一个仁字。此仁字，溯其根源，则是乾体纯阳，生化万类，无一毫之间，无一息之停，无一些子昏昧，贯彻民物，而名之曰：天命之性也。④

---

① 《王畿集》卷15，《跋徐存斋师相教言》，第412页。
② 《周敦颐集》，《通书·顺化第十一》，陈克明点校，中华书局2009年版，第23页。
③ 《罗汝芳集》，第388页。
④ 同上书，第157页。

从上述话语可见，龙溪和近溪二人关于仁德的认识几乎完全一致。罗汝芳认为，"仁"的物质实体来源于乾体纯阳之元气，赋予在人心之上，便是天命之性，对于人类生命而言，它表现为一种生生之德。王龙溪亦认为，仁体乃"性之生理，万物之原，其同体于万物，乃生生不容已之机，不待学虑而能"，而儒者求学的关键，就是要见性，亦即体悟这一天命之性。较罗汝芳而言，王龙溪的认识又加深了一步，他指出"良知者，即此（仁体）虚灵之发现，识仁原只是良知自识"。对于这句话，我们应当这样理解：人人生来具有仁体，其虚灵之发现即是良知，不过，在后天生活中，人们由于欲望、意见等因素，极大地丧失了良知这一虚灵无碍的智慧和功能，但是，良知本体仍然存在于人心之中（只不过被埋没得深浅不一），因此，学者求道的关键之处，就是要找回这一良知本体，并应用它在更高的层次上来恢复自己原本虚灵无碍的先天智慧。从这个意义上讲，人们找回良知、证悟仁体，其实靠的还是良知本身去自我认识，因此，王龙溪才说："识仁原只是良知自识。"总之，求仁之学与致知之学本质上是一码事，这是"千圣以来相传之学脉"，学者只要懂得"良知者，心之明觉，一体之仁也"① 的根本道理，就不难搞清这二者之间的内在一致性。

虽然从理论层面上已经阐明了致知与求仁的一致性，但是，仍有学者怀疑：为什么先圣孔子专讲"求仁"，到了王阳明之后，却不沿袭旧说，而改讲"致良知"呢？对此，王龙溪做出了解释，他说：

> 孔门之学，务于求仁；今日之学，务于致知，非有异也。春秋之时，列国纷争，天下四分五裂，不复知有一体之义，故以求仁立教。自圣学失传，学者求明物理于外，不复知有本心之明，故以致知立教，时节因缘使然也。②

又如：

> 仁统四端，（良）知亦统四端。良知是人身灵气，……说个仁字，沿习既久，一时未易觉悟；说个良知，一念自反，当下便有归

---

① 《王畿集》卷15，《书耿子健冬游记后语》，第416页。
② 《王畿集》卷5，《与阳和张子问答》，第126页。

著，唤醒人心，尤为简易，所谓时节因缘也。①

这一番阐释，表明了王阳明"以致知立教"乃是"时节因缘使然"的产物。客观地讲，这一分析是符合思想史发展规律的，某一个范畴，它之所以能够被选用作为本学派的核心理念，往往是针对当时社会的某种不足或亟须而提出的，孔子在世之时，"列国纷争，天下四分五裂，不复知有一体之义"，因此，仁学思想的提出，有助于促使人们从个体利益的狭隘眼光中解脱出来，看到人类群体性和互助性的一面，进而懂得"天地万物一体之仁"的道理，因此，孔子的仁学思想，堪称"人的发现"，在中国伦理思想发展史上具有划时代的意义。不过，此说沿袭已久之后，人们渐渐对它失去了新鲜感，宋代程朱理学使用了一个"天理"范畴，意在提高仁学思想的理论层次，但是，他们把封建社会的各种等级制度和道德规范都上升到"天理"的层面，并且坚定地说这是不可移易的定理，于是，后代学者只能按照程朱理学的指示，"求明物理于外"，变得越发僵化、保守。王阳明出世之后，经过自己的深入体究，用"良知"取代了"天理"，使人懂得心外无理，学会寻求"本心之明"，其说简明易晓，"一念自反，当下便有归著，唤醒人心，尤为简易"，因此，才有"致良知"之说的盛行。从表面上看，仿佛独立于仁学之外别立宗旨，实际上，这是"时节因缘使然"，只不过是用一种更透彻简洁的方法去表述圣人之学的思想精蕴。

致良知之教提出之后，一直遭到程朱理学一派的许多守旧学者的批评、诋毁，对此，王龙溪既心平气和，又旗帜鲜明地为王阳明的思想进行了辩护，并且对于良知学的历史地位给予崇高的评价，他说：

> 先师一生苦心，将良知两字信手拈出，直是承接尧舜孔颜命脉，而其言则出于孟氏，非其所杜撰也。世儒不此之察，顾一倡群和，哄然指以为禅，将易简宗旨反堕于支离繁难而不自觉，岂不重可哀也哉？②

又如：

———————

① 《王畿集》卷4，《东游会语》，第84页。
② 《王畿集》卷9，《答茅治卿》，第230页。

自阳明先师提出良知为宗，孔周之绝学，赖以复续，信而从者遍海内。学者梏于旧见，且哄然指为异学，岂非亦有似是而难明者乎！①

王龙溪所言，道出了社会历史长河中的一种奇怪现象——历史上每每发生这样的事情——当一种新的思想见解提出之后，会遭到来自各方面的质疑和刁难，有些人"梏于旧见"，宁可"堕于支离繁难"之中，也不愿接受一种易简清新的学问，而且"一倡群和"，"哄然指为异学"，可见，人类心理上的某些惰性习气确确实实贻害了很多人，甚至贻误了一个时代。不过，对于坚持实事求是原则的学者而言（无论年老或年轻），只要这种新思想确实有说服力，则迟早都会接受并真诚信奉它，阳明心学最终传遍大江南北，靠的就是这种令人信服的思想魅力。在传播心学的过程中，王龙溪自信地指出，心学宗祖王阳明的"致良知"之教，从话语本身而言，出于孟子，并非个人的杜撰；若从道统传承的角度来讲，"直是承接尧舜孔颜命脉"，乃是儒学的正传，而且，将秦汉之后断绝的"周孔之绝学"重新接续和发扬。客观地讲，王龙溪的说法并不过分。在先秦时期，孔子曾说："吾道一以贯之"，对此，门人中只有曾子说："唯"。但是，当孔子离开之后，曾子对其他不解其义的同门解释这段话，说："夫子之道，忠恕而已矣。"（《论语·里仁》）对于曾子只用"忠恕"二字来概括孔子的思想血脉，宋代朱熹解释道："夫子之一理浑然而泛应曲当……曾子有见于此而难言之，故借学者尽己、推己之目以著明之，欲人之易晓也。"② 据此可见，曾子以"忠恕"二字来概括孔子之道，是降格而言的，为的是让其他同门能够理解得具体一些。实际上，孔子的"吾道一以贯之"是专有所指的，所指为何？朱熹概括为"理"字，当然不错，但是显得抽象；如果懂得了阳明心学的精髓，那么，一言以蔽之——孔子之道，贯穿始终的就是一个良知！他一生的所作所为，凭的也完全是这个先天原本的良知，遵循这一良知性体的指引，孔子"可以仕则仕，可以止则止，可以久则久，可以速则速"（《孟子·公孙丑上》）。他从来不计较个人的得失成败、荣辱毁誉，只想本着自己真诚的良知，去做好自己该做的事情。孔子虽然并不是政治上的成功者（这一点他已经预料到

---

① 《王畿集》卷14，《原寿篇赠存斋徐公》，第387页。
② 《四书章句集注》（新编诸子集成本），《论语集注·里仁第四》，第72页。

了），但是，他以不计功利的态度去周游列国，像"木铎"① 一样把儒学思想传遍了中原各国，逐渐凝聚成中国文化的核心价值，锻造出中华民族的民族精神，这一历史功绩，是任何古代帝王都不可比拟的。由是可见，良知正是贯穿孔子之道的核心理念，同理，王阳明能够在千年之后重新拈出"良知"二字，帮助人们找到圣人之学的核心宗旨，因此，说他重新接续了"周孔之绝学"，这话其实是一点都不过分的。

当然，或许有人以为：良知二字，简单明了，谁人不懂？王阳明找出这两个字以为学术宗旨，算不上什么突出的贡献。显然，这是另外一种"看得良知太易"的世俗观点，对此，王龙溪指出：

> 先师所谓良知，是万死一生中体究出来，多少积累在？若谓良知无功夫，是未悟致知者也。良知是先天，致良知是后天奉天时之指诀。②

熟悉王阳明生平的人都知道，王阳明的一生屡遭艰难险阻，经过龙场悟道、宁王之变、张许之难等许多磨砺之后，年近五十岁，才体贴出"良知"二字作为学术宗旨，并说："吾讲学亦尝误人，今较来较去，只是致良知三字无病。"③ 良知两字虽然极其简洁，但是饱含了王阳明大半生修道智慧的结晶。王阳明生前也曾担心门徒把致良知功夫看得太易，告诫说："某于此良知之说，从百死千难中得来，不得已与人一口说尽。只恐学者得之容易，把作一种光景玩弄，不实落用功，负此知耳。"④ 作为嫡传门徒和后来的"同志宗盟"，王龙溪不会不了解王阳明提炼出"致良知"宗旨的艰辛过程，也不会不知道"致良知"功夫的应有难度，因此，他明确告诉那些把"致良知"之学看得很容易的人们——"若谓良知无功夫，是未悟致知者也。"真理往往是无情的，这一无情的评判足以表明：那些以为龙溪"谈本体而讳言工夫"⑤ 的观点，非常值得商榷，这些问题尚需要留待后文中专门探讨，兹不赘言。

---

① 语出《论语·八佾》，这话是隐士仪封人所言，讲明了孔子周游列国的目的和功效。
② 《王畿集》卷16，《赵望云别言》，第458页。
③ 《王阳明全集》卷36，《年谱》附录一，第1341页。
④ 《王阳明全集》卷34，《年谱二》，第1279页。
⑤ 《明儒学案》卷15，《浙中王门学案五》，第324页。

第二节　良知本体的直观特性

习惯于理性思维的读者，至此不免有一种怅然之感，既然"先天之学不容说"，那么，阅读此著也不可能真正明了良知本体的真正面目，这难道不是一种遗憾甚至"悖论"吗？诚然，良知本体的真实面目必须通过自己的笃实修行去领悟，但是，王龙溪在讲学传道过程中，偶然间还是用语言勉为其难地描述了良知本体的一些直观特性，这样一来，虽然这些语言描述只是"第二义"的，但毕竟为后世学者画了一个大致的"轮廓"，留下了一些可以效法的规矩，或者说，至少像"手指"一样，指示出圣学修习的大致方向。

在王龙溪看来，人心先天原本的状态（即"本体"）大致有以下几种直观特性，虽然我们分而言之，未能窥其全貌，但是，如果把这几种特性综合起来，可以相对接近地了解良知本体的真实面目。

一　静者心之本体

首先，宁静与无欲是人心先天原本的状态。王龙溪曾说：

> 静者心之本体。濂溪主静，以无欲为要。一者无欲也，无欲则静虚动直。主静之静，实兼动静之义。人心未免逐物，以其有欲也。无欲，则虽万感纷扰而未尝动也；从欲，则虽一念枯寂而未尝静也。①

需要指出，"静者，心之本体"一言中所指的"静"字，不是与"动"相对的反义词，而是指兼含动静之义在内的一种自在安宁的心灵状态，从另一角度来看，这种宁静心态的实质，就是无欲。就人心先天原本的状态而言，它是"无前后内外，浑然一体"②的，处于一种高度恬静、祥和的状态之中，对此，王龙溪用另一种判断语式做出了描述，他说：

> 乾，天德也。天地灵气，结而为心。无欲者，心之本体，即所谓

---

① 《王畿集》卷3，《答中淮吴子问》，第70页。
② 《王畿集》卷6，《致知议略》，第130页。

乾也。①

又如：

> 心之本体原是至善而无欲，无欲则止，有欲则迁。②

客观地讲，在涉及本体论的问题上，任何逻辑思辨与推断都没有充分的说服力，这是一个当下呈与、亲历亲证的实践性问题。先秦儒者悟到了，便写出了"人生而静，天之性也"的论断；王龙溪等心学大儒悟到了，便对先圣的思想表示赞同并加以诠释。因此，本著所阐释的，只能是根据先秦儒者和王龙溪本人思想的表述加以疏理和介绍，至于证悟心之本体的任务，只能由研究者在实践中自身去切实体认。既然心之本体无欲而静，那么，人的欲望从何而来呢？先秦儒者用一段简洁的语句表达自己的看法，他们说：

> 人生而静，天之性也，感于物而动，性之欲也。物至知知，然后好恶形焉。好恶无节于内，知诱于外，不能反躬，天理灭矣。夫物之感人无穷，而人之好恶无节，则是物至而人化物也。人化物也者，灭天理而穷人欲者也。③

对此观点，王龙溪表示赞同，并多方予以进一步的诠释。他说：

> 凡圣贤立言，皆为救世而发。春秋之时，性学不明，世人以欲动处为性，故孔子提出"天命之性"以示人，所谓"人生而静，天之性也。"以欲为性，即非自然之生理矣。④

在这段话中，王龙溪指出，"春秋之时，性学不明"，世人只知道"以欲动处为性"，其实，这是对于人性的肤浅认识（相当于后来宋儒所说的"气质之性"），所以，孔子提出"天命之性"以示人，它的直观特

---

① 《王畿集》附录一，《大象义述·乾卦》，第652页。
② 《王畿集》卷8，《〈大学〉首章解义》，第176页。
③ （清）阮元校刻：《十三经注疏·礼记正义》卷37，《乐记》，中华书局2009年版，第3314页。按："物至知知"一句，前一个"知"是名词，后一个"知"是动词。
④ 《王畿集》卷8，《性命合一说》，第187页。

性就是"人生而静,天之性也"。

当然,这种"无欲而静"的天命之性可能会被后天生活的各种因素所埋没,原因就在于:感于物而动之后,人心之中产生了许多盲目的欲望,如果不加节制,人就会被外物所左右,最终"灭天理而穷人欲",成为"大乱之道"①的根源。为此,先圣(包括孔子、子思等)告诉了世人不要"认欲为性",而要懂得探索人性中更为根本的内蕴,就像另一部儒家经典《中庸》开篇以"天命之谓性,率性之谓道,修道之谓教"三句话,简要地揭示了与世俗观念截然不同的儒家心性本体观。对此,王龙溪非常赞同,他说:

> 《中庸》尽性之书,子思子惧性学不明于世,学者失其所宗,故述其家学,首以三言发之。因世之人认欲为性,故以性归诸天。天命者,无欲之体,所谓"维天之命,于穆不已"是也。②

或许有人以为,人性岂能无欲? 连先秦告子都说:"食、色,性也。"③ 诚然,如果否认人心没有食与色的基本生理需求,那么,王龙溪等人连生活常识都不具备,又何以称得起当世大儒? 但是,"天命者,无欲之体"是对人类心灵最深层次内涵的揭示,这一发现,远远超越了一般生理欲求的层次,只有达到了"天人合一"境界的圣者才能充分地体察到。与食、色之类的本能欲求相比,王龙溪指出了良知本性与生理欲望的不同,他说:

> "甘食悦色,"人之所欲是性,然却有个自然天则在。若一向任了欲去,不成世界。④

这句话表明,王龙溪并不否认欲望也是人性某个层次的表现,但实际上,这只是气质之性的内涵,较气质之性而言,人心中还有个"自然天则",那就是良知本体,它的本来面目始终是一种"无欲之体",处于一种浑然宁静的状态中,无论后天生活中人心产生多少欲望,发生何种变

① 《王畿集》卷8,《性命合一说》,第187页。
② 《王畿集》卷8,《〈中庸〉首章解义》,第178页。
③ 《四书章句集注》(新编诸子集成本),《孟子集注·告子上》,第332页。
④ 《王畿集》卷8,《性命合一说》,第187页。

化，都瞒不过良知本体，也都不能改变良知本体无欲、宁静的天性。当然，后天的欲望滋生得多了，必然湮没人心的本然状态，使人误以为人心本来如此，仿佛任何欲望都是无可非议的心理。这种对于心之本体的错误认知，是导致人们为非作歹的思想根源，也是世间各种灾祸的来源之一。所幸的是，"良知在人，千古一日，一念自反，即得本心"①，对此，王龙溪又做了一个比喻，说："譬诸古鉴翳于尘沙，明本未尝亡，一念自反，即得本心，存乎其人也。"② 当人们经历了生活中的各种痛苦之后，只要真诚地反观自省，就可以明白自己的失误所在，仍然能够重新找回那颗被埋没已久的良知本心，而且，在重新认识到它的内蕴与妙用之后，不仅可以摆脱种种欲望的束缚，还能够应用良知、推广良知，去做一些真正合乎生命之道的事业，从某种意义上讲，这是在更高层次上对于良知本体的回归。

二　乐者心之本体③

对于上述人心无欲而静的本然状态，有些人会质疑，即使我体悟到了这一心之本体，我可以获得什么实际好处呢？当然，能够悟其体，必然得其用，那就是一种自如无碍、愉悦和畅的"乐"之受用。需要指出，这里所说的"乐"，既不是指获取某种现实利益之后的满足感，也不是指被一些幽默、诙谐的事物逗得发笑之类的反应。它所指的，乃是人心在天人合一、恬静自然的状态下必然伴生的一种自如无碍、愉悦和畅的精神感受，古人又称为"至乐"。作为修道事业的过来人，王龙溪明确地表述了"乐是心之本体"的命题，并和古代圣贤的精神境界和生活意趣直接联系起来，他说：

> 乐是心之本体，本是活泼，本是脱洒，本无挂碍系缚。尧、舜、文、周之兢兢业业、翼翼乾乾，只是保任得此体，不失此活泼脱洒之机，非有加也。戒慎恐惧是祖述宪章之心法，孔之蔬饮、颜之箪瓢、点之春风沂咏，有当圣心，皆此乐也。④

① 《王畿集》卷8，《孟子告子之学》，第190页。
② 《王畿集》卷8，《意识解》，第192页。
③ 《王畿集》卷8，《愤乐说》，第194页。
④ 《王畿集》卷3，《答南明汪子问》，第67页。

又如：

> 舜禹有天下而不与，与颜子箪瓢陋巷不改、孔子曲肱自得，其乐一而已矣。此乐是吾人生生之机，如树之萌芽，生意本足，虽至千寻合抱，未有不从培养萌芽而得者也。在吾人则为夜气虚明，圣贤所从以入。①

在这两段话中，王龙溪告诉了世人，人心先天原本的状态就是活泼、洒脱、没有束缚的，只要善于保任此体，不要因追求外物而丧失它的原本状态，那么，任何人都可以体会到这种先天的快乐，这是人们性体中天然具存，不是用外来的思想观念堆砌、塑造而成的，因此，王龙溪才敢说"非有加也"。那么，王龙溪此语是否正确？笔者以为，确然无疑。如果我们回顾一下自己的童年时光，那时是多么的纯真、快乐！再看一看眼前身边的孩子们，从他们的身上一样可以发现与自己当初类似的精神面貌。这种孩提时期的精神面貌与王龙溪所说的"乐是心之本体"已经比较接近了，当然，由于每个儿童所处的生活环境不一，天赋遗传也不尽相同，所以只能说是"比较接近"，如果要想切实体会这种"心之本体"的"至乐"，还需要我们在生活中虚心涵养方能如愿。王龙溪指出，由于"保任得此体，不失活泼脱洒之机"，所以，古代先圣便拥有超凡脱俗的生活意趣和自在洒脱的精神状态，"舜禹有天下而不与，与颜子箪瓢陋巷不改、孔子曲肱自得"，外加"（曾）点之春风沂咏"，都是这种先天至乐的体现，故曰"其乐一也"。很简单，无论是舜禹之心，还是孔颜真乐、曾点之志，都是超越了一般外物之得丧，在保持了"心之本体"之后所伴生的一种自如无碍、愉悦和畅的精神状态，这便是先圣的"心法"，并没有什么玄奥之处。对于圣者所体悟的本体之乐，王龙溪唯恐常人望之却步，特意告诉人们说："此乐是吾人生生之机，如树之萌芽，生意本足"，但凡一棵树，哪怕处在刚刚萌芽的幼苗阶段，就已经包含了足够的生生之机，"虽至千寻合抱，未有不从培养萌芽而得者也"，因此，常人不必因为自己的平凡普通而妄自菲薄，只要"祖述宪章"先圣保任心之本体的"心法"，任何人都可以体会到这一先天原本的"至乐"。如果有谁一下子找不到门径，不妨在夜静更深之时体会一下孟子所说的虚明"夜气"，也可以初步地领略自家心性的本来面目，那么，这便是作圣成贤的开始。

---

① 《王畿集》卷12，《与宛陵会中诸友》，第315页。

从严格意义上讲，"乐是心之本体"的命题略有语病，应当说静（无欲）是心之本体，而乐是心体之用，这是由于中国古代语言习惯的含糊性所造成的，不过，只要不是吹毛求疵之人，对于"乐是心之本体"的表述，都能够正确地领会其意思。关于此本体之"乐"，王龙溪唯恐人们把它与世俗常情之乐相混淆，因此特意做了一些补充性说明，他说：

> 乐至于手舞足蹈而不自知，是乐到忘处，非荡也。乐至于忘，始为真乐，故曰"至乐无乐"。①
>
> 乐之实，手舞足蹈而不自知，不知之乐，乃为真乐。古人之乐，视于无形，听于无声。正明目而视之，不可得而见也；倾耳而听之，不可得而闻也。②

由上述文字可见，王龙溪把这种人心的先天乐处称为"至乐"或"真乐"，旨在把它和因有所得而产生的快意感（即世俗之乐）相区分。这种区分是必要的，因为人到了真正快乐的境地中，其实本身感觉不到这种"乐"的存在，只是心情舒畅和悦、自如无碍而已，哪里会去计较什么所得与所失呢？这种"至乐"，并不只是王龙溪一个人的发现，就是同时代的其他心学思想家中，也颇有人论及，在此仅举泰州学派的嫡传王襞（1511—1587年）为例，他说：

> 有所倚而后乐者，乐以人者也。一失其所倚，则慊然若不足也。无所倚而自乐者，乐以天者也。舒惨欣戚，荣悴得丧，无适而不可也。③

不仅如此，王襞还用诗词来表达自己的"本体之乐"，诗曰：

> 人固有蒙幸，我幸安可比？自觉换骨清，哪羡羡门子。感念父师

---

① 《王畿集》卷3，《答南明汪子问》，第67页。
② 《王畿集》卷8，《良止精一之旨》，第185页。原文中间有"哀乐相生"一语，当为衍文，故去之。
③ （明）王襞：《新镌王东厓先生遗集二卷》，载《四库全书存目丛书》，齐鲁出版社1997年影印本，集部，第146册，第674页。

恩，交颐涕如雨。无忝吾所生，至乐不可拟。①

古语说：英雄所见略同。无论是王龙溪，还是王东厓，都是在觉悟心之本体之后，体会到这种心中固有的先天原本"至乐"。不过，要想体悟和保任这种本体之乐，离不开戒慎恐惧和发愤求通的修习功夫，王龙溪指出："惧与乐，非有二也。活泼脱洒由于本体之常存，本体常存由于戒慎恐惧之无间。"② 顺便指出，"戒慎恐惧"一词出自《中庸》开篇，"是故君子戒慎乎其所不睹，恐惧乎其所不闻。莫见乎隐，莫显乎微，故君子慎其独也"。此处的"恐惧"一词，不是指面临危险而产生的害怕、恐慌情绪，而是指源于对天命的敬畏之情而产生的谨慎态度，与"戒慎"一词的含义大致相同。只有戒慎恐惧，才能保任本体而不失，而保任本体之后，必然会产生活泼洒脱的精神受用，可见，王龙溪指明了工夫与本体之间的密切关联，孰谓龙溪"谈本体而讳言工夫"？关于工夫与本体之间的关联，王龙溪还借孔子之例加以说明。《论语·述而》中有一段孔子晚年的自我评价："发愤忘食，乐以忘忧，不知老之将至云尔。"关于这段话，有的门徒不解，王龙溪便和他们展开了一番讨论，史载：

> 先生过嘉禾，诸友会宿于东溪山房，请问愤乐之义。先生曰："此是夫子终身受用之实学。知夫子之乐，则知夫子之愤；知夫子之愤，则知夫子之乐。愤是求通之义，乐者心之本体。人心本是和畅，本与天地相为流通，才有一毫意必之私，便与天地不相似；才有些子邪秽渣滓搅此和畅之体，便有所隔碍而不能乐。发愤只是去其隔碍，使邪秽尽涤，渣滓尽融，不为一毫私意所搅，以复其和畅之体，非有所加也。愤乐相生，勉焉日有孳孳，不知老之将至，（此即）夫子至诚无息之学。"③

王龙溪的这段话，表明即使是圣人孔子，其享受或失去本体之乐的缘由和常人都是一样的，即"人心本是和畅，本与天地相为流通，才有一毫意必之私，便与天地不相似；才有些子邪秽渣滓搅此和畅之体，便有所

① 《明儒王东厓先生遗集》卷2，《漫言》第五首，载《四库全书存目丛书》集部，第146册，第703页。
② 《王畿集》卷3，《答南明汪子问》，第67页。
③ 《王畿集》卷8，《愤乐说》，第194页。

隔碍而不能乐"。如果要想保持自如和畅的心之本体，仍然需要发愤用功，而所谓发愤，就在于"去其隔碍，使邪秽尽涤，渣滓尽融，不为一毫私意所搅，以复其和畅之体，非有所加也"，因此，孔子晚年的生活状态，正是"愤乐相生，勉焉日有孳孳，不知老之将至"，这是一种至诚无息的精神面貌。据此，王龙溪认为，普通人要想体会这种圣者所受用的"本体之乐"，其方法不外乎加强心性道德修养，涤除了心灵上的污垢，自然也就恢复了这种本体之乐，他说：

> 吾人欲寻仲尼、颜子之乐，惟在求吾心之乐。欲求吾心之乐，惟在去其意必之私，荡邪消滓，复还和畅之体，便是寻乐真血脉路。①

在此，王龙溪向世人明确指出："欲寻仲尼、颜子之乐，惟在求吾心之乐"，因为吾心之本体与圣人的心之本体无异，因此，只要实实在在地"去其意必之私，荡邪消滓"，便能复还"和畅之体"，这是一条"寻乐真血脉路"，从另一个角度讲，也是明德悟道、作圣成贤的必由之路。

三　知者心之本体

除了静和乐之外，王龙溪还指出，"知者心之本体"，这里的"知"是一个动词，表明了心之本体有一种天然的辨别是非善恶的能力。他说：

> 知者，心之本体，孟子所谓'是非之心，人皆有之'者也。是非本明，不须假借，随感而应，莫非自然。②

又如：

> 良知者，本心之明，是非之则也。③

这些话表明，人心中有一种先天的"本心之明，是非之则"，不需要经过外在的知识经验的积累和锻造，便可以判明各种事情的是非善恶，只要心平气和，随感而应，人心就会自然地对所遇事物产生恰当的反应。对

---

①　《王畿集》卷8，《愤乐说》，第195页。
②　《王畿集》卷4，《答退斋林子问》，第82页。
③　《王畿集》卷14，《赠绍坪彭侯入觐序》，第376页。

于这种先天"本心之明"，王龙溪非常自信，经常说：

> 良知在人，千古一日，一念自反，即得本心。①

对于王龙溪的这种观点，现代人一般是无法接受的。因为从我们的生活阅历来看，没有后天的教育活动，没有知识和经验的多年积累，根本无法判明人世间的种种是非善恶。不过，如果正确理解了王龙溪所说"知"的原意，那么，就会对他所说"知者心之本体"的命题产生更多的认同。首先，王龙溪所说的"知"，不是指后天知识和经验方面的"知"，而是指人心天然具有的德性之知。王龙溪曾引用王阳明讲学时的话语说：

> 知乃德性之知，是为良知，而非知识也。②

据此，他明确地阐述道："致知者，致其固有德性之知，非推极知识之谓；格物者，格其现在应感之物，非穷至物理之谓。"③

由上述引言可见，王龙溪所说的"知"，是人心固有的德性之知，亦即先圣所说的"良知良能"（《孟子·尽心上》），并非那种通过学习过程和经验积累而形成的后天知识。在王龙溪的思想体系中，后天知识和经验一般称为"识"，如此划分的目的，就是要与先天"良知"相区别。王龙溪曾说："夫知之与识，差若毫厘，谬实千里，不可不辨。"④ 后天知识的来源和作用很好理解，那么，这种先天良知是否真的存在呢？笔者以为，这种先天良知的确是普遍而客观存在的。在西方哲学史上，曾经有过经验论和唯理论的争执。以洛克为代表的经验论哲学家认为，人心如白板，一切知识都来源于后天的经验（包括教育、生活等多方面的经验积累），但是，稍微晚出的唯理论哲学家，如莱布尼茨等，认为人心如"大理石"，表面上看是粗糙的石头，实际上，石头表层下面掩藏着非常精美的天然纹路，如果经过打磨，这些精美的纹路就会显现出来，后天的教育和生活不过是起到了"打磨"石头的作用而已，像几何学、代数学等演绎推理式

---

① 《王畿集》卷8，《孟子告子之学》，第190页。按：此言在《王畿集》中屡见，故曰其"非常自信"。
② 《王畿集》卷20，《绪山钱君行状》，第585页。这段话，是王阳明1521年秋季回越之后，初次给钱德洪等新进门人讲课时说的话。
③ 《王畿集》卷5，《慈湖精舍会语》，第114页。
④ 《王畿集》卷9，《与孟两峰》，第208页。

的学科，都是这种人心"内在纹路"的体现。关于西方唯理论思想家所发现的人心"内在的纹路"，在此只是做个思想参照而已，如果我们深入社会生活实际，对于中国先哲所揭示的德性之知（良知），的确会有很多发现，从而映证王龙溪所说的知是知非的"本心之明"的客观存在。例如：

春秋时期，子贡问孔子："有一言而可以终身行之者乎?"孔子答曰："其恕乎！己所不欲，勿施于人。"（《论语·卫灵公》）这便是儒家所提倡的人际交往的"恕道"。客观地讲，"恕道"思想并非什么高深莫测的学问，翻译成白话，人人都能理解。它提倡的是，在人际交往中，如果自己不愿意接受的东西，也不强加给别人，这是一个再明白不过的道理，只要不是成心抬杠、嚼嗒，任何人都会认同这一理念。譬如：在生活中，某人喜欢给他人取绰号，那么，别人同样可以给他取绰号，他给别人取的绰号越多，别人反过来给他取的绰号也越多，这就是"以其人之道，还治其人之身"①。因此，如果某人不想受到他人的奚落和嘲讽（取绰号就是一种表现），那么，前提是他首先不要恶意地去奚落和嘲讽他人。类似的事例不胜枚举，这充分表明，"己所不欲，勿施于人"的"恕道"，就是人类天然固有的本心之明和是非之则的一种体现。

又如：以本章第一节所述可知，甲乙分蛋糕之例，是人类"是非之心"的体现，甲乙过独木桥之例，则是"辞让之心"的体现。合而言之，都是人类天然固有的辨别是非善恶的能力。

再如：世界各国政府、各政党虽然价值观念和政治主张不同，但是，对于贪污受贿这样的腐败行为，都采取一种否定和打击的态度。世界上没有一个政府或执政党是公开赞成贪污受贿这种腐败行为的，原因很简单，如果认可这种腐败行为，必将导致政府的倒台或社会的混乱。可见，制度虽然不同，做人的道理都是一样的，这就是人类先天的本心之明和是非之则。

即使从历史唯物主义的角度来分析，在人类长期的生活实践中，人们发现了许多人际交往的共识，慢慢加以概括总结，成为人类社会的伦理道德规范。其中，有些由统治阶级强加给社会成员，并非人类共识的道德理念，迟早都会被扫进历史的"垃圾堆"；而一些堪称"共德"与"恒德"的道德理念，实际上是全民族共识的凝结，换句话说，乃是人类"本心之明"的体现，因此，这些道德观念，必然长期适用于人类社会生活的

---

① 朱熹注语，载《四书章句集注》（新编诸子集成本），《中庸章句》（十三），第23页。

自我调节。

　　另外，我们还应理解，王龙溪所说的"知"，其实并不限于伦理学范畴的德性之知，还包括了很多人类"生而知之"的许多深层智慧与潜能。这些智慧与潜能，至今为止除了宗教界进行过未免夸大的描述之外，现有的科学理论尚不能给予充分的证实，更无法予以清楚的解释，至多就是现代心理学以"第六感官""潜意识"等范畴予以笼统的表述。事实上，现有的医学、心理学对于人脑和人体的深层次智慧与功能的确还有许多未发现之处，而中国古代的儒、释、道、医、武、杂等诸多教派或学派却各有所发现和体证，只是至今未能得到科学界的认可。作为儒家之一翼，阳明心学对于人类心灵的"生而知之"的智慧与潜能同样有很深邃的体证，但是，由于儒家素来遵循"子不语：怪、力、乱、神"（《论语·述而》）的思想传统，因此，王阳明和王龙溪对此都讲得甚少，可见其态度之谨慎。在王阳明身后，王龙溪协助钱德洪编撰《王阳明年谱》时，就把王阳明生前许多神乎其神的经历和言论给删除掉，这么做的原因，用王龙溪自己的话来说："尚有奇迹奇论，非常情耳目所及者，……但非常道，恐滋世人之惑，疑于语怪，未及纂入。"① 然而，即使如此，我们只要从他的"（良知两字）是即所谓历劫不坏先天之元神"的命题中便可以得知，良知之"知"的功能，绝不限于伦理道德范围，还有非常广阔的适用领域。以儒家经典《中庸》的一些表述为例："至诚之道，可以前知"（第二十章）、"至诚如神"②，足见良知（至诚者即彻悟良知本体之人）的深层智慧与功能。

　　无论王龙溪所讲的良知之"知"所指究竟为何，都足以证明他对于"知者，心之本体"的笃信，这种对于良知本体与妙用的笃信，实际上也是对于人类自身智慧与能力的相信。在一些情况比较复杂，没有现成的法律或道德规范可以参照的情境中，如果人们要想解决问题，走出困境，依靠的只能是自己的良知。只要我们把心态放得宽平，让头脑变得冷静，这个时候，良知本心都会告诉自己适宜的行为选择或前进方向，这便是良知本体知是知非、知善知恶的智慧功能。正因为如此，王龙溪才大胆地宣称："圣贤之学，只是良知一路，一是百是，一勘百破，更遮瞒些子不

① 《王畿集》卷20，《绪山钱君行状》，第591页。
② 同上。

得"。① 这一见解，和王阳明所提倡的"良知之外更无知，致知之外更无学"② 的命题，一脉相承。

四　虚寂者，心之本体

从另一个角度看，良知本体的直观特性还有虚寂一项。因为指出了良知天然具有知是知非的能力，因此，有些人误以人心之中先验地存在着一些固定不变的道德观念，对此，王龙溪又表示了否定的态度，他说：

> 虚寂者，心之本体，良知知是知非，原只无是无非，无即虚寂之谓也。即明而虚存焉，虚而明也；即感而寂存焉，寂而感也。即知是知非，而虚寂行乎其间，即体即用，无知而无不知，合内外之道也。③

这里的"虚寂"，其实就是"无"的同义语。王龙溪认为，"良知知是知非，原只无是无非，无即虚寂之谓也"。虽然良知能够不学而知，不虑而能，天然地辨别是非善恶，但是，切莫以为良知本体中蕴藏着什么固定不变的道德理念，它只是随缘而现，因时制宜地判别是非而已，当事情过去之后，它又恢复了虚寂的本来面目，这就叫"虚而明""寂而感"，看似有知，其实无知；看似无知，其实无所不知。对此，王龙溪还打了一个比喻，他说：

> 心之良知，本无善恶，本无是非。譬之明镜之鉴物，妍媸黑白，皆其所照之影，应而无迹，过而不留。④

这个比喻非常形象，表明了良知如明镜，只是如实地照映出外在事物的妍媸黑白，但是，当事物过去之后，其影像在镜中却毫无留存，良知对于外物的反应就是这样——"应而无迹，过而不留"；反之，如果人心之中有一定的观念成见在先，那么，就像表面有污垢的镜子一样，对于外在事物的反映就不可能客观真实，因此，无论是好的念头，还是坏的念头，

① 《王畿集》卷10，《答洪觉山》，第261页。
② 《王阳明全集》卷6，《与马子莘》，第218页。
③ 《王畿集》卷16，《别曾见台漫语摘略》，第464页。
④ 《王畿集》卷14，《原寿篇赠存斋徐公》，第386页。

只要存留于心中，就会妨碍良知本体的正常作用，可见，良知本体虽然能够明辨善恶是非，其实是"本无善恶，本无是非"的，这就是它的虚寂特性的内涵。

关于良知本体这种寂而能感，虚而能明的特性，王龙溪经常谈起，意在教诲门人不要被后天灌输的伦理道德观念所束缚，从而忽略了本心之明；同时，也不要因此失去对于良知明辨是非之能力的信心，他说：

> 寂然不动者，良知之体；感而遂通者，良知之用。常寂常感，忘寂忘感，良知之极则也。①

又如：

> 良知是性之灵体，本虚本寂。虚以适变，寂以通感，一毫无所假于外。②

又如：

> 学虑非学虑，致虚以立本。如水浚其源，沛然成滚滚。③

概而言之，这些话都表明良知具有"本虚本寂"的特性，"虚以适变，寂以通感"，能够对外在事物做出正确的反应和判断。这种"常寂常感，忘寂忘感"的特性仿佛一只手掌的手心和手背一样，同时存在，兼有其用，所以良知才能发挥知是知非的天然辨别力。据此，王龙溪告诫门徒要"致虚以立本"，就是先学会把心放空，这样才能客观地看待各种事物。

值得注意的是，王龙溪认定虚寂为心之本体，把"常寂常感，忘寂忘感"视为"良知之极则"，实际上委婉地否定了当时正统的封建伦理道德观念的至上性。在此之前，朱熹等宋儒为了寻找到适用于人类社会的终极性规范，苦思冥想，最终以"天理"的名义肯定了"三纲五常"（特别

---

① 《王畿集》卷17，《太极亭记》，第482页。
② 《王畿集》卷11，《与莫中江》，第279页。
③ 《王畿集》卷18，《南谯书院与诸生论学，感怀次巾石韵》，第560页。

是"三纲")等封建伦理规范的永恒性。他曾说:"纲常千万年,磨灭不得"①,又说:"三纲五常,礼之大体,三代相继,皆因之而不能变"②,总之,朱熹认为自己为人类社会找到了永恒不变的终极法则,他的这套理论,后来被统治阶级上升为官方哲学。但是,在社会历史的实际进程中,人们发现,君位更迭,王朝兴替,像走马灯一般令人眼花缭乱,"三纲"思想并不能保证人类社会的和谐有序。即使是在大明王朝起初的一百年时间里,就出现过明成祖和建文帝、明英宗和景泰帝之间血腥的帝位之争,其他规模和惨烈程度低一些的帝位、相位之争更不用说了,于是,人们从内心开始怀疑"三纲五常"这些固定不变的道德规范的合理性和有效性。到了明代中叶,王阳明率先提出了"致良知"宗旨,后来干脆说:"吾平生讲学,只是致良知三字。"③ 他之所以倡导"致良知"之教,实际上就是在用一种人们内心自觉认同的道德理念去取代外在强迫的封建道德规范。由于王阳明英年早逝,许多关于"致良知"的问题还未及展开来讲,关于良知本体内在特性的有关问题,只能留待王龙溪这样的嫡传门徒予以解决了。应该承认,王龙溪没有辜负王阳明的期望,他关于良知本体内在特性的许多阐述,都填补了王阳明所留下的理论空白。仅以"虚寂者,心之本体,良知知是知非,原只无是无非"的命题为例,实际上就是对程朱理学所崇尚的"三纲五常"之教的一种扬弃(并不是完全否定)。王龙溪并没有否认"三纲五常"等封建伦理规范在某些时间、场合中的正确性,但是,把它们从至高无上的神坛上拉了下来,比起良知本体来,这些封建伦理规范绝非什么第一性的道德理念,良知本体在考察外在事物的正确与否时,自有其灵活聪慧的权衡与考量,绝不会呆板地以某种现成的道德规范为绝对依据,那样一来,就不叫虚寂本体了。与之相比,在王龙溪身后,一些更加崇尚个性解放的思想家(如李贽),则完全否定了任何伦理规范和道德良知的必要性,单纯主张"各从所好,各骋所长"④,或者认定"人之是非初无定质,人之是非〔人〕也亦无定论"⑤,其试图摆脱封建伦理枷锁的强烈愿望固然可以理解,但是,这种否定一切传统道德

① (宋)黎靖德编:《朱子语类》卷24,《论语六》,岳麓书社1997年版,第538页。
② 《四书章句集注》(新编诸子集成本),《论语集注·为政第二》,第59页。
③ 《王阳明全集》卷26,《寄正宪男手墨二卷》,第990页。
④ (明)李贽:《答耿中丞》,载张建业主编《李贽文集》第一册,《焚书》卷1,社会科学文献出版社2000年版,第16页。
⑤ (明)李贽:《藏书·世纪列传总目前论》,载《李贽文集》(版别同上),第二册,第7页。按:第三个"人"字当为衍文。

的思想主张，其偏激性和空想性也是一目了然的。相比之下，王龙溪关于"虚寂者，心之本体"的阐述，辨证圆融，破中有立，更能够引起人们的反思和共鸣。总之，王龙溪对于良知虚而明、寂而感的特性看得十分清楚，他曾对高徒张元忭说过一段话，不妨作为这方面思想的精辟结语——"良知二字，是彻上彻下语。良知知是知非，良知无是无非。知是知非，即所谓规矩；忘是非而得其巧，即所谓悟也。"①

五　直是心之本体

在王龙溪关于良知本体的种种阐释中，"直"也是良知本体的特性之一。这里所谓的直，就是指按照自己的本心行事，没有多余的计较与顾虑。真正彻悟良知之人，胸襟十分洒落，对于人情世故看得很透，因而能够放下种种牵挂，成为一个"直心以动"的君子。王龙溪曾对朋友说：

> 直是心之本体。人情世事，皆此心之应迹，才有毁誉利害夹带其间，始不能直，始有许多委曲计较。若能忘得毁誉陪奉、利害体态，直心以动，自有天则，（虽）日与人情世事旋转，而不为周罗，万缘扰扰，独往独来，盎然出之而不为率易。②

这番话告诉友人，彻悟良知本体的人，把人情世故看得很透，什么身外之物都放下了，因此，早已"忘得毁誉陪奉、利害体态"，无论是什么事情，都直任本心应之，因为良知具有知是知非的天然功能，所以，"直心以动，自有天则"，不必去担心这种"直心以动"的行为方式给自己带来什么不当或不利的后果。当然，如果从一个较短的时间内评判"直心以动"之人，会发现他们有些"不识时务"，难免给自己带来一些危害，但是，从长远看来（特别是纵贯一生），"直心以动"是人生行为最恰当的选择。一个人，如果连自己的本心都不能相信，都不能依从，那么，他还有什么真正的自我可言？因此，笃信良知之人，没有许多"毁誉利害夹带其间"，也没有"许多委曲计较"，一任良知本心的指引，"日与人情世事旋转，而不为周罗"，从外表上看，他的生活也是万缘扰扰的，与常人无异，但是，其内心却是"独往独来，盎然出之"，真正体现出一种独立自主的人格和自由洒脱的精神面貌。当然，"直心以动"的前提是觉悟

---

① 《王畿集》卷5，《与阳和张子问答》，第126页。
② 《王畿集》卷11，《与邵缨泉》，第296页。

良知本心，依据良知本心的内在天则而行事，并不是任何事情都不加考虑，由着个人的性子乱来，那样就成为性格"率易"的莽夫了。不仅如此，王龙溪还针对当时士大夫的一种抗直敢谏的风气，提出了自己的不同见解，他说：

> 所谓直心之说，非欲公简抗率易，以不顾人情，不量势事为直也。①

王阳明的许多弟子，都曾有过犯颜直谏、触怒皇帝的经历，结果纷纷被罢官或贬谪。其实，这种忠直敢谏的行为在某些情况下是不必要的，因为扪心自问一下，良知本心会告诉你，对于那种刚愎自用的君主，原本不必寄予希望，如果"不量势事"而为之，表面上是一个忠臣的直谏敢言，实际上沦为专制制度下政治斗争的牺牲品。这种受到程朱理学伦理教条的毒害而导致的仕途悲剧，在阳明后学的许多人士身上一再重演，因此，无论是王龙溪，还是王心斋，站在旁观者的清醒角度，对此都委婉地表示出不同的见解。

当然，一旦涉及大是大非问题时，"一念自反，即得本心"②，良知本体会告诉自己该怎么去做，此时不能有太多的计较和盘算，应当义无反顾地尽到自己的职责和义务。对此，王龙溪有过一番论述：

> 良知不外思虑，而思虑却能障蔽良知，故孟子尤指其不虑者，而后谓之良。见孺子入井而怵惕，良知也，而纳交要誉恶其声，则虑矣。见呼蹴而不屑不受，良知也，而宫室妻妾得我而为之，则虑矣。故曰："天下何思何虑？"此正指用功而言，非要其成功也。③

这段话表明，应用良知并不排斥对一些复杂情况进行思考谋划，但是，过度的思虑和盘算却是在障蔽良知，因为有些问题根本不需要思索，不需要寻找理由，当下就能明白其是非善恶，就像"见孺子入井而怵惕"，这是人们恻隐之心的自然表现；像"见呼蹴而不屑不受"，这是人

---

① 《王畿集》卷11，《与邵缪泉》，第296页。
② 《王畿集》卷12，《与莫廷韩》，第335页。按：此语王龙溪说过多次，在《王畿集》中屡见。
③ 《王畿集》卷7，《南游会纪》，第154页。外，排斥、疏远。按："天下何思何虑"一语，出自《周易·系辞下》第五章。

们羞恶之心（亦即人格尊严）的自然表现。如果面对这类问题而有过多的踌躇和犹豫，那么，一定是内心在盘算和计较一些名与利的得失，因此，就像《周易》所言："天下何思何虑？"以良知本心之灵妙，是不需要这么多繁琐思虑的。

王龙溪关于"直是心之本体"的阐述，固然是自家体悟良知的产物，但是，也与历史上儒、释等诸圣所见不谋而合，证明了这一观点并非其个人一管之见，而是来源于共同的修道实践的体悟。例如，春秋时期孔子曾说："人之生也直，罔之生也幸而免。"（《论语·雍也第六》；罔：不直的人）战国时期孟子在阐述如何养浩然之气时，亦说："其为气也，至大至刚，以直养而无害，则塞于天地之间。"（《孟子·公孙丑上》）孟子对他人施以教诲，有时会说："不直则道不见，我且直之。"（《孟子·滕文公上》）这些言行，都是"直是心之本体"的佐证。不仅如此，就是佛教禅宗大德，对于"直心以动"也是充分肯定的，以六祖慧能（一作"惠能"）为例，他曾在韶州大梵寺讲堂上，对弟子们说：

> 一行三昧者，于一切时中，行住坐卧，常行直心是。……但行直心，于一切法上无有执著，名一行三昧。[1]

在实际出自元代的宗宝本《六祖坛经》中，作者假借慧能之口，以偈语的形式表达了相同的观点，他说："念念无间是功，心行平直是德。"[2] 又说："心平何劳持戒？行直何用修禅？"[3] 这些话表明了禅宗同样主张按照自己的真如佛性（又称"本觉真心"）而行事，"于一切时中，行住坐卧，常行直心是"，在"常行直心"的同时，还要放下执着（指牵挂和计较），保持心行平直的状态。如果一个人真的做到了这些，就已经解脱了内外束缚，所谓持戒、修禅等法门，都成为次要的东西了。比较六祖慧能和王龙溪的话语，我们发现，除了范畴表述不同外，内在思想完全是一致的，如果一定要点破，那么，良知本体和真如佛性，实际上指的是同一个东西，唯待修道者自悟而证之。

---

① 王宗昱等编注：《中国宗教名著导读》（佛道教卷），北京大学出版社2004年版，《六祖坛经》（敦煌博物馆本），第73页。

② 陈秋平等译注：《金刚经 心经 坛经》，《坛经·疑问品第三》，中华书局2007年版，第173页。

③ 同上书，第182页。

六　淡是性体

王龙溪在宣讲良知之学的过程中，偶尔还会提到"淡是性体"，这就意味着，淡也是良知本体的直观特性之一。他曾说：

> 至道本淡。"淡"之一字，便是吾人对病之药，才冷淡，便见本色；才闹热，便落世情。[1]

从这段话中，我们可以初步领略"至道本淡"的见解，以及"才冷淡，便见本色"的教诲，仿佛一下子还看不出淡与心体的关联，但是，如果回顾一下阳明心学"心外无物""心外无理"[2] 的基本理念，那么，从逻辑上就不难理解，"至道本淡"的命题，同时意味着心之本体也是淡泊的，这才是人类心灵之本色。如果我们再来看一段王龙溪和弟子万思默[3]之间的一段对话，就更可以透见他关于"淡是性体"的根本理念，原文如下：

> （万）思默自谓："处至亲骨肉间，要好之心过切，未免著了这份意思，责望太过，反觉有滞碍处。以此知天性本淡，方是本色应用。"予谓："淡是性体。凡处至亲骨肉之间，轻重缓急，自有天则，一毫不容加减。才着意处，便是固必之私，便是有所，便不是真性流行。"[4]

关于"淡是性体"的思想，我们应当如何理解呢？简而言之，儒家经典《中庸》开篇明言："喜怒哀乐之未发，谓之中；发而皆中节，谓之和。"人之心体，包含了性情两个方面，未发为性，已发为情，从根本上讲，有什么样的性之体，就有什么样的情之用。王龙溪认识到，"淡是性体"，因此，七情之发也要符合性体之淡，这样才算达到性情之正，亦即中和的境界。反之，如果有人面对生活中的种种事物（特别是处理至亲

---

① 《王畿集》卷12，《与胡鹿崖》，第312页。
② 《王阳明全集》卷4，《与王纯甫》（二），第156页。按：王阳明这方面的言论很多，仅举一处为例。
③ 万廷言，字以忠，号思默，南昌人。生卒年不详，进士，历礼部郎官，出为提学佥事。《明儒学案》卷21，《江右王门学案六》有传。
④ 《王畿集》卷16，《书见罗卷兼赠思默》，第474页。

骨肉间的事情），要好之心过切，便有了固必之私，那么，反而会觉得有很多滞碍，因此，七情之发，应当遵循"天性本淡，方是本色应用"的道理，从容处置，自然顺应，这样才算是"真性流行"，是依照良知性体的本色而行事，而其处理事务的效果，也往往比"责望太过"的做法强得多，至少不会构成对自我心灵的种种干扰和挂碍。

阳明心学有一个共同的思想特点，那就是体用一致，其意是指：有什么样的心性本体，就有什么样的工夫应用；反之，懂得用此工夫，也就能够达到相应的本体境界。关于"淡是性体"的思想，王龙溪经常是从"做工夫以合本体"的角度反向来谈的，对此今人应当理解。他说：

> 自得在于深造，而其要莫先于淡。世情淡得下，则不从躯壳上起念，欲障渐除，真机自然透露。人我两忘，好恶不作，平怀顺应，坦坦荡荡，无入而不自得矣。①

这段话表明，要想在深造圣人之学的过程中有所自得，"其要莫先于淡"，特别是世俗情欲能够淡得下，这样一来，人们就不会把眼光只局限在血肉之躯上，而是更加重视安身立命的根本问题。王龙溪又说：

> 为性命之心重一分，嗜欲自然轻一分，全是性命之心，种种嗜欲自然淡息得下，所谓持衡之势也。②

这句话进一步表明，要想"世情淡得下"，先要对人生进行深入的考察和衡量，如果把人生的许多终极性问题想清楚了，对于外在事物的渴求欲望自然也就消散或减轻了许多，所以说"为性命之心重一分，嗜欲自然轻一分"，因此，懂得真为自己"性命"考虑，便能淡息得种种嗜欲，欲望淡息了，方能深造圣学，直至"平怀顺应，坦坦荡荡，无入而不自得矣"。

王龙溪关于"淡是性体"的思想，不是一人之见，而是浓缩了儒、道智慧和共识在内的思想精华。先秦时期，《老子》曾说："道之出口，淡乎其无味，视之不足见，听之不足闻，用之不可既。"（第三十五章）一个"淡"字，把"道"的基本特性予以精辟的概括，也把道家对待外

---

① 《王畿集》卷12，《与鲁昼堂》，第313页。
② 《王畿集》卷9，《与屠竹墟》，第232页。

在事物的价值观念展露无余。同样，《中庸》一书指出："君子之道：淡而不厌，简而文，温而理，……可与人德矣"（第三十一章），可见，儒家先圣也把"淡"字放在心性修养的关键之处。王龙溪是兼通三教之人，在心性修养方面有着极深的造诣，与先辈修道者有着共同的发现，因此，他得出了与前人相同的结论——从本体上讲，淡是性体；从工夫上讲，"淡始近道"①。

七　微是心之本体

就良知本体而言，还有一项不可忽略的直观特性，用王龙溪的话来讲，即"微是心之本体"。微者，即隐微之义，与"著"相对，是人类心灵先天原本的面目，虽然可以通过修行加以体悟，但是，谁也无法使之像有形之物一样彰显于世，只能是如人饮水，冷暖自知。王龙溪曾说：

> 《虞书》"道心惟微，"明心即道，微者心之本体，即所谓无声无臭，圣人、天地不能使之著。②

这句话告诉世人，隐微不显是人类心灵本体的固有特性，这种心之本体既无形无象，又客观存在，如同元典《中庸》中所说"上天之载，无声无臭，至矣"（第三十一章），乃是人类心灵"海洋"最深层的"究竟"之地。即使是古今任何的圣人，虽然能够体悟到这种隐微不显之体，也不能使之变得鲜明彰显；神妙的天地虽然造就了人类心灵的这种隐微之体，也不能使之像有形之物一样彰显较著，这就是"本心"（亦名"道心"）的基本特性。

关于"微者心之本体"的特性，王龙溪多次与门人讲起，而且是将本体与工夫联系在一起加以讲解，例如：

> 先生曰："《书》云'道心惟微'，微者，心之体。语其功，谓之不睹不闻；究其至，谓之无声无臭。精者，精此也；一者，一此也。虽天地不能使之著，圣人不能使之著，是谓'玄德'。若曰微者著，即落声臭、滞睹闻，非虞廷精一之传矣。"③

---

① 《王畿集》卷 12，《与张叔学》，第 337 页。
② 《王畿集》卷 5，《慈湖精舍会语》，第 114 页。
③ 《王畿集》卷 8，《艮止精一之旨》，第 184 页。

又如：

> 谢子问未发之旨。先生曰："此是千圣秘密藏，不以时言。在虞
> 廷谓之道心之微，不与已发相对。微是心之本体，圣人不能使之著，
> 天地亦不能使之著，所谓无声无臭是也。若曰微者著，即落声臭，非
> 天载之神矣。"①

上述引文中有两个重要的经典依据，一个是《尚书·大禹谟》中的
一段话，舜帝传位给大禹时，曾告诫他说："人心惟危，道心惟微，惟精
惟一，允执厥中"，另一个则是《中庸》开篇之语："是故君子戒慎乎其
所不睹，恐惧乎其所不闻。（道）莫见乎隐，莫显乎微，故君子慎其独
也"。"隐微"一词大致来源于此。虽然《尚书·大禹谟》属于古文尚书，
是后人的伪作，但是，至迟出现在东晋之初，距王龙溪的生活时代已经有
一千二百多年，而且其言颇有根据②，因此，这四句话早已被宋明理学视
为尧、舜、禹等古代圣君递相传授的"心法"。王龙溪依据自己的体悟和
先圣的教诲，告诉门人：人心之本体就是隐微不显的，正如《中庸》所
说的"无声无臭"，不过，后辈学者的用功之处，就是要体证、涵养这个
隐微不显的心灵本体，"精者，精此也；一者，一此也"。由于此心本体
是无形无象而又客观实在的，因此，"语其功，谓之不睹不闻；究其至，
谓之无声无臭"。不要以为五官感知不到的东西就不存在，"不睹不闻"
的背后有着非常深邃的实体内涵，那就是"道"（亦即"良知本体"），
所以，后人要明白先圣所说的话："道"（"良知"）没有比在隐微之处更
加容易发现、彰显的了，君子即使在独处之时也要慎重地把持自己的思想
态度，因为那就是"道"之所在啊。只要能通过"戒慎""恐惧"的笃
实修行，并且将此工夫修养得愈加精一，那么，学者就一定能够体悟到这
个"无声无臭"、隐微不显的心灵本体。

这种隐微不显的心灵本体既然客观存在，按理说，就不可能由儒家单
独发现，于是，王龙溪又将儒家先圣与道家先哲的思想联系在一起，揭示
了儒、道两家先哲思想的异曲同工之妙，他说：

---

① 《王畿集》卷7，《南游会纪》，第156页。
② 《论语·尧曰》记载："尧曰：'咨！尔舜！天之历数在尔躬，允执其中。……'舜亦命
禹。"《荀子·解蔽》中记载："《道经》曰：'人心之危，道心之微。'危微之几，惟明
君子而后能知之。"尧舜相传之"四句教"大体上就是这两部经典中有关思想的综合。

　　　　虞廷谓之道心之微，孔门谓之寂，此圣学之宗也。养生者宗老氏，老氏之言曰："常无欲以观其妙，常有欲以观其徼"，观妙即所谓微、所谓寂，徼即所谓人心感通之机。性命之说也，微而显，寂而感，无而有，言若人殊，要皆未有出于性情之外者也。①

　　在这段话中，王龙溪以宽阔的视野横扫了儒道先哲对于心灵本体的概括，他认为，对此隐微不显的心灵本体，"虞廷谓之道心之微，孔门谓之寂"，同样，老子亦有所发现，他提出"常无欲以观其妙，常有欲以观其徼"，相比之下，"观妙"就相当于微和寂，而"观徼"就相当于人心感通之机。这样一来，王龙溪将儒、道思想有机地联系在了一起。《周易》中说："《易》无思也，无为也，寂然不动，感而遂通天下之故。非天下之至神，其孰能与于此？"② 关于"寂然不动，感而遂通"八个字，王龙溪这样解释："寂然不动者，良知之体；感而遂通者，良知之用。常寂常感，忘寂忘感，良知之极则也。"③ 再结合上文中的话，我们发现，"寂然不动"即相当于"观妙"，"感而遂通"亦相当于"观徼"，良知本体虽然隐微不显，但在"寂然不动"的同时，却有"感而遂通"的知性功能，而且"常寂常感，忘寂忘感"，神妙万物的作用由此显现。在此，儒家和道家关于本体和工夫的复杂理论，终于找到了一个契合点。

　　诚然，"微者，心之本体"的思想，比较难以理解，因为它超出了人们的常规经验和理性思辨的范畴，表达了一种无形无象而又客观实在的先天本体的深邃内涵。对此，我们不妨回顾前文龙溪所述"先天之学不容说"的命题，事实的确是这样，要想真正领悟阳明心学（或者说"圣人之学"）的妙谛，就必须超越言诠，笃实修行，方能有深造自得的真实受用。

　　综观本节所介绍的良知本体的直观特性，我们发现，作为人类心灵先天原本面目的良知本体，具有恬静、无欲、和乐、灵知、虚寂、淡泊和隐微等诸项直观特性，把这几项由文字表述的直观特性综合起来，今人便可从理性层面大致接近地理解良知本体的内在蕴涵。但是，如南宋陆九渊指出："孟子就四端上指示人，岂是人心只有这四端而已？"④ 我们切不可以

---

　　① 《王畿集》卷16，《遗徐紫崖语略》，第461页。
　　② 《周易译注》，《系辞上》第十章，第553页。
　　③ 《王畿集》卷17，《太极亭记》，第482页。
　　④ 《陆九渊集》卷34，《语录上》，第423页。

为，能够用语言表述的方式概括出良知本体的诸项直观特性，便是真的了悟良知本体，事实上，从不同角度来考察良知本体的特性，还会有许多奇妙的发现，正所谓"仰之弥高，钻之弥坚，瞻之在前，忽焉在后"，① 因此，后人只有依靠笃实的心性修养工夫，才能彻悟良知本体的真实面目，到那时，各种语言文字的诠释都已变得无关紧要，正如一句古语所说——"迷时千般境，悟后一字无。"

第三节　"四句教"与"四无说"之辨

"天泉证道"是心学发展史上的一则著名公案。在这则由王阳明和弟子王龙溪、钱德洪一起辨析本体与工夫的公案中，王阳明提出了"四句教"，王龙溪提出了"四无说"，钱德洪则提出了"四有说"②，对于人心的先天本体和后天的修养工夫的关系进行了深入的探讨。本章既然研究王龙溪哲学的本体论思想，当然不能回避这一关键性的问题，而且，将王龙溪关于本体与工夫关系的基本理念阐示清楚，对于读者阅读以下篇章具有必要的铺垫作用。

一　"天泉证道"与"四句教"的由来

关于"天泉证道"一事，比较可靠的文字记载主要有三处：第一是《王龙溪全集》中第一卷第一篇，就叫《天泉证道纪》，虽然这篇文章是由龙溪弟子周怡编辑、查铎校阅的，他们把它放在《全集》的第一篇，足见对此事的重视程度。第二是在《王阳明全集》的第三卷，亦即《传习录》的第三卷，此卷乃钱德洪本人所编，由此可见他本人对此事的记述和相关态度。第三是在《王阳明全集》的第三十五卷，亦即《王阳明年谱三》，此年谱乃是王门弟子分别搜集资料汇编而成，不过，最主要的编撰者仍然是钱德洪（其助手是未曾亲炙于王阳明的罗洪先），同时，王龙溪亦参与其中，特别是在《年谱》初成之后（1563 年，亦即嘉靖四十二年）③，参与了校阅工作，据王龙溪回忆：

---

① 《论语·子罕》，这是颜回赞叹孔子的话。
② 其实，这是一个很不规范的定义，姑从学术界的习惯性说法；而且，"四句教"实际上在此之前已提出。
③ 《王阳明全集》卷 36，《年谱》附录二，第 1350 页。这是钱德洪自己的明确记录。

先是，阳明夫子《年谱》三纪未就，念庵遗书促之，（钱德洪）
登怀玉山，四月而《谱》成。复与予洎念庵，校而梓之，期于传信
而已。①

由于钱德洪和王龙溪是"天泉证道"的当事人，因此，研究此公案
的资料，当以他们二人的记述为准。明代还有一些名儒（如邹守益、刘
宗周、黄宗羲等）对于"天泉证道"一事虽有记载和评论，但往往失真，
只能聊备参考而已。事实上，关于"天泉证道"的许多讹传和误解，大
多来自这些名儒的著述，因此，我们有必要一一澄清。此外，即使是钱、
王二人的记载，因为文字较长，笔者无法全部引述，只是根据此三篇相关
文字，揭示"天泉证道"中王阳明、王龙溪和钱德洪思想的异同，至于
原文，读者可以自去阅读原著。

王阳明晚年归越之后，从1521—1527年，六年之中在家乡广收门徒，
传播良知之学。由于"良知者，心之本体"之故，一些学者便对良知本
体（亦即人性）的善恶问题产生了疑问，对此，王阳明经常以"四句教"
来阐明自己的观点，即"无善无恶心之体，有善有恶意之动。知善知恶
是良知，为善去恶是格物"②。根据《年谱》记载，在这"四句教"中，
王阳明相对强调的是后两句，即"知善知恶是良知，为善去恶是格物"，
门人学者"循此用功，各有所得"③。不过，此语讲得多了，引起了身为
"教授师"的王龙溪的怀疑，他认为，"此恐未是究竟话头"④。于是，他
和钱德洪开始探讨此问题，钱德洪认为，"此是师门教人定本，一毫不可
更易"⑤。王龙溪则认为，"夫子立教随时，谓之权法，未可执定"⑥。他
提出了自己的理由："体用显微，只是一机；心意知物，只是一事。若悟
得心是无善无恶之心，意即是无善无恶之意，知即是无善无恶之知，物即
是无善无恶之物。"⑦ 据此可知，王龙溪认为从人心之先天本体出发，心、
意、知、物皆是无善无恶的，所以，人们把王龙溪的观点称为"四无
说"。对此，钱德洪表示了不同的看法，他认为：

---

① 《王畿集》卷20，《绪山钱君行状》，第591页。洎，音 jì，与，和。
② 在上述三段文字中，四句教的表述略有不同，但内容实质并无差异。
③ 《王畿集》卷1，《天泉证道纪》，第1页。
④ 《年谱三》，第1306页。
⑤ 《王畿集》卷1，《天泉证道纪》，第1页。
⑥ 同上。
⑦ 同上。

心体是天命之性，原是无善无恶的。但人有习心，意念上见有善恶在，格致诚正，修此正是复那性体功夫。若原无善恶，功夫亦不消说矣。①

同样是这段话，在《年谱》中表述为：

心体原来无善无恶，今习染既久，觉心体上见有善恶在，为善去恶，正是复那本体功夫。若见得本体如此，只说无功夫可用，恐只是见耳。②

由是可见，在心之本体的性质上，钱德洪与王龙溪并无不同见解，都认为"心体是天命之性，原是无善无恶的"，实际上也就是认同了"四句教"的第一句话。不过，钱德洪认为，人们在后天生活中习染既久，意念上存在善恶观念的诸多差异，因此，从修养工夫的角度讲，必须知善知恶，为善去恶，这"正是复那本体功夫"。如果只看到良知本体无善无恶，那么，学者心性修养的工夫也就无从谈起，其结果是，纵任恶念恶行泛滥而不加拘束，等于取消了学者修习成圣的工夫。此时的钱、王二人，均不过三十岁左右，思想锋芒都很锐利，二人无法调和观点的差异，只好趁王阳明前往广西的前夜，向老师求教。孰料，王阳明给出的答案竟然不是形式逻辑化的 A 或者 B，而是对于二人的见解都表示了理解和支持，显示出一种辩证思维的特色。他的基本思路是：

二君之见正好相取，不可相病。汝中须用德洪功夫，德洪须透汝中本体。二君相取为益，吾学更无遗念矣。③

在这段话中，王阳明表示出这样一种判断：论颖悟超卓，王龙溪为上，论践履笃实，钱德洪为上，对于圣学修习者而言，本体和工夫都是不可或缺的，因此，"汝中须用德洪功夫，德洪须透汝中本体"。对于任何学者来讲，顿悟本体与渐修工夫应当相辅相成，不能割裂开来。

---

① 《王阳明全集》卷3，第117页。按：钱德洪多记作"功夫"，而王龙溪多记作"工夫"，实质并无区别。
② 《王阳明全集》卷35，《年谱三》，第1306页。
③ 同上。

对于这番教诲，钱、王二人一时间不能完全领会，王阳明便分而言之，一一指出二人所见的得失高下之处。他说：

> 吾教法原有此两种：四无之说，为上根人立教；四有之说，为中根以下人立教。上根之人，悟得无善无恶心体，便从无处立根基，意与知物，皆从无生，一了百当，即本体便是工夫，易简直截，更无剩欠，顿悟之学也。中根以下之人，未尝悟得本体，未免在有善有恶上立根基，心与知物，皆从有生，须用为善去恶工夫随处对治，使之渐渐入悟，从有以归于无，复还本体，及其成功一也。①

关于这段话，钱德洪在《传习录》中的记载与王龙溪所记大致相同，唯一有异之处，便是他把"上根之人"换成了"利根之人"，说"利根之人直从本源上悟入"，② 这样的称谓，实际上多少有自我文饰之嫌，因为若不做更改，就显得论悟性王龙溪比钱德洪高出一截，而自己所代表的只能是"中根以下之人"了。不过，他随后仍然坦诚地引述王阳明的原话——"二君相取为用，则中人上下，皆可引入于道"，这句话无意中证明了王龙溪的引述更符合王阳明的原话，那就是"四无之说，为上根人立教；四有之说，为中根以下人立教"，王龙溪和钱德洪所代表的，恰恰是这样两种根器不同的人群。

在上述王阳明语录中，表达了这样一种思想，即上根之人，"直从本源上悟入"，"即本体便是工夫，易简直截，更无剩欠，顿悟之学也"。这里最关键的一句话，就是"即本体便是工夫"，译成现代白话，其意为"抓住了本体，便是工夫"，通俗地讲，是指悟性超卓之人，霎时领悟了先天良知的本来面目，从此"行住坐卧，不离这个"，日常生活中，时时根据性体"灵光"的觉照和指引，自然而然地处理好所面对的事务，虽然心中并无善恶观念之别，却能够适度时中，既符合人情世事的规律，又丝毫不成为内在本心的障碍。相比之下，"中根以下之人，未尝悟得本体"，因此，心中不免有善恶是非观念的对立或纠结，这一类学者，只能从前人传授的诸多善恶是非的"成法"中寻求思想指导，先辨别善恶，然后"用为善去恶工夫随处对治"，当然，这样做的时间长了之后，工夫熟练了，亦可从勉强生疏中解脱出来，渐渐达到不思而得、不勉而中的境

---

① 《王畿集》卷1，《天泉证道纪》，第2页。
② 《王阳明全集》卷35，《年谱三》，第117页。

界，至此，先儒所传的"成法"便自动失去了作用，学者已经能够根据自己的良知觉照来自如地处理事务，"从有以归于无，复还本体"。从这个角度讲，无论是"即本体是工夫"的顿悟，还是"做工夫以复还本体"的渐修，最终结果都是一样的，学者需要根据自己的根器高低来选择自己的修习之路。

对于王龙溪"不从人脚跟转"的怀疑精神，王阳明表示十分欣赏，他肯定了龙溪的"四无说"实际上道破了天机，他说：

> 汝中所见，我久欲发，恐人信不及，徒增躐等之病，故含蓄到今。此（说）是传心秘藏，颜子、明道所不敢言者。今既已说破，亦是天机该发泄时，岂容复秘？①　（躐等，指不按次序、逾越等级。——引者注）

不过，王阳明又告诫王龙溪不可执着此见，"若执四无之见，不得通众人之意，只好接上根人，中根以下人无从接受"，对于自己所悟，"正好保任，不宜轻以示人，概而言之，反成漏泄"。对这一段话，钱德洪记作："利根之人，世亦难遇，本体功夫一悟尽透，此颜子、明道所不敢承当，岂可轻易望人？"同时，王阳明向王龙溪重申了后天修习的重要性，他说：

> 但吾人凡心未了，虽已得悟，不妨随时用渐修工夫。不如此，不足以超凡入圣，所谓上乘兼修中下也。②

关于王阳明的这一番教诲，钱德洪记作：

> 人有习心，不教他在良知上实用为善去恶功夫，只去悬空想个本体，一切事为俱不着实，不过养成一个虚寂，此个病痛不是小小，不可不早说破。③

如果善于注意细节，我们不难发现，王阳明的这两段话，所指的对象

---

① 《王畿集》卷1，《天泉证道纪》，第2页。
② 同上。
③ 《王阳明全集》卷3，第118页。

是有所不同的，王龙溪所录的师说，是"吾人凡心未了"，因此还要"随时用渐修工夫"，所指的对象为自己；钱德洪所录的师说，是指如何去教导他人，因为世人大多有习染之心，因此需要"教他在良知上实用为善去恶功夫"，而不是"只去悬空想个本体"，变成一个不务踏实、枯守虚寂之人。

至于钱、王二人何以得出不同的见解，王阳明指出原因在于："德洪资性沈毅，汝中资性明朗，故其所得，亦各因其所近。"① 相对于王龙溪而言，钱德洪重视工夫修习，但是于本体并未悟透，口头上承认"无善无恶心之体"，实际上仍执"四有"为定法，因此，王阳明告诫他说：

> （善恶之念）有只是你自有，良知本体原来无有，本体只是太虚。太虚之中，日月星辰，风雨露雷，阴霾饐气，何物不有？而又何一物得为太虚之障？人心本体亦复如是。太虚无形，一过而化，亦何费纤毫气力？德洪功夫须要如此，便是合得本体功夫。②

值得一提的是，这段话是出自《王阳明年谱》，也就是钱德洪、王龙溪共同校订并认可的文字，在成书稍早的《传习录》③ 中，并没有录入这样一段文字。在这段话中，王阳明明确指出："良知本体原来无有，本体只是太虚，……德洪功夫须要如此，便是合得本体功夫。"这就表明，在心性工夫的修习上，钱德洪虽然高过王龙溪，但是，在觉悟本体的真实面目上，王龙溪高过钱德洪，因此，"德洪却须进此一格，始为玄通"④。

综观钱、王二人在"天泉证道"中的争论，实际上，就是一种关于本体和工夫、顿悟与渐修的侧重点不同的思想分歧，远远达不到两个学派之间针锋相对的程度，仍属于心学内部的思想探讨。概而言之，王龙溪看重的是自觉，而钱德洪看重的是自律。只有了悟良知本体者，才有资格谈自觉；反之，没有觉悟良知本体之人，只能是以自律为法，所以才有王龙溪的"四无说"和钱德洪的"四有说"的差别。不过，王龙溪晚年所言"天泉证道"之后"道脉始归于一"⑤ 的结论，却是一个一厢情愿的说

---

① 《王畿集》卷1，《天泉证道纪》，第2页。沈，通"沉"。
② 《王阳明全集》卷35，《年谱三》，第1306页。
③ 《传习录》三卷本至迟在嘉靖三十五年丙辰，亦即1556年已经成书。见《王阳明全集》卷3，第126页。
④ 《王畿集》卷1，《天泉证道纪》，第2页。
⑤ 同上。

法。事实上，即使在多年之后，钱德洪和王龙溪对待此问题的态度仍有所不同。就钱德洪来讲，他一直坚持"四句教"法是"定本"，坚持以渐修工夫为上，在《传习录》中，他记载道：

> （阳明）既而曰："已后与朋友讲学，切不可失了我的宗旨：无善无恶是心之体，有善有恶是意之动，知善知恶的是良知，为善去恶是格物。只依我这话头随人指点，自没病痛。此原是彻上彻下功夫。"①

由此可见，钱德洪始终认为"四句教"法是"定本"，并且，他把这一观点融入由自己执笔的《王阳明年谱》中，记载道：

> 先生曰："此是彻上彻下语，自初学以至圣人，只此功夫。初学用此，循循有入，虽至圣人，穷究无尽。尧、舜精一功夫，亦只如此。"先生又重嘱付曰："二君以后再不可更此四句宗旨，……"②

相比之下，王龙溪一直坚持"四句教"是因材施教的"权法"，他明确指出："若执师门权法以为定本，未免滞于言诠，亦非善学也"，在《天泉证道纪》中，没有任何把"四句教"称为"彻上彻下语"的文字。不过，心性通达的王龙溪，并不为一些往事较真，在校阅《王阳明年谱》时，没有因为和钱德洪的不同意见，就反对把"此是彻上彻下语"这样的文字写进去，这是因为，王龙溪虽然悟境极高，但是，在多年讲学传道的实践中，越来越看重后天修习工夫，认为强调渐修工夫确实符合相当一批学者的实际情况，因此，他并不反对钱重视"四有"功夫的理念，而是以一种宏阔包容的态度应对之。即使把"四句教"法当成"定本"写进《年谱》之中，只要有益于王门后学重视和加强心性修养的工夫，最终从有返无，复归性体，这种思想主张他也就默认了。

二　"无善无恶"与"至善"之辨

王龙溪和钱德洪在"天泉证道"中争论的焦点，实际上是关于顿悟和渐修孰轻孰重的问题，王阳明对此做出了辩证而中肯的评判。但是，这

① 《王阳明全集》卷1，《语录一》，第117—118页。
② 《王阳明全集》卷35，《年谱三》，第1307页。

"四句教"法流传开来之后,却引起了轩然大波,因为其中有"无善无恶心之体"一句,和儒家经典中倡导的性善论思想发生了字面上的冲突。显然,"无善无恶心之体"一语,与先秦儒家经典《大学》中的开篇所说:"大学之道,在明明德,在亲民,在止于至善"至少产生了字面上的矛盾,与先秦孟子所持的"性善论"更是有着直接的理论冲突。于是,当时和后来的许多名儒,十分看不惯"四句教",产生了莫名的担忧,纷纷表示质疑,或者对其进行文饰修改。例如王阳明的另一位著名弟子、江右名儒邹守益曾这样记述:

> 阳明夫子之平两广也,钱王二子送于富阳。夫子曰:"予别矣,何各言所学?"德洪对曰:"至善无恶者心,有善有恶者意,知善知恶是良知,为善去恶是格物。"畿对曰……①

无独有偶,在《明儒学案》中,黄宗羲也特地在《文庄邹东廓先生守益》一节中注明了"先生(指邹守益)《青原赠处》记阳明赴两广,钱、王二子各言所学,绪山曰:'至善无恶者心,有善有恶者意,知善知恶是良知,为善去恶是格物。'龙溪曰……"然后黄宗羲评论说:"今观先生所记,而四有之论,仍是以至善无恶为心,即四有四句亦是绪山之言,非阳明立以为教法也。今据无善无恶议阳明者,盍亦有考于先生之记乎?"② 由是可见,对黄宗羲而言,"无善无恶心之体"一语,也是令他困惑而难以接受的,因此,他赞同邹守益的记述,认为"无善无恶"乃是"至善无恶"之讹传。黄宗羲的这一思想,实际上源自他的老师刘宗周,他不经考察,直接以独断的语气说:"四句教法,考之阳明集中,并不经见,其说乃出于龙溪。"③

对于这种质疑,我们有必要做出一定辨析,方能澄清事实。首先,邹守益并非"天泉证道"的当事人,而且,其记述中连地点都搞错了,他把"严滩问答"的所在地富阳④当成了"天泉证道"的所在地。事实上,"天泉证道"的"天泉"是指王阳明在故里绍兴城新建伯府内碧霞池上修建的一座庭院桥。"天泉证道"和"严滩问答"根本是两个不同的事件,

---

① (明)邹守益:《邹东廓先生文集》卷2,《青原赠处》,载《四库全书存目丛书》第65册,齐鲁出版社1997年影印本,集部,第621页。

② 《明儒学案》卷16,《江右王门学案一》,第335页。

③ 《明儒学案》,《师说》,第8页。

④ 严滩,相传为东汉隐士严光(子陵)钓鱼台所在地,在今天浙江省桐庐县富春江边。

所以，黄宗羲等人以邹守益的记载为据而质疑"四句教"，是不足为凭的。而且，无论是钱德洪，还是王龙溪，在《传习录》《年谱》和《天泉证道纪》中，都对"四句教"做出了明确的表述，后三句的文字表述虽然略有不同，唯独第一句"无善无恶心之体"的原话，二人所记完全相同，难道我们不相信两位当事人自己的记述，反而去相信另一位不在场的邹守益的记述吗？因此，无论是刘宗周的否定，还是黄宗羲的怀疑式推理，都是囿于一己之见而得出的不符合事实的结论。

那么，应当如何来理解王阳明的"四句教"，它和儒家传统的性善论思想是否有矛盾呢？在此，我们首先引述"清初三大儒"之一的李颙（二曲）与学生的对话作为理解"四句教"的锁钥，原文是：

> 曰："阳明'无善无恶'之旨，诸儒终不谓然，何也？"
> 先生曰："此诸儒文字之见，学不洞其大也。所见者形而下，其形而上者，原未之深契也。性本冲漠无朕，不可以'善'言。凡言'善'者，皆就其'继之者'而名也。若论'无声无臭'之本，'善'犹不可以强名，况'恶'乎！故'无善无恶，乃为至善，有意为善，虽善亦私'。此阳明立言之本意也。"①

在这段话中，李颙指出，诸儒之所以不能理解"无善无恶"之旨，乃是囿于"文字之见"，未能契会王阳明所表达的"形而上"的道理。人心之先天本体，其性质为至善，可是，这种先天本体处于"无声无臭"的状态，"'善'犹不可以强名，况'恶'乎？"也就是说，这种无声无臭的先天本体已无法用后天文字去描述（即"先天之学不容说"之意），其中并不存在通常意义上所说的"善"的观念，更不用说后天"恶"的邪念了，它只是一种"无前后内外，浑然一体"②的状态，没有任何后天的对立观念存于其中。如果人们依照这种先天本心的启示而行事，那么，不必存有任何善的观念，做出来的事情都是"至善"（既合乎事理之当然，又符合本心的切实需要）的；反之，如果靠着种种后天观念指导，即使有意地为善去恶，也是一种私心的表现。因此，学者在心性修养的过程中，虽然开始需要懂得辨别善恶、为善去恶，但是，工夫积累到一定程度，必然会触及自己的先天本心，那时，只需依良知本心而行事，就达到

① （清）李颙：《二曲集》卷4，《靖江语要》，陈俊明点校，中华书局1996年版，第35页。
② 《王畿集》卷6，《致知议略》，第130页。

了"至善"的境界，至于什么善恶与否的观念辨析，早就忘在脑后了。

李颙的这段话，并不是真正的原创，而是深刻领会了王龙溪思想的总结。关于"无善无恶"与"至善"的辩证关系，王龙溪有过很多表述，目的就是启发世人超越后天的善恶对待，返还先天本体，例如，他说：

> 天命之性，粹然至善，神感神应，其机自不容已，无善可名。恶固本无，善亦不可得而有也，是谓无善无恶。若有善有恶，则意动于物，非自然之流行，著于有矣。①

又如：

> 至善者，心之本体。天命之性，粹然无欲，其虚而灵者，皆其至善之发见。所谓体用一原，天然自有之中，是乃明德亲民之极，而不容少有拟议加损于其间也。止至善者，止诸此而已矣。少有拟议加损于其间，则是私心小智，而非至善之谓矣。②

又如：

> 良知无善无恶，谓之至善；良知知善知恶，谓之真知。无善无恶则无祸福，知善知恶则知祸福。无祸福是谓与天为徒，所以通神明之德也；知祸福是谓与人为徒，所以类万物之情也。天人之际，其机甚微，了此便是彻上彻下之道。③

又如：

> 冯子曰："或以不起意为不起恶意，何如？"先生曰："亦非也。心本无恶，不起意，虽善亦不可得而名，是为至善。起即为妄，虽起善意，已离本心，是为义袭，诚伪之所分也。"④

---

① 《王畿集》卷1，《天泉证道纪》，第1页。
② 《王畿集》卷8，《〈大学〉首章解义》，第175页。
③ 《王畿集》卷15，《自讼问答》，第433页。
④ 《王畿集》卷5，《慈湖精舍会语》，第113页。

　　类似的话语还有很多，兹不赘述。仅从这些语录中已可见王龙溪率先说出了李颙想要表达的思想。如果再用今天通用的语言文字来梳理一下，那么，"无善无恶"与"至善"的辩证关系大致如下：

　　心之本体，是一种天人合一、物我无间的先天状态，在这种恬静无欲的浑然状态中，人心会自然地萌发一种灵明之智，对于身边的人和事物随时随地都会产生恰当的反应，用王龙溪的话来讲，就叫作"天然自有之中"。在这种先天原本的心体中，并没有什么善恶是非之类二元对立的观念，人们只要按照自己良知的觉照和指引，做出来的任何事情，都合乎本心，也不存在侵犯他人利益的问题①，因此，这种无善无恶的心之本体恰恰是一种至善状态。然而，当人类进入文明社会之后，由于私有制的兴起，人们的欲望开始膨胀，关于名利的纷争逐渐增加，由此，是非善恶等道德评判成为一种调节社会利益的必要机制，传统儒家特别重视社会的道德生活和伦理秩序，因此，历来强调是非善恶的评价问题，这是儒家一贯的思想特色。不过，在现实生活中，是非善恶问题有时候是很难评判的，在不同时间、地点以及社会环境中，人们所持的善恶观念千差万别，有时甚至迥然不同，即使是非常注重道德修养的儒家圣贤，做出来的事情也不可能满足人人的意愿，很可能遭到他人的指责和非议。在这种情况下，一些后天的善恶观念无法满足人们处理复杂的现实问题的需要，许多人因此背上了沉重的道德包袱，陷入一定的伦理关系和道德观念的"重围"中不能自拔。面对这种现实的道德纠结，颖悟超卓的心学大师以其深邃的体悟，告诉世人：不必在这种"形而下"的具体善恶问题上纠缠不已，应该返还自己"明莹无滞"②的先天本心，按照良知本体的指引而行事，那样，人们不但能够恰当应用现有的道德规范，还可以超越其上，真正合乎"天然自有之中"。这种看似无善无恶的心体，因其是先天本心的自然发露流行，所以才堪称"至善"，如果恢复、达到了这一"至善"境界，人们一切根据自己的先天良知而行事，日用常行所为，就像大自然中"自动化的程序"一样，不需要人为地设定，一切都会自然而然、不着痕迹地完成，在诸种错综复杂的社会关系中，达到一个最佳的平衡状态。

　　正因为超越善恶对立的"至善"心体又呈现出无善无恶的自然状态，有时候，王龙溪也将"无善无恶"称为"至善无恶"，在他心中，这两种

────────────

①　无欲则无争，这是一个很显然的事实。人的先天本心状态，可参见前文"良知本体的直观特性"一节。

②　王阳明语，见《王阳明全集》卷3，第117页。

说法其实是名异而实同。例如：他在答复吴悟斋的信中说："故曰：至善无恶者，心之体也；有善有恶者，意之动也；知善知恶者，良知也；为善去恶者，格物也。……"① 黄宗羲在《明儒学案》中以为抓住了王龙溪的把柄，认为"此其说已不能归一矣"②。殊不知这正是他囿于文字之见，没有真正理解王龙溪"无善无恶"说的内涵。王龙溪素以颖悟超卓、妙笔胜舌著称，口误尚有可能，绝不会糊涂到给友人的信中把自己多年来所持的观点完全推翻的地步。

这样一来，我们自然会联想到中国古代哲学固有的"言不尽意"的理念。因为我们在此看到了两种形态的"无善无恶"，一种是后天的麻木不仁、混淆是非甚至圆滑折中；另一种却是心体光明、廓然无碍，内心没有善恶观念的纠缠烦扰，一切按自己的本心良知行事。两者在本质上截然不同，在地位上有着天壤之别。同样，如果将伦理学之"善"与中国哲学之"至善"进行贯通比较，大致而言，后者对前者是一种超越与包容的关系，即"四句教"所揭示的心体"无善无恶"，超越了一般伦理学所讲的善恶层面，返还到了人心先天本然的状态。在这种状态中，人们既能遵循社会伦理规范的基本要求，同时不为所囿，保持了精神的自由自在，用王龙溪的话讲，就是："良知无善无恶，谓之至善；良知知善知恶，谓之真知。"反之，如果我们执守一定的道德规范而不知变通，那么，在复杂的现实生活中，将被这些伦理规范困缚住手脚，最终变得举步维艰，甚至像古代许多愚忠的贤良之士一样遭受悲剧的下场，因此，王龙溪所说的"无善无恶"，绝不是善恶不分，是非不明，而是依于良知本心的自然发露流行。凡觉悟良知之人，有事来临，以本心应之，当行则行，当止则止，无论事情结果如何，只要自己心安理得即可；凡觉悟良知之人，心如太虚，明莹无滞，事既已过，心随而空，不会存有任何挂碍。如果内心执守一堆道德观念而不化，那么，每当碰到复杂的事态，都会左右为难，因为自己再怎么努力也难免有不尽如人意之处；而且，这种执守"善"念的心意，本身也是有所希求，是一种刻意为之的做法，并非本心的自然发露，而是将自我与他人先对立之后再做出调和的选择，远远不是"浑然与物同体"③ 的境界。由是可见，这两种"无善无恶"的观念，内涵与层次相差十万八千里之遥！岂能混为一谈？由于中国古代哲学素有"得意

---

① 《王畿集》卷10，《答吴悟斋》，第253页。
② 《明儒学案》卷12，第239页。
③ 程颢语，载《二程集》，《河南程氏遗书》卷二上，第16页。

而忘言"的传统，包括王龙溪在内的许多大儒在会意之后，都没有讲明上述两种"无善无恶"观念的本质差异，因此，致使后人一直误会、争辩到了今天。

关于良知本体既知是知非，又无是无非的辩证特性，王龙溪经常以明镜照物和山谷回响为喻来做阐释，他说：

> 心之良知，本无善恶，本无是非。譬之明镜之鉴物，妍媸黑白，皆其所照之影，应而无迹，过而不留。①

又如：

> 譬之虚谷之答响，明镜之鉴形，响有高下，形有妍媸，分别炽然，而谷与镜未尝有心以应之也。良知知是知非，而实无是无非，知是非者，不坏分别之相，无是非者，无心之应也。②

上述两则比喻，形象生动地揭示出一个道理，即"知是知非者，应用之迹；无是无非者，良知之体也"③，而且，这种良知应用是"应而无迹，过而不留"的。如果有人还嫌这些比喻有些玄奥，那么，笔者不妨再举一个现实生活中常见的事例加以佐证：在一辆拥挤的公共汽车上，一位年轻人某甲坐在一个座位上，此时上来了一位白发苍苍的老人，当老人走到年轻人身边时，年轻人看到了，不假思索，立刻站起身来让老人就座。这种举动，在旁人看来是一种善良的品质，但是就这位年轻人自己而言，他（她）根本没有考虑到什么善或恶的问题，只是觉得让白发苍苍的老人长久地站在拥挤的公交车上很不安心，因此才主动起身让座。过了一会儿，年轻人到站下了车，让座这件事情随之忘在了脑后……这种现实生活中时常可见的让座行为，便是人类良知本心的自然发露流行，在这里，良知本体既知是知非，又无是无非，做的事情既合乎基本的道德规范，又能使自己心安理得，不会背上任何道德包袱。

如果改换一种思想模式，那么事情的结果可能就不会这样自然无痕了。仍旧设想有这样一位年轻人某乙，受到传统道德教育的熏陶，比较刻

---

① 《王畿集》卷14，《原寿篇赠存斋徐公》，第386页。
② 《王畿集》卷14，《从心篇寿平泉陆公》，第395页。
③ 《王畿集》卷8，《艮止精一之旨》，第184页。

意地去做好事。某一天，他自己不慎扭伤脚腕，上了公共汽车后，正好有一个座位，坐了没多久，上来了一位老人。这时，某乙内心犯了难，按照道德律令，应该给老人让座，可是自己的脚腕扭伤，站着确实很难受，于是他内心纠结不已，最后还是站了起来，让老人坐下。但是，这一路他疼痛难忍，下车之后，发现脚肿得更厉害了，于是他产生了疑惑：我有必要给老人让座吗？再设想另一种可能：某乙决定还是自己坐在那里，但是看着老人站在车上，心里有所不忍，于是，他想：我这样坐着合适吗？一路想着，结果使他这趟车坐得特别不安。如果回顾一下前文王龙溪所说"若有善有恶，则意动于物，非自然之流行，著于有矣"的原话，那么，我们不难发现，某乙陷入了自我设定的道德泥潭之中，让座也不是，不让座也不是，纠结于某种道德义务的冲突和计较。由此可见，如果听凭外在的道德规范来管束自己的心灵，总是会遇到两难甚至多难的境地，这种向善的愿望固然是好的，但是，因为不是发自本心，而是"有意为善"，因此，沦为一种执念妄想，成为自我束缚的思想枷锁，所以王龙溪才说："起即为妄，虽起善意，已离本心，是为义袭。"或许有人会问：在自己脚腕扭伤的情况下，是否应该给老人让座呢？很简单，让自己的良知判断一下，迅即便可得知是老人还是自己更需要这个座位，如果自己伤势较重，那么尽可以心安理得地坐在那里，什么都不用管，旁边那么多人，谁还不能让个座位给老人呢？如果自己的伤情不重，而老人的确老态龙钟、行动不便，那么，自己暂时忍受一下痛苦，把位置让给老人也是合情合理的。这种判断，不需要什么复杂的思维过程，只要心平气和，当下便可得出结论，随后无论采取哪种选择，都不必纠结反复，因为做人不需要解释，只要无愧于自己的良知就行了。下车之后，这件事随之忘在脑后，不会构成任何的心理负担，这便是良知"应而无迹，过而不留"的妙用。

　　那么，无善无恶的"至善"本心何以会消失，以至于需要人们在生活中去把它找回来呢？简而言之，这是由于"意之动"①（即人类后天意识的"无明"妄动）造成的。在阐释这一问题之前，我们有必要对"四句教"中的心、意二范畴的内涵先做一些界定。王龙溪所说的"无善无恶心之体"，实际上指的就是人的先天性体。在这种先天状态中，人心浑

---

① 王龙溪一般以"心"为先天，"意"为后天，以正心为先天之学，以诚意为后天之学；有的儒者以"性"为先天，以"心"为后天，这是学者各自不同的区分方式。我们需要结合具体的语境来领会这些概念所指的内涵，不可因为字面异同而混淆了思想的实质。

然一体，无前后内外，换句话说，就是处于天人合一、物我无间的状态，亦即一种"大我"的境界。关于这种境界，一些儒者又以"仁者浑然与物同体""仁者以天地万物为一体"① 等语句来形容，无论怎样形容，处于这种境界的人心，就是一种自在无为的"至善"状态，在与人交往之时，它会萌发出一种天然的群体意识，自觉地关心和爱护同类（乃至一切生灵），这种先天心体，孟子称为"良知良能"、佛家称为"真如佛性"、宋明理学称为"天命之性"，说来说去，指的都是同一个东西。虽然这种良知本体自然发露出来的都是"至善"的心念，但是内心没有任何的自我道德评判，因此它又是无善无恶的。然而，当人类进入后天社会中，人们开始有了"意之动"，逐渐将自我与整个环境区分开来，过于关注个体的"小我"，这样一来，就面临着处理人与人之间的社会关系的问题，于是，各种调节利益的伦理规范和道德评判机制由此产生。有些人从个体的"小我"出发，不断地辨别、判断自身行为的是非、善恶和利害关系，显然，这种"动于意"的念头，无论是高尚还是卑劣，其实都远离了先天性体的本然状态，所以王龙溪才说："自性流行者，动而无动；著于有者，动而动也。"② 这种后天的意念即使是善良的、高尚的，也不是本心的自然发露流行，仍处于一种与外界事物相对待③的过程中，远远没有返还到天人合一的"至善"境界。正因为有了这种个体小我的"意之动"，所以才会产生意、必、固、我④等种种思想上的偏差，导致做事的效果或者过当，或者不及，引发了种种"恶"的结果。王阳明曾经指出：

> 至善者，心之本体。本体上才过当些子，便是恶了；不是有一个善，却又有一个恶来相对也。故善、恶只是一物。⑤

王阳明的这段话讲得非常中肯，直接指明了现实生活中许多"恶"的行为的思想来源。在此，他对后天之"恶"的来源的解释是："本体上

---

① 《二程集》，《河南程氏遗书》卷二上，第 15 页。另："仁者浑然与物同体"一句，出自该书第 16 页。
② 《王畿集》卷 1，《天泉证道纪》，第 1 页。
③ "对待"一词，源自佛教，指的是事物之间的分隔和对立，与今天的"对待"一词含义不同。
④ 《论语·子罕》，原文是：子绝四：毋意，毋必，毋固，毋我。
⑤ 《王阳明全集》卷 3，《语录三》，第 97 页。按：此语为门人黄直录。

才过当些子，便是恶了。"举例说明一下，例如：人的本心中有"仁"的天性（人们原本并不以为这有什么善），当这种"仁"的发用过分了，"仁"就变成了姑息迁就，婆婆妈妈（就像一些老人溺爱第三代一样）；当这种"仁"的发用不及时，"仁"就淡化为冷漠、麻木甚至残忍无情（就像一些路人漠视身边的受难者一样）。那么，这种由于"本体上过当些子"造成的"恶"，最终来源于哪里呢？一句话，由于"小我"的"意之动"。那些无视路边受难者呼救声的人们，只是狭隘地考虑到自身的安全或利益，因此，对于任何求助哀号之声都无动于衷；那些溺爱孙子的老人们，由于执着地考虑到一定要照看好自己的后代，因此，才对他们施予过分的爱护，反而贻误了孩子的正常成长。反之，如果没有这些"小我"层面的"意之动"，那么，人们面对各种问题时，都能听从良知本心的指引，对于孩子不会过分溺爱，当严则严，当慈则慈；对于路边的受难者也不会置之不理，只要能力许可，都会施予必要的帮助，最起码，替人打一个求助电话还是办得到的。由此，我们已不难理解王龙溪所说：

> 动于意，始有不善，一切世情见解嗜欲，皆从意生。①

又如：

> 起即为妄，虽起善意，已离本心，是为义袭。②

这些话，充分表明王龙溪深刻地洞察了人类后天意识的局限性，所以，他才主张人们要返还到先天心体，找回人心的"天然自有之中"，做一个无执无碍的自由人，这才是圣学功夫的"彻上彻下之道"。③

三　本体与工夫之辨

王龙溪和钱德洪在"天泉证道"中的辩论，实质上是关于顿悟本体和渐修工夫二者哪一项更为重要的问题。对此，王阳明做出了辩证而中肯的评判，那就是："二君之见正好相取，不可相病。汝中须用德洪功夫，

---

① 《王畿集》卷16，《陆五台赠言》，第445页。
② 《王畿集》卷5，《慈湖精舍会语》，第113页。
③ 《王畿集》卷15，《自讼问答》，第433页。

德洪须透汝中本体。二君相取为益，吾学更无遗念矣。"① 从悟境角度讲，王龙溪更为深邃，从修行角度讲，钱德洪更为踏实。在随后发生的"严滩问答"② 中，连钱德洪自己也不否认，王龙溪的悟境超过了他。不过，这种判断只适用于钱、王二人年轻时的个性和道行，撇开钱德洪的心路历程不谈，到了年龄渐长，成为一方宗师之后，王龙溪对于王阳明所说的本体与工夫相辅相成的思想已充分吸取，在坚持觉悟良知本体的前提下，非常重视后天修习工夫的实地践履，因此，后儒黄宗羲等人所说"龙溪谈本体而讳言工夫"③ 的说法是难以成立的。

首先，在《天泉证道》一文中，王龙溪坦诚地记述了王阳明所言："但吾人凡心未了，虽已得悟，不妨随时用渐修工夫。不如此，不足以超凡入圣，所谓上乘兼修中下也。"④ 这表明，王龙溪早已承认运用渐修功夫的必要性。在成为一方宗师之后，王龙溪更是全面地阐述了本体与工夫的辩证关系，告诫世人要恰当地选择顿悟与渐修的不同法门，例如，他说：

> 天泉证道大意，原是先师立教本旨，随人根器上下，有悟有修。良知是彻上彻下真种子，智虽顿悟，行则渐修。……⑤

又如：

> 夫圣贤之学，致知虽一，而所入不同，从顿（悟）入者，即本体以为功夫，天机常运，终日兢业保任，不离性体，虽有欲念，一觉便化，不至为累，所谓性之也；从渐（修）入者，用功夫以复本体，终日扫荡欲根，祛除杂念，求以顺其天机，不使为累，所谓返之也。若其必以去欲为主，求复其性，则顿与渐未尝异也。⑥

如果仔细阅读原著，我们不难发现，这些话都是王龙溪晚年所讲，第

---

① 《王阳明全集》卷 35，第 1306 页。
② 严滩，相传为东汉隐士严光（子陵）钓鱼台所在地，在今天浙江省桐庐县富春江边。相关文字见于《王阳明全集》卷 3，第 124 页。
③ 《明儒学案》卷 15，《浙中王门学案五》，第 324 页。
④ 《王畿集》卷 1，《天泉证道纪》，第 2 页。
⑤ 《王畿集》卷 12，《答程方峰》，第 311 页。
⑥ 《王畿集》卷 14，《松原晤语庵念庵罗丈》，第 393 页。

一段引文中，他对友人已自称"衰年"①；第二段引文所述，乃是1562年他给好友罗洪先（1504—1564年）祝五十九岁寿诞时所写的②。此时，王龙溪自己六十五岁，思想已经完全成熟了，关于本体和工夫、顿悟和渐修之间的关系，他已经体察得十分清晰，因此，才提出了"随人根器上下，有悟有修"和"致知虽一，而所入不同"等十分辩证的观点。王龙溪认为，修道之人，有从顿悟入者，其方法是"即本体以为功夫"，也就是说，以觉悟良知本体为先，然后根据良知的先天"灵光"的指引，"兢业保任，不离性体"，这种修道模式的特点是：抓住了本体这一关键，便是工夫所在，即使个人还有一些习气，也可以参照本体的先天"面目"，自觉地加以消除，正所谓"虽有欲念，一觉便化，不至为累"。与之相比，还有"从渐入者，用功夫以复本体"，这种人，一时之间不能顿悟本体面目，因此，可以根据先圣所传下的各种成法，严格自律，消除习染，即所谓"扫荡欲根，祛除杂念，求以顺其天机，不使为累，所谓返之也"。无论是顿悟还是渐修，这两种修行法门都可以成立，其最终目标都是一样的，所以，王龙溪才说："若其必以去欲为主，求复其性，则顿与渐未尝异也。"

不过，"智虽顿悟，行则渐修"，对于任何修道者而言，都不可企求一朝功德圆满的速效。打个比喻：良知本体仿佛青天白日，在阴云密布的时候，人们看不到晴朗的天空。顿悟之人天资颖慧，恍然间，看到云层露开了一角，意外地发现了"蓝天"的真面目，但是，每个人都不免有禀性和习气存在，好比是天空中仍然大面积散布的"阴云"，因此，即使顿悟之后，仍然少不了渐修的工夫，就像用一把"扫帚"，把天空中大面积的阴云一一扫除，最后露出辽阔无尽的蓝天全貌，这才算是功德圆满之时。那么，禀赋一般、不能率先目睹"蓝天一角"的修道之人，又该如何去修行呢？王龙溪指出，必须根据先圣所传的各种成法（亦即诸多规范、理念等），诚恳而踏实地去分别善恶、为善去恶，这样耐心地做下去，将会渐渐地从生硬至熟练，从勉强到自如，最后，从"有"返"无"，契悟本心，以往各种成法和规范，也都一并消除，因为自身已经彻悟良知本体，不再需要这些"渡河之筏"了。对此，王龙溪指出：

---

① 《王畿集》卷12，《答程方峰》，第311页。
② 《王畿集》卷14，《松原晤语念庵罗丈》，第393页。按：根据中国传统习俗，此处的年龄用虚岁计算。

学者初间良知致不熟，未免用力执持，勉而后中，思而后得。到得工夫熟后，神变无方，不思不勉而自中道。浅深诚有间矣，然此中所得无所滞碍之体，实未尝不同也。①

这段话表明，渐修之学者，需要有一个从"勉而后中，思而后得"到"不思不勉而自中道"的跋涉历程，但是，最终彻悟的"无所滞碍"的良知本体，与顿悟之人无别。况且，即使是天赋一般的渐修之人，笃实地依照先圣所传的各种成法去修行，也是因为内心的良知认可了这些规矩所包涵的道理，所以才将它们转化为自己的行动。从这个意义上讲，"良知是彻上彻下真种子"，无论是顿悟还是渐修的学者，依靠的都是一样的良知本体。

正因为王龙溪看到了按照大多数人的根器必须走渐修之路的实际情况，因此，他在自己的讲学过程中，越来越重视阐述实地修行的工夫论，并不像后儒所误会的那样"谈本体而讳言工夫"。其中，即使是面对门下一些天资颖慧的弟子，王龙溪也一再嘱咐他们不要悬空去想象本体，而要踏踏实实地做好后天修习的工夫。例如，他曾对门徒陆与中说过：

既立定千古之志，循序安分，绵绵密密，耐心做将去。譬如登高，大概望见些子，会须从卑处起脚，步步耐心行将去，绝不可作高山想，脚头到来，自有超然绝顶俯视之期，见当自别。欲速则反不达，急于求悟则反成迷，此是有志者通病。②

陆与中（字光宅）是王龙溪门下的得意弟子，为世人所公认，时人徐阶在《龙溪王先生传中》提道，"公门人知名者甚众，最后所器许，如嵊邑周梦秀、平湖陆光宅，嘉善丁宾数人"③。他"任道之志甚锐"④，捐资建起天心精舍，邀集同志道友八人，定为盟约，共同拜王龙溪为师，龙溪对其甚为赏识。但是，对于这样一位诚心向道的爱徒，王龙溪敏锐地看到他"尚有欲速之心，顿悟之想"⑤，因此，特意教诲他要"循序安分，绵绵密密，耐心做将去"，并且告诫他，"欲速则反不达，急于求悟则反

① 《王畿集》卷11，《与林益轩》，第294页。
② 《王畿集》卷15，《册付光宅收受后语》，第437页。
③ （明）徐阶：《龙溪王先生传》，载《王畿集》附录四，第823页。
④ 同上。
⑤ 同上。

成迷，此是有志者通病"。王龙溪对待爱徒的谆谆教诲，充分反映出他对渐修与顿悟问题的辩证认识，一言以蔽之，那就是"以真修为实悟"①，才是彻悟良知本体的正途。

不仅如此，王龙溪还针对另一位爱徒周梦秀（字继实）的个性与修行问题，讲过一番类似的话，他说：

> 继实天资沉泥，微少疏爽特达，总是致知工夫未得圆融。然亦只得安分做，渐修渐证，勿求速悟，久久自有透脱时在，譬之掘井及泉，原非外也。②

对于周梦秀这样一位爱徒，王龙溪同样告诫他要"渐修渐证，勿求速悟，久久自有透脱时在"。由是可见，像陆与中、周梦秀这样的王门后学之翘楚尚且需要"渐修渐证"，那么，其他的门人学者该走什么样的修道之路，就更清楚不过了。如果我们认真研读《王龙溪全集》中的各个篇章，就必然会发现，尽管王龙溪顿悟在先，但一生讲学传道的重点仍然是工夫修习问题，并且把它置于十分重视的地位，用他自己的话来概括，就是：

> 圣人自有圣人之学，上达不出下学之中。若以圣人不假修习，超然上达，则虞廷精一之功，果何所事也？③

行文至此，有的读者可能要问：与同时代的其他名儒相比，王龙溪的工夫论又有什么独到之处？难道与其他儒家学者的思想就没有区别吗？当然有。简而言之，王龙溪的工夫论是在彻悟良知本体之后，以一个修道过来人的身份提出的，目标明确，方法圆融，而且以"做减法"为准则，清晰地体现了从"有"返"无"的学术理路，与王阳明的思想异曲同工，交相辉映，其思想的深刻性和独到之处，远非一般提倡道德修养和伦理规范的世儒可比。

王阳明说过："合着本体的，是工夫；做得工夫的，方识本体。"④ 这

---

① 《王畿集》卷19，《祭陆与中文》，第581页。
② 《王畿集》卷15，《册付梦秀收受后语》，第439页。
③ 《王畿集》卷9，《答章介庵》，第210页。
④ 《王阳明全集》卷32，《传习录拾遗》，第1167页。

则语录中，后面一句较好理解，"做得工夫的，方识本体"，体现了工夫修习的重要性。然而，"合着本体的，是工夫"一句，就不那么简单了，它表明了一个实在而严酷的道理——如果学者的修习方法并不合乎良知本体之实际，那么，所作所为就无法达到复还先天本体的目的，虽然也可能成为一个有涵养的善信之人，却难以觉悟真道，达到天人合一、自由无碍的化境。对于王阳明的这句话，王龙溪深以为然，后来，他也讲类似的话题，例如：

> 圣人学者本无二学，本体工夫亦非二事。圣人自然无欲，是即本体便是工夫，学者寡欲以至于无，是做工夫求复本体。故虽生知安行，兼修之功未尝废困勉；虽困知勉行，所性之体未尝不生而安也。舍工夫而谈本体，谓之虚见，虚则罔矣；外本体而论工夫，谓之二法，二则支矣。①

这段话表明，"圣人学者本无二学，本体工夫亦非二事"，生知安行与困知勉行是相互融合在一起的，如果舍弃了工夫而妄言本体，那么，这叫虚见；反之，如果违背了本体之情实而妄用工夫，那么，也会变成散乱无序的支离之法，根本抓不住圣学工夫的要领，也就不可能复还生知安行的先天本体。王龙溪的这段话还隐含了这样一层意思：修习工夫必不可少，但是，要跟着觉悟本体的明道之人去做，否则，便可能瞎搞一气，耽误了自己。

那么，王龙溪所提倡的修习工夫与一般儒者的思想理论主要有什么区别呢？从他晚年和徐阶的一段对话中便可知晓，原文如下：

> 徐子曰："我公见教'终日行持，只是复此无物之体'，甚善！甚善！盖工夫、本体原非二物，故无二用。若以工夫可无，则本体毕竟不可复，而当用之时，不免求助于帮补凑泊矣。"
> 先生曰："某所请教，不是谓工夫为可无。良知不学不虑，终日学，只是复他不学之体；终日虑，只是复他不虑之体。无工夫中真工夫，非有所加也。工夫只求日减，不求日增，减得尽，便是圣人。后世学术，正是添的勾当，所以终日勤劳，更益其病。果能一念惺惺，

---

① 《王畿集》卷9，《答季彭山龙镜书》，第212页。季本（1485—1563年），字明德，号彭山，会稽人。进士出身，仕至长沙知府，《明儒学案》卷13有传。

泠然自然，穷其用处，了不可得。此便是究竟语。"

　　徐子曰："若果如此，则工夫不必求增，亦自无可增矣。此数语诚究竟义，佩服！佩服！"①

　　王龙溪和徐阶对谈之时，徐阶七十九岁，龙溪八十四岁②，二人的思想早已定型。在这次对话中，王龙溪告诉徐阶：一个学者若以明道为目标，那么，终日所学，只是复他不学之体，终日所虑，只是复他不虑之体，不学不虑乃是良知本体的真实面目。真正的圣学工夫是"只求日减，不求日增"的，如果能够"减得尽，便是圣人"；相比之下，后儒所传的各种学术，"正是添的勾当，所以终日勤劳，更益其病"。虽然一些名儒制定出许多道德规范，要求学者认真遵守，但是，这些道德规范未必合乎人之本心的真实需要，在实际应用的过程中，往往变成了伦理教条，更有甚者，还有人不断地为其做注做传，愈发增添了后代学者的思想负担，坦率地说，依照这样的伦理教条去修习圣人之学，只能令人背上沉重的道德包袱，愈加不得自由，与圣人"不思而得，不勉而中"的自如境界相距越来越远，因此，学者有必要重新审视后儒所倡导的各种工夫理论，去芜存精，以合乎良知本体真实需要的"惺惺一念"去指导自己的日常言行，这样才能复还先天本体，达到和圣人一样自如无碍的"至诚"境界。

　　需要指出，王阳明也曾说过："吾辈用功只求日减，不求日增。减得一分人欲，便是复得一分天理；何等轻快脱洒！何等简易！"③ 虽然此时他尚属中年，还没有提出"致良知"的根本宗旨，但是，"做减法"的工夫论思想已经显露端倪。王龙溪继承了阳明修道思想之精髓，在讲学传道过程中，直接表明了"工夫只求日减，不求日增，减得尽，便是圣人"的修道理念，这一命题，既接续了王阳明的工夫论思想，同时，又以旗帜鲜明的表述方式，将阳明心学嫡传的工夫理论与当时一般俗儒的道德修养观念区别了开来。

　　关于本体与工夫、顿悟与渐修的辩证关系，王龙溪对门徒陆与中曾经说过一段话，非常精僻地勾勒出一条修心明道的路径，在此，笔者引述如下，不妨作为他在这方面有关思想的小结：

---

① 《王畿集》卷6，《存斋徐子问答》，第146页。按："请教"一词，乃谦词，实为指教之意。
② 《王畿集》卷6，《存斋徐子问答》，第145页。按：此处年龄亦指虚岁。
③ 《王阳明全集》卷1，第28页。

灵知在人，本然完具，一念自反，即悟本心，无待于修。（然）无始以来，习气乘之，汩于嗜欲，不可不加澄涤之功。才得见性，当下无心，药病俱忘。修所以征悟也。①

由是可见，本体为一，工夫无限，海纳百川，溪流万千。既然搞清了本体与工夫相辅相成的辩证关系，那么，针对不同学者的情况，具体展开工夫论思想的相关条目，就成为顺理成章的事情了。这也是王龙溪一生讲学事业所阐述的主要内容，笔者将在下一章中予以专门的论述。

①　《王畿集》卷19，《祭陆与中文》，第581页。征，求取之意。

第五章　王龙溪哲学的工夫论

第一节　君子之学，贵于得悟

王龙溪的哲学思想，以获得人生的觉悟为根本目标。不过，前文所说的"学者，觉也"，只是一个泛泛之论，实际上，他所说的"觉"是特有所指的，那就是以"悟"为觉的标志，这是王龙溪哲学工夫论的基本目标，也是他的工夫论不同于一般理学思想的重要特色之所在。

一　悟的重要意义

对于一些不懂圣人之学内蕴的人来讲，注重道德修养是一件不太情愿的事情，因为这仿佛给自己戴上自律的"枷锁"，一旦锁上，就没有了自由，而且不知何时可以解开。实际上，如果深入钻研圣学的内蕴，就会发现，任何修养工夫的目的其实就是为了获取心灵的自由，而且，一旦觉悟这种心灵的先天本然面目，仿佛就有了人生坐标的"原点"，一切言行均可以此为准，如果发生了差失，可以自觉地调整、恢复到符合先天本体的轨迹上来。因此，对于矢志圣人之学的学者而言，修和悟的共同目的都是为了获得人生的真谛，并从中享受那一份内在的自由，只不过，悟前之修是一种自律，属于预修范畴；悟后之修是一种自觉，属于正修范畴，两者有着本质的不同。

或许有人会问：所谓悟，究竟悟个什么？简而言之，悟的就是先天的良知本体，这是人人共有的心灵先天原本的面目，按照中国古代哲学"体用一致"的思想，觉悟此体，必然得其受用，亦即一种自由自在、至乐无碍的精神境界，不过，这种先天本体是超越言诠思辨的，一般人的常规经验和理性思维都无法理解先天境界的"无状之状"，因此，任何语言描述都只是勉为其难的形容而已。王龙溪也一再以"遮诠法"表明了这一理念，他说：

> 良知者，本心之明，不由学虑而得，先天之学也。①

又如：

> 先天之学不容说。②

有时，他干脆以"亚圣"颜回为例，说：

> 吾人甘心不学则已，学则当以颜子为宗。颜子不远而复，且道颜子是何学？乃孔门易简直截根源、先天之学，非可以知解想象而求者也。③

"先天之学不容说"并非王龙溪一人的观点，而是千百年来儒、释、道三教共同的修道体悟。仅以王阳明为例，在回答学生所问"未发之中"的"气象"时，王阳明就不止一次地说过："哑子吃苦瓜，与你说不得。你要知此苦，还须你自吃"④，以此表明了先天之学超乎言诠的特性。

虽然先天之学"不容说"，但是，为了让未悟者明白先天本体的存在和妙用，因此，历代的悟道之人仍然采取语言描述的方式，对它加以描摹、譬喻，如同伸出手指一般，起到一个指示方向的作用。当然，如果离开了修道者的践履和探索，那么，他仍然不可能悟道，即使他把先圣的言语学得再惟妙惟肖，顶多只是鹦鹉学舌而已。王龙溪多次明确地阐述这一观点，他说：

> 圣贤立教皆为未悟者说。因其未悟，所以有学。⑤
> 古人立教，皆为未悟者设，不得已而有言。⑥

---

① 《王畿集》卷6，《致知议略》，第130页。
② 《王畿集》卷3，《水西经舍会语》，第62页。
③ 《王畿集》卷9，《答茅治卿》，第230页。
④ 《王阳明全集》卷1，《语录一》，第37页。又见该书卷20，《别易仲》（诗序），第727页。
⑤ 《王畿集》卷9，《答章介庵》，第210页。
⑥ 《王畿集》卷11，《答王敬所》，第277页。

> 古人之言，皆为未悟者设，悟则忘言矣。①

不仅如此，他还以当时读书人背得滚瓜烂熟的经典《论语》中的话语为喻，明确地表达了同样的观点，他说：

> 一部《论语》，为未悟者说，所谓相师之道也，故曰及阶及席，某在斯，某在斯，一一指向他说。若为明眼人说，即成剩语，非立教之旨矣。②

《论语·卫灵公》中，记述了孔子如何耐心地帮助瞽目的乐师走路的善言善行。对于盲人而言，孔子的话无疑十分重要，可是对于明目之人而言，这些话都是无用的"剩语"，王龙溪一针见血地指出了这一点。正是基于上述思想，王龙溪一生所提倡和传授的修道工夫，以开悟为重要标志，并把它作为修道过程中重要的分水岭。对此，他毫不含糊地说：

> 君子之学，贵于得悟，悟门不开，无以徵学。③　　（徵，验证。——引者注）

有时，他甚至出于强调的目的，有些过度地说："此学全在悟，悟门不开，无以徵学。"④ 由是可见，比起一般的理学家来，王龙溪所主张的修道工夫论，并不是简单的道德观念的培养和熏陶，而是包含了实实在在的开悟之机在内的心性修养工夫。有悟，则身心如洗，万象更新；无悟，则纸上谈兵，本质照旧。人的生命走到这里，出现了圣凡之别的"岔路口"。

或许有人会怀疑，王龙溪口口声声说"悟"字，他自己到底悟道了没有呢？诚然，这是一个亲历亲证的事情，旁人代替不得，不过，从现存一些文献史料来看，王龙溪公开倡导此"悟"字，的确是他自己开悟在先，有了对于先天良知本体的真实体证和切实受用。在王龙溪晚年，已致仕的首辅大学士徐阶亲笔为他撰写了《龙溪王先生传》，其中记述：

---

① 《王畿集》卷16，《胡栗里别言》，第457页。
② 《王畿集》卷7，《南游会纪》，第152页。
③ 《王畿集》卷17，《悟说》，第494页。
④ 《王畿集》卷12，《答程方峰》，第311页。

嘉靖癸未（1523 年），公试礼部，不第。叹曰："学贵自得，吾
向者犹种种生得失心，然则仅解悟耳。"立取京兆所给路券焚之。文
成（指王阳明）为治静室，居之逾年，遂悟虚灵寂感通一无二
之旨。①

无独有偶，门人周汝登亦述曰："师（指王阳明）为治静室，居之逾
年。大悟，尽契师旨，故其言曰：'我是师门一唯参。'"②

这些文献记述表明，王龙溪年轻时，王阳明特意为他安排了一间静
室，让他一个人住在里面，居住了一年多之后，王龙溪有了开悟，从此修
道事业有了质的飞跃。对于年轻时的开悟，王龙溪自己并不隐讳，有时，
他在给友人的信中也会直接以此作为例证，例如，他对李克斋说：

不肖赖天之灵，偶然得个悟入，故深信不疑，以为千古绝学，庶
几有在于此，不惜口业，每每与诸公一谈，以尽交修之怀，非不自量
也。若不是自己真有个悟入处，虽尽将先师口吻言句一字不差、一一
抄誊与人说，只成剩语，诳己诳人，罪过更大，以其无得于己也。③

王龙溪开头之语虽然谦虚，但其后言辞剀切，明言"若不是自己真
有个悟入处，虽尽将先师口吻言句一字不差、一一抄誊与人说，只成剩
语，诳己诳人，罪过更大，以其无得于己也"。这表明了王龙溪对于良知
本体的证悟是亲身经历之事，就像历代高僧禅修开悟一样，否则，他也没
有必要如此强调，因为这的确是一个由实践而自得，"非可以知解想象而
求"的事情。

二　解悟、证悟和彻悟

明代中期，由于心学思潮的盛行，很多读书人都曾研习心学思想。一
些天资聪颖的士人在修习一段时间之后，"恍若有见"，便以为自己开悟
了，未免向人炫耀。对此，王龙溪特意写下了《悟说》一文，对于"悟"
的层次做出了一定的区分，使人明白自己究竟处于什么层次，还需要进一
步修习什么工夫。《悟说》一文，虽然只有 287 字左右，但是，在王龙溪

---

① （明）徐阶：《龙溪王先生传》，载《王畿集》附录四，第 823 页。
② （明）周汝登：《王畿传》，载《王畿集》附录四，第 833 页。
③ 《王畿集》卷 9，《答李克斋》，第 207 页。

的思想体系中占有十分重要的地位，如果我们认真分析一下，就会明白其中道理。

首先，王龙溪区分了悟的三个层次，他说：

> 入悟有三：有从言而入者，有从静坐而入者，有从人情事变炼习而入者。得于言者，谓之解悟，触发印证，未离言诠，譬之门外之宝，非己家珍；得于静坐者，谓之证悟，收摄保聚，犹有待于境，譬之浊水初澄，浊根尚在，才遇风波，易于淆动；得于炼习者，谓之彻悟，摩砻锻炼，左右逢源，譬之湛体泠然，本来晶莹，愈震荡，愈凝寂，不可得而澄淆也。根有大小，故蔽有浅深，而学有难易，及其成功一也。①

同样的话，他还对自己的门人当面说过，如：

> 师门尝有入悟三种教法：从知解而得者，谓之解悟，未离言诠；从静坐而得者，谓之证悟，犹有待于境；从人事炼习而得者，忘言忘境，触处逢源，愈摇荡，愈凝寂，始为彻悟。此正法眼藏也。②

两段话的内容其实大同小异，如果仔细阅读，不难发现王龙溪所划分的"悟"的三个层次的内涵和差异性。

首先，王龙溪承认了"解悟"的存在，那就是一些天资聪颖、理解力强的读书人，"得于言者，谓之解悟，触发印证，未离言诠"，他们在读书过程中，心中有所"触发印证"，得知自己内心还有这样一种无价的宝藏，从而产生对于良知本体的初步认识。然而，这种"解悟"仅仅是思想上的一种理性认知，由于"未离言诠"，所以算不得切实的体会和认证，王龙溪比喻说："譬之门外之宝，非己家珍"，概而言之，能够通过阅读经典等活动产生对于良知本体的认识，并不算真正感悟到良知本体的"面貌"，这种认识固然起到一种指示方向的作用，但是并不能算数。如果有谁以为自己理解了书本上的一些言辞就算开悟，那么，简直是自欺欺人！

---

① 《王畿集》卷17，《悟说》，第494页。
② 《王畿集》卷16，《留别霓川漫语》，第466页。沈启原，号霓川，其父号石云子，均师从王龙溪。

其次，"从静坐而得者，谓之证悟"，在古代，释、道二教都有一些具体的修行方式，如心斋、坐忘、禅定，等等，儒家亦从中吸取经验，形成了自己的静坐涵养方法，在宋明理学中更为流行，就连理性主义思维倾向很突出的朱熹，也说过"半日静坐，半日读书"① 的话。一些儒家知识分子，的确也从静坐涵养中开悟，在《明儒学案》一书中，这方面的记述非常多，如陈白沙、万思默等人，此不赘言。王龙溪年轻时，居静室，逾年，"遂悟虚灵寂感通一无二之旨"，其实就是证悟的表现。对于这种开悟方式和效果，王龙溪坦承："犹有待于境，譬之浊水初澄，浊根尚在，才遇风波，易于淆动"，这是因为，修道者虽然开悟，但是其心灵中无始以来而结成的不良禀性、后天生活中养成的不良习性都还存在，因此，"浊水初澄，浊根尚在"，在静中体悟到的宁静安详的心灵本然状态，在现实生活中一旦遇到外来事物的冲击，难免会动摇甚至丧失。这种开悟固然十分可贵，但是不等于修道事业大功告成，而只是一个"分水岭"，此前的修习工夫可称为"预修"，而悟后起修才是直达先天未画之境的"正修"。再打个比喻，开悟之人的心灵，习气犹在，好比云层初开，展现蓝天一角，但是，天空中大面积分布的还是阴沉沉的云雾，因此，学者在觉悟了心灵的先天本来面目之后，仍然需要以此为参照标准，继续修习，扫除心性上的习气，直至整个心灵的"阴云沉雾"完全消散，呈现出一片湛蓝无尽的天空。

最后，"得于炼习者，谓之彻悟"。这就离不开人间世事的磨炼，任何逃避尘世的修行方法（无论是禅修还是内丹之类）都不可能得到彻悟的"正果"，这也是王龙溪的思想迥异于一般佛、道理论而立足于儒家本位的突出表现。当然，所谓人间世事的磨炼，主要是指对自家心性有一个"摩砻锻炼"的效果，并不是指一定要从人间世事中获得什么物质或事功的收益。对于心学家而言，"万变皆在人，其实无一事"，② 一切人事历炼，都不过是为了炼就一颗超凡脱俗、宁静自在的心灵而已。此外，彻悟之人一般必须先有"解悟"或"证悟"为前提，这样一来，对于人间世事的各种烦扰和困境，就不会单纯以为是一种苦难而希冀逃避，而是以自己所证悟（或解悟）的心性本体为参照标准，自觉地加以利用，从各种事物之中学会处事之法，修习为人之道，把自己的心性锻炼得更加平和、灵颖和自然。因为已有一个"良知本体"作为源头，因此，这种事上

---

① 《朱子语类》卷116，《朱子十三》，第2529页。

② 《二程集》，《河南程氏遗书》卷6，第83页。

"磨砻锻炼"的过程，总是有一个内在的精神源泉作为根据，即孟子所说"左右逢其源"①，随时可以得到良知灵明的指引，及时地修正自己的念头和言行，换句话说，修道者在生活中，可以随时发现自己思想上的偏差，根据良知本体的灵光觉照，自觉而及时地加以调整、恢复，这也就是古人所推崇的颜子"不远而复"的正心之学。这种事上磨炼的修养工夫，可以纯化人们的心灵气质，把不良的禀性和习气——扫除干净，直至心地通明、德纯质粹的圣者境界。

　　或许有人要问：与有景有验的"证悟"相比，怎样才可以算是彻悟呢？客观地讲，证悟一关，仿佛烧开水达到了沸点，产生了质变，有一个准确的节点，而彻悟一关，却未必有明确的节点可言，什么时候心性修炼达到不被任何外境所转的自如状态，那么，就可以算是彻悟的表现，正如王龙溪所喻："譬之湛体泠然，本来晶莹，愈震荡，愈凝寂，不可得而澄淆也。"王龙溪曾以乃师王阳明的修道历程为例，阐述了证悟和彻悟的区别，他说：

　　　　先师之学，凡三变而始入于悟，再变而所得始化而纯。……（先师）乃始究心于老佛之学，缘洞天精庐，日夕勤修炼习伏藏，洞悉机要，其于彼家所谓见性抱一之旨，非惟通其义，盖已得其髓矣，自谓尝于静中，内照形躯如水晶宫，忘己忘物，忘天忘地，与空虚同体，光耀神奇，恍惚变幻，似欲言而忘其所以言，乃真境象也……②

　　这段话不是王龙溪一人的回忆，在钱德洪编撰的《王阳明年谱》中，也曾记述，明弘治十五年（1502年），三十一岁的王阳明离开京师，"告病归越，筑室阳明洞中，行导引术，久之，遂先知"③。因为不满于佛、道二教避世离尘的修道方式，所以他还是出了山，回到杭州，即使如此，因为深谙禅道内蕴，在杭州南屏、虎跑诸刹中，他还以机锋棒喝的方式，劝化了一个闭关三年、不语不食的禅僧，让他回家探视母亲去了。虽然同样一段往事都是由王阳明讲述给两位门徒听的，但是，由于钱德洪的悟境不如王龙溪，因此，他对于这段事情的记载偏重于客观角度，而王龙溪则直接描述了王阳明自己的悟境，那就是"尝于静中，内照形躯如水晶宫，

---

① 语出《孟子·离娄下》，见《四书章句集注》（新编诸子集成本），第297页。
② 《王畿集》卷2，《滁阳会语》，第33页。
③ 《王阳明全集》卷33，《年谱一》，第1225页。

忘己忘物，忘天忘地，与空虚同体，光耀神奇，恍惚变幻，似欲言而忘其所以言，乃真境象也"。这种修道体验，远远超出了一般人的常规经验，但是，如果略通佛道理论的人一看，便可明白，王阳明已经达到返观内视、物我两忘的"开悟"境界，此时，他已深得禅道之三昧，说他"证悟"不为过分，所以才能劝导禅僧出关。不过，就王阳明自己而言，他并不以此为究竟，仍然继续修行，不久，一场命运的打击，使得他被贬谪贵州龙场。突然之间，从京官到驿丞的角色转换，人间世事的酸甜苦辣，王阳明在龙场时期几乎尝遍。在这种情形下，他以自己既有的解悟和证悟为基础，仍然继续修行，欲探明圣人格物致知之道，终于迎来了人生的彻悟，对此，王龙溪记载：

> 及至居夷处困，动忍之余，恍然神悟，不离伦物感应，而是是非非天则自见，徵诸四子六经，殊言而同旨，始叹圣人之学坦如大路，而后之儒者妄开径窦，迂曲外驰，反出二氏之下，宜乎高明之士厌此而趋彼也。①

关于这一段往事，钱德洪在《王阳明年谱》中这样记载：

> （先生）日夜端居默坐，以求静一；久之，胸中洒洒。……忽中夜大悟格物致知之道，寤寐间若有人语之者，不觉惊呼，从者皆惊。始知圣人之道，吾性自足，向之求理于事物者误也。②

结合钱、王二人的记载，我们发现，王阳明的龙场悟道，并不止是一般的禅僧闭关打坐而得到的"证悟"，而是经过了人事沧桑的历练之后达到的彻悟。从此，无论遇到什么样的事变（如宁王之乱、张许之难等），王阳明都能以自家的良知灵明为指引，泰然应对，安然度过，创造和成就了一生的非凡事功和德业。据此，王龙溪总结王阳明的修道历程，他说：

> 先师之学，其始亦从言而入，已而从静中取证，及居夷处困，动忍增益，其悟始彻。一切经纶变化，皆悟后之绪余也。③

---

① 《王畿集》卷2，《滁阳会语》，第33页。
② 《王阳明全集》卷33，《年谱一》，第1228页。
③ 《王畿集》卷17，《悟说》，第494页。

　　当然，从形式上看，王阳明的龙场悟道也是从静中得悟的，或许有人会以为这就是"证悟"，其实不然，这只是一种形式上的巧合而已。王阳明年轻时在家乡会稽山阳明洞结庐修炼时，其实已经达到"证悟"的境界，只是《年谱》的编者钱德洪没有意识到这一问题（由于钱的悟境不够深），他对王龙溪所描述的"忘己忘物，忘天忘地，与空虚同体"的境象不甚明了，事实上，就是一般的高僧修行所证，也不过如此。但是，这种静中所得未免"有待于境"，王阳明的心性仍然是"才遇风波，易于涓动"，因此，正德元年十二月，他怀着一腔忠耿之念上书弹劾宦官刘瑾，反而被刘瑾矫诏下狱，远谪夜郎。随后一年多的时间里，他先是在南下的途中数次遇险，九死一生之后才到达龙场，而后在龙场又面临着人地生疏，水土不服等生活困境，其他各种现实的或潜在的危难，都在《王阳明年谱》中记述得十分清楚，此不赘言。王阳明虽然凤性达观，但是，面临这种人生困顿，他也十分苦闷，心中常常质疑："圣人处此，更有何道？"① 南宋陆九渊曾说："小疑则小进，大疑则大进"②，这话非常有道理，王阳明正是因为心中有疑，所以才有"桶底穿透"的一天。即使在龙场悟道之后，王阳明的后半生仍然十分坎坷，但是，他都能以洒脱而平稳的心态应对，许多在别人看来几乎逃不过去的灾祸（如宁王之变、张许之难），都被他一一从容化解，这就充分验证了王阳明的龙场悟道非同于一般禅僧的证悟，而是一场"触处逢源"的彻悟，自此之后，他的心性"湛体泠然，本来晶莹，愈震荡，愈凝寂，不可得而澄浥也"，因此，虽然王阳明在龙场时依然运用静坐工夫，他所获得的却是"从人事炼习而得"的彻悟"正果"。有见于此，王龙溪才判定："及（先师）居夷处困，动忍增益，其悟始彻。一切经纶变化，皆悟后之绪余也。"

　　不妨再打一个比方，将解悟、证悟和彻悟三者做一番对比。现代社会人们大都熟悉开车一事。首先，在驾校之中，有的人拿到了教材看一看，或者听教练讲一讲开车的技术，那么，这可以算是"解悟"，从理论上讲，对于汽车发动、换挡、刹车、变道等要领有了理性的了解，但是，这不等于我们已经学会了开车，正如王龙溪所说"如门外之宝，非己家珍"。其次，我们到了练习场上学习开车，有教练坐在一旁现场指导，不过数天，我们真的能够在练习场的跑道上开着车走动了，心里挺高兴，这样一来，算是达到了"证悟"的境界。但是，此时的开车技术，"犹有待

---

① 《王阳明全集》卷33，《年谱一》，第1228页。
② 《陆九渊集》卷36，《年谱》，第482页。

于境"，一旦上了马路，在人来车往、拥挤不堪的道路上行驶时，我们发现，自己的手脚有些不听使唤，心情也变得十分紧张，用王龙溪的话说："才遇风波，易于淆动。"可见，只会在驾校的练车场上开车是绝对不能算数的，任何司机都必须有开车上路的那一天。经过一段时间的磨练，我们逐渐适应了在各种道路（包括高速公路、城市马路、崎岖山路等）上开车，驾车技术越来越熟练，同时又自觉遵守交通规则，在这种情况下，我们才真正体会到什么叫作"老练"二字，才能体会到驾车的快乐。如果达到这一水平，就相当于"彻悟"，用王龙溪的话来讲，便是"触处逢源"，可以称为开车的高手了。值得注意的是，"解悟"之后不一定非要经过"证悟"阶段（有当然更好，这样工夫更扎实），而是可以通过人事练习直接达到"彻悟"境界。仍以开车为例，有些偏远山区的司机，由于条件所限，学车伊始，根本没有固定的练车场供他练习（甚至连条平直的道路都没有），他们学习开车，自然要比在城市驾校中学得慢一些，这就相当于没有经过"证悟"阶段，但是，只要不怕困难，刻苦练习，慢慢就掌握了开车的要领。由于一开始就是在蜿蜒崎岖的山道上学习的开车，他们的驾车技术后来比起城市里的大多数司机来，反而要高出一筹。这类事情，笔者亲耳听过许多山区的司机讲过，也亲眼目睹了他们驾驶技术的高超。从开车一事上我们不难发现，与王龙溪所说解悟、证悟和彻悟的三个层次确实有着某种相似性，正因为解悟之后不一定非要像高僧那样通过静坐悟道，因此，王阳明晚年亦说："良知明白，随你去静处体悟也好，随你去事上磨炼也好，良知本体原是无动无静的，此便是学问头脑"①，其实就包含了这层意思。

就王龙溪本人而言，他在王阳明门下时，已经达到了"证悟"的水平，但是，何时臻于"彻悟"之境，史籍没有记载，王龙溪自己也没有明确的表述，或许他根本不以此为意，故从来不向门人表述。以笔者之见，当在他人到中年，被首辅夏言罢官回乡之后，心性再无扰动，反而一心以讲学传道为务，至此，可以判定王龙溪已经超凡脱俗，达到"彻悟"的境界。不过，正因为王龙溪年轻时有过"遂悟虚灵寂感通一无二之旨"的"证悟"经历，因此，他才有资格以过来人的身份来评判历史上的证悟与彻悟之人的差别，例如他曾将陈白沙的静坐修道与王阳明的"致良知"宗旨做过一番比较，他说：

---

① 《王阳明全集》卷3，第105页。

> 白沙原是百原山中传流，亦是孔门别派。……盖缘世人精神泼撒，向外驰求，欲反其性情而无从入，只得假静中一段行持，窥见本来面目，以为安身立命根基，所谓权法也。若今日致知宗旨，不论语默动静，从人情事变彻底练习，以归于元。譬之真金为铜铅所杂，不遇烈火烹熬，则不可得而精，……此正法眼藏也。①

从这段话可见，王龙溪并没有否定通过静坐以求取"证悟"的意义，只是把它作为"权法"来看待，因为"世人精神泼撒，向外驰求，欲反其性情而无从入"，所以，"只得假静中一段行持，窥见本来面目"。客观地讲，这种修习法门是有效的，但绝非固定而唯一的方法。王龙溪所推崇的，还是经过人情事变的历炼而造就的圣人品格，只有这样才叫经过实践检验的"真金"。王龙溪的话，无意中又与王阳明之语有异曲同工之妙，王阳明曾说："良知二字，自吾从万死一生中体悟出来，多少积累在！但恐学者见（得）太容易，不肯实致其良知，反把黄金作顽铁用耳。"② 由是可见，人们不必太在意是否通过证悟一关，彻悟是比证悟要高出许多倍、真正标志修道"正果"的生命成就。

三　有真修，然后有实悟

在前章，笔者曾经谈到，后儒黄宗羲等人以为"龙溪谈本体而讳言工夫"③，这一观点并不符合王龙溪的思想实际。那么，王龙溪究竟是如何看待修和悟之间的辩证关系呢？有一段话最能代表他的思想，他说：

> 理乘顿悟，事属渐修。悟以启修，修以徵悟。根有利钝，故法有顿渐。要之，顿亦由渐而入，所谓上智兼修中下也。④

在这段话中，王龙溪明确地表述了"理乘顿悟，事属渐修"的道理，这个命题的含义是：一个学者可以顿悟先天良知本体，但是，在现实生活中仍然必须修养心性，把生来的不良禀性或后天习性渐渐消除掉，使自我

---

① 《王畿集》卷16，《留别霓川漫语》，第466页。
② 《王畿集》卷2《滁阳会语》，第34页。类似的话，亦见于《王阳明全集》卷34，《年谱二》，第1279页。
③ 《明儒学案》卷15，《浙中王门学案五》，第324页。
④ 《王畿集》卷17，《渐庵说》，第500页。按：以笔者个人之见，"悟以启修，修以徵悟"当为刻印之误，改作"修以启悟，悟以徵修"为宜。但按照原话依然可解，故从之。

的心性恢复、提升到"纯亦不已"的圣者境界。在修和悟之间，两者的辩证关系大致如下：以悟为节点，悟后之人，可以启发、引导自己走上正确的修行方向；而此后的修习工夫，又能够验证自己的所悟是否为真。如果某人在现实生活中，根据自己的"所悟"而行事，却处处碰壁，或者扰乱了自己的心灵，那么，这种"悟"境必然不是真境，只是个人的情识变现出来的幻境而已，那样就必须改弦更张，重新修习，直至获得真正的开悟。王龙溪认为，由于学者根器不同，有的人可以顿悟，有的人只能渐修，所以才有顿、渐法门的区别。

虽然王龙溪非常看重"悟"在修道过程中的地位，但是，一个学者如何能够达到彻悟的境界呢？答案很明确——"有真修，然后有实悟"。关于这方面的理念，王龙溪从来都是斩钉截铁、不容商量的，他说：

> 夫悟与见，虚实不同，毫厘千里。有真修，然后有实悟。一念明定，觌体承当，方是寂然本体；会通以行典礼，方是一了百当。才涉见解，便落揣摩，非实际也。① （觌，显现。——引者注）

又如：

> 真修之人，乃有真悟，用功不密而遽云顿悟者，皆堕情识，非真修也。②

在当时，不乏这样一些天资聪颖的学者，他们读了一遍王阳明的《传习录》，或者静坐了几个月，"一时窥见光景"③，便以为自己透悟天人性命之道，于是四处对人炫耀，"务为玄解妙觉"④。这种超常规经验的静坐体验，固然也是修道过程的所得，但是，距离"彻悟"（甚至"证悟"）仍然差得很远，因此，任何一个学者都不能以此为满足，必须虚心地请教先辈悟道者加以印证（这种事例在禅宗里表现很多），或者直接到现实生活中去历练一番，什么时候自己真的凡事不动心，心灵达到了浑沦顺适的状态，才算过关，否则，无论在静坐中体会到了什么东西，只能算

---

① 《王畿集》卷11，《答刘凝斋》，第275页。
② 《王畿集》卷17，《渐庵说》，第500—501页。
③ 《王阳明全集》卷3，《语录三》，第105页。
④ 同上。

是个人见解和后天情识，都是不算数的。作为修道事业的过来人，王龙溪明确地告诫后辈："有真修，然后有实悟"，不然，"悟"到的仅仅是一些虚见或幻境，若执以为真，只会对自己的未来生活产生负面的影响。不仅如此，王龙溪还告诫友人，只有"一念明定，亲体承当，方是寂然本体"，凡是"才涉见解，便落揣摩，非实际（即良知本体的实际状态）也"。总之，觉悟与见解是不能混为一谈的，"真修之人，乃有真悟"，只是由于"先天之学不容说"之故，王龙溪的诠释和教诲也就只能到此为止了。

由于深谙"有真修，然后有实悟"的道理，王龙溪虽然一面强调"悟"的重要性，另一面反而经常告诫门人学者要下工夫实修，不要急于求悟，否则必然在自己的修行之路上设置了障碍。如前所述，他曾对两个十分器重的弟子陆光宅和周梦秀说过这样的话，再节录如下：

> 既立定千古之志，循序安分，绵绵密密，耐心做将去。……欲速则反不达，急于求悟则反成迷，此是有志者通病。①
>
> 继实天资沉泥，微少疏爽特达，……然亦只得安分做，渐修渐证，勿求速悟，久久自有透脱时在，譬之掘井及泉，原非外也。②

除了针对弟子个人进行嘱咐之外，王龙溪还面对门人群体进行类似的教诲，例如，他经常前往皖南的水西精舍，曾对那里的门人说：

> 今日会中诸友，……一念灵明，时时著察，教学相长，实修实证，弗求速悟，水到渠成，自有逢源时在，求悟之心，反成迷也。③

在这段话中，王龙溪教诲众门人要"实修实证，弗求速悟，水到渠成，自有逢源时在"，同时告诫他们说："求悟之心，反成迷也。"这就表明，学者应该把求悟之心也放下，完全以一片自然而然的心态去从事圣学功夫的修习，如果把"悟"字看得过重，其实就陷入了佛教所说的"法执"，反而被自己设置的目标所障蔽，导致自我在修道路途上迷失了方向。

---

① 《王畿集》卷15，《册付光宅收受后语》，第437页。陆光宅，字与中。
② 《王畿集》卷15，《册付梦秀收受后语》，第439页。周梦秀，字继实。
③ 《王畿集》卷16，《水西别言》，第449页。

那么，怎样的修习方式才算恰当，才能使人走出"迷雾"呢？如前所述，那就是"做减法"，亦即卸掉思想和心理上的各种包袱。王龙溪说过："工夫只求日减，不求日增，减得尽，便是圣人。"① 这种"只求日减"的工夫，除了"勇于舍"之外，还有一个"善于忘"的环节，即去掉心理或思想上的各种执着、计较，恢复自然平和、洒脱无碍的心态，王龙溪曾说：

> 故君子之学，以悟为则，以遣累为功。累释而后可以入悟，悟得而后其功始密而深，是谓真得真忘，非言说意想之所能及也。②

那么，什么样的心态可叫作真正的"累释"呢？很简单，善于忘而已，只有忘掉了，才是真正将所有包袱都扔掉，恢复了行云流水般的自然心态，这便是"累释"，这样一来，障蔽消除，人心自然就可以入悟。到了这种境界，修道者已然是"真得真忘"，难以用言说意想来描摹、表述了。根据这样的修行理念，王龙溪在《悟说》一文的结尾写了这样一段话，用理性思维可以理解的语言文字表达了"累释而后可以入悟"的道理：

> 夫悟与迷对，不迷所以为悟也。百姓日用而不知，迷也；贤人日用而知，悟也；圣人亦日用而不知，忘也。学至于忘，悟其机矣乎！③

在这段话中，从寻常百姓之"迷"，到贤人之"悟"（仅仅是开悟），再到圣人之"忘"，体现出一个螺旋式上升的运动轨迹。在这一运动变化过程中，学者的心态也从迷到悟，再到"忘"（即浑沦顺适的状态），恰好体现了王龙溪对于"忘"之工夫的重视。说白了，"忘"即是一种减法工夫做到极致的表现，如果忘却了种种内外事物，没有了我、法二执，便自然恢复了心灵先天本然的自由状态，所以王龙溪才说："学至于忘，悟其机矣乎！"

---

① 《王畿集》卷 6，《存斋徐子问答》，第 146 页。
② 《王畿集》卷 16，《别言赠周顺之》，第 454 页。
③ 《王畿集》卷 17，《悟说》，第 494 页。

第二节 千古圣学，惟在理会性情

从可操作性的层面上讲，王龙溪的修道工夫论，可用下面一段话来概括：千古圣学，惟在于理会性情，其机要则不外乎理会当下一念，在这种心性修养的过程中，应当懂得以良知为诀，以寡欲为功，以无欲为至，最终可以达到尽性至命的先天化境。下面笔者将分而述之，以见其全貌。

一 君子之学，在于理会性情

心学一系不同于儒学其他派别的地方，关键就在于它不陷在经典传注中讨生活，而是以知行合一的精神为指导，积极、深入地做好心性修养的工夫，以期达到觉悟至道、作圣成贤的目的。对于这一思想宗旨，王龙溪一向认知清晰、奉若圭臬，从讲学传道之伊始，他就一直抓住这一核心理念，一再教诲门人学者要注重理会性情，提升人格境界，这样才能达到悟道成圣的目标。所谓理会性情，就是今天所说的心性修养的意思，有时候，王龙溪把"理会性情"说成是"理会心性"，意思其实都一样。关于理会性情的意义，王龙溪素来高度重视，一再强调它是通向圣人境界的必由之路。例如，他说：

> 夫千古圣学，惟在理会性情，舍性情则无学。……此修道之功，复性之基，大本立而达道行，天地万物皆举之矣。[1]

又如：

> 良知者，未发之中，天下之大本也。吾人处世事虽万变，所以应之，不过喜怒哀乐四者而已。故君子之学，莫大于理会性情。性情得其正，大本所由以立，位育之化所由以成也。[2]

又如：

---

① 《王畿集》卷10，《答吴悟斋》，第248页。
② 《王畿集》卷14，《赠庄侯阳山入觐序》，第380页。

千古圣学，惟在理会心性。心性者，根于天，取诸固有而盎然出之，无所假于外。外此而学者，谓之异学。高者蔽于意见，卑者溺于利欲。虽所趋不同，其为无补于心性一也。①

由是可见，王龙溪认为，心性修养是使"性情得其正"的必须工夫，"千古圣学，惟在理会性情，舍性情则无学"。所谓理会性情，是指以良知本体为内在根据，依从良知灵明的觉照和指引，自觉地优化个人的品德、性格，而不是强加一些外在的思想观念去锻造出符合某种需要的社会人格来，因此，他明确地指出："心性者，根于天，取诸固有而盎然出之，无所假于外。外此而学者，谓之异学。"王龙溪认为，这些"异学"的培养，仅仅是教给学者一些"意见"而已，未必能够消除人们对于利欲的贪求，所以，"其为无补于心性一也"。不过，凡是根据良知的觉照、指引而进行的理会性情的工夫，则是非常必要的，"此（乃）修道之功，复性之基"，只有掌握好了这一工夫，才能够复还先天至善的本性，奠定作圣成贤的基础，"位育之化所由以成也"。

王龙溪不仅从儒学本身来强调理会性情的重要性，有时候，他还从养生学的角度来阐述理会性情的重要意义。有一段对话很耐人寻味：

（徐）紫崖因叩圣学与养生家同异之旨，予曰："圣人之学，务在理会性情。性者，心之生理；情则其所乘以生之机，命之属也。故曰：'喜怒哀乐之未发，谓之中；发而皆中节，谓之和。'中和者，性情之则也。戒慎恐惧而谨其独，立本以达其机，中和所由以出焉者也。有未发之中，而后有发而中节之和，中和一道也。虞廷谓之道心之微，孔门谓之寂，此圣学之宗也。"②

此文开篇就已表明，徐紫崖是跟从了王龙溪二十年之久的门人，因为有"方外养生之好"③，特意向王龙溪请教"圣学与养生家同异之旨"。对此，王龙溪告诉了他一番道理——圣人之学，务在理会性情，所谓性，即心之生理，所谓情，乃是性"所乘以生之机"，属于道家所讲的"命"范畴，因此，理会性情实际上也就是道家所说的性命双修乃至性命合一的

---

① 《王畿集》卷14，《赠邑博诸元冈迁荆王府教授序》，第383页。
② 《王畿集》卷16，《遗徐紫崖语略》，第461页。
③ 同上。

功夫。虽然道家有炼精化气、炼气化神等专门的丹道修炼模式，但是，任何法门什么时候都离不开"中和"二字，因为"中和者，性情之则也"，人的性情如果背离了中和状态，无论怎么修炼，都不可能臻于出神入化的境界。圣人之学主张通过戒惧、慎独的修养方式以达到中和状态，实际上与丹道修炼是殊途同归，因此，理会性情一事，无论是对于儒家，还是养生家，都是必不可少的工夫。

凡是熟悉明代思想史的人都知道，王龙溪的思想会通三教，对于道家丹道修炼和养生之术都十分熟悉。嘉靖三十四年（1555年），他曾和罗洪先一起到黄陂的道明山中向道人方与时习静，发现方的息心功夫不过如此，"龙溪先返"①，罗洪先仍然留下来继续修习，"夜坐工夫愈密"②。王龙溪就是这样，一方面坦承"交修之益"，另一方面则高屋建瓴，能够洞察佛、道二教及诸子学问的底蕴。到了晚年，他毫无犹疑地表达自己的观点，表明了养生家所崇尚的各种道术都离不开"理会性情"的基本工夫，他说：

> 凡铅汞龙虎种种譬喻，不出性情两字，"情来归性初，乃得称还丹"，已一句道尽，外此皆旁门小术。吾儒未发之中、发而中节之和，皆是此意，其要只是一念之微识取，戒惧慎独而中和出焉，即火候药物也。③

在这段话中，王龙溪明确地指出，"凡铅汞龙虎种种譬喻，不出性情两字"，无论丹道修炼深入到什么地步，都离不开调理性情的根本工夫，而其最终结果不过是把后天情欲荡涤消融，返还先天原本的性体而已。与之相比，儒家的戒惧慎独工夫，能使人之性情达到中和状态，起到了同样的作用，就相当于道家的所谓"火候药物"，只是方法更加简易直接而已。

总之，理会性情是王龙溪的圣学工夫论的基本理念，循此而入，我们才能进一步领略王龙溪工夫论的博大精深的思想内涵。

二 以良知为诀

理会性情是人人可做的工夫，但是，或许有人以为，今天的文明社会

---

① 《明儒学案》卷18，《江右王门学案三》，第390页。
② 同上。
③ 《王畿集》卷9，《与潘笠江》，第215页。

不是也很强调个人修养吗？两者有什么区别呢？简而言之，今天的文明社会中，人们所说的修养往往是外表的装饰、外在的谈吐，远远没有深入到内心中去，即使有些人真的注重所谓道德修养，也只是用一些社会上通行的道德规范来自我约束，甚至只是自我矫饰而已。这种文明修养，即使做上一百年，使人成为标准的绅士，也体会不到鱼游水中的自得受用，和心学一系所说的"理会性情"不可同日而语。因此，王龙溪在讲述理会性情的工夫论时，特别强调"以良知为诀"①，从而把它和一般意义上的道德修养区分开来。

关于良知本体及其妙用，前文已经阐述了许多，为使读者能够理解"以良知为诀"的重要性，不妨再引几段龙溪语录如下：

> 圣人之学，复性而已矣。……良知者，性命之则，知是知非，而微而显，即所谓"独"也。戒慎恐惧，而谨其慎独，则可以复性矣。②
> 良知者，本心之明，是非之则也。③
> 圣贤之学，只是良知一路，一是百是，一勘百破，更遮瞒些子不得。④
> 良知者，破除习气之利刀，纵有窃发，一照即破。⑤

综上所述，王龙溪认为，良知是本心之明、是非之则，它知是知非，而微而显，平时似乎感觉不到它的存在，但是一旦有事情来临，良知自然会启示人们应当如何去做。纵然你心中有习气之扰或意见之弊，可以欺瞒世人，却不可能瞒过自己的良知，只要一个人有真诚修道的愿望，那么，在修行路上，只管听凭良知这把"利刀"发挥作用，把烦恼习气等一一斩断，所以说，"圣贤之学，只是良知一路，一是百是，一勘百破，更遮瞒些子不得"。

那么，如果一个人不以良知为诀，而是一切事情按照自己的欲望念想行事，结果将会怎样呢？王龙溪坦率地指出：

---

① 《王畿集》卷14，《松原晤语寿念庵罗丈》，第391页。
② 《王畿集》卷14，《寿邹东廓公翁七袤序》，第388页。
③ 《王畿集》卷14，《赠绍坪彭侯入觐序》，第376页。
④ 《王畿集》卷10，《答洪觉山》，第261页。
⑤ 《王畿集》卷17，《尚贤以德说》，第506页。

一时不致良知，视便妄视、听便妄听，喜便妄喜、怒便妄怒，便不是格物之学。推之一切应感、食息、动静、出处、去就无不皆然。良知即天，良知即帝。顾天之命者，顾此也；顺帝之则者，顺此也。①

又如：

顾吾人一生惟有此学，无论闲忙顺逆，皆是圆明一窍中流出，日应万变而不穷。苟此中不得机窍，只在境上随缘抹过，忙是便躁，闲时便昏，顺则恣情，逆则拂意，了无自得之处。②

王龙溪所说，即使放在今天，也在一定程度上言中了许多人的生活和精神状态，那就是"忙是便躁，闲时便昏，顺则恣情，逆则拂意"，或者说"视便妄视、听便妄听，喜便妄喜、怒便妄怒"，完全是心随境转，根本不晓得"自得逢源"的精神受用。现代人的许多心理病症，从某种意义上说都是因为"不致良知"所致，因此，我们很有必要反思一下自己的观念中哪些地方出了偏差，为什么总是搞得自己精神疲惫或烦躁不堪？如果虚心地按照阳明心学的致良知之教洗涤一下自己的头脑，那么，我们的生活状态是否会圆满许多？

或许有人以为，人人观念不同，良知难道就是一模一样的吗？用它来指导自己的言行，究竟是否可靠？坦率地说，这种看法，正是因为不懂得良知的本来面目和妙用，所以才有这样的疑虑。王龙溪指出：

良知知是知非而善恶自辨，是谓本来面目，……妄念所发，认为良知，正是不曾致得良知。诚致良知，所谓太阳一出，魍魉自消，此端本澄源之学，孔门之精蕴也。③

在此，笔者不得不再次重申，良知不是一般意义上的道德规范或观念，而是人类心灵的共同的先天本体，它是一种潜在的智慧和德性，而非固定成型的道德观念或文本，因此，如果深入持续地用功，人们自然会有

---

① 《王畿集》卷7，《南游会纪》，第156页。
② 《王畿集》卷12，《与鲁畳堂》，第313页。
③ 《王畿集》卷5，《与阳和张子问答》，第124页。

证悟或彻悟良知本体的一天。然而，即使尚未觉悟良知的本来面目，一般人照样可以应用良知、推广良知，借用王阳明的一段话来形容，便是：

> 圣人之知，如青天之日；贤人如浮云天日；愚人如阴霾天日；虽有昏明不同，其能辨黑白则一。虽昏黑夜里，亦影影见得黑白，就是日之余光未尽处；困学功夫，亦只从这点明处精察去耳！①

应该承认，王阳明的这个比喻非常形象，平常人即使不悟良知，心灵上被许多"阴霾"遮蔽，但是，良知的功能妙用并未完全消失，"其能辨黑白则一"。即使是在黑暗的深夜里，视力不好的人也可以"影影见得黑白"，同理，平常人只要有心求取人生的觉悟和自由，运用困知勉行的功夫，一样可以达到目的。相比之下，有些人喜欢狡辩，把自己的欲念妄想当成良知，对此，王龙溪毫不客气地指出："妄念所发，认为良知，正是不曾致得良知。"如果这些人能够虚心、静气地想一想，那么，良知在他的心中会自然地呈现（哪怕只是很微弱的一线光明），在此基础上，如果遇事能够再进一步真诚地反思，那么，其效果就如同王龙溪所说"诚致良知，所谓太阳一出，魍魉自消"，由是可见，"良知知是知非而善恶自辨"，这便是王龙溪"以良知为诀"的理论根据。

三　慎于一念之微

以良知为诀去理会性情，还只是一个笼统的说法，王龙溪认为，践履这项心性修养工夫，最终要落实在慎于一念之微之上，也就是说，这是一天二十四小时都可以实地践履的养性工夫。关于"慎于一念之微"的命题，王龙溪有时提法略有不同，如"致谨于一念之微"、"理会当下一念"，等等，其意思都是一样的。至于为什么要慎于一念之微，王龙溪阐释道：

> 古人之学，惟在理会性情。性情者，心之体用，寂感之则也。然欲理会性情，非可以力制于中，而矫饰于外，其要存乎一念之微。人心本自中和，一念者，寂感之机也。致谨于一念之微，则自无所偏倚、无所乖戾，中和由此而出。中则性定，和则情顺。大本立而达道

---

① 《王阳明全集》卷3，《语录三》，第111页。

行，发育万物，峻极于天，以收位育之全功，圣学之的也。①

又如：

> 千古圣学只有当下一念，此念凝寂圆明，便是入圣真根子。时时保守此一念，动静弗离，便是缉熙真脉路，（此外）更无巧法。②

王龙溪认为，理会性情的工夫不是教人去"力制于中，矫饰于外"，而是真诚地以"中和"为准则，去调理自己的性情，其要领就是"致谨于一念之微"。如前文所述，中和状态是人心先天原本的面目，"中和者，性情之则也"，"中则性定，和则情顺"，修道者既然体会到了中和的本体与妙用，那么，就应该在日常生活中"致谨于一念之微"，以此"凝寂圆明"之正念，随时指导自己的思想和言行，这样一来，"自无所偏倚、无所乖戾"，能够使人心时时处于中和状态，"大本立而达道行"，"位育之全功"也就包含在其中了，由是可见，圣学工夫就是如此地简单易行。从另一个角度讲，这种"致谨于一念之微"的修养工夫也叫"缉熙之学"③，缉者，整理之意（原指把麻捻成线）；熙者，光明之意，所谓缉熙之学，就是保持自己心中本有的光明本体而不使之丧失，这样，人心就能发挥其各种智慧和功能。缉熙之学的基本操作方式，便是"时时保守此一念，（使）动静弗离"，换句话说，也就是慎于当下一念，听凭发自本心的凝寂圆明的正念去指导自己的日用行履。缉熙之学的思想，仍不外是"致良知"的含义，只不过讲得更加具体，深入慎于当下一念的微处。

"慎于一念之微"乃是可操作性的修养工夫，在王龙溪的工夫论思想中占有十分重要的地位。他不仅对众多的门人讲述，就是对于自己的亲生儿子，同样是以此谆谆叮嘱，例如，他对次子王应斌说：

> 夫今心为念，念者现在心也。吾人终日应酬，不离现在，千绪万端，皆此一念为之主宰。念归于一，精神自不至流散。如马之有辔领，操纵缓急，自中其节也；如水之有源，其出无穷也。圣狂之分无他，只在一念克与妄之间而已。一念明定，便是缉熙之学；一念者无

---

① 《王畿集》卷16，《书顾海阳卷》，第476页。
② 《王畿集》卷16，《书查子警卷》，第478页。
③ "缉熙"二字，语出《诗·大雅·文王》："穆穆文王，於缉熙敬止。"

他，即念而离念也。故君子之学，以无念为宗。然此非见解所能臆测，气魄所能承当。须时时从一念入微处归根反证，不作些子漏泄，动静二相，了然不生。有事时主宰常寂，自不至逐物；无事时主宰惺惺，自不至著空。①

在这段话中，王龙溪指出，"吾人终日应酬，不离现在，千绪万端，皆此一念为之主宰"，因此，必须将此一念调和理顺，"一念明定，便是缉熙之学"，只要做到"念归于一"，人的精神自然不会流失散乱。而所谓"一念者无他"，就是要"即念而离念"，其意是指：能够学会事来，以本心之念应之；事过，心随之而空，不会被任何外在事物所束缚，这样一来，"有事时主宰常寂，自不至逐物；无事时主宰惺惺，自不至著空"，人心就始终保持着中和清明的状态，这便是良知本体"泠然自照，自然畅达，自然充周"②的本来面目，换句话说，也就是修道者所推崇和期望的圣者的心理状态。

需要指出，慎于一念之微，并不是单纯给人的思想和心理加上一种戒律，其目的恰恰是要通过这种工夫的实地践履，使人心在顺道而行的基础上，恢复自由自在的先天之境。王龙溪曾对友人说：

> 日逐应感，只默默理会当下一念，凝然洒然，无起无不起，时时觌面相呈，时时全体放下，一切称讥逆顺不入于心。所以终日交承，虽冗而不觉劳，终日论说，虽费而不觉扰，……迹虽混于世尘，心若超于太古。③

这段话表明，只要以良知为诀，"默默理会当下一念"，使自我的心理处于"凝然洒然，无起无不起"的状态，学会"时时全体放下，一切称讥逆顺不入于心"，那么，修道者的心灵便会进入一种自由自在的状态，所谓"终日交承，虽冗而不觉劳；终日论说，虽费而不觉扰"，"迹虽混于世尘，心若超于太古"，完全是一种自如无碍的逍遥境界。坦率地讲，人生一世，还有什么能比这种自得之受用更有吸引力？更能体现出一个人的真实修行水平呢？

---

① 《王畿集》卷15，《趋庭漫语付应斌儿》，第440页。
② 同上。
③ 《王畿集》卷16，《万履庵漫语》，第462页。

如果返回到阳明心学的基本宗旨上来，我们不难发现，无论是慎于一念之微，还是所谓缉熙之学，其实都是阳明心学"致良知"宗旨的延伸和细化。为了更加清晰地阐明致良知工夫的内涵，王龙溪有时也将"慎于一念之微"和"致良知"学术宗旨直接挂起钩来加以阐释，他说：

> 致知之外，无学矣。良知者，是非之心，其机存乎一念。发一念而安，即是是；发一念而不安，即是非。安则必为之，举世非之而有所不顾；不安则必去之，得尽便宜有所不为。方为实致其良知，方为自慊，方能出得俗套。①

王阳明在世时，有些学者曾经疑虑良知如何去致，遭到了王阳明的斥责，他说："良知本是明白，实落用功便是。不肯用功，只在语言上转说转糊涂。"② 然而，"致"字的含义确实比较宽泛，难怪有些学者希望进一步讲明"致良知"工夫如何去做。对此，王龙溪倒是不厌其烦，接着王阳明的思路往下讲，他指出："良知者，是非之心，其机存乎一念"，因此，"致良知"工夫的起手处，便在于"理会当下一念"，学者应当懂得"发一念而安，即是是；发一念而不安，即是非"的道理，由此，"安则必为之，举世非之而有所不顾；不安则必去之，得尽便宜有所不为"，这样一来，才算是在日常生活中"实致其良知"，这样才能"出得俗套"，才能换得自我良知的心安理得。

"慎于一念之微"不仅和"致良知"的学术宗旨是一致的，而且，从根源上讲，亦即古代先圣所说的"慎独"工夫的应用。王龙溪曾对有一定修行根基的友人洪觉山和王鲤湖等人谈及此事，他说：

> 夫学，慎独而已，吾兄已是一句道尽，予复何言？良知即是独知，独知即是天理。独知之体，本是无声无臭，本无所知识，本是无所粘带拣择，本是彻上彻下。独知便是本体，慎独便是工夫。此是千古圣神斩关立脚真话头，便是吾人生身受命真灵窍，亦便是入圣入神真血脉路。③

---

① 《王畿集》卷15，《册付丁宾收受后语》，第438页。
② 《王阳明全集》卷3，《语录三》，第109页。
③ 《王畿集》卷10，《答洪觉山》，第262页。洪垣（1505—1593年），字峻之，号觉山，婺源人，嘉靖十一年进士，与王龙溪是同年之友。《明儒学案》卷39，《甘泉学案三》有传。

又如：

> 夫独知者，非念动而后知也，乃是先天灵窍，不因念有，不随念迁，不与万物作对。譬之清净本地，不待洒扫而自然无尘者也。慎之云者，非是强制之谓，只是就业保护此灵窍，还他本来清净而已。在明道所谓明觉自然，慎独即是廓然顺应之学。悟得及时，虽日酬万变，可以澄然无一事矣！①

综上所述，王龙溪认为，"良知即是独知"，而"独知便是本体，慎独便是工夫"。此处所谓独知，"非念动而后知也，乃是先天灵窍，不因念有，不随念迁"，因此，"慎之云者，非是强制之谓，只是就业保护此灵窍，还他本来清净而已"。王龙溪还做了一个比喻，说："譬之清净本地，不待洒扫而自然无尘者也。"对于这样的清净本地，如果地表受到了污染，所谓的洒扫工夫，并不是去刻意求取什么，而是"还他本来清净而已"。不过，一切的起手工夫都在慎于当下一念，不使这一念流入邪妄之境，而是始终符合"无声无臭"、清明中和的先天本然面目。只要懂得这一点，就会明白"慎之云者，非是强制之谓"；只要抓住这一问题关键，那么，"虽日酬万变，可以澄然无一事矣！"

此外，"慎于一念之微"不仅不是从外面添加和强制什么理念，相反，它和王龙溪所提倡的"日减"工夫是完全一致的，而且，这才是"慎于一念之微"的内在要求。王龙溪和门人有过这样一段对话——

> 或叩颜子屡空之旨。先生曰："此是减担法。人心无一物，原是空空之体。形生以后，被种种世情牵引填塞，始不能空。吾人欲复此空空之体，更无巧法，只在一念知处用力。一切世情念头上有牵扯放不下，皆谓之妄，……诸友欲窥见此意，端居之暇，试将念头不断一著理会，果能全体放下无一物否？一切知解，不离世情，皆是增担子，担子愈重，愈超脱不出矣。"②

在这段对话中，王龙溪告诉门人，"人心无一物，原是空空之体。形

---

①　《王畿集》卷10，《答王鲤湖》，第264页。
②　《王畿集》卷3，《九龙纪晦》，第57页。

生以后，被种种世情牵引填塞，始不能空"，正因为如此，人心就像被茅草充塞一样，失去了灵性和自由。既然如此，"吾人欲复此空空之体，更无巧法，只在一念知处用力，一切世情念头上有牵扯放不下，皆谓之妄"，可见，这种"只在一念知处用力"的工夫，并不是要求学者添加什么东西，而纯粹是一种"减担法"。据此，王龙溪启发门人说："诸友欲窥见此意，端居之暇，试将念头不断一著理会，果能全体放下无一物否？"显然，王龙溪告诫门人不要"增担子"，因为"担子愈重，愈超脱不出矣"，所以，"在一念知处用力"的根本要求是"减担"，即扔掉各种各样的思想包袱，在前文，笔者引述王龙溪所说"工夫只求日减，不求日增。减得尽，便是圣人"①，表达的正是同样的意思。

四　以无欲为至，以寡欲为功

既然圣学工夫的根本要求是减担，那么，我们就需要寻找一下造成自己思想和心理负担日重的原因是什么，除了意见之弊外（可以通过讲明道理而消除），最主要的原因便是世人的欲望太多、意念过重，造成了人心负担不断增加的弊病，使人们失去了心灵原本的智慧和自由，因此，无论是笼统的理会性情，还是具体的慎于一念之微，最终都必须落实到寡欲工夫上来。王龙溪认为，唯有通过寡欲的修养工夫，才能返还至善的先天心体。

在前章，笔者阐释过王龙溪关于心之本体的一系列思想，其中，"无欲而静"是心之本体的直观特性，对此，他明确说过：

> 乾，天德也。天地灵气，结而为心。无欲者，心之本体，即所谓乾也。②

又如：

> 心之本体原是至善而无欲，无欲则止，有欲则迁。③

---

① 《王畿集》卷6，《与存斋徐子问答》，第146页。
② 《王畿集》附录一，《大象义述·乾卦》，第652页。
③ 《王畿集》卷8，《〈大学〉首章解义》，第176页。

理学开山祖周敦颐曾说："无欲故静"①，对于周敦颐的这一观点，王龙溪深表赞同，并做出了进一步的诠释，他说：

> 静者心之本体。濂溪主静，以无欲为要。一者无欲也，无欲则静虚动直。主静之静，实兼动静之义。人心未免逐物，以其有欲也。无欲，则虽万感纷扰而未尝动也；从欲，则虽一念枯寂而未尝静也。②

通过这段话，王龙溪告诉世人，人心本体之静，并不是指什么思虑都没有，而是指处于一种无欲无求的状态，这样一来，人心自然就变得宁静安详了，所以他才断言："无欲，则虽万感纷扰而未尝动也；从欲，则虽一念枯寂而未尝静也。"用今天人们常说的话讲，"无欲则刚"③，"人到无求品自高"，所指的就是这样一种心灵境界。只不过一般人不曾意识到，无欲无求不是刻意去做到的，而是人类心灵先天原本的面目，亦即人人皆有的心灵本然状态。在此需要重申，"本体无欲"的思想，不是一个逻辑辩诘和理论推导的问题，而是一个亲历亲证、当下呈与的实践问题，因此，笔者无法做出进一步的论证，只能顺着王龙溪思想的固有逻辑，去阐释他在此基础上的工夫论思想。

王龙溪认为，要想做好致良知的功夫，或者说以良知为诀去理会性情，关键是要以寡欲为功，以无欲为至。他说：

> 夫人心本虚，有不虚者，欲累之也。心之有欲，如目之有尘，耳之有楔也。君子寡欲以致虚也，如去尘拔楔，而复其聪明之用也。寡欲之功存乎复，观复则天地之心可见，而万物之芸芸者，归其根矣。④

又如：

> 吾人一向（于）欲染扰扰上打混，不曾实落于无欲源头定命根，所以致知工夫不得力。无欲不是效，正是为学真正路径，正是致知真

---

① 《周敦颐集》卷1，《太极图说》，第6页。
② 《王畿集》卷3，《答中淮吴子问》，第70页。
③ 孔子曾说："枨也欲，焉得刚?"（《论语·公冶长第五》），"无欲则刚"可能是从此语中引申出来的。
④ 《王畿集》卷17，《虚谷说》，第497页。

正工夫。①

值得注意的是，由于中国古代哲学不太讲究逻辑规则的缘故，王龙溪所说的"无欲"和"寡欲"，从动词意义上讲，并没有严格的区分，指的都是同一个东西，亦即减少欲望，去掉心灵之负累，最终恢复无欲之本体。今人在阅读经典原著的过程中，不应该过分纠缠于语词、概念的异同，那样只会泥迹失神，反而错过了领悟先哲思想精髓的机会。根据上述两段语录可知，王龙溪认为，既然人心的先天本体是无欲的，因此，我们只能在这"无欲源头定命根"，所以，学者不能把无欲看成是最终结果，而应该把它看成"为学真正路径""致知真正工夫"，换一个角度来说，这也就是"寡欲以致虚"的工夫，其最终效果便是去掉心灵的障蔽，"如去尘拔楔，而复其聪明之用也"。

王龙溪所说"以无欲为主，以寡欲为功"②，并不单纯是指纠正已经显露出来的诸种欲望、念头，而是深入到自我的心灵深处，把一切具有可能指向性的潜在欲望都去除剥落，这才是彻根彻底的修养工夫。他说：

> 人心固有，本无所放，惟动于欲始放。下者溺于嗜好攀援，高者泥于见闻格套，高下虽殊，其为有心所向则一而已。夫心有所向则为欲，无所向则为存。将有所向，觉之早而亟反之，是为寡欲之功。存之之法，惟能［在］寡欲，以复吾一体之仁，则独往独来，超然自得，天地所不能困，万物所不能挠，而常伸于万物之上。③

王龙溪一针见血地指出，"心有所向则为欲，无所向则为存"，正因为有了这种潜在的欲求，人心才会"感物而动，动即为欲"④，从而在追逐外物的过程中迷失自己，因此，正确的应对方法便是"将有所向，觉之早而亟反之，是为寡欲之功"。从另一方面看，"存之之法，惟在寡欲，以复吾一体之仁"，如果善于减损欲望，实际上意味着剥落了心灵的负担，开始逐渐体会"天地万物一体之仁"的意境。唯其如此，修道者的心灵方能恢复原本的自由逍遥，"独往独来，超然自得，天地所不能困，

---

① 《王畿集》卷9，《与聂双江》，第200页。

② 《王畿集》卷5，《书同心册卷》，第122页。主，犹言主脑，即思想指南。

③ 《王畿集》卷17，《子荣惟仁说》，第508页。按："惟能寡欲"一句，当作"惟在寡欲"，意思更通顺。

④ 《王畿集》卷3，《答中淮吴子问》，第69页。

万物所不能挠，而常伸于万物之上"。

王龙溪关于以"无欲为主，寡欲为功"的思想，并不是个人的一管之见，其实乃是对理学开山祖周敦颐"无欲成圣"理念的继承和弘扬。除了前述"无欲故静"的命题外，周敦颐还特别强调地指出"无欲"在学而至圣的过程中的重要地位，在《通书》中，他做了这样一段设问：

> "圣可学乎？"曰："可。"曰："有要乎？"曰："有。""请闻焉。"曰："一为要。一者，无欲也。无欲则静虚动直。静虚则明，明则通；动直则公，公则溥。明通公溥，庶矣乎！"①

自周敦颐提出"无欲成圣"的命题后，这一理念逐渐被宋明理学的大多数思想家引为同调，王龙溪也不例外。不过，他和一般的程朱理学思想家的不同之处在于，他所崇尚的"无欲"，只以良知为诀，而不是像官方理学那样以"三纲五常"为准则（主要以"三纲"为准）。事实上，王阳明、王龙溪师徒二人，平生讲学，都不去讲什么"三纲"，整个《王阳明全集》中，只有《五经臆说十三条》一篇，提到了"三纲五常"一次②，而且，这还是王阳明弃而不用的废稿！在《王龙溪全集》中，从头至尾，也没有一处正面论述"三纲"思想的文字。这是因为，他们看到了"三纲"思想不过是程朱理学为了巩固封建专制统治而提出的一套政治哲学纲领，实际上是以单向服从和人身依附为前提的行为规范，与孔孟先圣的思想本身有很大的距离（甚至是一种"异化"），因此，他们的讲学内容并不盲信程颐、朱熹及其著作，而是更多地汲取周敦颐和程颢的思想，引其源泉而流衍之，直至形成自己独到的思想体系。正因为如此，王阳明才说："吾平生讲学，只是致良知三字"③，同样，王龙溪所讲的"无欲"，与程朱理学提倡的某些道德理念只是形同而实异，并不存在为官方哲学抬轿捧场的用意。搞清了这一问题，我们再来看王龙溪关于"无欲为主，寡欲为功"的思想，就会发现，他是根据自己多年修道实践的真实体会，真诚地相信通过这样的修养工夫，可以达到作圣成贤的目的。为此，他曾做过一个对比，说：

---

① 《周敦颐集》，《通书·圣学第二十》，第31页。
② 《王阳明全集》卷26，《五经臆说十三条》，第977页。
③ 《王阳明全集》卷26，《寄正宪男手墨二卷》，第990页。

夫周子学圣,以一为要,以无欲为至,以寡欲为功,而其机存乎一念之微。无欲者,自然而致之者也,圣人之学也;寡欲者,勉然而致之者也,君子修此而吉也;多欲者,自暴自弃,不知所以致之者也,小人悖此而凶也。①

此外,他还曾对所器重的弟子张元忭说过类似的话:

圣学之要,以无欲为主,寡欲为功,寡之又寡,以至于无,无为而无不为。寂而非静,感而非动,无寂无感,无动无静,明通公溥,而圣可几矣。②

研究古代思想家的言论,需要我们在虚心求实的基础上慎思和明辨,否则就无法搞清古人提出某一思想命题的动机和原意,由此也无法理解先哲的睿智。在现代社会,一般人只知道有欲的理由,不知道无欲的价值,因此,看到王龙溪“以无欲为至,以寡欲为功”的思想,觉得匪夷所思,其实,这正是自己不虚心而导致的骄慢、狭隘的心境;反之,如果我们在现实生活中因为追逐欲望而遭到太多的痛苦和挫折之后,开始审视自己是否在起点上出现了偏差,那么,我们还有可能回到人生的正途上来。有时,王龙溪并不直接说寡欲或无欲,只说一个“淡”字,也包含了寡欲的工夫在内,例如,他说:

世情淡得下,则不从躯壳上起念,欲障渐除,真机自然透露。人我两忘,好恶不作,平怀顺应,坦坦荡荡,无入而不自得矣。③

在这段话中,“欲障渐除,真机自然透露”一语,特别耐人寻味,它告诉了世人另一种生活方式和精神导向,那就是因为淡泊名利而逐渐消除了欲障,使得人心中先天原本的“真机”自然透露出来,这种“真机透露”之后的心灵面目,呈现出一种“人我两忘,好恶不作,平怀顺应,坦坦荡荡,无入而不自得”的自由面貌。说实话,人生还有什么东西比这种“无入而不自得”的精神境界更可宝贵的呢?要达到这种精神境界,

① 《王畿集》卷17,《太极亭记》,第482页。
② 《王畿集》卷5,《书同心册卷》,第122页。
③ 《王畿集》卷12,《与鲁岱堂》,第313页。

实得其受用，那就必须按照王龙溪所说"以无欲为至，以寡欲为功"，这样才能如愿以偿。当然，即使是寡欲工夫，也不是一味地为减损而减损，一定要以良知为诀，如王龙溪所说："良知自有天则，随时酌损，不可得而过也。"① 凡事能以良知为诀，那么，在现实生活中才不会出现逃避问题的胆怯心理，而是"时止则止，时行则行，动静不失其时，其道光明"②，这才符合圣人所传授的心法——中庸之道。

总之，"以无欲为至，以寡欲为功"的修养论思想，在王龙溪的工夫论中占有很重要的地位，它是从另一个角度对"理会性情""慎于一念之微"等修养工夫的诠释和补充，也是体悟至道、作圣成贤的必然要求。这一思想的内在精蕴，我们不能以纯逻辑的方式去理解，而要灵活地把握其精神实质，用王阳明的话讲："见得时，横说竖说皆是。若此处通，彼处不通，只是未见得。"③ 只要我们深入领会阳明心学的致良知宗旨，就不难理解，"以无欲为至，以寡欲为功"的思想确实是儒家心性修养工夫中的重要一环。

第三节　动静合一论

王龙溪哲学的工夫论，从不同的角度来看，会有不同的表达形式，然而实质上，讲的都是同一个东西。当然，正是因为采用这样一种多维视角，我们才能更加全面地理解王龙溪哲学固有的千姿百态的思想风采，感悟阳明心学④深刻而圆融的思想魅力，因此，笔者拟从一些新颖的维度来阐释王龙溪哲学工夫论中的若干要领，并由此展现王龙溪工夫论的思想特色。其中，动静合一之旨是王龙溪哲学工夫论中的关键要领和思想特色，因此，笔者将其单独列为一节，其余的工夫要领和思想特色，将在第四节中专门阐述。

一　静坐涵养是宋明理学惯用的修道方法

静坐体悟与涵养是自古即有的心性修炼方法，其源头极可能出自原始

---

① 《王畿集》卷3，《答中淮吴子问》，第69页。
② 《周易译注》，《艮卦·象传》，第431页。
③ 《王阳明全集》卷1，《语录一》，第30页。陆九渊亦曰："一是即皆是，一明即皆明"，说的也是类似的问题，可为佐证。语出《陆九渊集》卷35，《语录下》，第469页。
④ 这里的阳明心学是广义的，包括王阳明、王龙溪等人一脉相承的思想体系。

宗教的斋戒活动。在《庄子》内篇《人间世》中，庄子假托孔子与高徒颜回之间的对话，介绍了"心斋"这样一种可操作性的修道方法，原文如下：

> 回曰："敢问心斋。"仲尼曰："若一志，无听之以耳而听之以心，无听之以心而听之以气。听止于耳，心止于符。气也者，虚而待物者也。唯道集虚，虚者，心斋也。"①（若，你；符，接合）

在"心斋"的基础上，庄子还在内篇《大宗师》一文中阐述了"坐忘"这样一种高层次的得道境界，原文如下：

> 他日，（颜回）复见，……曰："回坐忘矣。"仲尼蹴然曰："何谓坐忘？"颜回曰："堕肢体，黜聪明，离形去智，同于大通，此谓坐忘。"仲尼曰："同则无好也，化则无常也。而果其贤乎！丘也请从而后也。"②（而，同"尔"）

《庄子》分内、外、杂三篇，可信其为庄子原作的是内七篇，包括上述《人间世第四》和《大宗师第六》两篇。据此可见，早在先秦时期，道家已经有了很成熟的静坐涵养方法，由此影响到了同时期的儒家学者，也在情理之中。与此同时，在喜马拉雅山南麓的古印度一带，早已流行着佛教和各类宗教的禅定修习方法，这种以息心静虑为基本特征的宗教修习方法，随着佛教的传入也被带到了中国，与道教的静坐方法一起，从侧面影响着传统儒家。由于先秦儒家早有"人生而静，天之性也"③的认识，因此，并不排斥这样一种来自外道的修习方式，渐渐地，儒家学者也开始把静坐涵养当成一项有益的功课去做。从北宋中期开始，自从周敦颐提出"圣人定之以中正仁义而主静"的命题之后，静坐涵养和体悟逐渐成为宋明理学通行的修道方式。例如：

> 《性学指要》谓元公（指周敦颐）初与东林聪游，久之无所入。

---

① （战国）庄周原著，（清）郭庆藩集释：《庄子集释》，王孝鱼点校，中华书局 2012 年版，第 152 页。
② 同上书，第 290 页。
③ 《礼记·乐记》，载《十三经注疏·礼记正义》卷 37，第 3314 页。

聪教之静坐。月余，忽有得，以诗呈曰："书堂兀坐万机休，日暖风和草自幽。谁道二千年远事，而今只在眼前头。"聪肯之，即与结青松社。①

又如：理学奠基人二程兄弟，年轻时受周敦颐影响，静坐涵养颇有心得，后来讲学时同样以此为教，形成惯例，史载：

> 谢显道习举业，已知名，往扶沟见明道先生受学，志甚笃。明道一日谓之曰："尔辈在此相从，只是学某言语。故其学心口不相应，盍若行之？""请问焉。"曰："且静坐。"伊川每见人静坐，便叹其善学。②

又如：

> 暇日静坐，（林）和靖、孟敦夫、张思叔侍，伊川指面前水盆语曰："清静中一物不可着，才着物便摇动。"③

由是可见，程颢与程颐都是静坐涵养的高手。他们非常内行地教导弟子进行静坐涵养的工夫实践，许多弟子因此成为深得其中"三昧"的高人。其中，影响最大的莫过于杨时，杨时曾教导门人说：

> 《中庸》曰："喜怒哀乐之未发谓之中，发而皆中节谓之和。"学者当于喜怒哀乐未发之际，以心体之，则中之义自见。执而勿失，无人欲之私焉，发必中节矣。发而中节，中固未尝忘也。④

这段话中"于喜怒哀乐未发之际，以心体之，则中之义自见"一句，明确指出了静坐涵养以体悟"中"的方法。杨时深得二程之赏识，当他

---

① （清）黄宗羲原著，全祖望补修：《宋元学案》卷12，《濂溪学案下》，中华书局1986年版，第524页。按：南宋嘉定十三年（1220年），朝廷追谥周敦颐为"元"，程颢为"纯"，程颐为"正"。
② 《二程集》，《河南程氏外书》卷12，第433页。
③ 同上书，第430页。
④ 《宋元学案》卷25，《龟山学案》，第952页。

学成南归时，程颢送之出门，对坐中客曰："吾道南矣。"① 他回到福建，广授门徒，得心传者乃罗从彦，罗从彦之门徒中，入室者乃李侗。二人均将杨时传授的静坐涵养法持续终生，且深得意蕴。李侗这样回顾罗从彦：

> 某曩时从罗先生学问，终日相对静坐。只说文字，未尝及一杂语。先生极好静坐，某时未有知，退入室中，亦只静坐而已。罗先生令静中看喜怒哀乐未发之谓中，未发时作何气象，此意不唯于进学有方，兼亦是养心之要。②

《宋元学案》则这样介绍李侗：

> 其始学也，默坐澄心，以验夫喜怒哀乐未发之前气象为如何，久之，而知天下之大本真在乎是也。③

至此，从二程→杨时→罗从彦→李侗，形成了静坐涵养以体验未发的"道南传统"。然而，这一传统再往下事实上中断了，伊洛之学的模式发生了重大转向。众所周知，李侗收了一位高徒，就是大名鼎鼎的朱熹，他这样回顾李侗："李先生教人，大抵令于静中体认大本未发时气象分明，即处事应物自然中节。此乃龟山门下相传指诀。"④ 不过，朱熹坦率地承认，自己并没有达到李侗"体验未发"的境界，他说："然当时亲炙之时，贪听讲论，又方窃好章句训诂之习，不得尽心于此。至今若存若亡，无一的实见处，孤负教育之意。每一念此，未尝不愧汗沾衣也！"⑤ 大体而言，朱熹以章句训诂的理性主义治学方式取代了李侗等前辈的"龟山门下相传指诀"，即以静坐涵养的实践体认方式，因此，陆九渊在与其论战时曾带着挖苦的口气说："九渊窃谓老兄未曾实见太极。"⑥ 不过，客观地讲，朱熹的静坐体悟的深度虽然远不及李侗等先师，但也并非一点实践体会都没有，他的很多语录都表明了这一点，例如：

---

① 《二程集》，《河南程氏外书》卷12，第429页。
② 《宋元学案》卷39，《豫章学案》，第1285—1286页。
③ 《宋元学案》卷39，第1279页。
④ 《宋元学案》卷39，《豫章学案》，第1291页。
⑤ 同上。
⑥ （宋）周敦颐：《周子通书》，《附录·朱陆太极图说辨》，徐洪兴导读，上海古籍出版社2000年版，第108页。又见：《陆九渊集》卷2，《与朱元晦》（二），第27页。

熹以目昏，不敢著力读书。闲中静坐，收敛身心，颇觉得力。①

又如，他告诫友人说：

病中不宜思虑，凡百可以一切放下，专以存心养气为务，但跏趺静坐，目视鼻端，注心脐腹之中，久自温暖，即渐见功效矣。②

最为有名的一句话，则是他对门人亲口说的。据《朱子语类》记载：

郭德元告行。先生曰："……人若逐日无事，有现成饭吃，用半日静坐，半日读书，如此一二年，何患不进！"③

正是因为朱熹的这番告诫，后来，"半日静坐，半日读书"成为人们心目中宋明理学最基本的治学方法。当然，朱熹的治学方法主要还是以理性思辨和章句训诂为主，真正将"道南传统"继承并发扬光大的反倒是陆王心学一系。仅以陆九渊和王阳明二人为例，陆九渊很小的时候，就有静坐的习惯，据史籍记载："先生四岁，静重如成人。……常自洒扫林下，宴坐终日。"④ 另据他自述："长兄每四更一点起时，只见某在看书，或检书，或默坐。常说与子侄，以为勤，他人莫及。"⑤ 由是可见，陆九渊虽然没有遇到过李侗那样的好师傅，但是从小自家潜心践履，通过静坐涵养等方式体悟出"心即理"的生命智慧。成年后，他教导弟子时，除了讲解和阐发经义之外，静坐体悟也是其中一项重要的方法，例如，其高足詹阜民（字子南）记载了这样一件事情：

他日侍坐无所问，先生谓曰："学者能常闭目亦佳。"某因此无事则安坐瞑目，用力操存，夜以继日。如此者半月，一日下楼，忽觉此心已复，澄莹中立。窃异之，遂见先生。先生目逆视之，曰："此

---

① （宋）朱熹：《朱文公文集》卷46，《答潘叔昌》，载王云五主编《四部丛刊正编》，台湾商务印书馆1979年版，第53册，第798页。
② 《朱文公文集》卷51，《答黄子耕》，第894页。
③ 《朱子语类》卷116，《朱子十三》，第2529页。
④ 《陆九渊集》卷36，《年谱》，第481页。
⑤ 《陆九渊集》卷35，《语录下》，第463页。

理已显也。"某问先生:"何以知之?"曰:"占之眸子而已。"①

在这段对话中,陆九渊完全以过来人的资格,来指点弟子静坐涵养,直至其"开悟"为止。明朝中叶,心学宗祖王阳明年轻时曾在家乡阳明洞旁结庐修炼,"行导引术,久之,遂先知"②。另据王龙溪记载,王阳明此时静坐体悟的修炼水平,已经不亚于任何高僧名道,他说:

> (先师)乃始究心于老佛之学,缘洞天精庐,日夕勤修炼习伏藏,洞悉机要。其于彼家所谓见性抱一之旨,非惟通其义,盖已得其髓矣。自谓尝于静中,内照形躯如水晶宫,忘己忘物,忘天忘地,与空虚同体,光耀神奇,恍惚变幻,似欲言而忘其所以言,乃真境象也……③

值得注意的是,这种"返观内视"的功夫,还只是王阳明在龙场之前的体悟。当他三十七岁被发配至贵州龙场驿后,"日夜端居澄默,以求静一,久之,胸中洒洒。……忽中夜大悟格物致知之道,寤寐中若有人语之者,不觉呼跃,从者皆惊"④。得此彻悟之后,王阳明开始广收门徒,传授自己的心学思想,其中具有可操作性的方法之一便是静坐体悟。他的弟子中有很多都是静坐体悟的高手,其中,把静处体悟看得最重的莫过于聂文蔚(双江),后来形成了王门中的归寂派,在江西广有影响,与此同时,也产生了一些偏颇之蔽(如耽于静趣、玩弄光景等),因此,需要王龙溪等"明师"予以救正。王龙溪年轻时自己也曾处静室中,居之逾年,"遂悟虚灵寂感通一无二之旨"⑤,对于静坐涵养,他的悟境不亚于任何当世大儒或高僧名道,是有充分发言权的。然而,王龙溪的修道工夫论和聂双江等人一味重视静坐的思想有着微妙的差别,而是以动静合一作为圣学"真脉路"⑥,由此展现出独到而深刻的工夫论思想特色。

---

① 《陆九渊集》卷35,《语录下》,第471页。
② 《王阳明全集》卷33,《年谱一》,第1225页。
③ 《王畿集》卷2,《滁阳会语》,第33页。
④ 《王阳明全集》卷33,《年谱一》,第1228页。
⑤ (明)徐阶:《龙溪王先生传》,载《王畿集》附录四,第823页。
⑥ 《王畿集》卷16,《书陈中阁卷》,第478页。

二　圣门动静合一之旨

关于如何修道？王龙溪一向采取的是通达而圆融的态度。首先，他肯定了静坐涵养是一种有益的入门之法，并且积极地向欠缺这一基础工夫的士人推荐这种涵养体察的修道方法。他和门人有过一段对话：

> "然则程门见学者静坐，叹以为善学，又何也？"先生曰："此古人立教苦心。学绝教驰，吾人从生以来，失其所养，思虑内营，声利外泄，逐境流注，常失于动而不自觉，不得已教之静坐。遣虑息缘，使精神渐知向里，窥见本来虚寂之体，而后道可几也。吾党肯从静中摄养，收其放心，从事于德性之学，未必非入道之因，对病之药也。"①

在这段对话中，王龙溪阐明：由于人们"从生以来，失其所养，思虑内营，声利外泄，逐境流注，常失于动而不自觉"，因此，为了让士人能够找到简易真切的修道方法，先圣才"不得已教之静坐"。从事静坐涵养，可以使人"遣虑息缘，使精神渐知向里，窥见本来虚寂之体，而后道可几也"，这是一种简易有效的可操作性方法。对于大多数学者而言，"肯从静中摄养，收其放心，从事于德性之学，未必非入道之因，对病之药也"，因此，"伊川（指程颐）每见人静坐，便叹其善学"，充分体现了先辈儒者的良苦用心。

基于上述原因，王龙溪对于友人、门徒，经常教诲要学习静坐，以便"从静中收摄精神"，返还先天本然的心体。例如，他对门人说：

> 闲中可扫密室，焚香静坐。程门以此为善学，盖缘平时此心做主不定，未免向外驰散，未免藉此以为收摄。②

又如，他对北上应试的儿子王应吉叮嘱说：

> 汝此行应试，途中朝夕起居须慎动，弗妄作劳。读书作文之暇，

---

① 《王畿集》卷8，《天根月窟说》，第187页。
② 《王畿集》卷12，《与张含宇》，第307页。

时习静坐，洗涤心源，使天机常活，有超然之兴。①

由于王龙溪生前名气很大，许多官僚士大夫以和他纳交为荣。对于一些根器好的士大夫，王龙溪有时也会劝导他们从事静坐涵养，例如，他在给属于晚辈的抗倭名将戚继光（1528—1588 年）的信中说：

古人以静为学，公余，尤望时时静坐，窥见本来面目。把柄在手，天下事皆迎而解，蜂午不足忧矣。②

又如，他曾在给另一位抗倭名将俞大猷的信中说：

古来儒将归之武侯，其要在于学。学以广才，静以成学，非有二也。多事纷纭之中，主静功夫更有得力处否？③

王龙溪不仅针对个别的弟子、友人如是说，就是面对广大的门人群体也是这么讲的，例如，他曾对一批订立同志之盟的浙江弟子说：

自今而后，愿与诸君图为更始之计，趁此日力，讨个生身受命着落处做。每值会期，订以辰刻赴会，主人别治静室，焚香默对，外息尘缘，内澄神虑。④

这些话语表明，王龙溪把静坐涵养看成是一项适用于很多学者的有益的基础工夫，因此，他始终重视静坐涵养的工夫修习，在这一点上，他和陆王心学乃至整个宋明理学的思想理念并无二致。

其次，在王龙溪心中，静坐涵养始终是一项"立教权法"⑤，而非永久的定法，这是我们理解王龙溪动静合一思想的关键之处。王龙溪明确指

---

① 《王畿集》卷 15，《北行训语付应吉儿》，第 441 页。
② 《王畿集》卷 11，《与戚南塘》，第 303 页。戚继光，字元敬，号南塘，晚号孟诸。
③ 《王畿集》卷 11，《与俞虚江》，第 302 页。俞大猷（1504—1580 年），字志辅，号虚江。
④ 《王畿集》卷 5，《蓬莱会籍申约·严约规》，第 107 页。按：此"蓬莱"不在山东，而在浙江。
⑤ 《王畿集》卷 4，《答楚侗耿子问》，第 101 页。

出"学非专于静坐"①，又说"此理不必专在瞑坐始显"②，这就表明了静坐涵养之法不是"定法"而是"权法"。他曾和爱好理学的名宦耿定向有过一段对话，探讨了孔门之教和佛道二教的修行方法的区别，引述如下：

> 楚侗子曰："程门以静坐为善学，与孔门之教不同。岂以时有古今，教法亦从而异耶？"
>
> 先生曰："孔门教人之法，见于《礼经》。其言曰：'辨志乐群，亲师取友，谓之小成。强立而不反，谓之大成，'未尝有静坐之说。静坐之说，起于二氏，学者殆相沿而不自觉耳。古人自幼便有学，使之收心养性，立定基本，及至成人，随时随地，从事于学，各有所成。后世学绝教衰，自幼不知所养，熏染于功利之习，全体精神奔放在外，不知心性为何物，所谓欲反其性情而无从入，可哀也已。程门'见人静坐便叹以为善学'，盖使之收摄精神，向里寻求，亦是方便法门。先师所谓'因以补小学一段功夫也'。若见得致（良）知工夫下落，各各随分做去，在静处体玩也好，在事上磨察也好。譬诸草木之生，但得根株着土，遇着和风暖日，固是长养他的；遇着严霜烈日，亦是坚凝他的。盖良知本体，原是无动无静，原是变动周流，此便是学问头脑，便是孔门教法。若不见得良知本体，只在动静二境上拣择取舍，不是着动，便是着静，均之为不得所养。欲望其有成也，难矣哉！"③

在这段对话中，耿定向提出了一个问题，即程门静坐之法并非源于先秦孔门，何以古今儒家教法有如此之异？对此，王龙溪坦诚地回答：静坐之法，并不见于先秦儒家典籍之中，而是从佛道二教中借用过来的。这是因为后世之人"学绝教衰，自幼不知所养，熏染于功利之习，全体精神奔放在外，不知心性为何物，所谓欲反其性情而无从入"，因此，必须有一种可操作性的方法使人较快地学会向内"收摄精神"，返还先天心体，在这种情况下，静坐涵养便成为如王阳明所说"补小学、收放心一段功

---

①　《王畿集》卷3，《九龙纪晦》，第56页。
②　《王畿集》卷1，《抚州拟岘台会语》，第25页。
③　《王畿集》卷4，《东游会语》，第86页。

夫"① 的方便法门。然而，致良知工夫是不须分动静二端的，"在静处体玩也好，在事上磨察也好"，只要以良知为本，无论动静，均有工夫可做，都会受到良知灵明的启示和指引，因此，凡不明学问根柢所在，"只在动静二境上拣择取舍，不是着动，便是着静，均之为不得所养"。王龙溪的这段阐释十分圆融，表明了致良知工夫是随时随处可做，并不限于动静二端的具体形式，这样一来，就把静坐涵养界定为一种权法而非定法，使一些思想传统的儒者打消了对静坐修习"合法性"的疑虑。

既然把静坐修习视为一种"权法"，因此，王龙溪对于当时为数不少的学者有意前往深山或闭关习静的做法提出了规劝。例如，门人杜质（字惟诚）有进山习静的打算，王龙溪知道后，写信婉劝说：

> 明年，闻欲入深静处，亦是不耐烦劳、欲求超脱之计，但今日格致之功，在随处取正，只一念上盘桓。若起静见，便是拈一放一，恐入山时亦便不能泰定也，何如，何如？②

王龙溪的话是修道过来人的切身体会，如果生起一片好静之心，必有厌动之意，动静二端产生了对立，那么，修道者在现实生活中便不可能从容、灵动地应对各种事务，格物之功也就变成了一句空话。正因为如此，王龙溪才告诫门人说："若起静见，便是拈一放一，恐入山时亦便不能泰定也。"除了否定杜质欲入深山习静的想法之外，王龙溪还针对另一位爱徒张元忭（阳和）关于静坐之法的疑问予以解答，更加深入地阐释了圣人之学与二氏之学的微妙差别。首先，王龙溪肯定了张元忭虚心习静以求证悟的做法，他说：

> 阳和子深信良知之学灵明变化，为千圣传心正法，谓"学主于静，非静不足以成学，"扫景玉山房，以不二名其斋，时时习静其中，以求证悟，其志可谓勤矣。③

不过，王龙溪又教导张元忭不可一味枯守在蒲团之上，而要善于任事、心地超脱。张元忭感到疑惑，向龙溪提出质疑说：

---

① 《王阳明全集》卷4，《与辰中诸生》，第144页。
② 《王畿集》卷12，《与杜惟诚》，第323页。
③ 《王畿集》卷17，《不二斋说》，第491页。

古人谓此学如龙养珠，目注耳凝，念念无间。吾人见在优游超脱，以为忘机。迹若相反，未能会而通之，则如之何？①

对此，王龙溪胸有成竹地解答道：

所谓如龙养珠，非专在蒲团上讨活计，亦只从人情事变上深磨极炼，收敛翕聚，以求超脱，确乎不为所动，是为潜龙之学，只此便是养之之法。吾儒与禅家毫厘不同，亦在于此。②

王龙溪的这番话并不止说过一次，在《鲁江草堂别言》③中也曾出现，内容大同小异，足见他对于"吾儒与禅家毫厘不同"有着清晰的认识。结合前文所述"证悟"与"彻悟"的区别，我们可以理解，修道工夫并不只是"专在蒲团上讨活计"，那样顶多只能得到"证悟"之果，相比之下，正确的修道路径是："从人情事变上深磨极炼，收敛翕聚，以求超脱，确乎不为所动，是为潜龙之学"，通过这样的修行，才能达到"彻悟"的正果。枯守蒲团，耽于虚静，这是一般佛道二教的修行方法，圣人之学虽然并不排斥静坐涵养，但更看重的是"从人情事变上深磨极炼"，此乃经世之学和养性之功，亦即格物致知的工夫。关于这方面的思想，王龙溪还讲过许多类似的话，如：

千古圣学，本于经世，与枯槁山木不同。④
所谓问学，乃现在日履，不论闲忙，无非用力之地。⑤
着衣吃饭，无非实学，一念相应，便是入圣根基。⑥

归根结底，圣学修习的基本方法便是以良知为诀，在现实生活中笃实地格物致知，用王龙溪的话来讲，便是：

千古圣学只从一念灵明识取，只此便是入圣真脉路。当下保此一

① 《王畿集》卷17，《不二斋说》，第492页。
② 同上。
③ 《王畿集》卷16，《鲁江草堂别言》，第456页。
④ 《王畿集》卷10，《与唐荆川》，第267页。
⑤ 《王畿集》卷11，《答宗鲁侄》，第297页。
⑥ 《王畿集》卷12，《与丁存吾》，第330页。

念灵明，便是学；以此触发感通，便是教。随事不昧此一念灵明，谓之格物；……直造先天羲皇，更无别路，此是易简直截根源，知此谓之知道，见此谓之见《易》，千圣之秘藏也。①

由是可见，王龙溪关于修道方法的认识是十分圆融的，他既肯定了静坐体悟作为入门权法的效用，又指出"人情事变上深磨极炼"的心性工夫具有更为重要的意义，同时，将两者有机地融合在一起，没有明显的界限和痕迹。如果从理论上进一步概括提炼，那便是——"内外合一，动静无端，原是千圣学脉"②，更为简洁的说法则是——"动静合一真脉路"③，至此，王龙溪关于"圣门动静合一宗旨"④ 的思想已经廓然无疑。

三　对于诸儒修道方法的评判

有了对于"圣门动静合一之旨"的清晰认识，王龙溪便以此根据，理性而中肯地评判历史上诸儒的修道方式。例如，"北宋五子"之一的邵雍（字尧夫），静坐功夫相当了得，引起了后人的纷纷效仿。明代中叶的陈献章（世称白沙先生），也是从静坐中"开悟"的，在岭南一带有着很大的影响。为此，有的门人向王龙溪提出了疑问，展开了以下一段对话：

> 问曰："尧夫之学似即孔门之学，而明道不以为然者，何也?"先生曰："尧夫亦是孔门别派，从百源山中静养所得。五十以后，自谓无复渣滓可去，闲往闲来，谓之闲道人。盖从静中得来，亦只受用得静中些子光景，与兢兢业业、学不厌、教不倦之旨，异矣！白沙所谓'静中养出端倪'，亦此意也。"⑤

由上可知，王龙溪认为，邵雍"从百源山中静养所得"，亦是"孔门别派"，不容否定其深邃的道行，不过，"从静中得来，亦只受用得静中些子光景，与兢兢业业、学不厌、教不倦之旨，异矣！"因此，邵雍的一生只是一个"闲道人"而已，并没有经世任事，与圣人之学的原本宗旨还是有一定距离的。陈白沙亦然，他年轻时通过静坐涵养，"久之，然

---

① 《王畿集》卷16，《水西别言》，第451页。
② 《王畿集》卷16，《书陈中阁卷》，第478页。
③ 同上。
④ 同上。
⑤ 《王畿集》卷8，《天根月窟说》，第186页。

后见吾此心之体，隐然呈露，常若有物。日用间种种应酬，随吾所欲，如马之御衔勒也"①，于是，他焕然自信，提出了一个著名的命题，即"为学须从静中坐养出个端倪来，方有商量处"②。虽然后来陈白沙也认同其门人湛若水"随处体认天理"的思想，但是，这一言论的影响力无疑更为广泛。对于这一思想，王龙溪指出：

> 白沙翁"静中养出端倪"，自是白沙入路，亦便是他受用处，与圣门动静合一之旨，微隔一层。③

可见，王龙溪认为，从静坐涵养而开悟，只是陈白沙一类乡隐儒者的"入路"和"受用处"，与"圣门动静合一之旨"仍然"微隔一层"。如果回顾一下前文所述的"证悟"之效，便可得知——"得于静坐者，谓之证悟，收摄保聚，犹有待于境，譬之浊水初澄，浊根尚在，才遇风波，易于淆动"，因此，这种开悟还未达到"究竟义"，要想真正领悟天人性命之道，必须通过现实生活中各种事务的多方磨炼，才能使自己的心性变得既稳健，又超脱；既洁净，又安宁，直臻中和境界。对此，王龙溪明确地指出：

> 有未发之中，有发而中节之和，工夫只在喜怒哀乐发处体当，致和正所以致中也。内外合一，动静无端，原是千圣学脉。④

又如：

> 日逐应感，只默默理会当下一念，凝然洒然，无起无不起。时时觌面相呈，时时全体放下，一切称讥逆顺不入于心，所以终日交承，虽冗而不觉劳，终日论说，虽费而不觉扰。……迹虽混于世尘，心若超于太古。⑤

关于这种在日用常行中"理会当下一念"的修养工夫，王龙溪并不

①　《陈献章集》卷2，《复赵提学金宪》，孙通海点校，中华书局1987年版，第144页。
②　《陈献章集》卷2，《与贺克恭黄门》（二），第133页。
③　《王畿集》卷16，《书陈中阁卷》，第478页。
④　同上。
⑤　《王畿集》卷16，《万履庵漫语》，第462页。

讳言"不肖于此颇见有用力处，亦见得有得力处"。① 他是以一个过来人的身份向友人学者来讲述自己的心得体会的，其修养工夫完全融入了实际生活中，比起那种单纯从静中摄养的修行来，无疑要高明许多。

除了对邵雍和陈献章等"静中养出端倪来"的修行方式予以中肯的评判外，王龙溪还对时人常有误解的宋代陆九渊的修道方式进行了分析，指明了陆九渊的为学模式是地道的圣人之学。他曾应门人之请，对于《象山文集》中的某些原话加注评语，显示出他对于陆学的清晰认识。例如：

> 象山掌库三年，所学大进，曰："这方是执事敬"。（龙溪评）："象山之学从人情物理磨炼出来，实非禅也。"②

又如：

> 复斋问象山曰："吾弟在何处做工夫？"象山答曰："在人情事势物理上做工夫。"（龙溪评）："事势物理在人情中，此原是圣门格物宗旨。"③

不必否认，陆九渊也是静坐涵养的高手，从四岁起，他便"常自洒扫林下，宴坐终日"，正因为有着长期的静坐实践，所以他才能切实地体悟本心之理的存在，同时，仅仅通过"占之眸子"的一瞥④，便能洞察门人詹阜民静坐工夫的诣境，肯定"此理已显"的涵养成效。但是，陆九渊真正的学问功夫，却是来自"人情、物理、事势"的锻炼，年轻时在家族中"掌库三年"，结果是"所学大进"，这充分表明，陆九渊和一般的高僧名道有着本质的不同，他始终是以积极入世的态度，做好分内的各项事务，在人间社会尽到自己的职责和使命。特别是他晚年入主荆门军，仅一年多的时间，使荆门大治，以至于宰相周必大称"荆门之政，可以

---

① 《王畿集》卷16，《万履庵漫语》，第462页。
② 《王畿集》卷1，《抚州拟岘台会语》，第21页。原话见于《陆九渊集》卷34，《语录上》，第428页。
③ 《王畿集》卷1，《抚州拟岘台会语》，第17页。原话见于《陆九渊集》卷34，《语录上》，第400页。
④ 《陆九渊集》卷35，《语录下》，第471页。

验躬行之效"①。对于陆九渊的这些行迹，王龙溪看得十分清楚，因此他才断言："象山之学，从人情物理磨炼出来，实非禅也"，同时，充分肯定了陆九渊的为学模式，说："此原是圣门格物宗旨"。

总之，王龙溪通过对邵尧夫、陈白沙和陆九渊等先哲不同修道模式的评判，告诉了广大学者"圣门动静合一"的道理，旨在使学者从一味模仿佛道坐禅炼丹、耽于虚静中解脱出来，以积极的心态去从事入世的修养工夫。这种动静合一的修道思想，比起那些只知归寂守静的王门学者来，境界明显要高出许多，而其广为宣传所起到的补偏救弊之功，也是不应忽略的。

第四节　王龙溪哲学工夫论的其他要领

除了动静合一论之外，王龙溪的工夫论还有其他若干要领，都是从不同角度来表述致良知之学的思想内涵，既可以使我们多方位地领略龙溪哲学的思想风采，又可以看到龙溪哲学与历代理学家的一致之处。

一　学在变化气质

元气论是中国古代哲学的一项重要理论，早在先秦的《管子》《黄帝内经》等经典中就已有较为系统的阐述。在此基础上，宋明理学的一些思想家将元气论与心性道德修养结合起来，形成了著名的气质说，其中，"北宋五子"之一的张载在这方面的理论成就最为突出。他说：

> 君子心和则气和，心正则气正。②

又如：

> 为学大益，在自求变化气质，不尔，卒无所发明，不得见圣人之奥。故学者先须变化气质，变化气质与虚心相表里。③

---

① 《陆九渊集》卷36，《年谱》，第512页。
② 《张载集》，《经学理窟·气质》，章锡琛点校，中华书局1978年版，第265页。
③ 《张载集》，《经学理窟·义理》，第274页。

在此，张载提出了著名的"变化气质"说，成为后儒纷纷效仿的理论源泉。除了程朱理学之外，即使是陆王心学一系，也从不否认变化气质的重要性，例如，南宋陆九渊曾说："学能变化气质"①，就是从学习的成效方面来谈论这个问题的。作为阳明心学的嫡传，王龙溪十分重视"变化气质"一事，把它视为致良知之学的另一种表述，他经常告诫学生——"学莫先于变化气质"②、"学在变化气质"③，希望学生通过良知灵明的指引，消除自我身上的"气质偏胜"之病，成为一个气质清明而纯粹的君子。概括而言，他的变化气质说，以良知学为依据，重在涵养心性，旨在达到一个圣者所应有的境界。

首先，王龙溪根据自己的易学思想，解释了气质的来源。他说：

> 太虚者，易之体也。清通而无际者，神也；流布而有象者，气也；凝聚而有形者，质也。神散而为气，气敛而为质。易也者，神之变化，气质之所由以运者也。④

这段话中，包含了这样一种思想逻辑，即"神散而为气，气敛而为质"，体现出一个从无到有、从先天到后天的演化过程。凡是熟悉中国古代元气论的学者都知道，元气有先天后天之别，在天地未分之前，元气处于混沌无形之时，是至清至明的，没有气质之偏杂可言；当元气的演化进入了阴阳五行阶段后，由于元气的性质变得复杂了，才会有气质的清浊、昏明、久暂、厚薄等区别。不同性质的元气禀赋于人的生命之初，便形成了人与人不同的气质，对于个人而言，它虽然也算先天的禀性，但是，就宇宙中整个元气的运化过程而言，这种气质之偏杂只是后天的产物。因此，通过修习以优化气质，使人的心性恢复到清明、中和的先天状态，便是圣人之学必不可少的工夫。在这一变化气质的过程中，良知是人们内在的灵明本体，只有根据良知的觉照和指引，才能消除气质之偏胜，恢复心性先天本然的面目，因此，王龙溪才说：

> 良知者，虚之灵，神之窍也。良知致，则存变达化、阴阳合德、

---

① 《陆九渊》卷35，《语录下》，第462页。
② 《王畿集》卷17，《变化气质示士浚士美》，第504页。
③ 《王畿集》卷17，《德瑞说》，第504页。
④ 《王畿集》卷17，《变化气质示士浚士美》，第505页。

日月合明，而自无气质偏胜之为患矣。①

对于王龙溪的上述言论，我们应当这样理解：良知既然是"虚之灵，神之窍"，因此，只要依从良知灵明之指引，便能以"自动化"的方式找到心性清明中和的本然状态，并不需要刻意的努力或外在的矫饰，诚如王龙溪所说："良知者，破除习气之利刀，纵有窃发，一照即破。"② 当然，要想变化气质，必须先有一个决心，这就是"立志"。如果一个人没有对性命之道的真切关注，没有对圣人之学的真诚向往，那么，他便不可能自觉地从事改善气质的修习工夫。为此，王龙溪曾引述王阳明的一段话并加以点评，他说：

> 先师云："下愚不移，不是不可移，只是不肯移。"不肯移，只是无志。果能此道，虽愚必明，虽柔必强，况中才之士乎?③

他又以自己的切身体会，来启发门人后天修习的自觉性，他说：

> 人生只有此一事。区区数年来看得性命心较切，只从一念入微理会。世途役役，尤须着紧，悠悠一时，即放过一时，行业何赖?④

"悠悠一时，即放过一时"，这句话颇有珍惜光阴、促人警醒的意味。的确，倘若一个人只知道追逐后天的名利，或者一味贪图享受，而没有对于生命本身的珍视和理解，那么，他是不可能真正变化自家气质的。只有"看得性命心较切"之人，才会思考人类生命的来龙去脉和终极意义，才会自觉地利用宝贵而易逝的光阴，去从事变化气质的心性修养工夫。

关于变化气质，王龙溪不仅指出了它的重要性和先决条件，而且阐明了变化气质的一些具体要领，例如，他说：

> 古人之学，只是变化气质，然气质极难变，须得本源，方不落支援矫饰。譬之点铁成金，须有丹头，始能变化。古人尝令学者求未发

---

① 《王畿集》卷17，《变化气质示士浚士美》，第505页。
② 《王畿集》卷17，《尚贤以德说》，第506页。
③ 《王畿集》卷7，《华阳明伦堂会语》，第162页。
④ 《王畿集》卷12，《与徐成身》，第333页。

以前气象，此便是求丹头诀窍。然此气象非可以意气强索力求得来，须是戒慎恐惧，从独知处默默照察，见得平时许多胜心浮气、是己攻人、于人伦感应上许多不尽分处，默默消化，弗令些子恶根留藏，方是慎独工夫。所谓戒谨恐惧而中和出焉，方是求丹头上真正脉路，气质方有变化处。①

在这段话中，王龙溪首先承认了"气质极难变"的事实，同时又指明，"须得本源，方不落支援矫饰"。当然，变化气质仍然是可以做到的，王龙溪的基本思路是："须是戒慎恐惧，从独知处默默照察，见得平时许多胜心浮气、是己攻人、于人伦感应上许多不尽分处，默默消化，弗令些子恶根留藏，方是慎独工夫"，这样一来，又回到先圣所说的"慎独"工夫上来了。在此需要指出，理解阳明心学需要有一个圆融通达的态度，王龙溪所讲的致良知之学，本身就是和先圣所言的"慎独"工夫一脉相通的。例如，他说：

夫学，慎独而已，……良知即是独知，独知即是天理。独知之体，本是无声无臭，本无所知识，本是无所粘带拣择，本是彻上彻下。独知便是本体，慎独便是工夫。此是……，亦便是入圣入神真血脉路。只此便是未发先天之学，非有二也。②

又如：

未发之中，性之体也。其机在于独知之微，慎独即致（良）知也。此修道之功，复性之基，大本立而达道行，天地万物皆举之矣。③

由是可见，以良知为诀，修习慎独工夫，便是变化气质的基本方法。只要学者有探究性命之道的真切愿望，自觉而笃实地去做心性涵养的工夫，就可以使自己的心性结构不断优化，直至"气质消融，渣滓浑化"，④

————————

① 《王畿集》卷16，《书翟思道卷》，第479页。
② 《王畿集》卷10，《答洪觉山》，第262页。
③ 《王畿集》卷10，《答吴悟斋》，第248页。
④ 《王畿集》卷3，《书累语简端录》，第75页。

达到中和清明的理想境界，这便是王龙溪对于宋明理学的气质说的继承和发明，并由此形成了自己工夫论体系中一项富有特色的修习要领。

二　朋友交修之益

在王龙溪的工夫论中，有一项他经常提起的工夫要领，那就是重视"朋友交修之益"。此类言语在王龙溪的《会语》和给朋友门人的信中经常出现，如"不肖感诸贤祈恳之诚，聊述所闻，以为交修之益"①。"交"之一字，此处乃指一齐、共同之意（也包涵互相、彼此之意）。所谓朋友交修，是指志同道合的朋友之间互相劝勉、共同努力，以修习、成就圣人之道。儒家是一个非常看重人的社会性的学派，孔子周游列国时曾说："鸟兽不可与同群，吾非斯人之徒与而谁与?"（《论语·微子》）作为儒家思想的继承者，王龙溪同样看重人的社会性，坚持积极入世的生活态度，坚定地主张与同志、朋友一同修习圣人之道，自觉地摒弃了避世逃禅的佛道二教的修道模式。王龙溪曾用一个生动形象的比喻，揭示了朋友在修道过程中所起到的作用，他说：

> 夫学之于朋友，如鱼之于水，不可一日离。②

又如：

> 君子之学，贵于尚友。古人尚友者，尚贤也。③

这两段话表明，王龙溪所提倡的修道模式，绝不是以逃避尘世之身，找个清幽之境去闭关修炼，而是积极地在现实生活中寻找和自己志同道合的朋友，和他们一起交修共进，特别是要见贤思齐焉，向那些学识深邃、德行醇厚的朋友学习，以成就自己的圣贤人格。出于这个目的，王龙溪时常教导门人要踊跃参加所居之地的讲会，坚持把这一"质问酬答，显证默悟"的学术研讨活动发扬光大。至于他本人，更是不辞劳苦，长途跋涉，经常前往各地讲学，《王龙溪全集》中的多篇会语便是这些讲学活动

---

① 《王畿集》卷2，《白鹿洞续讲义》，第47页。又见该卷《宛陵会语》，第45页；《建初山房会籍申约》，第49页；《新安福田山房六邑会籍》，第51页。此语在其余各卷亦经常出现，兹不赘述。

② 《王畿集》卷12，《与沈宗颜》，第328页。

③ 《王畿集》卷17，《尚贤以德说》，第506页。

的内容记录。史载：

> （公）益孳孳以讲学为务，……所到接引，无倦色。故自南都及
> 吴、楚、闽、越皆有讲舍，江、浙为尤盛。会常数百人，公为宗盟。
> 公年逾八十，犹不废出游，有止之者，辄曰："子诚爱我，我亦非故
> 好劳，但念久安处则志气日就怠荒，欲求与朋友相切磨，自了性命，
> 非专以行教也。"①

这段记述表明，王龙溪到处讲学，并不是单纯是以学界宗盟自居，而
是抱着一种教学相长、交修共进的态度前往的，他的内心想法是："我亦
非故好劳，但念久安处则志气日就怠荒，欲求与朋友相切磨，自了性命，
非专以行教也。"由是可见，王龙溪注重朋友交修之益，不止是对门人说
说而已，而是发自内心地认为，以此作为勉励自己消除怠荒习气、同修性
命之道的有益手段。正因为有了这样一种理念，王龙溪对于那些有耽于静
趣、避世逃禅倾向的门人一直进行态度明确的规劝，例如，他对门人沈启
原（号霓川）说：

> 此学于朋友，如鱼之于水，不可一日离。道义由师友发之，虚怀
> 逊志，期于得朋，共明此学，乃一体不容已之心，非徒闭门息交，养
> 成雅重之体，作自了汉而已。况山林之过，甚于市朝，积闲成懒，积
> 懒成衰，因而堕落者，吾见亦多矣，不可以不惧也。②

他还对另一位门人丁存吾说："道谊于朋友不可一日相离，不知吾契
看得紧要否？诸友月会之期能不废否？"③
王龙溪告诫沈霓川的话非常实在，自古"道义由师友发之"，只有
"虚怀逊志，期于得朋"，才能"共明此学"；反之，如果只想闭门息交，
练成一个"自了汉"，那么，便不能领会"天地万物一体之仁"的奥妙，
亦即无法窥见"道"之全貌。而且，离群索居之人，往往会"积闲成懒，
积懒成衰"，甚至由之而堕落，王龙溪坦言"吾见亦多矣"，对于这种避
世修道的做法，王龙溪不仅表示了否定的态度，而且直言"不可以不惧

---

① （明）徐阶：《龙溪王先生传》，载《王畿集》附录四，第825—826页。
② 《王畿集》卷16，《留别霓川漫语》，第466页。
③ 《王畿集》卷12，《与丁存吾》，第330页。

也"，表达了自己对于门徒所选择的生活方式的担忧之情。正因为如此，他才对门人丁存吾的"月会之期"表示牵挂，问询"诸友月会之期能不废否？"殷切地希望门人不要错过与同门朋友交修共进的良好时机。顺便指出，"道义由师友发之"一语，并非王龙溪独创，早在北宋前期，周敦颐就率先提出了这样一种思想，他说：

> 道义者，身有之则贵且尊。人生而蒙，长无师友则愚，是道义由师友有之，而得贵且尊。其义不亦重乎！其聚不亦乐乎！①

周敦颐的这一思想，后来被阳明心学所继承和弘扬。无论是王阳明，还是王龙溪、王心斋等人，尽管都是一生坎坷曲折，但是素来坚持积极入世的理念，从来没有逃避过现实生活的任何事情。他们到处讲学传道，与愚夫愚妇相融通，点化了无数士人百姓，在明代中后期掀起一股规模巨大的思想解放热潮，创造了中国思想史上一段星辉灿烂、耀眼夺目的时代。

除了对门人直言不可闭门息交、作"自了汉"之外，王龙溪还对一些地位较高、有志道学的朋友进行了委婉而耐心的规劝。例如，1565 年（嘉靖四十四年），王龙溪抵达南京，以南京兵部尚书李遂（号克斋）为首的一大批士大夫热情款待，随后"参伍答问，默观显证"，举行了一场颇有思想深度的讲会。在会中，王龙溪和李克斋进行了这样一次对话：

> 克斋子曰："同志数友亦时时与会，不敢自外。自近年来军旅中用尽心力，爱惜精神，不欲过用，未免有就闲省事之心。"先生曰："此件事不是了人事做的。……欲爱惜精神，莫如亲师友，终日与朋友相对，宴安怠惰之气自无所容，精神自然充实光辉，日著日察，相观而善，只此便是致知实学，亦便是吾儒养生正脉路。若只以避人事为爱养精神，积闲成懒，积懒成衰，悠悠纵逸，暗地损伤，特不自觉耳。户枢不朽，流水不淤，自强不息，君子所以法天也。"②

针对李克斋的"爱惜精神，不欲过用，未免有就闲省事之心"的说法，王龙溪明确地告诉他："欲爱惜精神，莫如亲师友，终日与朋友相对，宴安怠惰之气自无所容，……只此便是致知实学，亦便是吾儒养生正

---

① 《周敦颐集》，《通书·师友下第二十五》，第39页。
② 《王畿集》卷4，《留都会纪》，第91页。

脉路";反之,如果一味"以避人事为爱养精神",必然导致"积闲成懒,积懒成衰,悠悠纵逸,暗地损伤,特不自觉耳",因此,修习圣人之学,"不是了人事做的",应该与师友一起交修共进,自强不息,这才是君子的"法天"之道。类似的话,王龙溪还在此次讲会中和另一位士大夫白野殷子谈过,史载:

> 先生谓白野殷子:"一向好禅,尝有喜静厌懒接朋友之病。近觉何如?"殷子曰:"近觉独学悠悠无益,要接朋友之心常切,但因病体赢弱,不奈支持。虽知同志会集,未敢出头酬应。"先生曰:"终有这个意思在。吾人出来与四方朋友交接,乃是求益,不是专去教人。吾人若是要救取自家性命,自不容不亲朋友,相劝相规,宴安非僻之习自无所容,翼翼昭事、摄养保爱不容已。机缘相触,因而兴起,非分我所有以与人,而人自受益,教学相长之义也。苟欲躲避世界、耽于静养,悠悠暇豫,渐致堕落,非徒无益,而反害之。"①

在这段对话中,白野殷子以"病体赢弱,不奈支持"为由,表明自己"虽知同志会集,未敢出头酬应",对于同道之间的讲习探讨活动采取了一种消极回避的态度。对此,王龙溪一针见血地指出:"吾人若是要救取自家性命,自不容不亲朋友,相劝相规,宴安非僻之习自无所容,翼翼昭事、摄养保爱不容已"。如果儒者也像佛门僧侣一样"躲避世界、耽于静养,悠悠暇豫",那么,必然"渐致堕落,非徒无益,而反害之"。正因为如此,王龙溪一再鼓励白野殷子,要积极而虚心地与朋友交流,同修偕进,共明此道。

总之,重视朋友交修之益,是王龙溪哲学工夫论中一项不可忽略的要领,也反映出儒家心性之学重视人的社会性的思想倾向。毫无疑问,在任何时候,这都是一项适合绝大多数人的实际生活状况的修行要旨。

三 直从易简示工夫

提倡简易直截,反对支离繁琐,这是陆王心学的一贯风格。早在鹅湖之会时,陆九渊曾以诗讽喻朱熹曰:"易简工夫终久大,支离事业竟浮沉。"② 作为思想上一脉相承的儒者,王阳明对于陆象山的易简工夫完全

---

① 《王畿集》卷4,《留都会纪》,第96页。
② 《陆九渊集》卷34,《语录上》,第427页。

赞同，而且进一步发扬光大，指出学者要做"简易透彻功夫"，① 同时，他最终拈出"致良知"三字，成为这一简易透彻工夫的理论核心。到了晚年，王阳明对于致良知之学益加自信，在出征广西的途中，经过吉安螺川驿时，面对前来迎送的诸多江右弟子，王阳明临别嘱曰："工夫只是简易真切。愈真切，愈简易；愈简易，愈真切"，② 再次明确地表达了心学崇尚易简工夫的思想理念。

作为阳明嫡传和当时儒林的"同志宗盟"，王龙溪也旗帜鲜明地提倡简易直截的工夫，反对支离繁琐的学问。他曾赋诗曰：

> 龟载神书马负图，直从易简示工夫。人心有感由来寂，造化无形若个模。影响前头千句少，羲皇而上片言无。好将知见都捐弃，兀坐蒲团玩太初。③

这首诗虽然包含了很丰富的内容，不过，其中最为清晰的命题，还是"直从易简示工夫"一句。王龙溪的所谓易简工夫，所指的仍不外是王阳明所提倡的致良知一事。由于当时占统治地位的理学宿儒对阳明心学竭力攻击、指责，因此，王龙溪必须挺身而出，为乃师进行理论辩护，他说：

> 先师一生苦心，将良知两字信手拈出，直是承接尧舜孔颜命脉，而其言则出于孟氏，非其所杜撰也。世儒不此之察，顾一倡群和，哄然指以为禅，将易简宗旨反堕于支离繁难而不自觉，岂不重可哀也哉？④

王龙溪认为，致良知之教乃是"承接尧舜孔颜命脉"的儒学真髓，世间俗儒没有查明此说的来由，便"哄然指以为禅"，把修心养性的易简工夫扔掉，自甘堕落于支离繁琐的章句学问之中，辜负了王阳明的"一片苦心"，实在是"重可哀也"。由于易简工夫与支离学问的争执由来已久，有时候，王龙溪还不得不为宋代的陆象山、杨慈湖等人进行辩护，他说：

① 《王阳明全集》卷3，《语录三》，第111页。
② 《王阳明全集》卷35，《年谱三》，第1309页。
③ 《王畿集》卷18，《次韵答王生问学》，第519页。
④ 《王畿集》卷9，《答茅治卿》，第230页。

> 慈湖之学得于象山，超然自悟本心，乃易简直截根源。说者因晦庵之有同异，遂哄然目之为禅。……世儒溺于支离，反以易简为异学，特未之察尔。知象山则知慈湖矣。①

在这段话中，王龙溪明确表达了"慈湖之学得于象山，超然自悟本心，乃易简直截根源"的思想，同时指明，"世儒溺于支离，反以易简为异学，特未之察尔"。这些言论，都显示出王龙溪坚决与皓首穷经、埋头故纸的俗儒之学划清界限，坚持阳明心学的易简直截工夫的学术立场。

或许有人要问：王龙溪所提倡的易简工夫，究竟如何去习练呢？在前文，笔者早已指出，王龙溪的工夫论，大致而言，便是以良知为诀去理会性情，其要不外乎慎于当下一念。这种心性修养的工夫可以融入每天的日常生活之中，人人可做，确实简易直截，不过，真的要将其做好，直至打成一片，没有一段时间笃实的格物之功是不可能如愿的。王龙溪指出：

> 千古圣学只从一念灵明识取，只此便是入圣真脉路。当下保此一念灵明，便是学；以此触发感通，便是教。随事不昧此一念灵明，谓之格物；……直造先天羲皇，更无别路，此是易简直截根源，知此谓之知道，见此谓之见易，千圣之秘藏也。②

"千古圣学只从一念灵明识取，只此便是入圣真脉路"一句，实际上就是王阳明"致良知"之教的另一种表述而已。因为良知即是心之灵明本体，凡事能依从良知的觉照和指引，便可居仁由义，不昧本心，学者照此去做，便是走在了"直造先天羲皇"的道路上，舍此之外，亦无别路可循，因此，王龙溪才说："此是易简直截根源，知此谓之知道，见此谓之见易，千圣之秘藏也。"总之，所谓易简工夫，并非怠惰偷懒，或妄自揣测，而是的确有这样一条通往先天本然境界的"道路"，只待有志之人去践行这一心路历程。

和其他王学同门相比，王龙溪所提倡的易简工夫还有另一层深刻的内涵，那就是：如果能在先天心体上立根，致良知的工夫自然简易省力，这叫做先天之学；反之，若在后天动意上立根，则未免有世情嗜欲之杂，牵挂纠缠必然较多，由此，致知工夫变得繁难，便是后天之学，这也是孔子

---

① 《王畿集》卷5，《慈湖精舍会语》，第114页。
② 《王畿集》卷16，《水西别言》，第451页。

门下颜回和其他门徒的高下差别所在，王龙溪所期许于自己门人的，当然是先天简易之学。由于这个问题比较复杂，笔者此处暂略，将在下一节中专门论述。

诚如英雄所见略同之故，王龙溪的同门钱德洪亦说："学益彻，则立教益简易"，[①] 这句话可以视为整个陆王心学的共同思想特征，因此，也可以看作对于王龙溪哲学工夫论的相关要领一个很好的概括。

四　智虽顿悟，行则渐修

关于本体与工夫、顿悟与渐修的问题，笔者在前文已经做过两次论述，此处再把这个问题单列出来，加以简要而集中的阐释，是为了让读者更加清晰地了解王龙溪哲学工夫论中有关要领和思想特色，同时，力图澄清学术界长期以来对于王龙溪哲学工夫论存在的各种误解。虽然此处文字与前面难免有重复之处，但因立论角度不同，相信对读者仍有一定的启发。

早在明末清初之时，黄宗羲等后儒就已经存在对王龙溪哲学工夫论的误会了，他说："龙溪谈本体而讳言工夫"，[②] 还说："至龙溪，直把良知作佛性看，悬空期个悟，终成玩弄光景。"[③] 由于黄宗羲所作《明儒学案》一书的影响甚广，长期以来，这一评价使得许多并未系统阅读过王龙溪原著的学人以为王龙溪的思想就是如此，笔者起初也不例外。不过，在深入研读王龙溪的有关著作之后，笔者发现，所谓龙溪"谈本体而讳言工夫"的说法是难以成立的，王龙溪对于本体与工夫、顿悟与渐修的辩证关系其实有着非常理性、中肯的认识，特别是在工夫论上，他明确提出了"智虽顿悟，行则渐修"[④] 的观点，并且持之以教诲门人，体现了对"致良知"之教的深刻理解和大力弘扬。

关于本体与工夫的关系，王龙溪曾经指出：

> 圣人、学者本无二学，本体、工夫亦非二事。……舍工夫而谈本体，谓之虚见，虚则罔矣；外本体而论工夫，谓之二法，二则

---

① 《王阳明全集》卷29，《续编四·序》，第1038页。
② 《明儒学案》卷15，《浙中王门学案五》，第324页。
③ 《明儒学案》，《师说》，第9页。按：此处虽是黄宗羲转述乃师刘宗周之遗言，实为自身赞同之评语。
④ 《王畿集》卷12，《答程方峰》，第311页。

支矣。①

又如：

> 圣人自有圣人之学，上达不出下学之中。若以圣人不假修习，超然上达，则虞廷精一之功，果何所事也？②

他还特意以王阳明体究出"致良知"宗旨为例证，说：

> 先师所谓良知，是万死一生中体究出来，多少积累在？若谓良知无功夫，是未悟致知者也。③

由是可见，王龙溪虽然非常强调"悟"字，认为"悟门不开，无以徵（验证）学"④，但是从来没有忽视过工夫修习。他所说的"舍工夫而谈本体，谓之虚见，虚则罔矣；外本体而论工夫，谓之二法，二则支矣"一语，与王阳明所说的"合着本体的，是工夫；做得工夫的，方识本体"⑤几乎如出一辙。事实上，王龙溪更为期许的是，学者尽量能够率先觉悟心之本体，"植根"本体之后再做涤清习气的工夫，这样的"悟后起修"如有源之水，有本之木，不仅方向明确、标准清晰，而且要省力得多。相比之下，那种以先哲所传之成法为依据，一味地在"扫荡欲根，祛除杂念"等事项上做工夫的人，因为没有领悟良知之本来面目，所以工夫繁难，顾此失彼，往往要经过一个更为漫长的修习过程，才能彻悟本体（还不一定保证人人都可以做到），因此，在圣学修习之事上，一直存在着顿悟和渐修两种不同的法门。对此，王龙溪概括道：

> 夫圣贤之学，致知虽一，而所入不同。从顿入者，即本体以为功夫，天机常运，终日就业保任，不离性体，虽有欲念，一觉便化，不至为累，所谓性之也；从渐入者，用功夫以复本体，终日扫荡欲根，祛除杂念，求以顺其天机，不使为累，所谓返之也。若其必以去欲为

---

① 《王畿集》卷9，《答季彭山龙镜书》，第212页。
② 《王畿集》卷9，《答章介庵》，第210页。
③ 《王畿集》卷16，《赵望云别言》，第458页。
④ 《王畿集》卷17，《悟说》，第494页。
⑤ 《王阳明全集》卷32，《传习录拾遗》，第1167页。

主，求复其性，则顿与渐未尝异也。①

　　概括而言，致良知的功夫分为两种。第一种是率先觉悟本体，"即本体以为功夫"，这是一种保任性体，不受内外污染的修养方法，所谓"性之也"，其妙处在于，由于紧紧扣住良知灵明这一本体，时时受其觉照和指引，"虽有欲念，一觉便化"，这是一种既省力又得力的功夫。第二种则是"用功夫以复本体"，如上所述，要经历一个从"有"返"无"的过程，所谓"返之也"。两者相比较，第一种"即本体以为功夫"的做法是"上根之人"所为，而第二种"用功夫以复本体"更适用于"中根以下之人"，但是，两者的目标是一致的，所下功夫的内涵也未尝有异。对上根之人来说，虽然"省力处便是得力处"②，但是绝不意味着无工夫可做，在觉悟良知本体之后，一样有着净化气质、消除习气的任务，这便是所谓"兢业保任"。王龙溪认为，开悟之后"保任工夫自不容已"，为此，他和时任南京吏部主事的许孚远③有过一段对话：

　　　　敬庵（许）子曰："古人云'一得永得'，既得矣，复有所失，何也？"先生曰："吾人之学，患无所得，既得后，保任工夫自不容已。且道得是得个怎么？此非意解所及。择乎中庸，不能朞月守，便是忘却保任工夫，亦便是得处欠稳在。尧舜兢业，无怠无荒，文王勉翼，亦临亦保，方是真得，方是真保任。学至大成，始能强立不反。放得太早，自是学者大病，吾侪所当深省也。"④

　　在这段对话中，王龙溪诚恳地告诫年纪尚轻而天资颖悟的许孚远："既得（悟）后，保任工夫自不容已"，如果忘却了保任工夫，究其实，"便是得处欠稳在"，不算是真正的开悟。要想一想历史上的先圣，"尧舜兢业，无怠无荒，文王勉翼，亦临亦保，方是真得，方是真保任"，只有通过这种持之不懈、无怠无荒的保任涵养，才可能达到"强立不反"的"大成"境界。对于任何学者而言，"放得太早，自是学者大病，吾侪所

---

① 《王畿集》卷14，《松原晤语念庵罗丈》，第393页。
② 这是借用泰州学派王襞（东厓）的话，载《明儒王东厓先生遗集》卷1，《寄庐山胡侍御书》，第224页。
③ 许孚远（1535—1604年），字孟中，号敬庵，嘉靖四十一年（1562年）进士，仕至兵部左侍郎，《明儒学案》卷41，《甘泉学案五》有传。
④ 《王畿集》卷4，《留都会纪》，第94页。按：此次对话发生在嘉靖四十四年（1565年）。

当深省也"。

关于心性修养工夫的重要性，王龙溪不仅进行直接的理论阐述，而且，还以先圣孔子本人的言论和行迹为例证，加以心学化的诠释，表明了悟后保任工夫的重要性。有一段对话很耐人寻味：

> （诸友）请问愤乐之义。先生曰："此是夫子终身受用之实学。知夫子之乐，则知夫子之愤；知夫子之愤，则知夫子之乐。愤是求通之义，乐者心之本体。人心本是和畅，本与天地相为流通，才有一毫意必之私，便与天地不相似；才有些子邪秽渣滓搅此和畅之体，便有所隔碍而不能乐。发愤只是去其隔碍，使邪秽尽涤，渣滓尽融，不为一毫私意所搅，以复其和畅之体，非有所加也。愤乐相生，勉焉日有孳孳，不知老之将至，夫子至诚无息之学。"①

在《论语·述而》中，有一段孔子的自我评价——"发愤忘食，乐以忘忧，不知老之将至云尔"。对此，有人不解其义，王龙溪则从心学本体与工夫相辅相成的角度，阐释了孔子所谓"发愤忘食，乐以忘忧"的深刻内涵。他指出，"乐者心之本体"，而"愤是求通之义"，属于工夫的范畴。对于孔子这样的圣人而言，虽然早已体会到"人心本是和畅，本与天地相为流通"的本来面目和自得受用，但是，"才有些子邪秽渣滓搅此和畅之体，便有所隔碍而不能乐"，这对于圣人和凡人都是一样的，而孔子难能可贵的地方在于，无论年纪多老，一旦发现这种隔碍的存在，便发愤忘食，用功不已，"去其隔碍，使邪秽尽涤，渣滓尽融，不为一毫私意所搅，以复其和畅之体"，可见，即使是孔子这样的圣人，一样需要践履"愤乐相生"的修养工夫，"勉焉日有孳孳，不知老之将至"，这才是"夫子至诚无息之学"的本然面貌。孔夫子尚且如此，那么，后代学者不是更应该发愤用功，以保任其和畅之体吗？这是一项永无止境的修养工夫，只有这样，学者才能长久地受用天人合一、自由自在的精神境界。

以上所言，主要是指上根之人开悟之后的修养、保任工夫。对于他们，王龙溪多次强调悟后之修的必要性，例如，他说：

> 天泉证道大意，原是先师立教本旨，随人根器上下，有悟有修。良知是彻上彻下真种子，智虽顿悟，行则渐修。譬如善才在文殊会下

---

① 《王畿集》卷8，《愤乐说》，第194页。

得根本智，所谓顿也；在普贤行门参德云五十三善知识，尽差别智，以表所悟之实际，所谓渐也。①

又如：

> 理乘顿悟，事属渐修。悟以启修，修以徵悟。根有利钝，故法有顿渐。要之，顿亦由渐而入，所谓上智兼修中下也。②

这两段言论中，王龙溪借用了佛教《华严经》的一个典故，即善财童子在文殊菩萨（象征智慧）门下已经开悟，"得根本智"，属于顿悟范畴；但是，这不算大功告成，他还来要到普贤菩萨（象征德行）门下进行"五十三参"的继续修行，以"尽差别智"，经过许多事情的磨炼，心性功夫已经牢固不可动摇，这样一来，他的修行趋于圆融无碍，才算是彻悟天人性命之道了。因此，"智虽顿悟，行则渐修"，这是一项无可逃避的修道之路，而"悟以启修，修以徵（验证）悟"一语，则表明了修和悟之间相互依存的辩证关系。

既然上根之人尚且不能缺少工夫修习，那么，对于大多数"中根以下之人"来讲，工夫修习就更不能忽略了。为此，王龙溪做了一个生动形象的比喻，表明了后天修习工夫的重要性，他说：

> 自先师拈出良知教旨，学者皆知此事本来具足，无待外求。譬诸木中有火，矿中有金，无待于外烁也。然而火藏于木，非钻研则不出；金伏于矿，非锻炼则不精。良知之蔽于染习，犹夫金与火也。③

这个比喻表明，尽管良知内在于人心之中，但是，由于"蔽于习染"，其灵光妙用彰显不出，要想觉悟良知，自得受用，就必须像钻木取火、冶炼矿石一样狠下功夫，这样才能看到闪烁的火花，炼出纯粹的真金。当然，"用功夫以复本体"需要凭借正确的修习方法，前文已经介绍了许多王龙溪这方面的思想，在此，仅引述一段他对众门人的话作为代表，他说：

---

① 《王畿集》卷12，《答程方峰》，第311页。
② 《王畿集》卷17，《渐庵说》，第500页。
③ 《王畿集》卷7，《南游会纪》，第153页。烁，通"铄"，熔化，销熔。

今日会中诸友，先须立有必为圣人之志，各安分限，从现在脚跟下默默理会，循序而进，弗崇虚见，荡涤凡心，消融习态，一毫不与盖覆包藏。……一念灵明，时时著察，教学相长，实修实证，弗求速悟，水到渠成，自有逢源时在。求悟之心，反成迷也。①

在这段话中，几乎包含了前述各项工夫修习的要点，如"先立必为圣人之志""默默理会，循序而进""一念灵明，时时著察"等，总之，王龙溪主张的是"实修实证，弗求速悟，水到渠成，自有逢源时在"。这些话语充分表明，王龙溪不仅高度重视后天的修习工夫，而且为世人指出了通过心性修养以至圣人境界的正确方法，因此，我们不必再绍述"龙溪谈本体而讳言工夫"的老调子，应该为王龙溪哲学的工夫论理直气壮地"正名"。

综合第三、第四两节所述，我们探讨了王龙溪哲学工夫论中的若干重要理念，包括：动静合一之旨、变化气质说、朋友交修之益、易简工夫宗旨，以及智则顿悟、行则渐修，等等，这既是王龙溪哲学工夫论的要领，也是其工夫论的思想特色所在。当然，如果我们继续深入研究，还可能进一步发现和整理出王龙溪哲学工夫论的其他要领或特色，不过，值得注意的是，研究王龙溪哲学（包括整个心学一系），应当谨防出现陆九渊所说的"今之学者读书，只是解字，更不求血脉"②的弊端，今人不能只是满足于诠释古代哲学的若干范畴，而应当努力把握其内含的活生生的"血脉"精神，同时以"知行合一"的精神去笃实践履、切己参悟，这样一来，才能把古人精心提炼出来的修道经验变成自家的受用，才能"复其和畅之体"，体会到"上下与天地同流"③的至诚境界。

第五节　王龙溪哲学工夫论的若干疑难辨析

在王龙溪哲学的工夫论中，有一些问题对人们的常规经验而言比较费解，但是，这些疑难又是如实理解阳明心学、正确践履心学功夫不可回避的问题，因此，本节拟就王龙溪哲学工夫论的有关疑难做一番辨析，主要

---

① 《王畿集》卷16，《水西别言》，第449页。
② 《陆九渊集》卷35，《语录下》，第444页。
③ 语出《孟子·尽心上》。见《四书章句集注》（新编诸子集成本），第359页。

包括：先天正心之学和后天诚意之学的区别；未发之中和已发之和；戒慎与洒脱的关系，等等。搞清了这些疑难问题，无疑会使我们对于龙溪哲学以及阳明心学的理解更加到位，达到一个较为深刻、细腻的思想层次。

一　先天正心之学与后天诚意之学

在王龙溪传播阳明心学的过程中，他的工夫论思想不可避免地带有一些个人的思想色彩，即以个人所悟的修道路径为侧重点。这一特色，突出表现在他对先天正心之学与后天诚意之学的区分上。

关于心性修养工夫，王龙溪曾对朋友王慎中[①]说过这样一段话：

> 正心，先天之学也；诚意，后天之学也。吾人一切世情嗜欲，皆从意生。心本至善，动于意，始有不善。若能在先天心体上立根，则意所动自无不善，一切世情嗜欲自无所容，致知工夫自然易简省力，所谓后天而奉天时也。若在后天动意上立根，未免有世情嗜欲之杂，才落牵缠，便费斩截，致知工夫转觉繁难，欲复先天心体，便有许多费力处。颜子有不善未尝不知，知之未尝复行，便是先天易简之学。原宪克伐怨欲不行，便是后天繁难之学。不可不辨也。[②]

这段话语包含了两段典故，其一是出自《周易·系辞下》：子曰："颜氏之子，其殆庶几乎？有不善未尝不知，知之未尝复行也。《易》曰：'不远复，无祗悔，元吉。'"[③] 其中，所引《易经》之语，乃是出自《复卦》的初九之爻的原文。其二是出自《论语·宪问》的一段话：（原宪）问："克、伐、怨、欲不行焉，可以为仁矣？"子曰："可以为难矣，仁则吾不知也。"搞清了这两个典故的出处和内涵，有助于我们正确地理解王龙溪这段话的深刻含义。

王龙溪的这段话，主要辨析了先天正心之学和后天诚意之学的区别。早在"天泉证道"之时，王龙溪就已初步形成自己的修道模式，即率先觉悟先天良知本体，在立根于良知本体的基础之上，继续消除个人习气，净化自身气质，最终使"气质消融，渣滓浑化"，达到天人合一、自由自

---

①　王慎中（1509—1559 年），字道思，号遵岩居士，福建晋江人。嘉靖五年（1526 年）中进士，曾任江西参议、河南参政等职，《明史》卷 287 有传。

②　《王畿集》卷 1，《三山丽泽录》，第 10 页。

③　《周易译注》，《系辞下》第 5 章，第 582 页。

在的圣境。由于觉悟本心在先，因此，随后的修道工夫都是从本心中自然发露流行的，没有什么固定的范式和刻意的作为。由于本心中没有任何是非善恶的对立观念，因此，心、意、知、物都是以无为本，不需要什么后天的道德规范严加约束，即使自己偶有犯错之处，也能像颜回一样，"有不善未尝不知，知之未尝复行"，能够做到"不远而复"，很快回到先天本心的基点上来，无疑，这是一种"易简省力"的工夫，换句话说，也就是"即本体以为工夫"的上根之人的修道方法。

在先天正心之学之外，还存在一种后天诚意之学。在王龙溪哲学的工夫论范畴体系中，心者，先天之谓，处于本然至善的状态；意者，后天之谓，心接于物而动，于是产生了意，有善有恶，性状不一。王龙溪认为，修道之人"若能在先天心体上立根，则意所动自无不善，一切世情嗜欲自无所容，致知工夫自然易简省力，所谓后天而奉天时也"，反之，如果不能立足于先天心体，只知道从后天具体的道德规范和问题意识入手，便会出现顾此失彼、牵扯不休的各种麻烦，他说："若在后天动意上立根，未免有世情嗜欲之杂，才落牵缠，便费斩截，致知工夫转觉繁难，欲复先天心体，便有许多费力处"。两者相比，前者明显是"简易省力"之功，后者是"繁难费力"之学，其高下区分是不言而喻的，究其原因，是由于前者已经见到先天心体，践行的是有源泉、有依据的学问工夫，而后者由于尚未见到自家先天的本心，还在后天的诸种意念之上分别纠缠，被世情嗜欲所左右，因此，心性修养变得勉强而繁难。

对于这种正心之学与诚意之学的差别，王龙溪还以孔子门下的两个弟子颜回和原宪的修养诣境为例，表明了正心之学与诚意之学的本质不同。颜回其人，已见"道"之本原，所欠者不过是"大而化之"的涵养工夫，因此，颜子的内心，已然是浑沦顺适，自由自在，并不需要什么严格、固定的道德规范进行自我约束，偶尔有习气未化、所行不当之处，以其良知本心之明，即刻便能知晓洞察，于是，"才动即觉，才觉即化"，[①] 体现出一种"不远而复"的得力功夫。相比之下，原宪因为不明良知本心之所在，对于自己内心的种种欲念，采取了强行克制的态度，仅仅能收到"克（好胜）、伐（自矜）、怨（忿恨）、欲（贪欲）不行焉"的效果，对于自己这种修养方法，原宪猜测"可以为仁矣？"而孔子认为，"可以为难矣，仁则吾不知也"，委婉地否定了原宪的想法。对此，二程诠释道：

---

① 《王畿集》卷16，《陆五台赠言》，第445页。

"有之而能制其情，使不行，斯亦难能也，谓之仁则未也。"① 朱熹则进一步将颜回和原宪加以对比，指明了二人的高下区别，史载：

> 问："克己与克伐怨欲不行？"（朱子）曰："克己是拔去病根，不行是捺在这里，且教莫出，然这病根在这里。譬如捉贼，克己便是开门赶出去，索性与他打杀了，便是一头事了；不行是闭了门藏在里面，教他且不得出来。"②

应该承认，朱熹的这段解释和比喻是很贴切而生动的，但是，他并没有指出先天正心之学与后天诚意之学的真正区别。王龙溪则以颜回和原宪的差别告诉了世人：所谓心性修养之工夫，的确有着简易省力的正心之学和繁难费力的诚意之学两种模式，只待学者根据自己的领悟和根器，去选择适合自己的工夫路径。不过，即使是后天诚意之学，只要持之以恒，待操习熟练之后，仍然可以明心见性，从"有"返"无"，走到先天正心之学的诣境上来。

关于先天正心之学和后天诚意之学的差别，王龙溪虽然早已看到两者的相异和利弊，但是一向持言慎重，在整个《王龙溪全集》中，他只对王慎中和陆光祖二人明确讲过。兹引述他对陆光祖所言如下：

> 正心，先天之学也；诚意，后天之学也。良知者，不学不虑，存体应用，周万物而不过其则，所谓"先天而天弗违，后天而奉天时"也。人心之体，本无不善，动于意，始有不善。一切世情见解嗜欲，皆从意生。人之根器不同，功夫难易亦因以异。从先天立根，则动无不善，见解嗜欲自无所容，而致知之功易；从后天立根，则不免有世情之杂，生灭牵扰，未易消融，而致知之功难，势使然也。颜子不远复，才动即觉，才觉即化，便是先天之学。其余频失频复，失则吝，复则无咎，便是后天之学。难易之机，不可以不辨也。③

这一段论述与对王慎中（遵岩居士）所言，除了更详细一些外，没

---

① 参见《四书章句集注》（新编诸子集成本），《论语集注·宪问第十四》，第150页。
② 《朱子语类》卷44，《论语二十六》，第998页。
③ 《王畿集》卷16，《陆五台赠言》，第445页。陆光祖（1521—1597年），号五台，浙江平湖人，仁至吏部尚书。本著第二章第一节中有其简传。

有实质差别。其中，王龙溪特意指出，"人之根器不同，功夫难易亦因以异"，表明了先天正心之学不是人人都可以当下学会并得其受用的，其前提乃是学者要率先"明心见性"，觉悟到自己的良知本体，能像颜回一样"如有所立卓尔"，① 才是悟"道"的表现。如果已然明心见性②，那么，"从先天立根，则动无不善，见解嗜欲自无所容，而致知之功易"；反之，如果从后天意动处立足，那么，"不免有世情之杂，生灭牵扰，未易消融，而致知之功难"。在孔子门下，颜回能够做到"其心三月不违仁"③，并不是强制自己的意念所致，而是因为他已经体悟到"仁体"（即良知本体），于是从先天心体立根，进一步涵养心性，才有"浑然与物同体"的受用，而其余弟子，因为未能实见"仁体"这一先天本心，所用工夫都是从后天意动处出发，因此，"频失频复，失则吝，复则无咎"，需要通过不断地自我调整意念，才能"日月至焉"，合乎一个仁者的基本要求。对此，人们不能只看到颜回和其余同门的诣境高低的表面差别，更应该注意到他们所运用的修养功夫的内在"难易之机"，这是一个"不可不辨"的问题。

先天正心之学和后天诚意之学的划分，实际上是王龙溪与钱德洪等人在"天泉证道"时所提出的工夫模式差异性的延续。王阳明曾说："上根之人，悟得无善无恶心体，便从无处立根基，意与知物，皆从无生，一了百当，即本体便是工夫，易简直截，更无剩欠，顿悟之学也。中根以下之人，未尝悟得本体，未免在有善有恶上立根基，心与知物，皆从有生，须用为善去恶工夫，随处对治，使之渐渐入悟，从有以归于无，复还本体，及其成功一也。"④ 概而言之，王龙溪所说的正心之学，适合于已经悟入圣门、明心见性的学者做进一步的深入修养工夫，而后天诚意之学，则适合大多数尚未觉悟良知本体的学者进行初步的心性修养。诚然，两种工夫模式的"难易之机"是显而易见的，但是，谁适合什么样的工夫模式，便选择那条适合自己的修道路径，这才是明智的抉择，我们没有必要偏废正心之学与诚意之学的任何一方。当然，我们更应该明白的是，古往今来，有许多学者不懂得河渡船弃、病愈药亡的道理，当自己的修道功夫达到可以立根于先天本体的水平时，仍然固守于既定的修养方法而不知变

---

① 语出《论语·子罕》，这是颜回对自己见"道"感受的描述。
② 这是借用禅宗的术语，指的是体悟到良知本心的客观存在和大致面目。
③ 语出《论语·雍也》，原文是：子曰："回也，其心三月不违仁，其余则日月至焉而已矣。"
④ 《王畿集》卷1，《天泉证道纪》，第2页。

通，不敢相信、任用自己的良知本心，不懂得享用、行使自己先天本有的自由权利，在这种情况下，王龙溪的先天正心之学就显得特别有针对性，成为许多学者应该虚心汲取、当下领悟的金玉良言，成为他们跻入圣境的"不二法门"。

二　未发和已发之辨

前文已经讲过，静坐体悟与涵养是宋明理学惯用的修道方法。从二程开始，便教授弟子静坐涵养。其中，值得一提的是，杨时—罗从彦—李侗一脉，特别注重静坐体悟与涵养，形成了所谓"道南传统"。① 然而，就是在这种静坐涵养的体察之中，自然出现了令明代学者困扰的未发和已发之辨的问题，作为阳明心学的嫡传和"同志宗盟"，王龙溪有必要对此进行辨析和澄清。

首先，我们回顾一下杨时一系的宋代理学家对于静坐修行的重视。作为"道南传统"的开创者，杨时曾教诲门人说：

> 《中庸》曰："喜怒哀乐未发谓之中，发而皆中节谓之和。"学者当于喜怒哀乐未发之际，以心体之，则中之义自见。执而勿失，无人欲之私焉，发必中节矣。发而中节，中固未尝忘也。②

杨时的入室弟子罗从彦，完全沿续了龟山门下的指诀，也成为一位静坐涵养的高手。其门人回顾说：

> 罗先生令静中看喜怒哀乐未发之谓中，未发时作何气象，此意不唯于进学有方，兼亦是养心之要。③

罗从彦的嫡传弟子李侗，这一貌似"田夫野老"的儒家隐者，把静坐体悟的功夫充分继承，并且发挥得淋漓尽致。史载：

> 其（李延平）始学也，默坐澄心，以验夫喜怒哀乐未发之前气

---

① 史载：杨时师从程颢，返乡之时，程颢目送之，曰："吾道南矣"，故有此称谓。载《宋元学案》卷25，《龟山学案》，第944页。
② 《宋元学案》卷25，《龟山学案》，第952页。
③ 《宋元学案》卷39，《豫章学案》，第1287页。

象为何如。久之，而知天下之大本真在乎是也。①

李侗的高徒朱熹，虽然没有达到这一诣境，却在师徒二人的书信酬答中，把李侗的修道方法如实记录下来。他回忆说：

> 李先生教人，大抵令于静中体认大本未发时气象分明，即处事应物自然中节。此乃龟山门下相传指诀。然当时亲炙之时，贪听讲论，又方窃好章句训诂之习，不得尽心于此。至今若存若亡，无一的实见处，孤负教育之意。每一念此，未尝不愧汗沾衣也!②

到了明代中叶以后，由于心学大行于世，加上佛、道二教修行方法的影响，"道南传统"被重新重视起来，许多学者纷纷按照杨时等先贤所说的"于喜怒哀乐未发之际，以心体之"，试图体验一下古代先圣所谓"未发之中"究竟是何气象。然而，静坐涵养之法对有的人适用，有的人不太适用，有些学者因为静坐无所得，便自怨自艾，以为自己根器迟钝，于圣人境界无份；或者干脆以为，只有从后天的戒慎恐惧、七情的发用流行等工夫上着手，才是入圣的门径。而有的学者，通过静坐"一时窥见光景"③，但是"渐有喜静厌动，流入枯槁之病；或务为玄解妙觉，动人听闻"，④ 因此，王阳明曾告诫门人："良知明白，随你去静处体悟也好，随你去事上磨炼也好，良知本体原是无动无静的，此便是学问头脑"。⑤ 然而，学界的某种风尚一旦形成，就难以在短时期内得到根本改观。其一是由于许多学者受到佛道理论的影响，在静坐中确实有所得，"认光景意象作活计"⑥，便自以为深得三昧，别人一时也劝不回来；其二则是许多学者泥于儒家经典之训，因为《中庸》开篇写着："喜怒哀乐之未发，谓之中；发而皆中节，谓之和；中也者，天下之大本也；和也者，天下之达道也"，他们据此认定，杨时之后的"道南传统"乃是"真血脉"，应当坚持从静坐涵养中去悟道。这样一来，儒林中关于已发和未发之辨的讨论逐渐热烈起来，号称"同志宗盟"的王龙溪，自然要对此问题做出明确的

---

① 《宋元学案》卷 39，《豫章学案》，第 1278—1279 页。
② 同上书，第 1291 页。
③ 《王阳明全集》卷 3，第 105 页。
④ 同上。
⑤ 同上。
⑥ 《王畿集》卷 7，《南游会纪》，第 152 页。

回应。

关于已发和未发之辨，王龙溪继承了王阳明阐述过的观点，并进一步将其通俗化、明晰化。王阳明曾对高徒陆澄（字原静）说：

> 未发在已发之中，而已发之中未尝别有未发者在；已发在未发之中，而未发之中未尝别有已发者存。①

从表面上看，这段话似乎与《中庸》开篇所说的圣训有些相悖，对于大多数水平尚低的学者而言，确实较难理解。作为心学嫡传，王龙溪也时常遇到其他友人提出类似的问题而无法回避。例如，在某次讲会上，一位姓谢的士大夫问起了未发之旨的问题，和王龙溪展开了一次对话，史载：

> 谢子问未发之旨。先生曰："此是千圣秘密藏，不以时言。在虞廷谓之道心之微，不与已发相对。……"②

在这段话中，王龙溪明确提出："（未发）不以时言，……不与已发相对"的观点，表明了"未发"和"已发"不是两个各自独立的范畴，更不是互相对立的东西。如果说此处王龙溪仅仅提出观点而无论证的话，那么，在给一位友人的信中，他曾对此进行了比较详细的阐述：

> 未发不以时言。心无体，故无时无方，故曰："出入无时，莫知其向。"吾人思虑自朝至暮，未尝有一息之停，譬如日月自然往来，亦未尝有一息之停，而其实未尝动也。若思虑出于自然，如日月之往来，则虽终日思虑，常感常寂，不失贞明之体，（虽）起而未尝起也。《中庸》喜怒哀乐观于未发之前，可以默识矣。不论钝根利器，皆须如此行持，此万古人心之本体。上乘如此用力，是即本体是功夫；下学如此用力，是合本体为功夫。若有未发之时，则日月有停轮，非贞明之谓矣。③

---

① 《王阳明全集》卷2，《答陆原静书》（二），第64页。
② 《王畿集》卷7，《南游会纪》，第156页。
③ 《王畿集》卷9，《答万履庵》，第217页。

这段话明白地告诉世人一个道理——"未发不以时言"。由于言不尽意之故，先圣为了让门人体会到"未发之中"的情实，才说出一个"喜怒哀乐未发谓之中"，其实是让门人有一个契会、悟入之处，并不等于要把七情完全灭息、断绝之后才能体会到"未发之中"。因此，王阳明曾说：

> 喜怒哀乐之未发，则是指其本体而言，性也。①
>
> 动静者所遇之时，心之本体固无分于动静也……有事而感通，固可以言动，然而寂然者未尝有增也。无事而寂然，固可以言静，然而感通者未尝有减也。②

由于执泥典要之故，有些学者往往呆板地理解《中庸》的圣训，以为只有在静时才能体会"未发之中"，而动时方能体察"中节之和"。实际上，"喜怒哀乐之未发，指其本体而言，性也"，这一天命之性（亦即未发之中、良知本体）不因为动静而有别，人们在视听言动之时，此未发寂然之体未尝有增；在无事安静之时，此本体感通之用亦未尝有减。王阳明之所以说"未发在已发之中，已发在未发之中"，目的是要告诉门人，不要人为地把未发和已发看作分属动静两端的不同东西，实际上，它们是同一事物（即良知本体）在两个方面的各自表现而已，因此，不必固守在静处去求"未发之中"，亦不必执泥于动处去求"已发之和"，良知原是无动无静的，静处体悟与事上磨炼都是"致良知"的适用方法，都可以从中体会到"未发之中"与"已发之和"。

根据王阳明的思想，王龙溪在上述书信中指出："吾人思虑自朝至暮，未尝有一息之停"，要想完全归于寂静而求未发，实际上不符合人们正常的生活状态。为此，他打了一个比喻说："譬如日月自然往来，亦未尝有一息之停，而其实未尝动也"，因此，学者不必摒弃思虑，枯守蒲团，只要坚持"致良知"的工夫，同样可以在日常生活中体会到这一先天本体，他说："若思虑出于自然，如日月之往来，则虽终日思虑，常感常寂，不失贞明之体，（虽）起而未尝起也"。反之，如果一定要把"未发"当成一个时间段来看待，那么，就会出现分裂动静二端而不能和合的偏见，就会像佛道二教一样不能把"中庸之道"融于日用常行之中，

---

① 《王阳明全集》卷4，《答汪古潭内翰》，第146页。
② 《王阳明全集》卷2，《答陆原静书》（二），第64页。

非要闭关修行、避世逃禅，从而失去了普遍性的指导意义。而且，即使在虚静的坐禅状态中，人心也一样是在动的，只不过不再表现为思虑的形式，而呈现出一种直觉感知的状态，如果人心完全不动了，那么就意味着生命的死亡，这就沦入了佛家所讲的"断灭空"的境地，属于修行的偏差，所以王龙溪才说："若有未发之时，则日月有停轮，非贞明之谓矣"。

既然不能从时间段的角度来判断已发和未发，那么，学者应该以什么样的方式去体悟"未发之中"和"中节之和"呢？在阐述这一问题之前，我们还是要重新认识一下良知范畴的深刻内涵，如前所述，王阳明所讲的"良知"并不止是一个道德范畴，它还具有深刻的本体论内涵，他说：

> 良知即是未发之中，即是廓然大公，寂然不动之本体，人人之所同具者也。故须学以去其昏蔽，然于良知之本体，初不能有加损于毫末也。①
>
> 天命之性，粹然至善，其灵昭不昧者，此其至善之发现，是乃明德之本体，而即所谓良知也。②

由是可见，良知本体即是天命之性，即是未发之中，是人类心灵共同的先天原本的状态。它内含"粹然至善"之德，又兼具"灵昭不昧"之智，只要发掘、应用此良知，便能达到圣人的境界。根据王阳明的思路，王龙溪进一步指明了体悟"未发"和"已发"的具体工夫，他说：

> 良知者，未发之中，天下之大本也。吾人处世事虽万变，所以应之，不过喜怒哀乐四者而已。故君子之学，莫大于理会性情。性情得其正，大本所由以立，位育之化所由以成也。③
>
> 不论有事无事，只是一个致良知工夫，统括无遗。④
>
> 良知即是未发之中，即是发而中节之和，此是千圣斩关第一义，所谓无前后内外、浑然一体者也。若良知之前别求未发，即是二乘沉空之学；良知之外别求已发，即是世儒依识之学。⑤

---

① 《王阳明全集》卷2，《答陆原静书》（二），第62—63页。
② 《王阳明全集》卷26，《大学问》，第969页。
③ 《王畿集》卷14，《赠庄侯阳山人觐序》，第380页。
④ 《王畿集》卷10，《答冯纬川》，第244页。
⑤ 《王畿集》卷6，《致知议略》，第130页。

概而言之，王龙溪主张无论动静语默，都要以"致良知"工夫来统括自己的修道进程，并非要像佛道二教或者王门归寂派一样闭关修炼以求未发。他指出："良知之前求未发，即是沉空之学"，这种脱离人伦日用，逃避现实生活的沉空之学当然不可效法；同样，"良知之外别求已发，即是世儒依识之学"，在日常生活中矫饰言行、忘却良知的做法，这是世间俗儒的依识之学（识，即个人的后天情识、闻见之知，未必符合心灵先天原本的状态），一样会误导生命的前进方向，因此，学者应该做的是：根据自己的良知灵明的指引和启示，自觉地"理会性情"，通过一件又一件事情的磨炼，如实地去格物致知。王龙溪又指出，"物是良知感应之实事"①，只有这样，才能把自己的心性校正、恢复到"中和位育"的状态上来，才能达到心灵先天原本的自由境界。

如果单从文字上来看，王龙溪所言似乎无甚高妙之处，但是，对于从事工夫修习已有一定基础的学者而言，再来品读这些话，感受却会大不相同。因为学者入道一般是从静处体悟开始，时间一长，初步体会到了虚、明、静、定等良知本体的先天直观特性。在此之后，如果能有王龙溪这样的"明师"点拨，便会发现，原来在日常生活中，这种"虚明静定"的感受随时都可以持续、保留，正可谓"行住坐卧，不离这个"。只要切实加强心性修养，以致良知的工夫保持自己内心的中和清明，那么，一生都可以享受这一本体之妙用，而且愈加自由自在，确乎是"左右逢其源"②般的自得之境，由此，我们才可能正确理解王阳明所说"不离日用常行内，直造先天未画前"③的真正意蕴。正因为对于未发和已发的关系有着十分清晰的认识，王龙溪才在诗中说——

> 阖辟生往来，一念自昭彻。念中本无念，已发即未发。罔念斯为失，克念斯谓得。此念无动静，往来同日月。④

这首诗中，"一念自昭彻"一句，表明了良知灵明的透彻作用；"罔念斯为失，克念斯谓得"一句，表明了心性修养要从一念入微处做起，任何时候都不能忽略慎于一念之微的工夫；最后，"此念无动静，往来同

---

① 《王畿集》卷10，《答冯纬川》，第244页。
② 语出《孟子·离娄下》，见《四书章句集注》（新编诸子集成本），第297页。
③ 《王阳明全集》卷20，《别诸生》，第791页。
④ 《王畿集》卷18，《次白石年兄青原论学韵》，第560页。

日月"一句，表明了动静合一、已发与未发实为一体的道理。虽然心学不尚著述，但王龙溪像王阳明一样，文字功夫颇为出色，能以诗作的形式简明扼要地阐述一个深刻的修行要领，这也可以算是王龙溪哲学工夫论的又一项特色了。

综上所述，已发和未发之辨，实际上是修道工夫论中动静之辨的延续和深化。王龙溪通过对未发、已发实为一体的辨析，纠正了某些儒林士人的思想偏蔽，向广大的学者、门人昭示了修道工夫的正确方向。

三 戒慎与洒脱之辨

有一些王门学者，在践履心学工夫的过程中，一方面非常崇尚儒家经典中记载的"孔颜真乐"和"曾点之志"，他们对于孔子的"蔬水忘忧"、颜子"箪瓢不改"，以及曾点"浴乎沂，风乎舞雩，咏而归"[1] 的自在与洒脱表示出极大的兴趣；与此同时，又对于儒家典籍中另外一些关于君子人格的行为规范不敢忽视，例如：儒家尚"敬"，《论语》中记载孔子的话说："敬事而信"（《学而》）、"居处恭，执事敬"（《子路》）、"修己以敬"（《宪问》）。又如：先秦儒家提倡戒慎恐惧等修养方式，《中庸》开篇即说："君子戒慎乎其所不睹，恐惧乎其所不闻。莫见乎隐，莫显乎微，故君子慎其独也。"此外，还有兢兢业业、翼翼乾乾等行为规范的训诫，都明白无误地记载于五经之中。如《诗经》所载："令仪令色，小心翼翼"（《大雅·烝民》），《尚书》所载："无教逸欲，有邦兢兢业业"（《虞夏书·皋陶谟》），《周易》所载："君子终日乾乾，夕惕若"（《乾卦》九三爻辞），等等。这些先圣所传的行为规范，告诫后人的都是要小心谨慎、自强不息。这样一来，有的儒者不免内心泛起疑惑：戒慎恐惧的修养工夫和自在洒脱的精神受用之间不是产生了矛盾吗？如何调整这两者之间的关系呢？

如果单从字面上看，儒家经典中的确存在着某些"无两可者"[2] 之处，然而，对于践履圣学功夫有一定基础的学者而言，这两者之间的关系是可以圆融自洽的。王龙溪以修道过来人的身份，告诉了门人关于戒慎与洒脱（古文多作"脱洒"）的辩证关系，有一段对话很有代表性：

> 或问："学者用功，病于拘检，不能洒乐；才少纵逸，又病于不

---

[1] 原文分别出自《论语》之《雍也》、《述而》和《先进》三篇，此略。
[2] 《王畿集》卷3，《南明汪子晤言》，第67页。

严肃，如何则可？"先生曰："不严肃则道不凝，不洒乐则机不活。致良知工夫不拘不纵，自有天则，自无二者之病，非意象所能加减，所谓并行不相悖也。"①

这段话中含有出自经典《中庸》的一句原文——"道并行而不相悖"（第三十章），王龙溪引述此言，旨在告诉士人：严谨的作风和洒乐的状态是可以并行而不相悖的。对于修习圣学的学者而言，其实这是同一个问题的两个方面，"不严肃则道不凝，不洒乐则机不活"，要想圆融自洽地解决这一问题，关键是要实实在在地做好"致良知"的工夫，因为致良知"不拘不纵，自有天则，自无二者之病"，这一机括，只用经过笃实践履的学者才会有切身的感受，单凭头脑臆测猜想，不足以看清其本来面目。因此，戒慎恐惧与自在洒脱并不是不可调和的，只要善于从事心性修养，两者可以并存于同一个圣贤的精神世界之中，体现出洒乐而不纵逸，严肃而不拘检的人格"气象"。

关于戒惧与洒脱之辨，王龙溪仍然是从工夫与本体的辩证关系角度来阐述的，有两段话最能代表他在这方面的思想，他说：

> 乐是心之本体，本是活泼，本是脱洒，本无挂碍系缚。尧、舜、文、周之兢兢业业、翼翼乾乾，只是保任得此体不失，此活泼脱洒之机，非有加也。戒慎恐惧是祖述宪章之心法。孔之蔬饮、颜之箪瓢、点之春风沂咏，有当圣心，皆此乐也。②

又如：

> 惧与乐，非有二也。活泼脱洒由于本体之常存，本体常存由于戒慎恐惧之无间。乐至于手舞足蹈而不自知，是乐到忘处，非荡也。乐至于忘，始为真乐，故曰"至乐无乐"。③

这两段话表明，戒慎与洒乐并不是两项对立的东西，而是同为圣学修习的工夫要领和精神受用。其大致逻辑关系如下：由于戒慎恐惧之无间，

---

① 《王畿集》卷7，《南游会纪》，第152页。
② 《王畿集》卷3，《南明汪子晤言》，第67页。
③ 同上。

所以学者能够体证到心之本体，发现心之本体实际上是活泼脱洒、自由自在的，于是进一步以兢兢业业、翼翼乾乾的工夫来"保任得此体不失"，这样一来，便可以长久地保持这一活泼洒脱的自得受用。值得注意的是，"此活泼脱洒之机"是从心之本体中自然流露出来的，"非有加也"，因此，人们不可刻意到外面去寻求此乐，有物之乐非"真乐"，学者什么时候能够放下对外物的依赖与贪恋，便可与"孔之蔬饮、颜之箪瓢、点之春风沂咏"相契合，便足以体会到这种发自本心的活泼脱洒之乐了。此外，王龙溪还指出："乐至于忘，始为真乐"，能够把所处环境的不利因素一概放下、忘却，便是自己的心灵真正超脱出来的表征，而这种"真乐"也就是"孔之蔬饮、颜之箪瓢"的圣者气象。

王龙溪对于洒脱自在的精神受用是充分肯定的，不过，他仍然强调了一个获得此受用的前提，那就是要有戒慎恐惧、兢兢业业等修养工夫在先，才能体悟并保任这一发自本心的"真乐"。因此，他对于一些学者才有所得便自以为是、甚至恣意纵情的浮躁作风持批评态度，他说：

> 吾人之学，患无所得，既得后，保任工夫自不容已。……择乎中庸，不能暮月守，便是忘却保任工夫，亦便是得处欠稳在。尧舜兢业，无怠无荒，文王勉翼，亦临亦保，方是真得，方是真保任。学至大成，始能强立不反。放得太早，自是学者大病，吾侪所当深省也。①

"学至大成，始能强立不反"，体现了王龙溪对于工夫修习长期性的清醒认识，"放得太早，自是学者大病，吾侪所当深省也"，体现了他对于某些学者"以寻常任气作用误认良知"②的浅薄风气的真切忧虑。这些公开的言论都足以表明，王龙溪对于工夫修习一直予以高度的重视，因此，那些以为龙溪只谈现成良知、忽略工夫修习的说法，实在是有悖史实的。

关于圣学修习工夫中的疑难事项，细说起来，真如"牛毛茧丝"③一般复杂，因此，本节只选取了三个有代表性的问题加以阐述，展现了王龙

---

①　《王畿集》卷4，《留都会纪》，第94页。

②　王栋语，参见（明）王栋《明儒王一庵先生遗集》，卷1《会语续集》，江苏教育出版社2001年版，第173页。按：此书附于陈祝生主编的《王心斋全集》之后，合为一帙。

③　黄宗羲语，参见《明儒学案》，《发凡》，第17页。

溪在教诲门人修习、践履圣人之学过程中的深邃思想和诲人不倦的作风。这些疑难辨析充分表明，在王阳明身后，王龙溪毅然扛起了"致良知"之学的大旗，向世人传播圣人之学的一脉"指诀"，不愧为中晚明时代的心学巨擘。

本章所论，是关于王龙溪哲学的工夫论。过去，学术界常常误会"龙溪谈本体而讳言工夫"，通过本章的详细阐述，我们不难发现，王龙溪实际上非常重视工夫修习问题，他明确说过"舍工夫而谈本体，谓之虚见"。诚然，与其他理学家相比，龙溪心学重悟，承认"悟门不开，无以证学"，并且有解悟、证悟和彻悟的划分，但是，王龙溪指出："有真修，然后有实悟"，他告诫门人要"实修实证，弗求速悟，水到渠成，自有逢源时在"。同时，王龙溪还向世人指出了修心养性以明道成圣的可操作性方法，简而言之，就是：千古圣学，惟在于理会性情，其要领是慎于当下一念之微，须以良知为诀，以寡欲为功，以无欲为至，最终可以复还心灵的先天化境。在此基础上，王龙溪还通过论述"圣门动静合一之旨"，教诲门人"学非专于静坐"，更要善于"从人情事变上深磨极炼"，这样一来，就把阳明心学和佛道二教区分开来，促使学者从一味模仿佛道坐禅炼丹、耽于虚静之中解脱出来，以积极而超越的心态去从事现实生活的修养工夫。此外，王龙溪的工夫论中还有十分丰富的其他内容，如：学在变化气质、朋友交修共进、提倡易简工夫、未发与已发之辨、戒慎与脱洒之辨，等等，都体现出王龙溪的工夫论思想的深刻性与辩证特色，值得后世学者虚心学习和广泛借鉴，对于促进自身德性与人格境界的提升无疑有着十分有益的启发作用。

第六章　王龙溪的养生思想与生死智慧

王龙溪是一位长寿的思想家，在明代，能够活到八十六岁的硕儒，为数寥寥。耐人寻味的是，王龙溪年少时身体并不好，因为修道有成，练性化命，年长之后反而身体矍铄，"高年步履视瞻，少壮者所不能及"①，因此，他的养生秘诀成为当时令许多学者感到好奇的问题。即使在今天，一般性了解王龙溪哲学思想的人，也往往以为他可能借用了道家和佛家的养生异术，才使得自己健康长寿。实际上，这是一种误解。王龙溪的养生思想，本质上就是儒家圣人之学的实践和应用，换句话说，也就是致良知之学的延伸。在此基础之上，我们还将进一步探讨王龙溪的生死智慧，揭示其生命哲学的卓越思想成就。

第一节　王龙溪的养生理论与思想特色

对于自我健康的关心和期望，是人人都乐衷探讨的问题，王龙溪深知当时的学者多有养生之好，因此，他总是不厌其烦地解答人们关于养生方面的疑问。其中，有一段话最为精僻而实在，他说：

> 予禀受素薄，幼年罹孱弱之疾，几不能起。闻学以来，渐知摄养，精神亦觉渐复渐充，五六十以后，亦觉不减强壮时。先正以忘生徇欲为深耻，大抵得于寡欲养心之助，非有异术以佐之也。②

王龙溪坦言，自己的养生方法"非有异术以佐之"，从而打消了人们的猜测。不过，他能够从年轻时的身体羸弱，到年长后的"视履明矫，

① 《王畿集》卷5，《天柱山房会语》，第118页。
② 同上。

洞微陟峻，至老不衰"①，肯定是有其内在原因的。要想准确而到位地理
解王龙溪的养生思想，必须先跳出狭义的养生学范畴，从性命关系的角度
来梳理一下王龙溪的生命观，这样一来，我们才能正确把握他的养生思想
的核心要旨。

一　性命合一论

既然人人都渴望健康长寿，那么，健康长寿的内在基础是什么呢？对
此，王龙溪以非常朴素而直观的语言予以描述，他说：

> 古今之养生者，不出乎身心两字，心恬身愉，生之基而寿之
> 征也。②

王龙溪认为，心恬身愉乃是"生之基而寿之征"，由是可见，处理好
自我身心之间的关系，乃是达到健康长寿的必由之路。今人所谓的身心关
系，在中国古代哲学中，又可以表述为神气关系、性命关系，这是从不同
的角度来讲述同一个问题，都属于养生哲学的基本范畴。如果我们把王龙
溪的养生理论比做一棵大树，那么，这棵"大树"的根柢就是圣学的性
命合一论（包涵了身心、神气关系在内）。性者，即心神之谓，拓展开
来，泛指人的品德、性格等思想和心理范畴；命者，即身体之谓，指的是
人的肉体身躯等物质性的范畴。在中国古代哲学中，由于元气论③的广泛
流行，性与神相联，命与气相通，所谓性命关系，有时又会演变成为神气
关系。王龙溪是一位会通三教的大儒，为了说明身心健康的道理，他时常
把性命、神气、身心等问题放在一起阐述，揭示了它们相互涵摄、贯通的
内在关系。这样一来，有助于使学者跳出门户之见，以开阔的眼界，更加
清楚地了解儒释道三教之间相通的养生哲理。例如，他说：

> 性者，万劫无漏之真体。……即以养生家言之，性以心言，命以
> 身言，心属于乾，身属于坤。身心两字，即火即药，……是故尽性以

---

① （明）徐阶：《龙溪王先生传》，载《王畿集》附录四，第826页。
② 《王畿集》卷14，《西川朱君寿言》，第403页。
③ 在中国古代哲学中，对于元气，从物质角度讲，有时可称为"精"或"气"；从信息和
　功能角度讲，有时可称为"神"，神者，气之神也。神与气，是从两个方面对于元气属
　性的概括。

致命者，圣人之学也；修命以复性者，学者之事也，及其成功一也。①

又如：

乾为心，心属神，所谓性也；坤为身，身属气，所谓命也。乾坤为鼎器，心中一点真阴之精，身中一点真阳之气，谓之坎离药物。药物往来，谓之火候。故曰身心两字，是火是药。……以火炼药而成丹，以神驭气而成道，非两事也。②

又如：

夫人之所以为人，神与气而已矣。神为气之主宰，气为神之流行，一也。神为性，气为命，良知者，神气之奥，性命之枢也。③

根据上述言论可知，"性以心言，命以身言，心属于乾，身属于坤"，同时，"神为气之主宰，气为神之流行"，"神为性，气为命"，因此，身心、神气、性命三对范畴相互贯通，彼此涵摄，是从不同的角度来阐述同一个问题，都是养生哲学的基本范畴。要想健康长寿，便要处理好身心关系，要想处理好身心关系，便要把握性命要旨，换句话说，也就是调理好神气关系。不过，从圣人之学的角度来看，最关键的还是要理解"性命合一"的道理，懂得了"性命合一"之理后，"不屑屑于养生，而养生（自）在其中矣"④。

关于性命关系，道家历来有"性命双修"之说，而先秦儒家则有"穷理尽性以至于命"的说法，对此，王龙溪继承先圣思想，明确地表达了"性命合一"的理念，提倡尽性成命、练性化命等修养方法，同时，他以自己的一生行持，充分证明了这种"性命合一"的养生方法的有效性。

首先，王龙溪阐述了性命合一的根本理念，他说：

① 《王畿集》卷14，《寿史玉阳年兄七十序》，第390页。
② 《王畿集》卷16，《书查子警卷》，第479页。
③ 《王畿集》卷17，《同泰伯交说》，第508页。
④ 《王畿集》卷16，《书查子警卷》，第478页。

性与命，本来是一。孟子论性，盖本于《系辞》"继善成性"之说，"继之者善"，是天命流行；"成之者性"，人生而静以上不容说，才有性之可名，即已属在气，非性之本然矣。①

又如：

圣人之学，复性而已矣。人受天地之中以生，而万物备焉。性其生理，命其所秉之机也，故曰："天命之谓性"，此性命合一之原也。戒慎恐惧，其功也；不视不闻，其体也。良知者，性命之则，知是知非，而微而显，即所谓"独"也。戒慎恐惧，而谨其慎独，则可以复性矣。②

合而言之，王龙溪根据先圣经典中的思想，认定"性与命，本来是一"的道理，指明两者相互依存，共为一体，"性其生理，命其所秉之机也，故曰：'天命之谓性'，此性命合一之原也"，因此，倘能尽性，则成命之功亦在其中；倘能练性，则化命之效亦随之而就。要实现练性化命、尽性成命的目标，关键就是靠致良知的工夫，因为"良知者，性命之则，知是知非，而微而显"，因此，修道者应该依赖良知灵明的觉照和指引，"戒慎恐惧，而谨其慎独"，这样一来，既可以恢复其天命之性，又能够改善包括身体健康在内的人的后天命运。正是因为对于性命合一之道有着深刻的体察，王龙溪才说：

尧舜姬孔，只是致良知。良知，尽性之学，性尽则命亦自至，见圆明之体，成无为之用……③

不过，由于当时佛道思想的广泛流传，许多儒家学者惟恐圣人之学不足以养生，纷纷仿效老氏的做法，屏息尘缘，闭关修炼，导引意守，辟谷炼丹，一时间影响了许多人的思想。例如，王龙溪的同年好友史玉阳就是这样一位"别求修命之术"的士大夫，关于他的行迹，王龙溪记载道：

① 《王畿集》卷8，《性命合一说》，第187页。
② 《王畿集》卷14，《寿邹东廓翁七裘序》，第388页。
③ 《王畿集》卷10，《与谭二华》，第268页。谭纶（1520—1577年），号二华，仕至兵部尚书，抗倭名将。

　　玉阳子志于圣学有年，中年好长生，复习为修命之术，既筑玉潭仙院以见志，晚乃更求幽胜于句曲之墟，……期过七十，即将捐室家，绝交游，摒弃世缘，入室练养，以观无始，而求遂其所欲，约五七年，功成而后出，其迹可谓太奇矣。夫玉阳子之为此也，岂以儒者之学，止于了性，故别求修命之术，蕲于两全而得之乎？①

对于史玉阳的养生追求，会通三教的王龙溪当然深谙其利弊，出于老朋友之间真诚恻怛的关心，他在给史玉阳的祝寿序文中写道：

　　夫儒者之学，以尽性为宗。性者，万劫无漏之真体。只缘形生以后，假合为身，而凡心乘之，未免有漏。故假修命之术以练摄之，使涤除凡心，复还无漏之体，所谓借假修真，修命正所以复性也。即以养生家言之，性以心言，命以身言，心属于乾，身属于坤。身心两字，即火即药，……是故尽性以致命者，圣人之学也；修命以复性者，学者之事也，及其成功一也。若谓儒者之学不足以养生，而别取于命术，是自小也。②

在这段论述中，王龙溪简要地揭示了儒家"尽性"之学的内涵，远远超出了一般士人的理解范畴。他首先指出，"儒者之学，以尽性为宗"，这一点人们都能理解，不过，一般俗儒所理解的尽性，无非是发掘伦理层面的善良之性而已，而王龙溪所指的尽性却是："性者，万劫无漏之真体"，真正的性体不仅仅是一种善良品质，从本质上讲，它是人类生命的"真我"所在，乃是"万劫无漏之真体"，佛家发现了，叫作真如佛性；道家发现了，叫作九转还丹；儒家发现了，叫作天命之性、良知本体，其实所指都是同一样东西。这个先天原本的性体，"只缘形生以后，假合为身，而凡心乘之，未免有漏"，于是才有后天生活中的种种问题出现，其中包括人们的身体素质受到了损害，不能健康长寿。因此，前辈修道之人"故假修命之术以练摄之，使涤除凡心，复还无漏之体，所谓借假修真，修命正所以复性也"。通过这种修命之术，人们不仅仅能够维护自己的身体健康，更重要的是可以"涤除凡心，复还无漏之体"，实际上是在更高的层次上恢复了先天原本的性体，成就了人类认识真我、实现自我的重要

---

① 《王畿集》卷14，《寿史玉阳年兄七十序》，第390页。
② 同上。

使命。因此，儒家圣人之学虽然"不屑屑于养生"，却自然包涵了养生的内容与功效，"若谓儒者之学不足以养生，而别取于命术，是自小也"。

相比之下，一些养生家所从事的丹道修炼，虽然有着乾坤、坎离、神气、火候等玄奥的名词，本质上不外乎身心二字，并没有跳出圣人之学的视域。两种养生理念的差异在于："尽性以致命者，圣人之学也；修命以复性者，学者之事也"，就其终极目标来看，两者殊途同归，"及其成功一也"，但是，"尽性以致命"的圣人之学，方法简要而具有普适性，只需根据良知灵明的指引，慎于一念之微即可练就，完全融入日常生活之中；而"修命以复性"的道功，需要筑室聚粮，闭关修炼，既不自然方便，更无法适用于寻常百姓，因此，要想找到绝大多数人都可以掌握的养生方法，还得回到圣人之学上来。

在此需要说明，王龙溪所说的"养生家"一词，比起今天人们一般所说的养生专家来，含义要广泛而深刻得多。他所说的养生家及其活动范围，不仅仅是指练养身体、以求达到健康长寿的目的，而且指的是以丹道修炼的模式，通过炼精化气、炼气化神、炼神还虚等阶次修炼，达到出神入化、超越生死的终极目标，换句话说，这是一种以追求长生不老、脱胎成仙为根本目的的养生之术，也就是古代道教生命哲学的理论，健康长寿仅仅是其追求目标的一部分初级层次的内容而已。由于各自对天人性命之学的理解不同，儒家提出了尽性以至命的思想，道教则提出了性命双修的主张，这种理论影响了当时的许多知识分子，王龙溪的弟子中也不乏其人。例如：浙江江山的夏宜中就曾经"有志养生之学"，他曾直率地向王龙溪提出了这方面的问题，史载：

　　（夏）宜中初至会中，即举《中庸》天命谓性之说为问："圣学性命为一，而养生家乃有双修之旨，何居？"①

对此，王龙溪胸有成竹地回答道：

　　夫性命本一，下士了命之说，因其贪著，而渐次导之云尔。若上士，则性尽而命实在其中，非有二也。戒慎恐惧乃是孔门真火候，不睹不闻乃是先天真药物。先师所谓"神住则气住、精住，而仙家所谓长生久视在其中矣"。此是性命合一之机，（乃）直超精气、当下

① 《王畿集》卷18，《示宜中夏生说》，第510页。

还虚之秘诀。所患世少上根，未能覿体承当，则予言犹为未逢其机尔。①

在修道方面，王龙溪是过来人，会通三教、高屋建瓴，对于道家的丹道修炼之术十分熟悉。面对门人的提问，他告诉夏宜中：道教之所以提出炼精化气、炼气化神、炼神还虚的阶次差别，乃是因为"下士了命之说，因其贪著，而渐次导之云尔"。对于从事圣人之学的"上士"而言，这种"修命以复性"的阶次方法是不必要的，因为"性尽而命实在其中，非有二也"。任何学者，只要笃修戒慎恐惧的工夫，保任不睹不闻的本体，实际上就把握住了丹道之士所说的"火候"与"药物"，而且，以致良知的工夫去从事养生，"直超精气，当下还虚"，这才是适用于人人的简易直截之学。可惜的是，世上能够领悟"性命合一之机"的人太少了，王龙溪不免有"未逢其机"之感叹。

关于儒家与道家养生理念的异同，王龙溪不止一次对朋友和门人谈起，如魏良弼、潘笠江等人，其书信均可见于《王龙溪全集》之中。通过这些书信，一是可见当时道教内丹修炼思想的影响甚广，许多王门高足亦颇受其影响；二是可见王龙溪的确具有诲之不倦、谆谆诱人的真儒风范。由于前文已对其中的专业词汇做过分析，在此，笔者毋须详细阐释，只需引述部分原文如下，以见其思想真面目。例如，他在给潘笠江的信中说：

> 吾儒之学未尝不养生，但主意不为生死起念。阳明先师良知两字，乃是范围三教之宗，是即所谓历劫不坏先天之元神。养生家一切修命之术，只是随时收摄，保护此不坏之体，不令向情境漏泄消散，不令后天渣滓搀和混杂所谓神丹也……其要只是一念之微识取，戒惧慎独而中和出焉，即火候药物也。……此千圣相传性命之神机，在人时时能握其机，不为情境所夺，不为渣滓所染，谓之还丹。随缘聚散，一日亦可，百年亦可，更无生死执吝，与太虚同体，与大化同流，此大丈夫超脱受用、功成行满之时也。②

又如：

---
① 《王畿集》卷18，《示宜中夏生说》，第510页。
② 《王畿集》卷9，《与潘笠江》，第215—216页。

　　毋谓吾儒与养生家各有派头，长生念重，未肯放舍。望只专心定念，承接尧舜姬孔一派源流，亦不枉却大丈夫出世一番。未修仙道，先修人道，到此辨别神仙有无，未为晚也。①

　　由上可见，王龙溪对于老友推心置腹，娓娓而谈，既体现出他对于养生之道的深邃见解，又阐明了圣人之学与内丹之学的异同。其中，"吾儒之学未尝不养生，但主意不为生死起念"，以及"未修仙道，先修人道"二句，充分表明了王龙溪具有坚定的儒家思想本位，而且言语中肯，谆谆诱人，对于任何追求养生之道的学者都是一种理性而有益的启发。

　　或许有人要问："那么，圣人之学和丹道之学的根本差别究竟在哪里呢？"对此问题，王龙溪明确地给出了答案。他说：

　　吾儒之学，主于理；道家之术，主于气。主于理则顺而公，性命通于天下，观天察地，含育万物，以天地万物为一体；主于气则不免盗天地、窃万物，有术以为制炼，逆而用之，以私其身，而不能通于天下。此所谓毫厘之辨也。②

　　又如：

　　养生家以还虚为极则，（吾儒）致知之学，当下还虚，超过三炼，直造先天，不屑屑于养生，而养生在其中矣。③

　　概而言之，王龙溪认为，"吾儒之学，主于理；道家之术，主于气"，"主于理则顺而公"，可使性命之道通于天下，体现出仁者"以天地万物为一体"的博大胸怀，唯其如此，才能真正达到天人合一的"至圣"境界。相比之下，道家之术在炼养元气上做工夫，"不免于盗天地、窃万物"，结合其动机和成效来看，是"逆而用之，以私其身，而不能通于天下"，从出发点便可知难以真正达到天人合一的境界，这就是儒家致知之学与道家修炼之术的"毫厘之辨"。此外，还需注意的是，道家内丹修

───────────────

① 《王畿集》卷9，《与潘笠江》，第215—216页。
② 《王畿集》卷14，《寿商明洲七袠序》，第403页。
③ 《王畿集》卷16，《书查子警卷》，第478页。

炼，虽然有着炼精化气、炼气化神、炼神还虚等可操作性的步骤，使人似乎看得清修炼的层次和进度，但是，对于修道者而言，这些阶次不是必经之路，如果真正践履致良知的工夫，那么，"当下还虚，超过三炼，直造先天"，其修习之"正果"已非丹道修炼可比拟，因此，王龙溪才颇有信心地说："吾儒不屑屑于养生，而养生自在其中矣。"

除了对一味追求长生的学者进行规谏之外，对于某些深得良知学精蕴，自然促进了身体健康的同门儒者，王龙溪则不惜赞叹之语，表明对于这种性命合一之道的认同。例如，他对于同门邹东廓①素来佩服，在邹东廓七十寿诞之际，王龙溪在祝寿序文中表达了这样的思想，他说：

> 予惟观先生之寿，当观先生之学，知先生之本，而先生之寿益有足征矣。先师尝曰："戒慎不睹，恐惧不闻，则神住，神住则气住、精住，而仙家长生久视之说不外于是。"……先生独信之不疑，不淆于异术。故行年七十，视听不衰，而精气益强，非一于神守，能若是乎？而世之养生则异于是，裂性命为两端，分内外为二物，或迷于罔象，或滞于幻形，甚至颠溟浊乱，躯壳渣滓之为徇。岂惟不知圣人之学，所谓并老氏之旨而失之者也。②

邹东廓享年有七十一周岁，在今天看来不算什么，但是，在"人生七十古来稀"的古代社会，能够享寿七十一岁，这已是很难能可贵的事情了，况且，人的寿命是由很多因素决定的，包括遗传基因（古人称为"定数""气数"）、营养条件等在内。评价一个人的生命质量，除了享年之外，更重要的是身心健康，邹东廓不是病病快快地活了七十年，而是"行年七十，视听不衰，而精气益强"，体现出一种身心健康的完满状态，因此，这样的生命质量足以令人称道。邹东廓的养生理念源于心学宗祖王阳明，由于遗传基因、后天境遇等因素，王阳明的身体一直不太好，为此，他曾经潜修佛老养生之术，颇得其中三昧，不过，王阳明后来省悟过来，对于生命的本质和健康等问题有了全新的理解，因此，他自觉摒弃了过去常用的养生之术，并教诲门人以圣学的根本理念去自然地指导养生，从而获得过去不可企及的成效。其中，他对于门徒陆原静说过一段话，成

---

① 邹守益（1491—1562年），字谦之，号东廓，江西安福人。王阳明嫡传弟子之一，仕至南京国子监祭酒。

② 《王畿集》卷14，《寿邹东廓翁七袠序》，第389页。

为阳明心学一脉津津乐道的关于养生之法的名言：

> 闻以多病之故，将从事于养生，区区往年盖尝弊力于此矣。后乃知其不必如是，始复一意于圣贤之学。大抵养德养身，只是一事，原静所云"真我"者，果能戒谨不睹，恐惧不闻，而专志于是，则神住、气住、精住，而仙家所谓长生久视之说，亦在其中矣。①

在这段话中，王阳明指出，从圣人之学的角度来看，"大抵养德养身，只是一事"，只要坚持"戒谨不睹，恐惧不闻"的心性修养工夫，那么，自然会达到"神住、气住、精住"的效果，于是，"仙家所谓长生久视之说，亦在其中矣"。王阳明的这段话，在王学阵营中流传甚广，但是，能够如此去笃实践履之人却并不很多，邹东廓就是其中难得的一位，所以，王龙溪称赞他对于阳明的教诲"独信之不疑，不淆于异术"，真正"一于神守"，因此获得了"行年七十，视听不衰，而精气益强"的养生效果。与之相比，许多世间流行的养生之术，"裂性命为两端，分内外为二物，或迷于罔象，或滞于幻形"②，不仅没有领悟到圣人之学的精蕴，就是连老庄所传的养生之旨也丢弃了。当然，在今人看来，邹东廓以圣学指导养生的效果并不算突出，故此，我们不妨看一看王龙溪本人，因为他比邹东廓小七岁，此时还不算高龄，可是，越到后来，人们越发现王龙溪的身体矍铄，远非常人可比，直至去世之前，亦"无大疾痛"，③ 最后，竟然能够准确地预见自己的大限之期，以坦然"坐化"的方式告别了此生。这样一来，后人就不能不惊叹王龙溪养生之学的深刻性和显著效果了。

总之，性命合一论乃是儒家圣人之学的养生要旨，它倡导的是"不屑屑于养生，而养生（自）在其中矣"。然而，由于圣人之学在世间的迷失走样，人们对于养生之学的理解也就不可避免地产生了偏差，因此，王龙溪怀着些许孤独的心境感叹道："自圣人之学不明于世，世之学养生者，务为异术，诪谬泥执，并老氏之旨而失之，是非养生者之过，圣学不明之过也。"④

---

① 《王阳明全集》卷5，《与陆原静》，第187页。
② 罔象，语出《庄子·天地第十二》，原作"象罔"，本指无心，此处指令人迷惑而非真境的幻象。
③ （明）查铎：《纪龙溪先生终事》，载《王畿集》附录四，第847页。
④ 《王畿集》卷14，《寿邹东廓翁七袠序》，第388页。

二　养德养生，原无二学

从王龙溪的性命合一论可知，他并不稀罕像道教养生家一样，研究出各种复杂而细致的养生异术，相反，他只是以养性培德为根本，通过心性修养，练性化命，尽性成命，从而达到了显著的养生效果。为此，他继承了王阳明的固有理念，提出了一个旗帜鲜明的养生学命题，他说：

> 成己成物，原非两事，养德养身，原无二学，乃是千圣相传秘藏。①

对于"养德养身，原无二学"的思想，我们需要做出一定的辨析，方能正确理解。王龙溪的思想会通三教，他所讲的"德"字，并不是程朱理学范畴内的三纲五常，亦不限于一般意义上的伦理道德，而是指自觉地促进心灵的净化、自洽、和谐为目标的心性修养工夫。诚如《老子》（第三十八章）所说："上德不德，是以有德；下德不失德，是以无德"，如果只是以一般意义上的伦理道德为标准，那么，有的人恰恰因为过于重德，陷入重重的伦理道德的义务冲突之中，心灵因此受到困扰，变得沉重或紊乱，这样的有德之举，对于自己的身体健康有害而无益，因此，它决不是王龙溪所指的那种养德范畴。

那么，王龙溪所说的养德范畴，究竟包括哪些内涵呢？在此，结合前面的王龙溪哲学的工夫论可知，所谓养德，不外乎理会性情一事，说得具体一点，就是以中和为准则，自觉地修养心性，特别是慎于一念之微，只要长期地坚持这种心性修养的工夫，使心灵达到自然中和的状态，由心至身，必然出现良性转化，不求养生，而养生之效自在其中矣。由此可见，王龙溪所提倡的工夫论，乃一举多得，适用面甚广，体现出圣学"不器"的基本特色。

关于性命之说和理会性情之间的关联，王龙溪曾经有过论述，他说：

> 性命之说也，微而显、寂而感、无而有，言若人殊，要皆未有出于性情之外者也。自圣学不明于世，世之学养生者始流于异术，不复知有未发之求，……是非养生者之过，圣学不明之过也。②

---

① 《王畿集》卷12，《与殷秋溟》，第308页。
② 《王畿集》卷16，《遗徐紫崖语略》，第461页。

这段话表明，性命之说并不神秘，虽然"言若人殊"，但是，究其入手之处，不外乎理会性情一项工夫而已，不管诸子百家关于性命之说的阐述有多么复杂，"要皆未有出于性情之外者也"。如果不懂得理会性情这个基本道理，任何人想要获得养生之效，都是妄想，甚至有可能走向"诪张谬诞，以戕其生"① 的反面，因此，正确的养生之道，务在理会性情。对此，王龙溪不厌其烦、一再阐述，目的就是使学者能够深入认识养德（理会性情）与养生的关系，从而正确地把握住自己的身心健康。例如，他说：

> 圣人之学，务在理会性情。性者，心之生理；情则其所乘以生之机，命之属也。故曰："喜怒哀乐之未发，谓之中；发而皆中节，谓之和。"中和者，性情之则也。戒慎恐惧而谨其独，立本以达其机，中和所由以出焉者也。有未发之中，而后有发而中节之和，中和一道也。……②

又如：

> 古人之学，惟在理会性情。性情者，心之体用，寂感之则也。然欲理会性情，非可以力制于中，而矫饰于外，其要存乎一念之微。人心本自中和，一念者，寂感之机也。致谨于一念之微，则自无所偏倚、无所乖戾，中和由此而出。中则性定，和则情顺。大本立而达道行，发育万物，峻极于天，以收位育之全功，圣学之的也。③

又如：

> 故君子之学，莫大于理会性情。性情得其正，大本所由以立，位育之化所由以成也。④

---

① 《王畿集》卷16，《遗徐紫崖语略》，第461页。
② 同上。
③ 《王畿集》卷16，《书顾海阳卷》，第476页。
④ 《王畿集》卷14，《赠庄侯阳山人觐序》，第380页。

综合上述言论，我们可以得知，"圣人之学，务在理会性情"，亦即今天人们所说的修心养性。修心养性不是凭空而谈的，一定要通过一件又一件的事情的磨炼，才能使自己的心性不断净化升华，而任何一件事情的到来，都会引起自己相关念虑的发露流行，因此，理会性情的落脚点，就是"谨于一念之微"。念者心之所发，任何一念的流露发显，都是心灵真实面目的体现，只有谨于一念之微，才能将心念中的不良杂质予以剔除，使心灵气质不断优化。除了遵循一般意义上的道德规范以外（当然还要活学活用，不拘定法），理会性情最为关键的准则就是要恪守中和原则。王龙溪认为，"中者，性情之则也"，"中则性定，和则情顺"，而且，"人心本自中和"，这是人类心灵先天原本的状态，也是人类心灵健康的原始标志，因此，凡属七情之发，如果能够做到中节有度，和谐自洽，无过无不及，这就是恪守了中和原则，长此以往地坚持修养，自我心灵的气质必然优化，其延伸效果则是：心平则气和，心恬则身愉，养生之效的内在基础也就由此牢固地确立了，这便是王龙溪所说的"性情得其正，大本所由以立，位育之化所由以成也"。当然，"性情得其正"所产生的效用，远远不止于养生范畴，但是，养生之效是其内容之一，这是毫无疑义的。

如果说上述阐释还显得有些"唯心"，那么，我们不妨结合传统中医的元气论来加以分析，以揭示"心恬则身愉"的生理机制，从而凸显理会性情所带来的养生之效。众所周知，传统中医的理论基础是元气论，在这一点上，它和一般的中国古代哲学别无二致。中国古代先哲以其独到的认知方式，发现了元气这种构成宇宙万物的原初性物质，借用现代物理学语言来描述，它呈现波（场）状而非粒子型状态，表现出一种既无形无象，又客观实在的特性。任何粒子型物质都是由元气在运动过程中凝聚而成的，一般性物质和元气的相互关系是：元气在运动中凝聚成物质，物质在运动中发散还原为元气。对于这种辩证关系，北宋的理学家张载做了比较准确的描述，他说：

　　太虚无形，气之本体，其聚其散，变化之客形尔。①

又如：

---

　① （宋）张载：《张子正蒙》卷1，《太和篇》，汤勤福导读，上海古籍出版社2000年版，第86页。

> 气之为物，散入无形，适得吾体；聚为有象，不失吾常。①

又如：

> 气不能不聚而为万物，万物不能不散而为太虚。循是出入，是皆不得已而然也。②

由上可知，世界上任何有形之物的原初物质基础都是元气，人体也不例外。所谓血肉之躯，实际上也是元气在运动过程中凝聚、显化的产物而已。由于对构成人体的元气系统进行了深入的探索，古代先哲又发现，即使是元气本身，还可以从不同角度进行性质的区分。从物质和能量角度来讲，元气表现为"气"（亦作"炁""氣"，读音相同，今天笼统地写作"气"③），从信息和功能角度来讲，元气表现为"神"，神者，元气之神，并没有宗教的神灵偶像之义。在人体之中，因为有神与气的二分，便有了心与身的内在关系。这方面的道理，早在先秦时期，《黄帝内经》等中医学经典都已经做了大量的阐述，兹略。到了明代中叶，王龙溪汲取前人的智慧，用简洁的语言勾勒出神与气的辩证关系，并揭示了调理神气关系对于人体健康的意义。如前所述，他说：

> 夫人之所以为人，神与气而已矣。神为气之主宰，气为神之流行，一也。神为性，气为命。良知者，神气之奥，性命之枢也。良知致，则神气交而性命全，其机不外乎一念之微。④

又如：

> 乾为心，心属神，所谓性也；坤为身，身属气，所谓命也。……

---

① （宋）张载：《张子正蒙》卷1，《太和篇》，汤勤福导读，上海古籍出版社2000年版，第87页。
② 同上。
③ 从逻辑上讲，这种表述方法有同义反复之嫌，确实是中国古代哲学的不足之处，不过，任何读者只要善会其意，便不难理解狭义的"气"的内涵。
④ 《王畿集》卷17，《同泰伯交说》，第508页。

以火炼药而成丹，以神驭气而成道，非两事也。①

　　这些话表明，神与气是同一物质实体"元气"的不同表现，"神为气之主宰，气为神之流行，一也"。在人体气血的新陈代谢中，"神"起到主宰性的作用，它的运动变化，决定了"气"的运动变化的性质和状态，因此，调整神的状态，必然会同步影响到气的状态，最终会影响到人体的健康。在人体之中，"神"表现为人们的精神性活动，用古人的话说就是"心"字，因此，修心养性的工夫，实际上就是在调神、养神。只要善于修心养性，使人体之"神"达到纯洁、宁静、和谐有序的状态，人体的"气机"（即元气的运动和分布状态）也就随之达到和谐有序、纯洁宁静的状态，"气机"和顺了，人体的健康水平自然也就得到了充分的保障，无疑，这是一种从心到身的整体性健康机制，亦即今天所说的身心健康。古代儒家的圣人之学，其目的当然不止是为了求取身体健康而已，但是，它所提倡的一整套修心养性的方法（亦即工夫论），只要笃实践履、灵活运用，确实能够带来身心的全面健康，并且进而达到人格的升华，实现觉悟人生、明道成圣的根本目的，这也就是王龙溪所说"以神驭气而成道"的内在原理。同时，修心养性的工夫，不能脱离日用常行，不能外于一念之微，因此，只有根据先天良知的启示和指引，谨于一念之微，使之发而中节、自然而然，才是真正地做到"以神驭气"，达到卫生健身、尽性成命的目的。

　　显然，这种修心养性的活动，从另一个角度看，便是养德。要想使自己的心灵保持中和有序状态，脱离了一定的道德理念为基础，是不可能达到的。所有道德理念的根源，从最深处讲，便是人类心灵的先天良知；从浅层次讲，便体现为各种各样的道德规范。由于后天的道德规范都是经由某些人物（特别是统治阶级的思想家）总结而成的，有些规范的制定和推广，未必符合人们良知本心的需要；有的规范随着时间的推移，也失去了现实的普遍指导意义，因此，对于圣学修习者而言，无论是什么样的道德规范与观念，都要由自己的良知本心反思一下，才能谈得上应否遵循、可否变通，这便是"致良知"工夫的表现。但是，无论学者的致良知工夫做到了哪一步，其身体内部的"神气之交"都在时时刻刻地在发生着，做得好，便可以"神气交而性命全"；做得不好，便会神气互伤、妨害性命，总之，养德与养身是一种内外相成的关系，所以王龙溪十分肯定地

---

① 《王畿集》卷16，《书查子警卷》，第479页。

说:"养德养生,原无二学",并视之为"千圣相传秘藏"。

三 寡欲之功不可忽

在王龙溪的养生哲学中,寡欲之功也是一项不可忽略的环节。本来,以寡欲为功乃是王龙溪哲学工夫论中的一项内容,不过,由于明代中叶之后,社会上的奢侈之风日益盛行、蔓延,王龙溪曾评述:"越俗素称雅直,近习侈靡,每事尚奢"①,在这种背景下,许多士大夫一方面渴望健康长寿,另一方面又恣意纵情,追求享受,因此,强调寡欲之功,恰恰是很有针对性的养生之道。倘若能够领会寡欲之功的必要性,安享寡欲带来的恬淡之乐,那么,就自然会达到"不屑屑于养生,而养生(自)在其中矣"的理想效果。

结合前文所述的神气关系理论,我们不难发现,寡欲之人,心地容易保持宁静,实际上,这就是其内气之"神"变得恬静的表现,心静则气顺,心平则气和,其身体的"气机"也就由此而趋于中和有序,于是,身心健康的成效自然也就潜在于其中了。况且,"静者,心之本体",② 这是王龙溪对于人类心灵先天原本面目的描述,人们通过寡欲而保持心灵的宁静,并不是人为地塑造一种什么心理状态,而是恢复人类心灵原本的面目而已。这种寡欲之功,本身就像水往低处流一样,是一种合乎规律的修养工夫,只要笃实地去践履,人人皆可做到,同时,都可以从中受到维护自我健康的养生之益。

关于寡欲之功,王龙溪进行过许多阐述,其中最值得回味的,莫过于他在给诸生讲学时所写的一首五言绝句,诗曰——

吾心本自静,弗为欲所侵。师门两字诀,为我授金针。③

这首小诗,语意浅白,言简意赅。"吾心本自静,弗为欲所侵"一句,表明了要剔除诸种物欲给自己带来的危害,保持心灵本然的宁静状态;其次,"师门两字诀",指的便是良知本体,在现实生活中,无论你是否愿意,人们都需要做很多很多的事情,因此,寡欲不等于什么事情都不做,那是一种毫无可取之处的懒汉哲学。那么,如何判断所做之事是出

---

① 《王畿集》卷5,《蓬莱会籍申约·崇俭约》,第104页。
② 《王畿集》卷17,《太极亭记》,第482页。
③ 《王畿集》卷18,《南谯书院与诸生论学感怀次巾石韵》,第560页。

于一己私欲，还是发自本心的正当需要呢？在此，王龙溪非常肯定地告诉门人，良知二字乃是师门所传"金针"，凡事之来，先问一问自己的良知，便可以知道当下之念虑是出于过度失中之欲望，还是出于本心的自然发露流行，一句话，判断念虑是否为正，靠的还是自己内心的良知。良知肯定的事情，虽日理万机而不为过分；良知否定的事情，虽一念之微亦须谨慎，亦即"毋以恶小而为之"之意。

关于寡欲对于心性修养的重要意义，王龙溪有过许多精僻的论述，例如：

> 夫人心本虚，有不虚者，欲累之也。心之有欲，如目之有尘，耳之有楔也。君子寡欲以致虚也，如去尘拔楔，而复其聪明之用也。①

又如：

> 圣学之要，以无欲为主，寡欲为功，寡之又寡，以至于无，无为而无不为。……明通公溥，而圣可几矣。②

如果结合神气关系来分析这两段话，我们不难理解：人心本虚，这是心灵的先天原本面目，可是，由于后天物欲的干扰，使得人心失去了虚静平和的本然状态，取代虚静平和状态的，便是心浮气躁、心气紊乱或凝滞不化，长此以往，心神的病态必然引起"气机"的病态，最终导致身体健康受到严重损害，可见，欲之为害大矣，因此，"君子寡欲之致虚"，既是养性之功，又是养生正道。古代先圣看清了其中的道理，于是，提倡"以无欲为主，寡欲为功"，目的是使学者的心灵达到"明通公溥"的境界，这也差不多就是圣人的境界了，如果确实达到了这一心灵状态，那么，养生之效自在其中矣。

至于如何修养寡欲之功，王龙溪也有着十分深邃的认识，他说：

> 夫心有所向则为欲，无所向则为存。将有所向，觉之早而亟反之，是为寡欲之功。存之法，惟能［在］寡欲，以复吾一体之仁，则独往独来，超然自得，天地所不能困，万物所不能挠，而常伸于万

---

① 《王畿集》卷17，《虚谷说》，第497页。
② 《王畿集》卷5，《书同心册卷》，第122页。

物之上。①

这段话表明，所谓欲望，并不仅是指吃穿用度之类是否刻意讲究，而是指"心有所向"等明显或潜在的偏好，有了一定的偏好，而且执而不化，那么，必然不能广泛适应各种境遇，于是，所谓"君子不器"的圣训，也就成了一句空话。反之，如果通过寡欲之功，恢复了人心无比广泛的适应力，直至达到"仁者以天地万物为一体"的境界，这样的心灵必然能够"独往独来，超然自得"，不为万物所困，而"常伸于万物之上"，有如此宽广宏阔的胸怀，世间何物不能容？于是，心广而体胖（pán），身心的健康完满自然就包含在其中了。正因为看清了这里面的道理，王龙溪才做出了如下判断：

> 无欲者，自然而致之者也，圣人之学也；寡欲者，勉然而致之者也，君子修此而吉也；多欲者，自暴自弃，不知所以致之者也，小人悖此而凶也。②

事实上，提倡寡欲的思想，绝非王龙溪一人之独见。早在先秦时期，儒家和道家的先哲都提出了相关的见解，例如，《老子》第十九章曾说："见素抱朴，少私寡欲。"庄子（约前369—前286年）曾说："其嗜欲深者，其天机浅"（《庄子·大宗师》），又说："人之所取畏者，衽席之上，饮食之间；而不知为之戒者，过也。"（《庄子·达生》）孟子（约前372—前289年）更是明白无误地提出："养心莫善于寡欲。"（《孟子·尽心下》）倡导寡欲思想的这三位先哲，虽属不同学派，都曾享有高寿。老子以其名，即知其为长寿之人，司马迁《史记》曰："盖老子百有六十余岁，或言二百余岁，以其修道而养寿也。"③另据学者推算，庄子享年八十三岁，孟子亦然④，在当时均可谓高寿，由是可见，他们关于寡欲养生的思想，乃是成功的经验之谈。到了明代，王龙溪由于深谙阳明心学之精髓，在其养生思想中自然地融入会通三教的寡欲之说，也获得了健康长寿的突出效验，为后人留下宝贵的理论财富。客观地讲，多欲与寡欲，是人

---

① 《王畿集》卷17，《子荣惟仁说》，第508页。按："惟能寡欲"一句，当作"惟在寡欲"，意思更通顺。
② 《王畿集》卷17，《太极亭记》，第482页。
③ 《史记》卷63，《老子韩非子列传第三》，第2142页。
④ 参见萧萐父、李锦全《中国哲学史》，人民出版社1982年版，第145、165页。

类生活的两种状态，就眼前来看，似乎说不上谁对谁错，但是，如果把眼光放得长远一些，我们不得不承认：为生多欲，乃是损德伤身之媒，恬静寡欲，乃是养生长寿之径，因此，王龙溪提出寡欲之功乃是"君子修此而吉"的观点，确为真知灼见。概而言之，寡欲之功，是圣人之学所包含的养生思想的题中应有之义。

四　论息之功

或许有人会问：王龙溪所说的培德、寡欲、理会性情等思想，都是一种理念性的东西，在他的养生思想中，难道就没有一些可操作性的养生技术吗？当然，以王龙溪的功夫之深邃、学问之圆融，应门人学者之请求，总结、传授一些可操作性的养生"权法"，也是情理之中的事情。在今本《王畿集》中，有一篇短文名为《调息法》，介绍的就是这样一种无为之法，大概是王龙溪留给门人唯一的可操作性技法了。原文引录于下：

> 息有四种相：一风，二喘，三气，四息。前三为不调相。坐时鼻息出入觉有声，是风相也。息虽无声，而出入结滞不通，是喘相也。息虽无声，亦无结滞，而出入不时，是气相也。坐时无声，不结不粗，出入绵绵，若存若亡，神资冲融，情抱悦豫，是息相也。
>
> 守风则散，守喘则戾，守气则劳，守息则密。前为假息，后为真息。欲习静坐，以调息为入门，使心有所寄，神气相守，亦权法也。
>
> 调息与数息不同。数为有意，调为无意。委心虚无，不沉不乱，息调则心定，心定则息愈调。真息往来，而呼吸之机自能夺天地之造化，含煦亭育，心息相依，是谓息息归根，命之蒂也。一念微明，常惺常寂，范围三教之宗。吾儒谓之燕息，佛氏谓之反息，老氏谓之踵息，造化阖辟之玄枢也。以此征学，亦以此卫生，了此便是彻上彻下之道。[1]

此文短小精悍，不过267字，但是，向学者介绍了一种习练静坐的入门方法。首先，他阐述了静坐过程中的四种呼息之相：风、喘、气、息，前三者为不调相，唯有第四种"息相"才是真息，是使学者在静坐中获得养生效果的正确方法。所谓息相，无非是"坐时无声，不结不粗，出入绵绵，若存若亡，神资冲融，情抱悦豫"之类，它的意义在于："息调

---

① 《王畿集》卷15，《调息法》，第424页。

则心定，心定则息愈调。真息往来，呼吸之机自能夺天地之造化。"对于爱好静坐的学者来说，学会调息乃是一种入门正法，所以王龙溪才说："欲习静坐，以调息为入门，使心有所寄，神气相守，亦权法也。"不过，王龙溪指出："调息与数息不同，数为有意，调为无意"，对于久习静坐的人来讲，这句话很好理解，数息是一种有意为之的方法，而调息并非是以什么有意的人为方法去做调整，相反，它是经由一种无为自化的过程，使呼吸渐渐达到"出入绵绵，若存若亡"的状态，产生不沉不乱、心息相依的效果，整个过程都是自然而然的。在这种神气相守的调息静坐中，"一念微明，常寂常感"，实际上，这就是良知本体的呈现，正是这一良知灵明，在修道者的习练过程中起到了范围三教、彻上彻下的指导性作用，至于其养生效果，不过是这种调息静坐的自然、平常的伴生效应而已。

由上述文字可知，调息工夫纯熟之后，还有更为深邃的修道内涵与功能随之而现，这便是王龙溪所说的"燕息"之法。虽然它已经明显超出了一般人常规经验的范畴，但是，出于深入学术研究的需要，笔者仍然予以一定程度的介绍，其中或有谬误之处，相信方家自能辨析、澄清。

所谓"燕息"之法，语出《周易·随卦》之《象传》，原文是："《象》曰：泽中有雷，随。君子以向晦入宴息"。（宴息，亦作"燕息"）① 这句话究竟有什么深刻含义，可谓"仁者见仁，智者见智"。不过，在王龙溪那里，对于"燕息"之法，却是有着明确的诠释和表述的。史载：

> 遵岩子问："先师在军中四十日未睡，有诸？"先生曰："然。此原是圣学。古人有息无睡，故曰'向晦入宴息'。世人终日扰扰，（日间）全赖后天渣渣厚味培养，方够一日之用。夜间全赖一觉熟睡，方能休息。不知此一觉熟睡，阳光尽为阴浊所陷，如死人一般。若知燕息之法，当向晦时，耳无闻，目无见，口无吐纳，鼻无呼吸，手足无动静，心无私累，一点元神，与先天清气相依相息，如炉中种火相似，比之后天昏气所养，奚啻什百？是谓通乎昼夜之道而知。"②

遵岩子即王慎中（1509—1559 年），晋江人，嘉靖五年（1526 年）

---

① 《周易译注》，《随卦·象传》，第 153 页。
② 《王畿集》卷 1，《三山丽泽录》，第 13 页。

十八岁的他即高中进士，成为王龙溪的同年好友，或许他曾入王门，故对王阳明以"先师"相称。在这段对话中，王慎中问起一个令人惊讶的往事："先师在军中四十日未睡，有诸？"这段往事，指的应是王阳明在平定宁王之乱时（前后大约四十天），军务倥偬，运筹帷幄，没有睡过一个囫囵觉，引得当时的士大夫交口称奇：这件事究竟是坊间传闻还是果有其事？对此，王龙溪明确地回答：然。也就是说，确有其事。这样一来，人们就更为惊讶了：王阳明何以有如此超凡的精力，能够长久地保持清醒？对此，王龙溪说出了一番道理，告诉了人们一个"古（至）人有息无睡"的"燕息之法"，并说明，"此原是圣学"，乃是"通乎昼夜之道而知"的"圣门正法眼藏"。①

关于燕息之法的基本内容，王龙溪表述道："若知燕息之法，当向晦时，耳无闻，目无见，口无吐纳，鼻无呼吸，手足无动静，心无私累，一点元神，与先天清气相依相息，如炉中种火相似，比之后天昏气所养，奚啻什百？"诚然，这种燕息之法的神奇效果，远远超出了一般人对于圣人之学内涵的理解，类似老庄所说的至人、真人的境界。对此，王龙溪并不否认，在《调息法》一文中，他明确指出："吾儒谓之燕息，佛氏谓之反息，老氏谓之踵息，造化阖辟之玄枢也。以此征学，亦以此卫生，了此便是彻上彻下之道。"这种燕息之法是否真的有如此神奇非凡的效果呢？以笔者之心学造诣，尚不能以切身经验去证实或证伪，不过，倒是另一位心学宗师的经历，似乎给这种"有息无睡"的功夫提供了佐证，他就是南宋的陆九渊。乾道八年（1172 年）夏五月，陆九渊高中进士，在临安与士大夫们频繁地应酬，史载：

> 在行都，诸贤从游。先生朝夕应酬问答，学者踵至，至不得寝者余四十日。所以自奉甚薄，而精神益强。听其言者，兴起甚众。②

在这段话中，明确地记述了陆九渊"朝夕应酬问答，学者踵至，至不得寝者余四十日"的史实，并且指明"（陆九渊）自奉甚薄，而精神益强"，这就表明，陆、王二位心学大师，并不止是传播一种思想见解而已，他们本身确实有着相当深湛的道行功夫，所以才表现出这些不同于常

---

① "正法眼藏"原为佛教术语，常为明代士大夫所借用，如王阳明曾说："益信得此二字（良知）真吾圣门正法眼藏。"见《王阳明全集》卷 5，《与邹谦之》（二），第 178 页。
② 《陆九渊集》卷 36，《年谱》，第 487 页。

人的奇迹奇事来。除此之外，史籍中还记载了一些陆九渊精力过人的神迹，例如：淳熙十五年（1188 年），陆九渊在山中精舍（即贵溪应天山）。对此，《年谱》记载：

> 先生讲论，终日不倦，夜亦不困，若法令者之为也。……问曰："先生何以能然？"先生曰："家有壬癸神，能供千斛水。"①

陆九渊的话表明，他一直保持充沛的精力，是有其内在原因的——虽然"家有壬癸神，能供千斛水"一语显得有些玄奥，不过，仍然表明陆九渊有着非常人可及的道行功夫。以中国传统养生学的道理来解释——"气足不思食，神足不思睡"，陆九渊虽然没有专门从事过养生之术的修炼，但是他从小习练静坐，年方四岁，便"常自洒扫林下，宴坐终日"，②这种经历和功夫，使得他触类旁通，自然地达到了"气足不思食，神足不思睡"的高境界，所以才能连续四十多天不睡一个囫囵觉，持续讲学而终日不倦。陆九渊和王阳明连续四十日不睡一个完整觉的心学功夫，表明了今天我们对于心学的理解还相当肤浅，需要继续深入研究，笃实践履，方能臻于古人曾经达到的道行境界。

有意思的是，对于"有息无睡"的燕息之法，王龙溪似乎认为自己并没有完全掌握。这一点，某些会语中透露出了些微消息：

> 先生会宿山窝，（裘）子充见先生酣睡呼吸无声，喜曰："精神保合，血气安和，此寿征也。"先生曰："未足为贵，此直后天安乐法耳。……至人有息无睡。谓之息者，耳无闻，目无见，四体无动，心无思虑，如种火相似。先天元神元气，亭育相抱，真意绵绵，开阖自然，与虚空同体。与虚空同体，是与虚空同寿，始为寿征也。孟轲氏指出日夜所息，示人以用力之方，平旦清明之气不使为旦昼之所牿亡，盖几之矣。③

当门人裘子充见到王龙溪"酣睡呼吸无声"时，十分佩服，认为这是"寿征"，并讲述给其他同门，王龙溪却说："未足为贵，此直后天安

---

① 《陆九渊集》卷36，《年谱》，第503页。
② 同上书，第481页。
③ 《王畿集》卷5，《天柱山房会语》，第119页。亭，调和。

乐法耳"。他告诉裘子充，"至人有息无睡"，接下来所阐述的，与前面对王慎中所说的话大体相同，不必再做分析，总之，这是一种以先天元神、元气做工夫的养生方法，可以达到与虚空同体、同寿的境界，非常情之所论也。

虽然在与裘子充谈论时似乎表明自己尚未掌握"至人有息无睡"之法，不过，在对另一些士大夫谈论此中道理时，王龙溪仍然明白无误地表述了自己对于"燕息之法"的清楚理解，显示出他还是掌握了这一养生要诀的。他在给友人的信中，详细地阐释了"燕息之法"的若干要领：

> 湖中请教，"息"之一字非止对治之方，乃是养生要诀，亦便是学问真正路头。至人有息而无睡。睡是后天浊气，息是先天清气。庄生所谓"六月息"，孔子所谓"向晦入燕息"。息者，随时休息之谓。终日间，眼视色、耳听声、鼻闻臭、口吐声音、手足动触、魂魄精神，随意流转，随在泄漏，是谓生机。循晦至夜，机事已往，万缘渐息，目无所见，耳无所闻，鼻无所臭、口止不言、四肢静贴、魂魄伏藏，精神翕凝，一意守中，如潜如蛰，如枝叶剥落而归其根，是谓杀机。生机为顺，杀机为逆，逆顺相因，如循环然，在知道者默而识之。若果信"息"之一字，可使终夜不打一鼾，不作一梦，一念炯然，自由自在，先天补益之功，自有出于昏睡之外者矣。若果信得及，可使终日酬应万变，而此念寂然，不为缘转，是谓通乎昼夜之道而知，圣功生焉，神明出焉。①

这段论述与前面两段文字大同小异，只不过阐述得更加清晰。王龙溪再次明言："至人有息而无睡"，并且做了一个对比——"睡是后天浊气，息是先天清气"，两者有着本质的不同。所谓"燕息之息"，乃是"随时休息之谓"，它的价值是多重性的，"乃是养生要诀，亦便是学问真正路头"。对于养生者而言，"若果信'息'之一字，可使终夜不打一鼾，不作一梦，一念炯然，自由自在，先天补益之功，自有出于昏睡之外者矣"。而且，从修道事业的终极意义上讲，"若果信得及，可使终日酬应万变，而此念寂然，不为缘转，是谓通乎昼夜之道而知，圣功生焉，神明出焉"。看得出来，王龙溪此处对于先秦儒家的"燕息之法"是颇为自信的，或许他此时已经完全掌握了燕息之法，逆顺相因，循环不已，已然达

① 《王畿集》卷9，《与李原野》，第204页。

到与陆九渊、王阳明一样出神入化的"至诚"境界。

五　其他的养生思想与行迹

王龙溪关于养生的思想观念，既有丰富深邃的理论，又有成功的实践经验，很值得后人研究、总结。除了上述几个方面之外，还有一些零散的养生观念亦颇有借鉴价值。例如，他的好友李原野（生卒、行迹不详）曾有夜间失眠之症，写信向王龙溪求教，对此，王龙溪回答道：

> 且我能忘机，人之机亦将自息。感触神应，不可诬也。吾丈夜间少睡，亦是凝滞未释，犹有机在。机眩神驰，冲气散逸，辗转反侧，只益躁烦，不睡之因或在于此。古人云："未睡眼，先睡心。"若果百念放得下，无些子挂带，自将颓乎其委顺矣！①

这段话中，王龙溪引述了一段不知出处的古语——"未睡眼，先睡心"，即使在今天，对于任何失眠患者而言，都是有益的箴言。王龙溪强调，人只要忘掉"机心"（对外在事物的分别、计较和利害盘算），自然就会安然入睡，而且，"我能忘机，人之机亦将自息"。失眠之因，往往是因为自己内心的计较盘算在作怪，并不是因为外在的事物有多么紧迫重要，所以才导致"机眩神驰，冲气散逸，展转反侧，只益躁烦"，因此，对治之法就是："若果百念放得下，无些子挂带，自将颓乎其委顺矣！"这一段话看起来有些唯心倾向，然而，确实言中了大多数失眠患者的病根，值得后人反思、汲取。

此外，王龙溪非常喜欢出游，他在后半生借讲学的机会畅游天下名胜之地。长期在外的游历奔波也锻炼了他的筋骨，陶冶了他的性情，这对于维护身体健康无疑也是非常有益处的。据他自己回忆：

> 予素性好游，辙迹几半天下。凡名山洞府、幽怪奇胜之区，世之人有终身羡慕，思一至而不可得者，予皆得遍探熟游。童冠追从，笑歌偃仰，悠然舞雩之兴，乐而忘返。②

在古代，由于交通条件的限制，游览名胜之地必须跋山涉水，甚至手

---

① 《王畿集》卷9，《与李原野》，第204页。
② 《王畿集》卷15，《自讼长语示儿辈》，第425页。

足攀援方能到达，王龙溪喜爱游历名山洞府、幽怪奇胜之区，没有一身好的体力和意志是不可能"如愿以偿"的。同时，这种游历本身也进一步活络了他的血脉，锤炼了他的筋骨，更为重要的是，使他在与大自然的接触中体会到天人合一的境界，在与朋友一同出游的过程中体会到了志同道合的乐趣。王龙溪一生写过很多诗，客观地讲，比起乃师王阳明的诗作来，艺术造诣要差一截，但是，有一首五言绝句颇能代表他的"浴沂舞雩"的人生志趣，这倒是王阳明的诗作所没有的。引述如下，以此作为他身体矫健、志趣冲融的一个旁证：

> 早起登山去，芒鞋结束牢。但令双足健，不怕万峰高。①

当然，作为血肉之躯，王龙溪身体再矍铄，也不可能从不患病。尤其是晚年，他曾经有一次卧病半载，对此，他曾经向友人讲述——

> 不肖夏秋以来，卧病半载，耳加重听，一切交际亦省息。岂上天怜予揽听多言，以此示戒，不敢不深省。衰龄残质，后来光景已无多，生死一念，较旧颇切。古云："平时明定，临期自然无散乱。"有生死，无生死，皆不在计度中，一念惺惺，泠然自照，纵未能超，亦任之而已。②

由是可见，王龙溪晚年以非常清醒而洒脱的态度来应对患病和养病的事情。对于"耳加重听"一事，他视为"岂上天怜予揽听多言，以此示戒，不敢不深省"，可见其真诚修道的心志，至终老而未改。对于年长者"后来光景已无多"一事，他的态度是："有生死，无生死，皆不在计度中，一念惺惺，泠然自照，纵未能超，亦任之而已"。这种将生死归岐看得很淡的态度，也正是他后来能够超越生死、坦然坐化的深邃功夫的先期表现。

概而言之，王龙溪的健康长寿有多方面的原因。首先，由于深谙圣人之学，依靠良知觉照，练性化命，尽性成命，使得王龙溪达到了志趣冲融、心胸旷达、血气安和、心恬身愉的境界，于是，"不屑屑于养生，而养生（自）在其中矣"，这是王龙溪身体矍铄的主要原因。其次，王龙溪

① 《王畿集》卷18，《登西天目》，第547页。芒鞋，即草鞋。
② 《王畿集》卷11，《答刘抑亭》，第298页。

会通三教，掌握了如调息法、燕息法之类的养生技术，并且喜好出游，锻炼筋骨，这也是他晚年健康长寿的原因。无论今人更看重的是哪一方面，王龙溪的身体由羸弱转向矫健，其养生的显著成效，都是值得人们认真研究和借鉴的。

第二节　王龙溪的生死智慧

养生思想只是王龙溪生命哲学中一个浅层次的组成部分，对于任何生命哲学而言，真正重要的任务是要阐明生命的本原和终极意义，其中，生死智慧是其核心问题。如果单从享寿来看，王龙溪的生命哲学并不见得有多么称奇，在明代，至少湛若水（1466—1560 年）的享年超过了他，况且，没有对于生命本原和终极意义的透彻觉解，即使活得再久，也不过是"寿同天地一愚夫"而已。王龙溪生命哲学的非凡智慧，正在于对于生死问题的深刻认识已达到了超越生死的圣者境界，因此，我们有必要专门地予以探讨和揭示。

一　一生死，通昼夜

生与死是再平常不过的生命现象。然而，生从何处来，死往何处去？这个问题是任何大儒在讲学过程中都要涉及的。在当时，由于佛教思想的广泛流行，世人普遍知晓佛教生命哲学中三世因果和六道轮回的观念，不过，由于超出了一般人的常规经验，所以，人们大多对此采取将信将疑的态度。在明代中晚期，有的儒者（如罗汝芳）根据《周易·系辞上》中的理念，阐述"精气为物，游魂为变"的生命观，实际上默认了佛教的生命轮回观。对此，王龙溪遵循先秦儒家"子不语：怪、力、乱、神"的思想传统，从来不去主动地正面阐述这个问题，但是，当有人一再问起时，他便以辩证灵活的态度，对于轮回说既表示一定程度的赞同，同时，又表示出一种超越意识。史载：

　　或问生死轮回有无之说。先生曰："此是神怪之事，夫子所不语。力与乱分明是有，怪与神岂得谓无？但君子道其常，此等事恐惑人，故不以语耳，大众中尤非所宜问，亦非所当答。"
　　诸友请叩不已，先生曰："人之有生死轮回，念与识为之祟也。念有往来，念者二心之用，或之善，或之恶，往来不常，便是轮回种子。识有分别，识者发智之神，倏而起，倏而灭，起灭不停，便是生死根因。此是古今之通理，亦便是现在之实事。儒者以为异端之学，讳而不言，亦见其惑也已。夫念根于心，至人无心则念息，自无轮回；识变为知，至人无知则识空，自无生死。为凡夫言，谓之有，可也；为至人言，谓之无，可也。道有便有，道无便无，有无相生，以应于无穷，非知道者何足以语此？"①

从这段对话可见，王龙溪承认，"力与乱分明是有，怪与神岂得谓无？"但是，"此等事恐惑人，故不以语耳"。在诸听众的再三请求之下，王龙溪不得不透露一些"天机"，他肯定了对于凡人之情识而言，生死轮回是存在的，同时指明，"人之有生死轮回，念与识为之祟也"。王龙溪认为，由于凡夫有着利害得失、成败荣辱、起灭往来等分别心，因此，导致自己的念与识种下了生死轮回的根因，这种轮回生灭现象，既是通理，又是实事，简单地予以否定是不当的，正所谓"儒者以为异端之学，讳而不言，亦见其惑也已"。不过，生死轮回不是生命的本质和最高层次，对于"知道"的至人而言，"无心则念息，自无轮回"，"无知则识空，自无生死"，因此，生死轮回是可以超越的。

王龙溪除了面对大众做如是阐述之外，在家中，面对关系至近的亲人，依然做出同样的解答。例如，王龙溪的妻子张氏"中年好佛，虔事观音大士"，② 问起因果报应和轮回之说时，他回答道：

> 一念善因，终成善果；一念恶因，终成恶果，其应如响。止恶修善，不昧因果，便是大修行人。一念万年，无有生灭，即无轮回。知生则知死矣。③

由是可见，王龙溪并不否认佛教的生死轮回观念，但是，他更清楚地看到一个关键性问题——"此事全凭念力"④。如果通过笃实地修行，养成了一种"一念万年"的超脱而恒常的心态（不是偶然达到的），那么，生死轮回即刻消止，生命回到了无始无终、无生无灭的本初状态。

① 《王畿集》卷7，《新安斗山书院会语》，第165页。
② 《王畿集》卷20，《亡室纯懿张氏安人哀辞》，第649页。
③ 同上书，第650页。
④ 同上。

那么，王龙溪所说的无生无灭的生命本质，其内涵究竟指的是什么呢？一言以蔽之，便是良知本体的不生不灭，用王龙溪自己的话来讲，又可称为"道无生死"。在《论语·先进》中，有一段孔子和门人子路（又称季路）的对话——（子路）曰："敢问死"。（孔子）曰："未知生，焉知死？"这段话由于太过简洁，以至于后来许多儒者不甚明了其义。在讲学过程中，自然有人向王龙溪问到了这一问题，对此，王龙溪做出了坦诚的回答——

> 或问孔子答季路知生知死之说。先生曰："此已一句道尽。吾人从生至死，只有此一点灵明本心为之主宰。……知生即知死，一点灵明与太虚同体，万劫常存，本未尝有生，未尝有死也。①

这段话表明，王龙溪认为，人的生命，自始至终，都有"一点灵明本心为之主宰"，此灵明本心"与太虚同体，万劫常存，本未尝有生，未尝有死也"，这是它的本质特性，只要人们在后天生活中修证得当，那么，这一点灵明便不会被埋没或污染，便能促成生命超越生死轮回。当然，"一点灵明"的说法，还显得比较含糊，那么，它所指的究竟是什么东西？简而言之，便是阳明心学的核心范畴——良知本体。对此，王龙溪曾明确地表述说：

> 良知虚寂明通，是无始以来不坏元神，本无生，本无死。②

由于人们通常习惯以道德属性来理解"良知"一词，因此，笔者在此不得不再次阐述一下阳明心学的良知本体的含义。仅以王龙溪的表述为例，他曾从元气论的角度来阐述良知本体的物质内涵，他说：

> 天地间一气而已。易者日月之象，阴阳往来之体，随时变易，道存其中矣。其气之灵，谓之良知，虚明寂照，无前后内外，浑然一体者也。③

---

① 《王畿集》卷7，《华阳明伦堂会语》，第160页。
② 《王畿集》卷5，《天柱山房会语》，第119页。
③ 《王畿集》卷8，《易与天地准一章大旨》，第182页。

又如：

> 通天地万物，一气耳。良知者，气之灵也。生天生地生万物，而
> 灵气无乎不贯，是谓生生之易。①

"良知者，气之灵也"，这是王龙溪对于良知范畴所做的本体论层面
的解释。根据前文对于神与气的不同属性的划分，阳明心学所悟到的
"良知"本体，本质上也是"元气"，只不过是最原始的先天之气，属于
"神"的范畴，是"气之灵"，亦即元气的主宰，构成了人类心灵共同的
先天本体。这种最原始的先天元气，"生天生地生万物，而灵气无乎不
贯"，本身没有生灭可言，就像今天人们所说的"物质不灭"一样，始终
存在于宇宙太虚之中。对于人类生命而言，它体现为构成生命动力的最初
实体——元神，人的形体有生有灭，但是"元神"却无从生灭，它只是
从某一个体的生命形态转化为另一个体的生命形态，如果某人在有生之年
修行有成、道纯德粹，那么，这一元神（良知本体）便达到了纯粹至善
的境界，于是，"生则入圣，死则还虚"，② 返还于宇宙太虚之气中，"与
太虚同体，亦与太虚同寿"，不再有凡俗生命轮回不已的流转过程。从这
个意义上讲，良知本体（元神）确乎是"本无生，本无死"的。

元神是一个道家范畴，良知是一个儒家范畴，名虽异而所指即同。元
神（良知本体）既然是客观存在的，那么，它就不应当只是由儒、道两
家单独发现，同样博大精深的的佛教哲学也应该有所发现和阐明。对此，
王龙溪并不讳言佛教生命哲学对于良知本体的发现，他在和妻子张氏的探
讨之中，也证实了这一点。有一次，张氏问及佛教的"六如之法"，王龙
溪答道：

> 人在世间，四大假合而成。如梦境、如幻相、如水上泡、如日中
> 影、草头露、如空里电，倏忽无常，终归变灭，所谓有为法也。惟无
> 为本觉真性，万劫常存，无有变灭，大修行人作如是观。借假修真，
> 即有为而证无为，此世出世究竟法也。③

---

① 《王畿集》卷13，《欧阳南野文选序》，第348页。
② 《罗汝芳集》，《旴江罗近溪先生全集·语录》，第287页。按：这是对罗汝芳原话的浓
　缩与概括。
③ 《王畿集》卷20，《亡室纯懿张氏安人哀辞》，第650页。

需要注明，此处的"法"字是一个佛教专有词语，不是方法一意，而是泛指一切事物，无论是本体的还是现象层面的。王龙溪指出："人在世间，四大假合而成"，有形有象，有生有灭，这叫"有为法"，与之相对的，则是一种"万劫常存，无有变灭"的"无为法"，它就是"无为本觉真性"，实际上就是潜藏于人心之中的真如佛性。这种无生无灭的本觉真性，与儒家的良知本体、道家的元神范畴，所指的其实都是一码事。在这段对话中，王龙溪还简要地指出了包括佛教在内的三教修炼的基本宗旨——"借假修真，即有为而证无为"，所谓假，即指人的肉体生命，因其有形有象，有生有灭，属于"有为法"，故称为"假"；所谓真，即指人的本觉真性（亦即元神、良知本体），因其无形无象，无生无灭，属于"无为法"，故称为"真"。一个人的肉体生命再长，哪怕是超过百岁，在宇宙大气的演化进程中，也不过如水上泡、空里电一般，"倏忽无常，终归变灭"，因此，关键是要利用有限的肉体生命去证悟无生无灭的良知本体，这样一来，才算跳出了轮回流转的生命代谢，而直接与宇宙"大我"相融为一，这才是生命的本真面目和终极价值。王龙溪的这番话虽然简洁，但是相当透彻，难怪其妻张氏听了，"俯而思，恍然若有所悟"。[1]

在阳明心学中，良知即道，这是从本体论角度所做的判断，王阳明就说过："道即是良知。"[2] 根据这一惯常的思维方式，王龙溪经常以"道无生死"的命题，来表达他对于生命本质和终极归宿的认识，例如：

> 道无生死，闻道则能通昼夜，一生死。[3]

又如：

> 孔氏云："朝闻道，可以夕死，"道无死生，忘死生而后超之。[4]

又如：

> 道无生死，一念灵明，照彻千古，生死随缘，不作有无二见。[5]

① 《王畿集》卷20，《亡室纯懿张氏安人哀辞》，第650页。
② 《王阳明全集》卷3，第105页。
③ 《王畿集》卷3，《书累语简端录》，第73页。
④ 《王畿集》卷10，《与耿楚侗》，第241页。
⑤ 《王畿集》卷15，《云间乐聚册后语》，第415页。

这些言论，都表明了王龙溪对于生命本来面目的一种清醒认识，正因为如此，他才能够超越世俗的生命观，既洒脱自在，又担当勇任，一心以明道、弘道为自己的终身使命，促使人们觉悟生命的本来面目。王龙溪认为，这种"原始反终，故知死生之说"①的思想，原本是儒家圣人之学的内涵之一，可惜后儒将其遗忘、埋没，因此，非常有必要将其重新发扬光大。

值得注意的是，"道无生死"是指良知本体无生无灭，就人类的肉体生命而言，仍然是有生必有死的，对此，王龙溪同样以明澈通达的态度来看待肉体生命的生灭，他接着王阳明的思路，表达了"生死通乎昼夜之道"的理念。当然，比起前者来，这只是一种降格以言的"权法"，旨在解答世人对于生命归宿的疑惑，使人们明白肉体生命生灭不已的道理。他在给许多友人的信中，经常劝慰他们看清生死之间的流转，获得心灵的解脱。例如，他说：

> 区区近来勘得生死一关，颇较明白。生死如昼夜，人所不免，此之谓物化。若知昼而不知夜，便是溺丧而不知归，可哀也已！②

又如：

> 生之有死，如昼之有夜，知昼则知夜，非有二也。于此参得透，方为尽性，方为立命，方是入圣血脉路。③

又如：

> 且人生百年，只如倏忽，生死如昼夜，定知不免。……可以死者，以其放下，无复牵带，所谓"通昼夜之道而知"也。④

由是可见，王龙溪认为，"知昼夜则知生死"⑤，对任何凡夫而言，生

---

① 《周易译注》，《系辞上》（四），第535页。
② 《王畿集》卷10，《与耿楚侗》，第241页。
③ 《王畿集》卷11，《答李渐庵》，第272页。
④ 《王畿集》卷15，《云间乐聚册后语》，第415页。
⑤ 《王畿集》卷9，《与吕沃洲》，第218页。

死是一个像昼夜一样轮回流转的必然过程，因此，不必把肉体生命看得过重，那样就会背上贪生畏死的心理负担，妄图违背生命生死流转的规律，这是无济于事的，对此，王龙溪评价为："溺丧而不知归，可哀也已。"

综上所述，王龙溪对于生命的生死代谢，采取了辩证而圆融的态度，体现了大儒的睿智。他既主张放下对生的执着与贪恋，摒弃对死的厌恶与恐惧，更主张积极地"借假修真"，利用一个人的有生之年去证悟生命的本来面目和终极价值。有一段话颇能体现他的这种辩证思想，他说：

> 若以道眼观之，凡身外之物，生时不曾带得来，死时不曾带得去，皆须全体勘破。惟有圆明一窍，是生身受命之元，纵欲就盖世功名，建格天事业，未有不本于圆明一窍而能有成者。此便是随身受用资粮，前所谓悟者，皆取证于此。此是断世缘嗜欲之利刃，超生死苦海之法航。①

这段话中，前半段主张"全体放下"，这就包括"生时不曾带得来，死时不曾带得去"的一切身外之物，论其极致，那就是连生死也同样放得下。但是，如果什么东西都无所谓了，那样也就变成了佛家所说的"枯木顽空"，甚至变成了今人所说的玩世不恭，这也是一种偏颇之见。王龙溪认为，在人的有限生命之中，"惟有圆明一窍，是生身受命之元"，这是生命的"真我"所在，亦即前文所说的良知本体、元神、本觉真性等范畴，人们苦心修道，无论是讲习讨论，还是身体力行，最终就是要悟得此"圆明一窍"，并利用它来与宇宙太虚相融，直至"与太虚同体"的化境。可见，这个"圆明一窍"的价值是极其重要的，说它是"随身受用资粮"亦对，说它是"断世缘嗜欲之利刃"亦对，说它是"超生死苦海之法航"更没有错，只有证悟了这个"圆明一窍"，才能从实践层面达到"通昼夜，一生死"的至圣境界。因此，王龙溪一贯认为："吾人此生，惟此一大事"，② 用中国古代哲学的话说，这叫"真为性命"③，用现代哲学的术语来讲，这就是认识自我、实现自我的终极关怀。

总之，王龙溪的生死观可以用"一生死，通昼夜"来形容。这种生死观，让人们看清了生命的来龙去脉，消除了对于死亡的困惑和恐惧，同

---

① 《王畿集》卷16，《留别霓川漫语》，第467页。
② 《王畿集》卷10，《与李中麓》，第233页。
③ 同上。

时，又能认真地对待、把握生命的走向等终极性问题，并为人们指出了超越生死的"生命之舟"的航向。其思想内涵的深度，与儒、释、道三教的各家各派相比，都毫不逊色，堪称中国古代哲学中生命智慧的"究竟"之义。

二　任生死与超生死

既然明白了"生死如昼夜"和良知"本无生，本无灭"的道理，那么，一个人如何把握自己的生命走向，就可以有着超出一般世俗见解的不同路径了。王龙溪明确地指出，突破了世俗之人贪生畏死的局限之后，人们对于自己的生命走向将会有"任生死"和"超生死"两种超凡脱俗的境界可以修证，当然，这两种生命境界之间本身还是有一定的高下之别。

关于超越凡俗的生死观念的话题，王龙溪一向讲得比较谨慎，就像他对至交好友所说："因吾弟相信之至，略露端倪，不然，人将以为妄矣。"① 正因为如此，要想了解王龙溪关于任生死和超生死的思想，我们必须通观整个《王龙溪全集》，从中发现和整理他关于这类问题的关键言论。概而言之，王龙溪关于任生死和超生死的言论主要有两处，分别引述如下：

> 若夫生死一事，更须有说。有任生死者，有超生死者。《易》曰："原始反终，故知生死之说。"生死如昼夜，知昼则知夜矣。故曰："未知生，焉知死？"平时一切毁誉得丧诸境，才有二念，便是生死之根。毁誉得丧能一，则生死一矣。苟从躯壳起念，执吝生死，务求长生，固佛氏之所呵也。《列子》云："五情苦乐，古犹今也；四体安危，古犹今也。百年犹厌其多，况久生乎？"应缘而生，是为原始；缘尽而死，是为反终。一日亦可，百年亦可。忘机委顺，我无容心焉，任之而已矣。至于超生死之说，更有向上一机……良知虚寂明通，是无始以来不坏元神，本无生，本无死……千圣皆过影，万年如一息，又何生死之可言哉？②

在这段话中，王龙溪比较明晰地讲出了"任生死"智慧的内涵。其大意是：修道者已然明白"生死如昼夜，知昼则知夜矣"的道理，因而

---

① 《王畿集》卷12，《与殷秋溟》，第308页。
② 《王畿集》卷5，《天柱山房会语》，第119页。

抛弃了"苟从躯壳起念，执吝生死，务求长生"的片面追求。对于生命的历程，他清楚地意识到"应缘而生，是为原始；缘尽而死，是为反终"的规律性，于是，采取一种安然顺适的态度，"一日亦可，百年亦可。忘机委顺，我无容心焉，任之而已矣"。一旦有了这样一种态度，凡夫所谓贪生畏死、渴求长生的生命观已被突破，修道者能够坦然顺应自然规律，安详地走完自己的生命历程。不过，在这段话中，王龙溪对于"超生死"智慧的解释却显得含糊甚至玄虚，除了"良知虚寂明通，是无始以来不坏元神，本无生，本无死"一句语义明晰外，其余诸言皆汪洋恣肆，不知所云，故笔者不予引述，有兴趣的读者可自观之。所幸的是，王龙溪在给友人的一封信中，把"超生死"智慧的内涵简明扼要地讲了出来，为我们正确理解这种终极性的生命智慧提供了宝贵的文献材料，他说：

> 若夫超生死一关，生知来处，死知去处，宇宙在手，延促自由，出三界，外五行，非缘数所能拘限，与太虚同体，亦与太虚同寿，非思想言说所能凑泊，惟在默契而已。①

在这段话中，王龙溪坦言，关于超越生死的大智慧，其真实意蕴"非思想言说所能凑泊，惟在默契而已"②的挚友介绍，他还是勉为其难地讲了一下"超生死"智慧的有关内涵。首先，超越生死之人，"生知来处，死知去处，宇宙在手，延促自由"，他们对于生从何来、死往何去等终极关怀问题一目了然，而且，达到了"天人合一"的至高境界，把握住了自我生命的方向轨迹，因此，才可称为"宇宙在手，延促自由"。在这种获得了真正自由的"无极"境界中，修道者的生命已经"出三界、外五行，非缘数所能拘限"，③就其生命长度而言，已经突破了有形生命的长短寿夭，虽然肉体生命终有消亡之时，但其"元神（真我）"却是"与太虚同体，亦与太虚同寿"，从这个意义上讲，已经超越生死，与宇宙大气融为一体了。

按照旧的正统哲学教科书的说法，王龙溪关于超生死的生命智慧，无疑是一种典型的唯心主义观念，与佛教、道教等宗教唯心主义的思想观念

---

① 《王畿集》卷12，《与殷秋溟》，第308页。
② 同上。
③ 三界，佛教术语，指欲界、色界和无色界。五行，指由金、木、水、火、土构成的后天元气系统。

没有本质区别。然而，每当我们在下此断语之时，可曾想到过，所谓唯物、唯心之分本身也是在不断变化的。从尊重客观事实、坚持实事求是的理念来讲，我们永远都应该是唯物主义者，但是，随着科学技术的进步和学术研究的深入，我们惊讶地发现，有时候某些思维方式和表述方式是唯心主义的哲学思想，其实里面可能包含着更为深邃的唯物主义的思想内涵。从另一个角度来看，我们对于生命科学的理解不能仅仅局限于来自西方的以分析细胞和遗传基因为主要手段的研究模式，虽然其成就斐然、举世公认，但是，这不过是从某一角度入手而获得的阶段性的研究成果而已，要想穷尽生命的奥秘，这种研究模式还有很长的路要走（甚至从出发点开始，这种研究模式就不一定找准了正确的方向）。因此，我们多变换几个角度来看待对于生命内涵的不同诠释，对于深入而正确地理解生命本质和生死关系等问题，应当是有着积极的思想启发意义的。要想真正理解王龙溪的超越生死的生命智慧，关键是要突破肉体生命的狭隘视域，潜入生命的深层内涵中，去发掘和证悟生命的本真面目。这种求证生命本来面目的研究模式，是来自西方文明的现有自然科学体系所没有的，因此，只有本着实事求是的原则，以深入笃实的实践工夫，才能证实其内蕴的真伪性，在此，"实践是检验真理的唯一标准"的唯物主义认识论命题，才是我们唯一可以相信的。

王龙溪还指出，超越生死的智慧和功夫，乃是修道实践达到至圣境界的表现，并不是单凭思想言说就能真正掌握的。他说：

> 孔氏以后，任生死者不为无人，说到超生死处实不易得。任则敦行者皆可能，超非大彻悟不能也。①

这段话表明，超越生死绝不是随便说说的玄谈妙论而已，"任则敦行者皆可能，超（则）非大彻悟不能也"。那么，修道者通过怎样的修习方式才能达到彻悟境界，而后方能超越生死呢？对此，王龙溪指出，首先要从道理上明白生死根因的来龙去脉和超越生死的本体依据。他说：

> 佛氏以生死为大，吾儒亦未尝不以为大。"原始反终，故知生死之说"、"未知生，焉知死？"乃真实不诳语。②

---

① 《王畿集》附录二，《龙溪会语》卷5，《南游会纪》，第762页。
② 《王畿集》附录二，《龙溪会语》卷5，《南游会纪》，第762页。

王龙溪认为，无论是儒家还是佛教（也包括道家），都以生死之事为大。只有对生死问题有一个严肃的态度，有求其真相的愿望，才有可能探明生死根因，找到超越生死的终极本体。不仅如此，抛开儒、释、道三教话语表述方式的差异性，事实上，他们都探明了生命的本来面目，找到了超越生死的本体依据，如前文所述，佛教的真如佛性、本觉真心、道教的元神真我、九转还丹，儒家的良知本体、天命之性，其实都是对这种生命终极本体的不同表述。例如，王龙溪在解答"良知之教与佛教同异"的疑问时说：

> 良知，性之灵，心之觉体。佛是觉义，即心为佛。致良知即是开佛知见，同异未暇论也。①

当然，站在阳明心学的思想本位上，王龙溪相信，良知之学是阐明生命奥秘最透彻的学问，也是超越生死的终极智慧。他说：

> 今日良知之学，原是范围三教宗盟，一点灵明充塞宇宙，羲皇、尧舜、文王、孔子诸圣人皆不能外此别有建立。（此）灵性在宇宙间，万古一日，本无生死，亦无大小。②

王龙溪的话表明，良知灵性在宇宙间，"万古一日，本无生死，亦无大小"，因此，只要证悟良知，保任而推广，便可以"范围三教"，殊途同归，使修道者达到超越生死、获得生命绝对自由的终极目的。

其次，修道者要在日常生活中依良知灵明的指引而行事，笃实地修养心性，使之养成纯洁宁静、淡定从容的心态，最终一切放下，毫不动心，这样才能达到超越生死的理想境界。王龙溪明确地说：

> 死生只在眼前，眼前毁誉利害，有一毫动念、一不来处，便是生死一不来样子，只此一条路，更无躲闪处。平时澄静，临行自然无散乱；平时散乱，临行安得有澄静？孔门所谓"未知生，焉知死，"已

---

① 《王畿集》卷20，《亡室纯懿张氏安人哀辞》，第650页。
② 《王畿集》附录二，《龙溪会语》卷5，《南游会纪》，第762页。

一句道尽。①

又如：

> 吾人生于天地间，与万缘相感应，有得有失，有好有丑，有称有讥，有利有害。种种境界，若有一毫动心，便是临时动心样子。一切境界，有取有舍，有欣有戚，有一毫放不下，便是临时放不下样子。②

这两段话在表述上虽有不同，核心思想是一样的，那就是："平时澄静，临行自然无散乱；平时散乱，临行安得有澄静？"在日常生活中，一个人对待得失利害、荣辱毁誉的分别心越重，那么，临终之前散乱无主的可能性就越大，这种紊乱而污浊的心灵，当然不可能把握住自己死后的走向，只能根据其心灵气质的实际状况，趋向与之相应的那个"气化"世界的不同层次，所以，王龙溪才说："种种境界，若有一毫动心，便是临时动心样子。一切境界，有取有舍，有欣有戚，有一毫放不下，便是临时放不下样子。"

关于心性修养与临终去向的关联，王龙溪还有很多中肯的话语，都是告诫世人学会放下身外之物，真切地为自己的性命考虑，如：

> 人生只有这件事，凡生时不曾带得来，死时不曾带得去的，皆不须一毫著念、认为已物，方是超物外大丈夫。③

又如：

> 吾人未死之年，倘身外些子放不下，纵使勋业横四海，辩才超三界，皆是前尘影事，与本来性命未见有纤毫干涉也。古云："一念万年，"平时感应，于物物头上，万境忘情，念念无杂，无昏无散，临时始能不昏不散，不为境转。所谓"通昼夜之道而知"，知昼夜则知

---

① 《王畿集》卷12，《与殷秋溟》，第308页。按：来，疑为"平"之误。
② 《王畿集》卷11，《答李渐庵》，第272页。
③ 《王畿集》卷9，《与李克斋》，第207页。

生死矣。①

又如：

> 世间号为豪杰，卓然思以自立者，身履亨途，容辞修雅，终岁熙然，恃为可久。若非究明生死来去根因，纵使文章盖世，才望超群，勋业格天，缘数到来，转眼便成空华，（与）身心性命了无干涉，亦何益也？②

又如：

> 因此勘破世间原一物可当情，原无些子放不下。现在随缘，缘尽而空，原无留滞。虽儿女骨肉，亦无三四十年聚头，从未生已前观之，亦是假合相，况身外长物，可永保乎？③

如是之语，还有很多，总而言之，都体现出王龙溪对于超越生死的生命智慧的透彻觉悟。王龙溪清醒地看到：人生一世，"纵使文章盖世，才望超群，勋业格天，缘数到来，转眼便成空华"，这种后天小我的所谓勋业、声名，其实"与本来性命未见有纤毫干涉"，因此，有之固然为好，无之又有何妨？因为这都是"生时不曾带得来，死时不曾带得去"的东西。王龙溪甚至超越了儒家十分看重的伦理亲情，坦率地承认："虽儿女骨肉，亦无三四十年聚头，从未生已前观之，亦是假合相，况身外长物，可永保乎？"一个真切为身心性命考虑的修道者，应当对这些身外之物"不须一毫著念"，凡事拿得起，又放得下，养成一种从容淡定的心态，只有做到"平时感应，于物物头上，万境忘情，念念无杂，无昏无散"，才能修成"一念万年"的恒稳心性，于是，"临（终）时始能不昏不散，不为境转"，这样一来，其"元神（真我）"方能与太虚融为一体，才能超越生死，达到"出三界，外五行"的先天"无极"境界。由是可见，要想达到超越生死的终极目标，不是单纯理解其文字内涵便可如愿的，必须以知行合一为原则，以透彻的觉解和笃实的修行去磨炼自己的心性，直

---

① 《王畿集》卷9，《与吕沃洲》，第217—218页。
② 《王畿集》卷15，《自讼问答》，第432页。
③ 《王畿集》卷9，《与李克斋》，第207页。

至练就洒脱无碍、平稳淡定的恒常心态，方能真正突破生命的缘数，达到"与太虚同体，亦与太虚同寿"的至圣境界，这种"生知来处，死知去处，宇宙在手，延促自由"的境界，便是真正的生命自由，换句话说，也就是超凡入圣的修道"正果"。

三　王龙溪的临终表现

生死智慧并不止是一种纸面上的理论而已，它的可贵之处，恰恰就在于可以从一位讲论生死问题的大儒的临终表现上，看出他自己的这种智慧究竟是否属实，究竟达到了什么样的境界。王龙溪年高寿长，影响广泛，遍布于全国各地的众多王门后学，都把他视为一个"标杆"，要从他的临终表现上检验阳明心学的生死智慧的真伪高下。所幸的是，王龙溪以其洒然自如、淡定从容的临终表现，证实了他的生死智慧和实际道行的真实不虚。

王龙溪晚年，身体情况总的来讲不错，人称"视履明矫，洞微陟峻，至老不衰"①，甚至说他"高年步履视瞻，少壮者所不能及"②。不过，年过八旬的耄耋老人，偶尔卧病静养在家，也是正常的事情。面对这种晚年身体机能已趋下降的情况，王龙溪以其素有的道行功夫，坦然地迎接即将到来的大限之期。他在给友人的信中，如实地表述了自己的晚年心态。他说：

> 不肖夏秋以来，卧病半载，耳加重听，一切交际亦省息。岂上天怜予揽听多言，以此示戒，不敢不深省。衰龄残质，后来光景已无多，生死一念，较旧颇切。古云："平时明定，临期自然无散乱。"有生死，无生死，皆不在计度中，一念惺惺，泠然自照，纵未能超，亦任之而已。③

在另一封信中，他又坦诚地说：

> 区区暮年来，勘得生死一关颇较明白，生死如昼夜，人所不免。四时之序，成功者退，人生天地间，此身同于太虚，一切身外功名得

---

① （明）徐阶：《龙溪王先生传》，载《王畿集》附录四，第826页。
② 《王畿集》卷5，《天柱山房会语》，第118页。
③ 《王畿集》卷11，《答刘抑亭》，第298页。

丧，何足以动吾一念？一日亦可，百年亦可，做个活泼无依闲道人，
方不虚生浪死耳。①

综合这两封信的内容，我们可以得知，王龙溪在卧病半载、耳力衰减
之后，已经清醒地预知："衰龄残质，后来光景已无多"，在这种情况下，
他却告诉朋友，"有生死，无生死，皆不在（自己）计度中"，自己应对
未来的心态就是："一念惺惺，泠然自照，纵未能超，亦任之而已。"在
此，王龙溪十分谦虚，不敢说自己必然能够超越生死，而是说"纵未能
超，亦任之而已"，这种态度，实际上就是他过去常说的"平时澄静，临
行自然无散乱"的写照。对于肉体生命的消亡，王龙溪看得十分淡然，
认为"生死如昼夜，人所不免"，同时，他还指出，"人生天地间，此身
同于太虚，一切身外功名得丧，何足以动吾一念？"可见，此时他已将一
切身外之物都放下了，再没有什么事情可以令他动心。对于此生寿命的长
短，王龙溪的态度是："一日亦可，百年亦可，做个活泼无依闲道人，方
不虚生浪死耳"，这充分表明，他已经跳出了肉体生命的狭隘视域，不再
关心世俗之人所说"富贵寿考"之类的问题，年至耋耄的王龙溪，思想
上早已洞彻"道无死生，忘死生而后超之"②的生命奥秘，实际修行上也
已达到了"生知来处，死知去处，宇宙在手，延促自由"的化境，因此，
一日亦可，百年亦可，他根本不会在意肉体生命的长短了。当人至暮年，
已无可作为时，王龙溪所能展现给世人的，便是"虚静光明，超然而
逝"③的临终表现。

王龙溪卒于万历十一年（1583 年）农历六月初七。他的溘然离世，
引发了当时关注心学动向的士大夫阶层的一阵热议，其中，也有讹传说他
去世时精神状态"颇有散乱"④的，他的弟子泾县人查铎，听说此事后，
将信将疑，特意跑到王龙溪府上去问了个究竟，得知老师临终时"惟气
息奄奄，心神了了，无异平时"⑤，这才放下心来，相信王龙溪的平时所
言与临终表现达到了言行如一的境界。为了让更多的人了解王龙溪的临终

①《王畿集》卷 12，《与吴中淮》，第 310 页。

②《王畿集》卷 10，《与耿楚侗》，第 241 页。

③《王畿集》卷 3，《书累语简端录》，第 73 页。

④（明）查铎：《毅斋查先生阐道集》卷 2，《再与萧允嵋》，转引自吕妙芬：《儒释交融的
圣人观——从晚明儒家圣人与菩萨形象相似处及对生死议题的关注谈起》，台湾"中央
研究院"近代史研究所集刊第 32 期，1999 年 12 月，第 197 页。

⑤ 同上。

表现，他特意写下了《纪龙溪先生终事》一文，记述了王龙溪临终时泰然自若、从容淡定的精神状态。以下笔者一边引述，一边梳理，以期展现圣者的临终气象——

> 先生革于万历十一年六月初七未时。先生无大痛疾，未尝一日不衣冠，不饮食，不游坐，但革前四五日，微疾，食粥不饵饭。至革之日，早晨盥栉，冠唐巾，食粥从容，出寝室，端坐于琴堂之卧榻而逝。①

王龙溪不像乃师王阳明一样因为带病出征，劳累过度而卒。他一生处于天下承平之际，以讲习圣学为事业，兼摄养生，长寿至八十六岁。但是，寿考亦有大限之时，对此，他能有预感，"至革之日，早晨盥栉，冠唐巾，食粥从容，出寝室，端坐于琴堂之卧榻而逝"，走得安详平和，一派从容，足以使人窥见其平日所言心性修养功夫，端非虚语。查铎又记曰：

> 麟阳公（指赵锦）尚以能生语，慰之，先生叹曰："尔谓我畏死乎？我无畏也，但此回与尔永诀，不妨再留坐话耳。"前二三日，忽出家堂，与嗣子应吉曰："汝有事但说，毋谓我能食，望我久存。我心了了，已无挂碍，即今可去，我即去矣。"②

"我心了了，已无挂碍，即今可去，我即去矣"一语，可以说是王龙溪临终前心境的最好写照。他洞彻心体，生无所恋，死无所惧，完成了一生修道、弘道的事业之后，心地光明、坦然自若地离开人世，可以说是一个实现了"穷理、尽性以至于命"③ 的儒家圣者。故而查铎叹曰：

> 观临革之际，先生气息奄奄，心神了了如此，自非能超脱生死者，孰能与于斯？夫子谓："朝闻夕死，可。"惟先生云云。④

---

① （明）查铎：《纪龙溪王先生终事》，载《王畿集》附录四，第847—848 页。
② 同上。
③ 《周易译注》，《说卦传》，第613 页。
④ （明）查铎：《纪龙溪王先生终事》，载《王畿集》附录四，第848 页。

　　王龙溪在世时常常引述孔子的一句名言："朝闻道，夕死可矣"，他教诲弟子说："道无生死，闻道则能通昼夜、一生死，虚静光明，超然而逝，无生死可说，故曰：'夕死可矣，'犹云未尝生、未尝死也。"① 他是这么讲述的，也是这样践履的，因此，他的与世长辞，正可以用"虚静光明，超然而逝，无生死可说"来形容，虽然其肉体生命已经消亡，但是，良知灵明已然返还宇宙，与太虚融为一体，道体不息，真我长存，这便是超越生死的境界。

　　俗语说，孤证不立。如果单单是王龙溪一人的临终表现，似乎还不足以证明儒家生死智慧的境界之高，那么，我们不妨来看另一位同时代的心学大儒罗汝芳的临终表现，从某种意义上说，比起王龙溪的临终表现来，更令人惊讶不已。罗汝芳（1515—1588 年），字惟德，号近溪，江西南城人。进士出身，官至云南参知政事，因违背权相张居正禁讲学之令而被勒令致仕。归来后像王龙溪一样四处讲学，"所至弟子满座，而未尝以师席自居"。② 从辈份上讲，罗汝芳是泰州学派的三传弟子（学脉是：王艮→徐樾→颜钧→罗汝芳），罗汝芳和王龙溪一样，学问素养与实际功夫都达到了相当高的水平，可以说洞彻幽明，了悟生死。据《明儒学案》记载：罗汝芳晚年在家乡南城居住，"（万历）十六年，从姑山崩，大风拔木，刻期以九月朔观化。诸生请留一日，明日午刻乃卒。年七十四"。③ 关于罗汝芳之逝，当时还有很多门人的相似记载，例如罗怀智的《罗明德公本传》、曹胤儒的《罗近溪师行实》、周汝登的《圣学宗传·罗汝芳》等，仅以曹胤儒的《罗近溪师行实》中的文字录于此——

　　　　九月初一日，师自梳洗，端坐堂中，命诸孙次第进酒，各各微饮，乃对众称谢，随拱手别诸门人曰："我行矣，珍重，珍重。"诸门人哭留，师愉色许曰："为诸君且再盘桓一日。"初二午刻，整冠更衣而逝。从午至申，坐不少偏。越日乃殓，颜色红活，手足绵软如生。④

　　罗汝芳之逝，很像佛教高僧坐化，不仅能够预知生死之期，并且能够

① 《王畿集》卷 3，《书累语简端录》，第 73 页。
② 《明儒学案》卷 34，《泰州学案三》，第 760 页。
③ 同上。
④ （明）曹胤儒：《罗近溪师行实》，载《罗汝芳集》，《附录·传记、年谱》，第 851 页。

酌情调整时间，这种自如地掌控生死的道行功夫，令人叹为观止。如果说佛、道等宗教典籍中不可避免地存在着对神异功夫的夸大之外，那么，作为一代大儒的黄宗羲，不会不晓得儒家素有"子不语：怪、力、乱、神"思想传统，仍然把这一堪称神异的事迹记载下来，可以想见其多方考证，小心着笔，亦可以推知罗汝芳之逝在明代中晚期的士人阶层中影响之大了。由此足以看出，许多中国古代思想家（尤其是心学家）的生命哲学，绝不仅仅是停留在纸面上的学问，而是一种与自己的生命修炼相结合的实实在在的真功夫。

　　王龙溪的临终表现，乃是其知行合一的深邃道行的最后展示，也证明了他的生死智慧是超凡入圣的真学问，值得古今任何有志探索生命奥秘和终极价值的学者去认真对待，深入反思。事实上，在当时，王龙溪的离世就引起了士大夫阶层一时的轰动，仅以堪称狂者之尤的李贽（1527—1602年）为例，他一生棱角突出，很少佩服过谁，却对王龙溪倾心不已。王龙溪去世之后，他虽远在千里之外，却饱含真情地写下了《王龙溪先生告文》，在此文中，他充分肯定王龙溪"唯以世人之聋聩为念"的传道精神，并说"此予小子所以一面先生而遂信其为非常人也。虽生也晚，居非近，其所为凝眸而注神，倾心而悚听者，独先生尔矣"。又说："我思古人，实未有如先生者也"。最后，他对王龙溪的评价是："圣代儒宗，人天法眼。"① 笔者以为，综合王龙溪一生讲学传道的经历，特别是他"虚静光明，超然而逝"的临终表现，这个评价是不过分的。

　　本章所论，是王龙溪的养生思想和生死智慧。王龙溪的养生思想，核心理念是性命合一论，他认为"性尽则命亦自至"，提倡"养德养生，原无二学"，因此，他的养生思想实际上是致良知之学的延伸和应用。围绕着这一核心，王龙溪还阐说了十分丰富的养生理论，均可付诸实践，颇有效验。王龙溪的生死观也是其良知理念的体现，他认为"道无生死，闻道则能通昼夜，一生死"，因此，他提倡超越生死，亦即"生知来处，死知去处，宇宙在手，延促自由"，这些思想有助于消除人们对于死亡的困惑和恐惧，把握生命的来龙去脉等终极性问题。王龙溪还以其出色的临终表现，充分证明自己的生死智慧不是一种纸上理论，而是一种实践性真知。总之，王龙溪的养生思想和生死智慧，构成了其生命哲学两个不同层次的组成部分，值得后人虚心借鉴、深入研究。

---

① 以上四句原文均引自（明）李贽：《王龙溪先生告文》，载《李贽文集》之《焚书》卷3，第112—113页。又见《王畿集》附录四，第842—843页。

第七章　王龙溪对陆王心学的继承与弘扬

本章主要是从思想发展与历史关联的角度，来揭示王龙溪对于陆王心学之思想精神的继承与弘扬。从本质上讲，前面四章所述的诸多内容，其实也都是王龙溪从不同方面对阳明心学继承与弘扬的表现。与前四章相比，本章没有集中统一的论题，每节都在探讨一个独立的问题，内容显得较为分散，都是一些不太为人所注意的细节性东西，主要包括王龙溪的格物致知论、王龙溪对回、赐之学的辨析、王龙溪补记的阳明语录、王龙溪对于陆象山的评价、如何对待和诠释儒家经典，等等。从这些点点滴滴的思想言论中，我们可以充分看出王龙溪继承与弘扬阳明心学的真诚愿望和良苦用心。虽然这些内容在王龙溪哲学体系中处于相对次要的地位，但是，把它们阐述清楚，对于搞清王龙溪在整个陆王心学发展历程中所起到的作用，同样具有不可忽略的意义。

第一节　王龙溪的格物致知论

"格物"一词最早出自先秦儒家经典《大学》，原文是："古之欲明明德于天下者，先治其国；欲治其国者，先齐其家；欲齐其家者，先修其身；欲修其身者，先正其心；欲正其心者，先诚其意；欲诚其意者，先致其知；致知在格物。物格而后知至，知至而后意诚，意诚而后心正，心正而后身修，身修而后家齐，家齐而后国治，国治而后天下平。"儒家先圣从"格物"基点出发，步步推进，从"内圣"延伸到"外王"，一直推导到"平天下"为止，可见"格物"这项工夫的重要性了，因此，历代儒家学者，都很重视格物一事，并对"格物"一词的含义进行了仁者见仁、智者见智的诠释。王龙溪继承了王阳明的格物思想，并将其阐释得愈加清晰，显示出他对于阳明心学基本理念的捍卫。

一　朱熹的格物致知论

宋明时代的诸多格物论中，以朱熹的阐释最为著名，并且拥有官方话语的统治地位。朱熹是这样释"格物致知"范畴的：

> 所谓致知在格物者，言欲致吾之知，在即物而穷其理也。盖人心之灵莫不有知，而天下之物莫不有理，惟于理有未穷，故其知有不尽也。是以大学始教，必使学者即凡天下之物，莫不因其已知之理而益穷之，以求至乎其极。至于用力之久，而一旦豁然贯通焉，则众物之表里精粗无不到，而吾心之全体大用无不明矣。此谓物格，此谓知之至也。①

于是，"即物而穷其理"一句就成了朱子学解释"格物"的代表性话语，有时候，人们将其言再简化为"穷究物理"。从表面上看，朱熹的解释很像近现代自然科学的研究模式，实则不然，因为此"物理"非彼"物理"也。在程朱理学的思想范畴中，所谓"理"字，主要不是指一个事物区别于其他事物的质的规定性，而是特指天理。这个天理的内涵十分广泛，首先是指宇宙万物的本原和根本规律；其次是指人性的本体；再次是指封建社会的伦理纲常。在程朱理学的思想逻辑中，透彻觉悟了天理，也就意味着成为圣人。早在北宋，程颐就写过《颜子所好何学论》一文，指出："圣人可学而至与？曰：然。"② 其门人亦对此概括道："二程之学，以圣人为必可学而至，而己必欲学而至于圣人。"③ 朱熹的哲学继承了程颐的思想，他主张通过格物以觉悟天理，由于彻悟天理而成为圣人，这是儒家把对"天理"目标的追求加以人格化的结果。

就朱熹自身的思想进路而言，他所谓的"格物致知"是指通过即物穷究其理，不断积累，日渐深入，直至领悟到那个作为宇宙和人性之本原的"天理"为止。关于"天理"的存在，朱熹认为："心包万理，万理具于一心"④，又说："道是在物之理，性是在己之理。然物之理都在我此理

---

① （宋）朱熹：《四书章句集注》，《大学章句》，中华书局2012年版，第7页。按：朱熹在《大学章句》注中亦说："格，至也"，乃沿袭旧说，其实质与"即物而穷其理"之义并无扞格。

② 《二程集》，《河南程氏文集》卷8，《颜子所好何学论》，第577页。

③ 《二程集》，《河南程氏外书》卷12，《传闻杂记》，第420页。

④ 《朱子语类》卷9，第139页。

之中；道之骨子便是性。"① 朱熹的观点与二程的观点是一致的，都体现出一种"天人合一"的本体论思路，程颐也说："在天为命，在物为理，在人为性，主于身为心，其实一也。"② 然而，程朱理学认为，虽然"理"印于心中，要想真正认识这个"理"，却不是直截了当的事。朱熹认为，"自家虽有这道理，须是经历过方得"，③ 否则，这"理"仍然是"悬空底物"④。为此，朱熹告诫学生："《大学》不说穷理，只说格物，便是要人就事物上理会，如此方见得实体。所谓实体，非就事物上见不得。"⑤ 于是，学者必须去下"经历"之功，而所谓"经历"，也就是"今日格一物，明日格一物"，都是"即物穷其理"的工夫。如此"格"到一定程度，就会出现如朱熹所说"一旦豁然贯通焉，则众物之表里精粗无不到，而吾心之全体大用无不明矣"。至此，心中先验的"天理"才算是从潜在变为现实，被人们真正认识了，与此同时，一个人的智慧与道德也就达到了圣人的境界。

值得注意的是，朱熹所讲的格物之"物"，其外延特别广，已达到"凡天下之物"的广度，因此，格物便是"必使学者即凡天下之物，莫不因其已知之理而益穷之，以求至乎其极"。应该说，朱熹前半生的为学之道，便颇有点这种味道，他对天文地理，文字音韵、训诂考据、典章乐律，乃至佛道诸子等学问，无不涉猎，并均有相应的成就，被后人视为百科全书式的哲学家。由此，他教导学生说："读书是格物一事"⑥，尤其是读他所编校的"四书五经"；此外，"穷天理，明人伦，讲圣言，通世故"⑦ 等等，也都是格物之功。朱熹特别强调指出，"上而无极太极，下而至于一草一木、一昆虫之微，亦各有理。一书不读，则缺了一书道理；一事不穷，则缺了一事道理；一物不格，则缺了一物道理——须著逐一件与他理会过"⑧，而且，"学问须严密理会，铢分毫析"⑨。这样一来，格

---

① 《朱子语类》卷100，第2294页。

② （宋）程颢、程颐：《二程遗书》，卷18《伊川先生语四》，上海古籍出版社2000年版，第254页。

③ 《朱子语类》卷10，第145页。

④ 《朱子语类》卷15，第257页。

⑤ 同上。

⑥ 《朱子语类》卷10，第150页。

⑦ 《朱文公文集》卷39，《答陈齐仲》，载《四库全书》，上海古籍出版社1989年，第1144册，第127页。

⑧ 《朱子语类》卷15，第264页。

⑨ 《朱子语类》卷8，第130页。

物的工程就十分浩大繁琐了，况且，谁也不敢保证自己在"即物而穷其理"之后，能够"一旦豁然贯通"，真切体认出那个先验的"天理"来。

二　宋明诸儒对于朱子格物说的质疑

朱熹的格物思想，在南宋时期就受到以陆九渊为代表的心学一派的质疑。淳熙二年（1175年），朱陆二人在吕祖谦邀约之下举行鹅湖之会。门人记载曰："鹅湖之会，论及教人。元晦之意，欲令人泛观博览，而后归之约；二陆之意，欲先发明人之本心，而后使之博览。朱以陆之教人为太简，陆以朱之教人为支离，此颇不合。"① 不仅如此，陆九渊在会上当面吟诗曰："易简工夫终久大，支离事业竟浮沉。"② 朱熹听了，"失色"且"大不怿"，于是朱陆二人的思想分歧公诸天下。后来，陆九渊感叹到："朱元晦泰山乔岳，可惜学不见道，遂自担阁，奈何？"③ 不过，由于朱熹哲学以后上升为官方意识形态，他的格物论也就充分把持了思想和教育领域的话语权。到了明代初年，"此亦一述朱，彼亦一述朱"，④ 整个思想界呈现单调而沉闷的格局，人们习惯于将朱熹的格物思想当作先圣格物论的标准解释。一些只以儒家经典为"稻粱谋"的读书人，当然不会去认真"格物"，他们只等科举考试通过之后，便将四书五经扔在了一边，但是，另有一批真诚探索先圣思想的知识分子，他们真的按照朱熹所说的"即物而穷其理"的方式去格物，以求觉悟天理，作圣成贤，结果，无一例外地碰壁而归。例如：陈献章⑤曾有一段自述，表明了自己的求道经历，他说：

> 仆才不逮人，年二十七始发愤从吴聘君学。其于古圣贤垂训之书，盖无所不讲，然未知入处。比归白沙，杜门不出，专求所以用力之方，既无师友指引，惟日靠书册寻之。忘寝忘食，如是者亦累年，而卒未得焉。所谓未得，谓吾此心与此理未有凑泊吻合处也，于是舍彼之繁，求吾之约，惟在静坐，久之，然后见吾此心之体，隐然呈露，常若有物。日用间种种应酬，随吾所欲，如马之御衔勒也。体认

① 《陆九渊集》卷36，《年谱》，491页。
② 《陆九渊集》卷34，《语录上》，第427页。
③ 《陆九渊集》卷34，第414页。担阁，即耽搁。
④ 《明儒学案》卷10，《姚江学案》，第179页。
⑤ 陈献章（1428—1500年），字公甫，号石斋。明代广东新会县白沙里（今江门市）人，世称白沙先生。

物理，稽诸圣训，各有头绪来历，如水之有源委也，于是涣然自信曰："作圣之功，其在兹乎!"有学于仆者，辄教之静坐，盖以吾所经历粗有实效者告之，非务为高虚以误人也。①

在此，陈献章明确承认，自己曾以刻苦钻研书册的方式治学，但未能有实得，即"吾此心与此理未有凑泊吻合处"，改以静坐之法实践，却得见心之本体（亦即开悟），随后以此方法来指点学生，以达到自得的目的。可见，陈献章完全抛弃了朱熹的即物穷理之法，走上一条全新的证道之路。

除了陈献章，王阳明（1472—1529 年）的治学道路也同样是因此碰壁而归。他曾回忆自己年轻时的经历：

> 众人只说格物要依晦翁，何曾把他的说去用？我着实曾用来。初年与钱友同论做圣贤，要格天下之物，如今安得这等大的力量？因指亭前竹子，令去格看。钱子早夜去穷格竹子的道理，竭其心思，至于三日，便致劳神成疾。当初说他这是精力不足，某因自去穷格。早夜不得其理，到七日，亦以劳思致疾。遂相与叹圣贤是做不得的，无他大力量去格物了。②

王阳明年轻时的"格竹"之举，真是傻得可爱，但是，有幸让他自己明白了一个道理——"即物而穷其理"的道路是行不通的。他一直带着这个疑问走下去，直至龙场悟道。史载：王阳明谪居龙场之后，"日夜端居默坐，以求静一；久之，胸中洒洒……忽中夜大悟格物致知之旨，寤寐中若有人语之者，不觉呼跃，从者皆惊。始知圣人之道，吾性自足，向之求理于事物者误也"③。后来他自我总结道："及在夷中三年，颇见得此意思。乃知天下之物本无可格者。其格物之功，只在身心上做，决然以圣人为人人可到，便自有担当了。"④

三 王阳明的格物新解

抛开了朱子哲学的影响和束缚，王阳明自家"体贴"出了"格物"

---

① 《陈献章集》卷 2，《复赵提学金宪》，第 145 页。
② 《王阳明全集》卷 3，《语录三》，第 120 页。
③ 《王阳明全集》卷 33，《年谱一》，第 1228 页。
④ 《王阳明全集》卷 3，《语录三》，第 120 页。

范畴之内涵，那么，他的格物思想究竟是什么样的呢？首先要从"物"字解起，他与早期的门徒徐爱之间有过一段对话：

> 爱曰："昨闻先生之教，亦影响见得功夫须是如此。今闻此说，益无可疑。爱昨晚思格物的'物'字即是事字，皆从心上说。"先生曰："然。身之主宰便是心；心之所发便是意；意之本体便是知；意之所在便是物。如意在于事亲，即事亲便是一物；意在于事君，即事君便是一物；意在于仁民爱物，即仁民爱物便是一物；意在于视听言动，即视听言动便是一物。所以某说无心外之理，无心外之物。"①

关于"物者，事也"的说法，王阳明还讲过很多次，比较典型的有：

> 意之所用，必有其物，物即事也。如意用于事亲，即事亲为一物；意用于治民，即治民为一物；意用于读书，即读书为一物；意用于听讼，即听讼为一物。凡意之所用，无有无物者。有是意即有是物，无是意即无是物矣。②

又如：

> 物者，事也，凡意之所发必有其事，意所在之事谓之物。③

需要指出，王阳明所谓"意之所在便是物"，是指心与物之间有一种指向与被感应的关系，这是一种强调主体性原则的思维方式，并不是从实在论角度来说的。至于"格"字，在他晚年口述的《大学问》中亦有明确的表述：

> 格者，正也，正其不正以归于正之谓也。正其不正者，去恶之谓也。归于正者，为善之谓也。夫是之谓格。④

---

① 《王阳明全集》卷1，《语录一》，第6页。
② 《王阳明全集》卷2，《答顾东桥书》，第47页。
③ 《王阳明全集》卷26，《大学问》，第972页。
④ 同上。

这样一来，王阳明的格物论就和朱熹的格物论有了泾渭分明的差别。朱熹以"即物而穷其理"为格物，而王阳明先以"意所在之事谓之物"，然后以"格者，正也，正其不正以归于正之谓也"为"格"的明确内涵。经过"亭前格竹"的失败和"龙场悟道"的成功，他已明白："天下之物本无可格者。其格物之功，只在身心上做，决然以圣人为人人可到，便自有担当了"。

仅从文义上看，王阳明的格物论和朱熹的格物论各自都可以成立，说不上谁是谁非，但是，倘若深入践行去实地格物一番，便会发现，朱熹的格物说最终走不通。如果把他的格物方法用于今天自然科学所面对的客观事物，或许能够发展出现代科学技术来，然而所得不过是特定领域一事一物的道理，要想从中发现所谓整体性的"天理"，那是痴人说梦（事实上，朱子格物的对象主要是社会生活、日用伦常之类，并不是自然界的事物）。用朱熹所说的方法去格物，走"心外求理"的道路，可以获得一些知识技能，要想觉悟整体性的天理来，只能是幻想而已。而且，在现实社会中，有些人还因为这种知识技能的增进而为非作歹，走向了儒家价值理念的反面，用王阳明的话来说：

> 记诵之广，适以长其傲也；知识之多，适以行其恶也；闻见之博，适以肆其辨也；辞章之富，适以饰其伪也。①

相比之下，王阳明的格物说虽然表述得十分简单，但是符合了《大学》中"自天子以至于庶人壹是，皆以修身为本"的核心理念。他的"格物之功只在身心上做"和"正其不正以归于正"的说法，思路简洁明了，而且抓住了要害，的确是使人觉悟天理、走向圣贤境界的可行之路。

王阳明曾经明言："朱子错训格物。"② 关于自己的格物思想，他也有过多次详细的论述，其中有一段堪称总结，他说：

> 格物者，《大学》之实下手处，彻首彻尾，自始学至圣人，只此工夫而已，非但入门之际有此一段也。夫正心、诚意、致知、格物，皆所以修身，而格物者，其所用力日可见之地。……故就物而言谓之格，就知而言谓之致，就意而言谓之诚，就心而言谓之正。正者，正

---

① 《王阳明全集》卷2，《答顾东桥书》，第56页。
② 《王阳明全集》卷1，《语录一》，第5页。

此也；诚者，诚此也；致者，致此也；格者，格此也，皆所谓穷理以尽性也。①

在这段话中，王阳明指出了"夫正心诚意致知格物，皆所以修身，而格物者，其所用力日可见之地"的工夫进路，对于儒学的根本目的及其实现手段都表述得十分清楚。从此，阳明心学的格物论横空出世，与朱子的格物论分庭抗礼，给明代中后期思想界增添了一些新鲜的思想"活水"。

四　王龙溪对格物致知论的阐发

王龙溪的格物致知论，绍述王阳明的有关思想，将其阐发得更加清楚，并且结合门人学者的实际情况，随机指点，使人获得了更为具体、明确的认识，由此，我们可以看出王龙溪对于阳明心学的继承与弘扬。

第一，王龙溪同样指出"格物"不是朱子学所说的"穷至（外）物之理"的意思，而"致知"也不是推极知识的意思，它们的基本内涵是指围绕着良知心体及其所感应的实事而展开的心性修养工夫。他说：

致知者，致其固有德性之知，非推极知识之谓；格物者，格其现在应感之物，非穷至物理之谓。②

又如：

有物必有则，良知是天然之则。格者正也，物者事也。格物者，致吾心良知之天则于事事物物之中也。吾心之良知，所谓理也，物得其理之谓格。正感正应，不过其则，则物得其理矣。③

又如：

① 《王阳明全集》卷2，《答罗整庵少宰书》，第76—77页。
② 《王畿集》卷5，《慈湖精舍会语》，第114页。按：朱熹在《大学章句》中说："致，推极也。知，犹识也。推极吾之知识，欲其所知无不尽也。格，至也。物，犹事也。穷至事物之理，欲其极处无不到也。"这便是王龙溪所概括的"推极知识"和"穷至物理"的文本依据。
③ 《王畿集》卷10，《答吴悟斋》，第253页。

良知者，性之灵，天之则也。致知，致吾心之天则也。物者，家国天下之实事。物理不外于吾心，致吾心之天则于事物之间，使各循其理，所谓格物也。此圣门合一之学也。①

类似的言论还有很多，由是足见，王龙溪的格物论不仅完全继承了王阳明的相关思想，而且，把王阳明讲得过于简单的某些问题进一步明晰化了。首先，他明确指出致知是"致其固有德性之知"，亦即良知，而格物之意，是指"格其现在应感之物"。其次，他从字面上继承了王阳明的说法——"格者正也，物者事也"，并且把阳明心学的格物致知论讲得更加清楚。王龙溪认为，"良知者，性之灵，天之则"，乃是人心先天固有的是非准则，亦即"天理"之所在，因此，"格物者，致吾心良知之天则于事事物物之中也"，只要学者善于以良知为准则去感应、处理事物，达到"正感正应，不过其则"的水平，那么，这就是"物得其理"，也就是完成了格物之工夫。最后，我们需要注意，王龙溪所说的"物者，家国天下之实事，物理不外于吾心"，这是一种从主体性原则出发的认识论思想，不能以我们现在惯用的实在论观念去衡量。当然，其中的道理也不难理解，比如：外物是客观存在的，但是，只有与主体的利益、兴趣等相关的事物，才能引起主体的关注和思考，所以王龙溪才说"物理不外于吾心"。由于宋明理学奉行"仁者以天地万物为一体"的理念，因此，这种"不外于吾心"的"物理"所包含的范围甚广，所以，王龙溪才说"物者，家国天下之实事"，由是可见，王龙溪完全继承了王阳明的思想，主张"致吾心之天则于事物之间，使各循其理，所谓格物也"。这一思想理念，将阳明心学的以修身为本的格物论和朱子学以"穷究（外）物之理"的格物论区别了开来，同时，他以"致吾心良知之天则于事事物物之中"来诠释"致知"的内涵，和朱子学的"推极知识"的致知说泾渭分明，其结果如前文所述，朱子的致知说迂曲缴绕，无法使人直臻圣者的境界，而阳明心学的致良知思想则牢牢抓住了这一核心问题。

第二，王龙溪阐明了格物致知的修养工夫在整个儒学思想体系中的重要地位。身为当世大儒，王龙溪同样十分重视《大学》中的"内圣外王"之道，他认为，做好阳明心学所倡导的格物致知工夫，乃是打好内圣的基础，并由此通向外王之道的必由之路。为此，他说：

---

① 《王畿集》卷10，《复颜冲宇》，第260页。

致知者，致吾心之良知，非推极知识之谓也。随事致此良知，即谓之格物。念念不欺此良知，得其好恶之正，即谓之诚意。体当此意，无所作，无所僻，即谓之正心、谓之修身。如齐家治国平天下，举而措之耳。①

又如：

尧舜姬孔，只是致良知。良知，尽性之学，性尽则命亦自至。见圆明之体，成无为之用，为天地立心、生民立命，不离人伦应感，日著日察而圣功生焉。②

又如：

良知是知行之本体，致是知行之功夫，格物正所以致之也。先师一生教人吃紧处，只有"在格物"三字；吾人一生学道切要处，亦只有"在格物"三字。……然所谓格物者，合知行功夫，而后谓之格。③

众所周知，先秦儒家已有"三纲领八条目"的思想体系，其中，从格物→致知→诚意→正心→修身→齐家→治国→平天下，这层层递进的"八条目"，体现出了儒家学说从"内圣"到"外王"的完整思想脉络。不过，外王之道再宏阔辽远，其出发点都离不开"格物致知"的起点。王龙溪认为，"致知者，致吾心之良知"，这是一个最为基本的原则，同时，他清楚地意识到，致良知不是口头说说的东西，要在实际的生活历炼中去不断践履，因此，"随事致此良知，即谓之格物"。有了对格物致知的正确理解，"念念不欺此良知，得其好恶之正，即谓之诚意"，在此基础上，正心、修身之道亦可逐渐达成。有了修身的内圣基础，外王的事功才可能由此逐步建立，但究其根源，都不过是随着自我良知的指引"举而措之"的政治作为而已，正是从这个意义上，王龙溪才敢于概括道：

---

① 《王畿集》卷14，《送悍台晏使君左迁序》，第377—378页。
② 《王畿集》卷10，《答谭二华》，第268页。谭二华，即谭纶（1520—1577年），字子理，号二华。
③ 《王畿集》卷10，《答吴悟斋》，第252页。

"尧舜姬孔，只是致良知"。可见，致良知之教并不止是单纯的伦理教化，其意义从内圣到外王，包罗万象，"见圆明之体，成无为之用，为天地立心、生民立命，不离人伦应感，日著日察而圣功生焉"。最后，王龙溪还重复了阳明心学的一项重要理念——知行合一，他指出，"良知是知行之本体，致是知行之功夫，格物正所以致之也"，简而言之，格物致知不是一项单纯做纸面学问的事情，而是以良知灵明为根源，实实在在地修身养性、明德亲民的践履工夫，因此，"所谓格物者，合知行功夫，而后谓之格"，离开了知行"合一并进"的践履工夫，格物之说也就失去了"活的灵魂"，和俗儒之学无以分别了。

第三，王龙溪在讲学过程中，依据阳明心学的格物致知论，随机指点门人学者的修习工夫，旨在提高其心性道德境界，使其格物思想真正发挥教化世人的作用。例如，他曾在信中对自己的侄子说：

> 昔者有司闻先师之教，甚以为好，但为簿书期会所绊，不得专业体领。先师云："千圣学脉，不离现在，故曰：致知在格物。"致知者，致吾心之良知，非推极知识之谓也；格物者，体究应感之实事，非穷至物理之谓也。自圣学不明，儒者溺于所见，不能反身，陷于支离而不自觉，正是古今学术同异所在。①

这段话所说的事情，在钱德洪编撰的《传习录》中亦有记载：

> 有一属官，因久听讲先生之学，曰："此学甚好。只是簿书讼狱繁难，不得为学。"先生闻之曰："我何尝教尔离了簿书讼狱，悬空去讲学？尔既有官司之事，便从官司的事上为学，才是真格物。如问一词讼，不可因其应对无状，起个怒心；不可因他言语圆转，生个喜心；不可恶其嘱托，加意治之；不可因其请求，屈意从之；……这便是格物致知。簿书讼狱之间，无非实学；若离了事物为学，却是着空。"②

王龙溪记述的阳明之语虽然没有《传习录》中的记载详细，却都说明了同样的道理——"千圣学脉，不离现在，故曰：致知在格物"。王龙

---

① 《王畿集》卷11，《答宗鲁侄》，第297页。
② 《王阳明全集》卷3，《语录三》，第94—95页。

溪告诫其侄王宗鲁，所谓格物，就是"体究（现在）应感之实事"，所谓致知，就是"致吾心之良知"而已。这种格物致知的工夫并没有多么神秘，就落实在日用常行之中，人人可为，而且不可逃避。相反，像朱子学那样以"穷至（外）物之理"为格物，以"推极知识"为致知的做法，正是"陷于支离而不自觉"，从表面上看，也能获得一些外在的知识，但是，由于"不能反身"，与"以修身为本"的作圣之道无关，因此，是无法达到"内圣"的根本目标的。

又如，他对友人说起"寡过"之道，特意指出：

> 物是现在感应之实事，既有民社之职，种种簿书期会，便是感应之物，于此磨得心平气和、不急不缓，以直而动，才过即觉，才觉即化，便是格了簿书期会之物。一切酬酢、逆顺、好丑，莫不皆然，非必习静与读书，然后为学也。①

在此，王龙溪规劝朋友，"物是现在感应之实事，既有民社之职，种种簿书期会，便是感应之物"，所以，正确的格物致知之道，便是在这一件件的民社之职、簿书期会等杂事之上，"磨得心平气和、不急不缓"，此亦即诚意工夫。君子处事，"以直而动"（直，即忠直之道），虽然难免会犯一些过失，但是，只要内心以良知为指叛，"才过即觉，才觉即化"，任何过失都是可以得到纠正的。只要如此诚笃地去处理民社、簿书诸事，"便是格了簿书期会之物"，以此类推，"一切酬酢、逆顺、好丑，莫不皆然，非必习静与读书，然后为学也"。最后这句话，与王阳明的"薄书讼狱之间，无非实学；若离了事物为学，却是着空"一语相较，如出一辙，可见师徒二人心心相印、所见略同。

值得注意的是，王龙溪特别强调在实际生活中去格物致知，反对谈玄说妙，把格物致知引向纯知识论的范畴。有时，他甚至把这种脱离身心、空谈格致的做法称为"毒药"。为此，他曾告诫门人说：

> 良知之说，吾契既已闻之熟，果能实致其良知否乎？吾辈今日不在知识之多，解悟之深，其大病惟在脚跟下不肯着实理会，未免在功利世情上作活计，终日谈说良知，种种玄机解悟，皆成戏论。……吾辈欲讨真受用，更无巧法，须将此器所受"毒药"彻底洗涤令干净，

① 《王畿集》卷12，《与徐龙寰》，第313页。

宁可一生冷淡寂寞，不在世情上讨些子便宜，良知本来面目，始有十分相应处，方为不辜负初心耳。①

在此信中，王龙溪指出"吾辈今日不在知识之多，解悟之深，其大病惟在脚跟下不肯着实理会"，于是，许多士人"终日谈说良知，种种玄机解悟，皆成戏论"。针对这种情况，王龙溪告诫弟子："吾辈欲讨真受用，更无巧法，须将此器所受'毒药'彻底洗涤令干净"，在此基础上，再去笃实地格物致知，唯其如此，"良知本来面目，始有十分相应处"，这种做法才是实实在在地"致其良知"。由是可见，王龙溪非常看重知行合一、笃实践履，那种认为"龙溪谈本体而讳言工夫"②的看法，再一次被确凿的史料给否定了。

总而言之，王龙溪的格物致知论，完全立足于王阳明的相关思想基础之上，做出因人制宜、具体灵活的阐释，并没有像王艮的"淮南格物说"一样另立门户（当然，其本质与阳明的格物说还是一致的）。虽然王龙溪的格物致知思想谈不上有什么发明创见，但是，从传播学的角度来讲，他对于王阳明的格物致知论的宣讲和阐释，有助于促使广大士人从朱子格物说的束缚中解脱出来，这种宣传推广行为的历史功绩，仍然不是可忽视的。

第二节　回、赐之学的辨析

古往今来，许多学者都有一种粗略的印象，以为王龙溪能接续阳明心学的血脉，是由于他天资聪颖、博闻强记，加上多年在外游历，知识阅历极为丰富，因此才有如此深邃的悟境和见地。对此，王龙溪本人亦有察觉，为了让世人更加准确地理解圣人之学的思想精蕴，他和门人、朋友之间展开了对回、赐之学不同之处的探讨，目的是使人明白：所谓圣人之学，本质上依靠的是德性之知（最深处即是良知），而不是知识经验积累起来的闻见之知。正是这一理念的差异，把阳明心学和一般俗儒之学的重要区别清晰地勾勒了出来。

---

① 《王畿集》卷12，《与邓子和》，第331页。
② 《明儒学案》卷15，《浙中王门学案五》，第324页。

一　回、赐之学的区分

所谓回、赐之学的区分，是指孔子门下以颜回（姓颜，名回，字子渊）和子贡（姓端木，名赐，字子贡）为代表的两种不同的学术理路。颜回素以践履德行的自觉性而著称，可惜早亡，[①] 而子贡有辩才，善经商，阅历丰富，也是孔子晚年所器重的弟子。孔子一直对颜回有着很高的评价，如：

> 子曰："吾与回言终日，不违，如愚。退而省其私，亦足以发，回也不愚。"（《论语·为政》）
> 哀公问："弟子孰为好学？"孔子对曰："有颜回者好学，不迁怒，不贰过。不幸短命死矣。今也则亡，未闻好学者也。"（《论语·雍也》）
> 子曰："回也，其心三月不违仁，其余则日月至焉而已矣。"（《论语·雍也》）
> 子曰："贤哉回也！一箪食，一瓢饮，在陋巷，人不堪其忧，回也不改其乐。贤哉回也！"（《论语·雍也》）

正因为孔子对于颜回的德行有充分的肯定，因此，颜回一度被称为"亚圣"，认为若不是年轻早亡，他应该是孔子衣钵的传人。而子贡其人，虽然也被孔子誉为"瑚琏"[②] 之器，但是，他对孔子思想的精神血脉，始终未能真正领悟，据《论语》记载，孔子和子贡有过这样一次对话——

> 子曰："赐也，女以予为多学而识之者与？"对曰："然，非与？"曰："非也，予一以贯之。"（《论语·卫灵公》）

在这段对话中，孔子含蓄地点出子贡的长处（也是不足），那就是他见识广博，知识丰富，同时，他以为孔子也是通过"多学而识之"来成就其德行学问的，对此，孔子明确地予以否定，说："非也，予一以贯之。"在此，孔子以"一以贯之"的命题，表明了自己的思想学问是用一

---

① 据朱熹在《四书集注》中的说法，"颜子三十二岁而卒也"，见《论语集注·雍也第六》。又见《史记》卷67《仲尼弟子列传》，第2188页，其中有对颜回享寿的简要考证。
② 《四书章句集注》（新编诸子集成本），《论语集注·公冶长第五》，第76页。

项根本的理念贯穿起来的，与知识阅历之多寡无关。同样的话，孔子也对门人曾参讲过——

> 子曰："参乎！吾道一以贯之。"曾子曰："唯。"（《论语·里仁》）

由是可见，有一项根本的理念贯穿于孔子思想体系之始终，那么，这个"一以贯之"的东西究竟是什么呢？可惜的是，朱熹在《论语集注》中，只是含糊地以"夫子之一理浑然而泛应曲当"加以解释，如此笼统而抽象的解释，当然不能满足后代学者的求道之心。直到阳明心学问世之后，这个问题才迎刃而解，所谓"一以贯之"之"一"，并不是什么博闻强记之类的闻见之知，就是指人心中的良知灵明，这是一种先天的德性之知，在阳明心学看来，孔夫子的思想无论多么博大精深，都是以良知灵明贯穿始终的。据此，王阳明才敢于明确地说："致良知是学问大头脑，是圣人教人第一义。"①

由于早年即深得王阳明之真传，王龙溪能够根据阳明心学之根本理念，厘清回、赐之学的差别所在。他说：

> 心之知一也，根于良则为德性之知，因于识则不免假于多学之助，此回、赐之学所由以分也。……不明根因之故，沿习旧见，而遂以知识为良知，其谬何啻千里而已哉！②

这段话表明，回、赐之学的区分就在于德性之知（即良知）和闻见之知（即知识）的差别。良知与知识，是一对外表有些相似，而实质截然不同的范畴。德性之知是人人先天即有的，不需要后天闻见的帮衬便可自足存在，而闻见之知是属于后天的经验知识，随着阅历的丰富一点点积累而成。颜子之学，本质上立足于先天良知，因此其践履德性的自觉性十分突出，子贡之学，本质上立足于后天知识阅历，虽然博学多能，却没有抓住圣人之学的要害，因此，视圣人"犹天之不可阶而升也"，③ 难以跻

---

① 《王阳明全集》卷2，《答欧阳崇一》，第71页。按："致良知"有时亦简称为"致知"。
② 《王畿集》卷10，《答吴悟斋》，第246页。
③ 语出《论语·子张》，这是子贡的原话。参见《四书章句集注》（新编诸子集成本），第194页。

入"至诚如神"的化境。

关于良知与知识的区别问题，由于历来对此存疑的学者很多，王龙溪特意做过一段专门的论述，他说：

> 良知与知识，所争只一字，皆不能外于知也。良知无知而无不知，是学问大头脑。良知如明镜之照物，妍媸黑白，自然能分别，未尝有纤毫影子留于镜体之中。识则未免在影子上起分别之心，有所凝滞拣择，失却明镜自然之照。……识之根虽从（良）知出，内外真假毫厘，却当有辨。苟不明根因之故，遂以知识为良知，其谬奚啻千里已哉？①

这段话表明，良知不是具体的后天知识，而是一种"无知而无不知"的先天智慧与德性（从"手心"面看是德性，从"手背"面看则是智慧，两者实质上是一码事）。对此，王龙溪做了一个比喻，"良知如明镜之照物，妍媸黑白，自然能分别，未尝有纤毫影子留于镜体之中"。如果结合前文所说的良知本体的直观特性，我们便可得知，"知者心之本体"②，良知本体具有知是知非、知善知恶的能力，但又不存在着固定不变的是非善恶观念，它完全是以一种虚寂而公正的态度来看待生活中的各种是非之辨，犹如明镜之照物，虽然能够清晰地映照出外物的实际相貌，但是，当事物一过之后，不留纤毫影子于镜体之中。相比之下，后天之"识"则是出于个体小我的分别心，对待外物的态度是："未免在影子上起分别之心，有所凝滞拣择，失却明镜自然之照"。因此，学者必须区分知识与良知的本质差别，一个是先天本然的认识功能，一个是后天积累的闻见之知，两者不可混为一谈。世人误以知识经验为先天良知，所以抓不住圣人之学的肯綮，以子贡为例，虽然博学多闻，在这一点上却始终未能觉悟。

王龙溪关于良知与知识存在区别的思想，并非个人一管之见，而是宋明理学固有的学术理念，其突出代表便是北宋的张载（1020—1077年），他早就做过关于德性之知（又称"天德良知"）和闻见之知的划分，他说：

> 若只以闻见为心，但恐小却心。今盈天地间皆物也，如只据己之

---

①　《王畿集》卷10，《答吴悟斋》（二），第255页。
②　《王畿集》卷4，《答退斋林子问》，第82页。

闻见，所接几何？安能尽天下之物？①

世人之心，止于闻见之狭。圣人尽性，不以闻见梏其心。②

见闻之知，乃物交而知，非德性所知；德性所知，不萌于见闻。……知合内外于耳目之外，则其知过人也远矣。③

诚明所知，乃天德良知，非闻见小知而已。④

关于如何培养这一天德良知，张载特意指出：

穷神知化，与天为一，岂有我所能勉哉？乃德盛而自致尔。……穷神知化，乃养盛自致，非思勉之能强。故崇德而外，君子未或致知也。⑤

对于张载的上述思想，以朱熹为代表的正统理学虽然从未否认过，但是，事实上他所走的恰恰是一条以"道问学"为主、追求后天知识的道路。相比之下，反倒是陆王心学坚持了"尊德性"为先的学术理路，把张载的这一思想继承并发扬光大，例如，王阳明曾对众弟子明确地说过：

知乃德性之知，是为良知，而非知识也。⑥

当然，先天良知与后天知识之间也存在着相互为用的关系，良知虽然是直觉体悟式的，但并不排斥后天的经验知识，王阳明曾说：

良知不由见闻而有，而见闻莫非良知之用，故良知不滞于见闻，而亦不离于见闻。⑦

又如：

---

① 《张载集》，《张子语录下》，第333页。
② （宋）张载：《张子正蒙》，《大心篇》，汤勤福导读，上海古籍出版社2000年版，第143页。
③ 同上书，第144页。
④ 《张子正蒙》，《诚明》，第130页。
⑤ 《张子正蒙》，《神化》，第119—120页。
⑥ 《王畿集》卷20，《绪山钱君行状》，第585页，此处是引用王阳明之语。
⑦ 《王阳明全集》卷2，《答欧阳崇一》，第71页。

　　　　若主意头脑专以致良知为事，则凡多闻多见，莫非致良知之功。
　　盖日用之间，见闻酬酢，虽千头万绪，莫非良知之发用流行，除却见
　　闻酬酢，亦无良知可致矣。故只是一事。①

　　这些话语表达出一种深刻的思想，先天良知与后天知识之间有一种相
互为用的关系。先天良知并不排斥后天的知识见闻，正是在各种见闻酬酢
的活动之中，才能体现出良知本体知是知非的先天功能；相反，如果没有
这些见闻酬酢的后天活动，那么，先天良知反而缺乏展现其妙用的场合，
成为"孤阳不生"的事物了。因此，王阳明才说："见闻酬酢，虽千头万
绪，莫非良知之发用流行，除却见闻酬酢，亦无良知可致矣。故只是一
事"。不过，良知的灵明智慧本质上是不思而得，不勉而中的，它以瞬间
直觉的形式告诉了人们是非善恶的价值判断，所谓思维活动，不过是随后
进行的理清这一念头的逻辑辨析过程而已，人们内在的判断早就形成于良
知的一念灵光之中。因此，王阳明说：

　　　　良知是天理之昭明灵觉处，故良知即是天理，思是良知之发用。
　　若是良知发用之思，则所思莫非天理矣。良知发用之思，自然明白简
　　易，良知亦自能知得。若是私意安排之思，自是纷纭劳扰，良知亦自
　　会分别得。②

　　搞清了良知与闻见、良知与思维的关系之后，我们便不难发现，良知
是人类先天具有的心灵智慧，抓住了这一关键，便是入圣之机。王龙溪认
为，颜回的过人之处，就在于率先觉悟良知、积极运用良知，具有一种其
他孔门弟子所不及的道德自觉性，而子贡等人虽然聪明颖慧，却一直依靠
后天的知识经验为主，没有理解圣人之学的关键所在。对此，王龙溪评
价说：

　　　　子贡、子张多学多见而识，良知亦未尝不行于其间，但是信心不
　　及，未免在多学多见上讨帮补，失却学问头脑。颜子则便识所谓德性
　　之知，识即是良知之用，非有二也。③

---

① 《王阳明全集》卷2，《答欧阳崇一》，第71页。
② 同上书，第72页。
③ 《王畿集》卷10，《答吴悟斋》（二），第255页。

又如：

> 此学未尝废闻见，但属第二义。能致良知，则闻见莫非良知之
> 用；若借闻见而觅良知，则去道远矣！颜子德性之知，子贡多学之
> 识，毫厘之辨，在孔门已然，况后世乎？①

无独有偶，在阳明心学阵营中，关于回、赐之学的区分，其他俊杰之
士亦有发现，泰州学派的传人之一王栋②就曾经说过：

> 圣门自颜子以下，颖悟莫若子贡，然卒自歉曰："何敢望回？"
> 盖其专以闻见测识为学，而不反求于自性之良知。故恒以天资不及、
> 知识不如为歉，而不知颜子之深潜默识，乃其所以潜心圣人而卓尔见
> 道者也。曾子知此而以鲁质笃实求之于内，故二字独得其宗。③

王栋明言，子贡虽然天资颖悟，但是"专以闻见测识为学，而不反
求于自性之良知"，因此，不得圣人之真传。由于学问路径的根本差异，
子贡不仅比不上颜回，甚至连"质鲁"的曾参都不如，曾子就是依靠
"笃实求之于内"的践履工夫，才领悟了圣人之道的思想精蕴。由是可
见，关于回、赐之学的区分，确实是英雄所见略同，乃是整个阳明心学的
共同见解。

二　颜子没而圣学亡

在阐明了颜回与子贡之学的本质差别之后，王龙溪便毫不留情地指出
了后儒将圣人之学的精神血脉丢失的历史事实。他说：

> 昔在孔子之门人，各以其所见为学，而后散之四方，莫相统一，
> 故传之不能无弊。求其深信不失其宗者，颜、曾氏之外无闻焉。是虽
> 同为诵法孔子，而意见之私，有以累之也。今日之弊，亦居然可

---

① 《王畿集》卷11，《与莫中江》，第279页。
② 王栋（1503—1581年），字隆吉，号一庵，泰州姜堰人，曾师从王臣、王艮，以"心学
　为孔曾正脉。"
③ 《明儒王一庵先生遗集》卷1，《会语正集》，第164页。二字，指忠恕，这是曾子对孔
　子之道的总结。

见矣。①

又如：

> 颜子没而圣学亡，后世所传，惟子贡以下一派学术，渐渍染习，认贼为子。虽在豪杰翘然以知学自命者，亦且袭蹈其中而不自觉，可慨也已！②

在此需要指出，虽然高足颜回早亡，但是，孔子门下能够大体领悟孔子"一以贯之"之道者并非再无其人，当然，他不是头脑聪颖的子贡、子张等人，而是以"质鲁"③著称的曾子（参）。曾参其人，虽然资质比较迟钝，经过多年的笃实践履，已经初步领悟到孔子的思想体系中存在着一个"一以贯之"的精神血脉。由于其他门人对此尚不能理解，他索性以"忠恕"二字来概括孔子的思想核心，说："夫子之道，忠恕而已矣"（《论语·里仁》），也属于德性之知的范畴。不过，曾参的悟境比起颜回来，的确还有一定差距，而且，在孔子身后，儒家学者"各以其所见为学"，"散之四方，莫相统一"，据韩非子评说："孔、墨之后，儒分为八，墨离为三，取舍相反不同。"④虽然曾子、子思、孟子一系如涓涓细流一般并未断绝，但是，从司马迁作《史记》时为曾子、子思、孟子作传的寥寥简笔就可以看出，曾子一派的影响力一直并不是很大，因此，从某种意义上说，自颜子逝后，孔子失去了最合适的学术传人，圣人之学的精髓再没有人广为宣传，如同断绝了一般。有见于此，王阳明、王龙溪等人都以痛惜的口吻说："颜子没而圣学亡"⑤语气虽然夸张一些，但是言中了儒学历史发展的实际情况。虽然在孔子逝后儒家思想仍然继续流传，到汉代还登上官方意识形态的统治地位，但是，圣人之学的精蕴实际上已湮没无闻，传之于世间的，是崇尚词章记诵、名物训诂之类相对次要的学问，所以王龙溪才说"后世所传，惟子贡以下一派学术"。这一类学术的基本特点是：崇尚知识学问的积累，而忽略先天德性的体认和涵养。对此，王

---

① 《王畿集》卷13，《邹东廓先生续摘稿序》，第350页。

② 《王畿集》卷14，《原寿篇赠存斋徐公》，第387页。

③ 语出《论语·先进第十一》，"柴也愚，参也鲁，师也辟，由也喭。"

④ 《韩非子集解》（新编诸子集成本），卷19《显学第五十》，钟哲点校，中华书局2013年版，第499页。

⑤ 王阳明说："颜子而圣人之学亡"，载《王阳明全集》卷7，《别湛甘泉序》，第230页。

阳明有一段话最能揭露其弊端，他说：

> 后世不知作圣之本是纯乎天理，却专去知识才能上求圣人。以为圣人无所不知，无所不能，我须是将圣人许多知识才能逐一理会始得。故不务去天理上着工夫，徒弊精竭力，从册子上钻研，名物上考索，形迹上比拟，知识愈广而人欲愈滋，才力愈多而天理愈蔽。①

这段话中，"知识愈广而人欲愈滋，才力愈多而天理愈蔽"一句，是王阳明对于汉代以来儒学发展方向走偏的精僻概括。当然，自汉代以后，儒学演进的历程中并非像程颐痛批的那样"千载无真儒"②，还是有人把握住了圣人之学的思想精髓的，只不过就整个儒学的发展轨迹而言，圣人之学的精神血脉始终难以得到光大彰显。对此，王龙溪有一个大致评判，他说：

> 颜子没而圣学亡，后世所传，乃子贡一派学术。濂溪"主静无欲"之旨，阐千圣之秘藏；明道以"大公顺应"发天地圣人之常；龟山、豫章、延平递相传授，每令"观未发以前气象"，此学脉也。（朱）文公为学，则专以读书为穷理之要，以循序致精、居敬持志为读书之法。程门指诀，至是而始一变。迨其晚年，自信未发之旨为日用本领工夫，深悔所学之支离，至以为"诳己诳人，不可胜赎，"若文公可谓大勇矣！③

又如：

> 颜子没而圣学亡，元公（周敦颐）独得千载不传之秘。明道、伊川再见茂叔，有点也浴沂气象，此学脉也。愚谓我朝理学开端，还是白沙，至先师而大明。白沙之学，以自然为宗，"从静中养出端倪"，犹是康节派头，于先师所悟入处，尚隔毫厘。④

---

① 《王阳明全集》卷1，第28页。
② （宋）程颐：《明道先生墓表》，载《二程集》，《河南程氏文集》卷11，第640页。
③ 《王畿集》卷10，《答吴悟斋》，第248—249页。
④ 《王畿集》卷10，《复颜冲宇》，第260页。按：周敦颐，字茂叔，追谥曰"元"，故称元公。

在上述评论中，王龙溪首先肯定了周敦颐、程颢（明道）"阐千圣之秘藏"的历史功绩，并且指出，二程之后，"龟山、豫章、延平递相传授，每令'观未发以前气象'，此学脉也"，也就是说，在两宋时期，圣人之学的精神血脉曾被重新发掘、彰显，并延续下来。但是，到了朱熹问世之后，"专以读书为穷理之要，以循序致精、居敬持志为读书之法"，他的治学范式使得"程门指诀，至是而始一变"，出现了学术研究理路的重大转向，从以"尊德性"为主旨的体认践履型转向了以"道问学"为主旨的知识学问型。在此，王龙溪沿续王阳明的《朱子晚年定论》中的观点，认为朱熹晚年"深悔所学之支离"，当然，这是一种委婉的说法，旨在让一些信奉程朱理学的学者较易接受阳明心学的理念，但是，关于圣人之学血脉再次中断的根本观点，王龙溪却毫不含糊，他的上述言语揭露了一个史实——占据官方哲学地位的程朱理学实际上没有继承孔子的思想精蕴，因此，"颜子没而圣学亡"的情况并没有得到根本的改观。在王龙溪看来，"我朝理学开端，还是白沙，至先师而大明"，真正继承周、程二人，把孔、颜思想精蕴重新接续并广为传扬的，正是他的老师王阳明。对于这种圣学正脉的传承关系，王龙溪既旗帜鲜明，又不无感慨地指出：

> 先师一生苦心，将良知两字信手拈出，直是承接尧舜孔颜命脉，而其言则出于孟氏，非其所杜撰也。世儒不此之察，顾一倡群和，哄然指以为禅，将易简宗旨反堕于支离繁难而不自觉，岂不重可哀也哉？①

三　致其固有德性之知

既然心学宗祖王阳明已经将"良知两字信手拈出，直是承接尧舜孔颜命脉"，那么，王龙溪自己所要做的，就是继承乃师的思想精蕴，把圣人的德性之知发扬光大，使世间儒者从沉溺于词章记诵、名物考据等闻见之知的"泥淖"中解救出来。为此，他一再教诲门人要搞清并把握住圣人之学的精神血脉，不要在追求圣人境界的道路上走错了方向，他说：

> 致知者，致其固有德性之知，非推极知识之谓。格物者，格其现

---

① 《王畿集》卷9，《答茅治卿》，第230页。

在应感之物，非穷至物理之谓。……致知格物者，诚意之功也。①

"致知者，致其固有德性之知，非推极知识之谓"，这句判断，将阳明心学和一般俗儒的治学模式区分得再清楚不过了。诚然，如果不搞清德性之知与闻见知识的差别，那么，人们要想跻于圣贤的人格境界，无异于水底捞月。不仅如此，王龙溪还以阳明心学素来提倡的"知行合一"理念去告诫门人，要实实在在地致其良知，而不是在口头上谈玄说妙，他说：

> 良知之说，吾契既已闻之熟，果能实致其良知否乎？吾辈今日不在知识之多，解悟之深，其大病惟在脚跟下不肯着实理会，未免在功利世情上作活计，终日谈说良知，种种玄机解悟，皆成戏论。②

如前所述，回、赐之学的区分，本质上是德性之知与闻见之知的区分，在修道工夫论上，则是尊德性和道问学之间孰先孰后、孰轻孰重的问题。以朱熹为代表的理学正统，虽然口头上并不否认尊德性的重要性，然而，在实际的生活和事业中，却始终是以道问学为主要内容的。对此，王龙溪从理论上进行了正面的剖析，指明了尊德性才是圣人之学的主旨，各种各样的学问功夫本质上正是为了尊德性的根本目的而设立的，他说：

> 《中庸》曰："君子尊德性而道问学。"天之所以与我者，德性而已。舍德性，更无所为学，学问正所以尊之也。多识前言往行，所谓学问之事，博文也；畜德，所谓尊德性，约礼也。孟子曰："学问之道无他，求其放心而已矣。"学问惟在于求放心，多识惟在于畜德，一也。后儒分尊德性为存心，道问学为致知，存心之外，别有致知之功，尚未措之于行，则离矣。知者，心之灵；致知，正所以存心，非有二也。(畜，同"蓄")③

王龙溪的这番话，集中阐述了圣人之学的根本目的，"天之所以与我者，德性而已；舍德性，更无所为学，学问正所以尊之也"。阳明学派并

① 《王畿集》卷5，《慈湖精舍会语》，第114—115页。
② 《王畿集》卷12，《与邓子和》，第331页。
③ 《王畿集》附录一，《大象义述·大畜》，第661页。

不否定"多识前言往行"的"学问之事"，但是，"博文"之后必有"约礼"，对于儒家学者而言，所谓约礼者，便是尊德性、求放心，换一个角度讲，也就是阳明心学所提倡的"致良知"的功夫。如果把存心（尊德性）和致知（道问学）分而言之，那么，将会导致知行脱节，甚至会产生学问之事背离尊德性的根本方向的错误。因此，尊德性与道问学是一对相互依存、密切关联的思想命题，而且，必须始终以"尊德性"为本，这样才符合圣人之学的根本宗旨。

最后，我们应该看到，王龙溪所揭示的回、赐之学的区分，并不只是具有传统的工夫论意义，对于现实生活一样有着积极的思想启示。由于科学技术的高度发达和市场经济的无限发展，现代社会已是一个知识爆炸、信息泛滥的时代，在漫无边际的信息"重围"之中，一方面，有些人沦为了"媒体的奴隶"，思想上变得随波逐流，人云亦云；另一方面，有些人虽然学习了很丰富的知识技能，却运用这些知识技能来做一些违法犯罪的勾当，于是，在现代化的社会环境中，许多人反而找不到真正的自我，体会不到生活的意义，形成了所谓"现代化的悖论"。如果重温一下王龙溪所揭示的回、赐之学的区分，理清一下尊德性与道问学的辩证关系，那么，我们就有可能冲出"迷雾"，重新树立起人生价值观的"坐标系"，为自己的人生标出清晰而正确的前行方向。简而言之，这种新的价值"坐标系"应以良知灵明为指引，在坚持"尊德性"的基础上，有选择性地去做"道问学"的工夫，不至于被海量的信息冲击迷惑了自己的眼睛，湮没了自己的灵魂，同时，要使现代的知识技能为人们正确的价值需求服务，而不是被应用到作奸犯科的事情上来。这样一来，我们才能在传统思想与现代文明、工具理性与价值理性之间找到恰当的平衡点，创造出更加美好的未来生活。

第三节　王龙溪补记的王阳明语录

语言是传递思想的信息工具，虽然中国哲学历来有"言不尽意"的思想特色，但是，研究一个历史人物的哲学思想，基本的入门路径还是依靠他的著作和言论。因此，多方面地搜集某一位历史人物的重要言论（还须辨清真伪），对于全面理解和深入揭示他的学术思想，其意义不言而喻。

一　王龙溪所记阳明语录的历史价值

王阳明是中国哲学史上的代表性人物之一，关于他的哲学思想，在明代时已经有了《传习录》《年谱》乃至《王文成公全书》作为基本的研究史料。今天则有了通行的《王阳明全集》（吴光等点校，上海古籍出版社 1992 年第 1 版，2011 年再版）作为基本的资料。需要指出的是，今天的《王阳明全集》是以成书最早的谢廷杰刻本为底本所编撰的，该刻本成书于隆庆六年（1572 年），是御史谢廷杰巡按浙江时，根据王阳明的诸高弟所编撰的《传习录》《文录》《别录》以及《年谱》等资料所整合而成。[①] 其中，门人钱德洪（1496—1574 年）在编撰《传习录》《年谱》等项工作中所起的作用最大，是实际的定稿者，如参阅《全集》卷 37 所附之《阳明先生年谱序》中所述即可为证，[②] 而且，阅览其书时亦可发现，书中经常有"洪……"的字样，更可为佐证。但是，一人之力是有限的，钱德洪不可能把王阳明生前的所有言论都记录在册，而且，作为编撰者，难免根据自己的好恶倾向来取舍他所接触到的材料，因此，要想全面、深入地了解王阳明的传奇人生和哲学思想，还需要收集当时其他人物的记述，特别是那些与钱德洪一样都曾亲炙于阳明门下的著名弟子的记述，这样才能有更为广阔的学术视野。因此，作为王阳明的另一嫡传弟子，而且是海内公认的"同志宗盟"[③]，王龙溪关于其师思想言行的独到记述，其意义自不待言。

与主要从事阳明遗言遗稿编撰整理的钱德洪相比，王龙溪在讲学传道方面所做的事情更多，不过，他充分理解和支持钱德洪对乃师遗稿的编撰，并力所能及地参与了《王阳明年谱》的校印工作。同时，王龙溪在四十余年的讲学生涯中，不可避免地会转述一些王阳明本人说过的话、讲过的事，这些阳明语录，有的亦散见于《传习录》《年谱》等遗稿之中，可与今本《王畿集》所记述的话语相印证，后者更为详实；有的则不见于《王阳明全集》之中，完全是王龙溪一人的追忆，因此显得更为珍贵。通观今本《王畿集》中所记述的王阳明的遗言遗事，总计 29 条，除了有些只言片语价值不高之外，大致可以分为两类：一是有时间性的言行，可

---

① 详见吴光等编校《王阳明全集》正文前之《编校说明》，上海古籍出版社 1992 年版，第2 页。

② 《王阳明全集》卷 37，第 1356 页。

③ 《王畿集》卷 15，《自讼问答》，第 431 页。按："同志宗盟"，又简称为"宗盟"，相当于宗师、盟主之意，参见（明）徐阶《龙溪王先生传》，载《王畿集》附录四，第 826 页。

以和《年谱》中所记述的阳明生平行迹互为参证，由此可见王阳明一生的传奇与坎坷；二是没有时间可考的言行，大多涉及王阳明的学术思想，王龙溪在追述时，往往根据阳明的言语加以必要的发挥，以启发和开导后学。接下来，笔者就根据这种分类方式加以引述和阐释。

二　涉及王阳明生平历程的语录

王阳明的一生，波澜壮阔，坎坷离奇，其学凡三变而归于圣学之宗。他于1499年（二十八岁）中进士，在北京任刑部主事之职，属于低层官员，其时，以李梦阳、何景明为首，许多文官喜欢结成诗社，游娱自乐，① 王阳明也曾加入到这种以诗会友的行列中。不过，数年之后，他渐渐感到厌倦，说："吾焉能以有限精神为无用虚文也！"② 这是《年谱》记述的十分简略的原话。在《王龙溪全集》中，对此却有着更为详细的描述：

> 弘、正间，京师倡词章之学，李、何擅其宗。阳明先师结为诗社，更相倡和，风动一时。炼意绘辞，寝登述作之坛，几入其髓。既而翻然悔之："以有限之精神，蔽于无用之空谈，何异隋珠弹雀，其昧于轻重亦甚矣！纵欲立言为不朽之业，等而上之，更当有自立处。大丈夫出世一番，岂应泯泯若是而已乎？"社中人相与惜之："阳明子业几有成，中道而弃去，可谓志之无恒也。"先师闻而笑曰："诸君自以为有志矣，使学如韩柳，不过为文人，辞如李杜，不过为诗人。果有志于心性之学，以颜、闵为期，当与共事，图为第一等德业。"③

这段文字比之钱德洪所编《年谱》中所记，要详细得多，既客观反映出青年王阳明从词章之学向心性之学的转向，也充分体现出王阳明年轻时那种超越尘俗、立志德业的进取精神，由此，黄宗羲在《明儒学案》中对这段话加以节录，列于《浙中王门学案·郎中王龙溪先生畿》一卷中。

其次，《年谱》记载，王阳明既退出诗社，于1502年（三十一岁）

---

① 何、李二人即是后来明代文坛上的"前七子"之一。
② 《王阳明全集》卷33，《年谱一》，第1225页。
③ 《王畿集》卷16，《曾舜徵别言》，第459页。

"告病归越，筑室阳明洞中，行导引术，久之，遂先知。……"① 这一段时间，是王阳明潜心研习佛、道二教的时期。客观上讲，王阳明这一阶段的修炼，取得了较许多高僧、名道并不为低的成就，只是距他自己所期望的"大悟格物致知之旨"还有一定的距离。对此，王龙溪曾于讲会上当众回忆：

> （先师）乃始究心于老佛之学，缘洞天精庐，日夕勤修炼习伏藏，洞悉机要，其于彼家所谓见性抱一之旨，非惟通其义，盖已得其髓矣。自谓"尝于静中，内照形躯如水晶宫，忘己忘物，忘天忘地，与空虚同体，光耀神奇，恍惚变幻，似欲言而忘其所以言"，乃真境象也。②

可能有读者会感到纳闷，这一段关于阳明结庐修炼的体验，弥足珍贵，为什么在《王阳明年谱》中不见记载？其实，只要认真研读古代典籍，个中缘由是可以清楚揭示的。王龙溪自己在回忆当初与钱德洪一起编撰《阳明年谱》的往事时，就曾解释过这方面的原因，他说：

> 尚有奇迹奇论，非常情耳目所及者，疑于语怪，未及纂入。夫力乱与神，世之所有，何独至于怪而无之？但非常道，恐滋世人之惑，故罕言耳。有《言行逸稿》一编，藏而未行，盖将有待也。③

由此可见，关于王阳明的许多神奇事迹，钱德洪和王畿等人还远远没有敢于公之于众，就因为考虑到这种超时空的修道体验实在超出了世人常规经验的范畴，容易引起迷惑、误解。毋庸置疑，这种审慎态度是对的，因为即使是在《年谱》中偶然透露的一鳞半爪的事迹，就已经够让那些拘泥于故纸堆的俗儒惊骇不已了，遑论其他？实在没有必要引出一些分歧与争议。

不仅如此，王龙溪还在讲会上追溯道：

> 及至居夷处困，（先师）动忍之余，恍然神悟，不离伦物感应，

---

① 《王阳明全集》卷33，《年谱一》，第1225页。
② 《王畿集》卷1，《滁阳会语》，第33页。
③ 《王畿集》卷20，《绪山钱君行状》，第591页。

而是是非非，天则自见，征诸四子六经，殊言而同旨。始叹圣人之学坦如大路……①

由是可见，王阳明如同前代的程颢一样，先出入佛老，而后返还儒家的圣人之学，完成了学术生命的自我安顿。

第三，王阳明一生，堪称集"立德、立功、立言"于一身的传奇人物，他的事功伟绩，尤其是平叛剿匪的军事才能，在儒家历史上鲜有其比，但是，一般人多是对研究王阳明的智谋感兴趣，而对其耿耿忠心的至诚品质却相对忽视，王龙溪在这方面进行了必要的补记。在《年谱二》中，记载了宁王叛乱伊始，门徒邹守益（字谦之）与王阳明的一段对话：

> 先生在吉安，守益趋见。……益曰："彼（指叶芳）从濠，望封拜，可以寻常计乎？"先生默然良久曰："天下尽反，我辈固当如此做。"益惕然，一时胸中利害如洗。②（濠，指宁王朱宸濠）

遗憾的是，《年谱》关于这一段话的记录过于简略，未免使初读者不知底里，而在王龙溪的追忆中，就要详实得多了。他说：

> 夫宸濠逆谋已成，内外协应，虐焰之炽，熏灼上下，人皆谓其大事已定，无复敢撄其锋者。师之回舟吉安，倡义起兵也，人皆以为愚，或疑其诈。时邹谦之在军中，见人情汹汹，入请于师，师正色曰："此义无所逃于天地之间，使天下尽从宁王，我一人决亦如此做。人人有个良知，岂无一人相应而起者，若夫成败利钝，非所计也。"③

人们大多以为王阳明打败宁王全凭足智多谋，实则不然。如果没有一腔忠君报国的热忱，他决不可能挺身而出，做出倡义起兵的壮举。事实上，王阳明起兵之初，并没有什么剿平叛军的绝对把握，凭的就是一片"报国丹心"而已。年轻时，王阳明曾注释过《孙子兵法》，其言曰：

---

① 《王畿集》卷2，《滁阳会语》，第33页。
② 《王阳明全集》卷34，《年谱二》，第1263页。
③ 《王畿集》卷13，《读先师再报海日翁吉安起兵序》，第342页。

若果"进不求名，退不避罪"，单留一片报国丹心，将苟利国家，生死以之，又何愁不能"计险厄远近"，而"料敌制胜"乎？①

王阳明是这么说的，也是这么做的。他和门人邹守益从吉安起兵向叛军老巢南昌进发时，"命积薪围公署，戒守者曰：'倘前报不利，即举火爇公署。'时邹谦之在中军，闻之，亦取其夫人来吉城，同誓国难"②。对此，时人感叹道："呜呼！此其功岂可谓幸成？而其心事岂不皦然如日月哉！"③

第四，经过周密的谋划和艰苦卓绝的战斗，王阳明仅用四十天时间就平定了这场震惊大江南北的叛乱，可是，等待王阳明的却不是封赏和赞誉，而是围绕在明武宗周围的奸臣群小的毁谤和谗言，史称"张、许之难"。据《年谱》记载：在江西，张忠、许泰率北方官军进入已经收复的南昌，"北军肆坐谩骂，或故冲道起衅"④，在南京，江彬等奸臣成天在明武宗身边罗织王阳明的罪状，此时的王阳明，随时可能被锦衣卫抓捕入狱，遭受杀身之祸，但是，王阳明内心却岿然不动，以各种随缘应用的方法化解了种种危机，始终安然无恙。随后，明武宗北归晏驾，新君嘉靖帝即位，王阳明的不世之功终于得到承认，被封为相当于正一品殊荣的特进光禄大夫柱国、南京兵部尚书和新建伯。在此期间，王阳明的心性何以能够如此的安稳和冷静？这是有原因的。在赣州担任巡抚、提督⑤军务的时候，王阳明在教法上已经提炼出"致良知"的宗旨⑥，并且以"知行合一"的精神身体力行。在经历"宁王之乱"和"张许之难"的变乱中，他对于"致良知"的功夫体会愈加深切，并且依靠这一功夫渡过了难关。为此，王阳明十分得意自己的"致良知"思想，他在信中对门人邹守益说：

近来信得致良知三字，真圣门正法眼藏。往年尚疑未尽，今自多事以来，只此良知无不具足。譬之操舟得舵，平澜浅濑，无不如意，

---

① 这也是阳明本人的话，见《王阳明全集》卷32，第1187页。
② 《王阳明全集》卷26，第985页。此为钱德洪在《跋》中的追忆。
③ （明）徐阶：《阳明先生画像记》，载《王阳明全集》卷39，第1483页。
④ 《王阳明全集》卷34，《年谱二》，第1269页。
⑤ 在明代，巡抚和提督本是作动词用，此处故从习惯性用法，作名词用。
⑥ 《年谱》以王阳明在南昌"始揭致良知之教"是不当的，详细论证可参看陈来的《有无之境——王阳明哲学的精神》，北京大学出版社2006年版。

虽遇颠风逆浪，舵柄在手，可免没溺之患矣。①

对于王阳明而言，宁王之乱和张许之难是他一生中所经历的最复杂的劫难，对此，事间与事后他不可能没有一点反思和总结。遗憾的是，《年谱》中关于王阳明经历宁王之乱的记述是客观清晰的，但是，关于王阳明如何运用自己"致良知"的功夫来化解这场危机的心路历程，却语焉不详。所幸王龙溪亦曾亲炙阳明之教，听过王阳明在这方面的自我描述，并把他记录了下来，为后人留下了珍贵的资料。这方面的记述主要有两段。其一是：

> 师既献俘，闭门待命，一日召诸生入讲曰："我自用兵以来，致知格物之功愈觉精透。"众谓兵革浩穰，日给不暇，或以为迂。师曰："致知在于格物，正是对境应感实用力处。平时执持怠缓，无甚查考，及其军旅酬酢，呼吸存亡，宗社安危所系，全体精神只从一念入微处自照自察，一些著不得防检，一毫容不得放纵。勿助勿忘，触机神应，是乃良知妙用，以顺万物之自然。……此等苦心，只好自知。譬之真金之遇烈焰，愈锻炼愈发光辉。此处致得，方是真知；此处格得，方是真物，非见解意识所能及也。自经此大利害、大毁誉过来，一切得丧荣辱，真如飘风之过耳，奚以足吾一念？今日虽成此事功，亦不过一时良知之应迹，过眼便成浮云，已忘之矣。"②

这段原话因其较长，引述时不得不做一些节略。作为读者，我们不难理解王阳明此时的心境，经过了九死一生的劫难之后，任何人都不可能没有一点心里话要讲，何况王阳明刚刚度过宁王之乱，随之而来的张许之难还未结束呢。在这段谈话中，王阳明肯定了先天"良知"的妙用，并指出致（良）知要在格物上做，即以良知为主导，在一件件具体事物上应用自己的良知，所谓"致知在于格物，正是对境应感实用力处"，这是一种笃实践履的真工夫，"非见解意识所能及也"，换句话说，不是通常的思辨哲学所能企及的。

在所有的乌云化为晴空之后，王阳明对于自己学问功夫的升华与妙用还有一段总结，王龙溪也记录下来，原文如下：

---

① 《王阳明全集》卷34，《年谱二》，第1278—1279页。
② 《王畿集》卷13，《读先师再报海日翁吉安起兵序》，第343页。

先师尝语人曰："吾于平濠之后，致知格物之学愈觉明彻。良知不学不虑，天植灵根，无间于圣凡，人人所同具，但不能实致其知，牵泥挽和，自滑其灵，所以失之。大都世间毁誉利害，不过一身荣辱，一人得丧，吾所遭谤，构以党逆、无将之恶名，蒙以灭族无辜之隐祸，几微倏倏之际，间不容发。若不能自信其心，略为形亦所滞，机稍不密则失身，根稍不密则偾事。晦而明，曲而理，种种苦心，只好自知自信。意之微妙，口不能宣，而况于人乎？"此先师动忍增益之实学，所操愈危，所履愈熟，所藏愈密，所动愈神。①

在此需要指出，王阳明所说的"自信其心"，并不是今天所谓的不顾客观实际，单凭主观上一厢情愿的想法去应事接物，那只是一种"师心自用"的荒谬之举，而是指破除了个人心理上对自我得失、利害毁誉的计较牵挂之后，先天原本的良知显露出来，主体就可以根据良知灵明的指引，去做自己应该做的事情，而事实上，如果能够依靠良知的指引去为人处事，往往事情会达到更好的结果。同样，"意之微妙，口不能宣，而况于人乎？"这也不是一般的思辨哲学可以充分理解的道理，只有实实在在地格物致知，这种"不学不虑"的先天良知的妙用才能充分显现出来。历史上，多少忠臣良将受到奸臣陷害而业毁身亡，王阳明所经历的奸臣构陷比任何一位忠良的遭遇都不为过，但是，他却能化险为夷，靠的就他的"致良知"之学，由此，王龙溪加以总结道："此先师动忍增益之实学，所操愈危，所履愈熟，所藏愈密，所动愈神。"

第五，王阳明一生，以文臣之身而从事军旅，事功显赫。很多人对其用兵如神的本领颇感好奇，连其门生也不例外，因此，关于这方面的记录并不鲜见。其中，以钱德洪的一段记载较为人熟悉，原文如下：

或问："用兵有术否？"夫子曰："用兵何术？但学问纯笃，养得此心不动，乃术尔。凡人智能相去不甚远，胜负之决，不待卜诸临阵，只在此心动与不动之间。昔与宁王逆战于湖上时，南风转急，面命某某为火攻之具。是时前军正挫却，某某对立矍视，三四申告，耳如弗闻。此辈皆有大名于时者，平时智术岂有不足？临事忙失若此，

① 《王畿集》卷15，《先师〈画像记〉后语》，第410页。

智术将安所施?"①

王阳明是一位儒者，关于运筹帷幄、用兵制胜的事情，本人一般不愿多谈论，以免学生走上效仿申韩孙吴之术的道路，如果学生一定要问及，他总是把它与心性之学的工夫修养结合起来讲述。除了钱德洪所记，王龙溪也记录下了一段王阳明谈"用兵之术"的话语，与钱氏所记互为参证，更可以透露出阳明心学"处处不离学问功夫"的特点，原文是这样的：

> 尝问阳明先师："人称用兵如神，何术以致之?"师云："我无秘术，但平生所自信者良知，凡应机对敌，只此一点灵明神感神应，一毫不为生死利害所动，所以发机慎密，敌不知其所从来。在我原是本分行持，世人误以为神耳。"②

这段话，出自王龙溪写给抗倭名将俞大猷（1504—1580 年，字志辅，号虚江）的一封书信。作为海内闻名的心学大儒，王龙溪和当时的抗倭名将如唐顺之、戚继光、胡宗宪等人均有往来，在给俞大猷的信中谈及阳明先师的用兵之术，这是再正常不过的事情了。在这里，王龙溪转述王阳明的军事指挥思想，仍然不脱一个"学"字，概括而言就是：只要突破个人生死利害的计较执着，完全自信自己的先天良知，依靠良知灵明的神感神应，就可以达到运筹帷幄，发机缜密的境界，其实这是人人皆有的"本分行持"，只是世人不知，"误以为神"罢了。在此我们又不难发现，很多学人历来以为"致良知"只是一个伦理学命题，并未窥见王阳明所提倡的"致良知"的深邃意蕴，实际上，"致良知"的内涵远远超出了伦理道德的范畴，是一项精僻、深邃的的圣学工夫论。

三　王龙溪所记述的王阳明论学之语

在《王龙溪全集》③ 中，记录了许多没有确切纪年的王阳明论学之语，有一些还是《王文成公全书》所未载的，亦即钱德洪等编撰者没有听过或没有收入的。这些论学之语，有的思想深刻，有的真切朴实，有的

---

① 《王阳明全集》卷39，《征宸濠反间遗事》，第1473 页。
② 《王畿集》卷11，《与俞虚江》，第302 页。
③ 明代已有《王龙溪先生全集》数种刻本，今本则称为《王畿集》，此处是沿用传统称谓。

饶有风趣，都体现出了阳明心学的精神与风格。下面谨作摘录与分析。

其一，在给抗倭名臣胡宗宪的信中，王龙溪引述了一段王阳明语录：

> 先师云："学贵有序。先须理会大略，然后精微可得而尽。如孔明读书先观大旨，未为无见。不然，反易溺于琐碎，非善学者也。"①

这段话显示出陆王心学"先立乎其大"的思想特色。的确，如果都像朱熹所说的那样"学问须严密理会，铢分毫析"，② 那么，明代也就不可能诞生阳明心学了。而且，王阳明所说并非一己之见，他引述的三国时期诸葛亮读书的例子是一个很有说服力的旁证。《三国志》中注引《魏略》曰：

> 亮在荆州，以建安初与颍川石广元、徐元直、汝南孟公威等俱游学，三人务于精熟，而亮独观其大略。每晨夜从容，常抱膝长啸，而谓三人曰："卿三人仕进可至刺史郡守也。"三人问其所至，亮但笑而不言。③

三国距汉代不远，两汉时期形成的极其繁琐的章句训诂之学，仍然余风未泯。诸葛亮的好友徐庶、孟公威、石广元三人，沿习了汉代繁琐考据注疏的学风，读书"务于精熟"，而诸葛亮却"观其大略"，善于抓住核心，提纲挈领，这样一来，诸葛亮的读书范围必然要比徐、孟等广泛得多。诸葛亮是三国时期杰出的政治家，其宏阔的战略眼光的形成，与他年轻时读书"独观其大略"的聪明做法是分不开的，而王阳明以此为证，说明"学贵有序"、先大略后精微的道理，体现了阳明心学的活泼、大气的学风，值得后人借鉴。

其二，钱德洪所编撰的《年谱》中记述："先生点化同志，多得之登游山水间也。"④ 的确，王阳明教导弟子，从来不会枯坐书斋，照本宣科，而是灵活多样，经常"随地指示良知"⑤。那么，王阳明是如何灵活随机地指点学生呢？《年谱》却语焉未详。所幸的是，王龙溪记述下了一段关

---

① 《王畿集》卷13，《三锡篇赠宫保梅林胡公》，第367页。
② 《朱子语类》卷8，《学二》，第130页。
③ （晋）陈寿：《三国志》，中华书局1959年版，卷35《蜀书五》，《诸葛亮传》，第911页。
④ 《王阳明全集》卷33，《年谱一》，第1236页。
⑤ 《王阳明全集》卷34，《年谱二》，第1282页。

于王阳明在登山游玩中讲述心性之学的话语，事情的经过是这样的：

隆庆三年（1569 年），浙江湖州报恩卧佛寺重建了一座九层宝塔，知府蔡某邀请王龙溪等名士登塔览胜。时年七十一岁的王龙溪在众人之前先到达，一口气登上了宝塔的第八层，出于礼貌，最后一层未登便下来了。此时诸友方至，龙溪随大家又一次登上宝塔。蔡知府对王龙溪说："先生年愈七十，半晌间两度登塔，而神不劳、体不倦，亦有道乎？"王龙溪答曰：

> 昔尝从阳明先师游，登香炉峰，至降仙台绝顶，发浩歌，声振林麓。众方气喘不能从，请问登山之法。师曰："登山即是学。人之一身，魂与魄而已。神，魂也；体，魄也。学道之人，能以魂载魄，虽登千仞之山，面前止见一步，不作高山欲速之想，徐步轻举耳，不闻履革之声，是谓以魂载魄。不知学之人，欲速躁进，疾趋重跨，履革铿然，如石委地，是谓以魄载魂。魂载魄，则神逸而体舒；魄载魂，则体坠而神滞。"予以登山之法登塔，故庶几似之若是夫。既即此是学，一切应感之迹，亦若是而已。①

王阳明所讲的登山之法，其实就是心性功夫在登山中的应用，今天仍然有参考价值。其高足王龙溪，真可谓善学者，能巧妙运用乃师的思想，"以登山之法登塔"，乃至"一切应感之迹，亦若是而已"。他的后半生以讲学传道为务，"所至接引，无倦色"，"年八十，犹不废出游"，② 从来不见紧张，也不落懒散，充分显示出"魂载魄，则神逸而体舒"的功夫受用。

其三，王龙溪记载了一些能够显示王阳明性格的话语。王阳明不是一个呆板严肃的冬烘先生，其教学过程中时常带着幽默感，让人忍俊不禁。在《传习录拾遗》中，就记载了这样一则逸事：

> 一日，市中哄而诟。甲曰："尔无天理。"乙曰："尔无天理。"甲曰："尔欺心。"乙曰："尔欺心。"先生闻之，呼弟子曰："听之，夫夫喃喃讲学也。"弟子曰："诟也，焉学？"曰："汝不闻乎？曰'天理'，曰'心'，非讲学而何？"曰："既学矣，焉诟？"曰："夫

---

① 《王畿集》卷14，《报恩卧佛寺德性住持序》，第408页。
② （明）徐阶：《龙溪王先生传》，载《王畿集》附录四，第826页。

夫也，惟知责诸人，不知及诸己故也。"①

面对两个市井之徒吵架，王阳明却说他们是在讲学，理由是吵架内容中涉及"天理"与"（良）心"之类的范畴，寓庄于谐，发人深省，初读至此，令人忍俊不禁。诚然，王阳明的幽默活泼的教学风格不会只有这一处体现，王龙溪就记载了一段王阳明的具有冷幽默风格的教学范例：

> 昔有关中人士尝持所作，请证于阳明先师。先师谓曰："某篇似《系辞》，某篇似《周诰》，某篇似《檀弓》，某篇绝似《谷梁》。"其人甚喜，因谕之曰："十岁童子作老人相，拄杖曳履，咳唾伛偻，非不俨然似也，而见者笑之，何者？以其非真老人也。苟使童子饬衿肃履，拱立以介乎其间，人自竦然，不敢以幼忽之，何者？以其真童子也。"②

在此，王阳明以先扬后抑的方式，告诉来学者关于"作文之法"的道理，那就是作文不能一味揣度模仿，像儿童学老人"拄杖曳履，咳唾伛偻"的样子，只会引人发笑，而王龙溪之所以引述这段话，其意在告诫他的朋友们：作文及做任何事情，"要皆于虚明一窍发之"，如果一味模仿，只能像"优人学孙叔敖，适足以来明者之一噱而已"。③

其四，王龙溪引述了王阳明关于养生问题的一些话，体现了王阳明思想成熟之后在这方面的一贯理念。嘉靖三十九年（1560年），适逢同门邹东廓七十岁寿辰，王龙溪为之撰文祝寿，文中谈道：

> 先师尝曰："戒慎不睹，恐惧不闻，则神住，神住则气住、精住，而仙家长生久视之说不外于是。"是说也，人孰不闻？亦曰有为之言耳。先生（指邹东廓）独信之不疑，不淆于异术。故行年七十，视听不衰，而精气益强，非一于神守，能若是乎？④

在其专著《大象义述》中，他又记述道：

---

① 《王阳明全集》卷32，《〈传习录〉拾遗》，第1170页。啍啍，同"谆谆"，多言的样子。
② 《王畿集》卷13，《精选〈史记〉〈汉书〉序》，第347页。
③ 同上书，第347页；来，招徕。
④ 《王畿集》卷14，《寿邹东廓翁七袠序》，第389页。

修己之道，所当损者，惟忿与欲。……师云："惩心忿，窒心欲，此禁于未发之豫。养德养身，非两事也。"①

王阳明的这两段话，王龙溪是凭记忆而写的，所记并不完整，他认为此话乃是"有为之言"，一点也不错。这段话原本出自《王阳明全集》卷二的《与陆原静》一书。陆澄（字原静）是早在南畿时期就跟随王阳明的弟子，因为体弱，偏好道家的养生之术。1521年，王阳明写信给陆澄，说道：

闻以多病之故，将从事于养生，区区往年盖尝弊力于此矣。后乃知其不必如是，始复一意于圣贤之学。大抵养德养身，只是一事，原静所云"真我"者，果能戒谨不睹，恐惧不闻，而专志于是，则神住、气住、精住，而仙家所谓长生久视之说，亦在其中矣。②

王阳明在此信中，着重阐发了"养德养身，只是一事"的理念，理由是"果能戒谨不睹，恐惧不闻，而专志于是，则神住、气住、精住，而仙家所谓长生久视之说，亦在其中矣"。王阳明认为，圣人之学本身就包含着养生的内容，关键是从心性修炼入手，养德即是养身，神住即气住、精住，两者没有本质的区别。王阳明的这个观点，已涉及养生之术的最核心内容——只有心态健康、平和豁达，身体才能获得相应的舒适与安康。王阳明的很多高足弟子均深谙此道，不专意养生而一贯身轻体健，邹东廓就是其中之一，王龙溪自身更堪称出色榜样。王龙溪自叙："予少病羸，不任劳役""弱体畏远屋室"，③但是自师从阳明之后，身体状况却发生了很大的变化。如前所述，老友徐阶对于王龙溪的身体矍铄一向佩服之至，因此，他在为龙溪作传时写道：

公少患羸，尝事于养生，惟理会性情，究明未发之旨，以观化原，若有得于先天无为之用。视履明矫，洞微陟峻，至老不衰，可谓禀薄而养之厚矣。盖公闻于文成最上之机，与其所自得者如此。④

① 《王畿集》附录一，《大象义述》，第666页。
② 《王阳明全集》卷5，第187页。
③ 《王畿集》卷20，《亡室纯懿张氏安人哀辞》，第647—648页。
④ （明）徐阶：《龙溪王先生传》，载《王畿集》附录四，第826页。

"为学只是理会性情"是王龙溪经常讲的话，其大旨在于：性情者，心之体用，人心本自中和，只要懂得涵养心性，返于中和，中则性定，和则情顺，那么，大本立而达道行，人的身体自然也就跟着好起来了，这和王阳明所说的"养德养身，只是一事"的思想是完全一致的。徐阶看到了这一点，因此特意点明龙溪的养生之法是以"理会性情，究明未发之旨"为核心，自然得到先天真气的滋养，产生了"视履明矫，洞微陟峻，至老不衰"的养生效果，同时，这也是"文成最上之机"的表现。当然，王龙溪并不反对来自各门派的具体的养生之术，其实他对这些东西都相当熟悉，称为"古人立教权法"，但是，他的基本立场却是恪守王阳明"养德养身，只是一事"的原则，他说：

> 情返于性，谓之还丹，不为养生，而养生在其中矣。夫学问只是理会性情，吾人此身，自顶至踵，皆道体所寓，真我不离躯壳。①

王龙溪既是这么说的，也是这么做的。他以自己矫健的身体为证明，成为士人笃行"心性之学"的表率，"年八十，犹不废出游"②，直至八十六岁时，"微疾……端坐于琴堂之卧榻而逝"，③ 真可谓善始善终了。

其五，王龙溪记载下了王阳明对六经典籍的基本态度。他说：

> 予尝闻之师曰："经者，径也，所由以入道之径路也。圣人既已得道于心，虑后人之或至于遗忘也，笔之于书，以诏后世。故六经者，吾人之纪籍也。汉之儒者，泥于训诂，徒诵其言，而不得其意，甚至屑屑于名物度数之求，其失也流而为支。及佛氏入中国，以有言为谤，不立文字，惟直指人心以见性，至视言为葛藤，欲从而扫除之，其失也流而为虚。支与虚，其去道也远矣。"④（支，即支离，指繁琐杂乱而不得要领）

由上可见，王阳明认为，"道"是蕴藏于人心之中的，六经典籍只是记载心中之道的账簿，并不等于"道"本身。"经者，径也，所由以入道

---

① 《王畿集》卷4，《答楚侗耿子问》，第101页。
② （明）徐阶：《龙溪王先生传》，载《王畿集》附录四，第826页。
③ （明）查铎：《纪龙溪先生终事》，载《王畿集》附录四，第847页。
④ 《王畿集》卷15，《明儒经翼题辞》，第421页。

之径路也"，这句话表明了王阳明对于儒家经典的态度。王龙溪所记载的这段话并不是孤证，其实，王阳明在许多场合都表达过类似的观点，特别是在《尊经阁记》一文中，清楚地表达了心学一脉对于经典的基本态度。他说：

> 《六经》者非他，吾心之常道也。①
> 《六经》者，吾心之记籍也，而《六经》之实则具于吾心；犹之产业库藏之实积，种种色色，具存于其家。其记籍者，特名状数目而已。②

需要指出，阳明心学对待经典的态度，并不像先秦时期的庄子那样一概视为"古人之糟粕"③，完全予以否定。他们只是告诫学者：道在心中，这才是一切经典的本原，由于"言不尽意"的缘故，经典并不能充分表达出"道"的真实意蕴。要想明道，只有根据经典的指引，实实在在地去发掘人人心中的"良知"，用王阳明的话说，就是"道之全体，圣人亦难以语人，须是学者自修自悟"④。反之，倘若只是一味埋在故纸堆中寻章摘句地讨生活，就如同王阳明所比喻的那样，一个没落的富家子弟，不知道找回自家的"产业库藏之实积"，只会守着一堆账簿说："这是我祖先留下来的财富啊。"⑤

《王龙溪全集》中所记载的阳明语录并不止以上这些，还有其他一些语录也很有思想价值，如，先师尝曰："人在功名路上，如马行淖泥中，脚起脚踏，须有超逸之足，始能绝尘而奔。"⑥ 不过，对于过于散漫的只言片语，就不必再做阐释了。通过以上探讨，我们不难发现，王龙溪一人记录下来乃师王阳明的许多有思想价值的话语，有的是钱德洪等同门同样记录过，并编入《传习录》《年谱》等遗稿中的，有的则是王龙溪一人所记，别无其他踪迹可寻。钱、王等人共同记录的阳明语录，可以相互印证，相互补充，而王龙溪一人所记的阳明语录，我们应当持更为审慎的态度。因为虽然王龙溪对于乃师王阳明的感情极深，但这毕竟是多年之后的

---

① 《王阳明全集》卷7，《稽山书院尊经阁记》，第254页。
② 同上书，第255页。
③ 《庄子集释》，《天道第十三》，第494页。
④ 《王阳明全集》卷1，《语录一》，第24页。
⑤ 《王阳明全集》卷7，《稽山书院尊经阁记》，第255页。
⑥ 《王畿集》卷10，《与冯纬川》，第243页。

追忆，不排除记忆上有讹误的地方，况且，王龙溪后来自己也成为一代宗师，他所转述的阳明语录，有一些隐约带有个人思想色彩，未免令人致疑，故而笔者在此没有采用，更不做什么分析。但是，总体而言，由王龙溪所记述的王阳明语录，开扩了我们对阳明心学的认识视野，丰富了阳明心学的思想内容，使我们能够从一些新的角度来了解王阳明的哲学思想和生命智慧，这些语录在文献史料方面的独特贡献，无疑是应该充分肯定的。

第四节　对陆王心学继承和阐发的其他表现

　　作为王阳明的学术嫡传和海内公认的同志宗盟，王龙溪对阳明心学乃至整个陆王心学的继承和阐发是毋庸置疑的。前四章所论虽然是王龙溪本人的哲学思想，实际上也是他对于陆王心学的基本精神的阐释。不过，本节研究的内容，乃是王龙溪关于陆王心学的某些特定理念和问题所作的论述，由此体现他对于陆王心学一系的精神血脉的自觉继承和灵活阐发。

一　评价陆象山

　　陆九渊（1139—1193 年），号象山，江西金溪人，南宋时期曾以独树一帜的"江西之学"与朱熹的理学思想相颉颃，是陆王心学的第一位创始人。许久以来，学术界中总有人希望像从二程到朱熹那样，找出陆九渊和王阳明之间的学术传承关系，结果总是徒劳。尽管如此，陆王之间思想的高度一致性仍是显而易见的，因此，王龙溪站在阳明心学的立场上，对于陆九渊的哲学思想给予了高度的评价。嘉靖四十一年壬戌（1562 年），王龙溪应邀来到江西抚州讲学，应门人之请，他将《象山文集》中的有关语录摘选出来，"条次其语"，向门人进一步阐释陆九渊哲学思想的内在精蕴，因此，形成了《抚州拟岘台会语》一文。在整个《王龙溪全集》中，这是所有会语中篇幅最长的一篇，约 7800 字，同时，也是仅次于《鹿园万公行状》（《王畿集》卷 20，约 8200 字）的第二篇长文。生平没有文字之好的王龙溪做出如此长的文章，可见陆九渊的哲学思想在他心目中地位之重要了。故此，笔者谨以此文中的若干评述之语为例，以揭示王龙溪对于陆九渊心学思想的充分肯定与自觉继承。

　　首先，我们来看一段王龙溪对于陆九渊的总括性评价。在某次讲会上，门人冯某（其名不详）问起关于陆九渊的弟子杨简（号慈湖）的一个问题，王龙溪将陆、杨二人的思想性质一并做了解答，史载：

> （纬川）冯子曰："或以慈湖之学为禅，何也？"先生曰："慈湖
> 之学得于象山，超然自悟本心，乃易简直截根源。说者因晦庵之有同
> 异，遂哄然目之为禅。禅之学，外人伦，遗物理，名为神变无方，要
> 之不可以治天下国家。象山之学，务立其大，周于伦物感应，荆门之
> 政，几于三代，所谓儒者有用之学也。世儒溺于支离，反以易简为异
> 学，特未之察尔。知象山则知慈湖矣。"①

在这段对话中，王龙溪针对历来有人视陆象山之学为禅学变种的观
点，表达了明确的否定态度。他指出，"禅之学，外人伦，遗物理，名为
神变无方，要之不可以治天下国家"，相比之下，"象山之学，务立其大，
周于伦物感应，荆门之政，几于三代，所谓儒者有用之学也"，因此，绝
不能把陆九渊的学术思想视为禅学②，如果那样，其实是对于儒家圣人之
学的无知。至于为什么有人习惯于把陆学视为禅学，王龙溪揭示了个中缘
由：多少年来，世儒受章句训诂之学的影响，溺于支离繁琐之中而不自
觉，当有人提出"简易直截"的工夫论之后，这些俗儒面对超出自己思
想范围的学说惊骇不已，"反以易简为异学"，所以纷纷指摘、攻击，把
象山之学当成禅学来对待，必欲将其扫地出门，完全剥夺其儒家血脉的
"合法性"方才心安。如果摘下"有色眼镜"，我们来客观对比一下陆学
与禅学的差别，就会发现确如王龙溪所说，禅学尽管有着深邃的生命智
慧，但是"外人伦，遗物理"，最欠缺的功能是"不可以治天下国家"，
陆学则不然，陆九渊一生，虽然用世机会甚少，但是，一旦得到了主政荆
门的机会后，便如同蛟龙入海一般大展身手，仅用一年多时间，就使残破
凋敝的荆门军文治武备焕然一新，当时的南宋宰相周必大曾说："荆门之
政，可以验躬行之效"③，对陆九渊的治世才干给予了很高的评价。其实，
陆九渊生前即说过："圣人之学有用，无用便非圣人之学"④，由此，他把
终身为山林处士的北宋思想家邵雍称为"闲道人"⑤，可见其价值取向之

---

① 《王畿集》卷5，《慈湖精舍会语》，第114页。
② 此处是广义上的禅学，相当于佛教哲学的同义语。
③ 《陆九渊集》卷36，《年谱》，第512页。又见（元）脱脱《宋史》，卷434《儒林四》，
　　中华书局1977年版，第12882页。大意相同。
④ 《陆九渊集》卷34，《语录上》，第426页。
⑤ 同上。

鲜明了。对于陆九渊的主政荆门，王龙溪的评价是"荆门之政，几于三代，所谓儒者有用之学也"，这一判断，充分肯定了陆九渊的哲学思想是以圣学为本位的"明体达用"的儒家思想。

其次，在肯定了陆九渊的学术是儒家圣人之学的基础上，王龙溪又以象山语录（载今本《陆九渊集》第34、35卷，分别为《语录上》《语录下》）为根据，对其修行工夫的特色进行了简明扼要的点评。例如：《语录上》记曰："复斋家兄一日见，问云：'吾弟今在何处做工夫?'某答云：'在人情、事势、物理上做些工夫。复斋应而已。'"[1] 对此，王龙溪点评道：

> 事势物理只在人情中，此原是圣门格物宗旨。[2]

类似的话语还有很多。例如，《语录上》记曰："吾家合族而食，每轮差子弟掌库三年。某适当其职，所学大进，这方是'执事敬'。"[3] 对此，王龙溪点评道："象山之学，从人情物理中磨炼出来，实非禅也。"[4] 结合陆九渊的原话和王龙溪的点评可见，陆九渊平时并没有像禅僧一样整日闭关清修，念经打坐，而是在人伦日用中笃实地践履，既锻炼了自己的处事才能，又提升了自己的心性修养，这种修养工夫，不正是儒家圣人之学所提倡的吗？

当然，陆九渊的修养工夫，自有其心学特色，与那种整天忙于寻章摘句、名物训诂的俗儒截然不同，对此，王龙溪亦做了充分的肯定。《语录》中记载："或问：'先生之学，当来自何处入?'（象山）曰：'不过切己自反，改过迁善。'"[5] 对于这段文字简洁的问答，王龙溪点评道：

> 象山之学，自信本心，平生功夫严密如此。世人概以禅学目之，非惟不知象山，亦不知禅矣![6]

王龙溪将陆九渊的心性工夫论概括为"自信本心"，这是切中要害

---

① 《陆九渊集》卷34，《语录上》，第400页。
② 《王畿集》卷1，《抚州拟岘台会语》，第17页。
③ 《陆九渊集》卷34，《语录上》，第428页。
④ 《王畿集》卷1，《抚州拟岘台会语》，第21页。
⑤ 《陆九渊集》卷34，《语录上》，第400页。
⑥ 《王畿集》卷1，《抚州拟岘台会语》，第17页。

的。众所周知，陆九渊以"发明本心"① 为自己的工夫要领，他认为，人的先天本心具备各种美善之德，可惜被物欲、意见等东西给遮蔽了，因此，只要真诚地"切己自反，改过迁善"，把这些"蔽理溺心"② 的东西统统"剥落"掉，那么，本心的清明光泽和神奇妙用自然就透显出来了。在陆九渊看来，"学苟知本，六经皆我注脚"③，因此，学问功夫不能一味依靠前人的经典和传注，纸面上的知识再多，也无法取代实地践履的心性修养工夫，正因为如此，他才告诫门人说："自得，自成，自道，不倚师友载籍。"④ 又说："自立自重，不可随人脚跟，学人言语。"⑤ 虽然生活在数百年之后，但是，王龙溪与陆九渊的精神是相通的，他完全领会了陆九渊"发明本心"的修养工夫的内涵和作用，因此，他才肯定而赞许地说："象山之学，自信本心，平生功夫严密如此。"

又如，面对思想史上的朱陆之争，王龙溪以鲜明的心学立场表达了自己的价值取向。《象山语录》中记载了这样一段话：

> 朱元晦曾作书与学者云："陆子静专以尊德性诲人，故游其门者多践履之士，然于道问学处欠了。某教人岂不是道问学处多了些子，故游某之门者践履多不及之。"观此，则是元晦欲去两短，合两长。然吾以为不可，既不知尊德性，焉有所谓道问学？⑥

对于陆九渊的这段话，王龙溪点评道：

> 千古圣学只有这个尊德性，（道）问学正是尊之之功。外德性而别有问学，即是泛问，即是异学。⑦

王龙溪的这段点评表明了陆王心学一个共同的理念，儒家经典《中庸》的"尊德性而道问学"（第二十七章）一语，本是以"尊德性"为

---

① "发明本心"一词出自象山门人朱亨道的总结，但确实很符合陆九渊思想的核心宗旨。语出《陆九渊集》卷36，《年谱》，第491页。
② 《陆九渊集》卷1，《与邓文范》，第11页。
③ 《陆九渊集》卷34，《语录上》，第395页。
④ 《陆九渊》卷35，《语录下》，第452页。
⑤ 同上书，第460页。
⑥ 《陆九渊》卷34，《语录上》，第400页。
⑦ 《王畿集》卷1，《抚州拟岘台会语》，第17页。

本而"道问学"从之的。王龙溪说过："致知者，致其固有德性之知，非推极知识之谓"①，所谓道问学，正是围绕着尊德性之宗旨而展开的讲习讨论和实地践履，以明道成圣为根本目标，而非以扩充知识、增广见闻为目的，正是在这个意义上，王龙溪明确地指出，"外德性而别有问学，即是泛问，即是异学"。

再如：王龙溪在点评陆九渊语录的过程中，还揭示了陆氏心学思想的深刻性。在《语录》中，有一段门人詹阜民所记的对话：

> 他日侍坐，无所问。先生谓曰："学者能常闭目亦佳。"某（指詹阜民）因此无事则安坐瞑目，用力操存，夜以继日。如此者半月，一日下楼，忽觉此心已复澄莹中立，窃异之，遂见先生。先生目逆而视之曰："此理已显也。"某问先生："何以知之？"先生曰："占之眸子而已。"②

这段记载反映出一个重要的事实，心学范畴的"理"，乃是有景有验的实证结果，既非人为制定的"三纲五常"之类的伦理规范，也不是什么凭空杜撰的思辨产物，而是一种人类先天即有的本心状态，只有真修实践者才可以体认，并使之成为生活中的真实受用。作为修习圣学工夫的过来人，王龙溪对此自然有着深刻的体悟，因此，他对于这桩心学公案做出了独特的点评：

> 识此便是仁体，此是圣学之胚胎，存此不息便是圣功。白沙所谓"静中养出端倪，"亦此意。然此理不必专在瞑坐始显，日用应感，时时存得此体，便是此理显处，便是仁体充塞流行。象山因此友于瞑坐中有得，故指此以示之，在人善学而已。③

王龙溪指出，詹阜民在静坐中所体认到的便是"仁体"（或曰良知本体，亦即"理"），"此是圣学之胚胎"。它表明，詹阜民已从理性思辨水平进入到了真切体悟的较高层次，"存此不息便是圣功"，沿着这个路径走下去，便是作圣成贤的圣学工夫。不过，王龙溪进一步指出，"此理不

---

① 《王畿集》卷5，《慈湖精舍会语》，第114页。
② 《陆九渊集》卷35，《语录下》，第471页。
③ 《王畿集》卷1，《抚州拟岘台会语》，第25页。

必专在瞑坐始显"，否则，就等于在日用常行和静坐体悟之间划了一条人为割裂的鸿沟。任何学者只要心怀诚意，"日用应感，时时存得此体，便是此理显处，便是仁体充塞流行"，因为良知本体无间于动静，只要随时体察，处处应用，都会显现出它的神奇妙用来，因此，无论是动是静，都可以体悟仁体，"在人善学而已"。这段点评，既可谓切中要害，又体现出王龙溪超越前人的认识高度。

第三，王龙溪对于陆九渊思想的肯定，完全是继承了乃师王阳明学术理念的结果。王阳明和陆九渊之间，虽然没有任何实然的学术传承关系，但是在思想上，确实是心心相印，极为默契。早在正德十六年（1521年），王阳明在平定宁王之乱后，奉命巡抚江西一省，赈灾济民之余，他想起要振兴文教，其中一项措施，便是"刻《象山文集》，为序以表彰之"①，此外，他还凭借手中权力，察访陆九渊的子孙，给予一定的优待，史载：

> 先生以象山得孔、孟正传，其学术久抑而未彰，文庙尚缺配享之典，子孙未沾褒崇之泽，牌行抚州府金溪县官吏，将陆氏嫡派子孙，仿各处圣贤子孙事例，免其差役；有俊秀子弟，具名提学道送学肄业。②

可以想见，如果不是对象山之学有着真诚的认同感，王阳明也不必如此费心地去察访、照顾陆氏后裔，以昭示天下读书之人"正学"之所在了。不仅如此，在《象山文集序》中，王阳明坦诚地写道：

> 圣人之学，心学也。……自是而后，有象山陆氏，虽其纯粹和平若不逮于二子（指周敦颐、程颢），而简易直截，真有以接孟子之传。……故吾尝断以陆氏之学，孟氏之学也。③

又如：

> 今禅之说与陆氏之说，其书具存，学者苟取而观之，其是非同

---

① 《王阳明全集》卷34，《年谱二》，第1279页。
② 同上。
③ 《王阳明全集》卷7，《象山论文集序》，第245页。

异，当有不待于辩说者。①

王阳明所说"（陆氏）真有以接孟子之传"，无疑是对于陆九渊学术思想的充分肯定，也是对于朱熹等正统理学家的委婉批评。诚然，象山心学和禅学思想之间尽管存在一些所见略同之处，但是，其思想本位无疑是儒家的圣人之学，否则，我们也就无法解释陆九渊出任荆门军后出色的治世成效，更无法理解他鞠躬尽瘁、卒于任上的献身精神了。作为入室弟子，王龙溪深得王阳明的心传，因此，他对于陆九渊的钦佩之情，发自内心而绝无矫揉造作，他对象山语录的点评（虽然在此不可能一一引述），既是对于陆王心学精神血脉的自觉继承和阐发，也可以看作两位心学大师跨越时空的神交之笔。

二　破功利之见

许久以来，学术界对于王龙溪的哲学思想多有误解，以为其"时时不满师说，益启瞿昙之秘而归之师"②，并没有看到王龙溪对于阳明心学的基本理念更多重在继承和弘扬的一面。除了坚持"致良知"的学术宗旨之外，王龙溪在尊崇道义、破除功利之见等方面，同样自觉地继承和弘扬了阳明心学的基本理念，体现出一个儒者所应有的道德理想主义情怀。

万历三年（1575 年），王龙溪应邀前往南直隶的句曲（今江苏句容县）讲学，龙溪门人、句曲县令丁宾（字礼原）率诸生迎其至县学之明伦堂中开讲，王龙溪便以"明伦"为题展开了一番演讲，他说：

> 五教之敷，肇于虞廷。人生在世，上下则为君臣父子，左右则为长幼朋友，内外则为夫妇，未尝一日不与人交接，不能逃诸虚空。在父子则有亲，在君臣则有义，在长幼夫妇朋友则有序、别、信，是为五品人伦、天下之达道，不可须臾离也。三代之学，皆所以明人伦，上以此为教，下以此为学，而无有外物之迁，多岐之惑，所以人人亲其亲、长其长而天下自平也。
>
> 教弛学绝，民不兴行，虽以明伦名堂，学者迁于外物，惑于多岐，惟务于记诵词章之习，以梯进取、媒利禄，名与实相悖而驰，漫

---

① 《王阳明全集》卷 7，《象山论文集序》，第 245 页。
② 《明儒学案》卷 32，《泰州学案一》，第 703 页。瞿昙，代指佛教思想。这是黄宗羲批评王心斋和王龙溪两人的话。

然以为学止于此矣，而不复知有明伦之事、心性之求。间有以心性之说招之来归者，哄然指为异学……所幸良知在人，千古一日，父兄爱敬，由于性之固有，闻吾明伦之说，将有憬然而悔、翻然而悟者，沛然若决江河而莫之御者矣！①

在这番论述中，王龙溪借"三代之学"为例，阐明了儒家教育思想的基本理念，那就是"三代之学，皆所以明人伦，上以此为教，下以此为学"，其最终目的，就是达到"人人亲其亲、长其长而天下自平"的理想社会状态。随后，王龙溪指出，由于后世"教弛学绝，民不兴行"，因此，明伦、崇德之教被人们所遗忘，从表面上看，儒家思想仍是社会主流意识形态，然而，在事实层面上，众多学者"迁于外物，惑于多歧，惟务于记诵词章之习，以梯进取、媒利禄，名与实相悖而驰"，完全以一种功利主义的实用态度来对待儒家的思想学术，究其内心，"不复知有明伦之事、心性之求"。在这种社会环境中，许多保守的儒者对于超越记诵词章之外的心性之学的兴起，反而"哄然指为异学"，这实在是一种可悲的事情，表明了圣人之学"真血脉"的湮没。

王龙溪的这种看法，和心学宗祖王阳明的有关思想极为相似。王阳明晚年在《答顾东桥书》中，阐明了同样的思想观念和忧患意识。简单地对照一下，便会发现师徒二人思想的内在一致性。例如，王阳明说：

夫圣人之心，以天地万物为一体，其视天下之人，无外内远近，凡有血气，皆其昆弟赤子之亲，莫不欲安全而教养之，以遂其万物一体之念。……其教之大端，则尧、舜、禹之相授受，所谓"道心惟微，惟精惟一，允执厥中。"而其节目则舜之命契，所谓"父子有亲，君臣有义，夫妇有别，长幼有序，朋友有信"五者而已。唐虞三代之世，教者惟以此为教，学者惟以此为学。②

同时，王阳明又痛心地指出：

三代之衰，王道熄而霸术猖；孔、孟既没，圣学晦而邪说横；教者不复以此为教；而学者不复以此为学。……圣人之学日远日晦，而

---

① 《王畿集》卷7，《华阳明伦堂会语》，第158页。岐，通"歧"。
② 《王阳明全集》卷2，《答顾东桥书》，第54页。

功利之习愈趋愈下。……盖至于今，功利之毒沦浃于人之心髓，而习以成性也几千年矣。①

王阳明还列举了当时的士人出于自身的功利追求，妄用其知识技能，结果对于社会风气造成了极大的伤害，他说：

记诵之广，适以长其傲也；知识之多，适以行其恶也；闻见之博，适以肆其辨也；辞章之富，适以饰其伪也。②

对照王阳明和王龙溪二人的言辞，几乎如出一辙，都体现出他们对于背离道义、崇尚功利的社会风气泛滥无度的忧虑。值得注意的是，王龙溪并不是仅仅在公共场合说些冠冕堂皇的话而已，对于一些"乐道忘势"的老友，他也时常以破功利之见为题，进行恳切的劝勉，例如：

吾人学术不纯，大都是功利两字作祟。昔人谓"如油入面，未易出头"，亦善名状。先师哀悯吾人，将良知两字信手拈出，种种病痛，到这里再欺瞒些子不得，可谓对症真药物矣。③

又如：

功利之毒入人已深，虽号为贤者，鲜能自拔。道义与功利常相胜，昔之人以无所为、有所为两言决之，而其机存乎一念之微，神感神应，动之以天。凡在名目上拣择、形迹上支撑、功能上凑泊，而非盎然以出者，皆有所为而然也。吾丈日逐应感，精察入微，受用处更觉何如？④

在这两封信中，王龙溪坦率地指出，"吾人学术不纯，大都是功利两字作祟"，同时，他对"道义与功利常相胜"的客观趋势看得十分清楚。对此，他颇有信心地将王阳明的"致良知"之教奉为"对症之药"，认为

① 《王阳明全集》卷2，《答顾东桥书》，第55—56页。
② 同上书，第56页。
③ 《王畿集》卷10，《答毛瑞泉》，第263页。
④ 《王畿集》卷10，《与胡柏泉》，第265页。

只要依照良知之教而行事，"种种病痛，到这里再欺瞒些子不得"，于是，功利之毒对于人心的危害可以涤荡干净。那么，致良知之教何以有如此大的效能？对此，王龙溪解释说："良知在人，千古一日，譬之古鉴翳于尘沙，明本未尝亡，一念自反，即得本心，存乎其人也。"① 只要学者怀着一颗明道成圣的真诚心愿，那么，天理良知就不会被任何腐朽、荒谬的社会风气所蒙蔽，随时可能"复其心体之本然"②，因为无论外在环境如何污浊、混乱，良知本体的明洁光泽和神奇妙用并未消亡，"一念自反，即得本心"，这是任何人都可以做到的。

王龙溪关于崇道义、破功利的思想，不是口头说说而已，而是一直本着知行合一的原则去笃实践履。如本书第一章《王龙溪的生平行迹》所述，王龙溪从无傲气，却有傲骨，一直秉持着独立人格，他先后拒绝了两位内阁首辅（张璁、夏言）的拉拢，最终导致自己被罢官。此后，他又谢绝好友和同门的推荐，一直周流四方，以讲学淑人为务，"年八十，犹不废出游"③，友人万履庵见其如此高龄而不辞劳累，好心地予以劝阻，他答谢说：

> 不肖冒暑出游，岂徒发兴，了当人事？亦颇见得一体痛痒相关，欲人人共证此事。八十衰侬，前头光景已逼，于世间有何放不下？但爱人一念，根于所性，不容自已（yǐ）。予亦不知其何心也。④

这段话充分表露了王龙溪的真实心迹，究其实，也就是王阳明所说的"夫圣人之心，以天地万物为一体，其视天下之人……莫不欲安全而教养之，以遂其万物一体之念"的根本理念。在家庭生活和伦理操守上，一方面，王龙溪在贤妻张氏的辅佐之下，经常为家乡的各种公共事业建设（如为绍兴府筹建三江闸）出谋划策；另一方面，数次谢绝了官府对他的酬劳和馈赠（如赠以沙田二顷之类），这也不外乎是一种"正其义不谋其利"的道义精神。此外，他对于亡兄王邦的遗孤"抚其子若（己）子"⑤，也尽到了一个叔叔的道德义务。在前文中笔者已经论证过，那种

---

① 《王畿集》卷8，《意识解》，第192页。
② 同上。
③ （明）徐阶：《龙溪王先生传》，载《王畿集》附录四，第826页。
④ 《王畿集》卷16，《万履庵漫语》，第462页。
⑤ （明）徐阶：《龙溪王先生传》，载《王畿集》附录四，第827页。

以王龙溪"在官弗免干请"① 之类的说法，实在经不住推敲，都是以讹传讹的道听途说和粗率学风所致的偏颇之见。概而言之，王龙溪一生真诚地践行崇道义、破功利的价值理想，不愧为阳明心学的翘楚。

王龙溪这种破功利、崇道义的价值观，不仅是王阳明有关思想的延续，而且也是整个陆王心学的价值共识的体现。其实，就南宋陆九渊而言，他虽然没有专门提出破除功利欲念的观点，但是，很多表述中都体现出这种唯道义是从，不计功利得失的理想主义价值观。例如，他说：

> 主于道，则欲消而艺亦可进；主于艺，则欲炽而道亡，艺亦不进。②

又如：

> 学者问："荆门之政何先？"先生曰："必也正人心乎！"③

再如：

> 学者须是打叠田地净洁，然后令他奋发植立。……然田地不净洁，亦读书不得。若读书，则假寇兵，资盗粮。④

总之，在陆九渊心中，发明本心、弘扬圣学是此生唯一的使命，得失毁誉之类的东西，他一概不予计较，因此，他才说：

> 千古圣贤，只是办一件事，无两件事。⑤

从以上话语可见，陆王心学一系的大儒，一直有一种不计功利、唯道是从的理想主义价值观，王龙溪关于破功利之见的阐述，显然是对陆王心学基本精神的自觉继承和弘扬。这种价值观念，或许今天在某些人看来已经过时，然而，它体现出中国古代儒家圣贤所秉持的一种崇高的道德精神

---

① 《明史》卷283，《儒林二·王畿》，第7274页。
② 《陆九渊集》卷35，《语录下》，第433页。
③ 《陆九渊集》卷34，《语录上》，第425页。
④ 《陆九渊集》卷35，《语录下》，第463页。
⑤ 同上书，第433页。

和理想情操，正因为有了这样的精神支柱，中华民族的文化慧命才得以传承数千年而延绵不断，虽然历经苦难曲折，直至今天依然屹立于世界各民族的文化之林。

三　对待经典和书籍的态度

述而不著、不立文字，是陆王心学的一脉相承的思想观念。以陆九渊为例，他对于经典和著述一事，一向有着鲜明的态度，他说："学苟知本，六经皆我注脚。"① 这个"本"，实际上就是人的本心（亦即天理），在陆九渊的头脑中，任何经典书籍不过是本心之理的诠释而已。他绍述孔子的"述而不著"② 的理念，除了写给友人的书信和少量的诗作、短文之外，一生不事著述，没有任何著作传世。有人对此不解，和他进行了一场对话：

> 或问："先生何不著书？"对曰："六经注我？我注六经？"③

在一般的学术著作中，经常把陆九渊的这句名言断为并列的肯定句式，即"六经注我，我注六经"。其实，如果深究其意，这应当是一句带有反问语气的选言判断，所以，笔者认为，以两个问号句逗之方才为宜。在《陆九渊集》中，还有他的另一处相关话语可为旁证：

> 或谓陆先生云："胡不注六经？"先生云："六经当注我，我何注六经？"④

结合这两段文字可知，在陆九渊心中，六经是吾之本心的注脚，但凡其文明白晓畅，人们应当循六经所指去发明本心，毋须再给六经增加什么传注，那几乎都是画蛇添足、自增负担之举。为此，他曾说：

> 某读书只看古注，圣人言语自明白。且如"弟子入则孝，出则弟"，是分明说与你入便孝，出便弟，何须得传（zhuàn）注？学者

---

① 《陆九渊集》卷 34，《语录上》，第 395 页。
② 《四书章句集注》（新编诸子集成本），《论语·述而》，第 93 页。
③ 《陆九渊集》卷 34，《语录上》，第 399 页。
④ 《陆九渊集》卷 36，《年谱》，第 522 页。

疲精神于此，是以担子越重。到某这里，只是与他减担，只此便是格物。①

陆九渊这种"六经皆我注脚"和"何须得传注"的思想，深深地影响了后来心学一系的众多儒者。明代的心学宗祖王阳明在龙场悟道之后，曾经明确地论述了本心与经典之关系的问题，他说：

> 万理由来吾具足，六经原只是阶梯。②
> 悟后六经无一字，静余孤月湛虚明。③

如果说这几句诗文还稍嫌简单，需要用更详细的文字来证明，那么，王阳明在《稽山书院尊经阁经》中的表述，就足以充分地说明问题了。在这篇文章中，王阳明阐述了经籍和人心之间的本质关联，他说：

> 六经者非他，吾心之常道也。故《易》也者，志吾心之阴阳消息者也；《书》也者，志吾心之纪纲政事者也；《诗》也者，志吾心之歌咏性情者也；《礼》也者，志吾心之条理节文者也；《乐》也者，志吾心之欣喜和平者也；《春秋》也者，志吾心之诚伪邪正者也。④

又如：

> 六经者，吾心之记籍也，而六经之实则具于吾心；犹之产业库藏之实积，种种色色，具存于其家。其记籍者，特名状数目而已。而世之学者，不知求六经之实于吾心，而徒考索于影响之间，牵制于文义之末，硁硁然以为是六经矣。是犹富家之子孙不务守视享用其产业库藏之实积，日遗忘散失，至于窭人丐夫，而犹嚣嚣然指其记籍曰："斯吾产业库藏之积也"，何以异于是！⑤

---

① 《陆九渊》卷35，《语录下》，第441页。按："古注"一词，是指经典原文，与后世之"传注"相对。
② 《王阳明全集》卷20，《林汝桓以二诗寄，次韵为别》，第786页。
③ 《王阳明全集》卷20，《送蔡希颜三首》，第732页。
④ 《王阳明全集》卷7，《稽山书院尊经阁记》，第254页。
⑤ 同上书，第255页。

在上述引文中，王阳明明确地指出："六经者非他，吾心之常道也"，或者说："六经者，吾心之记籍也，而六经之实则具于吾心。"在此，六经与吾心的关系表述得再清楚不过了，与陆九渊所说"六经皆我注脚"的思想完全一致。而且，王阳明做了一个生动的比喻，他说："六经之实则具于吾心，犹之产业库藏之实积，种种色色，具存于其家。其记籍者，特名状数目而已。"这样一来，后世学者需要搞清自己的任务和方向，是笃实践履、深入发掘，"求六经之实于吾心"？还是"徒考索于影响之间，牵制于文义之末"？如果按照后者行事，那么，便会成为一个成天记诵词章、训诂考据的庸儒，"硁硁然以为是六经矣"，实际上根本不知道六经的精神实质，也不曾领略到六经可以带来的宝贵受用。无疑，这种庸儒的做法，乃是泥迹失神、买椟还珠的愚昧之举。

作为王阳明的嫡传弟子，王龙溪在如何对待先圣经典的问题上，与陆、王采取了根本一致的立场。在此基础上，他还辩证地分析了经典的作用，阐述了如何阅读经典（和一般读书之法）的问题。有一次，他应门人杜质之请，为其编撰的《明儒经翼》一书写序，在序文中他说：

> 予闻之师曰："经者，径也，所由以入道之径路也。圣人既已得道于心，虑后人之或至于遗忘也，笔之于书，以诏后世。故六经者，吾人之纪籍也。"汉之儒者泥于训诂，徒诵其言而不得其意，甚至屑屑于名物度数之求，其失也流而为支；及佛氏入中国，以有言为谤，不立文字，惟直指人心以见性，至视言为葛藤，欲从而扫除之，其失也流而为虚。支与虚，其去道也远矣。
>
> 予尝谓："治经有三益：其未得之也，循其说以入道，有触发之义焉；其得之也，优游潜玩，有栽培之义焉；其玩而忘之也，俯仰千古，圣人先得我心之同然，有印证之义焉。而其机存乎一念之微，所谓'学（于）古训而有获'，非耶？善学者，随其根器之大小，学力之浅深，求以自得，而不流于虚与支之失，其与圣学也，庶矣乎！"①

在这篇文章中，王龙溪首先肯定了乃师王阳明的基本观点"六经者，吾人（心）之纪籍也"。随后，他揭示了汉代以来人们对待经典的两种错误倾向：其一是汉之儒者，"泥于训诂，徒诵其言而不得其意，甚至屑屑于名物度数之求，其失也流而为支"，所谓支，即支离散乱之意，亦即抓

---

① 《王畿集》卷15，《明儒经翼题辞》，第421页。按：印证，原作"印正"，据文义改。

不住先圣经典的精神实质，只会做一些"名物度数之求"的下学功夫，由此衍生出后儒的词章记诵、名物训诂等等僵化繁琐之学。其二是受外来的佛教（主要指禅宗）影响，"以有言为谤，不立文字，惟直指人心以见性，至视言为葛藤，欲从而扫除之"，对待先圣经典采取一种虚无主义的态度，完全抹杀了先圣经典的历史作用。王龙溪指出，"支与虚，其去道也远矣"，这两种态度都是有害的。对于经典的作用，王龙溪用一言以蔽之："经者，径也，所由以入道之径路也"，他认为，先圣把自己的修道体会"笔之于书，以诏后世"，后代学者应该根据经典的指引，去笃实践履，虚心涵养，这样方能沿着先圣所指路径而入道成圣，唯有这样，经典传世的价值才算真正实现了。在此，王龙溪还引用了一句《古文尚书》中的名言："学于古训乃有获"[①]，肯定了学习经典、促人觉悟的积极作用。

　　既然肯定了学习经典的必要性，王龙溪又阐述了研读经典的三个层次：其一，"其未得之也，循其说以入道，有触发之义焉"，说明阅读先圣经典，有一个触发、引入的作用；其二，"其得之也，优游潜玩，有栽培之义焉"，说明熟读先圣经典，有一个涵养心性、栽培德性的作用；其三，"其玩而忘之也，俯仰千古，有印证之义焉"，这是修道者体悟到与圣人一样的良知本心，明白"圣人先得我心之同然"（《孟子·告子上》），通过经典印证其修道成效，随后，"玩而忘之"，抛却了经典文本，纯然以良知本心作为自己的思想指南，先圣经典旨在引人入道的根本目的就充分实现了。总之，王龙溪认为，学者对于经典，要摒弃虚无主义和支离繁琐的两种偏颇倾向，"随其根器之大小，学力之浅深，求以自得"，正如孟子所谓："君子深造之以道，欲其自得之也。自得之，则居之安；居之安，则资之深；资之深，则取之左右逢其源"（《孟子·离娄下》），这样才能使学者达到"其与圣学也，庶矣乎"的根本目的。

　　在阐述了对待经典的基本态度之后，王龙溪便致力于澄清世人对于阳明心学在此问题上的某些误解，例如，他说：

　　　　或谓先师尝教人废书否？不然也！读书为入道筌蹄。束书不观，游谈无经，何可废也？古人往矣，诵诗读书而论其世，将以尚友也，故曰："学于古训乃有获。"学于古训，所谓读书也，鱼兔由筌蹄而

---

　　① 《十三经注疏·尚书正义》卷10，《说命下》，第372页。

得，滞筌蹄而忘鱼兔，是为玩物丧志，则有所不可耳。①

这段话，否定了坊间的一个传言："先师尝教人废书"，一些俗儒总以为，王阳明以心学名世，必然教人师心自用、废弃读书，其实，这实在是一种误解。王阳明是进士出身，本身也曾饱读诗书，何曾像庄子一样把儒家经典视如糟粕②？他本人还写过《五经臆说》《大学问》等文章，都是对先圣经典的重新诠解，其重视经典的态度可见一斑。接过王阳明的思想"薪火"，王龙溪指出："读书为入道筌蹄。束书不观，游谈无经，何可废也？"研读先圣经典，相当于上与古人交友，学习古训，获得前人的宝贵经验，这是一件值得花费时间去做的事情。不过，需要辩证对待的是，古人传下来的经典文字，犹如捕鱼的工具（筌）、捕兔的工具（蹄）③，所谓"学于古训乃有获"，是指学者通过研读经典，去领会先圣所传的思想精神，而非固守其言辞文句，"鱼兔由筌蹄而得，滞筌蹄而忘鱼兔，是为玩物丧志，则有所不可耳"，那样一来，就被经典言辞所束缚，把捕鱼打猎的工具当成了猎物本身，这便是"玩物丧志"④，反而违背了先圣传经于后世的初衷。类似的话，王龙溪说过不止一次，他在点评象山语录"束书不观，游谈无根"⑤一语时，又以比喻的方式强调指出：

> 书虽是糟粕，然千古圣贤心事赖之以传，何病于观？但泥于书而不得于心，是为《法华》所转，与游谈无根之病，其间不能以寸。不可不察也。⑥

在上述两段引文中，王龙溪不仅引用了《庄子》中的"筌兔之喻"，还引用了《六祖坛经》中的"为法华所转"⑦的比喻，可见王龙溪学术视野广阔，思想会通三教。无论采用何种比喻，所表达的思想都是一样

---

① 《王畿集》卷10，《答吴悟斋》，第249页。
② 语出《庄子·天道第十三》。原文是：（轮扁）曰："然则君之所读者，古人之糟粕已夫。"
③ 筌兔之喻，语出《庄子·外物第二十六》，原文是："筌者所以在鱼，得鱼而忘筌；蹄者所以在兔，得兔而忘蹄。"筌，亦作"筌"，一种长形的捕鱼的竹笼；蹄，一种用绳子结成活套以捕兔的工具。
④ 《二程集》，《河南程氏外书》卷12，第427页。
⑤ 《陆九渊集》卷34，《语录上》，第419页。
⑥ 《王畿集》卷1，《抚州拟岘台会语》，第20页。
⑦ 语出《六祖坛经·机缘品第七》，载《金刚经 心经 坛经》，第222页。

的，那就是要善读经典，活学活用，避免"泥于书而不得于心"的谬误。

　　既然承认了阅读经典的益处，那么，在一般俗儒记诵词章以应科举的模式之外，应该如何正确地去研读经典，乃至阅读一切有益之书籍呢？王龙溪以过来人的身份，向学者提出了一些中肯的建议，如：

> 　　吾人读书为学，须先明大意。大意既得，然后细微可从而理。若着意精微，堕在琐碎窠臼，与义相仇，大处反失，非善于学者也。孔明读书，惟观大旨；曾点之见大意，在于浴沂风雩之间。古人之学可见矣。①

　　这段话中含有两个典故，其一是"孔明读书，惟观大旨"一语，出自《三国志·诸葛亮传》（注引《魏略》），原文是："亮在荆州，以建安初与颍川石广元、徐元直、汝南孟公威等俱游学，三人务于精熟，而亮独观其大略。"②此语表明，诸葛亮读书善于"观其大略"，与"务于精熟"的石广元等人不同，正因为如此，诸葛亮方能博览群书，广采众长，具有相当广阔的学术视野，成为三国时期首屈一指的战略家。其二是"曾点之见大意，在于浴沂风雩之间"，语出《论语·先进》，指的是孔子门下的曾点，已经窥见圣人的人生志趣"在于浴沂风雩之间"，其余文武事功，一概不足论，这也抓住了孔子人生哲学的关键点，因此，得到了孔子的肯定，喟然叹曰："吾与点也。"（与，赞同）对此，北宋二程评价说："曾点、漆雕开已见大意，故圣人与之。"③王龙溪借用这两个典故，旨在向世人表明"读书为学，须先明大意，大意既得，然后细微可从而理"的道理。如果先"着意精微，堕在琐碎窠臼"，那么，就会如同先秦荀子所说"蔽于一曲，而暗于大理"④，失去对书本的整体思想和核心精华的把握，因此，这样的读书之人，只是一个为科考而用功的俗儒，"非善于学者也"。

　　除了读书"先明大意"的观点外，王龙溪还特别根据阳明心学的固有理念，提出读书须"本于心性"的思想。他说：

---

① 《王畿集》卷15，《法华大意题辞》，第422页。
② 《三国志》卷35，《蜀书五》，《诸葛亮传》，911页。
③ 《二程遗书》卷6，《二先生语六》，第137页。按：此处所言，无法区分程颢或程颐，故仅说二程。
④ （战国）荀况原著，（清）王先谦释：《荀子集解》，《解蔽篇》，中华书局2013年版，第456页。

千古圣学，惟在理会心性。心性者，根于天，取诸固有而盎然出之，无所假于外。外此而学者，谓之异学。高者蔽于意见，卑者溺于利欲，虽所趋不同，其为无补于心性，一也。夫心性者，所谓自立之根，而读书则取其发育长养之助而已。……不本于心性，而专务读书，虽日诵六经之文，亦不免于玩物丧志，明道所以规上蔡也。①

在这段话中，王龙溪明确提出了阳明心学工夫论的核心理念——"千古圣学，惟在理会心性"，并说："外此而学者，谓之异学"。他认为，如果脱离修养工夫，无论是蔽于意见还是蔽于利欲，都是"无补于心性"的，都不过是违背圣人思想的"异学"而已。至于读书为学与心性修养之间的关系，王龙溪认为，"夫心性者，所谓自立之根，而读书则取其发育长养之助而已"，因此，日常读书，一方面可以增长知识，更为重要的是，通过前辈圣贤的言语"取其发育长养之助"，反之，如果"不本于心性，而专务读书"，纯粹是为了获取知识或科考过关，那么，"虽日诵六经之文，亦不免于玩物丧志"，因为这种读书方法抛弃了心性修养这一中心任务，事实上，只能算是"玩物丧志"的异端行为。早在北宋时期，程颢（明道）曾经批评门下高徒谢良佐（上蔡）谙熟史籍、博闻强记是"玩物丧志"的做法，其实和王龙溪所说的是一个意思。

当然，王龙溪所处的时代，绝大多数读书人必须面对科举考试一关，他并不否认这一事实。不过，王龙溪继承王阳明的看法，认为"进德居业非两事也"②，因此，即使是寒窗苦读以求科举过关，也要把书读得活一点才对，这里面同样包含着格物致知之道。他曾经告诫诸生说：

凡读书在得其精华，不以记诵为工；师其意，不师其辞，乃是作文要法……古文、时文皆然。③

王龙溪敢于这么讲，其根据乃缘于他当年参加科举考试的体会。嘉靖二年（1523 年），王龙溪已拜王阳明为师，但心中旧有观念未曾荡涤，抱着患得患失的心态去参加会试，结果名落孙山。他意识到自己的错误后，

---

① 《王畿集》卷 14，《赠邑博诸无冈迁荆王府教授序》，第 383 页。
② 《王畿集》卷 8，《天心题壁》，第 196 页。天心，指天心书院。
③ 同上书，第 198 页。按：时文，指明代科举考试所规定的八股文格式。

烧毁了官府所发的官凭路引，专心跟从王阳明治学修道。三年后，当他第二次奉王阳明之命前往参加会试时，心中了无挂碍，"在场屋所写文，直写己见，不数数顾程式"①，反而得到考官赏识，将其"拔诸高等"②。类似的成功经验，王阳明门下许多弟子都有过，他们自称为"以吾良知求晦翁之说，譬之打蛇得七寸矣，又何忧不得耶？"③ 因此，阳明门人金榜高中者不在少数，而且德业与举业并进不废。有鉴于此，王龙溪曾叮嘱北上应试的儿子王应吉说：

> 举业不出读书作文两事，此是日履课程。读书时，口诵其言，心绎其义，得其精华，而遗其粗秽，反身体究，默默与圣贤之言相符，如先得我心之同然，不为言诠所滞，方为善读书。作文时，直写胸中所得，务去陈言，不为浮辞异说，自然有张本、有照应、有开阖，变化成章而达，不以一毫得失介于其中，方是善作文。此便是现在感应实事，便是格物致知实学，便是诚意实用力处。④

王龙溪谆谆告诫其子，读书时应当"口诵其言，心绎其义，得其精华，而遗其粗秽"，同时，"反身体究，默默与圣贤之言相符，如先得我心之同然"，特别需要注意的是，"不为言诠所滞，方为善读书"。作文之法亦然，"直写胸中所得，务去陈言……不以一毫得失介于其中，方是善作文"。更须明白，无论读书还是作文，这种为了科举过关的"日履课程"都是"现在感应之实事"，因此，也正好是格物致知和诚意工夫的"实用力处"。由是可见，王龙溪关于士子如何读书（兼作文）的思想，是表里如一、始终一贯的。

综上所述，王龙溪对于儒家经典，采取了圆融而中肯的辩证态度。一方面，他赞成"学于古训乃有获"的理念，肯定"经者，径也，所由以入道之径路也"，承认了经典对于学者的引导式工具作用，反对"束书不观，游谈无经"的虚浮学风；另一方面，他更注重教诲学者着力避免"泥于书而不得于心"的支离繁琐之弊，务求把经典的思想精华变为"自得"之受用。在此基础之上，王龙溪还传授给世人一些有益的读书方法，

---

① （明）徐阶：《龙溪王先生传》，载《王畿集》附录四，第824页。
② 同上。
③ 《王阳明全集》卷35，《年谱三》，第1292页。
④ 《王畿集》卷15，《北行训语付应吉儿》，第441页。

如"本于心性"，反对"玩物丧志"，"先观其大略"，反对"堕于琐碎窠臼""得其精华，不以记诵为工"，等等，这些读书方法都是王龙溪多年治学经验的总结，见解独到，即使放在今天，对于提升人们的阅读水平和学习能力，都有着非常宝贵的参考和借鉴意义。

四　王龙溪与宋儒朱熹解经之异

既然肯定了"经者，径也，所由以入道之径路也"的意义，那么，王龙溪在讲学过程中，不可避免地面对着如何诠释和理解四书五经中有关话语的问题。自明初以来，出于科举考试的要求，读书人必须熟读以朱熹为代表的程朱理学一派所注释的四书五经，然而，以王阳明、王龙溪为代表，许多信奉心学的儒者经过独立思考和认真分析，发现朱熹的解经之说中其实有很多舛误或含糊之处，因此，他们勇于直陈己见，把自己与朱熹的解经之异表达出来，形成独具特色的解经之说。回顾一下王龙溪与宋儒朱熹的解经之异，对于我们正确理解四书五经中的某些原话和理念，具有重要的思想启发意义，同时，也有助于我们充分认识明代王门诸儒的独立思考和慎思明辨的治学精神。

概而言之，王龙溪与朱熹解经之异，主要表现在两个方面：其一是由于根本理念不同所导致的解经之异；其二是经过了慎思明辨，发现朱熹的经典诠释中确有某些舛误不通或者含糊不清之处，于是大胆指陈，辨析纠正，这类异处往往更加客观，容易以理服人。下面择其要者而言之。

第一，根本理念不同所导致的解经之异。这一点最典型的就表现在对于"格物致知"的不同诠释上。朱熹认为：

> 致，推极也；知，犹识也。推极吾之知识，欲其所知无不尽也。格，至也。物，犹事也。穷至事物之理，欲其极处无不到也。①

此外，他还在《大学》"传"之第五章专门替古圣补充了一段话：

> 所谓致知在格物者，言欲致吾之知，在即物而穷其理也。……是以大学始教，必使学者即凡天下之物，莫不因其已知之理而益穷之，以求至乎其极。至于用力之久，而一旦豁然贯通焉，则众物之表里精

---

① 《四书章句集注》（新编诸子集成本），《大学章句》，第4页。

粗无不到，而吾心之全体大用无不明矣。此谓物格，此谓知之至也。①

于是，"即物而穷其理"成为朱熹关于"格物致知"的代表性论断。进入明代之后，由于程朱理学成为科举考试的功令，这一诠释也成为不可质疑的"代圣人立言"。对此，王龙溪有着完全不同的理解，他继承了王阳明的基本理念，提出了自己的格物致知论，他说：

致知者，致其固有德性之知，非推极知识之谓。格物者，格其现在应感之物，非穷至物理之谓。知者意之体，物者意之用，致知格物者，诚意之功也。②

可见，王龙溪关于"格物致知"的理解与朱熹之说根本不同。由于本章第一节已对此问题做过详细分析，在此不再赘述。

第二，慎思明辨之后导致的解经之异。朱熹是宋代理学的集大成者，他将自己所知的各家解经之说分疏辨析，折中取正，这样才有了《四书集注》等经典著作。可是，一人之心力毕竟是有限的，其思考过程中难免有疏漏不密之处，因此，王龙溪等王门儒者，经过自己的慎思明辨，指出了朱熹经典诠释中的若干不当之处。这些不同的诠释，已经不像"格物"说一样仁者见仁、智者见智，而是可以通过逻辑推理辨析清楚，给人以相当的信服感。

例如，《论语》中有一段话是这样的：

子曰："回也其庶乎！屡空。赐不受命，而货殖焉，亿则屡中。"（《论语·先进》；亿，通"臆，"逆料、猜测）

朱熹对于"屡空"的解释是："数至空匮也。"③ 他认为，颜子"不以贫窭动心而求富，故屡至于空匮也。言其近道，又能安贫也。"④ 而"子贡不如颜子之安贫乐道，然其才识之明，亦能料事而多中也。"⑤

---

① 《四书章句集注》（新编诸子集成本），《大学章句》，第7页。
② 《王畿集》卷5，《慈湖精舍会语》，第114—115页。
③ 《四书章句集注》（新编诸子集成本），《论语集注·先进第十一》，第128页。
④ 同上。
⑤ 同上。

朱熹把"空"训为"空匮",意即贫穷,这种解释不能不引起后来人的怀疑。人们难免这样想:颜子德行那么好,可是却常常面临着贫寒的处境,而子贡是个不安天命之人,主动去做买卖,预料行情往往很准,因此致富。如果是这样,那我何必要学习颜子的德行,还不如向子贡一样学着去做买卖呢?可见,按照朱熹的解释,人们对孔子所言的理解只能走向儒家所倡导的价值观的反面。对此,王龙溪多次谈到自己对这段话的理解,他说:

> 孔子称颜子曰:"回也,庶乎屡空。"空者,道之原也。斋心坐忘,不为意见所牿,故能屡空。不远而复,盖得其要也。子贡不能忘见,故不受命;不能忘意,故臆而后中。学术之弊,盖千百年于此矣。故吾人今日之病,莫大于意见。着于意,则不能静以贞动;着于见,则不能虚以适变。不虚不静,则不能空。意见者,道之贼也。①

又如:

> 空者,道之体也。愚、鲁、喭,皆滞于气质,故未能空。颜子气质消融,渣滓浑化,心中不留一物,故能屡空。②

在这里,王龙溪将"空"字释为通常所谓"空空如也"之意,指明颜子"心中不留一物,故能屡空",换句话说,就是颜渊能够将此高彼低的差别性置于度外,不去分别计较生活的贫富、身份的贵贱,而专意于德行学问的培养,并从中感到莫大的快乐。与颜子相比,子贡料事之才固然超群,然而内心的种种成见和分别计较却不能抛弃,因此仍是个"不受命"之人。不能受命者,则不能安于一切境遇,生活中的种种烦恼便由此而来,早年的子贡仅仅是由于善于逆料而走运致富,其实心性功夫远没有达到颜子的境界,也就体会不到"孔颜真乐"的妙趣,孔子通过对比,含蓄地点明了子贡的局限性。经过王龙溪的这样一番训释,孔子这段话的原意就变得清晰多了,也不会再使读者产生上文所讲的那份怀疑。可见,一字训释的差别,有时竟会产生如此大的效用。

又如,《论语·雍也第六》记载:

---

① 《王畿集》卷3,《宛陵观复楼晤语》,第56页。
② 《王畿集》卷3,《书累语简端录》,第75页。

（鲁）哀公问："弟子孰为好学？"孔子对曰："有颜回者好学，不迁怒，不贰过。不幸短命死矣！今也则亡（无），未闻好学者也。"

这是孔子晚年回国后与国君鲁哀公之间的对话。孔子称赞已逝的颜渊"不迁怒，不贰过"，对此，朱熹的解释是：

迁，移也；贰，复也。怒于甲者，不移于乙；过于前者，不复于后。颜子克已之功至于如此，可谓真好学矣。①

朱熹的训释已广为人知，也自有其道理，至今，"迁怒于人"的成语仍为我们常用，"不在同一件事情上犯两次错误"的格言也发挥着它醒人的作用。但是，问题在于：难道号称"亚圣"的颜子就只是这个水平吗？如果真的是这样，那么，孔子门下高徒中能够做到"不迁怒，不贰过"岂不是大有人在？颜子比他们又能高到哪里去，孔子何以叹息"今也则亡，未闻好学者也"？这个疑问不是我们今天才有的，王龙溪和许多明代儒者都有同感，因此，他们大胆提出了与朱熹不同的训释。关于"不迁怒，不贰过"，王龙溪说：

颜子一生好学，只有"不迁怒，不贰过"六个字，此是孔门第一等学术。迁与止相对，贰与一相对。颜子之心常止，故能不迁；常一，故能不贰，所谓未发之中也，若如后儒所解，原宪以下诸人皆能之，何以谓之绝学？②

又如：

邓子（定宇）复谓先生曰："孔门惟颜子为好学，止曰：'不迁怒，不贰过，'其义何所当也？"先生曰："颜子之学，只在理会性情。迁与止对，贰与一对。颜子心常止，怒即旋释，故能不迁，犹无怒也。心常一，过即旋改，故能不贰，犹无过也。先师所谓'有未

---

① 《四书章句集注》（新编诸子集成本），《论语集注·雍也第六》，第84页。
② 《王畿集》卷7，《华阳明伦堂会语》，第162页。

发之中，始能若此。'后儒训解，闵、宪以下皆能之，何以谓之
绝学？"①

在这里，王龙溪与朱熹的根本差别在于如何训释"不迁怒"一语。
朱熹以为是"怒于甲者，不移于乙"，而王龙溪以为应当是"颜子心常
止，怒即旋释，故能不迁，犹无怒也"。如果深入思考一番，我们不得不
承认，王龙溪的训释比朱熹更加合理、到位。颜子虽然年仅三十二岁而
卒，但是在此之前，他已经达到了凡事不能扰动其心的境界，因此，对于
他人的冒犯能够不去计较②，其心淡定从容，寂然不动。相比之下，战国
时期的孟子自叙"吾（过）四十不动心"，比起颜子来，已经算是晚成
了。在心学家看来，这是因为颜子已经体悟到"未发之中"的心之本体，
无物可以扰动的结果。如果按照朱熹的解释，孔子门下能够做到这一点的
不在少数，"原宪以下诸人皆能之"，颜子之学又何以敢称"绝学"？人们
也不必给予颜回以"亚圣"③ 那么高的评价了。

上述训释，并非王龙溪一人所持。对于这段话，同时代的泰州学派的
王栋（1503—1581 年，号一庵）和罗汝芳（1515—1588 年，号近溪）都
得出了与王龙溪一致或者相似的结论。王栋说：

> 颜子有见于怒之难制，于此戒惧，而不使之迁，夫子所以称其好
> 学。不迁云者，心性本体，不因怒而有迁也。好学之人，时时刻刻心
> 有真宰，虽当发怒之时，亦自有未尝发者，寂然不动，自作主张，故
> 其轻重权衡，适中其节，过之即化，气和心平，本体澄然，略不摇
> 撼。夫何迁动之有？④

罗汝芳也说：

> 此心之体，其纯乎仁时，圆融洞彻，通而无滞，莹而无疑。恒
> （常）人学力未到，则心体不免为怒所迁，为过所贰也。颜子好学纯

① 《王畿集》卷7，《龙南山居会语》，第168页。
② 曾子曰："有若无，实若虚，犯而不校，昔者吾友尝从事于斯矣。"所指即颜子，语出《论语·泰伯》。
③ 语出《周敦颐集》，《通书·颜子第二十三》，第33页；朱熹亦沿用此语，参见《四书章句集注》（新编诸子集成本），《论语集注·公冶长第五》，第76页。
④ 《明儒王一庵先生遗集》卷1，《会语续集》，第177页。

一，其乐体常是不改，乐体不改，则虽易发难制之怒，安能迁变其圆融不滞之机耶？其明体常是复以自知，明常自知，则过未尝行，虽微露于恍惚之中，自随化于几微之顷，又安足以疑贰其洞彻灵莹之精耶？①

由是可见，英雄所见略同。无论是王龙溪，还是王一庵、罗近溪，他们不肯盲从先儒朱熹的权威话语，而是持有独立思考、深入钻研的精神，真正做到了像王阳明所说的"夫学贵得之心。求之于心而非也，虽其言之出于孔子，不敢以为是也，而况其未及孔子者乎"②！通过自家长期的体贴涵泳，他们对于儒家经典原文的"微言大义"，终于做出了更加合理的解释。

在《王畿集》中，还有一些对于朱熹比较含糊的训释之语的澄清，由于篇幅所限和不够典型，笔者不再赘述。即使从上述这些例证来看，王龙溪对于朱熹的某些解经不当之处的质疑和纠正，足以体现出他不盲从权威，惯以独立思考和慎思明辨的态度对待先圣经典的理念。这种敢于指陈、纠正前代权威之谬误的学术勇气，其源头来自王阳明本人，王阳明说过：

> 夫道，天下之公道也；学，天下之公学也，非朱子可得而私也，非孔子可得而私也。天下之公也，公言之而已矣。③

王阳明所言，实际上提倡的是一种"惟道（真）是从"的学术精神。这种"惟道是从"的精神深深地影响了王龙溪等门人，因此，他们不顾世间俗儒之所非，对于朱熹诠释经典的某些不当之处，予以大胆地指陈和纠正，这也算是王龙溪继承和弘扬陆王心学之内在精神的又一表现。毫无疑问，这种"惟道是从"、严谨求实的治学态度，直到今天都值得人们学习和借鉴。

---

① 《罗汝芳集》，第192页。
② 《王阳明全集》卷2，《答罗整庵少宰书》，第76页。
③ 《王阳明全集》卷2，《罗整庵少宰书》，第78页。

第八章　王龙溪哲学与释道思想的关联和区别

王龙溪的哲学思想，博大圆融，灵动多方，与一般俗儒之学截然不同，出于各种原因，不少人以为王龙溪哲学的内涵实际多是禅学和道家思想的体现。当然，这是一种误解，我们没有理由认为，儒家哲学就是一套只会讲三纲五常或仁义道德之类说教的呆板僵化的理论体系，事实上，关于天人性命之学的深邃内涵，儒家的陆王心学一系进行过深入的实践修证和思想探索，做出了绝不亚于佛、道二教的理论贡献。当然，因为底蕴深厚、高屋建瓴之故，王龙溪对于释道哲学有着相当深入的体察和研究，以此来印证或充实儒家心学的理论体系，但是，又始终清醒地保持着儒家的思想本位，与释、道二教的出世哲学拉开了相当距离。本章所论，主要就是探讨王龙溪哲学与释道思想的关联与区别，从横向比较的角度，使人们更加清楚地理解王龙溪哲学的内涵与深度。

第一节　会通三教的大儒

如果说王龙溪的哲学思想会通三教，一般人不会有疑异。这主要表现在：他不仅对于儒家圣人之学有着精深的研究，对于释、道二教的思想，同样有着深邃的体察和证悟。当然，由于"言不尽意"之故，王龙溪的修证诣境与实际道行无法用语言文字来充分表述，不过，在此我们仅仅通过王龙溪非常熟练、信手拈来地运用释、道二教的相关范畴和思想理念，便可以发现，他对于释、道二教的思想认识，可谓"非惟通其义，盖已得其髓矣"①。

---

① 《王畿集》卷2，《滁阳会语》，第33页。这本是王龙溪赞誉其师王阳明的话。

一　与道家思想的会通

首先需要指出，这里所说的道家，实际上是沿用了中国古代的传统说法，包括了先秦的老庄之学和后来的道教思想。从严格意义上讲，先秦的老庄之学和后来的道教思想存在很多不同之处，不宜混为一谈，不过，由于道教历来尊奉《老子》和《庄子》两书为《道德真经》和《南华真经》，因此，古人笼统地并称为道家，也算是自圆其说、包融一体的称谓。

道家注重生命哲学，主张通过修炼成仙，达到生命的绝对自由境界。为此，后来的道家内丹修炼，留下了许多著名的经典，如《周易参同契》《黄庭经》《云笈七签》《悟真篇》《性命圭旨》等。在这些著作中，有一些典型的丹道修炼的术语，如元神、识神、先天、后天、真气、真息等。对于这些丹道术语，王龙溪不仅通其意，而且证其事，他发现道教有些术语和王阳明的良知之学所说的东西，是名异而实同，因此，在和一些同门或者晚辈学者的思想交流中，王龙溪经常借用这些内丹修炼的术语来表述自己的思想，劝导学者或友人深造良知之学，走出耽于虚静、迷恋养生的误区。

例如，王龙溪的同门好友、江右名士魏良弼[①]，自罢官归隐后，从事内丹修炼。某年岁末，他和王龙溪匆匆相会，告诉了龙溪自己结胎（丹）的修道体验。对此，王龙溪感到"有未尽契"之处，于是，他写信给魏良弼，告诉他应以良知本体为依皈，不可执泥于后天肉身，他说：

> 大抵我师良知两字，（乃）万劫不坏之元神，范围三教大总持。良知是性之灵体，一切命宗作用只是收摄此件，令其坚固，弗使漏泄消散了，便是长生久视之道。……不得先天真气为种子，皆后天渣滓也。[②]

在这段话中，王龙溪至少借用了两个重要的道教范畴：一是元神，二是先天真气。首先，王龙溪把良知本体和道教的元神概念贯通起来，告诉

---

① 魏良弼（1492—1575年），字师说，号水洲，江西省新建县人。进士出身，仕至太常少卿，为官忠耿敢谏，罢官后居乡多年，颇有声望。《明儒学案》卷19，《江右王门学案四》有传。

② 《王畿集》卷9，《与魏水洲》（一），第202页。

魏良弼，所谓良知，实际上就是道教所说的"万劫不坏之元神"，也就是"性之灵体"，这是"范围三教大总持"，无论是儒释道中的哪一门派，其生命哲学和修道工夫的立足点，都不外乎是这个"良知灵体"而已。对于魏良弼正在从事的内丹修炼，王龙溪并未轻易否定，但是告诫他一点："不得先天真气为种子，皆后天渣滓也"。或许有人会产生疑问：王龙溪说良知本体即是元神，这还好理解，说"不得先天真气为种子，皆后天渣滓也"，又该如何解释呢？如前所述，王龙溪的心学思想实际上是吸纳、包融了中国古代的元气论思想而建立起来的，良知本体的物质基础，正是最原始的元气——先天真气，王龙溪曾说：

> 通天地万物一气耳，良知，气之灵也。生天生地生万物，而灵气无乎不贯，是谓生生之易。此千圣之学脉也。[1]
> 天地间一气而已。易者日月之象，阴阳往来之体，随时变易，道存其中矣。其气之灵，谓之良知，虚明寂照，无前后内外，浑然一体者也。[2]

"良知者，气之灵"，这句话表明良知是元气的灵性和妙用的体现，换句话说，也就是内丹修炼的中枢，因此，修道者必须以先天真气为物质基础，以良知灵明为内在指导，这样方能突破肉身"小我"的局限，去证悟"无前后内外，浑然一体"（亦即"天人合一"）的"真我"。

过了一段时间，王龙溪从友人那里了解到了魏良弼的一些新情况，他又写了一封信，表明自己对于丹道修炼的看法，他说：

> 性是万劫不坏之真体，所谓无漏清净法身。只缘历劫虚妄，凡心不了，故假修命延年之术，以为炼养复性之基。徒守后天渣滓，不究性源，到底只成守尸鬼，永无超脱之期，上品先天之学所不屑道也。若能见性，不为境缘所移，到处随缘，缘尽则去，去来自由，无所碍滞，如金之离矿，潜藏变化，皆由自得，方成大超脱，延促非所论也。中间精枢、气机、神室、火候、进退、药物，交媾，存乎口诀。何时与丈连床默证，亦千载一快也。[3]

---

① 《王畿集》卷13，《欧阳南野文选序》，第348页。
② 《王畿集》卷8，《易与天地准一章大旨》，第182页。
③ 《王畿集》卷9，《与魏水洲》（二），第203页。

在这封信中，王龙溪再次表达了"尽性至（成）命"的儒家传统观点。他借用佛家一个词汇"法身"①（亦即天人合一的"真我"），指出"性是万劫不坏之真体，所谓无漏清净法身"，这是圣人之学"尽性"宗旨的根基所在，"若能见性，不为境缘所移，到处随缘，缘尽则去，去来自由，无所碍滞"，这样的生命状态"方成大超脱，延促非所论也"；反之，"徒守后天渣滓，不究性源，到底只成守尸鬼，永无超脱之期"。王龙溪的话，表明了修道者必须超越后天色身的局限，反躬内求，直至性源，这样才可能得到生命的终极自由，亦即"尽性至（成）命"。由于道家内丹修炼有很多隐晦的术语，如"精枢、气机、神室、火候、进退、药物"等，非真修实证者不能知其内涵和诀窍，因此，王龙溪诚恳地对魏良弼说："何时与丈连床默证，亦千载一快也。"

除了对同门、故交（还有史玉阳、潘笠江等）讲述内丹修炼的诀窍之外，王龙溪也不排斥向某些门人阐述内丹修炼的奥秘，同时，揭示其与致良知工夫的微妙关联。例如，他对"尝有养生之好"的门人查铎说：

> 乾为心，心属神，所谓性也；坤为身，身属气，所谓命也。乾坤为鼎器，心中一点真阴之精，身中一点真阳之气，谓之坎离药物。药物往来，谓之火候。故曰身心两字，是火是药。真息谓之性根命蒂。一切药材老嫩、火候衰旺、往来消息，皆于真息中求之，密符天度，以火炼药而成丹，以神驭气而成道，非两事也。②

在这段话中，王龙溪引用了内丹修炼的许多术语，并阐述了其中的若干要领，最终得出的结论是："以火炼药而成丹，以神驭气而成道，非两事也。"由于这段话前文已引述分析过，此不赘叙，只说明一点：以火炼药，本质上靠的就是以神驭气，成丹与得道实际上指的都是一码事，任何丹道修炼其实都不外乎是在神气、身心和性命上做功夫。当然，非内丹修炼之过来人，不足以言明此中机窍；非会通儒、道二教内蕴者，亦不足以将两者相提并论，由此可见王龙溪对于丹道修炼之内行了。仍是在同一封信中，王龙溪对内丹修炼与致（良）知之学之间的关联，又做了简洁的表述，他说：

---

① 法身与色身相对，色身，相当于人的肉身。这对范畴，后来亦为道家内丹修炼者所用。
② 《王畿集》卷16，《书查子警卷》，第479页。

养生家以还虚为极则，致知之学，当下还虚，超过三炼，直造先天，不屑屑于养生，而养生在其中矣。[①]

有时候，王龙溪还直接使用一些原属道家的词汇以阐述自己的思想，信手拈来，浑然天成，让人丝毫不觉得有何突兀之处。例如，他说：

此学全在悟，悟门不开，无以征学。然悟不可以言思期必而得……要之，皆任识神作用，有作有止，有任有灭，未离生死窠臼。[②]

在此，王龙溪引用了一个词汇"识神"，这是典型的道家范畴。概而言之，识神与元神相对，元神是"真我"所在，是直觉体悟式的先天认识功能，而识神则是理性思辨式的后天认识功能。虽然中国古代不太讲究概念分析，但是，王龙溪说"悟不可以言思期必而得"，其中"言思期必"四字，正好点出了"识神"的认知方式是理性思辨和语言表达式的，而"悟不可以言思期必而得"一句，恰恰表明了元神认知是直觉体悟式的，与"识神作用"截然不同。由是可见，王龙溪对于道家词汇的理解是相当准确的。

对于道家思想，王龙溪不仅熟悉其内丹修炼的术语，而且深谙某些重要理念。例如：《老子》中曾说："人法地，地法天，天法道，道法自然"（第二十五章），从此，"道法自然"成为道家修炼和处世的一项重要原则。关于这一原则，王龙溪根据自己的修道经验和体悟，表示完全的认同，并且结合儒家的《易》学理论，把对"道法自然"原则的理解进一步深化。例如，王阳明门下另一位著名弟子季本[③]在论述心性工夫时，以"乾主警惕，坤贵自然"，将两者分立而并列，对此，王龙溪觉得不甚妥当，他给季本回信说：

夫学当以自然为宗，警惕者，自然之用。戒谨恐惧，未尝致纤毫力，有所恐惧则便不得其正，此正入门下手工夫。乾乾不息，终始互

---

① 《王畿集》卷16，《书查子警卷》，第478页。
② 《王畿集》卷12，《答程方峰》，第311页。征，验证。
③ 季本（1485—1563年），字明德，号彭山，浙江会稽人，进士，仁至长沙知府。《明儒学案》卷13有传。

根，竭力而不以为劳，省力而不以为息，道并行而不相悖也。①

在这封信中，王龙溪直接地表明："夫学当以自然为宗"，"自然"并不是与"警惕"（即《周易》所说"朝乾夕惕"之意）相平列的另一项原则。所谓警惕，正是为了防止违背自然原则而施用的涵养工夫，如果真正做好了"戒谨恐惧"工夫，那么，就会返回自然而然的心理状态，其效果是"未尝致纤毫力"，并不需要什么刻意的劳苦做作来督促自己。王龙溪还指出："习懒偷安，近时学者之病则诚有之，此却是错认自然，正是有欲而心不虚"②，意在表明，很多人把"习懒偷安"当成了自然，实在是"错认自然"，乃是"近时学者之病"。如果深入践履致良知工夫，就不难发现，即使是朝乾夕惕，也不会违背自然原则，"竭力而不以为劳，省力而不以为息"，这才是修道正法。王龙溪的这番话，体现出某些道家思想和儒家理念可以"并行而不相悖"的一致性，在他之前，只有陈白沙明确说过"学者以自然为宗，不可不着意理会"③ 之类的话。能够把道家的自然原则和儒家的乾乾不息理念融在一起，由此既可见王龙溪对于道家思想领悟之深，也说明了龙溪之学来源于深入的修习和体悟，绝非纸上学问。当然，这段话中，有一处同语反复的瑕疵，那就是出现了两个"恐惧"。实际上，第一个"戒谨恐惧"（语出《中庸》开篇），指的是一种敬畏和谨慎的态度，第二个"有所恐惧"（语出《大学》传之第七章），指的是心理上的畏惧感，两者的意思不尽相同，但是确有同语反复之嫌。这是中国古代哲学不太重视形式逻辑所造成的缺陷，王龙溪沿袭下来，读者可根据具体文义而辨明其意。

通过对以上一些专业术语和重要原理的分析，我们发现，王龙溪对于道家的内丹修炼，具有深谙其内蕴的实践功夫和认识水平，对于道家的某些理念、原则，也均能十分熟练地把握、融会和再应用，因此，在明代中晚期佛道思想广为流行的时代环境中，他在讲述致良知之学的时候，能够将道家思想与致良知之学参互比较，以令人信服的学术视野和理论深度，使学者看清其异同之处，从而使世人明白王阳明所创立的致良知之学的易简与高明。

---

① 《王畿集》卷9，《答季彭山论龙镜书》，第212页。
② 同上书，第213页。
③ 《陈献章集》卷2，《与湛民泽》（七），第192页。

二　与佛教思想的会通

佛教虽然是外来宗教，但是，自隋唐时期完成了中国化的进程之后，佛教（尤其是禅宗一派）已经成为中国传统文化不可或缺的组成部分。宋明之后，佛教在中国士大夫阶层中间依然有着广泛的影响，而且其影响力超过道教。在中晚明时期，很多士人一方面对阳明心学十分佩服，另一方面仍然对佛教哲学有着浓厚的兴趣，在这种背景下，只有达到深谙佛法"三昧"思想高度的大儒，才有资格将心学思想与佛教哲学进行客观的比较和融通，才可能更好地传播致良知之学，可巧，王龙溪就是这样一位能够会通儒、释的人物。

王龙溪会通儒、释二教的能力，首先表现在他对于佛教哲学相关范畴的深入理解和熟练应用上，并且能够把有关范畴和致良知之学相互贯通，使人形成全面的认识。如前文所述，王龙溪的妻子张氏中年之后喜好佛教，虔事观音大士，晨昏诵礼，加之文化素养较高，她对于王龙溪天天讲论致良知之学，必然产生疑问，于是夫妻二人之间展开了以下的对话：

> （安人）尝问予曰："夫子良知之教与佛教同异。"予谓："良知，性之灵，心之觉体。佛是觉义，即心为佛。致良知即是开佛知见，同异未暇论也。"问："观音能度一切苦厄，有诸？"予谓："此事全凭念力。一念觉时，即是见佛，苦厄顿消，所谓自性自度也。"问："因果报应。"予谓："一念善因，终成善果；一念恶因，终成恶果。其应如响。止恶修善，不昧因果，便是大修行人。一念万年，无有生灭，即无轮回。知生则知死矣。"（安人）又问："六如之法。"予谓："人在世间，四大假合而成。如梦境、如幻相、如水上泡、如日中影、草头露、如空里电，倏忽无常，终归变灭，所谓有为法也。惟无为本觉真性，万劫常存，无有变灭，大修行人作如是观。借假修真，即有为而证无为，此世出世究竟法也。"安人俯而思，恍然若有所悟。[①]

在这场对话中，王龙溪十分熟练地运用了大量佛教的词汇，并把它们与致良知之学的有关思想进行辩证的比较，得出了中肯而圆融的结论。由于这段话的涉及面太广，笔者在此仅就其中两点进行分析：

---

① 《王畿集》卷20，《亡室纯懿张氏安人哀辞》，第649—650页。

第一，王龙溪认为，"良知，性之灵，心之觉体。佛是觉义，即心为佛。致良知即是开佛知见，同异未暇论也"。客观地讲，这段表述是非常有见地的。在历史上，佛教原本并无偶像崇拜，只是以求取人生的觉悟和解脱为目标，"佛"本义也就是觉悟了真理的人，《六祖坛经》中说："佛者，觉也；法者，正也；僧者，净也"①，道出了"佛"的原本含义。"佛是觉义，即心为佛"，这又是王龙溪对于禅宗观点的高度提炼，同时，由于良知灵明是人类共同的先天原本的心体，正好相当于佛教所要觉悟的真如佛性，从这个意义上讲，"致良知即是开佛知见"，这个判断是没有错的。王龙溪的学术头脑通达而睿智，他很清楚，真正修好了佛教，也就符合了致良知之教；同理，如果笃实地完成格物致知工夫，也就恰好契合了佛门如来之旨，因此，对于初学者而言，不必介意儒释二教的相异之处，只要遵循某一契己之正法坚持修行下去，都会殊途同归，达到共同的理想境界，因此，王龙溪才说："同异未暇论也。"

第二，王龙溪表述了"借假修真"的重要思想，当然，这不仅是佛教的核心思想之一，同时也是道家修炼所认同的重要理念。王龙溪指出，"人在世间，四大假合而成，如梦境……如空里电，倏忽无常，终归变灭，所谓有为法也"。需要注意，这里的"法"，不是方法之义，而是一个专门的佛教范畴，泛指一切事物，所谓"有为法"，即是有质碍，可变坏的事物，如人的肉体生命即是一种表现，现代生物学所揭示的细胞和基因等肉体生命的构成要素，都是指"有为法"层面的生命内涵。不过，在佛教哲学看来，除了有生有灭的肉体生命外，人类生命中还存在着至为珍贵的"无为法"，即无形无象、而又客观存在的东西，这就是"本觉真性"（又称"真如佛性"，亦即道家所说的"元神"）。这种"本觉真性"虽然无形无象，但是"万劫常存，无有变灭"，是人类生命的"真我"所在，因此，"大修行人"对于人的肉体生命和本觉真性，采取了"借假修真，即有为而证无为"的辩证态度，即借用肉体生命存在的有限时间，通过修行以求证悟那个"本觉真性"，这才是人类认识自我、实现自我的终极关怀的真正内涵，也就是禅宗所说"于世出世间"②的"究竟"法。

其次，王龙溪对于佛教哲学的深得"三昧"，还表现在他善于熟练运用禅宗的机锋棒喝等形式，以启发学者的悟性，纠正他们修行过程中的偏差。本书第二章曾述，王龙溪的多年挚友万鹿园，虽为武将出身，但是

① 《坛经校释》，第23节，第46页。
② 《坛经校释》，第36节，第72页。

"性素冲雅，乐与方外人交"，① 对此，王龙溪记载了一段公案：

> 君（指万鹿园）于方外禅衲素所尊礼者，为小达磨、风自然二人，予皆及见之。达磨尝谓："金鳞脱网，离不得水。"予讶曰："还有这个在。果能飞腾变化，何论离与不离乎？"一日，自然颠跃放歌跳舞，纵口骂人，若狂若痴。予戏曰："好个禅定头陀！"已而，忽收膝枯坐，若木偶人，复戏曰："何作此散乱伎俩耶？"君闻之笑曰："龙溪饶舌！吾于达磨表行，于自然表智，皆吾助道资粮也。"②

由此则公案可知，万鹿园结识了两个禅僧小达磨和风自然，二人均有一定的禅功修行，但是，在王龙溪面前，他们的道行不足之处却被一针见血地指破。小达磨说："金鳞脱网，离不得水"，王龙溪接语："（你）还有这个在。果能飞腾变化，何论离与不离乎？"委婉地道出小达磨所悟尚未达到真正自由的境界。至于另一位禅僧风自然，某一天出现了类似于狂禅的行径，"颠跃放歌跳舞，纵口骂人，若狂若痴"，在这种情况下，别人谁也解劝不了，王龙溪却上前戏曰："好个禅定头陀！"一句反语，倒把风自然的魔障给止住了。随后，风自然"忽收膝枯坐，若木偶人"，谁叫也叫不醒，王龙溪又上前戏曰："何作此散乱伎俩耶？"可以想见，王龙溪正话反说、两头施堵的棒喝之法，把风自然的走火入魔纠正了过来（至少是暂时的）。他能够自如地运用禅宗机锋棒喝的方法，把两位禅僧的偏差一一指出，足见其对佛教思想已深得"三昧"。

再次，王龙溪对于佛教思想的会通，最难得的地方在于他能够不泥其迹，随机自如地解释佛教哲学的有关理论，给学者以醍醐灌顶式的思想启迪。对于佛教思想的流传和演变，王龙溪深谙其源流和利弊，他说：

> （释迦）只教人在般若上留心。般若，所谓智慧也。嗣后，传教者将此事作道理知解理会，渐成义学。及达摩入中国，不立文字，直指人心，见性成佛，从前义学，尽与刊下。……失其源流，复成义学。③

---

①　《王畿集》卷20，《总兵官万鹿园公行状》，第600页。

②　同上书，第603页。

③　《王畿集》卷6，《答五台陆子问》，第147页。

在此，王龙溪明确指出，佛教在流传过程中，一些传教者"将此事作道理知解理会，渐成义学"，结果，本是使人觉悟解脱的佛教智慧，变成了汗牛充栋的文字经典，变成了逻辑化、思辨化的知识学（即"义学"）。很多人可以通过研究佛教经典成为一代著名的宗教学者，但是，对于佛陀所传递的生命智慧，却并无真实的体悟，更谈不上有何受用。这种与古代儒家学派相似的演变历程，正是心学一系提倡"六经注我"重要理念的历史依据。有鉴于此，王龙溪虽然对佛教哲学相当熟悉，却从来不会泥迹失神，对于佛教哲学中的有关思想命题，他总是能够根据现实需要，随机地予以诠释，令学者明白自己的缺失，当下领悟佛学的真谛。例如，他和好友陆光祖之间有过一场对话：

> 陆子（光祖）曰："宋之儒者，莫过于濂溪、明道，只在人天之间，亦未出得三界；欲界为初禅，色界为二禅，无色界为三禅。虽至非非想天，尚住无色界内。四禅始为无欲阿罗汉，始出三界，天人不足言也。"
> 先生曰："此事非难非易。三界亦是假名，总归一念。心忘念虑，即超欲界；心忘境缘，即超色界；心不著空，即超无色界。出此则为佛乘，本觉妙明，无俟于持而后得也。……子既为儒，还须祖述虞周，效法孔子，共究良知宗旨，……儒学明，佛学益有所证，将此身心报佛恩，道固并行不相悖也。"①

在这段对话中，陆光祖将周敦颐（濂溪）、程颢（明道）的修道境界与佛教哲学中所说的三界、四禅等相比较，认定他们"尚住无色界内"，未能出离三界。这种跨学派的横向比较，只要是对于佛教哲学有一定的理论了解的人，都可以做出自己的判断。王龙溪很清楚陆光祖熟悉佛教理论而实际修行却远未及之的毛病，但是，碍于陆光祖已有的身份地位，他并没有批驳陆光祖的观点，而是对于佛教的"三界说"重新做了一番解释，以启发陆光祖对于佛教修行的正确认识。他指出："三界亦是假名，总归一念。心忘念虑，即超欲界；心忘境缘，即超色界；心不著空，即超无色界"，这段解释，是完全随机而又十分恰当的。如果按照知识学（即前述"义学"）的方式，一个宗教学者可以对佛教的三界说做出十分详细的解释，每一界中又分有许多的层次，如欲界有六天、色界有四禅十七天、无

---

① 《王畿集》卷6，《答五台陆子问》，第149页。

色界有四天等。如此繁琐的阐释，虽然有助于强化教徒的虔诚感，但是，却增加了他们的知识负担，可能引起他们的刻意追求，许多僧侣在禅定中出现走火入魔的偏差，几乎都和这种"玩弄光景"式的刻意追求有关。对此，王龙溪化繁为简，以随机自洽的言语，告诉了陆光祖所谓"跳出三界"的具体方法，那就是：跳出三界，关键靠的是自己的"一念"（不是指忽生忽灭的念头，而是指恒定的心态），如果心中忘却了念虑，那么就超出了欲界；如果心中忘却了境缘（即境相），那么就超出了色界；如果内心连"空"也不再执着，那么就超出了无色界；只要自心超脱无碍，"出此则为佛乘，本觉妙明，无俟于持而后得也"。这样的解释，十分简洁地向陆光祖指明了修习禅定的"正法"，并且暗含着这样一层意思：不要去妄加评议比自己功夫高出许多倍的理学前辈，关键是要自己潜心修行，觉悟超脱，得到自己的正果和受用。随后，王龙溪又劝勉陆光祖：你既然是个儒者，就应该"祖述虞周，效法孔子，共究良知宗旨"，因为究其实质，佛教与儒家的生命哲学在心性本体的内涵上是别无二致的，"儒学明，佛学益有所证"，这样才算达到了会通儒、释二教的根本目的。

需要注意，王龙溪关于"一念超三界"的命题，并非固定不变的说法，而是一种随缘而设的"权法"，例如，万历元年癸酉（1573 年），他在南直隶全椒县的南谯书院，面对数十位久别的门人学者说：

> 一念不涉尘劳，即超欲界；一念不滞法象，即超色界；一念不住玄解，即超无色界。……念念与尘劳作伴侣，欲界且不能超，况色界与无色界乎？[1]

这段话，针对门人学者的修行不足，告诉他们要慎于一念之发，只有一念不涉尘劳，才能超出欲界，一念不滞于事物之相，才能超出色界，一念不执于玄妙之解，才能超出无色界。尤其是第一条，乃是一切修行的基础，倘若内心不能清净洒脱，"念念与尘劳作伴侣"，那么，"欲界且不能超"，更不必说超出色界与无色界了。这种随缘而说的教法，虽然不尽符合经典原文，但是直指人心，鞭辟入里，难怪引得"众中闻之惕然"[2]。

通过以上论述，我们可以得出这样的结论：王龙溪对于佛教思想具有相当深入的理解和修证，不亚于当世的任何高僧，这使得他超越了一般狭

---

①　《王畿集》卷7，《南游会纪》，第150页。

②　同上。

隘的儒家思想范畴，成为会通儒释、境界高迈的大儒。这样的智慧和功夫，非常有助于他在佛教流行的社会环境中讲述、传播阳明心学的思想真谛。

三　公允地看待三教的地位

自汉代实行"罢黜百家，独尊儒术"的政策之后，从形式上看，儒家思想成为定于一尊的官方哲学，不过，后来并行的释、道二教，却始终在民间和士大夫中间有着广阔的市场，不必说魏晋至隋唐时期的七百年，儒学曾经中衰而释道思想尤盛，即使在宋明理学兴起之后，释道思想仍然有着广泛的社会影响力。面对这种情况，一些儒者将其视为异教、异端，不遗余力地予以排斥，而思想开明通达的王龙溪却不这么看，他既能肯定释、道二教的思想和地位，同时又以良知学为主体，超越二教之上，以发挥教化人心的作用。

关于释、道二教的思想地位，王龙溪曾经有过公允的评价，他说：

> 二氏之学与吾儒异，然与吾儒并传而不废，盖亦有道在焉。[1]

这一番简单的表述，首先承认了"（二氏之学）与吾儒并传而不废"的历史事实，同时，又承认了"（二氏）盖亦有道在焉"的思想价值和地位。这种正面评价释道二教的言论，在宋明时代的理学家中是十分罕见的。不过，这绝不是因为王龙溪丧失了对于儒家思想的信心或立场，实际上，他是一种公允的态度来看待人世间各种思想的存在与传播的，因此，并无门户或学派的偏见。有一段话最能表现他这种公允对待诸子学派的立场，他说：

> 人受天地之中以生，均有恒性，初未尝以某为儒、某为老、某为佛，而分授之也。良知者，性之灵，以天地万物为一体，范围三教之枢。……学老佛者，苟能以复性为宗，不沦于幻妄，是即道释之儒也；为吾儒者，自私用智，不能普物而明宗，则亦儒之异端而已。毫厘之辨，其机甚微。吾儒之学明，二氏始有所证，须得其髓，非言思可得而测也。[2]

---

[1]　《王畿集》卷7，《南游会纪》，第154页。
[2]　《王畿集》卷17，《三教堂记》，第486页。

在这段话中，王龙溪明确指出，"人受天地之中以生，均有恒性，初未尝以某为儒、某为老、某为佛，而分授之也"。这种观点在学派林立、门户纷争的时代，是十分骇人的。从形式上看，王龙溪并没有以儒家思想为天经地义的绝对正统，而是承认，任何人自出生之起，"均有恒性"（即先天至善的本心，亦即良知本体），实未曾"以某为儒、某为老、某为佛"，言下之意是，这种门派的划分都是各个学派在传播过程中人为设定的，并非绝对不可逾越的鸿沟。不过，在儒、释、道三教的思想理论中，有一个名异而实同的东西，那就是良知本体（亦即天命之性，道家称为元神、佛教称为真如佛性、本觉真心），"良知者，性之灵，以天地万物为一体，范围三教之枢"，只要抓住了良知本体这个枢纽，三教的心性哲学和生命智慧完全可以相互贯通，学者也因此得以会通三教之思想精蕴。正是从这个意义上讲，"学老佛者，苟能以复性为宗，不沦于幻妄，是即道释之儒也"，同样，儒家学者亦可以由此而旁通释道二教。但是，对那些固守门户之见，没有开阔眼界和胸襟的俗儒而言，"自私用智，不能普物而明宗，则亦儒之异端而已"，他们既无法说服一般的佛道信徒，也不能真正明白圣人之学的深刻内涵。当然，在儒、释、道三教之中，王龙溪仍然以良知学为宗旨，以圣人之学为本位，因此，他不否认儒学与佛老的微妙差别，指明"毫厘之辨，其机甚微"，而且，他始终主张学者先须修习圣人之学，"吾儒之学明，二氏始有所证"，这不是一般的相互借鉴，而是一种高屋建瓴式的触类旁通。

有了公允地看待佛、老二教的根本理念，王龙溪便对佛、道二教的创立者及其思想给予客观公正的评价。例如，他说：

> 佛原是上古无为圣人，后世圣学不明，故佛学亦晦。……今日良知之学，原是范围三教宗盟，一点灵明充塞宇宙，羲皇、尧舜、文王、孔子诸圣人皆不能外此别有建立。……谓孔子之道大于佛，固不识佛；谓佛之道大于孔子，尤不识孔子。[①]

在此，王龙溪又突破了一般俗儒的见解，直称佛教的创立者"原是上古无为圣人"，这与那种把佛教完全视为异端的理学观点是迥然不同

---

① 《王畿集》附录二，《龙溪会语》卷5，《南游会纪》，第762—763页。按：《龙溪会语》的文字在《王畿集》前二十卷中大多出现过，但偶有不同之处。

的。不过，王龙溪仍然指出，良知灵明乃是"范围三教之宗"，"羲皇、尧舜、文王、孔子诸圣人皆不能外此别有建立"，以此类推，佛、道二教亦然。一般宗教信徒，喜欢在各个门派之间比高量低，其实正是因为他们对于三教理论的共同源头不甚明了，所以才有这种不必要的门户之争。有鉴于此，王龙溪才说："谓孔子之道大于佛，固不识佛；谓佛之道大于孔子，尤不识孔子"。他的言外之意是，只要明白了致良知的道理，笃实地修习践履，那么，三教的思想宗旨就都包含在其中了，无论是成圣、成佛还是成为真人，都是题中应有之义。

王龙溪对待佛、道二教的公允态度，实际上是王阳明的三教关系思想的延续，甚至可以说是陆九渊思想的再现。许久以来，学术界门派林立，相互攻讦，关注的是知识化的思想，忽略的是关乎事实的真相。有鉴于此，陆九渊就曾经批评过当时士林之中的门户之见，他说：

> 后世言学者须要立个门户。此理所在，安有门户可立？学者又要各护门户，此尤鄙陋。[①]

既然一切以"理"为依皈，那么，所谓门户之争，往往缘于狭隘鄙陋之心念在作祟，因而是荒唐可笑的。陆九渊还说：

> 异端非佛老之谓，异乎此理，……便是异端。[②]

由是可见，在陆九渊心中，佛、老二教未必就是异端，相反，凡是违背了"理"的思想和言行，才是真正的异端。陆九渊这种以博大开放的胸襟对待释、道二教的态度，影响了后起的阳明心学。在此基础上，王阳明更是以"儒、佛、老、庄，皆吾之用"的命题，展示了他对待不同学派、教派的公允态度。这一命题的来源，起自王阳明和门人之间一场著名的对话：

> （嘉靖二年）张元冲在舟中问："二氏与圣人之学所差毫厘，谓其皆有得于性命也。但二氏于性命中着些私利，便谬千里矣。今观二

---

① 《陆九渊集》卷34，《语录上》，第400页。
② 《陆九渊集》卷35，《语录下》，第443页。原文略去"如季绎之徒"几个字，季绎，可能是指门人朱季驿，参见《陆九渊集》卷35，《语录下》，第446页。

氏作用，亦有功于吾身者，不知亦须兼取否？"先生曰："说兼取便不是。圣人尽性至命，何物不具？何待兼取？二氏之用，皆我之用。即吾尽性至命中完养此身，谓之仙；即吾尽性至命中不染世累，谓之佛。但后世儒者不见圣学之全，故与二氏成二见耳。譬之厅堂，三间共为一厅，儒者不知皆吾所用，见佛氏则割左边一间与之，见老氏则割右边一间与之，而自己则自处中间，皆举一而废百也。圣人与天地民物同体，儒、佛、老、庄皆吾之用，是之谓大道。二氏自私其身，是之谓小道。"①

　　在这场对话中，王阳明首先表明了对于儒家圣人之学的充分信心——"圣人尽性至命，何物不具？"因此，他认为对待佛、老二教连"兼取"之念都不必有，而应该直接持以"二氏之用，皆我之用"的包容态度。按照圣人所传"尽性至命"的学术理念，修道者既可以成佛、亦可以成仙，当然更可以成圣，这是从不同的视角来看待的，实际上所达到的是同样的人格境界。王阳明特意以"三间厅堂"为喻来说明自己的观点，他指出：三间厅堂本来都是儒家圣人门徒的所居之地，由于"后世儒者不见圣学之全"，把左右两间厅堂分别割让给佛、老二教，结果是导致自己枯守狭隘的思想空间。面对俗儒"举一而废百"的做法，王阳明提出"圣人与天地民物同体，儒、佛、老、庄皆吾之用，是之谓大道"的光辉命题，这一思想见解，反映出王阳明对于释、道二教既能会通，又敢于超胜、包容的宏伟气魄。有了王阳明率先做出这样的思想铺垫，那么，王龙溪提出二氏之学"盖亦有道在焉"的观点，也就不足为奇了。

　　由于阳明心学对于释、道二教所持的公允和包容的态度，当时即有学者产生怀疑：阳明之学是否是从禅学中借取过来的？面对这一质疑，王龙溪当然无法回避，因此，他与学者之间展开了以下这场对话：

　　　　或曰："人议阳明之学亦从葱岭借路过来，是否？"先生曰："非也！非惟吾儒不借禅家之路，禅家亦不借禅家之路。昔香严童子问沩山'西来意'，沩山曰：'我说是我的，不干汝事'，终不加答。后因击竹证悟，始礼谢禅师。当时若与说破，岂有今日？故曰：'丈夫自有冲天志，不向如来行处行。'岂惟吾儒不借禅家之路？吾儒亦自不

---

① 《王阳明全集》卷35，《年谱三》，第1289页。据《年谱》记载：这场对话发生在嘉靖二年十一月，亦即1523年年底。

借吾儒之路。今日良知之说，人孰不闻？却须自悟，始为自得。自得者，得之本心，非得之言也。圣人先得我心之同然，印证而已。若从言句承领，门外之宝，终非自己家珍。人心本来虚寂，原是入圣真路头。虚寂之旨，羲黄姬孔相传之学脉，儒得之以为儒，禅得之以为禅，固非有所借而慕，亦非有所托而逃也。若夫儒释公私之辨，悟者当自得之，非意识所能分疏也。"①

这段对话中，"阳明之学亦从葱岭②（代指佛教）借路过来"的真伪性是核心问题，对此，王龙溪明确地指出："非也！非惟吾儒不借禅家之路，禅家亦不借禅家之路"。他借用历史上的禅宗公案为证，说明了修道者的修行和顿悟都是自己的事情，是他人无可替代的，蹈袭前人的成说和经验只能成为鹦鹉学舌式的模仿，不可能真正领悟"大道"的真谛，因此，古人才说："丈夫自有冲天志，不向如来行处行。"根据这一理念，王龙溪还推断，"岂惟吾儒不借禅家之路？吾儒亦自不借吾儒之路"，对此，王龙溪论证说："今日良知之说，人孰不闻？却须自悟，始为自得。自得者，得之本心，非得之言也。圣人先得我心之同然，印证而已。"即使一个学者听闻了良知之学，如果不从心地上勘验，实践中涵养，那么，也不过是纸上学问，非真实受用，诚如王龙溪所说"若从言句承领，门外之宝，终非自己家珍"。无论是儒、释、道中的哪一家，其心性之学的源头都是人类的良知本体（亦称"真如佛性"、"元神真我"或"天命之性"等，名虽异而实皆同），其本来面目都是虚寂而灵妙的，这便是"羲黄姬孔相传之学脉"，由于各人、各派修行功夫的深浅、宽窄不同，因此，"儒得之以为儒，禅得之以为禅"，其间确乎有同异毫厘之辨，但是，儒、释、道三教各自根据心性本体的内在慧性获得了自己的体悟，从而形成不同的理论体系，谈不上谁"借"谁的路，事实上，凡是真修实悟的东西，就是想"借"也借不来的。

综上所述，王龙溪在讲学传道中，以公允、客观的态度承认了佛、道二教应有的思想价值和历史地位，摒弃了一般俗儒妄自尊大、固守门户之见的狭隘见解，显示出一种开放、包容的学术胸襟。不过，在王龙溪心中，儒家圣人之学可以涵盖释、道二教的思想理论，并且与之有着微妙的

---

① 《王畿集》卷7，《南游会纪》，第153页。
② 葱岭，即今帕米尔高原一带的山脉，是佛教从古印度传入我国西域的必经之地，此处代指佛教。

差别，因此，他仍然真诚地告诫学者："圣学明，则佛学不待阐而自明矣。若夫同异毫厘之辨，存乎自悟，非可以口舌争也。"① 那么，圣人之学与佛、道二教究竟有着怎样的"同异毫厘之辨"呢？我们将在下一节做出专门的分析和阐述。

第二节　圣学与佛老之辨②

关于儒家圣人之学与佛、道二教的区别，王阳明曾做过一些简要的论述，由于在讲学中经常面临这一问题，王龙溪继承了阳明的理念，进一步深入分析和阐发，多方位地揭示出圣人之学与佛、老二氏之间的微妙差别。

一　修齐治平，一以贯之

与一般俗儒不同，阳明心学不仅看到了佛老二教的许多可取之处，而且承认在心性之学的内涵方面，圣人之学（亦即"心学"）③ 与佛老二氏都是以共同的心性本体为基础的，这就是良知灵明（亦即天命之性），佛家称之为真如佛性或本觉真心，道家称之为元神真我，名虽异而实则同。无论是儒释道的哪一家，所修所证的都是同样的心性本体，正是从这个意义上，王龙溪才说："良知者，性之灵，以天地万物为一体，范围三教之枢。"④ 不过，由于各自修行动机的不同，导致三教对于此心性本体的体认和运用有所差异，最终结果是：圣人之学与佛老二教的面貌有迥然之别。王阳明曾说：

> 昔之人固有欲明其明德矣，然或失之虚罔空寂，而无有乎家国天下之施者，是不知明明德之在于亲民，而二氏之流是矣。⑤

又如：

---

① 《王畿集》附录二，《龙溪会语》卷5，《南游会纪》，第763页。
② 辨，古代汉语中经常用做名词，区别、差异之意。
③ 王阳明曾说："夫圣人之学，心学也。"参见《王阳明全集》卷7，《重修山阴县学记》，第256页。
④ 《王畿集》卷17，《三教堂记》，第486页。
⑤ 《王阳明全集》卷7，《亲民堂记》，第251页。

（禅之学）外人伦，遗事物，以之独善或能之，而要之不可以治家国天下。①

类似的话还有很多，兹不赘述。王龙溪完全赞同乃师的看法，并且做出了进一步的分析，阐明儒家圣人之学是以致良知为宗旨，将格物、致知、诚意、正心、修身、齐家、治国、平天下等“八条目”一以贯之，形成一套完整的体用兼备的思想体系。他在给友人的信中说：

佛氏遗弃伦物感应，而虚无寂灭以为常，无有乎经纶之施，故曰“要之不可以治天下国家，孰谓吾儒穷理尽性之学而有是乎？”大人之学，通天下国家为一身。身者，家国天下之主也；心者，身之主也；意者，心之发动；知者，意之灵明；物即灵明感应之迹也。良知是非之心，天之则也。正感正应，不过其则，谓之格物，物格则知至矣。是非者，好恶之公也，自诚意以至于平天下，不出好恶两端。是故如恶恶臭，如好好色，而毋自欺，意之诚也；好恶无所作，心之正也；无作则无辟矣，身之修也；好恶同于人而无所拂，家齐国治而天下平也。其施普于天下，而其机源于一念之微，是故致良知之外无学矣。②

此段文字有两处出典，首先，头一句也是引述王阳明的原话，只是措辞略有不同，原文是：“彼顽空虚静之徒……而遗弃伦理，寂灭虚无以为常，是以要之不可以治家国天下。孰谓圣人穷理尽性之学而亦有是弊哉？”③ 其次，“好恶无所作，心之正也”一句，是指内心没有一己好恶的偏向，而不是连好善恶（wù）恶（è）的辨别力都没有，其语出自《尚书·洪范》，原文是：“无偏无陂，遵王之义；无有作好，遵王之道；无有作恶，尊王之路。”④

搞清了这两处出典之后，这段文字的内容其实不难理解。王龙溪认为，“大人之学，通天下国家为一身”，因此，修身其实是治国平天下的

---

① 《王阳明全集》卷7，《重修山阴县学记》，第257页。
② 《王畿集》卷10，《答吴悟斋》，第246—247页。辟，通“僻”，邪僻。
③ 《王阳明全集》卷2，《答顾东桥书》，第47页。
④ 《十三经注疏·尚书正义》卷12，《洪范》，第403页。

基础，而所谓"身"字，又有着丰富的内涵，大致的层次关系是："身者，家国天下之主也；心者，身之主也；意者，心之发动；（良）知者，意之灵明；物即灵明感应之迹也。"这样一来，就分别对应着格物、致知①、诚意、正心、修身等多层次的修养工夫。在王龙溪看来，"良知（乃）是非之心，天之则也；正感正应，不过其则，谓之格物，物格则知至矣"，由此出发，可以完成诚意、正心、乃至修、齐、治、平等多项工夫，圣人之学的全部理想目标都包含在其中了。不仅如此，王龙溪还认为，治国平天下之"外王"事业，看起来规模宏大、头绪复杂，实际上"其机源于一念之微"，而所谓这"一念之微"，其实也就是人们发自良知的是非好恶的共同观念，王龙溪指出："是非者，好恶之公也，自诚意以至于平天下，不出好恶两端"，凡是儒者欲实施治国平天下的抱负，并无什么玄奥之术，说白了，就是依照人们的"好恶之公"而行事，从诚意、正心、直至治国、平天下，其要"不出好恶两端"。当然，这个好恶不是一己私欲之偏向，而是根据人们共同的好恶、是非观念做出的价值判断，实际上，这就是良知灵明的体现，因此，在治国平天下的"外王"事业中，同样有着致良知的学问功夫贯彻始终，正是从这个意义上，王龙溪才重申——"致良知之外无学矣"。

需要注意的是，王龙溪认为"自诚意以至于平天下，不出好恶两端"，这一思想并不是他个人的杜撰，而是依据王阳明的原有观念做出的阐发。王阳明曾说："良知只是个是非之心，是非只是个好恶，只好恶就尽了是非，只是非就尽了万事万变。"② 有鉴于此，王龙溪略做修正，使这种表述更加恰当，那就是"是非者，好恶之公也"，表明了王阳明所说的好恶是非绝不是个人的一己好恶而已，而是人们共同的好恶观念，代表了社会大众的普遍心愿，亦即人类良知的体现，因此，治国者应当遵循这一"好恶之公"，从而正确地制定、实施各项治国方略，"好恶同于人而无所拂，家齐国治而天下平也"。

由是可见，儒者圣人之学是以致良知为宗旨，从格物之工夫起始，步步推进，直至达到治国平天下的理想目标。正因为如此，圣人之学必定具有经世济民的现实功用的诉求，而不是像佛、道二教那样只是以追求自我超脱、出离生死苦海为目的。关于儒者之学的现实功用，王龙溪曾经

① 在阳明心学中，致良知有时简称为"致知"，参见《王阳明全集》卷26，《大学问》，第971页。
② 《王阳明全集》卷3，第111页。

指出：

> 儒者之学，务为经世，学不足以经世，非儒也。①
> 夫吾人以经世为学，乃一体不容已本心，非徒独善其身，作自了汉。②

需要说明的是，此处所说的"作自了汉"，是从宽泛意义上讲的。因为佛教自从有了大乘、小乘的分化之后，大乘佛教提倡菩萨行，主张自觉觉他、自度度他，本身就反对小乘佛教追求个人解脱的罗汉行，并将其斥为"自了汉"。不过，大乘佛教虽然提倡救度众生的菩萨行，主要还停留在一种理论阐述上，实际上，由于固有的出世倾向，中国历史上能够直接创造经世济民、安邦定国等入世功业的佛教高僧为数寥寥，真正致力于这一事业并做出丰功伟绩的，还是秉持"内圣外王"之道的儒家士人。仅以心学宗祖王阳明为例，他的一生曲折多致、波澜壮阔，创造了令人称奇的多项事功，被誉为集"立德、立功、立言"于一身的大儒。如果从大乘佛教的理论角度来看，王阳明毕生所做之事，其实就是典型的菩萨行，不过，身为儒家士人，王阳明和王龙溪都坚信自己的所作所为完全是依据圣人所传的修齐治平、一以贯之的"内圣外王"之道，而视佛、道二教的修行模式为"独善其身，作自了汉"的行为。从实践层面上讲，王龙溪认定"学不足以经世，非儒也"的判断，是合乎历史事实的。

或许有人以为，王阳明事功卓越，尚可称得上经世济民，而王龙溪仕途不顺，毕生所为不过是周游讲学、明道淑人而已，这也称得上儒者经世之学吗？对于这种差别，王龙溪做出了辩证的分析，他说：

> 古之人达则为卿为相，得君行道，泽加于民；穷则为师为友，修身以见于世。由所遇之时不同，祸福非所论也。③

又如：

> 随其力之所及，在家仁家，在国仁国，在天下仁天下，所谓格物

---

① 《王畿集》卷13，《王瑶湖文集序》，第350页。
② 《王畿集》卷11，《答刘凝斋》，第274页。
③ 《王畿集》卷15，《自讼问答》，第432页。

致知，儒者有用之实学也。①

客观地讲，人的能力有大小，机遇亦不相同，因此，儒者经世之作为，应当是"随其力之所及，在家仁家，在国仁国，在天下仁天下"。虽然所为之事有大小之别，但是，无论是贵为卿相，还是山林处士，都是在践履经世济民的入世之功，而且，无论从事什么领域的事业或行当，都有致良知的功夫蕴含其中，因此，都没有脱离圣人所提倡的修道之事②的范畴。

关于儒学与释、道二教毫厘之间的微妙差别，王龙溪认为，不应在言辞文句上去做过多的比较分梳，那样只会陷入繁琐而无谓的学术纷争中。他的基本主张是：从实践层面入手，先搞明儒家圣人之学的思想精蕴，在此基础上，儒学与佛老的毫厘差别将自然澄清、不辨自明，他说：

> 二氏之学虽与吾儒有毫厘之辨，精诣密证，植根甚深，岂容轻议！凡有质问，予多不答，且须理会吾儒正经一路，到得彻悟时，毫厘自可默识，非言思所得而辨也。③

又如：

> 吾人今日未须屑屑与二氏作分疏对法，且须究明吾儒本教一宗，果自能穷源，方可理会彼家之源头；自能彻髓，方可研究彼家之骨髓，毫发不同处，始可得而辨。若自己不能究明此事，徒欲从知解凑泊、言说比拟，以辨别同异，正恐同者未必同，异者未必异，较来较去，终堕葛藤，祗益纷纷耳。④

概而言之，王龙溪认为，"且须理会吾儒正经一路"，到了彻悟之时，对于释、道二教的源头、"骨髓"自能明白，对于二氏之学与儒学的毫厘之辨，亦自可默识。对于儒学与二氏的微妙差别，"徒欲从知解凑泊、言说比拟，以辨别同异"，是无济于事的，"较来较去，终堕葛藤，祗益纷

---

① 《王畿集》卷13，《王瑶湖文集序》，第351页。
② 《中庸》开篇即说："天命之谓性，率性之谓道，修道之谓教"，这是儒家范畴内的"修道"。
③ 《王畿集》卷16，《水西别言》，第450页。
④ 《王畿集》卷16，《书陈中阁卷》，第477页。

纷耳"，因此，必须从实践层面深入用功，究明"致良知"宗旨的内蕴与妙用，只有这样才能会通三教，并且超越释、道二教的局限，始终秉持圣人之学的正见。

因为有了这样的理念，王龙溪反对那些固守门户之见的俗儒对于佛、道二教的无端指责，他认为，这样的做法根本不足以说服他人，更不足以揭示儒学与二氏之学的微妙差别，为此，他举例说：

> 三教之说，其来尚矣。老氏曰虚，圣人之学亦曰虚；佛氏曰寂，圣人之学亦曰寂。孰从而辨之？世之儒者不揣其本，类以二氏为异端，亦未为通论也。①

王龙溪所举之例是有经典依据的。《老子》中说："致虚极，守极笃，万物并作，吾以观其复"（第十六章），《周易》的《咸卦》之《大象》亦曰："山上有泽，咸。君子以虚受人。"佛教经典中说"寂"者更多，如《楞严经》中说："速证安乐解脱，寂静妙常"②，《周易》的《系辞上》亦说："《易》无思也，无为也，寂然不动，感而遂通天下之故。"③由此可见，佛、老二教与圣人之学确实有一些重要范畴是相通（同）的，那么，如何去辨析其微妙差别呢？王龙溪认为，如果执泥于从言辞上分梳考据、比拟凑泊，那样只会增加学者的知解负担；如果站在正统的地位上横加指责，那样只会加剧不同学派之间的思想对立，因此，他始终主张先"须究明吾儒本教一宗"，在彻悟圣人之学内蕴的基础上，自然就能体察到儒学与二氏之间的微妙差别。据此，他说：

> 吾儒之学明，二氏始有所证，须得其髓，非言思可得而测也。吾党不能反本自明其所学，徒欲以虚声嚇之，祗为二氏之所哦，亦见其不知量也矣。④

这段话意思浅白，无须多做解释，它充分显示了王龙溪对待释、道二教的开阔胸襟和明智头脑。如前所述，王龙溪承认，"（二氏）精诣密证，

---

① 《王畿集》卷17，《三教堂记》，第486页。
② 赖永海、杨维中译注：《楞严经》卷5，中华书局2010年版，第174页。
③ 《周易译注》，《系辞上》（十），第553页。
④ 《王畿集》卷17，《三教堂记》，第486页。

植根甚深，岂容轻议！"因此，某些俗儒对待释、道二教，"徒欲以虚声
嚇之，祇为二氏之所咦"。这种虚张声势的叫嚷，丝毫无助于学者认清二
氏的不足和圣学的广大，还是要返本归源，"且须理会吾儒正经一路"，
到了自家彻悟圣人之学的精髓后，二氏的底蕴和内在缺陷也就自然呈露、
一目了然了。

二　非专在蒲团上讨活计

除了"修齐治平，一以贯之"的根本理念外，在具体的修道方法层
面，儒家圣人之学与释、道二教的差别也是客观存在的，这一点，王龙溪
以过来人的身份面对他的门人和朋友，不止一次地指出、阐明。

例如：王龙溪的门下高足张元忭（号阳和），早年曾受古人陈说影
响，专门修筑静室，习静于其中。对此，王龙溪记载道：

> 阳和子深信良知之学灵明变化为千圣传心正法，谓"学主于静，
> 非静不足以成学，"扫景玉山房，以不二名其斋，时时习静其中，以
> 求证悟，其志可谓勤矣。①

不过，王龙溪教诲弟子的方法与王阳明相似，经常是"登游山水之
间，随地指点良知"②，并不主张弟子固守在僻室之中一味习静枯坐。对
于这种教法，张元忭有些不解，于是问道：

> 古人谓此学如龙养珠，目注耳凝，念念无间。吾人现在优游超
> 脱，以为忘机，迹若相反，未能会而通之，则如之何？③

张元忭的提问中引用了道家的一个术语"如龙养珠"，在宋人俞琰④
所著的《〈周易参同契〉发挥》一书中，曾经有这样的论述：

> 守御固密者，如龙养珠，心不忘；如鸡抱卵，气不绝也。⑤

---

① 《王畿集》卷17，《不二斋说》，第491页。
② 其意出自《王阳明全集》卷33，《年谱一》，第1236页。
③ 《王畿集》卷17，《不二斋说》，第492页。
④ 俞琰，宋末元初时人，生卒年不详，字玉吾，号全阳子，吴郡人，对丹道和《周易》颇
　有研究。
⑤ 《四库全书》，《〈周易参同契〉发挥》卷上，子部·道家类，第1058册，第648页。

张元忭的疑问在于：佛、道二教的修炼方法，都是有招有式的，如闭关静坐、服气辟谷、吐纳导引等，就是佛家修行也有"打禅七"等具体的静坐方式，讲究的都是"如龙养珠，目注耳凝，念念无间"，与之相比，王龙溪所教授的心性修养方法，却是"优游超脱，以为忘机"，看似散漫随意，几无工夫可言。对于张元忭的疑问，王龙溪坦率地回答：

> 所谓如龙养珠，非专在蒲团上讨活计，须从人情事变上深磨极炼，收摄翕聚，以求超脱。确乎不为所动，是为潜龙之学，只此便是养之之法。吾儒与禅家毫厘不同，亦在于此。①

同样的一段话，在《王畿集》中出现过两次，王龙溪曾经与一位自己的同年老友"鲁江兄"（不详其名）相会，因其"深信良知灵明变化为千圣传心正法"②，因此，向其阐明了修道工夫的基本要领，其内容与上述文字，唯一的差别就在于最后一句改为："吾儒与二氏所学不同，千里毫厘，其辨在此。"③ 这就表明，王龙溪所说的吾儒之学"非专在蒲团上讨活计"，不仅是与禅家的不同，而且是与道家的不同。要想正确地理解这段话的内涵，需要回顾一下王龙溪关于解悟、证悟和彻悟的三种境界的区别，他说：

> 师门尝有入悟三种教法：从知解而得者，谓之解悟，未离言诠；从静坐而得者，谓之证悟，犹有待于境；从人事炼习而得者，忘言忘境，触处逢源，愈摇荡，愈凝寂，始为彻悟。此正法眼藏也。④

综合上述两段话可知，王龙溪认为，儒家的修道方式与佛道的不同之处在于："非专在蒲团上讨活计，须从人情事变上深磨极炼，收摄翕聚，以求超脱。"对比他说过的解悟、证悟和彻悟三种境界，王龙溪告诉张元忭的是：佛、道二教其实只停留在"证悟"的水平上，而圣人之学的要求则是"从人情事变上深磨极炼"，以期达到"彻悟"的境界，这便是在

---

① 《王畿集》卷17，《不二斋说》，第492页。
② 《王畿集》卷16，《鲁江草堂别言》，第455页。
③ 同上。
④ 《王畿集》卷16，《留别霓川漫语》，第466页。类似的话又见《王畿集》卷17，《悟说》，第494页。

修炼技术的层面所体现出来的吾儒与二氏的毫厘不同。无疑，王龙溪的话是颇有道理的。佛、道二教虽然怀有出世解脱的真诚愿望，但是，任何人都是一定社会关系的组成部分，要想完全地脱离现实社会关系，这是不可能办到的。因此，坐禅入定、心斋坐忘之类的佛道修行方法，无论其体悟的境界多么玄妙，其实都还处于"证悟"的水平上，在这种静处体悟的修习中，人心内部、深层的许多私欲、我执和微细妄想都没有充分地显露出来，只是暂时地处于"休眠"状态，因此，修道者虽然觉得已臻心安神恬、物我两忘，实际上还是"浊水初澄，浊根尚在"①，如果遇到一些外来的干扰，往往是"才遇风波，易于淆动"②；或者一旦离开了清静幽雅的寺庙环境，就无法安然入静，因此，王龙溪说静坐体悟是"犹有待于境"，这是过来人的经验之谈，是一点也不错的。有鉴于此，真正过关的修道功夫必须到现实的社会生活中去炼就，亦即以良知灵明为指导，在日常生活中去磨炼自己的心性，以出世无为之心，做入世有为之事，"从人情事变上深磨极炼，收摄翕聚，以求超脱"，直至养成任何情况下都"确乎不为所动"的心态，才算是修行有成，真正达到了"左右逢源"的自得境界，这也就是"彻悟"的正果了。

王龙溪关于"不专在蒲团上讨活计"的修道方法，实际上是对于王阳明的"致良知之教"的进一步提炼和升华。王阳明晚年在家乡越城（即今绍兴市）时，曾经和门人有过这样一番对话：

> 一友静坐有见，驰问先生。答曰："吾昔居滁时，见诸生多务知解，口耳异同，无益于得，姑教之静坐。一时窥见光景，颇收近效。久之，渐有喜静厌动，流入枯槁之病；或务为玄解妙觉，动人听闻。故迩来只说致良知。良知明白，随你去静处体悟也好，随你去事上磨炼也好，良知本体原是无动无静的。此便是学问头脑。我这个话头自滁州到今，亦较过几番，只是致良知三字无病。医经折肱，方能察人病理。"③

王阳明在回答这个门人"静坐有见"的问题时，承认了修道工夫不出动静二端，或者是"静处体悟"，或者是"事上磨炼"，但是，"良知本

①　《王畿集》卷17，《悟说》，第494页。
②　同上。
③　《王阳明全集》卷3，《语录三》，第104—105页。

体原是无动无静的”，无论动静都可以发挥其觉照、指引的作用。不过，由于这个门人的水平尚浅，王阳明并没有说明“静处体悟”和“事上磨炼”二者孰重孰轻，只是将其并列讲出，以待门人之自省。到了王龙溪这里，当他面对一些静坐涵养颇有根基的学者时（不仅是张元忭，还有万思默、潘笠江、史玉阳等多人），此时就必须阐明：静坐所得的证悟与“从人情事变上深磨极炼”所得的彻悟，根本不是一个层次的成果。如果耽于静坐，那么，可以成为与高僧、名道一样的方外高人，但是，这不是儒者之学所要达到的理想境界；只有通过在“人情事变上”理会性情的修养，养成超脱自如、圆融无碍的心态，这才是儒者所应达到的彻悟之境，也只有这样，才能将良知灵明融会、贯彻到现实生活中，修齐治平，步步推广，层层提高，真正实现儒者“内圣外王”的理想目标。

简而言之，“非专在蒲团上讨活计”一句，道出了儒家圣人之学与佛老二氏在修道方法上的微妙差别，王龙溪阐明这一毫厘之辨，对于当时许多有修道之志而不明三教异同的儒家学者而言，是十分必要的。

三　未修仙道、先修人道

王龙溪所处的时代，佛道思想依然兴盛。对于许多士大夫而言，长生久视、超出三界等出世解脱的宗教观念，具有十分强烈的吸引力，因此，王龙溪的朋友和门人中，不乏有流入禅定、丹道之人（如潘笠江、史玉阳等），有一些人（如江右魏良弼），还是亲炙于王阳明的嫡传弟子。王龙溪曾经描述过自己的好友史玉阳筑室息交、闭关修炼的做法：

> 玉阳子志于圣学有年，中年好长生，复习为修命之术，既筑玉潭仙院以见志。晚乃更求幽胜于句曲之墟，作圜室若干楹，翼以飞楼，缭以石坛，堑以深渠，总为护真堡，状若蓬岛，聚粮其中，外内限隔。期过七十，即将捐室家，绝交游，摒弃世缘，入室练养，以观无始，而求遂其所欲，约五七年，功成而后出，其迹可谓太奇矣。①

由上述记载可知，史玉阳是一位家境殷富的士大夫，否则，他不可能有财力修筑起专供自己闭关修炼的玉潭仙院。当时，存有类似想法并付诸实践的士大夫并不在少数，对此，王龙溪以过来人的修道体会进行了坦诚的劝诫，他的基本态度是：未修仙道，先修人道，只要依照良知灵明的指

---

① 《王畿集》卷14，《寿史玉阳年兄七十序》，第390页。

点，笃实理会性情，慎于一念之微，那么，这种融入日常生活的修养工夫本身就可以达到练性化命、尽性至命的效果，这也就是"借假修真"的体道工夫。根据这一理念，儒者的修道事业，没必要"捐室家，绝交游，摒弃世缘，入室练养"，而应该在现实生活、人伦日用中进行，通过心性的磨炼与涵养，最终达到超脱凡俗的自由境界。为此，王龙溪经常谆谆告诫朋友或门人，他说：

> 毋谓吾儒与养生家各有派头，长生念重，未肯放舍。望只专心定念，承接尧舜姬孔一派源流，亦不枉却大丈夫出世一番。未修仙道，先修人道，到此辨别神仙有无，未为晚也。①

又如：

> 若谓儒者之学不足以养生，而别取于命术，是自小也。②

又如：

> 成己成物，原非两事，养德养身，原无二学，乃是千圣相传秘藏。③

王龙溪所提出的"未修仙道，先修人道"的理念，是典型的儒家思想的体现，充分说明王龙溪怀有积极入世的态度，与佛、道二教的思想差异是泾渭分明。当然，王龙溪的所谓入世，与一般世俗汲汲于追求功利又有本质的区别，他只是把入世生活当成"借假修真"的道场而已，本质上是要以入世的生活历炼来锻造自己出世解脱的灵魂。他说：

> 孔子曰："吾非斯人之徒与而谁与？"则知儒者之学，未尝外于人道，但不为其所累耳。若弃之绝之，孑然遗世而独立，是岂人之道也哉？④

---

① 《王畿集》卷9，《与潘笠江》，第216页。
② 《王畿集》卷14，《寿史玉阳年兄七十序》，第390页。
③ 《王畿集》卷12，《与殷秋溟》，第308页。
④ 《王畿集》卷14，《寿史玉阳年兄七十序》，第391页。

"未尝外于人道，但不为其所累"一句，表明了王龙溪对待世间生活的价值取向，这也是一个修道者采取的辩证而合理的态度。"不为其所累"，就是要实现心灵的超脱，当然，这不是一件很容易的事情，王龙溪毕生讲学传道，在某种意义上讲，就是要促成学者练就这一关键的心性功夫。为此他有过许多的论述，虽然前文已有介绍，此处不妨再引述两段以为明证：

> 先生曰："古人之学，只求日减，不求日增，减得尽便是圣人。一点虚明，空洞无物，故能备万物之用。"①

又如：

> 吾人今日之学只要减担，减得轻，方知省力处；减得尽，方知无可用力处。②

既要立足于现实生活，又要实现积极的超脱，这便是阳明心学对于修道功夫的根本要求。在此，不妨借用一段龙溪同门钱德洪的语录，因为这段话更为精僻地概括出阳明心学之心性工夫的要领：

> 问"学问须要超脱"。曰："汝之所谓超脱，只是心不挂事，却遇事便不耐心。我说超脱异于是。目不累色，便是目之超脱；耳不累声，便是耳之超脱；心不累事，便是心之超脱。非是离却事物，守个空寂，以为超脱也。"③

钱德洪的言论与王龙溪的话语如出一辙，都表明了所谓超脱，绝非"离却事物，守个空寂"，而是在现实生活的人伦日用、酬应往来中，做到目不累色、耳不累声、心不累物，以达到自由自在的境界，这才是真正的超脱觉解。可见，所谓修道者的超脱觉解，关键还是要从心地上去体认、受用，由此，王龙溪才讲出了那两段融会三教哲理的修行箴言：

---

① 《王畿集》卷7，《南游会纪》，第157页。
② 《王畿集》卷3，《水西经舍会语》，第61页。
③ 《徐爱 钱德洪 董沄集》，《钱德洪语录诗文辑佚·语录》，第129页。

　　　　三界亦是假名，总归一念。心忘念虑，即超欲界；心忘境缘，即超色界；心不著空，即超无色界。出此则为佛乘，本觉妙明，无俟于持而后得也。①

　　　　一念不涉尘劳，即超欲界；一念不涉法象，即超色界；一念不住玄解，即超无色界。②

　　如果把欲界、色界和无色界看成客观存在的事物，那么，修道者对外在事物能够忘却到哪一步，就意味着心灵超脱到了哪一境界。这种心灵的内在超越，毋须避世逃禅，亦毋须闭关修炼，只须根据良知灵明的指点，"当下具足，一念自反，即得本心，可以超凡入圣"③，这的确是一种至易至简的工夫，只看学者有无志向，"全体精神只干办此一事"④ 而已。

　　或许有人提出疑问：同为修道之事，为什么儒家圣学与佛、道二教之间存在着出世与入世的明显差异？对此，王龙溪向友人做过阐释，他说：

　　　　自圣人之道不明，儒者之学与养生之术，各自为说，……吾儒之学，主于理；道家之术，主于气。主于理则顺而公，性命通于天下，观天察地，含育万物，以天地万物为一体；主于气则不免于盗天地、窃万物，有术以为制炼，逆而用之，以私其身，而不能通于天下。此所谓毫厘之辨也。⑤

　　这段话虽然只是阐明儒者之学与道家之术的区别，实际上，把儒者之学与佛老二氏的思想区别的内在原因同时揭示了出来——由于初始动机的不同，使得儒学与二氏具有根本不同的价值取向和修行模式。王龙溪认为，吾儒之学"主于理"，一开始就遵循天地自然的运行规律而别无造作，"主于理则顺而公，性命通于天下"，这是一种彻底的天人合一的观念，因此，儒者一生，顺性命以还造化，并不别求什么长生久视之术，而同样能够觉悟解脱，成就圣人人格，应得的正果和受用并不会缺少。与之相比，佛、道二教一开始就从"小我"出发，渴望肉体解脱，证得长生甚至无生法忍，因此，并没有顺性命之道而行。由此动机决定，他们的修

---

①　《王畿集》卷6，《答五台陆子问》，第149页。

②　《王畿集》卷7，《南游会纪》，第150页。

③　《王畿集》卷12，《与莫廷韩》，第335页。

④　《王畿集》卷12，《与徐成身》，第334页。

⑤　《王畿集》卷14，《寿商明洲七袠序》，第403—404页。辨，区别。

行方式，"盗天地、窃万物，有术以为制炼，逆而用之，以私其身，而不能通于天下"，在具体的修行过程中，很容易选择避世逃禅、绝游闭关的修炼方式。其次，当修行获得开悟之后，儒者往往会更加积极地经世济民，奋发有为，以期实现"天地万物一体之仁"① 的理想；而佛、道二教，原以个人的解脱自由为根本目的，虽然也有大乘佛教提倡的济世救民的菩萨行，但实际上，大多数宗教徒都是以出世为目标，"独善其身，作自了汉"，与现实社会生活的距离往往是愈加遥远，因此，王龙溪批评他们"以私其身，不能通于天下"，这也是符合实际情况的。总之，由于修行动机的"毫厘之辨"（辨，区别），导致儒者之学与佛、道二教的价值取向和修行模式有了截然不同的差异性。

王龙溪的"未修仙道，先修人道"的理念，并不是他个人的一家之言，事实上，这是儒家历来秉持的价值理念，也是与佛、道二教相区别的重要表现。除了前文所述王龙溪的生平行迹之外，我们还可以从同时代其他一些儒者的生平作为上看出这一价值理念的深刻影响。例如，王阳明的父亲王华（1446—1522 年），在学术方面谈不上有什么突出建树，但是，在秉持儒学的尽人伦、远神佛的理念方面，却体现出坚定不移的儒者风范。史载：

> 先生始致仕归，客有以神仙之术来说者。先生谢之曰："人所以乐生于天地之间，以内有父母、昆弟、妻子、宗族之亲，外有君臣、朋友、姻亲之懿，从游聚乐，无相离也。今皆去此，而槁然独往于深山绝谷，此与死者何异？夫清心寡欲，以怡神定志，此圣贤之学所自有。吾但安乐委顺，听尽于天而已，奚以长生为乎？"客谢曰："神仙之学，正谓世人悦生恶死，故（因）其所欲而渐次导之。今公已无恶死悦生之心，固以默契神仙之妙，吾术无所用矣。"②

正德二年丁卯（1506 年），王华以南京吏部尚书的职衔致仕返乡。此时，有精通道术的客人来访，劝以修习神仙长生之法，对此，王华淡然答道：人生正因为有了父母、妻子、君臣、朋友等相聚而感到快乐，如果摆脱一切人伦关系，"槁然独往于深山绝谷，此与死者何异？"其次，"清心寡欲，以怡神定志"，圣贤之学也自有此教诲，何必脱离尘世而独修什么

---

① 《王阳明全集》卷 2，《答顾东桥书》，第 54 页。
② （明）陆深：《海日先生行状》，载《王阳明全集》卷 38，《世德纪》，第 1399 页。

长生之术？对于王华的这种态度，客人以为"默契神仙之妙"，于是不再相劝。

王阳明年轻为官时，也曾一度告病归越，在家乡会稽山中筑室修炼，"日夕勤修炼习伏藏，洞悉机要，其于彼家所谓见性抱一之旨，非惟通其义，盖已得其髓矣"①。他通过修炼证得的神通境界（如前知功能），已不亚于高僧名道，令友人"惊以为神"②，但是，王阳明"已而静久，思离世远去，惟祖母岑氏与龙山公俱在，因循未决。久之，又忽悟曰：'此念生于孩提，（倘）此念可去，是断灭种性矣。'"③ 于是，他离开山中，回到现实生活中来。在杭州西湖边的诸刹中，他还劝化了一位"坐关三年，不语不食"④ 的禅僧，以"爱亲本性谕之"⑤，结果使其出关返乡，探视家中老母去了。

王龙溪所处的时代，阳明心学已风行天下，一些修行颇有造诣的民间儒者，也都秉持着"未修仙道，先修人道"的价值理念。例如：泰州学派的儒者韩贞（1509—1585 年），号乐吾，南直隶扬州兴化县人。他本是陶匠出身，后从王心斋学习，归来成为村塾先生，一生德行高迈，为人慷慨乐施，扶危济困，而始终以清贫自守。成名之后，"尝有二游客访先生于家，与之纵谈学三月余。二客曰：'乐吾真非常人也，可语大事。'"⑥ 于是，他们二人向韩贞交了底，原来曾遇至人传授道术，愿与韩贞一同修道，共证长生。听了这话，韩贞说："吾学孔子者，孔子曰：'朝闻道，夕死可矣。'长生久视，吾弗为之。"⑦ 二客听了，说："且莫道长生，眼前穷日子亦难，吾能炼火银为黄白，不可稍济贫乎？"⑧ 为了让韩贞相信，"即取怀中丹，点铜立成金"⑨，看到这种异术，韩贞仍然不为所动，他说："贫，吾分内事也。此物非分所当有，吾弗愿取之。"⑩ 听了这话，二

---

① 《王畿集》卷2，《滁阳会语》，第33页。

② （明）黄绾：《黄绾集》卷24，《阳明先生行状》，张宏敏编校，上海古籍出版社2014年版，第458页。

③ 《王阳明全集》卷33，《年谱一》，第1226页。

④ 同上。

⑤ 同上。

⑥ 《韩贞集》，《乐吾韩先生遗事》，黄宣民点校，中国社会科学出版社1996年版，第193页。按：《韩贞集》附于黄宣民整理的《颜钧集》之后，中国社会科学出版社1996年版。

⑦ 同上。

⑧ 同上。

⑨ 同上。

⑩ 同上。

客叹曰："韩子德厚而福薄，行高而识卓者也"，① 遂与韩贞告别。从此记载可见，民间儒者韩贞不慕逍遥的长生，不羡神奇的道术，而以守德、居正为务，充分体现出儒家不尚神怪、注重人道的价值理念，也可以作为王龙溪"未修仙道，先修人道"的一个旁证。

又如：泰州学派的另一位著名人物罗汝芳（1515—1588 年），号近溪，江西南城人，以云南参知政事衔致仕返乡。罗汝芳的思想，也是以儒家圣学为本位，而兼通释、道二教的。万历十六年戊子（1588 年），罗汝芳疾病渐重，门人前来探望，说："老师疾，宜用玄门工夫"。罗汝芳坦然地回答说："玄门养生，寿仅百余。若此学得力，则自是而千年万年犹一息耳。"② 他的孙子罗怀智等知道罗汝芳原本熟悉道教修炼之术，于是再次恳请他用"玄门工夫"以祛疾延寿，罗汝芳回答说："汝辈与诸友，着紧此学，便是延我性命于无穷。不然，纵年历数百，奚益哉？"③ 由是可见，罗汝芳将生死看得很淡，也不把他人求之不得的道教养生之术看得多么难得，当年农历九月初二日，罗汝芳坐化而逝，"从午至申，坐不少偏，越日乃敛。颜色红活，手足绵软如生"④。罗汝芳的临终表现，体现了他坚持尽性至命、修成人道的儒学价值理念，是对王龙溪所说"未修仙道，先修人道"思想的更高层次的证明和诠释。

王龙溪的"未修仙道，先修人道"之说，出于对于老友的尊重，并未轻易否定神仙的存在和道家方术的价值，只是强调"未修仙道，先修人道，到此辨别神仙有无，未为晚也"。这一理念，其实也是王阳明有关思想的延续，早在龙场时期，王阳明在给友人的信中即说："夫有无之间，非言语可况。存久而明，养深而自得之；未至而强喻，信亦未必能及也。"⑤ 可见，阳明心学的侧重点还是在于通过实践而自得，而非无谓的言语辩诘。不过，王龙溪这种以修成人道为先的价值取向，无疑是儒家思想的闪光之处，它使得修道者自始至终立足于现实人生，而不是沉迷于虚幻的宗教信仰，这也使得儒家思想超越于一般意义的宗教而始终保持清醒理智、积极入世的人文主义精神。

通过本章的阐述，我们充分地认识到，王龙溪是一位既立足于儒家的

① 《韩贞集》，《乐吾韩先生遗事》，黄宣民点校，中国社会科学出版社 1996 年版，第 193 页。按：《韩贞集》附于黄宣民整理的《颜钧集》之后，中国社会科学出版社 1996 年版。
② 《罗汝芳集》，《明德夫子临行别言》，第 296 页。
③ 同上。
④ 同上书，第 299—300 页。
⑤ 《王阳明全集》卷 21，《答人问神仙》，第 805 页。

思想本位，又能会通三教的大儒。他对于佛、道二教的思想理论和修行技术，具有相当熟悉的认识深度，并且能够公允地评价二氏之学的历史地位，摒弃了一般俗儒妄自尊大、固守门户的狭隘态度。同时，王龙溪也向世人揭示了圣人之学与佛、道二教之间的"毫厘之辨"，这主要表现在：儒者之学以是良知灵明为指导，将"内圣外王"之道贯通为一体而完备的思想体系，而二氏之学则不具有治世的"经纶之用"；儒者的修道工夫，并不局限于"蒲团上讨活计"，在静坐证悟之外，更强调"从人情事变上深磨极炼"，以期获得心灵的彻悟；儒者坚持在现实生活、人伦日用中体察和运用良知，摒弃出世逃禅的修道模式，未修仙道，先修人道，体现出积极入世的人文精神。总之，王龙溪认为，良知灵明乃是"范围三教之枢"，"吾儒之学明，二氏始有所证"，只要笃实地践履致良知的工夫，便可以超凡入圣，与此同时，也就达到了佛、道二教所追求的理想人格境界。王龙溪的这种灵活、开放的三教观，既体现出他的博大胸襟和宏阔视野，又使得他在传播阳明心学的过程中更有说服力，征服和熏陶了更多的听众。

第九章　王龙溪的经世哲学

无论和佛道二教有多少略同之处，作为阳明心学的传承者，王龙溪的哲学思想一直秉持积极入世的态度，以致良知宗旨将"内圣外王"贯穿为一体。虽然他本人很早就退出了官场，在经世济民方面没有什么宏大的作为，但是，他的经世思想仍然值得专门研究，从中可见一位在野大儒真实的思想面貌。当然，王龙溪的经世哲学与其心性工夫、生命哲学等内容的厚重程度无法比拟，但是，如果缺少了这一环节，就不足以称为体用兼备的圣人之学，因此，在本章中我们有必要专门探讨一下王龙溪经世哲学的有关思想。

第一节　儒者之学，以经世为用

就一般意义而言，儒家主于入世，佛道主于出世，这是儒家思想有别于一般宗教思想的不同之处，也是儒家只成为"准宗教"而非严格定义的宗教的原因所在。王龙溪继承了前代儒者的理念，将儒者之学与佛道之学的根本差别进一步阐述清楚，从而构成了他的经世哲学的基本内涵。

一　儒者之学，务于经世[①]

众所周知，从先秦时期开始，儒家已经形成了三纲领、八条目的思想体系。所谓八条目，包括格物、致知、诚意、正心、修身、齐家、治国、平天下八个方面，又被后人概括为"内圣外王"之道。其中，"齐家、治国、平天下"便是所谓的经世致用，或者称为经世之学。王龙溪禀承先圣的理念，认为儒者之学一定要包含经世的内容，否则便不配称为儒学。他说：

---

① 《王畿集》卷17，《重修白鹿书院记》，第484页。

儒者之学，务为经世，学不足以经世，非儒也。①

又如：

儒者之学，以经世为用。②

又如：

千古圣学，本于经世，与枯槁山林不同。吾人此生，不论出处闲忙，只有经世一件事。③

类似的话语还有很多，兹不赘述。由是可见，王龙溪讲学一生，虽然所谈多为心性工夫之类，但是，在他的心目中，这只是教诲学者的内圣之学，属于圣学之"体"，对于任何儒者而言，经世济民是必不可少的治学目标，这是圣学之"用"，或者说是外王之学。只有体用一致，由内圣而外王，才是完整的圣人之学。儒者之学有别于佛道二教的地方，就在于它从不主张士人隐居乡野、终老山林，无论是出处闲忙，都要以经世致用为目标，把这件事看成是儒者之学的唯一使命，没有经世的理想抱负，就谈不上是真正的儒者。

或许有人以为，王龙溪把经世一事抬高到如此重要的地位上来，是否有点书生意气、大言不惭的味道？单就他本人来看，三十五岁入仕，四十五岁罢官，十年之间所居不过是些闲曹散吏，何曾有什么经世济民的壮举？诚然，就王龙溪个人的仕宦生涯而言，确实没有什么可观的政绩和事功，但是，这并不妨碍他坚定不移地秉持儒家先圣的经世理念，而且，王龙溪所说的"经世"，并不是只有像心学宗祖王阳明一样身居高位，手握重权，做出一番惊天动地的事功才算数，而是因人、因地而异，只要是有利于国计民生、人心教化的事业，都属于经世的范畴。对于经世的内涵，他特意阐释道：

---

① 《王畿集》卷13，《王瑶湖文集序》，第350页。
② 《王畿集》卷13，《贺中丞新源江公武功告成序》，第367页。
③ 《王畿集》卷10，《与唐荆川》，第267页。按："山林"原作"山木"，据程颐之语改，原文是："（佛者）自私独善，枯槁山林，自适而已。"见：《二程遗书》卷二上，上海古籍出版社2000年，第74页。

　　天地万物，一体相通，生生之机自不容已。一切毁誉利害之来，莫非动忍增益，以求尽吾一体之实事，随其力之所及，在家仁家，在国仁国，在天下仁天下，所谓格物致知，儒者有用之实学也。①

　　从这段话可知，王龙溪认为，真正的儒者，由于秉持"天地万物，一体相通"的生命本体观，因此，把为天下苍生谋福祉看成自己分内之事，"生生之机自不容已"。虽然个人能力有大小，地位有高低，但是，都可以"随其力之所及，在家仁家，在国仁国，在天下仁天下"，做好自己分内的事情，践履自己应尽的职责，这便是"尽吾一体之实事"，换句话说，也就是经世致用的事功，或者说是"儒者有用之实学"。仅以阳明后学为例，能够做到王阳明那种督抚职位的王门学者，当然为数寥寥，但是，每个人都可以在高低不同的岗位上尽到自己的职责，即使致仕回乡，仍然能够以一名地方乡贤的身份为桑梓父老出力，最起码，每个王门学者都可以用致良知之学教诲本乡本土的后生晚辈，使之明白生活和做人的道理，这也构成了经世之学的一部分内容。

　　王龙溪这种"天地万物，一体相通"的生命本体观，以及把经世之功当成"以求尽吾一体之实事"的事业观，并非个人杜撰，而是继承了心学宗祖王阳明"天地万物一体之仁"②的生命本体观的结果。关于这种天人合一性质的生命本体观，王阳明有过许多阐述，他说：

　　夫圣人之心，以天地万物为一体，其视天下之人，无外内远近，凡有血气，皆其昆弟赤子之亲，莫不欲安全而教养之，以遂其万物一体之念。③

　　王阳明还特意指出，圣人（或者"大人"）以天地万物为一体的生命本体观，并非个人臆想而生，而是其良知本心的自然发露流行，即使是一般世俗之人，一旦觉悟其良知本心，对待芸芸众生的态度也将发生变化，最终和圣人一般无二，这也就是先天"明德"的表现，他说：

---

①　《王畿集》卷13，《王瑶湖文集序》，第351页。

②　《王阳明全集》卷2，《答顾东桥书》，第54页。

③　同上。当然，从更早讲，这一思想起源于北宋程颢的"仁者以天地万物为一体"的命题，见《二程遗书》卷二上，上海古籍出版社2000年版，第65页。

> 大人之能以天地万物为一体也．非意之也，其心之仁本若是，其
> 与天地万物而为一也。岂惟大人，虽小人之心亦莫不然，彼顾自小之
> 耳。……是乃根于天命之性，而自然灵昭不昧者也，是故谓之"明
> 德"。①

可见，这种"以天地万物为一体"的生命本体观，实际上就是人类
的天命之性（亦即明德、良知）的体现，它不是哪个人臆想出来的，一
旦觉悟了，人同此心，心同此理。当然，这种洞察力非言语辩诘可以充分
说明，必须依赖于修道者的实践体证。有见于此，王阳明进而提出：

> 明明德者，立其天地万物一体之体也。亲民者，达其天地万物一
> 体之用也。故明明德必在于亲民，而亲民乃所以明其明德也。②

既然"亲民"是"达其天地万物一体之用"的手段，那么，儒家提
倡积极有为的经世之学，也就成为践履内圣外王之道的必然要求。作为嫡
传弟子，王龙溪充分继承了王阳明的生命观和经世理念，他总结道：

> （阳明）夫子之学，以亲民为宗，一体之谓也。③

在此基础上，王龙溪进而提出了"儒者之学，务为经世，学不足以
经世，非儒也"的主张，向世人表明：阳明心学由于秉承先圣积极入世、
诚意治世的理念，所以和佛道二教有着本质的区别。尽管阳明心学在心性
工夫上同样阐微入妙，但是，它绝不等同于沉空守寂的佛道之学，这是由
阳明心学"以天地万物为一体"的生命本体观决定的。对此，王龙溪阐
释说：

> 夫吾人以经世为学，乃一体不容已本心，非徒独善其身，作自了
> 汉。经纶之学，原立于本（心），与天地同其化育，一毫无所倚，其
> 机不外于一念之微，此学脉也。④

---

① 《王阳明全集》卷26，《大学问》，第968页。
② 同上。
③ 《王畿集》卷13，《起俗肤言后序》，第359页。
④ 《王畿集》卷11，《答刘凝斋》，第274页。

由是可见，王龙溪认定儒者"以经世为学，乃一体不容已本心"，它和"独善其身，作自了汉"的佛道二教所走的路径方向根本不同。不仅如此，王龙溪还指出，儒者"务为经世"的宗旨，不是将一己的权力欲望强加在世人头上，然后编造一番理论来为自己装饰；儒者的经世抱负，必须以天下苍生的共同愿望为根据，依此创造出一番利国利民的事功。他说：

> 儒者之学，务为经世，学不足以经世，非儒也。吾人置此身于天地之间，本不容以退托，其曰"为天地立心，为生民立命"，固儒者经世事也。然此非可以虚气承当，空言领略，要必实有其事矣。欲为天地立心，必其能以天地之心为心；欲为生民立命，必其能以生民之命为命。①

这番话表明，儒者的经世功业，并非像书生意气那样徒以"虚气承当，空言领略"，不是空喊一番"为天地立心，为生世立命"的口号就可以了事的。王龙溪认为，"欲为天地立心，必其能以天地之心为心；欲为生民立命，必其能以生民之命为命"，这是一种大公无私的政治抱负，亦即对人类社会公正道义的向往和担当。用阳明心学的术语来讲，"以天地之心为心"和"以生民之命为命"，也就是"致良知"工夫在政治领域的运用，儒者经世之学，一定要把思想动机的出发点摆正，这样才不至于和霸道、俗流之类相混淆。

王龙溪的"儒者之学，务于经世"的观点，不仅是对王阳明本人思想的继承，也是对整个陆王心学内在精神的概括。早在南宋时期，陆九渊在评述理学五子之一的邵雍（字尧夫）时就曾说过："尧夫只是个闲道人。圣人之道有用，无用便非圣人之道。"② 正是基于这样的认识，陆九渊在五十岁（1189 年）时，接受了知荆门军的任命，不辞劳苦地前往这个次边之地，仅用一年多的时间，便将残破凋敝的荆门军治理得焕然一新，而自己也因劳累过度，卒于任上。对于陆九渊的入世精神和治世才干，王龙溪用一段话进行高度的评价，并且澄清了一般人把陆学和禅学混为一谈的模糊认识，他说：

---

① 《王畿集》卷 13，《王瑶湖文集序》，第 350 页。
② 《陆九渊集》卷 34，《语录上》，第 426 页。

禅之学，外人伦，遗物理，名为神变无方，要之不可以治天下国家。象山之学，务立其大，周于伦物感应，荆门之政，几于三代，所谓儒者有用之学也。世儒溺于支离，反以易简为异学，特未之察尔。①

除了陆九渊，明代的心学宗祖王阳明也是以这样的精神建立了卓越的事功。王阳明本人，才智超群而心性淡泊，始终以超凡脱俗的心态对待人生的种种际遇。1517 年，他以文官之身而被授予巡抚（后为提督军务）之职，前往江西、广东和福建三省交界处剿灭为患多年的匪寇，他以当地的百姓和土兵为依托，仅用了一年零三个月的时间，便完全剿灭了多年巨寇，"远近惊（以）为神"。② 1519 年夏，他再次显示出处变不惊、运筹帷幄的智慧，仅用四十天时间，就平定了震惊大江南北的宁王之乱，建立了不世之功。随后的两年间，他又以江西巡抚的职衔安定地方百姓，治愈战争疮伤，但是，由于遭到当权重臣的嫉妒，仅获得南京兵部尚书和新建伯的空衔，对此，他淡然处之，索性告假回乡，从 1521 至 1527 年，在家乡一住就是六年。在家赋闲的六年中，王阳明开门讲学，授徒无数，培养了许多具备圣贤人格的儒者，无意中也奠定了明代影响最大的阳明学派的基础。1527 年秋，朝廷再次以都察院左督御史和总督四省军务的重权授予他，此时王阳明尚在病中，仍然抱病出征，前往广西处理少数民族酋长叛乱的事务。到了广西之后，他兵不血刃地招抚了壮族酋长，并使之感激涕零地为之效命，随后，又巧出奇兵，一举荡平了八寨和断藤峡的山瑶峒贼，使这两处盘据上百年的巨寇灰飞烟灭，令世人瞠目结舌，惊叹不已。平定广西之后，他又赈济民生、兴办文教，致力于恢复广西的社会经济与文化事业，过度的劳累使自己终于病倒，1529 年元月 9 日，在返程途中，病逝于江西南安。王阳明的一生，集立德、立功与立言于一身，尤其是军事指挥与治世才干，为世所罕见，在儒学发展史上绝无仅有（略可比拟的是近代的曾国藩、左宗棠等人）。这种安邦定国、经世济民的抱负与才干，充分证明了王阳明开创的心学一派是儒者之学，而非佛道二教的变种产物。在王阳明身后，许多王门后学也都秉持经世济民的理想抱负，在不同的领域做出了突出的政绩和事功，仅在本书第二章所记述的王龙溪的一些挚友中，如唐顺之、李遂等人，便是以抗倭之功而闻名。诚然，阳明后

---

① 《王畿集》卷 5，《慈湖精舍会语》，第 114 页。
② 《明史》卷 195，《王守仁传》，第 5162 页。

学中有一些人物确有流入禅道的思想倾向，正因为如此，王龙溪才一再重申"儒者之学，务于经世"的主张，旗帜鲜明地将儒家学术的思想纲领公诸于世，将其与佛、道二教的本质区别清楚地呈现在世人面前。虽然由于个人的时运关系，王龙溪本人并没有建立什么经世济民的事功，但是，能够在讲学过程中将儒学的经世理念一再阐明，对于世人搞清儒者之学与释道二教的区别，起到了校正方向的指导作用，同时也充分证明了王龙溪思想的儒学性质。从这个意义上讲，在研究王龙溪哲学思想的学术探讨中，他的经世哲学乃是不可缺少的重要一环。

二 君子之政，其必由学

如前所述，王龙溪所提倡的儒者经世之事，在动机上与一般世俗之人追逐权力的功利之欲有着本质的区别，既然动机不同，那么，儒者在经世之道上自然与玩弄权术的阴谋家、纵横家有着不同的方法和手段。对于治国之术的指导思想，王龙溪始终强调一个理论来源，那就是——

> 君子之行其政也，其必由学乎![1]

这句话体现出典型的儒家思维方式的特色，它表明了学术与政治是相互关联的，君子之行其政，其指导思想必定来自其所学。在王龙溪看来，一个儒者应当以阳明心学的基本理念为依据，去指导自己的为政活动，这就是他所说的"君子之政，其必由学"的大体内涵所在。

关于学术与政事的关系，王龙溪做出过明确的阐述，他说：

> 夫学术与事功相表里，君子之学所以经世。学术既正，趋向必端，事功必显，其视于民必亲，此探本之论也。[2]

这段话表明，学术与事功是互为表里的，君子之学的根本用途就是为了治理社会，而君子施政的方略也无非是他的学术理念的体现，因此，必须率先端正其学术思想，唯有如此，才能保证治世之事"趋向必端"，促进治世之功光大彰显。以心学宗祖王阳明为例，他在学术思想上"以亲

---

[1] 《王畿集》卷13，《起俗肤言后序》，第358页。

[2] 《王畿集》卷17，《绍兴府名宦祠记》，第487页。

民为宗",① 因此，在治世活动中才能"视于民必亲"。可见，端正学术思想是从事政治活动的主观前提，这是探本正源的道理，也是君子之学的必然要求。

当然，历史上很多并非儒者的政治家，一样从事政治活动，并且建立了影响巨大的事功业绩。对此，王龙溪做了一番辨析，他说：

> 经纶之业，其出有本。事功不由于学术，虽其所建立炯耀一时，譬之无源之水，无根之木，枯涸可以立待。②

王龙溪清楚地看到，一些曾经显赫的政治人物，"事功不由于学术"，没有一种正确的学术理念指导其从政生涯，因此，"譬之无源之水，无根之木，枯涸可以立待"。这则比喻道出了一个严酷的历史真相——某些政治人物虽然生前位高权重，可谓"炯耀一时"，然而，一旦失去了权位，他的声名与"政绩"就像无源之水、无本之木一样很快枯涸消散。究其原因，由于没有深刻、坚实的学术理念作为思想指南，这些政治人物的所作所为，往往像烟花一样煊赫一时，却不能持久，更谈不上为苍生百姓带来超越时代的长远福祉，因此，他们的声名功业随着时间的推移很快消失殆尽，这是必然的结果。

除了维持事功业绩的持久性之作用外，正确的学术理念还可以使儒者从政治活动中直接受到磨炼，锻炼和提升自己的心性修养水平。例如，王龙溪的挚友唐顺之（号荆川）曾经负责淮、扬一带剿平倭寇的战事，军务倥偬，权重一时，王龙溪仍然在信中劝勉他不忘学问功夫，他说：

> 千古圣学，本于经世，与枯槁山林不同。吾人此生，不论出处闲忙，只有经世一件事。如吾兄今日处在兵中，金革百万，与山中饮水曲肱（无异），万变在人，原无二事；彻头彻尾，只在机上理会，原无二学。此机无寂感，无闲忙，有无之间，不可致诘，是谓圆机。日应万变而常寂然，方是大镇静，方是经世之实学。③

在这段话中，王龙溪化用了北宋程颢的一句名言："百官万务，金革

---

①　《王畿集》卷13，《起俗肤言后序》，第359页。
②　《王畿集》卷17，《绍兴府名宦祠记》，第488页。
③　《王畿集》卷10，《与唐荆川》，第267页。

百万之众，饮水曲肱，乐在其中。万变皆在人，其实无一事。"① 程颢的话表明了他主张消除分别心、泰然应对诸务的处事理念，对后代心学影响很大。王龙溪素知老友唐顺之为人有"侠气"，其性格特点是"重然诺，轻生死，终涉好名，与圣贤本色作用未免毫厘（之差）"，② 因此，王龙溪担心他一朝权柄在手，处事"未免涉于轻躁"，③ 于是，谆谆告诫他要学会"日应万变而常寂然"，如此"方是大镇静，方是经世之实学"。针对唐顺之所处的特殊情况，王龙溪还强调"彻头彻尾，只在机上理会"，这是因为：军事指挥不同于一般的政务活动，情形复杂，性命攸关，责任重大，必须随机应变而又自做主宰，只有练就举重若轻、镇定自如的心态，才能将眼前事务处理得当，不负朝廷委以剿平倭寇的重任。王龙溪的这番劝勉，表明了儒者在经世活动中，一样有心性工夫可做，这才是致良知工夫的真实运用；反之，"若离了事物为学，却是着空"（王阳明语），④ 那就变成了纯粹的纸上思辨学问，而失去磨炼心性、提升人格的效用。

王龙溪所处的时代，道家思想仍然有着广泛的影响，一些学者借用庄子的思想，来贬低儒者经世之学的意义。例如，庄子曾说："道之真以治身，其绪余以为国家，其土苴以治天下"，⑤ 根据这一说法，仿佛儒家的治世之学如同土苴一般无足轻重。对此，王龙溪进行了必要的辨析，他说：

> 夫儒者之学，务于经世，但患不得其要耳。昔人谓"以至道治身，以土苴治天下，"是犹泥于内外精粗之二见也。动而天游，握其机以达中和之化，非有二也。功著社稷而不尸其有；泽究生民而不宰其能；教彰士类而不居其德；周流变动，无为而成，莫非良知之妙用，所谓浑然一体者也。……信乎！儒者有用之学，良知不为空言也。⑥

王龙溪指出，庄子的说法，实际上还是"泥于内外精粗之二见"，把治身视为内学，把治世视为外学，这是不恰当的。倘若真的掌握了圣学之

---

① 《二程遗书》卷6，《二先生语六》，第134页。
② 《王畿集》卷10，《与唐荆川》，第267页。
③ 同上书，第266页。
④ 《王阳明全集》卷3，《语录三》，第95页。
⑤ 《庄子集释》，《让王第二十八》，第963页。
⑥ 《王畿集》卷13，《阳明先生年谱序》，第341页。

要，那么，治身与治世是一样的道理，"莫非良知之妙用"，都可以表现为"握其机以达中和之化"的成功实践。真正懂得良知妙用的儒者，并无此内外分别之见，"所谓浑然一体者也"，他们无论治身还是治国，都以良知灵明为依据，无爱故无惧，无执故无失，"周流变动，无为而成"，一切治国平天下的卓越事功，都是在自然而然的措置安排中实现的。庄子身为隐逸之人，看重养生而轻视治国，他的学问无补于国计民生；儒者之学则不然，以良知为根据，"务于经世"，有益于社稷苍生，这才是有用之学，而不是妄发空言的议论。

最后，需要注意的是，王龙溪所说的"学术与事功相表里"的"学"字，除了一般意义的良知之学外，仍是特有所指，他说：

> 学也者，以万物为（一）体者也。是故君子之治也，视天下犹一家也，视天下之人犹一人之身也，视天下之心犹一心也。譬诸木之千枝万叶而一本也，水之千流万派而一源也。是谓一视之仁。①

当然，这段话在此出现已无什么新意，其基本内涵前文已有论述，无非是王阳明"天地万物一体之仁"思想的重复，只不过改成了"一视之仁"而已。然而，这种"以天地万物为一体"的生命本体观，正是儒家先哲孜孜不倦地追求社会理想和政治抱负的动力所在，也是一位真正的儒者区别于一般追名逐利的政客的思想标志。王龙溪本人虽然没有多少治理社会的成功实践，但是，他坚持把"学也者，以万物为一体者"的命题视为儒者经世之学的指导思想，不仅体现出他的儒家思想本位，也彰显出一位儒者以道济天下的博大胸怀。

第二节　王龙溪和《中鉴录》

为官不过十年，年仅四十五岁的王龙溪就被京察罢官，从此优游林下，因此，王龙溪纵使有经世济民的理想抱负，也无缘在政坛上实现。不过，离开了政坛的王龙溪，并没有像一般的隐士那样从此不问世事，在讲学传道之余，他仍然以冷眼旁观朝廷政局的变化。虽然他看透了政坛纷争的内幕，无意重返仕途，但是，一颗盼望朝廷政局走向清明的心却始终没

---

① 《王畿集》卷13，《起俗肤言后序》，第358页。

有泯灭。因此，当万历初年，年仅十岁的小皇帝即位（由张居正辅外廷，冯保辅内廷，二人关系密切），王龙溪感到，明代宦官干政的局面可能再次出现，这几乎是一个不可逆转的趋势。在这种背景下，王龙溪摒弃了一般士大夫蔑视、厌恶宦官的态度，仔细研究了各个朝代的宦官的行迹，以儒家的善恶为标准，分为六类，把历史上一些著名宦官的兴衰和结局都编录在册，撰成了一部褒善贬恶的《中鉴录》（分三册）。此时，适逢他的得意门人张元忭奉敕进入内书堂教习年少的太监们读书，于是，《中鉴录》一度成为张元忭用以教导众宦官的重要教材。由于这些年轻的太监以后可能成为皇帝身边的近侍，对皇帝的执政好坏有着潜在的影响，从这个意义上讲，王龙溪以一部《中鉴录》来启发宦官的良知，从而达到侧面影响皇帝的目的，这也算是其"儒者之学，务为经世"理念的体现和运用了。

一　编撰《中鉴录》的动机

由于与王龙溪本人的学术思想关系不大，因此，古本《王龙溪全集》并没有收入《中鉴录》一书，今本《王畿集》也只是择要选取了其中一些重要的序言和篇章。在《王畿集》中，我们还可以通过王龙溪给一些友人的书信，看出此书其实是他有意为之，算是他间接地实践经世理念的一种手段。通过这些书信、序言等史料，我们可以疏理出王龙溪撰写《中鉴录》一书的真实动机和内在思想，特别是适应和改良君主专制政体的政治理念。

明朝是一个宦官干政时有出现，而且情势非常严重的朝代。本来，明太祖朱元璋在立国之初，已经吸取了前朝（特别是汉、唐）的历史教训，严禁宦官干政，曾经镌刻铁牌置于宫门，上书："内臣不得干预政事，预者斩。"① 可是，自从明成祖朱棣夺取建文帝的江山后，因为曾经依靠朝中的内侍协助策应，所以重新开始任用宦官参与政事，从此宦官的权势日重。到了明英宗时期，太监王振得宠专权，导致震惊一时的"土木堡之变"，明英宗被瓦剌部所俘，王振也被乱军杀死，明朝国势由盛转衰。然而，后来的帝王并未汲取前朝的教训，任用宦官者仍屡见不鲜，例如明武宗前期，宦官刘瑾权倾一时，搞得朝廷内外乌烟瘴气。除了王振、刘瑾这样的大阉外，还有无数的权势相对较小的其他宦官，他们一方面以内侍的身份很容易接近并讨好于皇帝本人，另一方面又倚仗天子家奴的地位对朝

---

① 《明史》卷304，《宦官一》，第7765页。

中大臣颐指气使甚至欺上瞒下，因此，在君主专制制度下，宦官的权力大小、品行好坏，在一定程度上确实可以影响甚至左右朝廷政局的走势。不过，除了刻意巴结宦官的某些无耻官员外，就一般迂阔的士大夫而言，他们不屑与宦官交往，"一切以刑余寺人鄙弃而恶绝之"①，这样一来，宦官集团也与外廷士大夫很不投机，互不买账，形成了对立乃至争斗的局面。身处明朝中叶的王龙溪，当然还不可能像经历了亡国之痛的黄宗羲那样去反思君主专制制度的内在弊端，他只是在现有的体制内思考如何去改良政治，针对"君亢臣卑，势分悬隔"②的政治现实，他认为，只有通过教化君主身边的近侍宦官，才有可能从侧面影响君主走向励精图治的道路，正如他在信中对友人所说：

> 吾人欲引君于道，舍中官一路，无从入之机。譬如寐者得呼而醒，诸梦自除，《中鉴》所以代呼也。③

具有类似想法的士大夫不止王龙溪一人，例如：与王龙溪齐名的泰州学派传人罗汝芳（号近溪）在此之前就曾经主张要使皇帝身边的诸大阉知学明理。嘉靖四十四年（1565 年），他以南直隶宁国府知府的职务前往北京入觐之时，面见他的老师④、时任内阁首辅的徐阶说：

> 公诚能使诸大阉知向学，即启沃上心一大机括也，公奈何仅循内阁故事以塞其责耶？⑤

因为固有的师生关系，徐阶并不介意罗汝芳的直言不讳，反以其见为然。不过，在嘉靖晚年，徐阶根本做不到这一点。到了隆庆二年，徐阶又被迫请求致仕，因此，罗汝芳的提议并没有得到实现。与罗汝芳略有不同的是，王龙溪主张从宦官年少时便开始对其实施道德品质的教育，以期较早地打好基础，使之成为帝王身边能够发挥辅弼匡正作用的近臣。

正是为了培养一批能够正面引导君主的宦官，王龙溪才在万历初年撰写了《中鉴录》一书，其初衷可以用一句话来概括：

---

① 王龙溪语，载《王畿集》附录三，《中鉴答问》，第 796 页。
② 《王畿集》卷 11，《与赵瀔阳》（一），第 289 页。
③ 同上。
④ 罗汝芳二十二岁中秀才时，徐阶任江西提学佥事，是其座主，故可称为老师。
⑤ （明）王时槐：《近溪罗先生传》，载《罗汝芳集》，第 857 页。

予之《中鉴》，窃有附于斯义，欲使辅养君德，以成穆清之化，此谓内外皆得其人，而辅弼承顺之责得矣。①

为什么影响君主（特别是年幼的皇帝）的人首推内侍宦官之辈？在给友人的信中，王龙溪以现实主义的态度，坦率地指出：

圣躬冲颖，日处深宫，与外廷相接之时无几，食寝宴游，不得不与中官相狎昵。此辈是非之心、利害之机未尝不明，但积于染习，无人为之开牖，迷而不自觉耳。若得此辈回心向善，如家众之护主人，不惟不为投间，且将随事纳诲，以效匡弼之劳，比之外廷，其功百倍。②

诚然，在君主专制时代，成天围绕在帝王身边的并非公卿大臣，而是内侍太监、宫女嫔妃之类，如果这些人能够回心向善，就像家奴忠心地呵护主人一样，"不惟不为投间，且将随事纳诲，以效匡弼之劳"，其实际功效比起外廷大臣的忠言直谏来，无疑要超出许多倍！类似的话，王龙溪说过不止一次，在载于《中鉴录》卷一的《中鉴答问》一文中，王龙溪又详细地阐述了这一问题，表明了内臣和外臣对于帝王影响程度的差别，他说：

纵使（君上）日御经帏，相临不过片时，讲官掇取世儒之常谈，申缀数语，谓之纳诲，片时謦欬，欲以收启沃之功，吾见其亦难矣。外此皆深宫燕处，耳目之所役，食息之所需，不得不与宦官宫妾相接。人主刚明，不惑他志，又能素教预养，前后左右俱取端良老成之人，……脱遇人主邪思、欲念之萌，且将随事箴规，多方引譬，较之外庭献纳谏诤，事半而功且倍之。夫外庭之臣逖而情疏，宦官宫妾昵而情亲，情疏则志暌，其言有所讳而难尽；情亲则志应，其言无所疑而易入。言一也，内外难易，势之不同，则人心变矣。③

---

① 《王畿集》附录三，《中鉴答问》，第798页。
② 《王畿集》12，《与曾见台》，第305页。投，迎合；间，离间。
③ 《王畿集》附录三，《中鉴答问》，第797页。脱，倘若，偶尔。

王龙溪的这番表述，无疑是一种"体制内"的建言。他看到了外廷经筵讲官与皇帝相处的时间十分有限，而且，仅凭世儒之常谈，"欲以收启沃之功，吾见其亦难矣"。相比之下，宦官宫妾诸内侍成天与皇帝厮混在一起，饮食起居，一举一动，都是由他们伺候的，因此，如果皇帝身边都是一批"端良老成之人"（这是可以培养出来的），那么，他们不仅不会像历代奸佞阉人那样迎合皇帝的邪思情欲，反而会"随事箴规，多方引譬"，由于他们与皇帝的亲密关系，这种规谏容易为君主所接纳，"较之外庭献纳谏诤，事半而功且倍之"。同样的话，由不同的人说出来，"内外难易，势之不同"，却能够劝化君主，使之懂得勤俭持国，励精图治，这无疑是有利于天下苍生的聪明之举。有见于此，王龙溪认为，必须加强对皇帝身边的内侍太监的教育，使之懂得为人、做事的道理，这样才能积极地影响皇帝本人，间接促进朝政走向良性循环的轨道。为此，他特意勾陈史籍，精选案例，从历代宦官的善恶之迹和相应结局中总结经验教训，撰成《中鉴录》一书，以作为内书堂教育少年宦官的教材。对于自己编撰此书的动机，他在《中鉴录》的序言中做了直接的阐述，他说：

> 余读古今宦者传，历观诸人祸福之由，未有不自己求之者。由今观昔，宜有所鉴而惩矣。①

又如：

> 故纂《中官传》，得其切于人情者若干人，善恶分为六门，凡为善召福，构恶致祸者，悉以类从。……天生斯民，中人为多，上智下愚，间可数也。然则居内侍者，岂可不以上智为师、下愚为戒？鉴兹成败，宜动警省。与其蹈锦而罹阱，孰若舍锦而远阱哉？由斯以言鉴，兹祸福之机，当知所自择矣。②

在这段话中，王龙溪做了一个比喻，有些人走在锦缎铺成的道路上，却不知道这层锦缎的下面暗藏一个陷阱，因此，当其蹈锦之日，已罹入阱之危，尽管开头志得意满，驰骛不已，最终摔落在陷阱之中，乃是必然的结果。王龙溪指出，历史上诸多权倾一时的大阉，如赵高、石显、仇士

---

① 《王畿集》附录三，《中鉴录序》，第791页。
② 同上书，第792页。

良、童贯等，没有一个有好的下场，都是因为作恶多端、骄狂忘本所致，因此，他说："诸人祸福之由，未有不自己求之者。"王龙溪坦言，自己编撰《中鉴录》的动机，就是为了让诸内侍宦官"鉴兹成败，宜动警省"，教诲他们"与其蹈锦而罹阱，孰若舍锦而远阱哉？"如果诸宦官能够小心、正确地选择自己的道路，忠诚地辅佐君主而不敢妄为，那么，趋福避祸的结局也自然就蕴含在其中了。

二　《中鉴录》的思想内容

除了以史实为依据，讲述历朝历代诸宦官的善恶行迹和相应结局外，王龙溪还以阳明心学的基本理念贯穿于全书之中，对于内侍宦官进行道德品质的教育。例如，他在《中鉴答问》的开篇即说：

> 《中鉴》者，中官之鉴也。以铜为鉴，可辨妍媸；以古为鉴，可辨善恶。今历观中官之列而入鉴者，某也为善，某也为恶，既昭然明矣，其善者必获福，恶者必获祸，又的然应矣。善恶者，祸福之因也；祸福者，善恶之报也。因缘果报，犹影之随响，不可逃也。①

在提出了"善恶者，祸福之因也；祸福者，善恶之报也"的基本价值观之后，王龙溪又以设问的方式阐述了一系列问题，其中，首要的是以阳明心学的基本理念作为辨别善恶是非的根本原则：

> 客曰："善与恶，孰从而明之？"外史氏曰："明诸此心而已矣。是非者，人之本心，善恶之则也。是非之心，人皆有之，所谓良知也。自尧舜以至于涂人，一也。……本心之明，譬之白日；蔽于习、夺于欲，譬之浮云。浮云撤，则白日自见；欲习去，则本心自复。小人之可进于君子，涂之人可入于尧舜，非自外来也，自反自求，即自得之，所谓明诸心者，此也。"②

这段话表明，人人皆有是非之心，这便是所谓良知，良知本心乃是判明是非善恶的主体内在依据。不过，良知本心可能"蔽于习（气）、夺于（私）欲"，就像天上的浮云有时会遮蔽太阳的光辉一样。当然，只要通

---

① 《王畿集》附录三，《中鉴答问》，第793页。
② 同上。涂，即途。所谓设问，即自问自答的修辞方法。

过后天的学习，把自己的私欲扫除、习气消融，那么，本心之明自然就恢复了。只要坚持这样的修养工夫，小人可以进步成为君子，途人可以跻身成为尧舜一样的圣人。值得注意的是，这种人格境界的提升，并不是由外塑造、人为堆砌的，而是因为人人心中先天具有这样的良知本心，因此，"自反自求，即自得之"。由是可见，王龙溪这样一番自问自答的论述，无非是以浅白通俗的方式再次阐明了阳明心学的致良知之教而已。他希望通过这样的文字，启发每一个内廷中官的良知，从而自觉地为善去恶，做一个忠于君主、利于国家的正人君子。

然而，历史上为非作歹的宦官确实太多，这不免令人疑惑：一般人还可说是为子孙聚敛财物，宦官又没有后代，为什么却更加疯狂地贪墨敛财，难道个中就没有特殊原因吗？对此，王龙溪仍以设问的形式做了阐述：

> 客曰："世间多为子孙而积聚，今中官既在刑余，无子孙传体之累，顾好货纳赂，厚务积聚，一息尚存，贪嗜不止，还归之后，一旦散去。自古以来，岂无聪明智慧之夫，而终未有能悟者，何耶？"
> 外史氏曰："此所谓习也。习气移人，虽贤者所不免矣。以世界论之，是千百年积习；以人身论之，是一生积习。嗜积敛，受积报，以故身死未寒，尽为有力者所攘夺，虽弟侄亦不得而有。……有等作恶蠹国之徒，生遭戮辱，死遭灭族，谓之现报，殊可叹也。"①

对于历代宦官普遍存在的好货纳络、贪嗜不止的行径，王龙溪认为，这并不是因为宦官们在心性上有什么异于常人之处，归根结底，仍是习气夺人所致。他特别指出："习气移人，虽贤者所不免矣"，习气不单是个人所有的，而且还可以传染沿袭，"以世界论之，是千百年积习；以人身论之，是一生积习"，由于宦官出身原本都是微贱之人，没有学习圣人之道的机会，对于人生历程中的许多因果报应看不清楚，入宫之后，受到历代宦官所传风气的习染，不懂得清廉自守，自甘堕落地成为一个只会贪嗜敛财的小人，造下各种业障，"生遭戮辱，死遭灭族"，成为史籍上一再出现的反面典型。不过，王龙溪认为，如果积极地对宦官进行道德教化，那么，他们同样有可能扫除私欲，消融习气，成为一个忠厚本分、守职尽责之人，为此，他坦诚地指出：

---

① 《王畿集》附录三，《中鉴答问》，第794页。

夫数多则党盛，权重则势尊。其在国家，如城狐社鼠，其在人主之身，如喉瘿腹痞，既不知为履霜之戒驯，至于坚冰而不可解。此其害在吾党亦与有过焉，盖驭之不得其术，养之不由其道，未可专以责彼为也。①

一个士大夫能够反省本阶层在对待宦官态度上的过失，说出"此其害吾党亦与有过焉"和"未可专以责彼为也"，这在历史上是十分少见的。那么，所谓"吾党亦与有过"指的具体是什么呢？王龙溪说：

吾党不能包荒，不与分别玉石，一切以刑余寺人鄙弃而恶绝之。彼既不见与于君子，虽有燦为石中之玉者，亦且安于染习，无复自爱；既不能成圭璋瑚琏之名，固将浑于尘土而自不惜。此（亦）吾党激之也。②

又如：

此辈并生天地间，是非利害之心未尝不与人同，但溺于习染，久假不归。况吾辈不能视为一体，自生分别，有以激之。③

可见，一般的公卿大夫，对于宦官不加分别，"一切以刑余寺人鄙弃而恶绝之"，这样一来，使得外廷与内廷出现了明显的隔阂，即使宫中原有某些品质尚好的宦官，因为得不到士大夫阶层的尊重，"亦且安于染习，无复自爱"，索性与那些贪赃枉法的太监同流合污，"既不能成圭璋瑚琏之名，固将浑于尘土而自不惜"，结果造成整个宦官集团普遍贪腐的局面，王龙溪承认，"此（亦）吾党激之也"。从阳明心学所秉持的"天地万物一体之仁"的理念出发，王龙溪认为，士大夫阶层应当有包容万物的胸怀，对于出身微贱的宦官也不例外，应该对他们积极地进行道德品质的教育和感化，使之分辨善恶是非，从一个眼界狭隘、派性严重的奴仆转变成为恪守职责、尽忠国家的臣子。为此，王龙溪回顾了明代专门教育

---

① 《王畿集》附录三，《中鉴答问》，第795页。
② 同上书，第796页。一切，犹言一律。
③ 《王畿集》卷10，《与朱越峄》，第257页。

宦官的机构内书堂的设立和演变，总结了其中的历史教训，再次强调对于宦官进行道德品质教育的必要性，他说：

> 内学堂之制，相传谓起于宣德年间。选集小侍敦朴颖敏者三四百人，群聚其中，外取翰林五六品以上官六员教之，内设司礼监一员提督之，每日轮班入主教事，教之写字、读书，谨其礼节，开其知见，随其根性高下，乘其机而导之。敦朴者务为疏通，颖敏者务于笃厚，悟疾徐于甘苦之外，使之潜消默化，习与性成，日入于善而不自知。今日年少之中官，即他日（御）用之近侍也。因与提督中官讲究教养之法，使知所以自爱，亦以信吾辈之为可亲，而不欲自外于缙绅。其法未尝不善，盖内外夹持之意也。后来人情玩弛，渐非初意，学者俱失其初，饮食宴游，习为玩嬉，彼提督者，绝不相见，盖文存而实废也。是岂立法之意哉？吾党与有过焉，不可不分任其责也。①

王龙溪的回顾与历史事实大体相同，而且更加翔实。据《明史》所载："初，太祖制，内臣不许读书识字。后宣宗设内书堂，选小内侍，令大学士陈山教习之，遂为定制。"② 不过，这段回顾还表明了宣德年间曾经有过内廷与外廷共同协作，一齐教化年少宦官的基本史实——在内书堂中，除了翰林学士担任教习之外，还有"内设司礼监一员提督之"，所教内容除了读书写字等文化课之外，重点在于"随其根性高下，乘其机而导之"，使之"潜消默化，习与性成，日入于善而不自知"，很明显，这是以道德教化为主要目的。在内书堂设立之初，翰林学士与提督太监之间经常探讨研究"教养之法"，特别注意设法消除入宫不久的少年宦官的自卑心理和敌视态度，"使知所以自爱，亦以信吾辈之为可亲，而不欲自外于缙绅"。如果这套制度能够坚持下来，"其法未尝不善，盖内外夹持之意也"，遗憾的是，"后来人情玩弛，渐非初意"，小太监们把到内书堂读书视为宴游玩嬉之事，而提督太监与翰林学士之间的交流研讨也完全废弛，正如王龙溪所说"彼提督者，绝不相见，盖文存而实废也"。对此，王龙溪认为，提督太监玩忽职守固然可恶，与此同时，担负着教化内廷小太监的翰林学士们"不可不分任其责也"，他们似乎把教育内廷太监当成一件降低身份、有辱斯文的事情，殊不知"今日年少之中官，即他日御

---

① 《王畿集》卷10，《与朱越峄》，第797页。"御"字原为脱文，据文义而补。
② 《明史》卷304，《宦官一》，第7766页。

用之近侍也"，如果把他们教育好，就等于在君王身边多安置一些忠厚善良之人，对于辅弼君主是十分必要的。针对这种内书堂教育日渐废弛的现状，王龙溪大声疾呼，要加强对于年少太监的道德教化，适逢他的弟子张元忭在万历七年（1579 年）奉命教习内书堂，他特意将所撰《中鉴录》一书交给他，使之成为教诲内廷太监的重要历史教材。

三 王龙溪对《中鉴录》的推广介绍

1572 年农历五月，明穆宗驾崩，年方十岁的三皇子朱翊钧即位，次年改元为万历。万历皇帝刚刚登基时，外由张居正主掌内阁大政，内由太监冯保主管内廷事务，张、冯二人联手合作，实行了一系列颇见成效的改革措施，朝廷上下出现了一些新气象，被称为"万历新政"。这样一来，包括王龙溪在内的一些远在江南的士大夫对于朝廷政局又产生了一定的期望。按史籍记载，万历皇帝年幼时挺懂事，虽非陈皇后所出，却得到了陈皇后的喜爱，六岁时即被立为太子，即位之后，因为年纪太小，由张居正、冯保等人禀受顾命执政，他自己只能在深宫之中老老实实地读书，成天陪同他的是一批大大小小的太监宫娥。从朝中故交那里听说了这些情况之后，身处乡野的王龙溪感到喜忧参半，一方面是"圣天子在上，睿智夙成，童蒙元吉"[1]，另一方面则是"新君临御，虽睿资天授，而趋向未定"[2]。在这种情况下，他便发挥自己精通史籍的特长，专门编撰了《中鉴录》三册，希望通过教化好宫中太监，进而影响年幼的皇帝走向励精图治、勤政爱民的正道。书成之后，王龙溪当然希望能够产生广泛的社会影响，因此，他利用自己在朝中一些故友门人的关系，积极地向上层推荐自己的这部著作，特别是希望能够在宫廷内书堂的教学中采用此书。

从今本《王畿集》收录的书信来看，为了向统治集团推介《中鉴录》，王龙溪曾经给耿楚侗（即耿定向）、朱越峄、赵瀔阳、曾见台、邹聚所[3]等人写过信，表述了自己编撰《中鉴录》的缘由和目的，并且希望他们代为传播、推广。这些人中，有的是王龙溪的故交，如耿楚侗、朱越峄、赵瀔阳，王龙溪尊称为"吾丈"或"世丈"，有的则是王龙溪的门人或晚辈，王龙溪亦敬称为"吾弟"或"世契"。无论是同辈或晚辈，只要

① 《王畿集》卷 12，《与曾见台》，第 305 页。
② 《王畿集》附录三，《与邹聚所》，第 805 页。
③ 邹德涵，字汝海，号聚所。生卒年不详，王门名士邹守益之孙，进士出身。《明儒学案》卷 16 有传。

是在朝堂之上有一定话语权的士大夫，而且为人可以信托，王龙溪都曾向他们坦诚地求助，希望他们能够代为推广介绍自己的这部精心之作。值得一提的是，由于隆庆二年（1568 年）王阳明已获平反，其嗣子王正亿（字仲时，号龙阳）世袭为新建伯，奉敕前往北京居住，因此，王龙溪将写成的《中鉴录》誊录成几份，直接放在了王正亿的府中，凡是乐于施助的友人，都可以到王正亿的府邸去拿一部誊录稿来阅读。王阳明逝世之后，王龙溪和一些同门曾经冒着生命危险，戮力同心地保护王阳明唯一的孤儿骨血，终于将他抚养长大，在王龙溪眼中，王正亿"质慧而好修"，"驯其所至，知其必为君子"①，是个可以托付之人，因此，才将自己精心撰成的《中鉴录》放在他的府中，由其代为传播。通观王龙溪给门人故交的书信，虽然他把编撰这部著作的动机谦称为"杞人忧天"，实际上，颇可窥见其忧世之念和经世之怀。在此，笔者不妨节录几段有代表性的书信内容于下，并略作分析。

在给耿定向的信中，王龙溪说：

> 圣天子童蒙之吉，柔中临之于上，……外廷公卿进见有时，日处深宫，食息起居，不得不与中官相比昵，势使然也。迩者元老有《帝鉴》，独中官无鉴，似为缺典。闲居无事，纂辑历代中官传，得其善与恶者若干人，录为《中鉴》，间以数语引而伸之，开其是非之本心，警以利害之隐机，使知所惩发。若得此辈回心向主，比之外廷献替，功可百倍。非吾丈苦心知我爱我，即未必以为迂，或以为过计也。录成，托（王）龙阳奉览，若以为有补世教，须吾丈以数言弁首，刻布以传。此固杞人忧世之微忱也。②

在给朱越峄的信中，王龙溪又说：

> 惟圣天子睿智夙成，得于所传闻，宛然帝王矩度，此诚社稷生灵之福，但蒙养贵正，是为圣功。……凡我大小臣工，守令有鉴，台谏有鉴，辅相有鉴。迩者复有帝鉴，独中官未有所鉴，似为缺典。不肖因纂辑春秋以下历代诸史宦官传，得其淑与慝者若干人，分为三册。……此杞人忧世之苦心，纳牖之微机也。有稿在王龙阳处，吾丈

---

① 《王畿集》卷14，《送王仲时北行序》，第385页。
② 《王畿集》卷10，《与耿楚侗》，第240页。

可索观之。若以为有补世教，可留意披抹，与同志相参，以广其传，如以为迂狂，则置之可也。①

在给赵濲阳的信中，王龙溪又说：

《中鉴》之辑，自吾弟起因，今已脱稿，寄留龙阳处，取而观之，自见杞人忧世苦心。三代以降，君亢臣卑，势分悬隔，吾人欲引君于道，舍中官一路，无从入之机。譬如寐者得呼而醒，诸梦自除，《中鉴》所以代呼也。吾弟可细细披抹笔削，以润色之。若以为有补世教，梓而行之，与诸鉴并传，示法于将来，未必非格心之助也。②

在给曾见台的信中，王龙溪又说：

不肖杞人之忧，以心代力，博采历代中官传，得其善与恶者若干人，录为《中鉴》，并附数语，开其是非利害，使知所劝阻。……如以为有补世教，可跋数语，图刻以传，亦芹曝之苦心也。③

在给邹聚所的信中，王龙溪又说：

《中鉴录》乃杞人忧天。……窃念君有《帝鉴》，相有《相鉴》，台谏守令皆有诸《鉴》，而中官独无，似为缺典。吾世契既以为有补世教，谋诸同好诸士友，捐资锓梓以传，使此辈无意中有所感触，同醯鸡之发其覆，未敢谓天地之大全，亦锡类之助也。④

综合以上书信内容可见，王龙溪虽然久违朝堂，已属在野之身，但是从未忽略朝廷政局的走向，体现出一个儒者心忧天下的经世情怀。具体而言，这一经世情怀又从以下几个方面表现出来。

第一，虽然他一再声称自己是"杞人忧天"，却又明言这是"忧世之苦心"，他真诚地希望自己的这一著作能够发挥"有补世教"的作用，因

---

① 《王畿集》卷10，《与朱越峥》，第257页。
② 《王畿集》卷11，《与赵濲阳》，第289页。
③ 《王畿集》卷12，《与曾见台》，第305页。
④ 《王畿集》附录三，《与邹聚所书》（一），第805页。

此请求朋友和门人对此书或披抹润色，或代作序言，或捐资助财、梓而行之。可以想见，如果不是殷切期望自己的著作能够发挥有补世教的作用，一向淡泊的王龙溪决不会向故友门人张口，提出如此郑重的要求的。

第二，王龙溪的《中鉴录》选材角度确实很独特，发人所未发。诚如他所说"凡我大小臣工，守令有鉴，台谏有鉴，辅相有鉴。迩者复有帝鉴，独中官未有所鉴，似为缺典"，作为一个以天地万物为一体的儒者，应当摒弃过去那种鄙视、厌恶出身微贱的宦官群体的傲慢态度，也为他们写一部可以作为立身准则的史鉴。此鉴如果写好了，并得以教习诸宦官，必将有助于规正天子的言行举止，正所谓"蒙养贵正，是为圣功"。在君主专制的政体之下，王龙溪看到了一个事实："三代以降，君亢臣卑，势分悬隔，吾人欲引君于道，舍中官一路，无从入之机"，因此，在天子身边营造一种端良忠厚之人居多的氛围，产生内外夹持的作用，这是有助于产生一代圣明君主的。可见，王龙溪编撰这部《中鉴录》，不仅用心良苦，而且确实具有敏锐而现实的政治眼光。

第三，王龙溪秉持人人皆有良知的心学理念，期望此书之刻印流传，不仅将有补于世教，而且能够"与诸鉴并传，示法于将来，未必非格心之助也"。王龙溪认为，诸内廷宦官虽然出身微贱，文化程度不高，但是一样能够明辨善恶是非，前提是有人能够予以及时的教诲、点化，因此，《中鉴录》一书"开其是非之本心，警以利害之隐机，使知所惩发"，就起到了这样的作用。对此，王龙溪还做了一个比喻："譬如寐者得呼而醒，诸梦自除，《中鉴》所以代呼也。"如果这些人能够变得回心向善、忠君尽责，那么，"比之外廷献替，功可百倍"，故此，王龙溪秉持现实主义的态度，认定在君主专制政体之下，内侍宦官所起的作用绝不亚于外廷的公卿大夫，因此，积极地设法教育好皇帝身边的内侍近臣，是使国家政治走向清明的不可或缺的前提性任务。

王龙溪多方请求故友、门人替自己传扬《中鉴录》，并不只是一般意义上的向社会推广传播而已，在他的心底，其实还是希望引起最高统治者的注意，从而最大限度的发挥这部著作的社会效益。在《中鉴答问》一文中，王龙溪自述了撰写这部书稿过程中的史料依据，他说：

予稽诸往代盛衰兴废之故，昭然可鉴者，既如彼矣，又窃伏睹我圣祖开基，深惩前代宦官之祸，凡所谓防驭驯养之方，灿然备矣。①

① 《王畿集》附录三，《中鉴答问》，第796页。

那么，查勘、校阅了如此多的史料，王龙溪编撰此书的最终目的究竟是什么呢？仅仅是送给当时的内廷宦官一本历史教科书吗？当然不只如此。接下来，王龙溪坦承了自己撰写此书的最终目的，那就是——

> 岂惟此辈闻之，益知所修省。凡我继体神孙，亦当视为成鉴，其周防训养之法，弗致玩易而忽之也。①

从内心深层讲，阳明心学的诸儒大多有一个共同的理念："（大丈夫）出则为帝王师，处则为天下万世师"②，这一命题虽是有狂者风范的王艮（心斋）提出来的，实际上，也可大致视为阳明心学的共同理念，因为只有以"师道"来引领"君道"，才能最大限度地发挥正直的士大夫在社会政治中的主导作用。王龙溪虽然不像王心斋那样锋芒外露，但是，他编撰《中鉴录》，其目的就是为了向最高统治者提供一部专门化的史鉴。虽然撰写此书时万历皇帝尚且年幼，但是，人总是要长大的，对于具有励精图治志向的君主而言，如何驯养、驾驭身边的宦官，确实要有一定的理论指导和历史依据，在王龙溪的潜意识中，如果皇帝本人通读了此书，就能够懂得如何驾驭、驯养身边的宦官群体，使之发挥正面的作用，不致"玩易而忽之"，再次重蹈前朝宦官乱政的局面。

四　《中鉴录》的影响和评价

虽然王龙溪用心良苦、一片忠贞，但是，《中鉴录》所发挥的社会作用和历史影响却十分有限，这一点，从明代"万历王朝"的历史发展中可以得出明确的结论。隆庆五年辛未（1571年），王龙溪的得意门生张元忭参加会试，"举进士第一人，授翰林修撰"③，按照惯例，翰林修撰一职世称"储相"，是可以接近天子和诸内侍宦官的清要之职，这样一来，王龙溪便有了通过门人间接影响朝廷政务的可能性。虽然张元忭旋即丁忧，数年不曾在朝为官，但是，他的状元身份保证了他将来仍有可能出入宫廷，成为朝中的股肱之臣。隆庆皇帝在位不过六年，继承大统的是年方十岁的幼帝万历，万历初年，王龙溪听说了幼帝为人十分聪颖、知礼，因此

① 《王畿集》附录三，《中鉴答问》，第796页。
② 《王心斋全集》卷1，《语录》，第13页。王心斋的原话是："必为……"，多一个"必"字。
③ 《明儒学案》卷15，《浙中王门学案五》，第324页。

开始编撰《中鉴录》一书，希望通过门人张元忭等人代为推广宣扬，有
效地影响朝廷政务，特别是教化好皇帝身边的诸内侍宦官。这一目的最初
确实得到了一定程度的实现，按黄宗羲的记载：万历七年乙卯，张元忭返
京后，奉敕教习内书堂，他公开讲出了王龙溪想讲的话——"寺人在天
子左右，其贤不肖为国治乱所系"①，因此，他很自然地选用《中鉴录》
一书，作为教育内廷宦官的历史教材，并且"谆谆诲之"②，王龙溪的心
血没有白废，因为这部史鉴确实一度发挥了它应有的教育作用。

　　可是，封建社会的政治格局，其基本特点是"人存政举，人亡政
息"③，缺乏制度化的建设以保证某项政策的持久性。张元忭教习内书堂
至多不过三年，便奉命离开了内馆教习的职位，成为陪伴在皇帝身边的撰
写起居注的官员。对此，王龙溪不免有些遗憾，他对张元忭说：

　　　　既膺起居之命，内馆主教，势不得兼。所云《中鉴录》，未敢为
　　不朽之传，区区两三年纳约苦心，庶几自尽。内馆之设，事机若微，
　　于圣躬得养与否，所系匪轻。不知相继主教者，悉能领此意，不作寻
　　常套数挨过否？④

　　此时的王龙溪，虽然对个人的出处得失毫不介意，但是，在得知张元
忭离开内书堂教习的职位时，确实心存几分隐忧，他所担心的是，"内馆
之设，事机若微，于圣躬得养与否，所系匪轻"，当张元忭离开之后，继
任者未必会以《中鉴录》为教材，对内侍宦官们谆谆诲之，因此，他才
向弟子发问："不知相继主教者，悉能领此意，不作寻常套数挨过否？"
其实，这个问题也不是张元忭本人可以解答的。在封建时代，身为人臣，
宦海飘零，这是很正常的事情，万历十年壬午（1582 年），由于皇嗣诞
生，张元忭"赍诏至楚，（寻）丁内艰"⑤，又离开了官场数年，等到万
历十五年（1587 年）他回到朝廷，担任右春坊左谕德一职时，他的授业
恩师王龙溪已经离开人世四年之久了。

　　凡是通晓明史的学者都知道，在此数年之间，明朝的政治格局已经发

　　①　《明儒学案》卷 15，《浙中王门学案五》，第 324 页。
　　②　同上。
　　③　语出《中庸》第二十章。孔子答鲁哀公问政，曰："其人存，则其政举；人其亡，则其
　　　　政息。"
　　④　《王畿集》卷 11，《答张阳和》，第 285—286 页。
　　⑤　《明儒学案》卷 15，《浙中王门学案五》，第 324 页。

生了很大的变化。权相张居正于万历十年病逝后，第二年即被万历皇帝褫夺了各项名号，遭到了近乎抄家灭门的迫害，而"大伴"冯保则被剥夺了一切权力，发往南京闲住。在年少之时，万历皇帝惧于张居正的权威，唯唯诺诺，甘当儿皇帝，在张居正去世后，再也无人管得了他，于是为所欲为，异常嚣张。他亲自掌权后不过数年，便开始怠于政事，从此躲在深宫之中，长期不理朝政，不见大臣，甚至许多官曹职位空虚了，也不任命新的人选。万历皇帝在位长达四十八年，却有三十四年的"怠政"时期，依仗张居正给他打下的良好基础，荒淫无度，醉生梦死。在万历当政的后半阶段，中央各级机构已经残缺到几近瘫痪、废弛，封建王朝的政治达到了腐朽不堪的空前程度，所以很多史学家评价说："明非亡于崇祯，实亡于万历。"在这种情况下，连日常的朝廷政务尚且无人负责处理，更不用说内书堂的教学事务，完全被忘在九霄云外去了。

尤其值得注意的是，明神宗在中年之后，为了满足自己和众多嫔妃的挥霍无度的消费欲望，派出了大批由太监充当的矿监、税使，到各地去搜刮民财，激起了许多民变，这一做法直至他去世之前都没有根本的改观。这些太监身边又带着大批的随从爪牙，到了地方，如狼似虎一般地搜刮钱财，据许多史学家研究考证，他们至多将搜刮来的财物的十分之一上缴给朝廷，十分之九都留在了自己的腰包之中[①]，由此，各地民怨沸腾，不断爆发反抗矿使税监的斗争，甚至连一些地方官员都无法容忍这些矿使税监的巧取豪夺，和地方士民站在一起，驱赶来自宫廷的宦官使者。只要稍做分析就不难判定，这些担任矿监税使的宫廷太监，也都是经过所谓"内书堂"教育培养出来的，其中年长一些的，当初很可能读过由王龙溪编撰、由张元忭教授的《中鉴录》一书，然而，此时的宦官监使们早已把《中鉴录》所讲述的为人处世的道理和前代宦官的历史教训忘在了脑后，只知一味地贪敛财物，中饱私囊，从这个意义上讲，《中鉴录》的思想教育作用早就化为乌有，即使此书仍然留在内书堂的教材系列之中，也不过是虚应故事、走走形式的摆设而已。由此令人感叹的是，王龙溪的一片忧世苦心和经世理想，不仅生前没有实现，在身后的万历统治时代更是被撕得粉碎，他的精心之作，也随着时间的推移而渐渐被湮没在历史长河之中。

如果反思王龙溪的《中鉴录》的根本缺陷，那就是没有看到君主专制制度本身是导致封建政治江河日下的主要原因。在专制君主政体之下，

---

① 参见南炳文、汤纲《中国断代史系列·明史》，上海人民出版社 2003 年版，第 745 页。

任何封建王朝都会呈现一个效率日下、腐败渐增的总趋势，一代不如一代，最后导致国亡家毁，这是一姓家族执掌天下的必然结局，而所谓宦官、外戚等势力，不过是伴随着君主专制制度的必然的副产品而已，皮之不去，毛则附焉。只要君主专制制度存在，那么，宦官、外戚等势力的为祸作乱，总归是迟早要发生的事情，这一奇怪现象，几乎任何一个封建王朝都无法避免。在中国历史上，儒家学派的确怀有治国平天下的政治理想，不过，一直缺乏直接夺取政权的能力，于是，只能依附于封建专制的君主，以期实现修齐治平的理想，可是，一旦沦为专制君主的附庸之后，整个儒家学派便失去了与君主抗衡的合法性力量。虽然汉儒（如董仲舒）希望以神权来约束君权，宋儒（如周敦颐）希望以师道来引领君道①，而事实上，虚幻的神权和软弱的师道都不足以抗衡独断专行的君权，因此，只要君主专制制度不被废除，就无法避免昏君的出现，也就无法保证不出现宦官和外戚干政、乱政的现象。从这个意义上讲，即使王龙溪的《中鉴录》写得再翔实，翰林学士讲得再精彩，也不过是隔靴搔痒的表面文章而已。

当然，看透人间世事的大儒王龙溪，头脑可能远没有我们所想象的这么简单。或许他早已洞察了君主专制制度的弊端，然而囿于厂卫横行的社会环境，有些话他不敢说出来而已，因此，他只是在体制允许的范围内建言献策，这样才撰成了《中鉴录》一书。如果深入研究整个阳明心学，我们不难发现，自从王阳明提出"致良知"宗旨之后，实际上，已经委婉地否定了"三纲五常"这种封建伦理规范的永恒性和至上性。王阳明晚年在给儿子王正宪的信中说："吾平生讲学，只是致良知三字。"② 翻遍整个《王阳明全集》，除了一处早年的废稿中有"三纲五常"的字样③，其余的讲学与书信内容中，没有一处提到"三纲五常"（这也是笔者通读《王阳明全集》后一个意外的发现）。与之相比，宋儒朱熹一贯坚持强调"三纲"的合法性和至上性，他常说：

　　　三纲五常，礼之大体，三代相继，皆因之而不能变。④

---

① 周敦颐曾说："师道立则善人多，善人多，则朝廷正而天下治矣。"语出《周敦颐集》，《通书·师第七》，第21页。

② 《王阳明全集》卷26，《寄正宪男手墨二卷》，第990页。

③ 《王阳明全集》卷26，《五经臆说十三条》，第977页。原文是："端本澄源，三纲五常之始也。"

④ 《四书章句集注》（新编诸子集成本），《论语集注·为政第二》，第59页。

又如：

> 纲常千万年，磨灭不得。①

如果在《朱子全书》中去查找统计，朱熹直接强调"三纲"的言论不下一百处之多，间接论述的言语还不曾计算在内。"三纲"之中最重要的就是"君为臣纲"一条，这是维护和巩固君主专制制度的最根本的行为规范。相比之下，把"致良知"视为"圣门正法眼藏"②的阳明心学，虽然并不公开否认"君为臣纲"，就像我们今天并不否认一般意义上的"下级服从上级"原则一样，但是，用一个"致良知"的命题平和地取代了它，从而消解了"君为臣纲"规范的永恒性和至上性。在阳明心学的阵营中，王龙溪的头脑灵敏和思想解放程度明显超过了钱德洪、邹守益等同门名士，因此，如果说他会迂腐到以为仅凭一部《中鉴录》就可以改变明朝的政局，那么，这未免有些看低了王龙溪。相对合理的解释就是：王龙溪看到了明朝宦官集团在朝廷政务中的实际重要作用，于是，只在体制范围内建言献策，编撰《中鉴录》一书，以此来为大明江山补强气血。当然，客观上讲，王龙溪的《中鉴录》所起的作用十分有限，到了最后几近烟消云散，这是由封建君主专制的铁硬制度所决定的。直到明末清初，一批经历了两度亡国之痛③的士大夫，终于看清了封建君主专制制度的内在弊端，因此，他们不再满足于体制内的建言献策，而是把思想斗争的矛头直接指向了祸国殃民的君主专制制度本身。其中，与阳明心学有一定传承关系的，是同样为余姚人的思想家黄宗羲。黄宗羲遍考古今事变，终于得出一个明确的结论：

> 然则为天下之大害者，君而已矣。④

在目睹了明王朝从腐朽走向灭亡的历史教训之后，黄宗羲超越了一般士大夫反清复明的狭隘心理，坦率地指出："天下之治乱，不在一姓之兴

---

① 《朱子语类》卷24，《论语六》，第538页。
② 《王阳明全集》卷5，《与邹谦之》（二），第178页。
③ 明朝先亡于李闯王的农民起义，再亡于满清铁骑的南下侵略，故而是"两度亡国"。
④ （清）黄宗羲：《明夷待访录译注》，《原君》，李伟校释，岳麓书社2008年版，第6页。

亡，而在万民之忧乐。"① 在他的心目中，理想的政治制度不再是以"三纲"思想为基本规范，不再是君权至上、乾纲独断，而是以带有议会性质的学校来公开参政、议政，并对君主和各级官员进行事实上的监督。他说：

> 必使治天下之具皆出于学校，而后设学校之意始备。②

又如：

> 天子之所是未必是，天子之所非未必非，天子亦遂不敢自为非是，而公其非是于学校。③

黄宗羲的《明夷待访录》，终于突破了封建社会的政治伦理界限，提出了带有近代民主启蒙色彩的思想主张，虽然同时期还有唐甄等人提出类似的思想观点，但是，最为鲜明、深刻的仍然首推黄宗羲。黄宗羲的这种质疑君主专制合法性的思想，是阳明心学一系的政治理论逻辑发展的高峰，比之王龙溪所编撰的《中鉴录》，无疑要进步了许多。单从文本上看，王龙溪编撰的《中鉴录》，旨在对封建政治制度进行一种修补和完缮，最终并没有产生他所期望的社会影响，而黄宗羲的《明夷待访录》一书，却将古代士大夫的政治认识水平大大地提升了一个层次，从某种意义上讲，这也是在特定时代善于应用"致良知"工夫论得出的思想成果。自从心学宗祖王阳明提出"致良知"宗旨，实际取代了"三纲"这一封建"定理"④ 后，心学巨擘王龙溪进一步宣传、推广王阳明的良知学说，造成了中晚明蔚为壮观的思想解放运动，这种宣讲活动带来的热烈社会反响和长期效应，恐怕连王龙溪自己也未曾充分预料到。然而，思想解放的闸门一旦打开，新的社会思潮就会像江河之水一样滚滚而来，无论何人，能以"致良知"的求是原则去研究社会政治问题，无论得出什么样的大胆结论，都可以视为阳明心学"天下之学术，当为天下公言之"⑤ 的真精

---

① 《明夷待访录·原臣》，第 14 页。
② 《明夷待访录·学校》，第 38 页。
③ 同上书，第 39 页。
④ 朱熹常说"定理"二字，如："事事物物莫不各有定理"，语出：《朱子语类》卷 14，《大学一》，第 243 页。这种求外在"定理"的观念素来为阳明心学所诟病。
⑤ 《王阳明全集》卷 21，《答徐成之》（二），第 809 页。

神的体现。

第三节　致力于教育

由于仕途不达，很早离开了官场，王龙溪赖以经世的手段，只能是讲学传道、明德淑人的教育事业，像《中鉴录》这样的著作，只是他在偶然条件下的见机之作，并非主要手段。既然此生不能得君行道，那么，不妨变换一条途径，以觉民行道为己任，这也是阳明心学信奉"天地万物一体之仁"的生命价值观的必然要求。正是基于这样的认识，王龙溪的后半生，"（周游）林下四十余年，无日不讲学"，① 为推广阳明心学做出了其他同门无可比拟的贡献，也正因为如此，海内阳明学派亦"莫不以先生为宗盟"②。虽然前文已将王龙溪的哲学思想予以概述，不过，从经世之学的角度再来研究一下王龙溪的某些教育理念，仍然十分有助于拓展和深化对王龙溪哲学的认识成果。

一　四民异业而同道

自从人类进入文明社会之后，便有了诸多不同的社会分工，在中国古代，最笼统的区分方法便是将所有社会成员划分为士、农、工、商四大类。王龙溪传播的阳明心学，既然自我认定为圣学正脉，那么，对于士、农、工、商等不同社会阶层的成员来讲，是否具有人人可学的普适性？答案当然是肯定的。王阳明本人就提出过"四民异业而同道"的教育理念，他说：

> 古者四民异业而同道，其尽心焉，一也。士以修治，农以具养，工以利器，商以通货，各就其资之所近、力之所及者而业焉，以求尽其心。其归要在于有益于生人之道，则一而已。③

在王阳明看来，士、农、工、商等四民，虽然所从事的行业不同，但是，每个行业的人们都可以在相应的活动领域中尽心尽力，"其归要在于

---

① 《明儒学案》卷12，《浙中王门学案二》，第238页。

② 同上。

③ 《王阳明全集》卷8，《节庵方公墓表》，第941页。

有益于生人之道"，这一点并没有什么不同。当然，王阳明的这段表述还显得有些笼统、简略，王龙溪继承了王阳明的这一理念，将其表述得更加清晰具体，彰显出儒学教育家素有的"有教无类"的博大胸怀，他说：

> 予惟古者四民异业而同道，士以育书博习，农以立稽务本，工以利益器用，商以贸迁有无。人人各安其分，即业以成学，不迁业以废学，而道在其中。①

在这段话中，王龙溪不仅认同"四民异业而同道"的教育理念，而且特别强调一点——各行各业的人们，都可以从自己所居之业中修道明德，不需要放下眼前所做的正经事情，而去另起炉灶，这便是所谓"即业以成学，不迁业以废学，而道在其中"。在本书第二章中，笔者已经介绍过，有些人因为看到"心学"二字之故，便以为阳明心学是师心自用、摒弃世务的东西，其实这完全是一种误解。王龙溪本人，在坚持"身心之外无学矣"② 的同时，同样注重在实际事务中理会性情、以提高心性修养的水平，他说：

> 所谓问学，乃现在日履，不论闲忙，无非用力之地。若外现在别有问学，所问所学又何事耶？……若外此别有所学，忙时是着境，便生厌心；闲时是着空，便生怠心。又何得为同道耶？③

无独有偶，同门钱德洪同样强调在实际事务中去磨炼心性，提高才干，最终达到人格境界的升华，他说：

> 必去举业、去簿书、去家务，而后可以讲学，须是出家为释子道流。然释子道流亦未尝无事，天下安得无事之人而与之论学乎？必无事之人而后可与论学，然则所学者竟何事耶？舜自耕稼陶渔以至为帝，无非取善之地。耕稼陶渔，不妨其作圣。然则人称无暇者，非学妨人，人自弃于学耳。④

---

① 《王畿集》卷7，《书太平九龙会籍》，第172页。
② 《王畿集》卷15，《易测授张叔学》，第418页。
③ 《王畿集》卷11，《答宗鲁侄》，第297页。
④ 《徐爱 钱德洪 董沄集》，《钱德洪语录诗文辑佚·语录》，第124页。

　　如果追本溯源，无论是王龙溪，还是钱德洪，他们注重实际事务的思想都源自王阳明本人，王阳明曾对属官说：

> 簿书讼狱之间，无非实学；若离了事物为学，却是着空。①

　　阳明心学素来具有灵活机动、不拘一格的治学特色，无论是静处体悟，还是事上磨炼，都可以成为治学修道的具体途径；以此类推，无论是士、农、工、商等任何行业，人们都可以从当下的职业和生活中去明德修道，最终达到超脱觉解的圣者境界。王龙溪在讲学活动中，面对身份各异的听众，经常鼓励他们要从切合自身的现实生活入手，理会性情、提高修养，他说：

> 是故处则有学业，出则有职业，农则有农业，工商则有工商之业，卿相则有卿相之业。业者，随吾日用之常以尽其当为之事，所谓素位而行，不愿乎外者也。惟诸君共勉之。②

　　在这段话中，王龙溪引用了经典《中庸》中的一句名言："君子素其位而行，不愿乎其外"（愿，羡慕之意）。他进一步明确了所谓"素位而行"的具体内涵，那就是"业者，随吾日用之常以尽其当为之事"，换句话说，也就是要各安其分，各敬其业。一个人如果连自己眼前所做的事业都不肯尽心为之，那么，不仅失去了安身立命的基础，同样也失去了明德修道的现实起点。对于真诚修道的学者来讲，最忌讳的事情便是"分学与业为两途"③，那样，容易造成自己的生活甚至精神世界的断裂，聪明的做法应该是："现在日履，不论闲忙，无非用力之地"，要把学问工夫融入自己的工作和生活中去；反之，"若外现在别有问学，所问所学又何事耶？"最起码，这种问学方式存在明显的偏颇之处，即不具有普遍适用的价值。因此，王龙溪主张，士、农、工、商中的任何学者，无论身处何地，所居何业，都应当从当下的职业和生活中理会性情、明德修道，如果再用一句话来概括这一思想，便是他曾经说过的——

---

① 《王阳明全集》卷3，第95页。
② 《王畿集》卷7，《书太平九龙会籍》，第173页。
③ 同上。

若果彻底承当得来，着衣吃饭，无非实学，一念相应，便是入圣根基。①

阳明心学自传播开来之后，打破了人们把科举过关当成读书求学之唯一目的的实用主义观念，因此，有志于求道问学的社会成员越来越多。王龙溪的门徒如周顺之、贡安国、陆光宅等人受到乃师的影响，都曾在自己的家乡办起乡约讲会，均有各色人等数百之众参与听讲，并且长年坚持不辍。仅以王龙溪一个很平常的弟子、宁国府太平县生员杜质（字维诚）为例，他也在家乡办起九龙会，"始而至会者惟业举子也，既而闻人皆可以学圣，合农工商贾皆来与会"②，某年，当王龙溪应邀前来讲学时，"会者长少余三百人，乡中父老亦彬彬来集"③。在偏僻的乡野村落，并非赶集、看戏等市井热闹，却有这么多人前来听讲，足见阳明心学"四民异业而同道"的教育理念已在民间产生广泛的影响，王龙溪多年来秉承师门宗旨进行的宣讲活动取得了显著的成效。

二 与俗儒之学的区别

儒学是一座巨大的"仓库"，里面有各种各样的"货物"，如：心性之学、经世之学、训诂之学、传经之学，等等。作为阳明心学的嫡传，王龙溪当仁不让地将心学视为圣学正脉，他说：

> 夫学有嫡传，有支派，犹家之有宗子与庶孽也。……颜子没而圣学亡，后世所传者，（乃）子贡、子张一派学术，沿流至今，非一朝一夕之故。先师所倡良知之旨，乃千圣绝学，孔门之宗子也。汉唐以来，分门传经，训诂注述之徒，所谓庶孽者，昂然列于庑下……④

在此，王龙溪对阳明心学的评价是"先师所倡良知之旨，乃千圣绝学，孔门之宗子也"，与之相比，一切其他的分门传经、训诂注述之徒，都不过是儒学的庶孽或支派而已。那么，阳明心学和一般俗儒之学相比，究竟有哪些本质的区别？这是王龙溪所必须解答的。在本书前文中，笔者

---

① 《王畿集》卷12，《与丁存吾》，第330页。
② 《王畿集》卷7，《书太平九龙会籍》，第172页。
③ 同上。
④ 《王畿集》卷9，《与陶念斋》，第225页。

对此已有过相当篇幅的论述，故此择其要者，不做过多分析，仅列举三点如下：

第一，阳明心学以致良知为宗旨，发掘的是人类先天的德性之知，而俗儒之学，是以求取知识闻见为主要目的，与圣学正脉相比，已是等而下之的学问。王龙溪曾揭示阳明心学的基本宗旨，他说：

> 学也者，觉也。人之觉性，所谓明德也。讲学者，非讲之以口耳，讲之以身心，完复此明德而已矣。①

又如：

> 良知，即所谓明德；致良知，昭德之学也。②

又如：

> 人人有个圣人，一念良知不容毁灭，便是圣人真面目。致此良知，洁洁净净，不为功利所滑扰，不为见解所凑泊，便是学圣人真工夫。③

一般人宥于后天的常规经验和固有习气，不敢相信人类先天具有这种知是知非、知善知恶的良知德性，而是以获取更多的闻见知识为追求，这完全属于后天知识的范畴。在先秦时期，孔子门下的颜回和子贡，便代表了这两种方向截然不同的学术路径，所以王龙溪说：

> 颜子德性之知，子贡多学之识，毫厘之辨，在孔门已然，况后世乎？④

又如：

---

① 《王畿集》卷17，《思学说》，第498页。
② 《王畿集》附录一，《大象义述》，第665页。
③ 《王畿集》卷16，《书顾海阳卷》，第476页。
④ 《王畿集》卷11，《与莫中江》，第279页。

颜子没而圣学亡，后世所传，惟子贡以下一派学术，渐渍染习，认贼为子。虽在豪杰翘然以知学自命者，亦且袭蹈其中而不自觉，可慨也已！①

在王龙溪看来，自从王阳明提出了致良知宗旨，终于将孔颜之绝学重新接续起来，那些以闻见测识为学旨的俗儒，不懂得良知之学与闻见之学的高下差别，仍然固守原有见解，实际上错过了一生，他说：

自阳明先师提出良知为宗，孔周之绝学，赖以复续，信而从者遍海内。学者梏于旧见，且哄然指为异学，岂非亦有似是而难明者乎！②

当然，王龙溪也曾指出，先天德性良知和后天闻见之知并不互相排斥，而是可以彼此为用，但必须以良知为本，他说：

良知不由知识闻见而有，而知识闻见莫非良知之用。③

又如：

此学未尝废闻见，但属第二义。能致良知，则闻见莫非良知之用；若借闻见而觅良知，则去道远矣！④

这种德性之知和闻见之知的微妙区别，非言语可以辩诘，只有深入现实生活的人伦日用中，才会明白自己是否真的掌握和理解。不管他人是否信从，或者横加诋毁，王龙溪本人一贯坚信致良知的心学宗旨，并且作为讲习讨论的核心内容，对任何人都不例外。隆庆二年（1568年）六月，王阳明获得平反后，其嗣子王正亿受命袭封伯爵，并奉敕北上谒选，王龙溪特意写了一首《袭封行》的古风送别，在诗作的末尾，王龙溪坦言道：

---

① 《王畿集》卷14，《原寿赠存斋徐公》，第387页。
② 同上。按："孔周"二字疑是古刻本之误，当作"孔颜"为宜。
③ 《王畿集》卷13，《阳明先生年谱序》，第340页。按：此话最早由王阳明提出，原作"良知不由见闻而有，而见闻莫非良知之用"，语出《王阳明全集》卷2，《答欧阳崇一》，第71页。
④ 《王畿集》卷11，《与莫中江》，第279页。

我忝师门一唯参，心诀传我我传君。良知两字中天柄，万古回看北斗文。①

在此诗中，王龙溪有所自谦，他仅仅自比孔子门下曰"唯"的曾参，实际上，以王龙溪之颖悟资质，比诸孔门颜子也并不过分。在诗中，他告诉王正亿，阳明先师留给自己的"心传"之宝，正是良知二字，就像晴朗夜空中的北斗七星一样，始终起着中天之柄的作用，现在，他再将此宝传给王正亿。总之，不管经历了多少坎坷与磨难，在王龙溪的心目中，始终坚信致良知的学术宗旨，把它看成是圣学正脉区别于一般俗儒之学的根本标志。

第二，由致良知的学术宗旨决定，圣学正脉必定以围绕心性修养的易简工夫为准则，自觉地与繁琐支离、特别是陷于故纸堆的治学模式划清界限。所谓心性修养，古时又称"理会性情（心性）"，王龙溪曾说：

夫千古圣学，惟在理会性情，舍性情则无学。②

又如：

千古圣学，惟在理会心性。心性者，根于天，取诸固有而盎然出之，无所假于外。外此而学者，谓之异学。……夫心性者，所谓自立之根，而读书则取其发育长养之助而已。……不本于心性，而专务读书，虽日诵六经之文，亦不免于玩物丧志，明道所以规上蔡也。③

在王龙溪看来，千古圣学，惟在理会心性，离开了心性修养这个核心内容，无论知识多么丰富，技能多么突出，都不过是异端之学，因为它们无助于心性结构的改善、人格境界的升华。当然，心性修养必须融入现实生活，其方法也是多种多样的，其中，研读经典著作，获取间接经验，也是"发育长养"本心良知的一种有效方法，不过，这种读书活动必须切实结合自己的心性修养工夫而进行，绝不是以博闻强记、单纯地获取知识为目的。如果不本于心性，只是为读书而读书，那么，即使日诵六经、读

---

① 《王畿集》卷18，《袭封行》，第566页。
② 《王畿集》卷10，《答吴悟斋》，第248页。
③ 《王畿集》卷14，《赠邑博诸元冈迁荆王府教授序》，第383页。

破万卷，也不过是"玩物丧志"的行径，因为它忘却了心性修养这一根本工夫，迷失了昭德作圣的人生方向，而陷入无穷无尽的求取闻见之知的活动中，正所谓"翻嫌易简却求难"①，这种做法，正是俗儒之学繁琐支离的表现，为圣学正脉所不取。

为了让学者明白本心之智与书本知识的区别，陆王心学都喜欢用一个对比来论证自己的观点，即"尧舜之前，（有）何书可读？"② 在那个连文字尚未形成、书本更无从出现的原始部落时代，人们没有繁琐、厚重的经典文字可以参照，应对、处理各种事务，靠的完全就是本心之智，难道这种本心良知会因为没有经典文字而失去吗？据此，王龙溪告诫门人说：

> 唐虞之时，所读何书？危微精一之外无闻焉。后儒专以读书为穷理之要，（与）循序致精，居敬持志，隔涉几许程途？揣摩依仿，将一生精神寄顿在故纸堆中，谈王说伯（霸），别作一项伎俩商量。机何由神？性何由尽？命何由至？此古今学术真假之辨，不徒毫厘而已也。先师信手拈出良知两字，无思无为，以直而动，乃性命之枢，精一之宗传也。于此信得及、悟得彻，直上直下，不起诸妄，方不为倖生耳。③

在这段话中，王龙溪委婉地批评了以朱熹为代表的宋儒（此处称"后儒"）在治学理路上步入支离繁琐、陷入故纸堆中的失误。事实上，先圣所传的修养工夫简洁而易行，不外乎就是"危微精一"之类，可是，后儒把读书作为穷理的首要任务，长年埋在故纸堆中，揣摩依仿、寻章摘句，与真正需要的心性修养工夫（哪怕是宋儒自己提倡的"循序致精，居敬持志"之类）都相隔千万里之遥。这种治学方式，教人咬文嚼字，皓首穷经，似乎明白了许多理论知识，可是，对于盼望明道成圣的学者而言，抛却了心性修养这一关键工夫，书本知识再多，没有切合自己、简易可行的修养工夫，"机何由神？性何由尽？命何由至？"所以王龙溪才说："此古今学术真假之辨，不徒毫厘而已也"。当然，王龙溪教给学者的不仅仅是批判性思维，他还直截了当地告诉门人，心学宗祖王阳明"信手拈出良知两字"，这就是"性命之枢，精一之宗传"，乃是"承接尧舜孔颜命脉"的儒学真谛，只要按照良知的启示和指引去做，便能从昏寐中

---

① 《王阳明全集》卷20，《示诸生三首》（二），第790页。
② 《陆九渊集》卷36，《年谱》，第491页。
③ 《王畿集》卷17，《直说示周顺之》，第498页。按："倖生"原作"幸生"，据文义改。

醒来，摆脱支离繁难的思想枷锁，做一个觉悟人生的圣者。这一思想，如果用王阳明的诗句来表述，那就是："但致良知成德业，谩从故纸费精神。"①

第三，王龙溪心中的圣学正脉，不把科举之业与修德之业对立起来，而是积极地寻找它们相互融通的接合点，使得阳明心学达成德业与举业的一致性，这一点，更具有一般俗儒之学所无法比拟的思想灵活性。

众所周知，明代的读书人普遍以科举考试为改变自身地位、同时光宗耀祖的机会，这也是当时的政治制度所决定的。由于明代采用程朱理学的著作为教材、以八股文体来取仕，因此，读书人只有熟读程朱理学的书籍，学会写好八股文章，才可能金榜题名，将功名富贵赚到手。这样一来，有些读书人便无暇去关注儒家思想学问的真实内涵，更懒得把它和自己的人生修养结合起来，只管熟读强记，揣摩依仿，写好一篇八股文章即可。由此，在读书人中间，普遍出现了将德业和举业相对立的观念，认为修习德业无助于科举过关，索性把它扔在一边。针对这种情况，王阳明很早就提出了"举业不患妨功，惟患夺志"②的思想，认为主要是儒生们没有树立修道成圣的人生志向，将举业与修德对立起来；反之，"只要认得良知真切，虽做举业，不为心累，纵有累之亦易觉"③。不过，王阳明在世之时，由于自身经历波澜太多，对于这个问题并未着力讲述，因此，从理论层面讲，这个问题还不算真正得到了解决。

有趣的是，王阳明用自己的身教向世人昭示出另外一种读书人的生活模式，从实践上又隐含了解决这一问题的答案。他一生授徒无数，门人弟子遍天下，其中，许多弟子以良知之学为指导，将德业与举业统一起来，一方面德行纯粹、智慧超迈，另一方面在科举考试的"道场"上也都能一路闯关，勇拔头筹，这恰好印证了王龙溪所说的"人人各安其分，即业以成学，不迁业以废学，而道在其中"的道理。仅以阳明嫡传弟子高中进士者为例，包括徐爱、薛侃、陆澄、黄宗明、邹守益、魏良弼、陈九川、王臣、欧阳德、钱德洪、王龙溪等，中举人者更是不计其数。其中，欧阳德为了能在赣州跟从王阳明求学，两次放弃会试，④直到嘉靖二年

---

① 《王阳明全集》卷20，《示诸生三首》（一），第790页。谩，即莫，不要。

② 《王阳明全集》卷4，《与辰中诸生》，第144页。这是王阳明龙场归来之初所写的书信中的文句。

③ 《王阳明全集》卷3，第100页。

④ 《明儒学案》卷17，《江右王门学案二》，第359页。其中说："（欧阳德）甫冠举乡试，从学王文成于虔台，不赴春官者二科。"虔台，即赣州之别称。

（1523 年）才进京赶考，随即高中进士。而王龙溪、钱德洪二人，嘉靖五年会试得中后，同样也是先后两度放弃殿试的机会，前次为了帮助王阳明讲学授徒，后次为了料理阳明身后诸事，直至嘉靖十一年才拿到了早该属于他们的进士及第的桂冠。在江右王门中，最为人称道的要数邹守益（号东廓）一门三代德业与举业并盛的情况了。邹守益是吉安府安福县人，年轻时高中探花，是科举考试中的佼佼者，其人德行纯粹，深为王龙溪所赞许，[①] 他的儿子邹善（号颖泉），从小跟着邹守益在各地王门学者中游学侍讲，后来同样高中进士，而邹善的三个儿子邹德涵、邹德溥和邹德泳，受家学熏陶，德业与举业并进，先后都高中进士，人们传说中吉安府"一门三进士，十里五状元"的科举盛况，恐怕其史实依据正在于此。有了如此多的王门学者科举成功的范例，王龙溪在面向广大儒生群体宣讲阳明心学时，得以理直气壮地讲述其中的道理，并由此提出了"举业德业，原非两事"的重要命题，他说：

> 今之学校以举业为重，朋友中尝有讲学妨废举业之疑，是大不然。夫举业、德业，原非两事，故曰："不患妨功，惟患夺志。"志于道，则心明气清，而艺亦进；志于艺，则心浊气昏，而道亡，艺亦不进，（由）此可以观学矣。追忆往年东廓时常赴会讲学，少子颖泉（即邹善之号）自垂髫时，未尝不相随侍讲，谨长幼之节，供洒扫之役，觇其动静，俨如成人，不屑屑于章句，而大旨大端默若有所契悟，偶命题操笔，不为俗套所泥，时出新意，能发难显之辞，而亦不乖于度。兄弟子侄相继发科第者数辈，是第一等万选青钱，业举者之榜样。诸友反而求之，当信予言之非妄也。[②]

在这段文字中，王龙溪指出"举业、德业，原非两事"，有些儒生以看重举业为由，"有讲学妨废举业之疑"，是完全没有道理的，这是因为他们不懂得道与艺的辩证关系。所谓道，即指圣人之学；所谓艺，即指科举考试的八股文（又称"时艺文"），二者之间的辩证关系是："志于道，则心明气清，而艺亦进；志于艺，则心浊气昏，而道亡，艺亦不进，（由）此可以观学矣。"许多王门学者不仅德行高洁，而且举业畅达的原因，正在于他们有志于圣人之道，因此心明气清，捎带之间就将科举之事

---

① 可参见《王畿集》卷14，《寿邹东廓翁七袤序》，第388—389 页。

② 《王畿集》卷16，《漫语赠韩天叙分教安成》，第468 页。安成，乃安福之古称。

完成得很好。为此，王龙溪举出邹东廓一家三代的事例为证，说明只有这样的读书人，才配称"第一等万选青钱，业举者之榜样"。总之，读书人不要把举业和德业对立起来，而应把举业本身当成是修道的练习场，在修心养性、增进道德中去完成举业的任务。

在明确了"举业德业，原非两事"的原则之后，王龙溪便得以从容地对弟子们谈及如何读书作文，以求举业通达。这方面最典型的文字，莫过于他对北上应试的三子王应吉所写的一段话，摘录于下：

> 举业不出读书作文两事，此是日履课程。读书时，口诵其言，心绎其义，得其精华，而遗其粗秽，反身体究，默默与圣贤之言相符，如先得我心之同然，不为言诠所滞，方为善读书。作文时，直写胸中所得，务去陈言，不为浮辞异说，自然有张本、有照应、有开阖，变化成章而达，不以一毫得失介于其中，方是善作文。……于此知所用心，即举业便是德业，非两事也。第一以摄养精神为主，胸中常若洒然，不挂一尘，戒欲速，欲速则不达，业次反无头绪。……此予已试之方，切宜勉之！①

面对自己的儿子，王龙溪所说的话再真诚不过了，不过，"君子无二教"②，王龙溪对儿子这么说，对其他门人也同样是这么说的，他只不过是把对于门人的教诲之言向儿子王应吉又说了一遍而已。王龙溪指出，"举业不出读书作文两事，此是日履课程"，这一点，任何读书人都回避不了。不过，善读书者，"口诵其言，心绎其义，得其精华，而遗其粗秽"，在读书之时，应当注意反身体究，如同与圣人当面对话一般，特别要注意"不为言诠所滞，方为善读书"；作文之法亦然，"直写胸中所得，务去陈言，不为浮辞异说"，尤其要懂得"不以一毫得失介于其中，方是善作文"。总之，在修习举业之时便能踏实地培养德行，这并非两件截然分开的事情。读书人修习举业，首先，应当"以摄养精神为主"，亦即把培德修道的工夫融入其中，具体做起来，就是要学会保持"胸中常若洒然，不挂一尘"，放下对于举业成败的得失牵挂，明白心态越松、效果越好的道理；其次，"戒欲速，欲速则不达，业次反无头绪"，去掉急于求

---

① 《王畿集》卷15，《北行训语付应吉儿》，第441页。
② 参见《论语·季氏第十六》，这是后人从孔门弟子陈亢与孔子的儿子孔鲤的对话中得出的结论。

成的执着心，一切循序渐进地去做，最终功到自然成。客观地讲，王龙溪告诫儿子的这番话，并非主观臆断的言论，想当初，他自己就是凭着这样一付洒脱自如的心态，轻松地登上了嘉靖五年的会试金榜，故曰"已试之方，切宜勉之"。

常言道："英雄所见略同"，此言屡应不爽。同为王门流衍的另一支脉、泰州学派的传人颜钧（号山农），自己不事举子之业，却能够把如何做好举子业的道理讲述给门人罗汝芳（号近溪）听，帮助罗汝芳治愈心火之病，然后又顺利地科甲登第。嘉靖十九年（1540年），罗汝芳前往省城南昌参加乡试，不幸落第，适逢缙绅士友在豫章同仁祠中大举学会，主讲者为颜山农，罗汝芳前往听讲。在与颜山农的交谈中，罗汝芳坦承自己曾遭危疾，病于心火，颜山农一方面告诉他"制欲非体仁"的道理，另一方面又说：

> 观子之心，其有不自信者耶！其有不得放者耶？子如放心，则火燃而泉达矣。体仁之妙，即在放心。初未尝有病子者，又安得以死子者耶？①

听了颜山农的话，罗汝芳如同醍醐灌顶，把自己身上原有的执着习气一扫而光。在此后三年中，他同样还要修习举子之业，但是做法与以往截然不同，史载："（近溪）朝夕专以孔子求仁、孟子性善质正之，于四书口诵而心惟之，一切时说讲章置之不观。间作时艺（文），随笔挥成，见者惊服，私相语曰：'乃知学问之大益举业也'。"② 就是这样一个解脱了身心缰锁的罗汝芳，三年之后（1543年），以非常轻松的心态，乡试得中。次年春闱，又金榜登第，可是，他却以"吾学未信，不可以仕"③ 的内省，毅然返乡，继续修习圣人之学，直至九年之后才来参加殿试，获得同进士资格。无论是王龙溪，还是罗近溪，他们对待科举制度的态度和成功的实践，都验证了"举业德业，原非两事"的道理，也证明了阳明心学具有解决现实问题的务实能力和高屋建瓴的战略眼光，这些都是它作为圣学正脉与一般俗儒之学相区别的重要标志。

① （明）贺贻孙：《颜山农先生传》，载《颜钧集》卷9，《附录一》，黄宣民点校，中国社会科学出版社1996年版，第82页。
② （明）曹胤儒：《罗近溪师行实》，载《罗汝芳集》，《附录·传记、年谱》，第834页。
③ （明）罗怀智：《罗明德公本传》，载《罗汝芳集》，《附录·传记、年谱》，第829页。

三 阳明心学的宗传（chuán）之念

比起其他王门同道来，王龙溪独享高寿，至晚年道行已臻化境，非凡人可以窥测其端倪。不过，即使这样，王龙溪内心还是有一点遗憾，虽然不会影响他的洒落胸怀，却也时而浮现于心中，那就是他难以找到能够接续阳明心学的最佳人选，使得阳明心学这一圣学正脉继续发扬光大。

王阳明生前所传弟子无数，许多入室弟子，无论出仕与否，后来均成为一方宗师，所以《明儒学案》一书才将其划分为浙中、江右等七大门派。虽然王门"诸友各以性之所近为学"①，但是，"于师门大旨不敢有违"②，因此，在王阳明去世之后，邹守益、欧阳德、陈九川、聂双江等许多王门弟子，大多能继承师门宗旨，将心学思想推广传播，通过他们的共同努力，阳明心学在王阳明逝世之后反而更加蔚为大观，无意中掀起了明朝中后期轰轰烈烈的思想解放运动。在这一传播阳明心学的过程中，王龙溪作为"同志宗盟"，当然更是不余遗力，所做出的奉献亦非其他同门好友可比。不过，按照王龙溪的内心标准，他始终没有找到一位悟性和道行能够达到自己或邹东廓、罗念庵这样水平的人才，因此也就无法承担起接续阳明心学之宗传血脉的重任。

自从四十五岁回归林下，王龙溪开始专心讲学传道，一心希望把阳明心学的真谛传遍四方。不过，到了六十岁之后，他猛然发现，或许是根器不足，或许是泥于习气，在为数甚多的听众之中，能够真心发愿、觉悟性命之道的士人儒生并不为多，于是，他开始着力寻找能够"真为性命"的传人，并且谆谆叮嘱同道要以此为念。例如，他曾对贡安国（字玄略）说：

> 去年入江右吊念庵兄，双江、东廓、鲁江、明水相继沦谢，吾党益孤，老师一脉，仅存如线。自分年衰时迈，须得真发心者二三辈，传此微言，庶免断灭宗传。不知相接者，亦得几人否？③

罗洪先（念庵）病逝于 1564 年，根据这一时间推断，此信应当写于1565 年，此时的王龙溪已经有六十八岁（虚龄）了。贡安国是他较早的

①《王畿集》卷16，《书东廓达师门手书》，第470页。
② 同上。
③《王畿集》卷12，《与贡玄略》，第317页。

门人，此时已经在家乡开水西之会，有数百人前往听讲，而且，每逢王龙溪外出讲学，贡安国总是设法相从，担当了助教的角色，所到之处，对于诸生的疑问，他"务委曲开谕，以释其疑"。① 对于这样一位得力的助手和同道，王龙溪自然吐露心声，他希望贡安国在本乡的讲学活动中能够找到一些"真发心者"，哪怕只有二三人，只要真修实践，都可以使阳明心学的血脉接续下去而不致断绝。遗憾的是，就是这样一位与龙溪"道同而心知"的门人，因为寿数有限，贡安国先行辞世，对此，王龙溪不胜感伤，在祭文中，他写道：

> 予与玄略，此生以性命相期，方图合并相证，了此末后一着，而今已矣！呜呼痛哉！②

进入七十岁之后，王龙溪仍然不辞劳苦，到处讲学传道，他自谦为"求友一念，老而弥切"③，实际上，他是希望找到几个真正能够领悟圣学真谛的"法器"，以延续此一脉如线之宗传。七十岁之后，王龙溪又遭遇了丧妻之痛，在悼念发妻张氏的文章中，他坦诚自己的心愿，说：

> 予年逾七十，齿落发疏，精气日耗，百念尽灰，无复有用世之想。……惟是师门晚年所受指诀，修身无力，未底于成，且未得一二法器可付托，每疚于心，以故求益四方之念，老而未衰。④

由于失去了善于料理家务的贤妻，不久，王家遭遇了一场意外的火灾，财物损失惨重。在邻里乡党的怀疑和讥笑中，王龙溪写下了一篇自我反省的文章《自讼长语示儿辈》，除了真诚自省外，在文中，他再次坚定地表达了自己传播阳明心学、接续圣学宗传的心愿，他写道：

> 师门晚年宗说，非敢谓已有所得，幸有所闻。心之精微，口不能宣。常年出游，虽以求益于四方，亦思得二三法器，真能以性命相许者，相与证明领受，衍此一脉如线之传。孔氏重朋来之乐，程门兴孤

---

① 《王畿集》卷19，《祭贡玄略文》，第579页。
② 同上书，第580页。
③ 《王畿集》卷11，《与吴安节》，第299页。按：这是王龙溪八十岁时说的话，姑引用于此。
④ 《王畿集》卷20，《亡室纯懿张氏安人哀辞》，第651页。

立之叹，天壤悠悠，谁当负荷？非夫豪杰之士，无待而兴者，吾谁与望乎？①

在这段话中，王龙溪说明了自己不辞劳苦、常年出游的原因，那就是："思得二三法器，真能以性命相许者，相与证明领受，衍此一脉如线之传。"虽然每逢王龙溪讲学，听众一向熙熙攘攘，但是，有的为天资所限，有的为习气所泥，真心发愿修行、觉悟性命之道的人实际为数寥寥，因此，王龙溪希望能够从各地学者中找到几位"真能以性命相许"的"法器"，帮助他们领受心学真谛，并且将一脉如线的圣学血脉传递下去。当然，这样的人才可遇而不可求，所以王龙溪才发出了"天壤悠悠，谁当负荷"的感叹。

进入八十岁之后，王龙溪依旧"周流不倦"②，他的心中，对于个人的得失毁誉已毫无计较，所怀有的仍然是多点化一些士子百姓的经世之念，更为重要的是寻找几位可以担当圣学宗传的"法器"。在给友人的信中，他屡次谈到这一想法，表明了自己洒落而诚挚的心愿，例如：

区区八十老翁，于世界更有恁放不下？惟是师门一脉如线之传，未得一二法器出头担荷，未能忘情。切切求友于四方者，意实在此。③

又如：

同志每月之会能不废否？……区区八十余年老叟，（于）世界有何放不下？惟求友一念，老而弥切，亦不知何心也。④

又如：

不肖冒暑出游，岂徒发兴，了当人事？亦颇见得一体痛养相关，欲人人共证此事。八十衰侬，前头光景已逼，于世间有何放不下？但

---

① 《王畿集》卷15，《自讼长语示儿辈》，第427页。
② 《明儒学案》卷12，《浙中王门学案二》，第238页。
③ 《王畿集》卷12，《与沈宗颜》，第329页。
④ 《王畿集》卷11，《与吴安节》，第299页。

爱人一念，根于所性，不容自已。予亦不知其何心也。①

　　当然，要找到这样一位（或几位）能够接续圣学宗传的德慧双全之士是很难的。王龙溪一生虽然授徒无数，所嘉许的也颇有几位，但是，在悟境和道行上能够赶上自己的，其实为数寥寥。有的弟子，如果天假之以年寿，或许能够渐臻化境，担当起接续圣学宗传的重任，可是，他们纷纷先于王龙溪而早逝，无法满足龙溪的这一心愿。例如：王龙溪很钟爱的弟子陆光宅（1535—1580 年），自受学之后，从一个"性颇纵逸"的纨绔子弟，逐渐变成一个俭朴好学、慷慨乐施的士人君子，而且悟境益深，"若有见于天地万物一体之仁"②，但是，毕竟学问功夫根基尚浅，"迩者遭室人之变，外侮内讧，奔溃四出，气有所激，神亦受困，且误于庸医，呼吸之间，奄然长逝"③，虽然他临终前已将一切外物放下，对亲人说："生死事，吾了之"④，但是，毕竟是英年早逝，寿夭而终。对此，王龙溪只能感叹："予终寡于同志之助，无以究其所托。"⑤　虽然失去了陆光宅这样的颖悟弟子，但是，王龙溪仍然时常对于那些根器出众的年轻士人寄予期望，希望他们珍惜光阴，勤修道德，最终担当起接续圣学的重任。例如，他对于高中状元的门人张元忭、世交晚辈沈懋学⑥（号宗颜、亦中状元）、进士出身的徐成身等，都予以这样的鼓励，并且向一些有势位的故友积极推荐他们。这种殷切期望，从他给这些弟子的信中均可看出，例如，他对徐成身说：

　　　　区区身外百年都忘，全体精神只干办此一事。但念东廓、双江、念庵、荆川诸兄相继沦谢，同心益孤，会中得几个真为性命汉子，承接此事，方得放心。不然，老师一脉，几于绝矣。如吾弟，区区素所受记，不可不力任。⑦

---

① 《王畿集》卷 16，《万履庵漫语》，第 462 页。
② 《王畿集》卷 20，《乡贡士陆君与中传略》，第 643 页。
③ 《王畿集》卷 19，《祭陆与中文》，第 581 页。
④ 《王畿集》卷 20，《乡贡士陆君与中传略》，第 644 页。
⑤ 《王畿集》卷 19，《祭陆与中文》，第 581 页。
⑥ 沈懋学（1539—1592 年）字君典，号宗颜，明万历五年（1577 年）中状元，沈宠之子，与王龙溪属于世交。本书第二章第二节有简介。
⑦ 《王畿集》卷 12，《与徐成身》，第 334 页。

同时，他还向京城故友鼎力推荐徐成身这样的人才，如：

> 刑部主事徐成身，久相从相信，志确气锐，见地超然，上江诸友皆其所兴。闻在讲下，幸率成之。①

又如，他对"契悟亦深"②的沈宗颜说：

> 吾契平时已信得及，更望深信密体，不作知解言说抹过，使此学日光日显，日孚于众。担荷有人，不致泯泯，老怀始有所慰耳。③

再如，他在暮年卧病之余，给张元忭写信说：

> 不肖衰耄，已无补于世，但恳恳同善之心，老而弥切，惟愿诸公顶天立地，以万古豪杰自期，不随世界转换，方见定力，亦吾人安身立命本分内事。凡诸公相会，亦望以此意时时相提醒，始为直谅之当，亦同心不容已之情也。④

王龙溪的这些鼓励门人、奖掖后进的做法，对于自身已无任何利益可言，他所期望的，就是这些根器出众的门人后进能够勤修圣道，自昭明德，同时，在"天地万物一体之仁"的信念下，积极地向世人推广良知之学，使尽可能多的人能够觉悟人生，达到心地通明的圣者境界。

然而，历史发展的趋势有时是不以人的意志为转移的，王龙溪晚年的宗传之念，实际上还是落了空。从狭义的宗传关系来讲，他没有期许任何人成为他的继任者，就像禅宗六祖慧能得到五祖弘忍所传的衣钵一样，由是可见，他的众多弟子中，没有一人可以担当起这个重任。或许有的学人以为，禅宗自六祖之后，同样不再传衣钵于某人，而是"一花开五叶，结果自然成"，⑤形成了各具特色的五家七宗，因此，王龙溪身后没有"衣钵"传人也是正常的。其实，两者的情势有着极大的区别。六祖慧能

---

① 《王畿集》卷9，《与吕沃洲》，第218页。
② 《王畿集》卷12，《与沈宗颜》（一），第328页。
③ 《王畿集》卷12，《与沈宗颜》（二），第330页。
④ 《王畿集》卷11，《与张阳和》，第287页。
⑤ 《坛经校释》，第49节，第103页。

圆寂于公元 713 年①，此时正好是开元盛世的起点，随后，唐王朝进入繁荣富强的盛唐时期，十分有利于禅宗思想的传播。即使在 755 年安史之乱后，由于禅宗高僧大多在南方的乡野僻壤活动，政治变乱对于宗教思想的传播影响并不是很大，因此，在六祖之后，禅宗以空前的速度传遍大江南北，无论是组织规模，还是思想理论，都达到了极盛的局面。相比之下，阳明心学就没有那么幸运了。王阳明和王龙溪在世之时，虽然明朝社会内外时有动荡，总体上还算是承平之世。在这种社会背景下，王阳明首揭致良知的学术大旗，而且天降俊杰于此时，出现了一大批像王龙溪、邹东廓这样的儒者，勤修实悟，达到或接近王阳明的心学诣境，因而能够接续乃师的思想旗帜，继续宣扬、传播阳明心学的思想真谛。不过，此后的再传弟子中，能够有龙溪之颖悟、东廓之笃行者日渐稀少，许多儒生文士在一起讲习讨论阳明心学，大多数也就是附庸风雅、自我标榜而已，他们所讲所写的不过是一己之见，真修实得的成分并不多，因此，后代学者给他们加上了一个"王学末流"的历史评价。客观地讲，阳明心学在中晚明时期，先是"风行天下"，而后"渐失其传"，② 这是一个必然的演变趋势。从另一角度来看，儒学的发展命运和一般的宗教思想不同，它的兴衰、走向和社会政治背景有着紧密的关联。自从万历亲政之后，明朝政治很快变得腐朽不堪，随后的天禧、崇祯二朝，由于君主专制和宦官乱政之故，国势更加衰败得不可收拾。晚明的政治局势使得士大夫的精力大多被迫陷入到党争廷议、外侮内乱等现实急务中，很少有人能静下心来精研学术，纷乱的社会背景之下，要想造就一颗宁静而超脱的心灵，的确是很难的。在这种情况下，有能力接续阳明心学之血脉的人才也就十分匮乏（或者说某些人虽然有此慧性，但是缺乏深造自得的实践基础），即使是被后人称为"心学殿军"的刘宗周、"清初三大儒"之一的黄宗羲，虽然与明代中期的心学有一定的师承关系，然而实际上，其心学悟境和功夫造诣与王阳明、王龙溪相比，根本不在一个水平线上，因此，阳明心学在二传之后，虽然表面上还维持了一段兴盛的时期，其实已无人接续此宗传之任，于是，繁华散尽是寂寥，"渐失其传"的命运也就不可避免了。

　　当然，对于阳明心学的渐失其传，今人不必存有太多的遗憾。生、住、异、灭，这是任何一个学派发展的必然趋势和宿命，阳明心学也不例外。对此，王龙溪也是看得十分清楚的，在临终前，他对儿子王应吉说：

---

① 713 年是唐玄宗的第一个年号先天二年，同年改为开元年号，进入盛唐阶段。

② 《明儒学案》卷 32，《泰州学案一》，第 703 页。

"我心了了，已无挂碍，即今可去，我即去矣。"① 由此可见，王龙溪走得一派从容安详，并没有什么执着不化的念头纠结于心。他晚年对阳明心学的宗传之事一直抱有期待，实在是因为不想辜负王阳明的教诲和心传，对于本学派的未来命运自觉地保持一份理性的责任感。真正到了垂暮之际，他的心中将一切都看得清清楚楚，不会再有任何牵挂和忧思，因为他已经完成了自己的人生使命，所作所为，无愧于心，至于阳明心学一系的未来走向，就听任其自然的发展演变好了。站在今天的时代高度，我们更应明白，某个学派会消亡，不等于真理也由此湮灭。在儒学发展的历史上，圣学正脉面临过多次中断或者中衰的局面，北宋程颐说过："孟轲死，圣人之学不传"，② 王阳明也常说："颜子没而圣学亡"③，虽然如此，后人中总会有俊杰之士"得不传之学于遗经，志将以斯道觉斯民"④，因此，北宋"五子"相继而起，开创了堪称儒学第二繁荣期的理学时代，到了明代中叶，陈白沙、王阳明和他们的弟子后学，又再一次创造了心学思潮的理论高峰。退一万步讲，即使历史上一再重复出现文化浩劫，把先圣遗经烧成灰烬，毫无残余，也并不妨碍心学一系的再次兴起和繁荣，因为心学的立足点是人类的先天良知，而非固定不变的文字经典，只要人类存在，良知灵明就不会消亡，人们处理各种生活和社会事务时，不得不依靠良知，运用良知。王龙溪不止一次地说过："所幸良知在人，千古一日，一念自反，即得本心，此是挽回世界大机括"⑤，当人类面临诸多的困境和难题，没有现成的经典依据和理论指导时，只要心平气和，从容不迫，听凭自我良知的启示和指引，都可以找到解决问题的方法和途径。就像第二次世界大战堪称人类历史上最为惨重的灾难与浩劫，但是，各国从中吸取了经验教训，仍然可以在战后的废墟上重建国家和秩序，创造繁荣昌盛的现代文明。至于阳明心学这个学派本身，当社会历史的诸种条件基本具备，特别是有了"豪杰之士"⑥ 的人才储备时，也不排除再次兴起的可能。当然，倘若它再次出现，与历史上王阳明、王龙溪等人使用过的话语模式、理论形态也必然有所不同，必须要符合新时代的社会规范和人心需

---

① （明）查铎：《纪龙溪先生终事》，载《王畿集》附录四，第848页。
② （宋）程颐：《明道先生墓表》，载《二程集》，《河南程氏文集》卷11，第640页。
③ 《王阳明全集》卷7，《别湛甘泉序》，第230页。又见《王阳明全集》卷1，第24页。
④ （宋）程颐：《明道先生墓表》，载《二程集》，《河南程氏文集》卷11，第640页。
⑤ 《王畿集》卷8，《孟子告子之学》，第190页。又见《王畿集》卷8，《意识解》，第192页。
⑥ 语出《孟子·尽心上》，原文是："待文王而后兴者，凡民也。若夫豪杰之士，虽无文王犹兴。"

求。陆王心学认为，"学苟知本，六经皆我注脚"①，它从来不把经典文献和前人成说当成自己的思想包袱，而是以自己的良知体察为根据，因时、因地、因人而异地构建新的理论体系，换言之，既实事求是，又不昧乎良知本体，才是心学一系应对社会变化的灵活诀窍。

　　本章所言，是围绕着王龙溪的经世思想而展开的各种探讨。第一，王龙溪明确提出"儒者之学，务为经世，学不足以经世，非儒也"的基本命题，这就使得任何以龙溪心学为禅学变种的误解都站不住脚。第二，王龙溪的经世理念务实而圆融，他主张"随其力之所及，在家仁家，在国仁国，在天下仁天下"，无论所做事业大小不同，都是为了践行"天地万物一体相通"的生命价值观。第三，由于自身过早地离开官场，王龙溪实现经世抱负的某些手段变得比较特殊。他精心编撰《中鉴录》一书，就是为了顺应君主专制政体的实际情况，旨在教化宦官这一内侍群体，提高其道德水平，以达到辅佐君王励精图治的目的。第四，由于远离政坛中心，王龙溪经世济民的主要途径就是讲学传道、明德淑人。与其他同门相比，他对于弘扬阳明心学的贡献尤其突出，学术地位更为重要，堪称明代中后期的心学巨擘，同时，这些讲学活动也造就了他成为一代出色的教育家。从另一个角度看，王龙溪对阳明心学的宣讲，其实也是在弘扬中国文化的基本精神，因此，对于传承中华民族的文化慧命，实在是功不可没。

---

① 《陆九渊集》卷34，《语录上》，第395页。

第十章 龙溪、心斋与晚明士风关系的辨析

虽然阳明心学在中晚明时期曾经盛极一时，然而，不过持续了两三代人的时间，一些王门后学渐渐走向狂放和空疏的另一面，他们反对封建礼教和道德约束、公开追求个性自由，甚至放浪形骸、恣情纵欲，直至明朝灭亡，也没有改变这种狂放不羁的士风。因此，明末清初之际，有些思想家痛斥王学末流，并将源头归溯于阳明心学，认为它是导致明朝灭亡的直接原因，至今，有些研究者仍然沿续这种观点。那么，这种评价究竟是否正确？这是一个需要后人仔细辨别的复杂性问题。在此，我们不妨先介绍三个最有代表性的人物（他们的生平行迹与王龙溪、王心斋之间确有一定的关联），来揭示这种狂放士风的表现，进而分析、探讨这种"狂禅"风气与龙溪之学、心斋之学的异同之处。

第一节 "青藤道人"徐渭

徐渭（1521—1593 年），浙江山阴（今绍兴市）人，字文长，别号甚多，如田水月、天池生、青藤道人、青藤居士，等等。徐渭才智超群，诗文书画之造诣堪称一流，在古代文学艺术史上影响甚远，以至于清代郑板桥刻印"青藤门下走狗"自比，表达其仰慕之情。徐渭在当时就有不小的名气，经过晚明袁宏道、陶望龄等人的褒扬，更是成为晚明狂放士风的代表人物。《明史》卷288《文苑四》有其简传，称其"天才超轶，诗文绝出伦辈"[1]。就是这样一个徐渭，与王龙溪不仅是同乡，还是远房表兄弟。在徐渭请求王龙溪所作的《题徐大夫迁墓》（由徐渭自己代写）一文中，讲明了二人的亲戚关系：

---

① 《明史》卷288，《文苑四·徐渭传》，第7388页。

大夫讳鏓，字克平，喜竹，故称竹庵主人。……大夫于予考按察使本诚翁为姑之侄，曩尝同事于云贵间，甚欢也。及是，予八十有二矣，渭以亲好中及见大夫者止予一人在，题大夫墓非予不可，故来请题。表侄龙溪居士王畿。①

由这段记载可知，徐渭之父名徐鏓，和王龙溪的父亲王经（号本诚翁）是姑表兄弟，曾经共同在云贵一带做官，二人交情甚笃，以此推理，王龙溪和徐渭之间应该也是远房表兄弟，只不过王龙溪比徐渭年长二十三岁，加之龙溪成名甚早，而且声闻天下，因此，徐渭以师长之礼待之。在徐渭自撰的《畸谱》中，记述了"余所师者凡十五位"②，王龙溪不在其中，不过，在其所记的"师类"五人中，第一位就是王龙溪③。从严格的学术师承来讲，徐渭真正纳贽拜师的对象是王阳明的弟子季本④（1485—1563 年），不过，徐渭在"师类"一栏却将王龙溪列为第一位，可见他内心对于王龙溪的敬重。因此，无论是从季彭山，还是从王龙溪的角度来说，徐渭都可以算做阳明心学的后裔。

一　徐渭的坎坷一生

徐渭出生在一个官僚地主家庭，由于生母是侍妾，因此，在家族中没有什么地位。他天资聪慧过人，读书十分用功，二十岁"进山阴学诸生，得应乡科"，⑤ 也就是说，他考中了秀才。然而，此后的整整二十一年，他八次参加科举考试，始终不能考中举人，据他自述"举于乡者八而不一售，人且争笑之"，⑥ 探其原因，或许是徐渭应试时的文字过于孤险奇绝，不能符合八股文体的要求。总之，四十一岁时，他终于下定决心，"与科长别矣"⑦。

徐渭虽然科举不利，但是，由于其出色的文才和智谋，引起了当时总督东南地区抗倭军务的权臣胡宗宪（衔至太子太保，从一品）的注意。

① （明）徐渭：《徐渭集》，《徐文长三集》卷26《题徐大夫迁墓（代）》，中华书局1983年版，第638页。
② 《徐渭集》第四册，《补编》，《畸谱》，第1331页。
③ 同上书，第1332页。
④ 季本（1485—1563 年），字明德，号彭山，正德十二年进士，仕至长沙知府，著有《龙惕》一书。《明儒学案》卷13，《浙中王门学案三》有传。
⑤ 《徐渭集》第四册，《补编》，第1325页。
⑥ 《徐渭集》，《徐文长三集》，第639页。
⑦ 《徐渭集》第四册，《补编》，第1329页。

嘉靖三十六年（1557 年），三十七岁的徐渭被礼聘至胡宗宪的幕府中掌管
文案、参赞机要，此后，他参与谋划对盘据海外诸岛的巨寇汪直、徐海等
人的军事行动，抚剿并用，屡出奇计，最终将这些江洋巨寇彻底剿灭，因
此，深为胡宗宪所赏识。此外，徐渭代胡宗宪所拟的奏章，文辞优美，连
嘉靖皇帝也十分欣赏，"上大嘉悦，其文旬月间遍诵人口"①，此时，徐渭
的才华得以淋漓施展。

    然而，徐渭一生命途多舛，才高数奇（jī）。在胡宗宪幕下，他本来
还抱有科举中第的愿望，位高权重的胡宗宪也乐于帮这个忙，在嘉靖四十
年（1561 年）浙江省秋闱乡试之际，对有资格参与改卷的官员，胡宗宪
密嘱曰："徐子天下才，若在本房，幸勿脱失。"② 各位官员唯唯诺诺，
"皆曰如命"③，可是，"一知县以他羁后至，至期方谒（胡公），公偶忘
嘱，卷适在其房，遂不偶④，就是这样一个极其偶然的缘故，徐渭又一次
失去了科举中第的机会，为此，徐渭只能感叹自身命数与科举功名不遇。
嘉靖四十一年（1562 年）五月，奸相严嵩倒台，本是严嵩一党、贪腐行
径亦甚严重的胡宗宪遭到御史弹劾，嘉靖帝念其抗倭有功，只是罢其官
职，令其返乡闲住，由此，胡宗宪的幕府也随之作鸟兽散。嘉靖四十四年
（1565 年）十月，因御史发现胡宗宪曾经私自草拟圣旨，再此将其检举，
嘉靖帝不再存怜悯之心，胡宗宪被押赴京城下狱，同年十一月初三日，胡
宗宪在狱中自杀身亡。作为胡宗宪的核心幕僚，徐渭被卷入这场政治旋涡
之中，胡宗宪第一次受弹劾时，他就被捕入狱，受到拷打审问，嘉靖四十
四年再次被捕，自以为逃不过一死，写下《自为墓志铭》一文，随后数
次自杀，竟得不死。在残酷的政治打击下，徐渭忧愤成狂，从此"病时
作时止"⑤。出狱后，他游历塞北辽东，拜会了戚继光、李成梁等边关名
将，还传授李成梁的儿子李如松等人兵法韬略，使其后来成为晚明抗倭援
朝的一代名将。又曾在北京居住三年，与一些缙绅士大夫有过交往。六十
三岁时，徐渭返回故乡山阴定居，晚年心境抑郁愤懑。当他神志清醒时，
不失为一个才华横溢、妙笔生花的文人，诗文、戏剧、书画都有上乘甚至
神品问世，世人纷纷争抢收藏其书画，可是，一旦狂疾发作，他肆意纵
诞，不能自制，在这种时候，什么诗文书画都创作不了，也就没有了润笔

①　（明）陶望龄：《徐文长传》，载《徐渭集》第四册，《补编》，第 1339 页。
②　（明）袁宏道：《徐文长传》，载《徐渭集》第四册，《补编》，第 1342 页。
③　同上。
④　同上。
⑤　（明）陶望龄：《徐文长传》，载《徐渭集》第四册，《补编》，第 1340 页。

这一重要的经济来源，仅靠典当旧物和故友的少量接济度日，根据陶望龄所作的传记可知，"（渭）有书数千卷，后斥卖殆尽。帏莞破弊，不能再易"①。总之，徐渭的后半生，大多数时间是在贫病交加、潦倒凄凉的境遇中度过的，他晚年给自己的评价是："几间东倒西歪屋，一个南腔北调人"②。

二　徐渭与王龙溪及其门人的交往

徐渭与王龙溪之间，既是同乡，又是姑表远亲，而且，徐渭以"师类"称呼龙溪其人，可见，他至少可以算是王龙溪的"私淑弟子"。不过，在《王龙溪全集》中，没有一处文字提及徐渭其人。究其原因，不外有二：王龙溪在世时就嘱托门人开始编辑、校阅其文集，虽然后世有所增补，其主体部分实际上经过王龙溪本人审阅并首肯，无论是王龙溪还是其嫡传门人，都不会把一个得了狂症的人视为王门后学，加之徐渭即使是在神志清醒之时，也是放纵不羁、不拘礼法之人，曾自言："纵疏不为儒缚"，③ 因此，即使为了避嫌，也不会把自己与徐渭交往的文字收录其中。不过，虽然《王龙溪全集》中没有任何关于王龙溪与徐渭交往的文字记述，但是，在《徐渭集》中却不乏徐渭与王龙溪本人及其家人、门徒（如张元汴、张元益）等人的文字酬唱之作，当然，这些文字都是徐渭神志清醒、心智正常时的作品。例如，徐渭曾赋《洗心亭》诗一首，并且注明："为龙溪老师赋池亭，望新建府碧霞池"，诗曰：

> 精舍俯澄渊，孤亭一镜悬，觅心无处所，将洗落河边。花护焚香几，门维渡岸船。碧霞池畔鸟，长得泛前川。④

徐渭作此诗的具体语境虽不可知，但是，足以看出他对于王阳明、王龙溪的崇敬之情。又如，徐渭曾经听闻王龙溪所讲的修养工夫，并自述所得，作了《次王先生偈四首》，特别注明"龙溪老师"四字，诗曰：

> 法高不用十分多，一尺还君一丈魔。自己国王降不伏，九江何用

---

① （明）陶望龄：《徐文长传》，载《徐渭集》第四册，《补编》，第1341页。
② 《徐渭集》第四册，《补编》，《青藤书屋图》，第1325页。
③ 《徐渭集》，《徐文长三集》卷26，《自为墓志铭》，第639页。
④ 《徐渭集》，《徐文长三集》卷5，《五言律诗》，第178页。

遣随何？

烧锅煮饭问樵公，见放青山采不空。下岭何曾挑一担，脊梁当背柱穹窿。

不来不去不须寻，非色非空非古今。大地黄金浑不识，却从沙里拣黄金。

大如平地起楼台，细即晴天日出埃，两物拈来不堪比，分明浪逐浪摧来。①

如果细细品味这四首诗，不难发现，徐渭对于王龙溪所传的"致良知"之学，实际上能够达到"解悟"的水平，在理性认识上，他十分清楚阳明心学的思想主旨，并且表示了一定程度的认同。然而，由于性格放纵肆意，不肯改造其固有气质，因此，徐渭后来完全背离了阳明心学所提倡的致良知宗旨，成为一个恃才傲物、愤世嫉俗的狂人。此外，徐渭还写过《答龙溪师书》②一信，探讨的是文学创作问题，与哲学无关，此不引述。除了与王龙溪本人有诗词酬唱外，徐渭还和他的儿子、门人皆有交往。例如，他曾作《继溪篇》一诗，并注明曰："王龙溪子"，指的就是王龙溪的次子王应吉，原诗如下：

海水必自黄河来，桃树还有桃花开。试看万物各依种，安得蕙草生蒿莱？龙溪吾师继溪子，点也之狂师所喜。自家溪畔有波澜，不用远寻濂洛水。年年春涨溪拍天，醉我溪头载酒船。一从误落旋涡内，别却溪船三两年。③

这首诗，应是徐渭和龙溪次子王应吉重逢之后的酬唱之作，诗中既对王应吉的家学渊源和为人品格表示称赞，又表明了自己"一从误落旋涡内，别却溪船三两年"的遗憾，很可能是徐渭从胡宗宪一案中获释脱身之后的作品。再如，王龙溪晚年，夫人张氏不幸离世，徐渭特意上门吊唁，并写下《王先生示其夫人哀词，赋此奉慰》④一诗，由于张氏夫人的弟弟张元益（字叔学）同时也是龙溪的门人，徐渭还特意安慰张元益本

---

① 《徐渭集》，《徐文长三集》卷11，《七言绝句》，第348—349页。按：九江，代指楚汉相争时期的九江王英布，后降汉王刘邦；随何，刘邦手下谋士，说服英布背楚降汉。

② 《徐渭集》，《徐文长三集》卷16，《答龙溪师书》，第485页。

③ 《徐渭集》，《徐文长三集》卷5，《七言古诗》，第130页。

④ 《徐渭集》第三册，《徐文长逸稿》卷4，《七言律诗》，第821页。

人，写下了《读张君叔学所作姊氏状，用前韵寄之》① 一诗，同样为避免歧出走题，此处亦不再引述。

当然，徐渭与龙溪门人中交往最密切的，应该是高中状元的张元忭了。虽然徐渭多年不能中举，但是，张元忭知道他的出色才华，颇有惺惺相惜的情义。徐渭在四十六岁（嘉靖四十五年，1566 年）时，由于一时狂病发作，误杀其继妻张氏，被捕下狱。此时，张元忭凭借个人声望全力援救，本来要判死刑的徐渭得以免去死罪，在狱中囚禁了七年，终于在万历元年（1573 年）借大赦天下之际获释出狱。出狱后，张元忭把徐渭接到北京府第中，以宾客之礼待之。又据陶望龄所撰《徐渭传》记述："狱事之解，张宫谕元忭力为多，渭心德之，馆其舍旁，甚欢好"②，据此记载，则是徐渭和张元忭做了邻居。徐渭在京期间，除张元忭外，交游的多是士大夫名流，这些缙绅名流位居清要，声名显赫，难免对徐渭这样的落魄文人有侮慢之意，于是，激起了徐渭的愤恨，据《明史》记载："当嘉靖时，王（世贞）、李（攀龙）倡七子社，谢榛以布衣被摈。渭愤其以轩冕压韦布，誓不入二人党。"③ 由于性格豪荡不羁，徐渭时常做出些有违礼教的事情，对此，张元忭好心加以规劝，"颇引礼法"④，次数多了，徐渭终于无法忍受，他对张元忭说："吾杀人当死，颈一茹刀耳；今乃碎磔吾肉。"⑤ 其意是说：吾过去杀人，当处死刑，也不过是头上挨一刀罢了，现在你这么束缚我，简直是要把我剁碎了！于是，二人关系恶化，徐渭再次狂疾发作，病好后，只得孤身返回家乡。不过，徐渭对于张元忭的感激之情仍然久存心中，万历十六年（1588 年），年仅五十一岁的张元忭去世，徐渭闻讯，"白衣往吊，抚棺恸哭，不告姓名去"⑥，其实，张府诸人怎么会不认得鼎鼎大名的徐文长呢？

从以上史料可见，徐渭一生，与王龙溪及其家人、门人有着不算稀疏的往来，由于徐渭"天才超轶，诗文绝出伦辈"⑦，生前已"有盛名"，因此，他的纵诞、狂放的作风，对于晚明士风的走向的确有着较大的影响。由于徐渭师出阳明一传弟子季本（彭山），又私淑于王龙溪，因此，

---

① 《徐渭集》第三册，《徐文长逸稿》卷 4，《七言律诗》，第 822 页。

② 《徐渭集》第四册，《附录》，《徐文长传》，第 1340 页。

③ 《明史》卷 288，《文苑四·徐渭传》，第 7388 页。

④ 《徐渭集》第四册，《附录》，《徐文长传》，第 1340 页。

⑤ 同上。

⑥ 《明史》卷 288，《文苑四·徐渭传》，第 7387 页。

⑦ 同上。

后来的学者确实容易把这种狂放、任诞的作风与王龙溪联系起来，然而，如果细心研究，我们不难发现，当代一些学者把徐渭的狂放之习归源于王龙溪的观点，实际上根本站不住脚，这是一个对史料略做深入分析便可得出的清晰结论。

三　王龙溪与徐渭思想的根本差异

阳明心学有一个教学特色，那就是绍述孔子所说的"不得中行而与之，必也狂狷乎！狂者进取，狷者有所不为也"（《论语·子路》）。孔子在周游列国时还说："归与！归与！吾党之小子狂简，斐然成章，不知所以裁之。"（《论语·公冶长》）儒家所谓的狂者，是指那种锐意进取，一心向古代先圣看齐，但是行有瑕疵，不能掩盖其学行缺陷的人物；所谓狷者，即不愿与世俗同流合污，甘愿有所不为，洁身自好的人物。孔子认为，如果得不到"中行"素质的门人，那么，具有狂、狷个性的门人也是造就圣贤德业比较好的人选，当然，他们必须克服自身的缺陷，否则，永远不可能达到圣者的境界。王阳明在世之时，由于面对来自占统治地位的程朱理学一派的各种攻击，从来不敢以圣者自许，只能以狂者自居，例如，他晚年在越中时曾对门人说：

> "我在南都以前，尚有些子乡愿的意思在。我今信得这良知真是真非，信手行去，更不着些覆藏。我今才做得个狂者的胸次，使天下之人都说我行不掩言也罢。"（薛）尚谦出，曰："信得此过，方是圣人的真血脉。"①

可见，王阳明提倡要有"狂者胸次"，实际是对于自家良知本体的充分自信，不再顾虑世俗的评价好坏，从而与"乡愿"之辈彻底划清了界限。由于王阳明关于"狂者胸次"的阐述过于简略，因此，继其讲席的王龙溪对于狂者的优点及缺点做了比较细致而到位的分析，他说：

> 狂者之意，只是要做圣人，其行有不掩，虽是受病处，然其心事光明超脱，不做些子盖藏回护，亦便是得力处。若能克念，时时严密得来，即为中行矣。②

---

① 《王阳明全集》卷3，《语录三》，第116页。
② 《王畿集》卷1，《与梅纯甫问答》，第4页。

又如：

> 夫狂者志存尚友，广节而疏目，旨高而韵远，不屑弥逢格套，以求容于世。其不掩处，虽是狂者之过，亦是其心事光明特达、略无回护盖藏之态，可进于道。……若能克念，则可以进于中行，此孔子所以致思也。①

对于这两段话，如果只看前半段，所描述的狂者风貌的确和徐渭的性格特征比较接近，他在《自为墓志铭》中说：

> 渭为人度于义无所关时，辄疏纵不为儒缚，一涉义所否，干耻诟，介廉秽，虽断头不可夺。②

又如：

> 渭有过不肯掩，有不知，耻以为知，斯言盖不妄者。③

照此看来，徐渭似乎是颇有狂者风范了，然而，真正的狂者是志存古圣、"其志嘐嘐然"（《孟子·尽心下》）的，亦即志向高远，一心向古代先圣看齐，而徐渭一生，实则没有树立这个志向，因此，一旦科举不中，他便放纵自我，肆意妄为，完全不顾忌一个儒者最起码的道德规范。当他神志清醒时，自我评价说："文与道终两无得也"，④ 算是有自知之明。尽管徐渭文才出众，书画绝伦，这是人们公认的，但是，在德业修习上，他的确与儒家圣贤之道相背而弛，而且愈行愈远。这一点，在关于他的两篇传记中有颇多的记述，例如，他在胡宗宪幕府时，因得到优容礼遇，经常肆无忌惮，对此，陶望龄记曰：

> 渭性通脱，多与群少昵饮市肆，幕中有急需，召渭不得，……侦

---

① 《王畿集》卷5，《与阳和张子问答》，第126页。
② 《徐渭集》，《徐文长三集》，卷26，《自为墓志铭》，第639页。
③ 同上。
④ 同上书，第638页。

者得状，报曰："徐秀才方大醉嘐嚣，不可致也。"（胡）公闻，反称善。①

（渭）性豪肆，间或借气势以酬不快，人亦畏而怨焉。②

袁宏道记曰：

文长为山阴秀才，大试则不利，豪荡不羁。③

又如：

文长既不得志于有司，遂乃放浪曲蘖，恣情山水。④

虽然佩服徐渭的才华，同为山阴人的陶望龄依然承认，"文长负才，性不能谨饰节目"⑤，最后概括说："先生数奇不已，遂为狂疾，狂疾不已，遂为圄圈。古今文人牢骚困苦，未有若先生者也"。⑥诚然，徐文长一生坎坷，尤其是科举八次不中，对他的打击很大，可是，真正的王门学者，绝不会把科举成败当作一件放不下的心事的。例如：欧阳德、王龙溪、钱德洪等人，都曾两次放弃会试（或殿试）的机会，一心在王阳明身边求学问道；广东人梁焯（字日孚），本已高中进士，携家眷进京谒选，在赣州听闻王阳明讲学之后，"假馆而请受业焉"⑦，一住就是三个多月，连进京候选授官都忘了。王门后学罗汝芳，三十岁会试中第，却"不就廷试"⑧而归，此后"寻师问友，周流四方者十年"⑨，最后在江西巡抚夏梦山的督促下才进京参加殿试，从此登上仕途。与这些同时代的王门俊杰相比，徐渭的人格境界相差得实在太远了！

虽然王龙溪在一定程度上肯定狂者"心事光明超脱，不做些子盖藏

---

① （明）陶望龄：《徐文长传》，载《徐渭集》，《补编》，第1339页。
② 同上。
③ （明）袁宏道：《徐文长传》，载《徐渭集》，《补编》，第1342页。
④ 同上书，第1343页。
⑤ （明）陶望龄：《徐文长传》，载《徐渭集》，《补编》，第1341页。
⑥ （明）袁宏道：《徐文长传》，载《徐渭集》，《补编》，第1343页。按：这是袁宏道引述陶望龄的话。
⑦ 《王阳明全集》卷7，《别梁日孚序》，第241页。
⑧ （明）罗怀智：《罗明德公本传》，载《罗汝芳集》，第829页。
⑨ 同上。

回护"的优点，他同样指出，狂者只有学会"克念"，才能进于中行，超狂入圣。所谓克念，实际上指的就是慎于一念之微的修行，亦即改良自己的心态、观念乃至思维方式，力求超越自我，达到圣者的心灵境界。然而，很多狂者都止步于此，因此，无法与入圣贤之道。如果将徐渭的个性特征来对照这样的要求，明显存在几项缺点，决定了他与阳明心学所推崇的圣人之道南辕北辙。首先，徐渭既没有树立必为圣人之志，也没有下过笃实的工夫去涵养心性，却自称"疏纵不为儒缚"，因此，他只是局限于狂者的层次；而且，孔孟所嘉许的"狂者"是志存古人、有进取心的后生，而徐渭之狂，完全是恃才傲物、肆意妄为，与古之"狂者"的内涵也迥然不同。其次，徐渭内心的名利心其实依然很重，对于科举不利一事，始终耿耿于怀，在胡宗宪幕府中，稍稍得志，便行为放纵，忘乎所以，实际上，他对于外物十分在意，根本做不到放下外物，逍遥自在。再次，徐渭的抗压能力比较薄弱，他因为胡宗宪一案而身陷囹圄，却忧愤成狂，提前写下《自为墓志铭》一文，而后几次自杀而未果。实际上，这些挫折并不是不可承受的，与之相比，王阳明的一生，经受的挫折和打击比徐渭严重得多——龙场流放、宁王之变、张许之难……他却能化危机为动力，安然度过难关，成就一番卓越的德业和事功。同样，王龙溪的一生也并不平静，在王阳明身后，他挺身捍卫师门、全力保护阳明遗孤，"履艰丛谤，卒植遗孤，无愧古婴、杵之义"①。在官场上，他先后拒绝了两位首辅（张璁、夏言）的拉拢，最后导致自己罢官归里，以致许多士大夫都感叹其"名虽高，仕乃竟不达"。② 对于生活和仕途中的种种挫折，王龙溪的应对态度，显示出一位真正得道的儒者气象：

> 先生于欣戚得丧、横逆之来，泰然不为少动，若无与于己然者。其平居未尝有疾言遽色，……则若出于其性，而非他人之所与能者。③

王龙溪虽然仕途不达，转而将毕生精力投入到传道讲学的事业，"车辙所至，讲舍遍于吴、楚、闽、越，而江、浙为尤盛，年至八十，犹不废

---

① （明）赵锦：《龙溪王先生墓志铭》，载《王畿集》附录四，第830页。
② （明）徐阶：《龙溪王先生传》，载《王畿集》附录四，第825页。又见（明）周汝登《王畿传》，载《王畿集》附录四，第836页。
③ （明）赵锦：《龙溪王先生墓志铭》，载《王畿集》附录四，第830页。

出游"。① 这种乾健不息、惠泽天下的实践精神，正是对阳明心学"天地万物一体之仁"② 宗旨的最好诠释。由是可见，尽管徐渭平日也很敬重王龙溪，但王龙溪所倡导的心学精神，他根本没有学到。徐渭虽然才高八斗，然而，在人格境界上，他和王龙溪根本不处在一个层次。或许正是由于这个原因，王龙溪一生收过很多门徒，却始终没有认可徐渭这个"狂者"作为自己的门人。

第二节　"狂者之尤"李贽

晚明时期，较徐渭而言，还有一位影响更大的狂者——李贽（卓吾）。李贽的思想理论不仅"非名教所能羁络"，③ 而且锋芒毕露，具有反理学、反礼教的鲜明特征。不过，由于李贽在个性和思想上极其复杂甚至矛盾，他一方面对于正统的理学家十分厌恶，另一方面对于王龙溪所代表的心学思想反而是尊崇有加。因此，比较这样两位同时代而又思想有异的人物，对于正确理解王龙溪与晚明狂放士风之间的内在联系，具有重要的参考意义。

一　李贽的生平及其与王龙溪的交往

李贽（1527—1602 年），本名载贽，因避明穆宗朱载垕之讳，改为贽，号卓吾、宏甫，又号温陵居士，福建泉州南安人。其祖父是经商的穆斯林，其父则为教书先生。李贽少小奉父命读书，但是性格倔强难化，对于正统理学素来反感。二十六岁时，他事先背诵好几百篇八股文的范文，进入考场后"但作缮写誊录生，即高中矣"④，意外成为举人，因此，他十分鄙视当时的科举制度，认为这根本不足以选拔有真才实学的人才。根据当时的官吏制度，举人也可以入仕（不过要申请候补，所得职位多为州县学官，品级较低），为了养家糊口，李贽也申请入仕，于嘉靖三十五年（1556 年）被任命为河南辉县教谕。三十四岁时，升任南京国子监博士，三年后改为北京国子监博士，到了嘉靖四十五年（1566 年），又改任

① （明）赵锦：《龙溪王先生墓志铭》，载《王畿集》附录四，第 830 页。
② 《王阳明全集》卷 2，《答顾东桥书》，第 54 页。其意又见该书卷 26，《大学问》，第 968 页。
③ 《明儒学案》卷 32，第 703 页。
④ 《李贽文集》第一册，《焚书》卷 3，《卓吾论略》，第 79 页。

礼部司务。隆庆四年（1570 年），李贽调任南京刑部员外郎，在南京待了七年之久。在此期间，他和许多著名学者过从甚密，如拜泰州学派的王襞为师，与赵贞吉、耿定理、焦竑等人成为好友，与中晚明时期的两位心学巨擘王龙溪、罗近溪也是在这一时期认识的。据李贽回忆说：

> 我于南都得见王先生者再，罗先生者一。……自后无岁不读二先生之书，无口不谈二先生之腹。①

在李贽一生中，对于一般的理学家（如耿定向）十分鄙夷，甚至竭尽讽刺挖苦之能事，痛斥他们"阳为道学，阴为富贵；被服儒雅，行若狗彘"②。但是，对于王龙溪和罗近溪，李贽却是非常尊敬，因为此二人学行一致，功夫深邃，怀有真性情的李贽，对于这样的高士是衷心佩服的。不过，李贽虽然见过王龙溪，王龙溪并没有收李贽为徒，或许是早已看出李贽性格张扬，不太看好他的人品和学问。因此，李贽在南京时期，真正纳贽拜师的对象是泰州学派的第二代掌门王襞（1511—1587 年），李贽曾明确地说：

> 心斋之子东崖公，贽之师。东崖之学，实出自庭训，然心斋先生在日，亲遣之事龙溪于越东，与龙溪之友月泉老衲矣，所得更深邃也。③

相同的话语，李贽说过不止一次。耐人寻味的是，李贽每次提及王襞，都要说明他幼时曾师从于王龙溪，这样一来，仿佛自己的学术思想和王龙溪之间有了更加紧密的关系，因此，后来有的学者把李贽视为王龙溪的"私淑弟子"，亦不为过。可是，像近代学者黄节（广东顺德人）所述"龙溪之学一传而为何心隐，再传而为（李）卓吾"④ 的那样，真的把李贽当成王龙溪的传人，这种评价则是非常不严谨的。事实上，在整个《王龙溪全集》中，并没有出现过李贽的名字，也没有任何文字论及二人之间的交往。

---

① 《李贽文集》第一册，《焚书》卷3，《罗近溪先生告文》，第115页。
② 《李贽文集》第一册，《续焚书》卷2，《三教归儒说》，第72页。
③ 《李贽文集》第一册，《续焚书》卷3，《储瓘》，第85页。又见《李贽文集》第四册，《续藏书》卷21，《理学名臣·侍郎储文懿公》，第488页。
④ 黄节：《李氏焚书跋》，载《李贽文集》第一册，第245页。

万历五年（1577 年），五十岁的李贽意外地被任命为云南姚安知府，他前往云南就任，在姚安知府任上，李贽的为政方针是："一切持简易，任自然"，① 政绩还算不错。三年任期满后，李贽厌倦了苦熬资历的官场生涯，坚决辞官归隐，开始了专门从事讲学和著述的在野生活。他曾应好友耿定理之邀，到湖北黄安（后至麻城）等地长期居住，流寓麻城期间，他在芝佛院中自行落发，成为一个没有度牒的"和尚"，从此，他名为出家而不断荤腥，身居佛堂却挂孔子像②，行为乖张，出言无忌，在讲学中对程朱理学和封建礼教进行了大胆的抨击和嘲讽，以至于当地的乡绅士大夫以"异端惑世""宣淫"等罪名，捣毁了他居住的芝佛院，迫使他不得不暂避到山中。万历二十九年（1601 年），李贽又应友人之邀前往通州居住，因为通州离北京甚近，统治阶级不能容忍李贽在京畿境内继续宣扬他的思想学说，第二年，在明神宗的亲自过问下，以"敢倡乱道，惑世诬民"③ 的罪名将其逮捕入狱。李贽入狱后，照样读书吟诗，不过，他很清楚自己必为最高统治集团所不容，不久在狱中自尽，享年七十六岁。

二　李贽对王龙溪的推崇与评价

李贽博通经史、学识渊博，但其基本价值观念明显超出了儒家思想的范畴，事实上，他把自王阳明兴起的思想解放运动不断推进，几至顶峰，成为一个反理学、反礼教的启蒙思想家。从一般意义上讲，李贽和理学家素不相能，然而，王龙溪却是李贽心悦诚服的屈指可数的当世大儒，这是因为李贽的思想构成十分复杂，至少在生命哲学和道行功夫上，他对王阳明、王龙溪为代表的心学一派的思想表示认同。虽然他本人修行水平并不高，属于"行不掩言"的狂者，但是，他对于凡是有深厚的修行功力的大儒，却怀有一份真诚的推崇，因此，他对王龙溪的学问功夫给予了几近至高无上的评价。

首先，李贽对于王龙溪的心学造诣和讲学事功进行了高度的评价。万历十一年（1583 年），他在听闻王龙溪逝世的消息后，饱含深情地写下《王龙溪先生告文》这篇缅怀之词。在文中，他断言：

---

① （明）顾养谦：《顾冲老送行序》，载《李贽文集》，《焚书》卷 2，《又书使通州诗后》附文，第 72 页。

② 从李贽所著《题孔子像于芝佛院》一文可知，他并不怎么尊崇孔子，此举只是为了"从众"，参见《李贽文集》第一册，《续焚书》卷 2，第 95 页。

③ 《明神宗实录》卷 369，载《明实录》，台湾"中央研究院"历史语言研究所校印，1962 年版，第 6919 页。

> 圣代儒宗，人天法眼；白玉无瑕，黄金百炼。今其没矣，后将
> 何仰！①

如此完美的褒崇之词，在整个《李贽文集》中极为罕见。随后，李
贽又对王龙溪一生讲学不辍的行为给予高度的赞扬——

> （先生）遂令良知密藏，昭然揭日月而行中天；顿令洙泗渊源，
> 沛乎决江河而达四海。非直斯文之未丧，实见吾道之大明。先生之
> 功，于斯为盛！②

这段话中，李贽把王龙溪的思想追溯到“洙泗渊源”，视为圣学正
脉，称其一生的讲学活动“非直斯文之未丧，实见吾道之大明”，认为
“先生之功，于斯为盛”，充分肯定了王龙溪在王阳明身后继续阐发“良
知密藏”之学的不朽功绩。虽然李贽并未成为王龙溪的亲传弟子，他
却说：

> 余小子一面先生而遂信其为非常人也。虽生也晚，居非近，其所
> 为凝眸而注神，倾心而悚听者，独先生尔矣。③

概括起来李贽对王龙溪的评判是：“我思古人，实未有如先生者
也。”④ 如此高的评价，简直把王龙溪置于王阳明之上，更不用说其他先
辈大儒了。

其次，李贽对王龙溪的文集珍爱备至，这与他对其他儒家经典的轻蔑
态度形成了鲜明的反差。李贽具有强烈的怀疑精神，他对于《六经》《论
语》《孟子》等典籍的权威性表示了明确的否定，他说：

> 夫《六经》《语》《孟》，非其史官过为褒崇之词，则其臣子极
> 为赞美之语。又不然，则其迂阔门徒，懵懂弟子，访忆师说，有头无

---

① 《李贽文集》第一册，《焚书》卷3，《王龙溪先生告文》，第112页。
② 同上书，第113页。
③ 同上。
④ 同上。

尾，得后遗前，随其所见，笔之于书。后学不察，便谓出自圣人之口
也，决定目之为经矣，孰知其大半非圣人之言乎？纵出自圣人，要亦
有为而发，不过因病发药，随时处方，以救此一等懵懂弟子、迂阔门
徒云耳。药医假病，方难定执，是岂可遽以为万世之至论乎？然则
《六经》《语》《孟》，乃道学之口实，假人之渊薮也，断断乎其不可
以语于童心之言明矣。①

在李贽看来，《六经》《语》《孟》等儒家经典并不稀奇，"非其史官
过为褒崇之词，则其臣子极为赞美之语"，而且，其内容更多来自后人的
伪托，"大半非圣人之言"，即使某些言语出自圣人之口，顶多不过是
"因病发药，随时处方"的权法而已，绝不可执为"万世之至论"，那些
奉《六经》为无上经典的迂腐儒生，正好是将这些经典变成"道学之口
实，假人之渊薮"，反而失去了自己宝贵的童心，因此，摒弃六经是李贽
哲学思想的必然结论。与之相关的是，李贽对于孔子的权威性也提出了质
疑，他虽然在麻城芝佛院中挂起孔子的画像，却用调侃的口气解释，自己
不过是随众流而已，他说：

> 人皆以孔子为大圣，吾亦以为大圣；皆以老、佛为异端，吾亦以
> 为异端。……儒先亿度而言之，父师沿袭而诵之，小子瞳聋而听之，
> 万口一词，不可破也；千年一律，不自知也。……余何人也？敢谓有
> 目？亦从众耳。既从众而圣之，亦从众而事之，是故吾从众，事孔子
> 于芝佛之院。②

然而，一旦提起王龙溪的著作，李贽的态度就完全不同了。他说：

> 世间讲学诸书，明快透髓，自古至今未有如龙溪先生者。弟旧收
> 得颇全，今俱为人取去。诸朋友中读经既难，读大慧《法语》又难，
> 惟读龙溪先生书无不喜者，以此知先生之功在天下后世不浅矣。③

---

① 《李贽文集》第一册，《焚书》卷3，《童心说》，第93页。
② 《李贽文集》第一册，《续焚书》卷4，《题孔子像于芝佛院》，第95页。按：《李贽文集》第一册收录了《焚书》和《续焚书》两部著作，其页码各自从第1页算起。
③ 《李贽文集》第一册，《焚书》卷2，《复焦弱侯》，第42页。

又如：

> 王先生字字皆解脱门，既得者读之足以印心，未得者读之足以证入也。①

大概此时李贽意外地重获王龙溪的著作，展读之后，感触颇深，因此，他叮嘱好友焦竑说："龙溪先生全刻，千万记心遗（赠送）我！"②显然，他对于手头的龙溪文集没有读过瘾，渴望读到整个《王龙溪全集》。后来，李贽如愿以偿，读过了《王龙溪全集》，他的基本评价是：

> 《龙溪王先生集》共二十卷，无一卷不是谈学之书，卷凡数十篇，无一篇不是论学之言。……然读之忘倦，卷卷若不相袭，览者唯恐易尽，……故余尝谓先生此书，前无往古，今无将来，后有学者可以无复著书矣，盖逆料其决不能条达明显一过于斯也。③

李贽断言："先生此书，前无往古，今无将来，后有学者可以无复著书矣。"如此高的评价，出自特立独行、眼空四海的李贽之口，实在有点匪夷所思。李贽还批评当时一些士人不懂得龙溪之学的价值。他说：

> 先生少壮至老，一味和柔，大同无我，无新奇可喜之行，故俗士亦多不悦先生之为人，而又肯读先生之书乎？④

根据上述李贽的言语可知，他对王龙溪的推崇是发自内心的，远远超出了对于古往今来儒、释、道中任何人物的评价，从这个意义上讲，有的人误把李贽当成王龙溪的传人，也是可以理解的。然而，如果我们再深入地对比、分析李贽和王龙溪的思想内涵，就会发现二人的许多相异之处，最终明白：李贽与王龙溪的哲学思想只是形同而实异，就道行功夫而言，李贽只不过得了王龙溪的皮毛，在关键问题上，李、王二人的思想本质乃是相违的。

---

① 《李贽文集》第一册，《焚书》卷2，《复焦弱侯》，第44页。
② 同上。
③ 《李贽文集》第一册，《焚书》卷3，《龙溪先生文录抄序》，第110页。
④ 同上。

三　李贽与王龙溪思想的形同实异之处

从表面上看，王龙溪和李贽二人的思想确有较多的相融之处，特别是李贽受到王龙溪思想的影响，做出了进一步的阐发，例如，王龙溪强调超越一般的社会道德规范的限制，发掘自己内心的良知天则：他说：

> 良知自有天则，正感正应，不过其则，谓之格物。①

为此，他对一些真心求道、尚未透脱的弟子加以启发，鼓励他们超越一般的道德规范，直见先天原本的真性，例如，他对学问功夫有一定根基的万思默②说："才着意处，便是固必之私，便是有所，便不是真性流行。真性流行，始见天则，方能尽己之性，尽人物之性。"③ 又对弟子丁惟寅说："惟寅自谓'随身规矩不敢一毫放过'，自谓'心事可对神明'，此是真实不诳语。若从真性流行，不涉安排，处处平铺，方是天然真规矩。"④

王龙溪的这些话，本是因材施教的"权法"，不过，由于突破了固有道德规范的限制，不同学者对此看法不一。后儒黄宗羲批评说："（龙溪）虽云真性流行，自见天则，而于儒者之矩矱，未免有出入矣"⑤，认为龙溪坏了儒者的规矩。然而，李贽深为认同龙溪之语，他也提出：

> 自然之性，乃是自然真道学也，岂讲道学者所能学乎？⑥

李贽之所以赞成王龙溪的真性天则之说，是因为他的性格中反对任何伦理道德和行为规范的束缚，为此，他提出"童心说"以抗衡之，认为后天的闻见道理障蔽了人们"最初一念之本心"。李贽主张，只要以自己的童心为指导，人人可以"各从所好，各骋所长"，⑦ 这才是理想的生活状态。

---

① 《王畿集》卷5，《颖宾书院会纪》，第116页。
② 万廷言，字以忠，号思默，南昌之东溪人，生卒年不详。《明儒学案》卷26《江右王门学案六》有传。
③ 《王畿集》卷16，《书见罗卷兼赠思默》，第474页。
④ 《王畿集》卷16，《池阳漫语示丁惟寅》，第469页。
⑤ 《明儒学案》卷12，《浙中王门学案二》，第240页。
⑥ 《李贽文集》第一册，《续焚书》卷3，《孔融有自然之性》，第87页。
⑦ 《李贽文集》第一册，《焚书》卷1，《答耿中丞》，第16页。

　　从上述一例来看，李贽的思想和王龙溪确实有相通之处，然而，如果
我们再做进一步的比较分析，哪怕只是对比几项重要的思想观念，便可以
发现：李贽和王龙溪在思想上绝非"同道之人"，李贽的很多重要理念与
王龙溪所倡导的心学思想在本质上是南辕北辙的异质之学。

　　第一，人性论之差异。王龙溪一生所秉持的是超越一般善恶对立观念
的至善论，虽然这种思想曾令某些俗儒骇愕不已，但是，它本质上是一种
性善论思想。王龙溪一生孜孜不倦地从事于"明道淑人"的教育事业，
其思想根据就在于充分肯定人性（指天命之性）皆善的深层理念。他说：

> 天命之性，粹然至善，神感神应，其机自不容已，无善可名。恶
> 固本无，善亦不可得而有也，是谓无善无恶。①

又如：

> 性无不善，故知无不良。善与恶，相对待之义。无善无恶是谓至
> 善，至善者心之本体也。性有所感，善恶始分，本体之知未尝不知
> 也。致其本体之知，去恶而为善，是谓格物。②

又如：

> 人性本善而无恶。人之性，天之命也。止恶明善，以顺天命，君
> 子修道之功，出治之本也。（《大象义述·大有》）③

　　与王龙溪的人性至善论相比，李贽完全摒弃性善的说法，而是明言
"人心本私"，实际上肯定了人们追求后天私利的合理性，他说：

> 夫私者，人之心也，人必有私，而后其心乃见；若无私，则无
> 心矣。④

---

① 《王畿集》卷1，《天泉证道纪》，第1页。
② 《王畿集》卷5，《与阳和张子问答》，第123页。
③ 《王畿集》附录一，《大象义述》卷1，第657页。
④ 《李贽文集》第三册，《藏书·德业儒臣后论》，第626页。

为证明自己的观点，李贽还举例说："如服田者利有秋之获，而后治田必力；居家者利仓积之获，而后治家必力；为学者利进取之获，而后举业之治也必力。"① 总之，李贽的结论是："虽圣人不能无势利之心"，"势利之心亦吾人禀赋之自然"。② 即使在今天，谁也不能说李贽的讲法没有一点道理，他出身于商人之家，又在官场混迹多年，目睹了官场（也包括商界）的腐朽黑暗，特别是许多口谈尧舜之道的士大夫为追逐名利而做出许多龌龊之事，因此，他在与官僚学者耿定向辩论的过程中，不无讽刺地说：

> 试观公之行事，殊无甚异于人者，……自朝至暮，自有知识以至今日，均之耕田而求食，买地而求种，架屋而求安，读书而求科第，居官而求尊显，博求风水以求福荫子孙。种种日用，皆为自己身家计虑，无一厘为人谋者。及乎开口谈学，便说尔为自己，我为他人；尔为自私，我欲利他，……以此而观，所讲者未必公之所行，所行者又公之所不讲，其与言顾行，行顾言何异乎？以是谓为孔圣之训可乎？③

或许是念及从前与耿定向之弟耿定理的交情，李贽此处的嘲讽还是比较平和的，有时候，他直斥某些封建官僚的做派是"阳为道学，阴为富贵，被服儒雅，行若狗彘然也"④。简而言之，李贽以一生的所见所闻为依据，认定"夫私者，人之心也"，任何性善论在他心中是没有地位的。

第二，治学目标的差异。既然秉持不同的人性论，王龙溪和李贽之间在价值观念和伦理思想上也就必然存在着泾渭分明的差异，这种差异进而影响到二人治学目标的根本不同。王龙溪指出：

> 孔门之学，惟务求仁。《论语》一书，开端便提出个"学"字。所谓学者，是明善而复其初，非徒效先觉之所为也。"时习"是常明常复之义，善即是恒性，初即是良心也。⑤

---

① 《李贽文集》第三册，《藏书·德业儒臣后论》，第626页。
② 《李贽文集》第七册，《道古录》卷上，第358页。
③ 《李贽文集》第一册，《焚书》卷1，《答耿司寇》，第28页。
④ 《李贽文集》第一册，《续焚书》卷2，《三教归儒说》，第72页。
⑤ 《王畿集》卷7，《华阳明伦堂会语》，第158—159页。

所谓求仁，所谓明善复初，原本是宋儒提出的命题，到了明代中叶，王龙溪则根据乃师王阳明的理念，明确肯定治学的根本目标不过是"致良知"三字而已，这也就是识得仁体的表现，他说：

> 人人有个圣人，一念良知不容毁灭，便是圣人真面目。致此良知，洁洁净净，不为功利所滑扰，不为见解所凑泊，便是学圣人真工夫。①

又如：

> 良知者即此虚灵（本心）之发现，识仁原只是良知自识。若说识仁之要，在直信良知。②

又如：

> 圣贤之学，只是良知一路，一是百是，一勘百破。③

与之相比，李贽的哲学思想虽然把"童心"说奉为圭臬，实际上，他所追求的真实目标就是单纯的个性自由。他希望过一种无拘无束、不受任何礼法制约的生活，当然，这只是一种空想而已。即使如此，李贽也为追求这样一种理想的生活状态而奔波一生，直至付出了生命的代价。客观地讲，李贽是一个不恋家也不顾家之人，只爱好个人的逍遥自在。他自三十岁离开家乡，外出做官，除了三十多岁时两度回家奔丧守孝之外，长年流离在外，自称"流寓客子"④，就是家里来人苦劝他也不想回去。他"中年得数子，皆不育"⑤，自后"虽无子，不置妾婢"⑥，完全摒弃当时人们以无后为忧的伦理观念。云南姚安知府任满后，他辞官归隐，却不回家乡，对朋友说："我老矣，得一二胜友，终日晤言以遣余日，即为至

---

① 《王畿集》卷16，《书顾海阳卷》，第476页。
② 《王畿集》卷15，《跋徐存斋师相教言》，第412页。
③ 《王畿集》卷10，《答洪觉山》，第261页。
④ 《李贽文集》第一册，《焚书》卷4，《豫约·感慨平生》，第173页。
⑤ （明）袁中道：《李温陵传》，载《李贽文集》第一册，《续焚书》附文，第131页。
⑥ 同上。

快，何必故乡也！"① 于是，他带着妻女来到湖北黄安，依附于好友耿定理家中居住，妻女思念故乡，他就把她们打发回去，自己仍然留在湖北。由于家乡的亲人屡次劝他回乡，他一怒之下，干脆给自己落发剃度，以示决不返回故里。对此，他在给友人的信中说明了原委：

> 其所以落发者，则因家中闲杂人等时时望我归去，又时时不远千里来迫我，以俗事强我，故我剃发以示不归，俗事亦决然不肯与理也。又此间无见识人多以异端目我，故我遂以异端以成彼竖子之名。……②

由是可见，李贽实际上并不是真正的剃度出家，而是以一种极端的形式表明自己不受任何拘束的坚决态度。从其内心而言，李贽反感的是受到任何伦理道德和行为规范的束缚，对此，他有过十分清楚的自述：

> 缘我平生不爱属人管。……我是以宁飘流四外，不归家也。……只以不愿属人管一节，即弃官，又不肯回家，乃其本心实意。③

第三，王阳明提出了"心之良知是谓圣"的命题，王龙溪也绍述这一思想，他说："良知者，本心之明，是非之则也。……心之良知是谓圣，谨独所以致良知也。良知致，则能周乎物而不过，好恶自无所作。"④ 在此基础上，王龙溪主张明道以成圣，把圣人境界当成学者所追求的理想目标。他经常教诲门人要立下"必为圣人之志"，以推动自己不断进益。例如，他说：

> 今日会中诸友，先须立有必为圣人之志，各安分限，从现在脚跟下默默理会，循序而进，弗崇虚见，荡涤凡心。⑤

又如：

---

① （明）袁中道：《李温陵传》，载《李贽文集》第一册，《续焚书》附文，第131页。
② 《李贽文集》第一册，《焚书》卷2，《与曾继泉》，第48页。
③ 《李贽文集》第一册，《焚书》卷4，《豫约·感慨平生》，第173页。
④ 《王畿集》卷14，《赠绍坪彭侯入觐序》，第376页。
⑤ 《王畿集》卷16，《水西别言》，第449页。

> 士尤四民之首，以希贤希圣为实学，以万物一体为实功。①

又如：

> 有求为圣人之志，然后可与共学。学者，学为圣人也。②

类似的话还有许多，兹不赘述。相比之下，李贽虽然十分崇敬王龙溪，但是一生都无法认同以圣人境界为理想目标，他追求的是自由自在、无拘无束的生活状态，如果真的确立这样一个目标，对他而言就像是绳捆索绑一样的难受。李贽虽然没有反对过王龙溪的这一思想，但是，通过质疑儒家先圣孔子的人格榜样，表明了自己独立自主的价值取向，他说：

> 夫天生一人，自有一人之用，不待取给于孔子而后足也。若必待取足于孔子，则千古以前无孔子，终不得为人乎？③

又如：

> 夫天下之民物众矣，若必欲其皆如吾之条理，则天地亦且不能。是故寒能折胶，而不能折朝市之人；热能伏金，而不能伏竞奔之子。何也？富贵利达所以厚吾天生之五官，其势然也。是故圣人顺之，顺之则安矣。是故贪财者与之以禄，趋势者与之以爵，强有力者与之以权，能者称事而官，懦者夹持而使。有德者隆之虚位，但取具瞻；高才者处以重任，不问出入。各从所好，各骋所长，无一人不中用，何其事之易也！④

李贽的这段话，一方面表明了他承认"富贵利达，所以厚吾天生之五官"的价值观，体现了一种市民阶层的价值取向；另一方面表明了他对个性自由的追求和向往。李贽认为，"夫天下之民物众矣，若必欲其皆如吾之条理，则天地亦且不能"，显然，他反对以一种共同的价值尺度和

---

①　《王畿集》卷7，《书太平九龙会籍》，第173页。
②　《王畿集》卷16，《书顾海阳卷》，第476页。
③　《李贽文集》第一册，《焚书》卷1，《答耿中丞》，第15页。
④　同上书，第16页。

道德准则去规范人们的行为，他推崇的是"各从所好，各骋所长"的个性自由，以为这样可以使得"无一人不中用"，于是，他断然摒弃了以圣人为理想人格而努力追求的价值主张。当然，李贽的这一思想具有很明显的空想性，对任何社会而言，都必然需要一些基本的共同价值观念作为社会群体的行为规范，希望"各从所好，各骋所长，无一人不中用，何其事之易也"，这只能是一厢情愿的幻想，如果真的这样去实行，必然会使社会陷入极度混乱，结果将是"无一人中用"。李贽的这一主张，应该算是无政府主义思想在中国古代的早期萌芽吧。由是可见，王龙溪和李贽在价值观念和治学目标等方面具有截然不同的取向。好在李贽的反理学、反礼教等思想主要是在与官僚学者耿定向的争论中表现出来的，在与王龙溪相处时，并没有深入谈及这方面的问题（或许是有意避开），因此，二人并未发生过明确的理论争执。同时，我们也可以联想到，王龙溪晚年非常希望找到几位"真能以性命相许"① 的"法器"作为心学传人，但是，在见了李贽之后，并没有他把当成一位可教的对象，或许就是因为看透了李贽的个性执拗之故。

第四，判定是非善恶观念的标准不同。宋明时代，程朱理学强调的是以"三纲五常"为标准的僵化固定的是非善恶观念，与之相比，阳明心学一派的是非观念显得比较辩证而灵活。王龙溪指出：

> 良知是非之心，天之则也。正感正应，不过其则，谓之格物。②

又如：

> 良知二字，是彻上彻下语。良知知是知非，良知无是无非。知是知非，即所谓规矩；忘是非而得其巧，即所谓悟也。③

又如：

> 良知无善无恶，谓之至善；良知知善知恶，谓之真知。④

---

① 《王畿集》卷15，《自讼长语示儿辈》，第427页。
② 《王畿集》卷10，《答吴悟斋》，第245页。
③ 《王畿集》卷5，《与阳和张子问答》，第126页。
④ 《王畿集》卷15，《自讼问答》，第433页。

简而言之，王龙溪认为，良知本身并不存有什么固定不变的是非观念，但是又具有知是知非的先天判断能力，就像明镜照物一样，物来而妍媸自见，物去而心不留影，这样就保持了良知灵明鉴物的神妙功能。当然，在真正致得良知之前，人们不可根据一己好恶来主观断定是非，并说这是自己的良知所见，对于这种以主观成见代替良知的做法，王龙溪是明确否定的，他说：

> 良知知是知非而善恶自辨，是谓本来面目，有何善恶可思得？非鹘突无可下手之谓也。妄念所发，认为良知，正是不曾致得良知。诚致良知，所谓太阳一出，魍魉自消，此端本澄源之学，孔门之精蕴也。①

如果有人以为致良知工夫太难而不知该如何判断是非问题，王龙溪给予了一个相对简便的方法，即"是非者，好恶之公也"，② 懂得以好恶之公去判别现实生活中的是非善恶问题，也是初学者运用良知的一个"权法"。

遗憾的是，王龙溪这种辩证的是非观并没有被李贽所接受，他所持的是非观是一种既大胆否定权威见解，又提倡多元化取向的观念，在现实生活中缺乏可操作性。他否定了以孔子之是非为是非的观念，说：

> 咸以孔子之是非为是非，故未尝有是非耳。……夫是非之争也，如岁时然，昼夜更迭，不相一也。昨日是而今日非矣，今日非而后日又是矣。虽使孔夫子复生于今，又不知作如何非是也，而可遽以定本行罚赏哉？③

在封建社会里，敢于明确地说出"不以孔子之是非为是非"的观点，是需要极大勇气的，因为这触动了统治阶级的价值观念的核心基础，毋怪乎李贽被视为"异端之尤"，最后会被明神宗亲下诏狱、身死狱中。但是，既然不能再以孔子等权威的标准来判定是非，那么，在现实生活中又该运用什么样的判断标准呢？至此，李贽陷入了思维混乱之中，他说：

---

① 《王畿集》卷5，《与阳和张子问答》，第124页。
② 《王畿集》卷10，《答吴悟斋》，第245页。
③ 《李贽文集》第二册，《藏书·世纪列传总目前论》，第7页。

人之是非初无定质，人之是非也亦无定论。无定质，则此是彼非并育而不相害；无定论，则是此非彼亦并行而不相悖矣。①

由是可见，虽然李贽敢于"解构"孔子和儒家经典的权威性，却不能提出更为科学的真理观，他的"是非无定质、无定论"的口号，如果推广开来，只会给社会生活造成更大的混乱。敢于解构而不善于建构，这种类似于西方后现代哲学的思维方式，其弊端一定要引起当今学人的注意。

第五，王龙溪在本体论上承认"无欲者，心之本体"，在工夫论上提倡"以无欲为要"，这一点是李贽无论如何也学不到的。王龙溪认为：

心之本体原是至善而无欲，无欲则止，有欲则迁。②

又如：

天地灵气，结而为心。无欲者，心之本体，即所谓乾也。③

根据以上观点，王龙溪指出，世人"认欲为性"④ 的观念是错误的，要想明道成圣，就是要以良知为诀，恢复人心无欲无求的本来状态，这才是使心灵达到自在清明、睿智通达状态的必由之路。他说：

吾人一向（于）欲染扰扰上打混，不曾实落于无欲源头定命根，所以致知工夫不得力。无欲不是效，正是为学真正路径，正是致知真正工夫。⑤

又如：

君子之学，以尽性为宗，以无欲为要，以良知为诀。⑥

① 《李贽文集》第二册，《藏书·世纪列传总目前论》，第7页。
② 《王畿集》卷8，《〈大学〉首章解义》，第176页。
③ 《王畿集》附录一，《大象义述》，第652页。
④ 《王畿集》卷8，《〈中庸〉首章解义》，第178页。
⑤ 《王畿集》卷9，《与聂双江》，第200页。
⑥ 《王畿集》卷14，《松原晤语寿念庵罗丈》，第391页。

有时候，王龙溪还以诗歌的形式告诫门人要懂得以良知灵明为指导，坚持无欲自静的修习方式，他说：

> 吾心本自静，弗为欲所侵。师门两字诀，为我授金针。①

与提倡"无欲为要"的修习方式相配合，王龙溪特别提醒门人要注意功利之见给自己带来的潜在危害，因为他清醒地看到："功利之毒入人已深，虽号为贤者，鲜能自拔。"② 为此，他提醒友人说：

> 吾人学术不纯，大都是功利两字作祟。昔人谓"如油入面，未易出头"，亦善名状。先师哀悯吾人，将良知两字信手拈出，种种病痛，到这里再欺瞒些子不得，可谓对症真药物矣。③

王龙溪这种提倡无欲、戒止功利的观点，李贽是完全不能接受的，他充分肯定人们的情欲满足和功利要求的合理性。李贽认为："富贵利达所以厚吾天生之五官，其势然也"④，而且，"虽圣人不能无势利之心"，"势利之心亦吾人禀赋之自然"⑤，面对这样的人性，即使是圣人也必须顺之，"顺之则安矣"。显然，李贽并不认为贪恋富贵利达的欲望有何不当之处，从逻辑上推导，李贽既然提倡"童心说"，那么，这种追求富贵的欲望也应属于"绝假存真，最初一念之本心"⑥，是合乎人性的正当需求。例如：李贽在撰写《藏书》时，重新品评了历史上的许多著名人物。他称赞西汉时期卓文君大胆追求才子司马相如，不向父母请示而与之私奔的行为，尽管这不符合封建礼教，李贽说："斗筲小人，何足计事！徒失嘉偶，空负良缘，不如早自抉择，忍小耻而就大计。"⑦ 又如：李贽非常同情排在四民（士、农、工、商）之末的商贾之人，认为他们为赚取商业利润而甘冒风险、不辞劳苦，这种精神和社会处境值得同情，他说：

---

① 《王畿集》卷18，《南谯书院与诸生论学感怀，次巾石韵》，第560页。
② 《王畿集》卷10，《与胡柏泉》，第265页。
③ 《王畿集》卷10，《答毛瑞泉》，第263页。
④ 《李贽文集》第一册，《焚书》卷1，《答耿中丞》，第16页。
⑤ 《李贽文集》第七册，《道古录》卷上，第358页。
⑥ 《李贽文集》第一册，《焚书》卷3，《童心说》，第92页。
⑦ 《李贽文集》第三册，《藏书》卷37，《儒臣传·文学门·司马相如传》，第719页。

且商贾亦可何鄙之有？挟数万之资，经风涛之险，受辱于关吏，忍诟于市易，辛勤万状，所得者末。然必交结于卿大夫之门，然后可以收其利而远其害，安能傲然而坐于公卿大夫之上哉？①

为了表明追求物质利益的合理性，李贽还讲出了一段名言：

穿衣吃饭即是人伦物理，除却穿衣吃饭，无伦物矣。世间种种，皆衣与饭类耳。故举衣与饭，世间种种自然而然在其中，非衣饭之外更有所谓种种绝与百姓不相同者耳。②

可见，在李贽心中，对情欲和功利的追求并无可鄙之处，倒是失去了这种童心，变成一个说假话、办假事的伪君子更为可耻。李贽认为，许多人之所以丧失了童心，原因"皆自多读书识义理而来"，这种通过后天学习而得的"道理闻见"，使得人们学会掩饰自己对于名利的追求，"知美名之可好也而务欲扬之"，"知不美之名可丑也而务欲以掩之"，文过饰非，矫揉造作，成为一个表里不一的伪君子。因此，李贽非常反感用理学和礼教来教化百姓，认为这些道理闻见是束缚人性、戕害童心的，起到的社会效用不过是：

夫既以闻见道理为心矣，则所言者皆闻见道理之言，非童心自出之言也。言虽工，于我何与？岂非以假人言假言，而事假事文假文乎？盖其人既假，则无所不假矣。③

上述引言均表明，李贽和王龙溪在对待人之情欲和功利追求的态度上迥然有别。诚然，李贽的哲学理论的确含有反封建、反礼教的启蒙因素，但是，他的思想见解和王龙溪所说的"无欲为功"的修道观根本不是一个层面的东西，由是可见，李贽的许多见解并不是源于王龙溪所教，而是他自己独立思考的产物，是他个人生活经历的理论总结，实与王龙溪无关。

当然，李贽晚年皈依佛门，接受了佛教的"真空"本体论和"妙明

---

① 《李贽文集》第一册，《焚书》卷1，《又与焦弱侯》，第45页。
② 《李贽文集》第一册，《焚书》卷1，《答邓石阳》，第4页。
③ 《李贽文集》第一册，《焚书》卷3，《童心说》，第92页。

真心"说，认为"吾之色身洎外而山河，遍而大地，并所见之太虚空等，皆是吾妙明真心中一点物相耳"①，这一思想，和王龙溪所持的心学理念更加接近了。但是，在多年游历生涯中养成的张狂和叛逆的性格，使得李贽并没有真正放弃他长期所持的价值观念，因此，无论他是否出家，许多封建士大夫对他的态度一直是"不以为狂，则以为可杀也"。② 最后，李贽以七十六岁的高龄惨死于诏狱之中，写下的是令人感慨不已的人生悲剧。其实，今天我们不必过分渲染李贽思想的反封建意义，他和颜山农、何心隐一样，都是自己的性格定式和价值观念的牺牲品，用同时代的理学名家罗汝芳的话来总结，那就是："人患无实心讲学耳，人肯实心讲学，必无祸也。党人者，好名之士也，非实心讲学者也。"③ 历史上，一些以出人头地为目标，以哗众取宠、招摇过市为手段的思想家，其个人命运往往多舛，甚至惨遭横祸，其内在原因确实是值得后人反思的。

通过上述分析可知，虽然李贽对王龙溪十分推崇，但是，在学问功夫上仅仅得其皮毛，二人的思想实质上是形似而神异，存在诸多的不同甚至相悖之处。笔者以为，正是因为看穿了李贽的个性缺陷，王龙溪在长寿的一生中，始终没有把他当成同道之人，更没有视之为可以塑造的"法器"。

第三节　"儒侠"颜钧与泰州学派

或许有人以为，明末狂放士风的形成和蔓延，即使与王龙溪的关系不大，但是，同为阳明弟子的王艮（心斋）对此有着不可推卸的责任，黄宗羲曾说："龙溪之后，力量无过龙溪者，又得江右为之救正，故不至十分决裂。泰州之后，其人多能以赤手搏龙蛇，传至颜山农、何心隐一派，遂复非名教之所能羁络矣。"④ 那么，这种观点是否真的站得住脚？由于其头绪复杂，在此笔者仅以泰州后学中性格最为乖张、遭遇同样坎坷的颜钧（号山农）为例，从他的生平行迹和思想主张来探析这种说法究竟是否具有充分的历史根据。

---

① 《李贽文集》第一册，《焚书》卷 4，《解经文》，第 127 页。
② 《李贽文集》第一册，《焚书》卷 5，《蜻蛉谣》，第 195 页。
③ 《罗汝芳集》，第 384 页。
④ 《明儒学案》卷 2，《泰州学案一》，第 703 页。

一 颜钧的生平简述

颜钧（1504—1596 年），字子和，号山农，又号耕樵，后来因避万历皇帝朱翊钧之讳，更名为铎，江西永新县人。出身在一个耕读传家的普通儒者家庭，其父做过苏州常熟训导①，在颜钧十七岁时已病故。颜钧年少时"心性冥昧，世事亦无所知，……人皆目为痴儿"②。为其作传者亦曰："为儿时不慧，十九读《孟子》，弥日不成诵。"③ 他自己也回顾说："习时艺，穷年不通一窍。"④ 不过，颜山农有一个会读书的次兄，名叫颜钥，曾中举，早年入白鹿洞书院学习，受到阳明心学的熏陶。在颜钧二十四岁那年，颜钥从白鹿洞书院听讲归来，带回了一些学习笔记，其中，有心学宗祖王阳明的一段语录，颜钧读了，颇有感触，他回顾说："农见触心，即晚如旨，垂头澄思，闭关默坐，竟至七日七夜"⑤，随后自觉"襟次焕然豁达，孔昭显明，如化日悬中天，如龙泉趵江海"。⑥ 用禅宗的术语形容——他开悟了。随后，他又在山中静修九个月，"归见兄钥等，陈性命之学，皆惊"⑦。见其学问开窍，颜钥以兄长的身份，"迫令就试"⑧，对此，颜钧叹曰："人生宁遂作此寂寂，受人约束乎!"⑨ 他坚决拒绝科举之路，情愿按照自己所理解的圣人之道来治学，倒也生活得有滋有味。随后，在颜母的帮助下，颜钧聚集了同族老少约七百人，给他们讲解儒家的伦理道德，"讲耕读正好做人，讲做人先要孝悌，讲起俗急修诱善，急回良心"⑩，结果收效甚好，于是他借机"立为萃和之会"⑪，目的就是使"人人亲悦，家家协和"⑫。不久，颜母病逝，颜山农依礼守孝，"泣血三年毕，辞家出游访道"。⑬ 此后，他足迹踏遍大江南北，"忽遇一师，徐卿

---

① （明）颜钧：《履历》，载黄宣民点校：《颜钧集》卷 4，中国社会科学出版社 1996 年版，第 32 页。
② （明）罗汝芳：《揭词》，载《颜钧集》卷 5，《著回何敢死事》附文，第 44 页。
③ （明）贺贻孙：《颜山农先生传》，载《颜钧集》卷 9，《附录一》，第 82 页。
④ （明）颜钧：《自传》，载《颜钧集》卷 3，第 24 页。
⑤ 《颜钧集》卷 4，《履历》，第 33 页。
⑥ 同上。
⑦ （明）贺贻孙：《颜山农先生传》，载《颜钧集》卷 9，《附录一》，第 82 页。
⑧ 同上。
⑨ 同上。
⑩ 《颜钧集》卷 3，《自传》，第 23 页。
⑪ 同上书，第 24 页。
⑫ 同上。
⑬ （明）罗汝芳：《揭词》，载《颜钧集》卷 5，第 44 页。

波石，讳樨，字子直"①，徐樨是泰州学派创始人王艮（心斋）钟爱的门徒，心性修养的功夫达到较高水平。在跟从徐樨修习三年之后，颜山农又被徐樨直接推荐到王艮门下学习。对于在王心斋门下的学习心得，颜钧用一副对联来形容，"千古正印，昨日东海传将来；四方公凭，今朝西江发出去"②，可见，他此时已颇具古之"狂者"的棱角。离开王心斋后，颜山农开始独自一人在各地讲学。嘉靖十九年庚子（1540 年秋），颜山农来到省会南昌，贴出《急救心火榜文》的榜告，会讲于豫章同仁祠中，听众多达一千五百人。其中，乡试落第的南城士子罗汝芳碰巧前来听讲，颜山农针对罗汝芳的病况，阐述了"制欲非体仁"的道理，并提出"体仁之妙，即在放心"的观点，令罗汝芳恍然大悟，顽疾亦消。从此，罗汝芳诚心实意地跟着颜山农修习，虽然后来学问自成一体，但是师生之情谊持续终生。

颜钧是一个典型的狂者，又具有"儒侠"的性格。按照黄宗羲的记载，"（山农）颇欲有为于世，以寄民胞物与之志"，③ 就身份而言，他连个秀才都不是，而且不能忍受举业的束缚，早就摒弃了科举之道，因此，颜钧的讲学活动实际上带有觉民行道并为自己扩大社会影响的目的，当条件许可时，他还积极参与时事政治活动，以期施展儒侠的文武才干。通过多年的讲学传道，颜山农的抱负在一定程度上有所实现，例如，嘉靖中后期，倭寇横行于东南沿海，颜山农曾应其门徒程学颜之邀，于嘉靖三十六年前往浙直总督胡宗宪幕下参赞军务，依其计策，重创倭寇，"倒溺百千倭寇于海"④，胡宗宪为其奏功，禀性高傲的颜钧不屑担任指挥使一类的中下级官员，飘然而去，依旧浪迹于市井寰俗之中。就这一点而言，颜钧比起同为胡宗宪幕僚的徐渭来，要清高得多。

在多年的南北游走中，颜钧结交了许多著名的士大夫，还包括一些位高权重的官员，但是，他性格直率，经常出语不逊，搞得别人下不来台。连他的弟子罗汝芳也承认，"（颜）见人有过即规正之，虽尊贵大人不少贬阿。故与往来者，（虽）甚受其有益身心，久则不能堪，盖与人为善，如是其急急也。间有闻其名未亲见者，或骇以为狂悖不经"⑤。其本传亦

---

① 《颜钧集》卷 3，《自传》，第 25 页。
② 同上。
③ 《明儒学案》卷 32，《泰州学案一》，第 703 页。
④ 《颜钧集》卷 3，《自传》，第 27 页。
⑤ （明）罗汝芳：《揭词》，载《颜钧集》卷 5，第 44 页。

记载："先生性峭直，尝为上徐华亭及张江陵书，皆有所指斥，诸公不悦。"① 其中，颜钧与南直隶提学耿定向的思想冲突最为激烈，最终使耿定向忍无可忍。嘉靖四十五年（1566 年），耿定向通过太平府当涂县知县龚以正，诱骗颜钧到太平府讲学，开讲三日后，派兵丁将颜钧擒获，打入大牢。他们擒获颜山农的罪名是：因颜钧曾经接受过巡抚何迁（号吉阳）所赠的一艘官船，所以给颜钧戴上盗卖淮安官船的罪名。虽然这项罪名是强加于人的，但是，由于颜钧喜欢招摇过市，接受了何迁的座船后，很可能没有去掉官船原有的一些标记，容易被人误认，因此授人以口实，从这个意义上讲，颜钧的性格是招致这次牢狱之灾的直接内因。在狱中，颜钧被严刑拷打，"刑棒如浆烂，监饿七日，死三次；继遭瘟痢，共将百日，叩不死"。② 本来他是要被判死刑的，经过罗汝芳的鼎力援救，三年后，从死刑减为发边充成至福建邵武。在福建，他又遇到抗倭名将俞大猷，俞大猷知道颜钧的才能，把他聘为幕僚，"计擒山寇韦银豹，有功"③。俞大猷为其奏功，颜钧不要封赏，惟求免成而归里，这一年是隆庆五年辛未（1571 年），他已经六十八岁了。回到家乡，颜钧安心静养，不再外出，偶尔与高徒罗汝芳等人往来，并整理了一些自己的思想心得，今本《颜钧集》中的许多文字，都出自他晚年手笔。显然，历经了人事沧桑的颜钧，不再像从前那样锋芒毕露，所作文字大多显得比较平和（仍不免自我夸大之处），因此，今人在研究颜钧的思想实况时，不能完全以他晚年的文字为准，而要结合其生平实际，否则就模糊了颜钧一生大部分思想与活动的真实情形。颜钧是一个长寿的思想家，九十三岁辞世，在明代著名的理学家中，只有湛若水的享年（九十五岁）比他长一些。

二 颜钧与泰州学派的师承关系和儒侠风范

颜山农是泰州学派的传人之一，这一点是没有疑义的。泰州学派的创始人王艮（1483—1541 年），字汝止，号心斋，原名王银，南直隶泰州安丰场人。幼时家贫，被迫外出经商谋生，由于措置得宜，家境渐裕。年轻时自学儒家经典而得悟，终身不事科举。王艮思想上比较崇古，"乃按《礼经》制五常冠、深衣、大带、笏板，服之"④，可见，王艮年轻时的言

① （明）贺贻孙：《颜山农先生传》，载《颜钧集》卷9，《附录一》，第82页。
② 《颜钧集》卷3，《自传》，第28页。
③ 同上。
④ 《明儒学案》卷32，《泰州学案一》，第709页。

行举止就显得与世俗不一，颇有狂者风范。三十八岁时，王艮听说王阳明在南昌讲致良知之学，感到好奇，前往一探究竟，结果被王阳明的深邃道行所折服，拜其为师。王阳明亦为王艮的颖悟和真诚所感动，他说："向者吾擒（宁王）宸濠，一无所动，今却为斯人动矣"①，随后，王阳明为王银改名为王艮，字汝止，意思是希望他像高山一样巍然不动。然而，王艮的性格不是改个名字就可以立即改变的，跟从王阳明一段时间后，他真切地感到"千载绝学，天启吾师，可使天下有不及闻者乎？"② 于是，嘉靖元年（1522 年），他制造了一个蒲轮车，模仿孔子周游列国的样子，单独北上，前往北京等各地宣讲阳明心学。当时，在朝士大夫或因观念不同，或因嫉妒阳明之故，"颇抵牾之"③，时在北京的王学同门也对王艮这种招摇过市的做法不以为然，于是，写信告知王阳明。王阳明令其南归，王艮被迫返回浙江绍兴④。回来后，"（阳明）以先生（指王艮）意气太高，行事太奇，痛加裁抑，及门三日不得见"⑤，王艮就每天跪在门外等候，"一日，阳明公送客出，先生长跪曰：'某知过矣'，阳明公不顾，先生随入至庭院，复厉声曰：'仲尼不为已甚！'于是阳明公揖先生起"⑥。从此，王艮的学风趋于平实，再无特立独行的举措，除了返乡省亲之外，他基本上待在王阳明身边求学问道，直至 1527 年王阳明受命出征广西为止。1529 年，王阳明病逝，王艮也与王龙溪、钱德洪一起，全力保护他的嗣子王正亿，当王阳明身后的风波平息之后，王艮返回泰州安丰场，独立讲学，自成门户，形成了中晚明时期影响甚巨的泰州学派。

由于王艮秉持孔子"有教无类"的教育理念，因此，他门下的弟子构成非常复杂，以平民百姓居多，如：樵夫朱恕、田夫夏廷美、陶匠韩贞⑦；及第为官者亦不在少数，如林春、徐樾。徐樾（？—1552 年），字子直，号波石，江西贵溪人。嘉靖十一年（1532 年）进士，仕至云南左布政使。因误信元江府土司那鉴诈降，被害于阵前。《明儒学案》卷 32《泰州学案一》有传。1527 年十月，尚为诸生的徐樾听闻王阳明远征广

---

① 《明儒学案》卷 32，《泰州学案一》，第 710 页。
② 同上。
③ 《王心斋全集》卷 3，《年谱》，第 71 页。
④ 王阳明晚年，定居在浙江绍兴（古称越城），而不是余姚。
⑤ 《明儒学案》卷 32，《泰州学案一》，第 710 页。
⑥ 《王心斋全集》卷 3，《年谱》，第 71 页。
⑦ 韩贞的入门之师为朱恕，由朱恕推荐，亲炙于心斋门下，心斋又令其从教于年龄相仿的次子王襞。

西，从贵溪追至余干，王阳明被其感动，允其登舟，二人探讨修道心得，对此，《王阳明年谱》有文字记载。后来，徐樾拜王艮为师，颇受其器重，是其门下著名弟子之一。颜钧在游历过程中，在北京遇到时任礼部郎中的徐樾，拜其为师，"师事三年，省发活机"。① 徐樾也很欣赏颜钧，推荐其前往泰州亲炙于王艮，据颜钧自述："如此从两师，往回竟四年，乐遂中和位育之御极。"② 嘉靖十九年（1540 年）秋，颜钧来到南昌，独立开讲，社会反响热烈。不久王艮辞世③，他便自成一派，到处讲学。由上可知，颜钧的确是泰州学派的传人，其学术传承的脉络还是很清楚的。

颜钧为人仗义，乐于疏财助人，无论其动机是发自内心，还是喜欢出人头地，颇有敢作敢为的儒侠风范。据《明儒学案》记载：

> 山农游侠，好急人之难。赵大洲赴贬所，山农偕之行，大洲感之次骨。徐波石战没元江府，山农寻其骸骨，归葬，颇欲有为于世，以寄民胞物与之志。④

上述文字列举了两个事例。其一，赵贞吉（1508—1576 年），字孟静，号大洲。嘉靖二十九年（1550 年），因得罪奸相严嵩，被贬为广西荔甫县典史。赵贞吉与颜钧曾经共学于徐樾门下，算是同学。为了安慰和保护赵贞吉，徐樾不辞劳苦，陪着赵贞吉走了数千里，直至贬所为止。1552年（嘉靖三十一年），徐樾不幸战死于云南元江，颜钧闻讯，只身前往云南寻找徐樾的遗骸，"行至湖广沅州，蒙总督张静峰先差人打捞，不获，力止铎远去，送归山房"⑤，可是，颜钧仍然不顾风险，再次前往云南，总算找到了徐樾的碎骸，"收波师碎骸于滇南元江，祔葬于心（斋）墓之旁"⑥。此外，颜钧很喜欢疏财济贫，有时到了挥金如土的程度。万历元年（1573 年）他的弟子罗汝芳担任东昌（今山东聊城）知府时，适逢颜钧北上，暂住一时，发生了一件趣事：

> 罗公为东昌太守。先生（指颜钧）来。呼之曰："汝芳为余制

---

① 《颜钧集》卷 3，《自传》，第 25 页。
② 同上。
③ 王艮逝世时间是嘉靖十九年（庚子）冬十二月八日，按阳历计算，已是 1541 年年初。
④ 《明儒学案》卷 32，《泰州学案一》，第 703 页。次骨，犹言入骨，形容程度极深。
⑤ 《颜钧集》卷 3，《自传》，第 27 页。
⑥ 同上。

棺，须百金。"（罗）尽取其俸钱出，（颜）即散与贫者。又命之曰：
"汝芳为余制棺，须百金。"太守故廉，不能更具百金，则早起，瞷
其尚寝，跪床下白之。先生诟怒，不得已称贷以进。取之出，又散与
贫者。①

颜钧一向视金钱为"道障"，因此，"豪宕不羁，轻财好施，挥金如
土"②。这一次，他倚老卖老，慷他人之慨，把门人罗汝芳有限的积蓄全
数掏空，又逼着罗汝芳去借钱为他"买棺"。令人称奇的是，罗汝芳竟然
老老实实地照做了，一点折扣都不敢打，真可谓"孝顺"之极。颜钧的
豪宕不羁，罗汝芳的唯师是从，师徒二人的性格差异，真是令人叹为
观止。

由是可见，颜钧确实有"儒侠"风范，但是，他的性格中也有颇多
缺陷，如：行事张狂、言语直率、率性任情、生活作风不检点，等等。本
来，他的门徒中知名者颇多，何心隐（1517—1579 年）也是其中之一，
然而，据明人笔记小说叙述：何心隐因发现颜钧与家境富裕的孀妇私通，
并攫取钱财，愤然与之绝交。由于这些明人笔记小说中杜撰、夸张成分较
多，在此不予引述。不过，颜钧出语直率、行事张狂，却基本是事实，据
黄宗羲记载："世人见其张狂，无贤不肖皆恶之。"③ 因此，颜钧被诬"盗
卖官船"而关在南京监狱时，除了罗汝芳等极少数门人故旧，关心施救
者甚少，对此，颜钧感叹道：

当难三年，江北数千门徒，受教受惠者甚多，且有随从一年至三
年者，竟无一人寄音相慰。④

颜钧的感慨固然有对世态炎凉的真切体会，但是，他不从自己的身上
找原因，只是抱怨门人故交不念旧情，这表明他对自己的性格缺陷并无清
醒的认识。可见，颜钧终身止于狂者的境界，难以"与入圣人之道"。

三　颜钧思想与王艮的异同

作为有着直接师承关系的后裔，颜钧的哲学思想当然带有泰州学派的

① （明）贺贻孙：《颜山农先生传》，载《颜钧集》，第83页。
② 同上。
③ 《明儒学案》卷32，《泰州学案一》，第704页。
④ 《颜钧集》卷3，《自传》，第28页。

共同特点，与王艮也确有相近之处。简要概括如下：

首先、王艮与颜钧都抱有一种真诚的道德理想，并把这种理想寄托于通过伦理教化进行的社会改造。颜钧二十四岁时，在母亲的帮助下，集合本家族"众儿媳、群孙"和"乡间老壮男妇"几近七百余人，讲述儒家的伦理道义，"果见人人亲悦，家家协和，踊跃奋励"①。在此基础之上，他成立了"三都萃和会"（三都，是颜钧一家所在的乡名，颜钧原籍为永新县三都乡中陂村②），所谓三都萃和会，是一个带有乡约性质的民间自治组织，主要的功能就是用儒家思想来教化乡间百姓。据颜钧自述："会及一月，士农工商皆日出而作业，晚上皆聚宿会堂，联榻究竟。会及两月，老者八九十岁，牧童十二三岁，各透心性灵窍，……众皆通悟，浩歌散睡，真犹唐虞瑟僩，喧赫震村谷，间里为仁风也。"③ 三都萃和会是颜钧从事儒家伦理教化的第一次社会实践，在朴实的乡民中间产生了热烈的反响和长期的成效，据罗汝芳记载："会中启口劝勉，罔非祖训六条，至今四十年如一日也"④，由是可见，三都萃和会并没有因为三年之后颜钧的离去而停止。如果没有在家乡宣传儒家伦理教化的显著成功，颜钧一生也不可能如此热衷于讲学传道。正是因为受到儒家思想的深刻熏陶，颜钧怀抱一种道德化的社会理想，满腔热情、跃跃欲试地走出了永新这个偏僻的小邑。

其次、颜钧和王艮一样，不事科举，不屑为官，而是专心在民间传播儒学，这种平民化的传播方式，奠定了儒家思想在中国传统社会中的深厚基础。从王艮开始，泰州学派就注重在民间传播儒家思想，是儒学民间化的成功典范，颜钧自然也继承了这一传统。颜钧的大半生，都在大江南北讲学传道，听众人数众多，身份各式各样，颇有孔子所说"有教无类"的气魄。仅列举一二例便可窥其风貌。1557年，颜钧应河间知府陈大宾（号见吾）的邀请，来到沧州、河间一带讲学，当地官员"召州县官吏、师生、民庶近八千人，斋道、禅林亦聚数千，听铎绪皆圣学中正以作人，保身善世，从心率性，如此聚会，凡三月"⑤。在此期间，恰逢门人罗汝芳北上就职（任刑部主事），停下来和他相聚两月之久。当颜钧离开之

---

① 《颜钧集》卷3，《自传》，第28页。
② 《颜钧集》卷4，《履历》，第32页。
③ 《颜钧集》卷3，《自传》，第24页。
④ 《罗汝芳集》，《柬当道诸老》，第677页。
⑤ 《颜钧集》卷3，《自传》，第26页。

际，"陈守及州县官吏师生三千众，追送泣别"。① 纵然颜钧的记述有所夸张，但是这次讲会的规模之大和时间之久，却可见一斑。1566 至 1569年，年过花甲的颜钧身陷南京狱中，虽然身受大刑，但是"左右囚友，俱就护救，渐渐调养，竟获安恬"②，身体康复之后，颜钧又发挥自己善于讲论的特长，"日与诸囚论学不倦，诸囚有启悟者。狱中尝（有）白光达圜扉外，司寇怪之"③。能够面对众囚徒讲学，颜钧真是把泰州学派的教化精神贯彻到底了。当然，狱中讲学的收效也是显著的，当颜钧出狱之时，"监侣八十五人，送别牵衣，号哭动天，临监主政与狱官皆恻然流涕"④，这种场景，或许恰好印证了阳明心学的一个基本理念——良知人人皆有，一旦觉悟，便不可胜用。

自从汉代儒学成为官方哲学之后，儒学并没有在民间绝迹。历代皆有一批学识渊博的儒者，坚持不懈在民间推广儒家的伦理思想和道德观念，使得原本来自民间的儒学又从朝堂返回了民间。在明代，王心斋、王东厓、颜山农等人，一脉相承，注重在大众之中传播儒学，使儒家思想渗透于广大民众的日常生活，因此，儒学在中国传统社会扎下了深厚的根基。这种平民化的儒学及其传播模式，渐渐蔚为中国文化发展历程中一道特殊的风景。

再次、颜钧善于以简易活泼的方式来宣讲儒学。儒学的平民化同时就意味着传播方式的简单化和随意化。本来，陆王心学一直有追求易简工夫而摒弃繁琐哲学的思想传统，陆九渊曾说："易简工夫终久大，支离事业竟浮沉。"⑤ 王阳明晚年，曾面对众多江右弟子说："工夫只是简易真切，愈真切愈简易，愈简易愈真切。"⑥ 到了王艮那里，这种易简工夫被进一步放大，成为与百姓日用生活合而为一的事情。对此，王艮有很多著名的言论，如："圣人经世只是家常事"⑦，"圣人之道，无异于百姓日用"⑧，"愚夫愚妇与知能行，便是道"⑨。他还说："此至简至易之道，视天下如

---

① 《颜钧集》卷3，《自传》，第26页。

② 同上书，第28页。

③ （明）贺贻孙：《颜山农先生传》，载《颜钧集》卷9，第83页。

④ 《颜钧集》卷4，《履历》，第35页。

⑤ 《陆九渊集》卷34，《语录上》，第427页。

⑥ 《王阳明全集》卷35，《年谱三》，第1309页。

⑦ 《王心斋全集》卷1，《语录》，第5页。

⑧ 同上书，第10页。

⑨ 《王心斋全集》卷1，《语录》，第6页。

家常事，随时随地无歇手处，故孔子为独盛也。"① 受到王艮的影响，颜钩以更加简化和随意的方式来阐释儒学，完全超出了官方儒学和士人儒学的理论范围。例如：他把本为篇名的"大学"和"中庸"四个字单独拆解出来，然后将此四字颠来倒去，各自成为独立的哲学范畴，构成他的所谓"大中之学"。开始，天下人闻之，皆曰："此老好怪也。"② 他的入室弟子程学颜刚刚听闻，也说："此老真怪也。"③ 后来，相从既久，"感悟隐思，渐次豁如，不觉自释其明辨，乃知此老竭力深造，自得贯彻"④，完全接受了"大中之学"。对于这四个字，程学颜代其师诠释道：

> 自我广远无外者，名为大；自我凝聚圆神者，名为学；自我主宰无倚者，名为中；自我妙应无迹者，名为庸。合而存，存一神也。……故不达此四字之严，亦莫知晰尼父之独致。⑤

颜钩认为，"大中学庸，学大庸中，中学大庸，庸中学大，互发交乘乎心性，吻合造化乎时育"⑥，他通过将"大、学、中、庸"四个字分门别类地加以诠释，然后建构起一种全新的"大中之学"。这种简化儒学的随意之作，也只有敢于"赤手搏龙蛇"⑦ 的泰州学派的传人能够为之，颜钩无疑更是其中的翘楚。既然敢于按自己的体悟随意地解释经典，那么，他传给世人的儒家思想，当然不会像程朱理学那样呆板僵化，甚至连心学前辈王阳明、王龙溪等人身上残留的"头巾气"都彻底洗掉了。颜钩的讲学传道，完全是深入民间，随缘自主，以最简单的方式和浅俗的言语来传递他所体认的儒学精神。

但是，无论从思想上还是行迹上，颜钩与王艮又有着许多不同之处，特别是颜的缺陷，都是由他自己的思想和性格所致，并不能归咎于王艮。在此不妨把颜钩与王艮的思想和个性差别进行一番剖析，并加上对颜钩高徒罗汝芳的学问功夫的分析，以见两代师徒之间思想的差异性，如下：

第一，王艮自四十岁蒙王阳明"痛加裁抑"之后，作风趋于稳重平

---

① 《王心斋全集》卷1，《语录》，第17页。
② （明）程学颜：《衍述大学中庸之义》，载《颜钩集》卷9，第76页。
③ 同上。
④ 同上。
⑤ 同上。
⑥ 《颜钩集》卷6，《耕樵问答》，第49页。
⑦ 《明儒学案》卷32，《泰州学案一》，第703页。按：这是黄宗羲的评语。

实，从未传授给颜钧（或其他门徒）任何狂放自恃的思想，颜山农率性任情的行为方式乃是他自己的性格所至。由于今本《颜钧集》收录的多是颜钧晚年自我整理过的文字，因此，读者不易看出颜山农一生中豪迈不羁、行不掩言的狂者风范，实际上，他大半生的确是一个率性任情的狂简之士，思想和行为的缺陷不少，也因此给他带来许多诟病和牢狱之灾。根据黄宗羲的评述：

> 其学以人心妙万物而不测者也。性如明珠，原无尘染，有何睹闻？著何戒惧？平时只是率性所行，纯任自然，便谓之道。及时有放逸，然后戒慎恐惧以修之。凡儒先见闻，道理格式，皆足以障道。此大旨也。①

其实，黄宗羲在此处还是把颜山农高估了，有时候，颜山农完全忽略了戒慎恐惧的修养工夫，只是一味"率性所为，纯任自然"，他的高徒何心隐就是因为见其生活私节不检点，才与之断交绝义的。除了私生活恣意纵情外，颜山农待人不分贵贱长幼，常以老师自居而无情训斥，弄得一些有身份的士大夫颜面上很难堪，因此，黄宗羲记载道："世人见其张皇，无贤不肖皆恶之，以他事下南京狱，必欲杀之。"② 只有罗汝芳一人，记取颜钧的恩情，钦佩他的智慧，从来不计较他的任性和怪诞。这是因为当年罗汝芳在南昌初见颜钧时，一番"制欲非体仁"的教训确实属于对症之良药，它令罗汝芳懂得先找到"仁体"的源头，再去修理后天气质的"沟渠"，从而摆脱了勉强、生硬的修行方式。不过，就颜山农本人而言，找到了仁体的源头，却不知道疏浚后天习性的"沟渠"，乃是他修行的明显疏漏。据黄宗羲记载："（颜山农）尝曰：'吾门人中，与罗汝芳言从性；与陈一泉言从心；余子所言，只从情耳'"③，如果这句话确实是颜山农所说，颇可见其思想体系与内心世界的复杂性，因为他的性情论不是体用、本末一致，而是可以拆分重构的，因此，颜山农有时候"误以情识之知为良知"④，甚至"只以寻常任气作用误认良知"⑤，造成了许多讲学或生活中的失误，最终遭至身陷图圄的三年灾祸，从内因上讲，这纯粹是

---

① 《明儒学案》卷32，第703页。
② 同上书，第704页。
③ 同上书，第703页。
④ （明）王栋语，参见《明儒王一庵先生遗集》卷1，《会语正集》，第152页。
⑤ 同上书，第173页。

他咎由自取。

与之相比，王艮晚年更加注重阐发儒家思想的原旨，风范愈近醇儒。例如：他在嘉靖中期给南京诸同门写信说：

> 今闻主上（指嘉靖帝）有纯孝之心，斯有纯孝之行。何不陈一言为尽孝道而安天下之心，使人人君子，比屋可封？①

嘉靖十七年（1538年）七月，嘉靖帝将其生父兴献王尊谥为睿宗，祔于太庙，这是嘉靖朝"大礼议"事件的尾声。这件事传开之后，处在民间的王艮有所耳闻，以为嘉靖帝是一个孝顺的皇帝，于是产生了一种政治幻想，便写信给自己在南京的诸位同门好友，希望他们能够以臣子身份进谏，盼望嘉靖帝能够推己及人，以孝道治天下，达到天下泰宁的目的。此外，"先生拟上世庙书，数千言金孝悌也"②，当然，王艮的这份良苦用心不可能被嘉靖皇帝所知。所幸的是，他的遗稿流传下来，若干年后，名相张居正"阅其遗稿"，不以为然地说："世多称王心斋，此书数千言，单言孝悌，何迂阔也！"③ 当这个评价传到张居正曾经的好友罗汝芳的耳中，他感叹道："嘻！孝悌可谓迂阔乎？"④ 由是可见，王艮在阳明去世、独立讲学之后，更多的是阐发乃师的致良知之教和儒家传统的伦理道德观念，绝不是像颜钧那样率性任情。

具有反讽意味的是，身为颜钧入室弟子的大儒罗汝芳（1515—1588年）也充分汲取了颜山农的教训，真正做到"率性"而不"任情"。罗汝芳以自己体悟到的孝、弟、慈"三原德"为"天命之性"的根本内涵，提倡以此"三原德"为指导思想，去做好自己的各项事业，从不认同恣意纵情的思想观念。相反，他特别注重后天之习，认为只要坚持为善去恶的道德修养，就可以改变不良的个人气质。对此，他有过很多精辟的论述，例如：

> 德性虽赋诸天，扩充全资乎己。⑤

---

① 《王心斋全集》卷2，《与南都诸友》，第50页。
② 《明儒学案》卷32，《泰州学案一》，第718页。
③ 同上。
④ 同上。
⑤ 《罗汝芳集》，第310页。

又如：

> 若只见得怵惕恻隐之端，而不加扩充之功，亦只是闪电光，而难以语于太阳照也已。①

对于气质之性，罗汝芳也明确指出了通过后天修习加以改变的必要性。他说："变化气质，是为学第一件事，不然，讲说无益。"② 对于不加节制的欲望之危害，罗汝芳更是有着十分清醒的认识，他说：

> 此欲原是无厌足的东西，若稍放一步，便贪求非所当得，……究其根源也，皆是各要出头做人，但起初由身家一念嗜欲中来，末流遂不可救药。③

正因为对于节制欲望、改造气质等后天修习工夫予以高度的重视，所以，罗汝芳没有重蹈颜山农的覆辙，而是以一种端庄、朴素和淳厚的面貌展现在世人的面前。在门人、听众面前，罗汝芳"未尝以师席自居"，④而是平等交往，循循善诱，人们或许可以贬损罗汝芳很迂腐，但是从来没有人把他和狂放不羁的颜钧混为一谈。他讲学一生，诲人不倦，从奸相严嵩到独揽朝纲的张居正，也没有哪位当权者借此对他进行残酷的人身迫害。从这个意义上讲，青出于蓝而胜于蓝，罗汝芳的道行功夫后来远远胜出了颜山农。

第二，颜山农热衷于宗教神秘主义的传道方式，而王艮晚年则自觉疏离了这样一种教育方法。颜山农青年时期的"开悟"，本身就始于一次带有宗教神秘主义色彩的闭关体验。他二十四岁之前，本来学行不佳，"人皆目为痴儿，家则视为荡子"⑤，不过，因为偶然看到次兄颜钥从白鹿洞书院带回来的听课笔记，上面记载了王阳明的一段语录："精神心思，凝聚融结，如猫捕鼠，如鸡覆卵"⑥，他受到启发，开始闭关静坐。颜钧后

---

① 《罗汝芳集》，第402页。
② 同上书，第86页。
③ 同上书，第141页。
④ （明）罗怀智：《罗明德公本传》，载《罗汝芳集》，832页。
⑤ 《罗汝芳集》，《柬当道诸老》，第677页。
⑥ 此段语录出自王阳明所书的《示弟立志说》，原文与此稍有不同，见于《王阳明全集》卷7，第260页。

来回忆："匹夫喜激丹灵，即俯首澄虑，瞑目兀坐，闭关七日，若自囚，神智顿觉，中心孔昭，豁达洞开，天机先见，灵聪焕发……"① 随后，他又到山中静修九个月，"益大悟"②，回到家中，他把自己的所悟讲给哥哥颜钥等人听，家人听后，都被他这种类似天启的智慧震惊了。这种闭关七日的修炼实践对于颜钧而言，奠定了他一生道行功夫的基础（但并非了悟），对此他也颇为自得。后来，他不仅在晚年整理的文集中多次回顾这一段经历，而且把这种闭关修炼的方法作为基本经验传授给门人弟子。例如：他在《耕樵问答》一文中，以自问自答的形式，阐述了"七日闭关法"（原文标题）这样一种具有可操作性的修炼方式。在文中，他以《论语》中孔子所说"一日克复，天下归仁"和《周易·复卦》中"七日来复，利有攸往"为经典根据，详细叙述了闭关修炼的方法，在此不妨摘录部分文字如下：

> 即是敦敦打坐，默默无语，缚目不开，塞耳不听，两手擒拿，两足盘旋。回思内省，肫肫凝结，自己精神，融成一片，胸次抑郁，若醉懵愁苦，不可自解以放松。如此忍耐一日二日，不上三日，即自顿冲然，潜伏孔昭之灵洞开，焕发启明，如东日之出见，如龙泉之滚沨。……③

这种七日闭关法，与佛教修行中的"打禅七"很相似，与道教的内丹修炼亦可贯通。客观地讲，它可以激发心灵的潜能，令人体悟到日常经验和理性思维所不能领会的超时空的智慧，但是，有此一悟后，并不等于所有的修行就圆满完成了，其实还需要长时期的保任工夫，在道德原则和自然法则的指导之下，改造自身的气质和习性，使修道者的心灵高度净化，和谐宁静，这样才达到觉行圆满的境界。对颜钧而言，他缺乏的是"开悟"之后长期的笃实修行，并没有真正达到德智双全的圣者境界，但是，他对此并不自觉，而是自以为已经穷尽天人性命之奥妙了。颜钧不仅以带有宗教神秘体验的方式来证悟自己的心体，而且大半生都喜欢以神秘怪诞的方式来讲学传道，似乎不如此不足以体现他道行的不同凡响。例如，他在1544年秋，携同罗汝芳等门人在泰州安丰场王艮祠前会讲，讲

---

① 《颜钧集》卷3，《自传》，第24页。
② （明）贺贻孙：《颜山农先生传》，载《颜钧集》卷9，第82页。
③ 《颜钧集》卷6，《耕樵问答·七日闭关法》，第54页。

学过程中，"上格冥苍，垂悬大中之象，在北辰圆圈内，甚显明，甚奇异"①。引得他和会讲者十分惊讶，认为是"上苍果喜铎悟通大中学庸之肫灵"②，于是，"庆乐无涯，叩头起谢师灵"③。其实，这不过是一种比较罕见而巧合的自然现象而已，与"上苍"之喜好根本无关，今天的天文学家可以准确预报比这更特殊的天文景象，但是，当时的颜山农颇以此为自得，因为在迷信思潮比较盛行的时代，这种众人共见的奇异景象可以为他"翕徕千百余众，欣欣信达"④，他当然乐于宣扬此种异象所包蕴的"人文"内涵了。又如：颜山农在讲学过程中，有时候会失去理性自控力，出现类似于禅门机锋式的自发动功，令人瞠目结舌。史载："先生机辨响疾，双目炯炯，问难四起，出片语立解。往往于眉睫间得人，……尝与诸大儒论天命之谓性，众方聚讼，先生但舞蹈而出。"⑤ 时人李贽亦曾转述耿定向之语曰："昔颜山农于讲学会中忽起就地打滚，曰：'试看我良知！'士友至今传为笑柄"⑥，当然，一贯敢于叛逆封建礼教的李贽并不以此为耻，而是赞许地说："当（其）滚时，内不见己，外不见人，无美于中，无丑于外，不背而身不获，行庭而人不见，内外两忘，身心如一，难矣，难矣。"⑦ 无论颜山农这么做是否属于有意为之，这种狂者风范的行径一方面起到了哗众取宠的作用，另一方面也加剧了人们对他的学行人品的争议。

与之类似，王艮早年也不乏神秘的体验，开头亦颇为自得。他从二十七岁开始，"默坐体道，有所未悟则闭关静思，夜以继日，寒暑无间，务期于有得"⑧，两年之后，经历了一件异事，据《年谱》记载：

> 一夕梦见天坠压身，万人奔号求救。先生独奋臂托天而起，见日月列宿失序，又自整布如故，万人欢舞拜谢。醒则汗溢如雨，顿觉心体洞彻，万物一体，宇宙在我之念益真切不容已。自此行住坐卧，皆在觉中。⑨

---

① 《颜钧集》卷3，《自传》，第26页。
② 同上。
③ 同上。
④ 同上。
⑤ （明）贺贻孙：《颜山农先生传》，载《颜钧集》卷9，第83页。
⑥ 《李贽文集》第一册，《焚书》，《增补一》，《答周柳塘》，第255页。
⑦ 同上书，第255页。
⑧ 《王心斋全集》卷3，《年谱》，第68页。
⑨ 同上。

　　王艮做了一个奇怪的梦，这并没有什么了不起。但是，他醒来之后"顿觉心体洞彻"，其实就是一种开悟的表现，而且，这种对先天本心的体证还持续了较长时间，王艮自己记作"正德六年间，居仁三月半"①。单是这一记录，亦可见王艮年轻时的狂者气象，因为孔子最钟爱的弟子颜回也不过"其心三月不违仁"（《论语·雍也》），王艮自述比颜回还超出半个月，快达到圣人"浑然无间断"的境界了，由是可见，两年的"默坐体道"确实让王艮的心灵境界达到了一个非凡的高度。然而，自师从王阳明之后，王艮明白了"良知本体原是无动无静"②的道理，通过自己多年的笃实践履，更是提炼出"圣人之道，无异于百姓日用"③的光辉命题。面对一些学者仍有喜好静坐，流入枯槁虚无的倾向，王艮经常向沉溺静坐、崇尚玄虚的门人发出警告，例如：

　　　　嘉靖十五年，乐安董燧自金台来学，留三月。一日，燧瞑目跌坐，先生临其旁不觉。先生抚其背曰："青天白日，何自作鬼魅？"燧醒起豁然。④

　　据此可见，王艮晚年（时年五十四岁）很善于纠正门人静坐中的偏差，提倡自然平实的修养，丝毫没有神秘玄虚的味道。相反，他经常讲的是："圣人经世，只是家常事"⑤，"百姓日用之条理处，即是圣人之条理处。圣人知，便不失；百姓不知，便会失"⑥。这些朴素、实在的言语，后来被黄宗羲概括为一句话——"百姓日用即道"，⑦透射出平民儒学的思想光辉。

　　作为颜钧的入室弟子，罗汝芳自然也受到熏陶，在静坐体悟方面颇有造诣，早就达到"开悟"的境界，他曾经自述这种体验：

　　　　予初年也将自己本心，勉力探讨，……专切久久，始幸天不我

---

①　《王心斋全集》卷3，《年谱》，第68页。
②　《王阳明全集》卷3，《语录三》，第105页。
③　《王心斋全集》卷1，《语录》，第10页。
④　《王心斋全集》卷3，《年谱》，第74页。
⑤　《王心斋全集》卷1，《语录》，第4页。
⑥　同上书，第10页。
⑦　《明儒学案》卷32，《泰州学案一》，第710页。

弃，忽尔一时透脱，……且尤未尝一处或有纤毫而不玄洞虚通也。其时身家境界，果然换过一番，稍稍轻安自在，不负平生此心。①

不过，当罗汝芳的道行成熟之后，发现许多耽于静坐的学者存在"玩弄光景"的毛病，因此，他在讲学中对静坐工夫讲得并不多，有时候还针对一些学者的静坐通弊而加以贬责，特别强调"破光景"的问题。他多次指出，修道者不可"沉滞襟隔，留恋景光"②，对于任何美妙、特异的境相，"有也不觉其益，无也不觉其损"③，相反，在日常生活中，要踏踏实实地按照先圣所传的规矩去做，这样才能步入圣学的正轨。由是可见，王艮晚年并没有传给颜钧什么神秘主义的法术，而颜钧自己的嫡传门人罗汝芳，也扬弃了乃师的神秘主义倾向，究其思想来源，都是个人的性格和修行诣境的差异所致。

第三，颜山农具有颇为鲜明的"御天造命"的思想，发展了王艮"大人造命"的观念，重视发挥人的主观能动性，而门人罗汝芳则更崇尚"顺天休命"④ 的人生哲学。颜山农出身民间，是一个来自社会底层的知识分子，不通过大胆而艰苦的努力，很难改变自己的处境，更谈不上改造社会，因此，他不满足于儒家固有的"顺天休命"的思想传统，而是积极发挥儒家刚健自强的价值理念，进而突破了正统儒家的理论界限，提出"御天造命"的命题，成为中国哲学史上独树一帜的思想理念。诚然，率先提出"造命"思想的，是泰州学派的创始人王艮，他借用孔子周游列国的旧事来立论，说：

孔子之不遇于春秋之君，亦命也，而周流天下，明道以淑斯人，不谓命也。若夫民则听命矣，故曰"大人造命"。⑤

王艮在此所举的孔子之例，是将孔子和一般凡夫百姓做了一番比较，一般凡夫百姓，在既定境遇面前只知被动服从，自身无所作为；而孔子则不然，不计个人得失毁誉，周游列国十余载，虽然政治上并不得志，但能周流天下，像"木铎"一样警诫世人，传授为人处世之理、文化修养之

①《罗汝芳集》，第355页。
② 同上书，第268页。
③ 同上书，第223页。
④ 语出《周易·大有卦》，休，用如动词，使之美善。参见《周易译注》，第131页。
⑤《王心斋全集》卷1，《语录》，第9页。夫，原作"天"，有误，据文义改。

道。从"明道以斯淑人"的角度而言，孔子没有甘于像巢父、许由一样做一个隐士，而是在直接的政治事功之外开创了文化教育这种影响更为久远的事业，因此，孔子才真正称得上"大德之人"，他完成了独到的人生使命，也创造出自己特殊的命运历程。根据这种"大人造命"的理念，王艮直至晚年病重之时，仍然鼓励门人徐樾（字子直）说："我今得此沉疴之疾，我命虽在天，造命却由我。子直闻此，当有不容已者。"① 如果细加区分，王艮的这段话中，"我命虽在天"是指人的遭遇，强调的是必然性；"造命却由我"是指人的使命，强调的是能动性。必然性和能动性本是一对相反相成的范畴，王艮的这一论述充满了朴素辩证法的意味。

　　但是，出身社会底层的颜钧提出了"御天造命"的思想，连王艮"我命在天"的思想底线都突破了，幻想把人的主观能动性发挥到不受任何束缚的境地。这种思想直至晚年也没有改变，他在《自况吟》中说：

　　　　羲皇尧舜先天始，文武孔周后法伦。我欲斯人生化巧，御天造命自精神。②

又如：

　　　　学聚以时庸也，则为御天造命，愤乐在中，无入而不自得焉。③

直至晚年八十岁时，颜山农仍然秉持"御天造命"的思想，以此为自己一生的精神血脉所在。在八十寿辰答谢罗汝芳的诗中，他说：

　　　　八十年来万欲休，精神活泼久忘忧。……立己达人宗孔业，沿生造命遂心筹。此为乐在神渊底，不是宣尼敢妄侔？④

又如：

　　　　夜枕神藏线月穿，穿心微显隐几研。……此为昼夜通知道，独擅

---

① 《王心斋全集》卷2，《诗文杂著》，第53页。
② 《颜钧集》卷8，《自况吟》，第67页。
③ 《颜钧集》卷2，《论大学中庸》，第17页。
④ 《颜钧集》卷8，《答谢门人溪》，第69页。

御天造命权。①

由是可见，颜山农对于自己"御天造命"的思想颇为自负。当然，没有这一精神理念的支撑，颜山农不可能从一个默默无闻的乡野村儒变成海内知名的讲学大老。可是，如果我们把"天"理解为一种社会生活的必然规律，那么，"御天"之说就显得十分张狂，颜山农忽略了孟子所说的"顺天者存，逆天者亡"②的道理，因此，他经常不顾当时社会生活的实际情况，一味地按照自己的主观臆想来行事，最终碰得头破血流，如果不是有罗汝芳这样的至诚高徒全力营救，那么，他可能早就死在南京刑部的监狱之中了。

相比之下，颜钧的门人罗汝芳则是一个服膺儒家"顺天休命"思想的睿智之人，他精通易学，自觉遵循《周易》所阐发的哲理去为人处世，做一个知命和顺命的觉者，和颜山农的"御天造命"的观念有着本质的区别。罗汝芳一生总是按照社会生活的固有规律来行事——从秀才至举人，再到进士；从知县升任知府，从知府再到参政，该做什么便做什么，既不冒进，也不逃避。当然，当他自己有决定权时，他敢于做出超凡脱俗的举动。嘉靖三十二年（1553年），罗汝芳会试得第，却不赴廷试，飘然而归故里，此后十年，周流天下，不辞辛苦，寻师问友，一意求学问道，这种举动令天下士人从万分惊讶到衷心佩服。入仕之后，面对复杂的官场生态，罗汝芳既能够坚持原则，不失大节，又能够审时度势，适当变通。嘉靖中后期，适逢奸臣严嵩当道，他勇于保持节操，绝不与之同流合污，十余年间，始终没有陷入严嵩一党的人事圈子；有时候，碰到某些上司与之作梗，他也能够逆来顺受，安于命运的调度。权相张居正把他遣至云南，他欣然前往；云南巡抚王凝不支持他的治水方案，他就自己设法筹款，完成金汁、银汁二沟的修复工程。当年丰收之后，连一直视其为"迂儒"③的巡抚王凝也改变了对他的看法。对于自己不能决定的事情，罗汝芳坦然地顺应；对于能够有所作为的事情，罗汝芳积极地奋斗，全力地创造，因此，他能够以一个大儒的身份载入史册，为民族精神和文化慧命的传承发挥了重要的作用。

通观王艮、颜钧和罗汝芳三人的性格与思想差异，我们不难发现，颜

---

① 《颜钧集》卷8，《答谢门人溪》，第69页。
② 《四书章句集注》（新编诸子集成本），《孟子集注·离娄上》，第284页。
③ （明）杨文举：《云南军功疏略》，载《罗汝芳集》，《附录·记疏》，第1001页。

钧的思想和作为突破了王艮的底线，而罗汝芳的思想和作为又纠正了颜钧的偏差。王艮并没有纵容颜钧的张狂自肆的性格，颜钧的思想和作为，实际上都是他自己的个性特质和价值追求的产物，并不能归咎于王心斋。客观地讲，好老师未必教得出好徒弟，好徒弟也未必拘泥于老师的藩蓠。即使是年轻时颇有狂者风范的王艮，本人也并未助长门人弟子的狂者风气，如果我们多看看林春、王栋等其他心斋门人的学行和作为，就不会得出这种偏颇的结论。实际上，恰恰是一些学问功夫达不到乃师境界的学者，率性任情，猖狂自恣，"只以寻常任气作用误认良知"，偏离了阳明心学的原有方向，从而败坏了王门一脉的学风，使人产生王龙溪、王心斋等人导致晚明狂放士风的历史误会。

第四节　晚明空疏学风的形成和历史反思

除了狂放士风的思想危害以外，我们对于中晚明王学末流的另一缺陷——学风空疏不实，也应该有所警惕。晚明时期，吏治腐败，局势动荡，最后引发明末农民大起义，又牵动了清军入关，导致明王朝先亡于李闯王，又亡于满清铁骑，在山河飘摇、国破家亡的民族危机面前，一些原先侈谈良知心性的士大夫，大多束手无策，只会摇头叹气、伤心落泪。有的甚至丢弃了基本的民族气节，甘心投靠满清王朝，成为新王朝的鹰犬爪牙，专门镇压自己的同胞族类。在这种情形下，王学末流的学风空疏之弊又成为后世的一种笑谈。那么，面对这种历史现象，我们不禁要问：这是否也和王龙溪、王心斋直接相关呢？

一　晚明空疏学风的由来

坦率地说，无论是王龙溪，还是王心斋，从来没有提倡过空疏、浮躁的学风，这种学风流弊的由来，是由于中晚明的思想解放思潮逐渐走过合理的限度，虽然摒弃了程朱理学的僵化保守，本身也变得愈加浮躁、空疏的缘故。从这种学术风习的转变中，后人应该认识到"过犹不及"的深刻教训。

从源头上讲，儒家思想是一个博大精深的学术体系，其中，心性之学与经世济民的实学内外相济，并行不悖。心学宗祖王阳明本身就是一个博学多能、事功卓著的人物。不过，由于明代中期的知识阶层思想颇为混乱，除了作为科举功令的程朱理学之外，一般的读书人还以训诂之学、词章之学、艺能之学等各种知识技能相互矜示，唯独忽略了心性道德的切实涵养，因此，王阳明真诚地希望"心学纯明"，让天下读书人回归到心性涵养的正途上来。他表达了对当时知识界崇尚功利、炫耀知识等风气的不满，说：

> 圣人之学日远日晦，而功利之习愈趋愈下……相矜以知，相轧以势，相争以利，相高以技能，相取以声誉……记诵之广，适以长其傲也；知识之多，适以行其恶也；闻见之博，适以肆其辨也；辞章之富，适以饰其伪也。①

在揭露了知识界的种种不良风气的同时，王阳明又旗帜鲜明地提出了自己对于圣人之学根本宗旨的理解，他说：

> 圣人之学所以至易至简，易知易从，学易能而才易成者，正以大端惟在复心体之同然，而知识技能非所与论也。②

出于强调之目的，王阳明的这句话讲得有些过头，他认为，对圣人之学而言，"知识技能非所与论也"，亦即没有什么必然的联系，这样一来，未免开启了唯道德主义的思想倾向，使得后世儒者重心性而忽略实学。就王阳明本人而言，他在知识技能方面的才能和素养堪称当世翘楚，但是，他自己没有觉得这些有什么了不起，他真正关注的还是"致良知"的心性道德修养。此外，直至中晚明时期，中国传统社会的科学技术仍然处于世界先进水平，与正在掀起文艺复兴运动的西欧国家相比并没有明显的差距，因此，处于农耕文明环境中的中国古代士大夫尚未觉得自己的知识技能有多么欠缺，在这种背景下，对于经世致用的各种实学的认识和需求并未像近代中国社会那样感到十分紧迫。由于阳明心学开创了中晚明思想解放的巨大潮流，于是，很多士大夫紧随其后，在畅谈心性之学的同时，相对忽略了实学的重要性，对于兵、农、钱、粮、水、火、工、虞等实学知识愈发陌生，形成了类似于魏晋时期清谈盛行的空疏学风。

不过，值得注意的是，王龙溪、王心斋都没有助长过这种空疏、浮躁风气，相反，他们以阳明心学固有的"知行合一"宗旨去教诲门人要笃

---

① 《王阳明全集》卷2，《答顾东桥书》，第56页。
② 同上书，第55页。

实地致其良知，而不是在口头上谈玄说妙。王龙溪曾告诫弟子说：

> 良知之说，吾侪既已闻之熟，果能实致其良知否乎？吾辈今日不
> 在知识之多，解悟之深，其大病惟在脚跟下不肯着实理会，未免在功
> 利世情上作活计，终日谈说良知，种种玄机解悟，皆成戏论。①

王阳明有一句名言："簿书讼狱之间，无非实学；若离了事物为学，
却是着空"②，对此，王龙溪做了进一步的阐发，他对门人说：

> 物是现在感应之实事，……于此磨得心平气和、不急不缓，以直
> 而动，才过即觉，才觉即化，便是格了簿书期会之物。一切酬酢、逆
> 顺、好丑，莫不皆然，非必习静与读书，然后为学也。③

同样，出身社会底层的王艮，曾经备尝生活的艰辛，更加注重以笃实
的工夫在日用常行中体会"道"的存在和妙用，他说：

> 圣人之道，无异于百姓日用。凡有异者，皆谓之异端。④

又如：

> 百姓日用之条理处，即是圣人之条理处。⑤

又如：

> 即事是学，即事是道。人有困于贫而冻馁其身者，则亦失其本而
> 非学也。⑥

这些宗旨明确的言语，后来被黄宗羲概括为一句话——"百姓日用

---

① 《王畿集》卷12，《与邓子和》，第331页。
② 《王阳明全集》卷3，《语录三》，第94—95页。
③ 《王畿集》卷12，《与徐龙襄》，第313页。
④ 《王心斋全集》卷1，《语录》，第10页。
⑤ 同上书，第10页。
⑥ 同上书，第13页。

即道"①，表明了王艮提倡在日常生活中修道明德，这与乃师王阳明所说的"不离日用常行内，直造先天未画前"② 具有异曲同工之妙，而且更加朴实无华。

但是，由于王阳明身后王门分为至少七派，"各以性之所近为学"③，宗旨未能完全统一，致使"听者眩然"④。过了若干年，很多亲传弟子也纷纷离世，阳明后学的思想更趋多元化，渐渐地，心学阵营的自我控制力和修正错误的能力日趋衰退，一些"发心不真"、追逐时髦的士大夫借讲会之际进行自我标榜、哗众取宠，最终搞乱了阳明心学的阵营，于是，只会空疏无实的清谈便成为晚明时期王学末流的真实面貌。直至明朝灭亡之际，这种风气也没有得到改观，反而给崇尚实事实学的后世儒者留下许多强烈抨击的话柄。

二　晚明空疏学风的表现与批判

对于晚明空疏学风的表现与弊端，明清之际的许多儒者都做出了严厉的批判。由于篇幅所限，本书不采用一些站在程朱理学立场上攻击阳明心学的言论，在此只引用具有独立思想见解的王夫之、顾炎武、黄宗羲和颜元等人的话语，他们所言足以体现这种空疏学风以及狂放士风的危害。

例如，王夫之（1619—1692 年）曾说：

> 王氏之学，一传而为王畿，再传而为李贽，无忌惮之教立，而廉耻丧，盗贼兴，[中国沦没]，皆惟怠于明伦察物而求逸获，故君父可以不恤，名义可以不顾。（犹如）陆子静出而宋亡，其流祸一也。⑤

又如：

> 王氏之徒，……废实学，崇空疏，蔑规矩，恣狂荡，以无善无恶尽心意知之用，而趋入无忌惮之域。⑥

---

① 《明儒学案》卷 32，《泰州学案一》，第 710 页。
② 《王阳明全集》卷 20，《别诸生》，第 791 页。
③ 《王畿集》卷 16，《书东廓达师门手书》，第 470 页。
④ 同上。
⑤ （清）王夫之原著，杨坚等修订：《船山全书》第十二册，《张子正蒙》卷 9，《可状篇》，岳麓书社 2011 年版，第 371 页。按："中国沦没"一语，有的版本并无此句。
⑥ 《船山全书》第四册，《礼记章句》卷 42，《大学》，第 1468 页。

王夫之的上述话语中，由于饱含愤世嫉俗的个人情绪，有一些表述不太准确，如"王氏之学，一传而为王畿，再传而为李贽"，如前文所述，王龙溪可以称为得到王阳明"心印"的嫡传弟子，而李贽连王龙溪的及门弟子都不是，更谈不上什么学术传人了。不过，王夫之所说的"废实学，崇空疏，蔑规矩，恣狂荡"等风气，的确是晚明空疏学风和狂放士风的表现。晚明政治局势动荡不安，最终至于不可收拾，两度亡国的悲剧，虽然有种种原因，但是士大夫阶层大多无真才实学以力挽狂澜，却是一个不争的历史事实。

又如，顾炎武（1613—1682 年）曾说：

> 五胡乱华，本于清谈之流祸。孰知今日之清谈，有甚于前代者。昔之清谈谈老庄，今之清谈谈孔孟，未得其精而已遗其粗，未究其本而先辞其末。不习六艺之文，不考百王之典，不综当代之务。举夫子之论学论政之大端一切不问，而曰"一贯"，曰"无言"。以明心见性之空文，代修己治人之实学，股肱惰而万事荒，爪牙亡而四国乱，神州倾覆，宗社丘墟。①

在此，顾炎武把晚明的空疏学风比作魏晋时期的清谈玄风，区别仅仅在于"昔之清谈谈老庄，今之清谈谈孔孟"。这些崇尚清谈的士大夫，"不习六艺之文，不考百王之典，不综当代之务"，没有一点经世致用的实际学问，只会侈谈什么心性良知，或者"以明心见性之空文，代修己治人之实学"。他们终日终年，高谈阔论，导致"股肱惰而万事荒，爪牙亡而四国乱，神州倾覆，宗社丘墟"。在亡国灭种的民族危机面前，充分证明了这种学风的荒谬性。

同时代的黄宗羲，虽然秉承了一些阳明心学的思想理念，但是，他对王学末流所崇尚的狂放士风有着清醒的认识，他说：

> 阳明亡后，学者承袭口吻，浸失其真。以揣摩为妙悟，纵恣为乐地，情爱为仁体，因循为自然，混同为归一。②

① （清）顾炎武原著，（清）黄汝成集释：《日知录集释》卷7，上海古籍出版社 2006 年版，第 402 页。
② 《明儒学案》卷 19，《江右王门学案四》，第 439 页。

至于王学末流空疏无实的学风，黄宗羲更是表现出强烈的不满，他说：

> 儒者之学，经天纬地，而后世……便厕（身）儒者之列，假其名以欺世。治财赋者，则目为聚敛；开阃捍边者，则目为粗才；读书作文者，则目为玩物丧志；留心政事者，则目为俗吏。徒以生民立极、天地立心、万世开太平阔论钤束天下。一旦有大夫之忧，当报国之日，则蒙然张口，如坐云雾。世道以是潦倒泥腐，遂使尚论者以为立功建业别是法门，而非儒者之所与也。①

经历了明清之际剧烈社会动荡的黄宗羲，亲眼看到那些平时侈谈"（为）生民立极、天地立心、万世开太平"的士大夫，不去研究经世济民或生民日用的知识技能，一味夸夸其谈，自我标榜，把有志于钻研实事实学的儒者视为"粗才"或"俗吏"，结果，值逢社稷危机、民族存亡之际，他们连一点解决问题的有效办法都拿不出来，"当报国之日，则蒙然张口，如坐云雾"，最终导致江山社稷"潦倒泥腐"、不堪收拾，自身也成为世人的笑谈。

比顾炎武、黄宗羲稍晚的思想家颜元（1635—1704 年），一生崇尚实事实功，对于晚明时期空疏学风的讥讽更加辛辣，他说：

> 宋元来儒者却习成妇女态，甚可羞。无事袖手谈心性，临危一死报君王，即为上品矣。岂若真学一复，户有经济，使乾坤中永享治安之泽乎！②

虽然颜元的批判既指向陆王心学，也针对程朱理学，但是，在明清动荡更替之际，这句话针对王学末流空疏无实学风的批判性无疑更为明显。从此，"无事袖手谈心性，临危一死报君王"一语，便成为后世对于只会空谈心性、缺乏真才实学的晚明士大夫的生动刻画和尖锐讽刺。

① （清）黄宗羲：《南雷文定·后集》卷3，《赠编修弁玉吴君墓志铭》，中华书局1985年版，第31页。
② （清）颜元原著，王星贤等点校：《理学丛书·颜元集》（上册），《存学编》卷1，《学辩一》，中华书局1987年版，第51页。

三 晚明狂放士风与空疏学风的历史反思

通过以上分析可知，晚明时期形成的狂放士风与空疏学风，并不是王龙溪或王心斋有意为之的结果，而是社会潮流发展演变的自然产物。基于亡国之痛的深切感受，王夫之、顾炎武等将其归咎于阳明心学之流祸，是一种出于个人主观感情的判断，并不符合历史实际。同样，黄宗羲也有一段名言，论述了中晚明士风与学风的走向，几乎成为对于那段历史的定论：

> 阳明先生之学，有泰州、龙溪而风行天下，亦因泰州、龙溪而渐失其传。泰州、龙溪时时不满其师说，益启瞿昙之秘而归之师，盖跻阳明而为禅矣。……传至颜山农、何心隐一派，遂复非名教之所能羁络矣。①

然而，我们通过上述分析已知，中晚明的狂放士风与空疏学风的形成并不能归咎于王龙溪或王心斋，实际上，它的产生有其历史必然性。客观地讲，学术界通称的"中晚明时期"乃是一个跨度甚长的时间历程，大致从明武宗正德年间（1506—1521 年）王阳明首倡与程朱理学不同的心学思想算起，直到 1644 年明朝灭亡，经过长达一百三四十年的时间。在如此漫长的时期内，由于江南地区商品经济的长足发展，影响了社会生活从俭朴、单调走向奢华、多彩，加之从正德到万历等一系列昏庸无道的君主相对忽略对意识形态的箝制，许多士大夫和文人的思想得以趋向自由解放，在这种情况下，即使没有阳明心学的兴起，没有王龙溪、王心斋等心学后劲的推动，包括士大夫阶层在内的整个社会风习走向多元化的价值取向，也是一种必然趋势。例如，明代中叶的"吴中四才子"（俗称"江南四大才子"），未曾受到阳明心学的影响，却在江南地区率先引领起一种不拘礼法、风流洒脱的生活观念。事实上，"吴中四才子"② 之中，祝枝山（1460—1527 年）比王阳明（1472—1529 年）大十岁，唐伯虎（1470—1523 年）和文征明（1470—1559 年）也比王阳明大两岁，只有

---

① 《明儒学案》卷 32，《泰州学案一》，第 703 页。
② 祝允明，字希哲，号枝山。唐寅，字伯虎，别号六如居士等。文壁，字徵明，别号衡山居士。徐祯卿，字昌谷。除了徐祯卿外，人们习惯称为祝枝山、唐伯虎、文征明，今从之。

徐祯卿（1479—1511 年）比王阳明年龄小七岁，从目前的史籍（如《王阳明全集》）来看，根本看不到王阳明对这几个人有过什么影响，遑论龙溪与心斋等后学之辈？尽管他们生活在同一个时代，其生命轨迹却像永远不相交的平行线一样。由是可见，中晚明时代狂放士风的兴起和蔓延，实际上是商品经济发展与社会风习演变的产物，与阳明心学及其后劲并不存在着直接或必然的联系。事实上，阳明心学①的广泛传播本身也得益于商品经济发展与社会观念日渐开放的促进作用，因此，王龙溪等人在宣讲阳明心学的过程中，敢于扩乃师所未发，讲出了许多王阳明本人在程朱理学占绝对统治地位的时代环境中尚不能大胆宣讲的思想理论，因此，黄宗羲才在客观上承认——"（龙溪）先生亲承阳明末命，其微言往往而在。象山之后不能无慈湖（指杨简），文成之后不能无龙溪，以为学术之盛衰因之。慈湖决象山之澜，而先生疏河导源，于文成之学，固多所发明也。"②当然，阳明心学在中晚明是一个影响巨大的学派，除了不能撼动程朱理学在科举考试中的统治地位外，在士大夫头脑中几乎取代了程朱理学的主导地位，成为人人都谈、户户皆知的显学。在这种时代背景下，一些士大夫和读书人听闻了王龙溪、王心斋等人宣讲的心学思想之后，虽然"致良知"的实际功夫远未达到阳明和龙溪的水平，却善于追逐时髦，宣称自己是王阳明的信徒，至于他们对阳明心学的真实造诣，往往肤浅表面、仅得皮毛，甚至断章取义、自以为是，因此，他们把阳明、龙溪和心斋等先哲的一些旨在解脱程朱理学教条束缚的思想加以夸大，甚至推向极致，从而形成了中晚明时代别具一格的狂放士风（有的学人称为"狂禅"）。

同理，明清之际的一些士大夫把明亡之原因归咎于阳明心学，也是认识问题深度不够的症候。站在今天的思想高度，我们非常清楚：明朝的衰亡，归根结底是封建君主专制的制度所致，这不过是中国历史上封建王朝"周期率"的又一体现。从中叶的正德皇帝开始，明代中晚期的君主鲜有励精图治者，有的甚至无比昏庸，如万历、天禧，他们长达半个世纪的荒淫无道的统治，把明王朝大厦的"柱石"都已腐蚀殆尽。等到积重难返、大势已去之际，无论是心忧天下的东林党人，还是旰食宵衣的崇祯帝，都已回天乏术了，就是王阳明、张居正等能臣再生，也无法扭转明王朝大厦将倾的命运。所以，后人把王阳明开创的某一学派视为明亡之祸因，未免把阳明心学的作用看得太高了。

---

① 这里的阳明心学是从广义上来讲的，包括王龙溪、王心斋等人所宣讲的心学思想。
② 《明儒学案》卷12，《浙中王门学案二》，第240页。

综上所述，无论晚明狂放士风与空疏学风的表现与危害如何，一旦风云迷雾渐渐消散，后人依然可以理性地分析这些历史问题。只要深入阅读原著，我们不难消澄种种误解，看清王龙溪在阳明心学发展历程中的重要地位和正面作用。正如其门人之一周汝登（1547—1629 年）的评价：

> 故人而不欲希圣则已，欲希圣则必究文成之宗旨；不宗文成则已，宗文成则必绎先生之语言。故先生之《集》与《全书》相羽翼，是为吾道之正鹄，俟百世而不惑者也。人人当知所信从，岂得以似是乱之者哉？①

周汝登的这番话，道出了王龙溪在心学历史上的重要地位——他是继王阳明之后，能够准确而深入地阐发心学宗旨的关键人物，堪为"吾道之正鹄"。正因为如此，《王龙溪全集》才可与《王文成全书》相媲美，如果有读者觉得王阳明本人所言有未尽透彻之处，那么，到《王龙溪全集》中，往往能够得到清晰的答案。至于另有某些人物模仿心学的言语，把一些似是而非的东西充作阳明心学的思想加以宣扬，这就需要后世学者仔细辨别区分了，诚然，这也是人类良知天赋的功能之一。总之，尽管阳明后学存在着空疏与狂放的诸种弊端，都不足以掩盖王龙溪作为一代"心学巨擘"的杰出贡献，他为阐发和传承阳明心学的思想精蕴奉献了毕生的心血，也无意中成就了自己的历史功绩。

---

① （明）周汝登：《刻王龙溪先生集序》，载《王畿集》附录五，第857页。按：周汝登先师事于王龙溪，又师事于罗近溪，对二人都非常尊崇。

结语　王龙溪哲学的思想特色与历史意义

王龙溪的哲学思想和讲学活动，在没有官方支持的情况下，在当时就赢得了巨大的声誉。在王门后学中，虽然讲学传道者不在少数，但是，能与之颉颃上下的大概只有罗近溪一人（其辈分要晚得多）。素称"狂者之尤"的李贽，坦言自己十分厌恶道学先生，也曾与耿定向等学术官僚交恶，但是，对于王龙溪这样的心学巨擘却是衷心佩服。王龙溪辞世之后，他虽远在千里之外，却饱含真情地写下了《王龙溪先生告文》，在此文中，他肯定了王龙溪"唯以世人之聋瞽为念"[①] 的传道精神，并说"此予小子所以一面先生而遂信其为非常人也。虽生也晚，居非近，其所为凝眸而注神、倾心而悚听者，独先生尔矣"，[②] 简而言之，他对于王龙溪的评价是："圣代儒宗，人天法眼。"[③] 此后，王龙溪的哲学智慧如同浩瀚宇宙中一颗璀璨的明星，始终照耀在中国思想史的星空之上。在今天，当许多对于心学思想饶有兴趣的学人重新研究王龙溪的哲学思想时，不禁要问：如此博大丰富的哲学思想，究竟有哪些东西最值得后人注意和汲取呢？在此，笔者仅从现代解释学的角度立论，简要概括一下王龙溪哲学思想的独到特色和历史意义，以此作为我们理解王龙溪哲学的"肯綮"。

一　真实"为己"的人生哲学

孔子曾说："古之学者为己，今之学者为人"（《论语·宪问》），这句名言的含义早已广为人知。自从踏入文明社会的门槛，人类就从未停止过寻找能够安身立命、安顿自我心灵的思想学说，这是真正的"为己"之学，一毫不可苟且马虎，相比之下，某些热闹一时的时髦学术，往往是昙花一现，转瞬即逝，不过数十年之后，人们便发现，这些"自诳诳人"

---

① 《李贽文集》第一册，《焚书》卷3，《王龙溪先生告文》，第113页。
② 同上。
③ 同上书，第112页。

的理论实在是浅薄浮躁，贻害众生。要想找到能够切实安顿自我心灵的真学问，就必须先沉下心来，以冷静的眼光去搜索，在这种情况下，王龙溪的哲学思想很容易跳入我们的视域之中，引起后人的极大兴趣，因为它首先是一种真实为己的人生哲学。

所谓安顿心灵，就是让人把握自我生命进程的方向，找到生活内容的价值和意义，并从中得到真实的身心受用。所幸的是，王龙溪的哲学思想在某种程度上正好满足了世人的这种精神需要。若究其本质，王龙溪的哲学理论和心学宗祖王阳明的思想学说并无二致，都是以"良知"二字作为自己的核心宗旨，其学问工夫则可以用"致良知"三字来概括。不过，王龙溪敢于阐述阳明所未发之理，他告诉世人："阳明先师良知两字，乃是范围三教之宗，是即所谓历劫不坏先天之元神。"① 这是人类心灵构成的本体，是生命终极奥妙的所在，换一个角度讲，"良知，即所谓明德；致良知，昭德之学也"②。因此，所谓学问工夫，本质上就是要觉悟这个良知，应用和推广这个良知。王龙溪明言："学也者，觉也。人之觉性，所谓明德也。讲学者，非讲之以口耳，讲之以身心，完复此明德而已矣"③，由此可见，所谓觉悟人生，本质上就是要觉悟良知灵明这一本体，有了这个良知本体为主宰，生命之舟的舵盘就把握在了自己的手中，无论此生从事什么样的职业或事业，都不妨以良知本心为指舵，去实现自己的生命价值，并从中体会到相应的快乐感。正因为如此，王龙溪才自信地宣称：

> 良知即天，良知即帝。顾天之命者，顾此也；顺帝之则者，顺此也。人生一世，只有这件事，得此把柄入手，方能独往独来，自做主宰，不随人悲笑，方是大豪杰作用也。④

当然，致良知是一项知行合一的学问功夫，绝不能以知识学问来取代致良知的实践过程，否则，就成为故纸堆中的寻章摘句、训诂考据之学，便不可能得到与之相应的"身心真实受用"⑤。王龙溪明确指出："若只在

---

① 《王畿集》卷9，《与潘笠江》，第215页。
② 《王畿集》附录一，《大象义述》，第665页。
③ 《王畿集》卷17，《思学说》，第498页。
④ 《王畿集》卷7，《南游会纪》，第156页。
⑤ 同上书，第152页。

知识寻求，于身心有何交涉？"① 或许有人要质疑：我怎么看不到自己良知的存在？原因在于，良知灵明一般处于"隐微不显"的状态，如王龙溪所述"微者心之本体，即所谓无声无臭，圣人、天地不能使之著"②。不过，只要实地践履，反躬自省，人人都可以觉悟自我良知的存在，并且发现其灵动多方的妙用，亦如王龙溪所言"所幸良知在人，千古一日，一念自反，即得本心，此是挽回世界大机括"③。在古代社会中，良知之学的提出和传播，使人们得以从"三纲五常"等"定理"的束缚中解脱出来，学会用自己的本心来看待世界和社会，摆脱了对于封建礼教的迷信和盲从，有了一颗自主判断是非善恶的心。到了现代社会，人们已经生活在个性自由极大张扬的时代环境中，一时之间，有些人产生了生命的迷茫，不知如何抉择自己的生活道路，找不到做人的准则和生命的方向，在这种情况下，良知之学再一次发挥它知是知非的先天功能，为人们选择生活的道路和行为的准则提供了最切实可用的思想指南。其实，这种人生方向的迷惑，古人也同样有过，只不过他们以自己的聪明智慧，早已经解决了这种生命的困顿而已。王阳明、王龙溪都是从这样的人生反思之困境中走出来的，最后，他们觉悟了，变得清醒而洒脱，笃实而超然，然后以自己所修所悟的成功经验传授给世人，正如王龙溪所说："圣贤之学，只是良知一路，一是百是，一勘百破，更遮瞒些子不得。"④ 在前文中笔者曾经指出，不要把良知范畴仅仅理解为一般的伦理学范畴，那样就过分看低了王阳明和王龙溪等人的生命智慧，实际上，"良知"二字首先有着极其深邃的本体论内涵，其次才是它在伦理道德方面的思想价值。觉悟良知，应用良知，不仅能够使人明白生命的本质和内涵，而且能够使人从中得到莫大的充实感和快乐感，这种身心受用是超越于一般名利所得之上的，不存在从快意转化为虚无的问题，可以持续终身，但是，只有在致良知的工夫实践中，才能真实体会到它的存在和价值，单凭臆想猜测是无法窥见其内蕴的，为此，王龙溪指出："若彻底只在良知上讨生死，譬之有源之水，流而不息，曲直方圆，随其所遇，到处平满，乃是本性流行，真实受用，非知解意见所能凑泊也。"⑤

---

① 《王畿集》卷7，《南游会纪》，第152页。

② 《王畿集》卷5，《慈湖精舍会语》，第114页。

③ 《王畿集》卷8，《孟子告子之学》，第190页。又见《王畿集》卷8，《意识解》，第192页。

④ 《王畿集》卷10，《答洪觉山》，第261页。

⑤ 《王畿集》卷10，《答谭二华》，第269页。

总之，"致良知"是王龙溪绍述王阳明的修道体会，继续向世人弘扬、阐发的学问功夫，对治的是如何安顿心灵的人生根本问题。即使在今天，我们仍然需要从阳明心学的致良知宗旨中汲取思想的营养，解决现代社会中各式各样的生命困顿和精神迷惘，使自己的一生活得明白清醒、充实快乐。

二　超凡入圣的儒者之学

一般而言，任何人都不愿意庸庸碌碌地生活，都希望自己的人生变得更加精彩，这种心思今人有，古人也一样有，因此，王龙溪才有超凡入圣的思想教给后人。当然，凡人外求，圣人内求，所谓超凡入圣，并不一定要拥有巨大的财富或权位，也不一定要建立惊世的事功，而是只需达到心灵的超越与内在的和谐即可。其次，关于儒者之学，人们需要破除对于儒学的素来误解——所谓儒者，就是只会背诵四书五经，恪守封建礼教的冬烘先生，事实上，儒者之学是明体达用的"内圣外王"之学，既是对人生内涵的透彻觉悟，又是对社会事务的积极参与和努力改造，旨在建立一个和谐有序的太平治世。

在古人的习惯性思维中，所谓"道"的化身，便是修成圣人的理想人格，而在阳明心学看来，所谓圣人，正是以良知本心为基础，达到心地通明的智慧和德行境界的真实人格。关于圣人，王龙溪指出：

> 心之通明之谓圣，圣人者，生而知之，学之的也。君子以修言，善人以质言，有恒以基言，皆学而知之者也。①

又如：

> 人人有个圣人，一念良知不容毁灭，便是圣人真面目。致此良知，洁洁净净，不为功利所滑扰，不为见解所凑泊，便是学圣人真工夫。②

从以上论述可见，王龙溪的哲学思想，以学为圣人为目标，继承了宋

---

① 《王畿集》卷13，《国琛集序》，第353页。
② 《王畿集》卷16，《书顾海阳卷》，第476页。

明理学的一贯传统，同时坚持了阳明心学的圣人观，即"心之良知之谓圣"①的根本理念。王龙溪的圣人观，把程朱理学神化了的圣人形象从天上拉回人间，变成人人可学的现实人格。因为良知灵明人人皆有，即使不能见其全体，也能在影影绰绰中窥其端倪，因此，超凡入圣不是遥不可及的彼岸性的妄想，而是立足于现实人生的此岸性的理性追求，王龙溪曾说：

> 师门所传学旨至易至简，当下具足，一念自反，即得本心，可以超凡入圣。一念灵明，时时保持，不为世情嗜欲所昏扰，不为才名艺术所侵夺，便是缉熙之学。②

在这段话中，王龙溪不仅肯定了人人可以超凡入圣的可能性，并且连修成圣者人格的工夫内涵一并说了出来。在王龙溪看来，修成圣人的理想人格，其工夫实际上是至易至简的，归根结底，就是要以良知灵明为依皈，"一念自反，即得本心"，扩展一些来说，便是"一念灵明，时时保持，不为世情嗜欲所昏扰，不为才名艺术所侵夺"，这就是超凡入圣的基本工夫；从另一个角度看，亦即所谓缉熙之学，意指保持自己心中固有的光明本体而不使之丧失。如果回顾一下前文所述的王龙溪哲学的工夫论，概括起来，他所提倡的无非是这样一种心性修养方式——"千古圣学，惟在于理会性情"，其机要则不外乎"慎于当下一念之微"，在这种心性修养的过程中，应当懂得以良知为诀，以寡欲为功，以无欲为至，最终可以达到尽性至（成）命的先天化境。

王龙溪的圣人观及其工夫论，具有鲜明、独到的个人思想特色。

首先，他明确认定儒者之学的本质就是心学。他说：

> 夫学，心学也。人心之灵，变动周流，寂而能感，未尝不通也；虚而能照，未尝不明也。此千圣以来相传之宝藏，人人之所同有，惟蔽于私而始失之。学也者，学去其蔽而已矣，非有加也。③

这就表明，所谓学问功夫，并不是从外堆砌、塑造什么东西，而是发掘

---

① 《王阳明全集》卷8，《书魏师孟卷》，第280页。
② 《王畿集》卷12，《与莫廷韩》，第335页。
③ 《王畿集》卷13，《国琛集序》，第353页。

人心固有的虚寂感通、明烛万物的诸种先天功能，这才是"千圣以来相传之宝藏"，只要善于剥落、消除人心之上的各种蒙蔽，就能够重新呈现人心先天原本的妙用，所以说"学也者，学去其蔽而已矣，非有加也"。

其次，王龙溪的心学理论绝不主张脱离实际，师心自用，而是把心性修养的工夫融入了现实生活之中。他说：

> 所谓问学，乃现在日履，不论闲忙，无非用力之地。若外现在别有问学，所问所学又何事耶？①

又如：

> 若果彻底承当得来，着衣吃饭，无非实学，一念相应，便是入圣根基，便不在题目上作好丑安排障。②

这些话足以证明，王龙溪所说的心学，实际上指的是紧密围绕心性修养而展开的工夫论，绝非凭空妄想，不务实际的意思。为了更好地理解王龙溪所说的心学的内涵，我们不妨来看一看现代汉语中常用的三个词语。这三个词语分别是：心事、心理和事理。很显然，这三个词语互相嵌含着一个相同的字，如果结合在一起看，我们不难发现：世上万物之理，均蕴含在事情中，而任何事情，只有和主体的心灵有了关联，才会引起主体的关注或兴趣，从这种主体性原则的角度来讲，"心外无物"，"心外无理"，这两个命题是可以成立的。一个人如果漫无目的地去求取外物之理，那么，天下之物理无穷无尽，这种求理的过程足以把人累死，而且所得之理未必有助于提升主体的人格境界，因此，王龙溪所提倡的身心之学，实际上是以良知为依皈，促使人们经事明理、历事炼心，通过一件又一件人伦日用的事务，来磨炼自己的心性，改良心理素质，提升人格境界。正是从这个意义上讲，王龙溪才明确地肯定："身心之外无学矣。"③ 事实上，从王阳明开始，真正的心学信奉者做事都特别踏实，正所谓"现在日履，不论闲忙，无非用力之地"，王阳明本人的德行、才智和事功在儒学发展史上都堪称一面旗帜，包括王龙溪在内的许多门人也都各自以其德行、事

① 《王畿集》卷11，《答宗鲁任》，第297页。
② 《王畿集》卷12，《与丁存吾》，第330页。
③ 《王畿集》卷15，《易测授张叔学》，第418页。

功而青史留名，因此，今人应当自觉摒弃视心学为师心自用、不问实际的粗浅之见。

再次，王龙溪所提倡的儒者之学，是以"天地万物一体之仁"① 的生命本体观为基础的经世之学，是明体达用的"内圣外王"之道。与当时避世逃禅、闭关清修的佛道二教相比，王龙溪特别强调：

> 夫吾人以经世为学，乃一体不容已本心，非徒独善其身，作自了汉。②

又如：

> 儒者之学，务为经世，学不足以经世，非儒也。③

这种积极入世的价值取向，明显地和释道二教的思想划清了界限，因此，任何视龙溪之学为禅学变种的观点都是站不住脚的。虽然王龙溪本人仕途不畅，并没有做出什么惊世的事功，但是，他本着理性而现实的态度，对于儒者经世的具体内涵提出了中肯的意见，他的主张是：

> 随其力之所及，在家仁家，在国仁国，在天下仁天下，所谓格物致知，儒者有用之实学也。④

正是因为禀持这样一种理念，王龙溪才会见机而作，编写了《中鉴录》一书，希冀为君主专制制度下的宦官教育提供一部有益的史鉴。在其长寿的一生中，王龙溪主要的经世之举便是全身心地投入到教育事业中，讲学传道，明德淑人，使阳明心学的影响进一步传遍大江南北，并且促成了中晚明空前的思想解放潮流。王龙溪虽然没有成为张居正那样的政治家，但在士大夫群体中却颇有影响力，这正是由他在教育事业上的杰出贡献所决定的。

总之，摒弃世故庸碌、汲汲功利的生活方式，坚持超凡入圣的人格价

---

① 《王阳明全集》卷2，《答顾东桥书》，第54页。
② 《王畿集》卷11，《答刘凝斋》，第274页。
③ 《王畿集》卷13，《王瑶湖文集序》，第350页。
④ 同上书，第351页。

值取向，这是王龙溪所提倡的儒者之学的思想特色。他曾经在讲会上教诲门人说："诸友今日之会，专寂若此，此正一阳来复、超凡入圣之机。若不能保任，旧习乘之，频失频复，且将复入于凡矣。可不慎乎！"① 这种真诚而直率的话语，正好体现出李贽所形容的"唯以世人之聋瞀为念"的传道精神，也恰恰是一位坚信"儒者之学，以经世为务"的大儒胸怀的真实展现。

三　会通三教的性命之学

王龙溪不同于那些固守门户之见的俗儒，一贯具有开放的胸襟和宏阔的视野，因而能够会通三教、博采众长，提炼出极为深邃的天人性命之学（在现代汉语中，只有"生命哲学"一词略可与之匹配），并且阐释了可操作的易简圆融的工夫论，这或许正是王龙溪哲学的魅力所在。

王龙溪所传播的性命之学，仍然是以良知为宗旨，只是远远超越了人们通常以为的伦理道德层面的良知范畴。他指出：

> 人受天地之中以生，均有恒性，初未尝以某为儒、某为老、某为佛，而分授之也。良知者，性之灵，以天地万物为一体，范围三教之枢。②

这句话表明，王龙溪并没有狭隘的门户之见，而是肯定人类最初本无所谓儒、释、道的区别，同时指出：人生之初，均有恒性，这是上天赋予的本心，其性之灵，即是周流六虚、灵动多方的良知本体。王龙溪认为，"良知者，性之灵"，乃是"范围三教之枢"，用今天的话来讲，佛教的真如佛性、道教的元神真我、乃至先儒所说的天命之性，实际上指的是同一个东西，都是良知本体的同义语。正因为有此发现，王龙溪才敢于对其妻子说：

> 良知，性之灵，心之觉体。佛是觉义，即心为佛。致良知即是开佛知见，同异未暇论也。③

---

① 《王畿集》卷3，《宛陵观复楼会语》，第56页。
② 《王畿集》卷17，《三教堂记》，第486页。
③ 《王畿集》卷20，《张氏安人哀辞》，第650页。

他又对喜好内丹修炼的同门好友魏良弼说：

> 大抵我师良知两字，（乃）万劫不坏之元神，范围三教大总持。良知是性之灵体，一切命宗作用只是收摄此件，令其坚固，弗使漏泄消散了，便是长生久视之道。①

由是可见，在性命之学上，王龙溪完全贯通了儒释道三教，具有了高屋建瓴的思想高度。他的性命之学，立足于儒家圣人之学的思想本位，以良知学为宗旨，将儒、释、道共有的性命之学的真谛揭示了出来。此外，王龙溪的性命之学还具有一般的释道二教所不具备的诸种优点，表现在思想见地、操作技术等多方面。例如，道教的内丹修炼非常讲究火候、药物、坎离、气机、斤两等要领，在操作层面表现得十分复杂，需要过来人手把手地教导才能掌握，而王龙溪传授给门人的却是至易至简的"性命合一之道"，他说：

> 圣人之学，复性而已矣。人受天地之中以生，而万物备焉。性其生理，命其所秉之机也，故曰"天命之谓性"，此性命合一之原也。戒慎恐惧，其功也；不视不闻，其体也。良知者，性命之则，知是知非，而微而显，即所谓独也。戒慎恐惧，而谨其慎独，则可以复性矣。②

所谓"戒慎恐惧，其功也"，实际上就相当于"慎于一念之微"的修养工夫，只要懂得并做好这种理会性情的工夫，并不需要取坎添离、抽阳补阴，就可以直接达到尽性至命的先天化境，如此易简而有效的工夫，正是基于良知本体"知是知非，而微而显"的灵妙作用来实现的。除了"性命合一"的核心原理外，王龙溪在性命之学方面还有很多独到的理念，如养德养生，原无二学③、未修仙道，先修人道④、圣门动静合一宗旨⑤等，都是修道过来人的成功经验的思想总结，由于前文已做过分析，此处就不再赘述了。

---

① 《王畿集》卷9，《与魏水洲》，第202页。
② 《王畿集》卷14，《寿邹东廓翁七袠序》，第388页。
③ 《王畿集》卷12，《与殷秋溟》，第308页。
④ 《王畿集》卷9，《与潘笠江》，第216页。
⑤ 《王畿集》卷16，《书陈中阁卷》，第478页。

　　王龙溪的性命之学，尤其值得注意的有两点特色。首先是王龙溪的任生死和超生死的生命智慧，这是他的性命之学的核心部分。针对人们困惑于生从何来，死往何去的终极性关怀，王龙溪告诉世人："道无生死，闻道则能通昼夜，一生死。"① 当然，王龙溪所指的"一生死"，是指良知本体的不生不灭，并非否定肉体生命的消亡代谢。在明白了生命的来龙去脉之后，王龙溪首先肯定了"任生死"智慧的难能可贵，即"一日亦可，百年亦可。忘机委顺，我无容心焉，任之而已矣"②。不过，在此基础上，王龙溪进一步提出了超越生死的究竟智慧，指明这才是修道者应当追求的理想境界，他说：

　　　　若夫超生死一关，生知来处，死知去处，宇宙在手，延促自由，出三界，外五行，非缘数所能拘限，与太虚同体，亦与太虚同寿，非思想言说所能凑泊，惟在默契而已。③

　　当然，对于王龙溪所提出的这种超越生死的生命境界，今人可以见仁见智地予以评说，不过，耐人寻味的是，王龙溪关于超越生死的思想并不止是口头说说而已，他以健康长寿的一生行迹特别是临终前洒然自若的表现，证明了自己的性命之学和生死智慧是以深厚的道行功夫为根据的。正因为如此，他才在生前和身后赢得了士大夫阶层普遍的钦佩和崇敬。

　　其次是王龙溪的易简圆融的工夫论思想。如此深邃的性命之学，没有相应的修道工夫以为阶梯，是不可想象的。过去，学术界受《明儒学案》作者黄宗羲的影响，通常以为"龙溪谈本体而讳言工夫"，④ 如果深入地研究过王龙溪的工夫论，可以断定这是一种偏颇之见。事实上，王龙溪的工夫论颇有特色，尤其是恰当地论述了本体与工夫之间的辩证关系，他说：

　　　　舍工夫而谈本体，谓之虚见，虚则罔矣；外本体而论工夫，谓之二法，二则支矣。⑤

---

① 《王畿集》卷3，《书累语简端录》，第73页。
② 《王畿集》卷5，《天柱山房会语》，第119页。
③ 《王畿集》卷12，《与殷秋溟》，第308页。
④ 《明儒学案》卷15，《浙中王门学案五》，第324页。
⑤ 《王畿集》卷9，《答季彭山龙镜书》，第212页。

这句话表明了本体与工夫之间的相互依存、密不可分的关系。在此基础上，王龙溪进一步阐述了修与悟之间的辩证关系，他说：

> 理乘顿悟，事属渐修。悟以启修，修以徵悟。①

更简洁的说法则是："智虽顿悟，行则渐修。"②

诚然，王龙溪写过《悟说》一文，十分看重"悟"在性命之学中的地位，但是，作为一个教育家，他更看到了一般人如果没有笃实的渐修过程，就谈不上有真正的彻悟。为此，他告诫门人说：

> 一念灵明，时时著察，教学相长，实修实证，弗求速悟，水到渠成，自有逢源时在，求悟之心，反成迷也。③

又如：

> 圣人自有圣人之学，上达不出下学之中。若以圣人不假修习，超然上达，则虞廷精一之功，果何所事也？④

这些话充分表明，王龙溪同样看重工夫修习，他一生的讲学，其内容就是在教诲后辈学人如何修习致良知之学，换句话说，也就是修习性命之道，以期达到超越生死的圣者境界。王龙溪指出："夫悟与见，虚实不同，毫厘千里。有真修，然后有实悟。"⑤ 事实上，他最反对的便是把虚见当成实悟的浅薄之谈，故此，他诲人不倦，与门人、朋友探讨的就是如何把自己从一己虚见中解脱出来，真正领悟"一念惺惺，泠然自照"⑥ 的自得受用。例如：在生死智慧上，王龙溪虽然指明了超越生死的生命化境，但同时强调：

> 平时澄静，临行自然无散乱；平时散乱，临行安得有澄静？孔门

---

① 《王畿集》卷17，《渐庵说》，第500页。
② 《王畿集》卷12，《答程方峰》，第311页。
③ 《王畿集》卷16，《水西别言》，第449页。
④ 《王畿集》卷9，《答章介庵》，第210页。
⑤ 《王畿集》卷11，《答刘凝斋》，第275页。
⑥ 《王畿集》卷11，《答刘抑亭》，第298页。

所谓"未知生，焉知死"，已一句道尽。①

又如：

> 古云："一念万年"，平时感应，于物物头上，万境忘情，念念无杂，无昏无散，临时始能不昏不散，不为境转。②

由是可见，王龙溪的工夫论同样笃实而深邃，融入了日常生活之中，足以成为简易可行、下学上达的心性修养的指导思想。因此，对于王龙溪的性命之学的工夫论，我们实在有必要重新加以认识。

概而言之，王龙溪的性命之学，会通三教，博大精深，在一定程度上起到了统括儒释道三教修行思想的历史作用。对于任何有志探索生命奥秘和追求自由境界的学者而言，都是值得学习和借鉴的真学问。

四　传承中国文化的精神慧命

在数千年的历史长河中，中国传统社会逐渐形成许多隽永、深邃的文化精神，包括：天人合一、以人为本、刚健自强、贵和尚中、见利思义、修己安人、知行合一、辩证思维、宏阔包容，等等。如果仔细研读原著，我们不难发现，这些中国文化的基本精神，在王龙溪的思想体系中或多或少地都有所蕴含和体现，无论其是否自觉，他一生讲学传道的活动，其实就是在传承中国文化的精神慧命，亦即激励炎黄子孙自立、自强的民族精神。由于这个问题涉及面颇广，笔者在此仅选择三个方面简而言之，便可窥其端倪。

第一，良知之学的提出，是中国文化追求价值真理的人文精神的体现。自古以来，在社会生活领域如何判定是非善恶，这是一个长期困扰着人们的问题。自汉代"罢黜百家，独尊儒术"之后，以董仲舒为代表的儒者集团向统治阶级献上"三纲五常"这一带有"根本大法"性质的价值准则，宋明理学兴起之后，以朱熹为代表的程朱理学一系更是强化了这一道德规范的至上性。在"三纲五常"之中，真正起主导作用的是"三纲"思想，这是一种带有单向服从原则和人身依附关系的强制性行为规范，在社会生活领域，封建统治阶级和程朱理学一系希望以它作为判定是

---

① 《王畿集》卷12，《与殷秋溟》，第308页。
② 《王畿集》卷9，《与吕沃洲》，第218页。

非善恶的绝对而永恒的价值准则，可是，在现实生活中，人们却无法完全接受"三纲"思想这样的价值准则，因为它剥夺了相当一部分人的自由性和自主权，使人们在现实生活中只学会简单而被迫地服从。那么，应该以什么样的更加合理的道德观念来取代人们内心并不真正认同的"三纲"思想呢？心学宗祖王阳明以自己的真知灼见，提出了"致良知"的学术宗旨，晚年还认定"吾平生讲学，只是致良知三字"。① 由于王阳明英年早逝，嫡传弟子王龙溪继之成为心学阵营的"同志宗盟"，② 他接过了"致良知"的思想旗帜，继续大力弘扬，并且根据当时的社会环境和思想形势进行了更加细致的辨析。例如，究竟什么东西方可作为判定善恶是非的准则，王龙溪指出：

　　良知者，本心之明，是非之则也。③

又如：

　　良知知是知非而善恶自辨，是谓本来面目。④

除了延续阳明心学的一般说法而立言之外，王龙溪进一步指出：

　　心之良知，本无善恶，本无是非。譬之明镜之鉴物，妍媸黑白，皆其所照之影，应而无迹，过而不留。⑤

又如：

　　良知知是知非，而实无是无非，知是非者，不坏分别之相，无是非者，无心之应也。⑥

　　这就表明，心学范畴的良知不是一般意义的伦理法则，更不是程朱理

---

① 《王阳明全集》卷26，《寄正宪男手墨二卷》，第990页。
② 《王畿集》卷15，《自讼问答》，第431页。
③ 《王畿集》卷14，《赠绍坪彭侯入觐序》，第376页。
④ 《王畿集》卷5，《与阳和张子问答》，第124页。
⑤ 《王畿集》卷14，《原寿篇赠存斋徐公》，第386页。
⑥ 《王畿集》卷14，《从心篇寿平泉陆公》，第395页。

学所信奉的一成不变的"定理",它只是人人皆有的一种知是知非、知善知恶的天赋能力,可以根据实际事物的变化而随机调整自己待人处事的态度,用王龙溪的话来讲:"知是知非者,应用之迹;无是无非者,良知之体也。"① 因为无是无非,良知才能使人们顺应外界事物的变化;又因为知是知非,良知才能使人们遇事做出正确而恰当的判断。虽然王龙溪所处的时代还不可能提出"实践是检验真理的唯一标准"这样的认识论原则,但是,良知学说的提出,至少委婉地否定了"三纲"原则的神圣性和至上性,从主观方面揭示出一条具有普适性的认识论原则,为人们开启了另外一条探索真理的认识道路。

第二,推广"天地万物一体之仁"②的伦理精神。"天地万物一体之仁",本是阳明心学所信奉的一条极其重要的生命本体观,在此基础上,又形成了相应的价值观和行为论,亦即致良知之学。王阳明曾经在其名篇《大学问》中揭示了这种生命观和价值论的基本特征:

> 大人者,以天地万物为一体者也,其视天下犹一家,中国犹一人焉。③

又如:

> 明明德者,立其天地万物一体之体也。亲民者,达其天地万物一体之用也。故明明德必在于亲民,而亲民乃所以明其明德也。④

简而言之,阳明心学的基本理念是:天地万物原本是"一气流通"⑤的整体,因此,明德为体,亲民为用,这就是圣人之学"明体适用"的基本内涵。王龙溪绍述乃师的理念,在讲学传道的活动中,以言传和身教并重,有效地推广并践行了这一典型的儒学生命观和价值理念。

王龙溪认为,"天地万物,一体相通,生生之机自不容已"⑥,因此,在罢官后的四十余年间,他孜孜不倦地讲学传道,个人并不从中谋求什么

---

① 《王畿集》卷8,《艮止精一之旨》,第184页。
② 《王阳明全集》卷2,《答顾东桥书》,第54页。
③ 《王阳明全集》卷26,《大学问》,第968页。
④ 同上。
⑤ 《王阳明全集》卷3,《语录三》,第124页。
⑥ 《王畿集》卷13,《王瑶湖文集序》,第351页。

利益，只是为了把良知学的雨露洒遍神州各地。据其门人记载：

> 至其接引同志，启迪后学，娓娓款款，使人人各得其所愿而欲亲，日以为常而罔倦，则若出于其性，而非他人之所与能者。尝言："同于愚夫愚妇为同德，异于愚夫愚妇为异端。使自处太高，不谐于俗，只成自了汉，非一体之学。"车辙所至，会常数百人，讲舍遍于吴、楚、闽、越，而江、浙为尤盛。①

王龙溪对于自己讲学传道的动机，有一个总括性的评述，他说："夫吾人以经世为学，乃一体不容已（yǐ）本心，非徒独善其身，作自了汉。"② 需要指出，这种"一体不容已本心"，已经不能简单地用注重人的社会性来概括，实际上是中国古代"天人合一"的根本理念在社会领域内的延伸和体现。由于具有推广"天地万物一体之仁"的道德自觉性，因此，王龙溪一生讲学，不谋利益，不辞劳苦，一直坚持到了垂暮之年。据其友人记载：

> 会常数百人，公为宗盟。公年逾八十，犹不废出游，有止之者，辄曰："子诚爱我，我亦非故好劳。但念久安处则志气日就怠荒，欲求与朋友相切磨，自了性命，非专以行教也。"③

值得注意的是，王龙溪在讲学传道的过程中，并不以前辈权威自居，而是十分注重师友同修共进之益，他说：

> 道义由师友发之，虚怀逊志，期于得朋，共明此学，乃一体同善不容已之心，非徒闭门息交，养成雅重之体，作自了汉而已。④

正是由于这种"和厚近人，随机启发"⑤ 的仁者胸怀，王龙溪面对根器不同的众多学者，才能"从容譬晓，不厌反复"⑥，颇有一些大乘菩萨

---

① （明）赵锦：《龙溪王先生墓志铭》，载《王畿集》附录四，第830页。
② 《王畿集》卷11，《答刘凝斋》，第274页。
③ （明）徐阶：《龙溪王先生传》，载《王畿集》附录四，第826页。
④ 《王畿集》卷16，《留别霓川漫语》，第466页。
⑤ （明）赵锦：《龙溪王先生墓志铭》，载《王畿集》附录四，第828页。
⑥ （明）徐阶：《龙溪王先生传》，载《王畿集》附录四，第824页。

行的气象，很早就赢得"士多乐从"①的社会反响，在士林之中积聚起崇高的声望。当然，在王龙溪的心目中，他的所作所为始终立根于"天地万物，一体相通"的生命本体观，是出于本性，不容自已（yǐ）的；从另一个角度讲，这也是他所崇尚的"儒者有用之实学"②的运用和表现。

　　第三，不畏强权、不慕功利的道义精神。以良知为本而坚持道义，这是阳明心学固有的基本理念，一直为阳明门下诸弟子所奉行，王龙溪也不例外。虽然王龙溪一生并没有像乃师王阳明那样上书痛斥阉党、挥兵讨伐叛军的英雄壮举，但是，他的一生仍然不愧为不畏强权、坚持道义的忠亮之士。在王阳明身后，由于嘉靖帝听信了宠臣桂萼的挑唆，将王阳明的封爵一概革除，并且将其学术定为伪学禁止传播，在这种情况下，一些地方官员和乡党恶少开始攻击、陷害王家，特别是要谋害王阳明的遗孤王正亿。面对这种内外交困的局面，王龙溪义无反顾地承担起保护师门的重任，史载：

> 　　（龙溪）奔至广信成丧，扶榇归越，经纪丧事。筑场庐墓，心丧三年。时文成嗣子孤弱，且内外交忌，悍宗豪仆，窥视为奸，危疑万状。龙溪极力拥护，谋托孤于黄尚书绾，结婚定盟，久之乃定。人称龙溪怀婴、杵之义，报父师之恩为不浅。③

　　在此数年中，王龙溪和同门一起，仗剑在手，昼夜警惕，为王阳明守护陵寝，以防家乡恶少盗墓，又对年幼的王正亿百般呵护，最终辗转托付给在南京为官的同门黄绾，才得安全。另外，他和同门仍在小范围内讲习讨论阳明心学，使得"师门一脉如线之传"得以延续。当时，王龙溪已经会试得中，却两次放弃殿试的机会，第一次是为了帮助老师传播心学，第二次更是舍生忘死，只为捍卫师门法脉。在此期间，王龙溪和诸同门不仅要顶住来自朝廷高层和地方官员的巨大压力，还要设法摆脱乡党无赖的攻击与纠缠，甚至还得蒙受不明真相的社会舆论泼来的"脏水"。如果不是从王阳明的良知之学中得到真传，树立了唯道是从的信念，培养了淡定从容的心态，那么，很难想象王龙溪能够在这样一场力量极不对称的斗争中坚持下来，最终迎来阳明心学得以平反、再度风行海内的一天。后来，

---

① （明）徐阶：《龙溪王先生传》，载《王畿集》附录四，第824页。
② 同上。
③ （明）周汝登：《王畿传》，载《王畿集》附录四，第835页。

王龙溪作诗给已成年的王正亿说："我忝师门一唯参，心诀传我我传君。良知两字中天柄，万古回看北斗文"。① 诚然，良知之学的内涵十分丰富，但是，有一点是不可或缺的，那就是不畏强权、敢于斗争的道义精神，王龙溪年轻时就已做到，因此，赢得了同时代士人的普遍景仰。

王龙溪在讲学传道的过程中，还继承了王阳明的不慕功利的思想，并且将其发扬光大。他很坦率地向门人和朋友指出：

> 吾人学术不纯，大都是功利两字作祟。昔人谓"如油入面，未易出头"，亦善名状。先师哀悯吾人，将良知两字信手拈出，种种病痛，到这里再欺瞒些子不得，可谓对症真药物矣。②

又如：

> 吾辈今日不在知识之多，解悟之深，其大病惟在脚跟下不肯着实理会，未免在功利世情上作活计，终日谈说良知，种种玄机解悟，皆成戏论。③

在王龙溪看来，只要坚持致良知的工夫，就可以克服急功近利的浮躁心态，也就自然而然地恢复了先天原本的心体。这是因为良知本体始终存在，只是受到利欲和意见的蒙蔽，一时不得彰显而已，他说：

> 良知在人，千古一日，譬之古鉴翳于尘沙，明本未尝亡，一念自反，即得本心，存乎其人也。④

有见于此，王龙溪一直坚持以言传身教并重的方式，向世人传授超越功利之见的心学思想，旨在提高人们的修养和境界。这种出游讲学的活动，直至暮年仍不知疲倦，他曾对友人坦承自己的动机，说：

> 不肖冒暑出游，岂徒发兴，了当人事？亦颇见得一体痛痒相关，

---

① 《王畿集》卷18，《袭封行》，第566页。
② 《王畿集》卷10，《答毛瑞泉》，第263页。
③ 《王畿集》卷12，《与邓子和》，第331页。
④ 《王畿集》卷8，《意识解》，第192页。

欲人人共证此事。八十衰佞，前头光景已逼，于世间有何放不下？但爱人一念，根于所性，不容自已。予亦不知其何心也。①

在此需要指出，道义与功利并不是截然对立的异质之物，在很多情况下两者可以并存共赢，但是，在某些特殊情况下，只有坚持以义为上者，才能真正领悟圣人之学的真谛，才能成就超凡脱俗的圣者人格。从王阳明开始，包括其门下的许多人士，都曾经以取义忘利的举动，验证了自己的修行功夫。仍然以王龙溪本人为例，除了在讲学活动中阐述道义精神外，他在现实生活中也一直秉持这一原则——在官场上，他先后拒绝了权相张孚敬和夏言的有意拉拢，即使罢官回乡也毫不在乎；闲居林下时，他积极为地方公共事务的建设出谋划策（如为绍兴府筹建三江闸），并且谢绝任何回报（如赠以沙田二顷之类）；在家庭生活中，他对于亡兄遗孤“抚其子若（己）子”②，尽到了一个叔叔的道德义务。正是在这种言传身教并重的道义精神的熏陶下，王龙溪门下才得以聚集众多的弟子，盛况不亚于阳明在世之时，成为明代中后期思想界的翘楚。在前文中，笔者已经澄清了许多加在王龙溪身上的不实传闻，表明了在坚持道义、不慕功利的方面，王龙溪堪称士林的表率。其实，只要静心考虑一下就会明白，号称“异端之尤”的思想家李贽，为什么对于耿定向等封建学术官僚不屑一顾，对王龙溪却一见倾心、衷心佩服？如果王龙溪不是表里如一的明德君子，那么，李贽也没有必要在他死后写下那样一篇情意真挚、赞誉至极的纪念文章了。

中华民族在文明发展的历史进程中经历过许多苦难，克服这些苦难需要多方面的智慧、品德和技能，显然，不畏强权、不慕功利的道义精神是其中重要的一环，而且，这种道义精神在任何时候都不会过时。从这个意义上讲，王龙溪及其所传播的阳明心学，实在是为传承中国文化的精神慧命、延续中华民族的整体生命，做出了思想教育方面的不可忽略的贡献。

众所周知，中国古代原本没有“哲学”这个词语，只有“道学”、“理学”甚至“学”等概念与之大体相当。不过，哲学的思考是人类共同的精神需要，是人们解决生命终极关怀、安顿自我身心的理性思维和实践探索，并不在乎这个概念是否由外引进，也不在乎哲学理论有着千差百异的存在形态。在王龙溪的思想体系中，我们随处可以找到这种终极关怀的

---

① 《王畿集》卷16，《万履庵漫语》，第462页。

② （明）徐阶：《龙溪王先生传》，载《王畿集》附录四，第827页。

思考痕迹，可以看到他对于觉悟人生、培养圣者人格的透彻理解，还可以看到他对于建立一个和谐有序的理想社会的真诚向往。这些精神需要都是发自人类内心的，即使在今天，也是一切有志于看清世界、觉悟人生的思想者无可回避的问题。其次，王龙溪及其所传承的阳明心学，并没有给予后人一个固定不化的理论，而是以虚明灵动的良知本体为根据，去冷静而清醒地看待世界。王阳明曾说："千圣皆过影，良知乃吾师"①，王龙溪亦说："师门两字诀，为我授金针"②，这些话昭示着后人，要学会破除盲从权威和众人的愚昧心理，以自身良知去面对现实生活的是非善恶。这种崇尚主体性的认识论原则，或许是中国传统哲学与世界现代哲学得以接轨的一个结合点。总而言之，研究王龙溪的哲学思想，不仅有助于搞清阳明心学的历史发展，而且更加有助于我们在追求人生的精神自由、实现生命的完满境界，以及延续中国文化的精神慧命等方面，获得源源不断的思想启示和光明指引。

① 《王阳明全集》卷20，《长生》，第796页。
② 《王畿集》卷18，《南谯书院与诸生论学感怀次巾石韵》，第560页。

参考文献

一 主要古典文献、诸子文集

（清）纪昀等编纂：《四库全书》，上海古籍出版社 1989 年版。

季羡林等编纂：《四库全书存目丛书》，齐鲁书社 1997 年版。

（明）王畿：《王畿集》，吴震编校，凤凰出版社 2007 年版。

（明）王畿：《龙溪王先生全集》，和刻近世汉籍影印丛刊，［日］冈田武彦、荒木见悟主编，京都：中文出版社 1972 年版。

（明）王守仁：《王阳明全集》，吴光等编校，上海古籍出版社 1992 年版。

（清）黄宗羲：《明儒学案》，沈芝盈点校，中华书局 1985 年版。

（宋）周敦颐：《周子通书》，徐洪兴导读，上海古籍出版社 2000 年版。

（宋）周敦颐：《周敦颐集》，陈克明点校，中华书局 2009 年版。

（宋）张载：《张子正蒙》，汤勤福导读，上海古籍出版社 2000 年版。

（宋）张载：《张载集》，章锡琛点校，中华书局 1978 年版。

（宋）程颢、程颐：《二程遗书》，潘富恩导读，上海古籍出版社 2000 年版。

（宋）程颢、程颐：《二程集》，王孝鱼点校，中华书局 1981 年版。

（宋）朱熹：《朱子语类》，杨绳其、周娴君点校，岳麓书社 1997 年版。

（宋）朱熹：《朱子全书》，朱杰人、严佐之、刘永翔主编，上海古籍出版社、安徽教育出版社 2002 年版。

（宋）陆九渊：《陆九渊集》，钟哲点校，中华书局 1980 年版。

（明）王艮：《王心斋全集》，和刻近世汉籍影印丛刊，［日］冈田武彦、荒木见悟主编，京都：中文出版社 1972 年版。

（明）王艮：《王心斋全集》，陈祝生主编，江苏教育出版社 2001 年版（内附：《明儒王一庵先生遗集》《明儒王东厓先生遗集》）。

（明）钱德洪等：《徐爱·钱德洪·董沄集》，钱明编校，凤凰出版社 2007 年版。

（明）黄绾：《黄绾集》，张宏敏编校，上海古籍出版社 2014 年版。

（明）罗汝芳：《罗汝芳集》，方祖猷等编校，凤凰出版社 2007 年版。

（明）王襞：《新镌王东厓先生遗集二卷》《四库存目丛书》，齐鲁书社 1997 年版。

（明）颜钧：《颜钧集》，黄宣民点校，中国社会科学出版社 1996 年版。

（明）陈献章：《陈献章集》，孙通海点校，中华书局 1987 年版。

（明）李贽：《李贽文集》，张建业主编，社会科学文献出版社 2000 年版。

（明）徐渭：《徐渭集》，中华书局 1983 年版。

（清）王夫之：《船山全书》，杨坚等修订，岳麓书社 2011 年版。

（清）顾炎武原著，（清）黄汝成集释：《日知录集释》，栾保群、吕宗力点校，上海古籍出版社 2006 年版。

（清）颜元：《颜元集》（理学丛书），王星贤等点校，中华书局 1987 年版。

（宋）朱熹校注：《四书章句集注》（新编诸子集成本）中华书局 2012 年版。

（战国）庄周：《庄子集释》（新编诸子集成本），（清）郭庆藩集释、王孝鱼点校，中华书局 2012 年版。

（战国）荀况：《荀子集解》（新编诸子集成本），（清）王先谦释，沈啸寰、王星贤点校，中华书局 2013 年版。

（战国）韩非：《韩非子集解》（新编诸子集成本），中华书局 2013 年版。

（汉）董仲舒：《董仲舒集》，袁长江等编注，学苑出版社 2003 年版。

《周易译注》，黄寿祺、张善文译注，上海古籍出版社 1989 年版。

《老子 庄子》，章行标校，上海古籍出版社 1995 年版。

（清）阮元校刻：《十三经注疏·礼记正义》，（汉）郑玄注、（唐）孔颖达疏，中华书局 2009 年版。

（清）阮元校刻：《十三经注疏·尚书正义》，（汉）孔安国传、（唐）孔颖达疏，中华书局 2009 年版。

（汉）司马迁：《史记》，中华书局 1959 年版。

（元）脱脱等：《宋史》（全四十册），中华书局 1977 年版。

（清）张廷玉等编撰：《明史》，中华书局 1974 年版。

《中国哲学史教学资料选辑》，北京大学哲学系中国哲学史教研室选注，中华书局 1981 年版。

《楞严经》，赖永海、杨维中注译，中华书局 2010 年版。

《妙法莲花经》，王彬注译，中华书局 2010 年版。

（唐）慧能：《坛经校释》，郭朋校释，中华书局 1983 年版。

《中国宗教名著导读》（佛道教卷），王宗煜等编著，北京大学出版社
　2004 年版。

《明实录》，台湾"中央研究院"历史语言研究所校印，1962 年。

二　主要近人研究著作

方祖猷：《王畿评传》，南京大学出版社 2001 年版。

彭国翔：《良知学的展开——王龙溪与中晚明的阳明学》，生活·读书·
　新知三联书店 2005 年版。

陈来：《有无之境——王阳明哲学的精神》，北京大学出版社 2006 年版。

张学智：《明代哲学史》，北京大学出版社 2000 年版。

蔡仁厚：《王学流衍》，人民出版社 2006 年版。

[日]冈田武彦：《王阳明与明末儒学》，吴光等译，上海古籍出版社
　2000 年版。

钱明：《阳明学的形成与发展》，江苏古籍出版社 2002 年版。

钱明：《浙中王学研究》，中国人民大学出版社 2009 年版。

钱明主编：《阳明学派研究——阳明学派国际学术研讨会论文集》，杭州
　出版社 2011 年版。

吴震：《阳明后学研究》，世纪出版集团、上海人民出版社 2003 年版。

吴震：《罗汝芳评传》，南京大学出版社 2005 年版。

罗伽禄：《一代思想大师罗汝芳》，江西高校出版社 2009 年版。

张立文：《宋明理学研究》，中国人民大学出版社 1985 年版。

刘宗贤：《陆王心学研究》，山东人民出版社 1997 年版。

翁绍军：《心学思潮》，载尹继佐、周山主编《中国学术思潮史》卷六，
　上海社会科学院出版社 2006 年版。

邓志峰：《王学与晚明师道复兴运动》，社会科学出版 2004 年版。

潘富恩、徐洪兴主编：《中国理学》（一至四册），东方出版中心 2002
　年版。

蒙培元：《心灵超越与境界》，人民出版社 1998 年版。

杨天石：《泰州学派》，中华书局 1980 年版。

冯天瑜等著：《中华文化史》，上海人民出版社 1990 年版。

冯友兰：《中国哲学史》（上、下），华东师范大学出版社 2011 年版。

三　主要近人研究论文

曾召南：《佛道兼融的王畿理学》，《宗教学研究》1999 年第 1 期。

方祖猷、付小莉：《自然为宗：王畿哲学的本质特征》，《宁波大学学报》
1999 年第 3 期。

付小莉：《儒家价值信念的彰显——论王畿哲学对老庄思想的批判性吸
收》，《四川大学学报》2000 年第 1 期。

吴琦：《论晚明"异端"思想的社会化》，《华中师范大学学报》2000 年
第 4 期。

彭国翔：《王龙溪与佛道二教的因缘》，《中国哲学史》2001 年第 4 期。

彭国翔：《明儒王龙溪的一念工夫论》，《孔子研究》2002 年第 4 期。

蓝东兴：《归隐：晚明士大夫的政治退避与个性张扬》，《贵州社会科学》
2002 年第 5 期。

彭国翔：《王龙溪的良知信仰论与晚明儒学的宗教化》，《中国哲学史》
2003 年第 3 期。

周群：《"二溪"卓吾关系论》，《东南学术》2004 年第 1 期。

董平：《王龙溪哲学的本体论与方法论》，《学术月刊》2004 年第 9 期。

刘春玲：《论晚明士大夫的狂狷之风》，《江汉论坛》2005 年第 4 期。

高建立：《商业文明的发展与晚明士林风气的嬗变》，《辽宁大学学报》
2006 年第 4 期。

张卫红：《当下一念之别：阳明学现成良知之辨的关键问题》，《浙江学
刊》2007 年第 4 期。

刘春玲：《论晚明士大夫的禅悦风气》，《武汉大学学报》2009 年第 1 期。

钱明：《浙中王学的兴衰——以钱德洪、王畿关系为主线》，《教育文化论
坛》2010 年第 2 期。

代超：《虚无、明觉在王龙溪良知学上的意义》，《中南大学学报》2010
年第 3 期。

宋克夫、金霞：《王畿与中晚明文学思潮》，《湖北大学学报》2012 年第
1 期。

贾乾初：《"一体之治"与"政学合一"——王畿政治思想发微》，《东岳
论丛》2012 年第 11 期。

许多：《王龙溪论良知》，《船山学刊》2013 年第 2 期。

商传：《略论晚明的人文主义与社会转型》，《江西社会科学》2013 年第
7 期。

朱红：《黄绾"艮止"及其对王畿近禅化的批评》，《浙江社会科学》
2013 年第 7 期。

李冬梅：《王畿王艮之理想境界观研究》，《社会科学论坛》2013 年第

9 期。

任健：《王龙溪社会治理思想探析》，《贵阳学院学报》（社会科学版）
　　2014 年第 5 期。

秦峰：《〈明儒学案〉对"四句教"的诠释和批评》，《哲学动态》2014 年
　　第 11 期。

盛珂：《虚体不变而妙应随缘——从王龙溪论良知看良知的道德意义》，
　　《中国哲学史》2015 年第 1 期。

钟治国：《王龙溪现在良知说再析》，《中国哲学史》2015 年第 2 期。

林月惠：《耿宁对阳明后学的诠释与评价》，《广西大学学报》（哲学社会
　　科学版）2015 年第 3 期。

黄泰珂：《从反讽概念看王龙溪的人生境界学说》，《船山学刊》2015 年
　　第 5 期。

后　记

从 2004 年攻读博士学位起，我就对阳明心学产生了浓厚的兴趣。三年的刻苦用功，撰成了《王阳明修道哲学概论》一书，后来，还根据王阳明的生平事迹材料写成一部长篇场景式历史小说《王阳明》，也得以出版。在研究阳明心学的过程中，我自然而然地接触到许多王门弟子及其他阳明后学的史料，发现一个耐人寻味的现象——许多王阳明没有讲开讲透的问题，实际上是由一些著名的阳明后学来接着讲的。当然，这并不是因为王阳明的悟境不够深邃，而是他所处的话语环境和大多数门人的根器之限而决定的。幸运的是，在阳明后学中，有一些品行高洁、道行深邃的人物，继续扛起传播心学的"旗帜"。其中，时人并称为"二溪"的王龙溪和罗近溪属于璀璨夺目的思想翘楚。2007 年秋季，我开始了对罗近溪的研究工作，数年苦功下来，撰成《罗汝芳哲学思想研究》的初稿，并荣幸获得国家社科基金后期资助项目，最终这本书也得以出版。在此之后，我一直潜心于另一位"心学巨擘"王龙溪哲学思想的研究和写作，之所以把王龙溪放在罗近溪之后，是因为我身处江西，觉得应该首先弘扬江右思想文化的缘故，如果就个人倾向而言，我其实更偏爱王龙溪的哲学思想，其深邃圆融、灵动多方而又不离日用常行的风格，的确值得后人虚心学习。数年之后，《心学巨擘——王龙溪哲学思想研究》的初稿也幸获国家社科基金后期资助项目的立项，经过修改和充实，至今得以出版，内心甚感欣慰，对于"二溪之学"的研究可以告一段落了。在学术道路上，经过九年时间，我攀登了两座风景绝佳的思想"高峰"。

关于王龙溪其人其学，数百年来流传着太多的误解，在九年前，我对于王龙溪的认识也是相当模糊的。例如：我同样以为王龙溪年轻时就是一副唐伯虎式的风流做派，而且是被王阳明设计赚入门墙之中，后来才发现，这不过是晚明文人笔记小说的夸张和渲染而已，事实上，王龙溪和钱德洪一样，是本着一颗求真向道之人心，主动向王阳明拜师求教的。这一点，我在本书第一章便以史料为据，做了清楚的阐述。论及个性特点，王龙溪年轻时不仅"资性颖悟",而且"坦夷宽厚",口才与文笔俱佳,与"资性沉毅"的同门钱德洪相比,自然更容易结交和影响到当时的读书人,因此,他日后能够主盟心学阵营,悟境、性格和才能等方面的突出优势,才是他成为一代心学巨擘的内在原因。又如:说到龙溪之学,一般人会引用后儒的评价:"(龙溪)悬空期个悟,终成玩弄光景"。实际上,王龙溪非常透彻地阐明了"悟"与"修"的辩证关系,他曾说:"夫悟与见,虚实不同,毫厘千里。有真修,然后有实悟",并且告诫门人:"实修实证,弗求速悟,水到渠成,自有逢源时在,求悟之心,反成迷也"。类似的话他说过多次,本书中有详细论述,这样一来,关于王龙溪重悟而轻修的讹传不攻自破,对有志于修道进德的当代"心友"们也产生了积极的影响。

说到"心学"本身,至今仍有不少人误以为心学就是师心自用,是应该批判的主观唯心主义理论。殊不知,整个陆王心学一系的思想理论,是从主体与外物的感应关系和重视主体的心性、道德修养角度出发而立论的,和存在论意义上的唯心主义观念风马牛不相及。若真的比一比做事情的踏实干劲,古往今来,很少有人能比得上陆九渊、王阳明以及心学一脉的许多大儒,对此,王龙溪也有过不少阐述,他说:"所谓问学,乃现在日履,不论闲忙,无非用力之地。若外现在别有问学,所问所学又何事耶?"又说:"着衣吃饭,无非实学。"然而,人们做任何事情,主体的内在枢纽便是心灵,如果脱离了人心的感应,事物就无法产生其影响作用;如果脱离了人心的正确指导,就可能将主体自身以及事业、生活引向歧途,正因为如此,心学一脉非常重视心性修养和与之相关的思想理论,王龙溪明确地讲:"夫学,心学也",又说:"千古圣学,惟在理会心性。"更值得注意的是,心学的突出特点之一是注重实践性,而非做纸上学问,王龙溪曾说:"不本于心性,而专务读书,虽日诵六经之文,亦不免于玩物丧志。"如果仔细阅读本书,相信读者朋友会对心学的本来面貌有一个更准确的了解。

说到以上这些内容,笔者不禁联想到近年来流传甚广的一句名言,即史学家陈寅恪先生所说的"独立之精神,自由之思想",诚然,这是人们从事学术研究的必要前提。然而,近年来学术界浮躁之风习颇盛,有些学者为了成名立腕,不惜哗众取宠,标新立异,竞相提出一些新奇、怪异之论,一定程度上左右、误导了舆论和人心。从治学前提来讲,他们并没有违背"独立之精神,自由之思想",但从实际动机和社会效应来讲,他们是在玩弄学问、蠹害人心,笔者对此风习决然不敢苟同,始终持以鄙夷态度。记得有一个哲学专业的学生诚恳地问我应该如何从事人文学术的研究时，我从自己的切身体会出发，告诉他这样一句话："以独立之精神、自由之思想为前提，以实事求是为准则。"在某些人眼里，"实事求是"四个字简直土得掉渣了，然而在我看来，这是应该永远秉持的学术研究的基本准则，真学和伪学的泾渭之别，最终就体现在能否遵循"实事求是"的基本准则上。通观本书的几十万字，澄清关于王龙溪的各种误解，揭示其心学思想的要旨和意义，本身就是治学明道、实事求是的产物。

本书的立项和出版均得益于国家社科基金的资助，对于国家社科基金的有关专家评委，我至今也不知道他们都是哪些人，这些前辈慧眼识才，堪为伯乐，使得本书获准立项，我内心当然十分感激，在此真诚地表示敬意！就笔者自身的收获而言，在研读有关王龙溪的各种学术史料的过程中，数年来受用良多，对于自家身心性命工夫的启发更为真切，有时候甚至具有拨云见日的感悟，在相当程度上更新了自己的生命气象。因此，这部专著与其说是我写的，不如说是"天意"选择了我做一个执笔人，让我和读者朋友一起共同研习、继承王龙溪的心学思想。从某种意义上讲，学术研究好比登山运动，历史悠久的中国文化为后人留下了很多高山险峰和秀美风景，能够"会当凌绝顶，一览众山小"，乃是做学问的一大快乐。故此，在全书末尾，笔者不想重复人们耳熟能详的那些名人格言，倒是乐意把王龙溪的一首绝句《登西天目》作为结语。在王龙溪的诗作中，笔者十分喜爱这首小诗，它仿佛是鼓励我坚持从事思想史研究的座右铭，原诗如下——"早起登山去，芒鞋结束牢。但令双足健，不怕万峰高"。